THE WORLDWIDE HISTORY OF DRESS

世界の民族衣装
文化図鑑
【合本普及版】

パトリシア・リーフ・アナワルト［著］
蔵持不三也［監訳］

柊風舎

目　　次

まえがき　7

はじめに　8

1　中　東　12

古代近東　14　　アラビア半島　42
地中海東部　54　　イラン高原　66

2　ヨーロッパ　78

先史時代のヨーロッパ　80　　古典時代のヨーロッパ　86
ヨーロッパ民族衣装の伝統　100

3　中央アジア　124

モンゴル　126　　シルクロード　138

4　東アジア　152

中国　154　　朝鮮　180　　日本　194

5　南アジア　214

インド　216　　ヒマラヤの王国　248

6 東南アジア 262

大陸部 264 島嶼部 284

7 オセアニア 306

オーストラリア 310 メラネシア 312
ミクロネシア 318 ポリネシア 321

8 北アメリカ 332

北極圏 334 北西海岸 346 ウッドランド 366
大平原 382 南西部 402 メソアメリカ 422

9 南アメリカ 440

古代アンデス 442 現代のアンデス 464
アマゾニア 482 パタゴニア 498

10 アフリカ 508

東アフリカ 510 南アフリカ 526 中央アフリカ 540
西アフリカ 550 北アフリカ 566

注 580 引用・参考文献一覧 588 関連語彙集 594 図版出典 600 謝辞 603
索引 604 監訳者あとがき 607

To my late husband Richard Anawalt,
who so enthusiastically launched me on this adventurous journey

1 ページ：ブータン、ルナナ地方高地の女性のブーツ（260 ページ参照）
2 ページ：ラッマラーの亜麻布のドレス（59 ページ、細部写真参照）
3 ページ：インド、カッチ地方のスカート（241 ページ参照）
8 ページ：インド、カッチ地方の子ども用ドレス（245 ページ参照）
9 ページ：上；金で刺繍が施された中国のローブ（172 ページ参照）
9 ページ：下；ペルー、モチェの耳飾り（452 ページ参照）

Design and maps: Ben Cracknell Studios

Any copy of this book issued by the publisher as a paperback is sold subject to the condition that it shall not by way of trade or otherwise be lent, resold, hired out or otherwise circulated without the publisher's prior consent in any form of binding or cover other than that in which it is published and without a similar condition including these words being imposed on a subsequent purchaser.

The Worldwide History of Dress
by Patricia Rieff Anawalt

Published by arrangement with Thames and Hudson, London through Tuttle-Mori Agency, Inc., Tokyo
©2007 Patricia Rieff Anawalt
This edition first published in Japan in 2011 by Shufusha Publishing Co., Ltd, Tokyo Japanese edition © Shufusha Publishing Co., Ltd.

All Rights Reserved. No part of this publication may be reproduced or transmitted in any form or by any means, electronic or mechanical, including photocopy, recording or any other information storage and retrieval system, without prior permission in writing from the publisher.

Printed and bound in China by C&C Offset Printing, Co., Ltd.

まえがき

　西洋世界以外の地域の衣服の歴史をまとめるという構想は、筆者が子どもの頃からもちつづけた、世界中にある無数の伝統社会へのあこがれから生まれた。時空に散らばるさまざまな異国文化のなかで、いつまでも暮らすことを神が許してくださるところ、それが幼い筆者の思い描く天国の姿だったのである。成長するにしたがって、その願いがかなわないものとわかったとき、天国にもっとも近い選択肢として人類学を選んだ。

　人類学者として、偶然にもアステカ人を研究する民族歴史学の道を選び、さらにアステカ人の子孫への理解を深めるため、メキシコ中央部の田舎で研究する民族学者となった。研究のテーマは、スペイン征服以前の衣服の継承だった。アステカ人が着ていた衣服の品目を復元してみると、征服以前の衣服の型の多くが現在まで受け継がれていることが明らかになった。16世紀にメキシコを苦しめた、まさに世界大戦ともいえるスペイン人による征服を切り抜けて残ってきたことを考えると、とくに胸に迫るものがあった。伝統的な服装が強靭な生命力をもちうるという事実。それをじかに感じとることができたのだ。

　このメキシコでの経験は、地球上の32の地域における服装の共通点やちがいを探求する旅をはじめたとき、大いに役立った。そして、世界にみられる多様な服装を調べることは、子どもの頃に想像したとおり、心がひきつけられる仕事になったのである。

はじめに

　今から約3万年から4万年前の後期旧石器時代、先史人たちは、植物の茎をうまく加工すれば、長くて丈夫な紐にできるということを発見した。このような紐を使ってつくった簡単な前掛けや被り物が、繊維を用いた最古の衣類だと確認されている。それ以来、中東から東ヨーロッパ、北アメリカから北アフリカにいたる世界中のあらゆるところで、人々は樹皮や綿、絹、亜麻、ラフィアヤシ、毛、毛皮、獣皮、羽根などの植物繊維や動物素材を使って、素晴らしい衣服や装飾品をつくってきた。本書では、民族誌学的に衣類の歴史を紹介する。その衣類とは、それぞれの土地で人々がたたく、保存処理を施す、フェルト状にする、織る、縫う、刺繍をする、アップリケをつける、ビーズで飾る、染めるなどの加工をして、数千年にわたってつくりつづけてきたものである。そして、この地球上の多くの地域では、このような衣類の力強い伝統が今もつづいている。

　世界の歴史は、絶え間ない移動と交換によってつくられていくため、ある文化から他の文化へと影響がおよぶのは珍しいことではない。本書では、それぞれの地域の歴史的背景について、住民の構成を含め、侵略者や開拓者、さらに交易商たちが、衣服やさまざまな飾りにおよぼした影響についても触れていく。各章の初めには、歴史的な進歩を解説するために、人々が地理的に広がって行く様子を示す概略的な地図を示した。また、それぞれの地域では、その項目で触れられた場所や集団を示す別の地図も載せておいた。

　それぞれの地域における地形や天候についても詳しく解説して、衣服に関する慣習の変遷が理解できるようにした。埃っぽく乾いたアラビア半島から、モンゴルのステップやアメリカの平原などの草原を通り、北極圏の凍てついた荒地からアマゾニアの熱帯雨林まで、人間はその環境に応えるために、それぞれの土地に合った衣類をつくりだす方法を編みだしている。

　イスラームのヴェール、動物の象徴が多用されるシャーマニズムの儀礼的な服、あるいはそれぞれの年齢や行事にふさわしい衣服を身につけるなど、宗教的・精神的・文化的な慣習についても触れ、衣服がそれぞれの生活習慣に根ざしたものであることを示す。

　古代エジプトの亜麻布のシフトドレス、ローマ時代の毛のトーガ、日本の絹の着物、色鮮やかなインドのサリー、刺繍が施されたヨーロッパのダーンドル、アフリカの祭式用の布、中東のブルカなど、膨大で驚くほどさまざまな衣類のアイデアが生まれ、形にされ、身につけられてきた。そのすべてが、世界中の衣類の歴史に包まれたさまざまな伝統を反映させているのである。

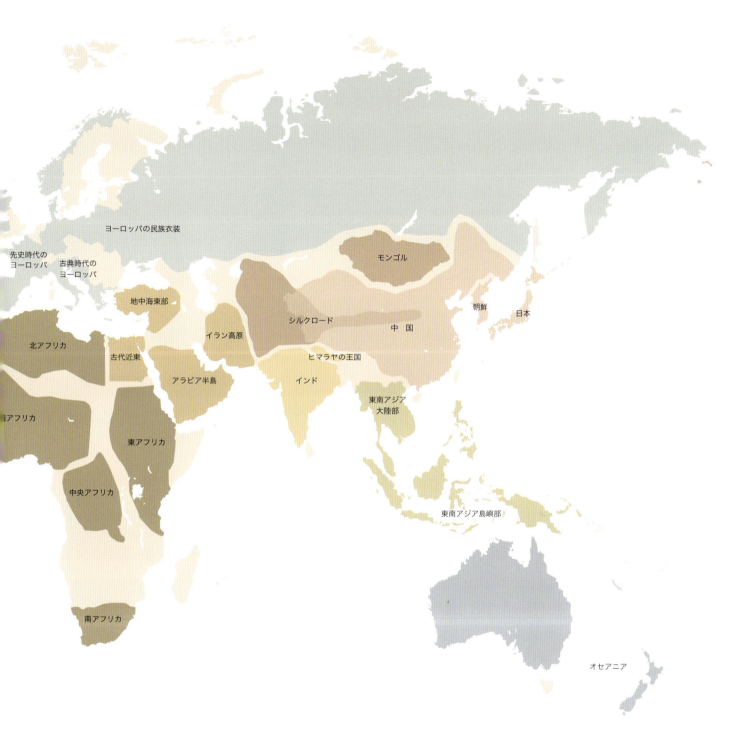

1

中　東

　人類にとってもっとも重要な変革のいくつかは、中東ではじまっている。200万年ほど前、われわれ人類ホモ・サピエンス・サピエンス（*Homo sapiens sapiens*）の直系の祖先である原人ホモ・エレクトス（*Homo erectus*）は、はじめてアフリカを出て、地球最大の地溝帯であるグレート・リフト・バレー沿いに移動した。現在のエジプト、イスラエル、ヨルダン、シリア、レバノンを通る地溝帯である。7万5000年ほど前には、現生人類がアフリカから中東へと移動し、以後長い時間をかけて、この初期の狩猟者と採集者たちが徐々に植物の栽培品種化と家畜化を実現した。その結果人口が増加し、定住化が進み、余剰が蓄えられ、紀元前3000年頃に世界で最初の文明が興った。その一千年後、旧約聖書の族長アブラハムが単純ながら深遠なことを思いついた。唯一の全能の神の存在である。この強力な概念から、ユダヤ教、キリスト教、イスラーム教の三大一神教が誕生した。三大宗教はすべて、さまざまなものを変容させる、中東の乾燥した厳しい土地で生まれた。

古代近東

[1] 現在では、初期の6つの「文明の中心地域」——高度な技術と社会制度の発達が組み合わさった地域——は、比較的個々に生まれたものと考えられている。そのうち2つは古代近東のメソポタミアとエジプトで、さらに東のインダス川流域と中国に1つずつ、残りの2つはアメリカ大陸のメソアメリカ文明とアンデス文明である。その後につづく西ヨーロッパ世界の文化には、古代近東の伝統が直接現われている。ほかの4文明地のその後の文化が、それぞれの最初期の文化を反映しているのと同様である。本書ではそれぞれの文明を順に検証していく。

古代の近東は、人類の発展において長く中枢の役割を果たしてきた。ホモ・エレクトスが最初にアフリカを出て中東を通って移動したときには、地中海東部沿岸から内陸部を走る、イスラエルからヨルダンへとつづく渓谷沿いをたどったものと思われる。このいわゆるレヴァント回廊は、人類先史時代の重要交通路の1つであった[1]。

アフリカのホミニド（ヒト科）は大きな獲物を追っていたようである。大きめの肉体は、手早く肉を補給する必要があったのだろう。初期の放浪者たちは、狩猟と基本的なオルドヴァイ式剥片石器の生産の知識に加えて、紀元前50万年までには火の使い方を知っていたようである[2]。もしそれが事実なら、ホモ・エレクトスの亜種が、わずかに大きくより複雑な脳をもつプロト・ホモ・サピエンスへと進化していったとき、この新しいヒトの祖先はすでに大きな成功を約束されていたといえる。現生人類のホモ・サピエンスは紀元前10万年前後に出現し、長いあいだ狩猟者および採集者として中東に暮らし、やがて新しい生存パターンを生みだした。

紀元前8000年までには、肥沃な三日月地帯で新石器時代が展開していた。肥沃な三日月地帯とは、パレスチナからシリア（レヴァントとして知られる地域）およびメソポタミアに広がる、とくに農業生産性の高い地域である［地図1］。大メソポタミア（メソポタミアはギリシア語で「川のあいだ」の意）はティグリス川とユーフラテス川に挟まれた地域と川の流域をさし、ペルシア湾の北1125kmにおよぶ。新石器時代、この地域で進んだ技術革新が根本的な変革をもたらすことになる。剥片ではない磨製石器を発明し、季節ごとの洞穴・野営生活から恒久的な野外の村での生活をはじめ、そしてより手近に食料や繊維を調達するため、植物を栽培化し動物を家畜化する方法を発見したことがあげられる。その結果、人口は着実に増加した。

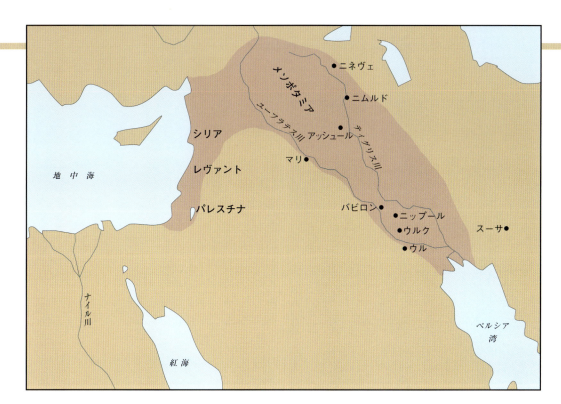

【地図1】肥沃な三日月地帯と古代メソポタミア。最古の文明は5000年以上前にこの地域に出現した。耕作可能な豊かな平原が、西のパレスチナから東のティグリス・ユーフラテス川まで、幅広い弧を描くように連なっていた。

　メソポタミア南部では、紀元前4000年代までに競合する都市国家が興っていた。まず、新石器時代のあいだに、肥沃な三日月地帯の南端に農村が点在するようになっていた。その後灌漑が発達し、2つの川が出合ってペルシア湾に流れ込む湿地状の三角州が干拓されたことから、社会構造がどんどん複雑になり、やがて、南メソポタミアの古代名であるシュメール王国内に本格的な都市が生まれた。紀元前3000年頃に最初の近東の文明が誕生したのは、これらの都市の中核地域であった。

　シュメール文明の最大の功績の1つは、文字の発明である。はじまりは、粘土に受領の記録や品物リストのメモを記すのに使われていた象形文字だった。経済的な目的ではじまった文字は、徐々に物体ではなく音を表わす楔形文字へと進化し、法的記録、歴史的記述、文学作品を書き残すことが可能になった。シュメールの都市国家のうちもっとも重要な2つは、この文字によって記録された文化的遺産と結びついている。ウルクは、5000年以上生き延びた世界最古の物語、伝説的な「ギルガメシュ叙事詩」の故郷であり、ウルは聖書に登場する族長アブラハムの伝説の故郷である[3]。

　平坦で洪水の多いシュメールの平原では、神々は遺丘（テル）の上に建てられた神殿に住んでいた。各都市の市民は自らを神殿に仕えるために創造されたと考えており、自然の元素や力は擬人化されていた。支配者さえも、神のしもべと考えられていた。神々は階級に分けられ、メソポタミアの人間社会観にも反映されていた。これがメソポタミアの宗教の土台であり、人類による神学の記録のはじまりとなった[4]。シュメールの宗教の副産物には芸術表現があり、儀式や戦い、風俗画などに人間像がはじめて描かれた。これらすべてが衣類の情報を得る有効な資料となっている。

　しかしながら、初期の文明をはぐくんだ大きな川の流域はメソポタミアだけではない。やや遅れて発展した古代エジプトは、その持続力と、世界でもっとも多くの古代遺産を生みだしたという点で、メソポタミアに匹敵するか、あるいはそれを凌ぐ存在であった。シュメール文明が先に出現していたために、エジプトは文字を含めてシュメールの例にならうことで繁栄した。エジプトの絵文字ヒエログラフは、初期メソポタミアの筆記法が起源である。

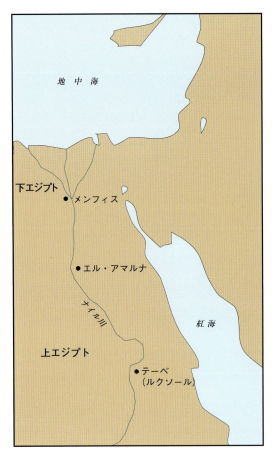

[地図2] 紀元前1380年頃の古代エジプト。地図の位置とは反対になる「上」および「下」エジプトの名は、東アフリカ（上流）から地中海（下流）へと流れるナイル川の流れを示す専門用語から派生している。

エジプト自体は長さ965kmほどの川が注ぎ込む細長いオアシスで、三角州地帯以外では、大河の両岸でそれぞれ2～3km以上の幅になることはない[地図2]。ナイル川の年に1度の洪水は、古代経済の基本構造であり、生活のリズムをつくっていた。

初期のエジプトは、上エジプトと下エジプトの2つの王国から成っていたが、シュメールとちがって、どちらの王国にも壁に囲まれた都市国家は存在しなかった。人々は地方で暮らし、小さな町や神殿を祈りの中心地、生活の場所としていた。広い聖域は多少あったが、国内の大部分には村々や市場が点在していた(5)。

メンフィスとテーベには主要な祭祀施設と宮殿があったが、真の意味での都市へと進化することはなかった。さらに、シュメールの支配者たちとはちがって、都市国家の代理として君臨する王は現われなかった。エジプトの王権力はほかに類のないもので、ファラオは神であり、神々のしもべではなかったのである。

エジプトの歴史では、紀元前3100年の先王朝時代に、上エジプトのファラオだったメネスが北部を征服し国を統一したといわれている。これが古典時代のギリシアとローマの時代にまでつづく、文明のはじまりであった。古代エジプトは2000年近くにわたって、まぎれもない統一国家であり、エジプト学者はその歴史を5段階に分類してきた。古王国、中王国、新王国があり、それぞれが成功をおさめ、政府は地盤を固めた時代であった。第1、第2中間期はそのあいだの、外的および内的要因によって弱体化し崩壊した時代である(6)。

ファラオが絶対的な君主とみなされるようになったのは、紀元前2685年から紀元前2186年頃の古王国の時代であった。ファラオの力と自信を示す証拠として、ギザのピラミッドがある。奴隷を含め、人間の労力をこれ以上ないほどに社会的かつ行政的に集約した証拠である。その後の古代エジプト芸術のモデルとなる芸術的基準が発達したのも、この時期である。

紀元前3000年までには、エジプトでもメソポタミアでも、交易と旅行の機会が大幅に増加していた。これは、銅に錫を加えて青銅にする方法の発見という、青銅器時代のはじまりを示す大きな発展の結果である。都市部の生産拠点から離れた山にあることが多い鉱床に、必要な鉱物を探しにいくようになったためだ。これは古代近東にとどまらず、地中海東部、ヨーロッパ南東部でも同じだった。錫が高価だったため、その使用はおもに武器に制限された。錫の供給が枯渇すると、頑丈な青銅製の武器ではなく、やわらかな純銅製の武器がつくられるようになった。

エジプトの第二次安定期は紀元前2040年から紀元前1780年頃の中王国時代である。ファラオだけでなく、すべてのエジプト人が死後の幸せな暮らしを期待できるとする信念が確立したのは、この時代のことであった。死後を陰鬱なものと考えるシュメールの見方とは大きく異なる概念である。この頃から、エジプト文化のすべては、死にふさわしい準備をするという、真の生の目的のためにあてられることになった。

紀元前2000年前後に、メソポタミアの肥沃な三日月地帯で決定的な抗争が起こった。必要な鉱物、とくに錫のある高地地方への通行を保証するエラム（イラン）の交易ルートの支配をめぐる争いである。シュメール文明は、ウルがティグリス川下流の東に位置するエラム人の手に落ちたことによって終わりを告げた。近東のほかの地域では、新しい集団がメソポタミアに移住をはじめていて、そこから新しい部族が登場しはじめた。アモリ人は、アッシリアの最初の砦だったアッシュールや、そのほかのメソポタミアの都市に落ちついた。アッカド人は2つの川のあいだの土地に出現した新たな勢力の一部となり、メソポタミアに興った最大の都市バビロンを築いた。紀元前1700年頃のこの帝国の崩壊は、古代中近東に別の移民の波が入って来た時期と重なり、彼らの侵入が大混乱を招いたためだった。

この破滅的な時期に、エジプトも外部からの侵攻や混乱を経験し、それが革新へとつながった。紀元前1570年から紀元前1070年の新王国時代には、戦術の変化が生じた。シリアのミタンニ人から、馬に引かせた戦車や長弓の射手を使う方法を採り入れたのである。加えて、王家の強大な力がきわめて強固なものとなった。芸術面での業績も実りあるものだった。とくに紀元前1350年頃に建てられた都エル・アマルナは、その傾向が顕著だった。のちにアクエンアテンを名乗ったアメンホテプ4世が建てた都である。王は古代エジプトの神々の神殿に単一神の太陽神アテンを祭ることで、宗教改革をはかろうとした。アマルナ時代の芸術は、新しいくつろいだ感じの親しい関係、とくにファラオ一家内の関係を伝えているが、これは古代中近東のほかの地域ではほとんどみられないものである。しかし、アクエンアテンの改革は短命で、彼の死後、試みられた改革はあっという間に姿を消した。エジプトの栄光の舞台だった世界は、すべて消えゆき、古代エジプトの栄華の日々は紀元前1000年までに終わりを告げた。

紀元前13世紀から12世紀にかけて近東に破滅をもたらした移民は、西方からやってきた、いわゆる海の民と呼ばれる人々で、メソポタミア北方にアッシリアの興隆の基礎を築いた。紀元前9世紀までに

は、アッシリアは国家として確立しており、近東の歴史は新しい重要な局面を迎えた。この攻撃的な帝国は8世紀にその絶頂期を迎える。ティグリス川上流に位置するニネヴェが、かつてのバビロンのようにメソポタミア史の中心になった時期である。アッシリア文明は組織的に、肥沃な三日月地帯の村や町を征服していった。かつてアッシリア中心部の宮殿を飾っていた、多くの彫刻壁画に描かれている通りである。アッシリア帝国はこれだけの権力を誇示しながらも、紀元前612年頃に、バビロニア人の連合と新たなイラン人勢力であるメディア人に破れた。ニネヴェがメディア人に敗北し、アッシリアは過去の国となったのである。

紀元前2000年代の最初の200年間でもっとも重要な都市であったバビロンは、アッシリアの崩壊後第二次繁栄期を迎えた。新バビロニアの王ネブカドネザルはメソポタミア文明に晩年の輝きを与え、繁栄を印象づけた。この都市の「空中庭園」は古代世界の七不思議の1つとして記憶されている。

これがメソポタミアの伝統の最後の繁栄期で、バビロニアは紀元前539年、東方からの新興勢力の侵攻によって崩壊した。この侵攻はアケメネスといわれるイランの小王朝によるもので、アケメネス朝はやがて初期の中東の帝国のなかで最大の帝国、6世紀のペルシアを築くことになる（「イラン高原」66ページ参照）。

衣類の繊維と縫製技術

繊維と、繊維を縫製した衣類の利用がはじまったのは、2万年から3万年前のことで、人類はその頃はじめて、もろくて短い植物の茎から丈夫な長い紐をつくる方法を見出した。著名な服飾史学者のエリザベス・W・バーバーはこの画期的な出来事を紐革命とよんでいる[7]。丈夫な紐をつくる術を身につけた人類は、物をつかまえたり、つないだり、運んだりする道具を手に入れた。また、紐スカートを含む、世界最古の衣類のいくつかをつくることもできた（2.「先史時代のヨーロッパ」84ページ参照）。

後期旧石器時代の紐や糸の考古学的出土物のすべては、撚りあわせた植物繊維でつくられていた。次

には糸が、織物をつくる必要不可欠なものになった。織物とは、経糸と緯糸の2組の糸を織り合わせたもので、経糸を機状のものに張り、そこに緯糸を通してつくる。

　布をつくるために、世界中でさまざまな植物繊維が使われてきた。中東で一番にあげられる繊維は、暑い気候を好む植物の亜麻である。亜麻布とよばれる布地の原料となる、栽培化された亜麻（*Linum usitatissimum*）は、織物に使われた世界最古の、もっとも重要な靭皮繊維、すなわち木本植物繊維である。当初の亜麻は、油を含む種子をとるために、あるいは同時に繊維質の茎を目当てに栽培化されたと考えられている。栽培種の先祖の可能性が高いのはヒメ亜麻（*Linum bienne*）で、地中海や大西洋沿岸地域では多年草、イランとイラク・クルディスタンの山麓では冬の一年草である。亜麻の栽培植物化をはっきりと示すもっとも古い証拠は、紀元前5500年頃のイラク東部と紀元前5000年頃のイラク北西部の遺跡で見つかっている[8]が、人類は少なくとも紀元前6500年には亜麻を使っており、野生のものを採集していたようである。

　近東より冷涼な気候の北部では、麻が一般的に使われていた植物繊維で、塩水を通さない性質だったため、とくにロープや航海用の素材にされた。綿は紀元前3000年より前にインド北部で栽培植物化されたが、地中海地方にまで伝わったのは紀元前700年近くになってからで、しかも当時は好奇の対象にすぎなかったため、綿が古代近東の衣類において役割を果たすことはなかった[9]。

　最古の植物繊維の衣類は、保温や慎みとはなんの関係もなかったようである。人類が最初に衣類を身につけたのは、人生における階梯、とくに生殖能力の有無や未婚か既婚かを示すためのものであった。しかし、こうした初期の衣類のすべてが、生殖器官に注目を集めるものだったわけではない。植物繊維を用いた衣類の最古の証拠といわれる、イスラエルのナハル・ヘマル洞窟で発見された断片[10]は紀元前6500年頃のもので、織ったものではなく、針で編んだ網状の亜麻の袋に石のボタンがついており、儀式用の被り物として使われていたのではないかと

考えられている。事実、被り物は最初の繊維製の服飾工芸品の1つであった（2. ヨーロッパ「先史時代のヨーロッパ」83ページ参照）。これもまた、着用者の人生階梯や地位を示すことが目的だったようである。

　メソポタミアにおける最初の織物の出土品は紀元前7000年頃のもので、イラク北東部に位置するジャルモという新石器時代の遺跡から、織地を思わせる模様のついた小さな2つの粘土玉という形で発見されている。この出土品からは、もともとの布地が緻密で、1通りではなく2通りの織り方できれいに織られていたことがわかる。ジャルモの人々が高い技術をもっていたのは、それだけ長いあいだ織りつづけてきたからであろう。やはり紀元前7000年頃の平織りの衣類の現物が、トルコ南東部のチャユヌ・テペシ遺跡で発見されている[11]。（紀元前6000年半ばの、経糸を重い粘土のおもりで張る経糸おもり機は、ハンガリーで出土している[12]）

　紀元前4000年前後にメソポタミアにヒツジが到来したことによって、近東の衣服の歴史に欠かせないもう1つの繊維が登場した。しかし、初期のヒツジは今日のふわふわした動物とは異なる種で、イランのザグロス山脈からタウロス山脈につながる一帯で最初に家畜化されたという。草食動物が生きるのに充分な降雨量に恵まれた地域である。当時のヒツジの毛皮は現在のシカのような性質をもち、背中には糸に紡げるような毛はなかった。毛に覆われたヒツジが生まれるまでには、明らかに長い品種改良のプロセスが必要だった。

　毛のはえた家畜のヒツジの進化を確認するため、エリザベス・W・バーバーはヒツジの骨の考古学的出土品を調べ、人類が古代の家畜をどうやって殺し利用していたかを確かめた[13]。肉だけに価値があったときには仔ヒツジがほふられ、乳をとるのが目的の時代からは、年をとった雌の骨が発見されている。しかし、紀元前4000年までには、両性ともに老齢まで生かしたまま飼育されるようになった。これは、飼い主が毛を目的としてこの動物を飼うようになったためである。何度も毛を刈るために群れを飼うようになったことは、布と衣服の大きな進歩に

【2】紀元前3000年頃のシュメール人男性エビフ・イルの像の前後。エビフ・イルは、ユーフラテス川中流の現在のシリアにあった豊かな都市国家マリのイシュタール神殿の高官。ふわふわした素材を重ねた、ふくらはぎまでの丈のスカートをはいている。カウナケスとよばれるこの衣服は、後ろをタッセルで結んであり、かつてこのような衣服に使われていた毛皮の動物の尻尾を思わせる。

つながった。毛は豊かで鮮やかな色に染めることができるためでもある。紀元前4000年以前は、古代近東で衣類をつくるのには植物繊維だけが使われていたが、亜麻は染めにくい繊維である。

　羊毛の衣服か植物繊維製かを考えるにあたっては、最古の後期旧石器時代の衣類が当時の芸術を通してしか知ることができないのと同様に、近東の古代人の衣服の詳細も図像に描かれているものでしか理解できない、ということを忘れてはならない。中東の王国はどこも階層制度が発達していたため、ふつうは特権階級しか記録されなかった。その結果、描かれる衣類の種類も必然的に偏ったものになっている(14)。

　古代エジプトに関しては、さらなる注意が必要である。人間像はすべて、長くつづいた古王国の造形的規範に従ってつくられた。規範では個々のサイズ、比率、年齢、姿勢、それに衣服の選択までが定められていた。墓所の壁に描かれ、墓所の彫刻に刻まれたものが個人の死後の運命に影響するため、芸術家は埋葬された人の幸福を危険にさらすことを恐れて、既定のものを変えるのをいやがった。重要なのはつねに理想を表現することで、女性は若く、ほっそりとして美しく、男性は若々しく活力にあふれているか、肥満するほど成功している姿で描かれた。長くつづいた造形表現の保守性はエジプトの衣服のデザインにも表われている。のちの時代になっても、実際の亜麻布は体にまとわりつくというよりも、だらりとさがる傾向であったにもかかわらず、古風な体にぴったりとした白い亜麻の衣類が描かれていた。

男性の基本的服装

　古代シュメール人は2種類の衣服を記録している。一方は儀式用の装束[2]で、当時の人々が着ていた最古の衣装を後世に伝えるものである。獣皮、とくに毛足の長いヒツジの皮やヤギの毛皮で下半身を包む衣服である(15)。カウナケス (kaunakés) という語は本来は毛足の長い羊毛やヤギの皮をさしていたが、のちには衣服そのものをさすようになった。服飾史家のフランソワ・ブーシェは、紀元前2700年頃から紀元前4世紀までのあいだに、こうした衣服をつくるのに使われていた獣皮が、ふわふわしたヤギの皮やヒツジの皮をまねた織物カウナケス地に取って代わられたと指摘している(16)。このような布には本物の動物の毛皮よりずっと規則的に毛の

[3] ニップールから出土した紀元前2500年頃の石板。都市国家ラガシュの王ウル・ナンシェが頭の上にレンガの入ったかごをかつぎ、主神殿の建立を祝う儀式をしている。王と向かい合っているのは妻で、やはりふわふわした服を着ている。夫婦の4人の息子たちはうやうやしく両手を組み、楔形文字が描かれた地味なスカートをはいている。

[4]（右ページ左）13世紀初頭、カウナケスの外衣をまとった洗礼者聖ヨハネの像。フランス、トロワ、サン゠テュルバン教会。

[5]（右ページ右）紀元前2500年頃の高官イシュタブ・イルの像。マリのシュメール人都市国家の遺跡から1900年代初頭に出土した。黒い石像で高さ1.4m。ひげをはやした人物はシュメールの基本的な衣服を着ている。また、すっぽりと頭を覆う頭蓋帽を幅広の光輪のようなバンドでとめる、メソポタミア風の被り物をかぶっている。

ような偽の房が並べられ、規則的に重なりあっていた。そうした初期の衣類の素材がなんであれ、エリートの男女ともに着用しているところが描かれている [3]。ヨーロッパでは中世になるまで、こうした布の描写が、遠く隔たった、あまり知られていない土地の人々を表現するのに使われていた。カウナケスは、洗礼者聖ヨハネの毛皮を思わせる外衣のように、宗教的図像においても象徴的な役割を果たしている [4] (17)。

もう一方のシュメール人の装束は、基本的な衣服である。長方形の房つきの毛織物を上半身からスカートのようにまとい、両端を重ね合わせ、布の端を左肩の上にのせて、右腕はあけておく [5]。刺繍やフリンジと同様に、より贅沢な布をより複雑に巻きつける方法がしだいに発達していった。

厚手の凝った装飾の、おもに毛でできた衣類の流行は、その後のバビロニアやアッシリア期にも受け継がれた。メソポタミアの重要な地位にある男たちは、短い袖の、丈の長いチュニックを着て、その上に房のついた長方形の布をシュメール風に巻きつけるようになった [6]。長い外衣は地位の高さを示した。アッシリアの壁画には、戦場で短いキルトをまとった一般兵士の姿が描かれている (18)。ふんだんに装飾が施された衣類は、王や女王、廷臣たち、神々の描写に限られ、高位の宮廷役人は房つきの方形の布を帯状にたたんで、チュニックの上につけた。しだいに重要になったフリンジの長さは、社会的地位を反映していた。

シュメール風の巻衣は、長いあいだ標準的なメソポタミアの衣服として残った。しだいに贅沢になったのは、色と模様だった [7]。こうした衣類はすべて水平の地機（じばた）で、羊毛やヤギの毛、あるいは少数だが亜麻を紡いだ糸を使って織られたものである。ヤギの毛は縄、毛布、ベッドなどの実用品に使われたようで、亜麻布は神殿のカバーやカーテン、僧服、シーツ、神々の衣類の描写、医療的儀式やそのほかの祭礼に使われた (19)。

古代エジプトの衣服も枠なしの水平の地機で織られたが、羊毛やヤギの毛よりも亜麻からつくられることがはるかに多かった。ヘロドトスはこれを、エジプト人が毛を清浄ではないとみなしていると誤って説明していた (20)。メソポタミアとはきわめて対照的に、エジプト人の衣類の大半は亜麻布でできていて、ほとんどが白かった。上流階級用の布は細く紡がれた糸で美しく織りあげられ、複雑なひだがついていた [8] (21)。

古代近東　21

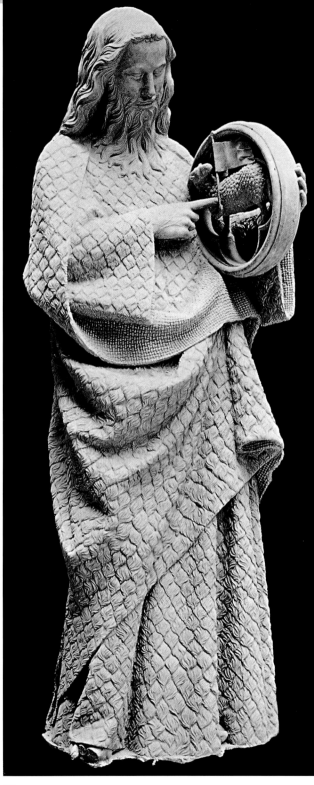
[4]

[5]

中東

[6]（上）「シャルマネセル（シャセルマナセル）のブラック・オベリスク」として知られる、アッシリアの記念碑に描かれているのは、アッシリア王シャルマネセル3世の前にひれ伏したイスラエル王イエフ（紀元前842〜814年）である。優勢な支配者は公式のアッシリアの王冠、先端にとがった装飾のついたトルコ帽のフェズに似た被り物をかぶり、チュニックの上にフリンジのついた布を巻きつけ、肩から垂らしている。王の付き添い役も袖つきのチュニックを着て、フリンジつきの布を巻きつけている。全員が足首を紐で結び、親指を輪に通すサンダルをはいている。ひげをはやしているのは2人の王だけで、きれいにひげを剃っている付き添い役3人は宦官かもしれない。イエフ王は、レヴァントのものと思われる、円錐形の縁なし帽タイプの被り物をかぶっている。

[7]（右）復元された紀元前7〜6世紀の古代都市スーサの建物にみられる衛兵は、髪を短くして、ひげをきれいに剃り、靴のような履き物をはいている。規則的に細かく繰り返される服の模様は、つづれ織りの技法で織られたもののようである。

古代近東　23

[7]

[8]（下）原型をとどめている世界最古の衣類の1つ。タルカンにある紀元前3000年頃のエジプト第1王朝の遺跡から発見された、ひだの入った袖がついた亜麻布の服の上部。長方形の織地を筒状に縫い合わせてつくった身ごろに、幅広の細かいひだの入った紐状の布2本を肩に縫いつけ、引き下ろして袖になるように縫い合わせたもの。ひだは縫いつけられてはいないが、ゴム樹脂を使ってプレス加工されていると思われる。

初期のファラオたちによって確立された、ひだをつけた亜麻布の衣類の利用と、男女が似たようなスタイルの衣服を着る慣行は、古代エジプトの衣類のおもな特徴としてほとんど変わることがなかった。特徴的な男性用の衣類は白い亜麻布のキルトで、長方形の布で下半身を包んで前で結んだ。その下には三角形の腰布シェンティ（shente）をつけて、端を紐で結ぶこともあった。キルトの長さや大きさ、つけ方は、着用者の社会的地位や時代によって異なった。古王国では、キルトはたいてい短く、ひだが入っていて、腰にさらりと巻きつけて着用した [9]。

中王国頃には長いキルトが流行するようになった。スカートといえるほど長く、腰からくるぶしまでの丈で、ときには胸元からの丈のものもあった [30 参照]。新王国時代は、男性のキルトのパネル――さらに古い時代にはスカートのはしりとしてみられた――が外で着用されるようになった [10]。このひだつきのキルト装飾品が進化して、幅広の三角形の前パネルになった [11]。エジプトの衣服では、つねに前の部分はたっぷりとさせ、男性用も女性用もすべて後ろはぴったりと合うように調節されていた[(22)]。

女性の基本的服装

エジプト古王国時代の特徴的な女性用衣類は、肩から幅広のストラップで吊った、長く体にぴったりとしたシースだった。紀元前16世紀に新しく登場したのが、短い袖のチュニックである [11 参照]。審美的な慣習から、こうした衣装は体をぴったりとかたどるようにして描かれていたが、この描写はあてにならない。実際に現存する服はゆったりと流れるようなスタイルで、動きやすくできていた[(23)]。より贅沢になった新王国時代には、チュニックがさらにたっぷりとしたものになり、外衣として着られるようになった。とくに上質の、透けてひだの入った亜麻布でできていた [12]。古代エジプトの長い歴史を通して、女性も男性も子どもも三角形の腰布をつけて紐で体に結びつけていた。

エジプトの女性の衣服の巻きつけ方は、じつにさまざまだった。言えることは、男性の衣服と同様、女性の衣服も一貫して簡素で、肩の部分が角張り、胴や腰の部分は細く、のびやかなスタイルが特徴だった。

[9]（下左）古王国時代のエジプトの彫刻。紀元前2600年頃のもの。メンカウラ王を中央に、右手に女神ハトホル、左手に行政区を擬人化した像。2人の男性像はきっちりとひだをつけた白の亜麻布のキルトをまとっている。小さい男性像と女神像はかつらをつけている。女神は袖のついたチュニックをまとい、とがった太陽円盤をかぶっている。王は上エジプトの、高さのある白の王冠をつけている。

[10]（下右）紀元前1353年頃の石灰岩の石板には、2人の男と少年が刻まれている。家族か、あるいは1人の男性の成長過程を3段階に描いたものと思われる（古代エジプト芸術は、男性の胸筋を女性の乳房並みに描いていることが多い）。左のキルトは新王国風で、三角形のひだの入ったパネルを前につけている。1000年前の古王国と同様に、新王国でも白い亜麻布のひだつきの服が描かれつづけた。

[11]（右）新王国のメリトと夫のマヤの墓で見つかった彫像。マヤは紀元前1319～1292年頃に、ツタンカーメン王とホルエムヘブ王の財務大臣を務めていた。夫婦はそろって丁寧に整えたかつらをつけ、白い袖つきのチュニックを着ている。マヤのひだつきのキルトの大きな三角形の部分が特徴的だ。この高官と、静かに数千年前を思わせるまなざしで彼方を見つめている妻の彫刻は、アクエンアテン王による宗教改革の失敗ののち、エジプト芸術が古典的な古王国モードに回帰したことを反映している。

[12]（上）紀元前1539～1292年の第18王朝時代にテーベで描かれた壁画の一場面。ベルトとかつらと宝石だけを身につけた奴隷が宴で踊る姿が描かれている。客は透き通ったひだつきのチュニックに、新王国によくみられた宝石つきの胸飾りをつけている。頭の上には、ナルド（甘松）油の入った円錐形の軟膏をのせている。ナルド油は東インドの芳香性植物（*Nardostachys jatamansi*）からとった香油である。左下の女性の楽師も、同じように香りの出る軟膏をのせている。この軟膏が溶けると、黄色い油が衣服にしたたり落ちる。楽師のチュニックにしみができていることから、このような宴で何度も演奏していることがわかる。

26　中東

[13]

[14] 庭の祝宴でのアッシリア王アッシュルバニパルと王妃。紀元前7世紀頃。王妃の袖つきチュニックに繰り返しつけられている豪華なロゼット模様、フリンジつきショールの手の込んだつづれ織り模様に注目。両者の付き添い役は、2000年前のシュメールを思わせる衣類を巻きつけている。

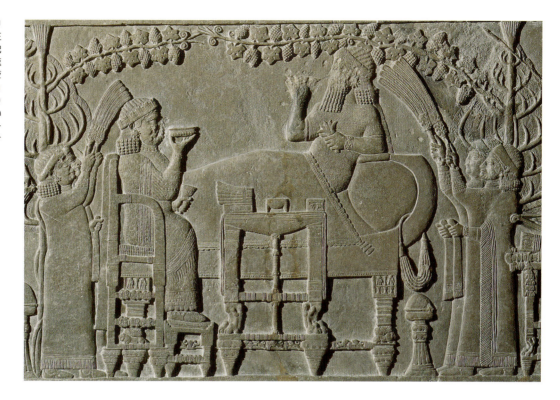

[15] 紀元前7世紀。防御用のブーツと脛当てをつけて獅子狩り（王家だけに許された遊び）をするアッシリア王アッシュルバニパル。王の馬はタッセル、幾何学模様が織り込まれた鞍覆い、防御用の詰めものになっている馬飾りで、華やかに飾りたてられている。あぶみはまだ発明されていなかったため、王の足は固定されていない。

[13]（左ページ）紀元前2500年頃の石膏の小像。親しげなポーズをとるシュメール人の男女の姿を模している。女性は右腕と肩を出すようにして、質素なチュニックをまとい、髪は真ん中分け、顔を縁取るようにして後ろでまとめている。男性の髪も同様の分け方だが、長い巻き毛が、丁寧に整えられた長方形のひげとともに胸に届いている。

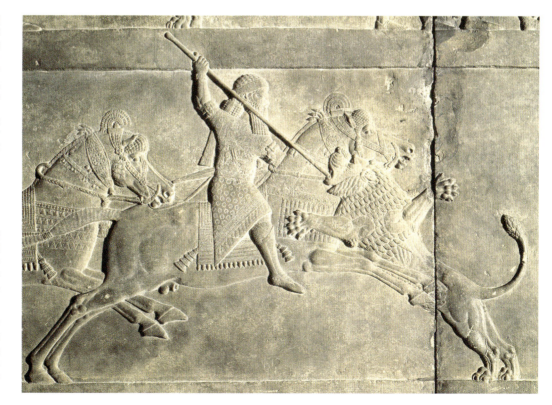

[16] 紀元前1353～1335年頃のアマルナの見事な「沈み彫り」に刻まれた、新王国時代のサンダル1足。手前の足の5本のつま先は、革新的な解剖学的な手法で描かれている。これはアクエンアテン王とその家族のみに使われていた手法で、この像のモデルは王家の女性、おそらくは王妃ネフェルティティである。

シュメール人のあいだでは、巻衣に性差はほとんどなかった。男性も女性も長い毛の布を体に巻きつけ、右肩だけを出していた[13]。1枚の布を体に巻きつけるシュメールのスタイルは、アッシリアの男性が袖つきのチュニックの上から房つきの布をまとっていたことからも、数千年にわたってつづいたことがわかる[7参照]。たっぷりと装飾のついたアッシリアの女性の装束も、同様の進化をたどった[14]。

履き物

紀元前9世紀以前には、肥沃な三日月地帯で王や神官が履き物をはいていたという証拠はほとんどなく、神々の描写にも履き物は登場しない。しかし、紀元前814年には、アッシリア王シャルマネセルのブラック・オベリスクに、足首で紐を結び、親指を輪で固定する編み上げ式タイプのサンダルが描かれている[6参照]。紀元前7世紀には、馬に乗ったアッシュルバニパル王の脚が、防御用のブーツと脛当てに包まれている描写がある[15]。紀元前7世紀から6世紀までには、新バビロニアの衛兵が足を包み込む、靴に似た履き物をはくようになっている[7参照]。

エジプトの履き物は、性別によるちがいはなかった。古代のサンダルの大半は、草と清潔なヤシの葉かカヤツリグサ（パピルス）を使い、渦巻き状に巻く技法でつくられていた。現存しているものは数多い。革のサンダルをはくことはめったになかった。アマルナ時代には、優美なサンダルをはいている人の姿が描かれている[16]。ツタンカーメンの墓では、日常的なものから特殊なものまで、百足近い履き物が発見されている[17]。

外衣

エジプトの夏の気温は高いが、冬は寒くなることもある。そのためシャツとドレスは、軽い夏用と重い冬用がつくられた。男性も女性も保温のために外衣を着た。なかには毛の服もあった[24]。

髪型

ふわふわした服を着たシュメール人の男性は、きれいにひげを剃り、剃髪していることがあるが[2、3参照]、量の多い髪を真ん中分けにし、カールした髪を胸に垂らしていることもある[13参照]。さらに、たっぷりした髪の男性は重い長方形のひげをたくわえ、縮らせている。このように形を整えたひげは、ほぼ2000年後のアッシリアの王たちの描写にもみられる。王のひげは従者のそれより大きく、凝っている。ひげのないアッシリアの廷臣は宦官だったと考えられている[6、14参照][25]。アッシリア人は、

[17] この見事なサンダルは、ツタンカーメン王の墓で見つかった未使用のものである。樹皮のついた木と生革、さらに金箔を使って、アジア人とヌビア人の捕虜がしばられている様子を描いている。8本の弓は古来からのエジプトの敵を象徴している。この装飾を選択することにより、王がずっと敵を踏みつけているさまが表現できるようになった。

[18] 墓から見つかった新王国の女性像は、細かく編んで蜜ろうでかためた髪を段々に重ねてつくった、大きなかつらをつけている。この時期の優美なエジプト女性は、フリンジつきの亜麻布のチュニックを着て、ひだつきの薄いショールを羽織るのがふつうだった。

[19]（右ページ）アッシリア
の女性の象牙像。紀元前9
〜8世紀頃。髪は真ん中で
分け顔を縁取るようにぴった
りとそろえてから、顔の両側
に長い巻き毛を垂らしてい
る。花と円盤がつながった優
美なヘッドバンドをつけてい
る。ニムルドの宮殿の焼け跡
で発見された。

ひげに油を塗って整えるのに多くの時間をかけてい
た。焼きごて、カールごてを使って、凝った巻き毛
や縮れ毛をつくり、段をつけて垂らした(26)。しかし、
後代にはスタイルが変わり、短い角刈りをネットの
ようなもので押さえるバビロニアの衛兵の髪型や、
短く丁寧に整えたひげが流行した[7参照]。

　最古の記録によると、エジプト人男性はあごひげ
を伸ばしていたという。縮れさせてヘンナ染料で染
め、ときには金糸をからめて編んだりもした。のち
に王は権力を示す公式の場で、木や金属に描いたひ
げをつけるようになった[20参照]。この王のつけひ
げは頭の上でリボンを結んでとめるもので、金色の
あご紐がついていた。紀元前3000年頃から紀元前
1580年まで流行はつづいた(27)。

　エジプトの上流階級は、初期の時代から、男女と
もに重いかつらやつけ毛をつけていた。この被り物
は飾りになっただけでなく、照りつける日差しから
着用者の頭を守る役目があり、ある意味、帽子の役
目を果たしていたのである。かつらの髪型はさまざ
まで、時代ごとに特徴があった。一般的には、時
代があとになるにつれてかつらは長くなり[11参照]、
蜜ろうでセットする巻き毛や編み込みの整え方がよ
り複雑になっていった[18]。

　シュメール人女性は髪を分け、おそらく顔を縁取
るようにしていた[13参照]。2000年近くあとになっ
ても、アッシリアの宮廷の女性たちは同じ髪型を
していた。ただし、しゃれた頭環をつけて、ずっと
華やかにしていた[19]。メソポタミアの法律が純潔
の重要性を強調し、身分のある女性たちにヴェール
の着用を強制し、女性により抑圧的な役割を課すよ
うになったのは、シュメールの時代よりずっとあと
のことだった(28)。

被り物

　古代エジプトでもっとも有名な被り物は王の冠で
[20]、下エジプトの赤冠や、上エジプトのそびえる
ような白冠[9参照]、統合エジプトの二重の王冠（赤
冠と白冠を合わせたもの）、戦いの青い王冠[33参照]

などがあった。

　メネス王で知られる頭飾りも、代々のファラオが
つけていた[21]。四角い布を折りたたんで、両端が
両肩にかかるようにかぶり、頭の後ろで余分な布を
結んでおさげのようにする。黄金のヘッドバンドで
頭巾をとめ、有毒だが聖なるヘビのアスプコブラ
（Naja haje）によって王権を象徴した蛇形記章ウラ
エルス（uraeus）をつける。

　もう1つのエジプト風頭飾りはカート（khat）で、
半円形の布をうなじにかかるように垂らして、頭に
紐で結びつけ、額のところでヘッドバンドをとめる。

　ツタンカーメンの墓で発見されているように、頭
蓋帽も着用されていたが、壁画には描かれていない。
頭蓋帽は、男女が定期的に頭を剃ってかつらをかぶ
っていた土地では、被り物として珍しいものではな
かった(29)。

　メソポタミアで紀元前3000年代後半から3000年
頃にまで繰り返し描かれた男性用の被り物は、ぴっ
たりとした頭蓋帽に幅広の厚手のバンドをつけたも
ので、バンドが光輪のように顔を縁取り、髪がすっ
ぽりと覆われる[22：5も参照]。この被り物は王もか
ぶっていたが、必ずしも地位を示すものではなく、
紀元前2000年頃の石板に描かれたハープ奏者もか
ぶっている[23]。1000年以上あとになって、7世
紀のアッシリアの王が、王権のしるしである被り物
をつけている姿が壁画に登場している。先のとがっ
た頂部装飾のついた、高さのあるトルコ帽風のもの
である[6参照]。

　メソポタミアの女性たちには、とくに好まれてい
た被り物があったようで、高さのあるもの[24]もあ
れば、何枚も重ねるもの[25]もあった。現存する嫁
入り道具の目録には24通りの装束が記されていて、
各装束に帽子が2つずつ含まれている(30)。

　古代近東の被り物でもっとも特徴的なものとして
は、エジプトのネフェルティティ王妃の優美だがシ
ンプルな王冠[26]や、ウルのプアビ女王の所有して
いた精巧な品がある[27](31)。

初期王朝期、紀元前 3000-2625 年頃

ジョセル
紀元前 2630-2611 年頃

古王国、紀元前 2685-2130 年頃

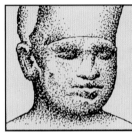  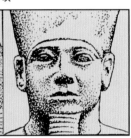

ケオプス（クフ）　　　ケフレン（カフラ）　　　ミュケリヌス（メンカウラ）
紀元前 2585-2560 年頃　紀元前 2555-2532 年頃　紀元前 2532-2510 年頃

新王国、紀元前 1539-1075 年頃

アアフメス I 世　　トゥットモシス（トトメス）III 世　　アメンホテプ IV 世　　ラムセス II 世
紀元前 1539-1514 年頃　紀元前 1479-1425 年頃　（アクエンアテン）　紀元前 1279-1213 年頃
　　　　　　　　　　　　　　　　　　　　　　紀元前 1353-1336 年頃

[20] エジプト各王朝のファラオが公式の被り物をつけた姿。とくに被り物は、メネス王を連想させる。この特徴的な被り物は髪を覆っているが、耳は出して、王権の象徴であるウラエルス（蛇形記章）もみられる。2人の王は上エジプトの、そびえたつような高さの白冠をかぶっているが、この絵では上が切れている〔9 も参照〕。ほぼ全員が儀式用のつけひげをつけているが、少なくとも 2 つの例では、この王室の象徴はとれてしまっている。

[21] 新王国のファラオ、アクエンアテンの彫像。メネス頭布をかぶり、王権の象徴であるウラエルスを飾っている。また、古代エジプトの支配者の象徴である殻竿と牧杖を持っている。それぞれ農耕と牧畜に関連しているものである。この支配者の像は、アクエンアテンの宗教改革時代に導入されたアマルナ美術の典型である。長い顔、きゃしゃな腕とたるんだ腹部などのゆがんだ姿は、なにかの象徴なのか、あるいは医学的な意味をもつのか、学者たちを悩ませている。

中 東

[22] スーサ出土の閃緑岩の胸像。幅広のバンドでとめた頭蓋帽は、メソポタミアの男性が紀元前3000年代後半にかぶっていた典型的な帽子である。

[23] 粘土版に描かれた盲目の楽師は、幅広のバンドつきの頭蓋帽をかぶっている。4000年近く前のメソポタミアの暮らしの多様な面をみせてくれる造形品の1つ。

[24] 粘土のシュメールの女性像の頭部。高くそびえるポロス（polos）という頭飾りをつけている。マリのイシュタール寺院から出土した紀元前2600年頃の作品。

[25] シュメール人の女性像の頭部。紀元前3000年代前半のもので、ディアラ流域のテル・アグラドで出土。5枚の布が段々に重なった頭巾をかぶっている。楔形文字の文献から、このような頭巾は、個別に織られた亜麻布の細長い布切れを組み合わせてつくったものだということがわかっている。

古代近東　35

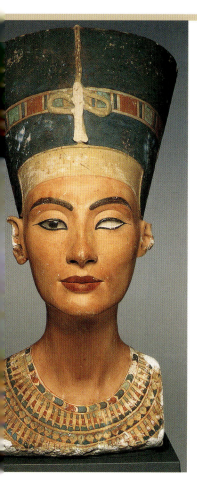

[26] 話題の多かった新王国のファラオ、アクエンアテンの正妻ネフェルティティ妃は、優美でシンプルな、高さのある王冠をかぶっていて、左右対称の美しい顔立ちが引き立っている。この胸像は紀元前1379年頃のもので、1912年にドイツ人考古学者によって、エル・アマルナのエジプト人彫刻家の工房で発見された。

[27] 紀元前2500年頃にウルの王家の墓地に埋葬されたプアビ女王の頭飾り。偽の髪の毛を使った髪飾りで支えられるなど、複雑なつくりで、数多くの部品が組み合わされている。たとえば、金のリボンが頭のまわりに何度も巻きつけられ、ラピスラズリの額飾りの紐と、カーネリアンのビーズから、金のリング状のペンダントがさがっている。金のポプラとヤナギの葉1枚1枚の先端にカーネリアン・ビーズがつき、7つのロゼットがついた金の髪飾りが頭の後ろにそびえている。髪の生え際の金のコイル状のワイヤ4本からぶらさがる大きな金の耳飾りが、この被り物をさらに豪華なものにしている。シュメール人の女王は74人の召使いとともに埋葬された。その多くが精巧な頭飾りをつけていたが、女王のそれに匹敵するものはなかった。

[28] シリアのテル・ハラフで発見された紀元前10世紀のメソポタミア兵の彫刻。兵士は頭の上で投石器を振りまわし、とがった石弾を飛ばそうとしている。この「投石兵」は強力な戦士で、200メートル先の的にあてることもできた。冶金術の発展後も、投石器は歩兵の武器のなかでもっとも破壊的な武器の1つだった。

衣料小物

メソポタミア美術では、武器以外の小物はあまり描かれていない。武器とは、投石器 [28]、金属製の斧、鎌剣、棒、弓矢 [7参照]、金属製の棒などである。エジプト美術でもっともよく登場するのは、ファラオの地位を示す棒、つまり殻竿と羊飼いの牧杖 [21参照] である。ツタンカーメン王の墓から発見された宝物のなかには、豪華なつづれ織りの手袋があった[32]。

宝飾類

紀元前2500年頃のウル王の墓の宝物のなかでももっとも印象深いものといえば、プアビ女王のビーズを細かくあしらった外衣と、ずらりと並んだ首飾り、腕輪、指輪、耳飾り、ピンがあげられる [29]。豪華な宝飾品一式は、おもにラピスラズリ、金、カーネリアンでつくられていて、青、金、赤の印象的な組み合わせになっている。同様の貴石と半貴石はエジプトの宝飾品でもみられるが、まったく異なった方法で組み合わされている [30]。エジプトの白いひだのついた簡素な服は、幅広の襟のような胸飾りによって華やかさを増しているが、この装飾部分は、ファラオに利用できる宝飾品がどれだけあるかを誇示するためのものになっていた。

1922年に世界をあっといわせた英国人考古学者のハワード・カーターによるツタンカーメンの墓の発見は、エジプト人の金細工師の技術の高さを示している。ファラオの棺の一番内側が純金でつくられていたうえ、ミイラも大量の宝飾品に覆われていた。墓に隣接する部屋の容器や箱からも、胸飾り、頭環、護符、ペンダント、腕輪、耳飾り、指輪など多数発見されている。これらの品々は、宝飾史上において、その質の高さや精巧さを超えるものはめったにないし、同等のものすらないとする専門家もいる[33]。しかし、メソポタミアで1998年に発見された紀元前8世紀のアッシリアの品は、このエジプトの宝飾品に匹敵するものであったかもしれない。

古代近東　37

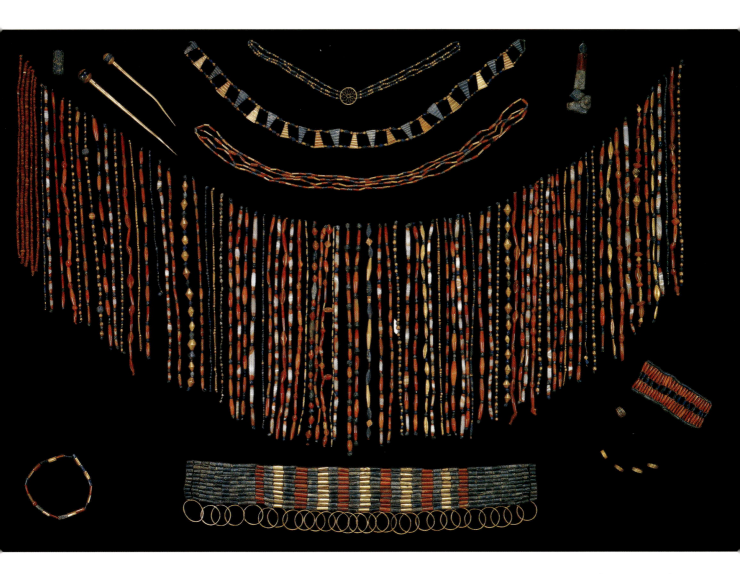

アッシリア人は金の宝飾品を好んだ。先端を動物の頭の形にしたアームレットや、手首に大きなバラの花を一輪つけた腕輪に加えて、重い指輪、耳飾り、頭環、ビーズ、ペンダント、首飾り、布製のブローチ、金でできた留め針、はては安全ピンまでつけていた(34)。ニムルドの出土品(35)からは、アッシリア人が数々の高度な技術を駆使して精巧な金細工をつくることができていたことがわかる[31]。

[29] プアビ女王のビーズのケープとさまざまな宝飾品。紀元前2500年頃のウルの王墓で出土。ふつうにはみられない重いケープは、カーネリアン、メノウ、ラピスラズリ、銀、金でできている。同様の貴石と半貴石をさまざまに組み合わせて、印象的な宝飾品の数々がつくられている。

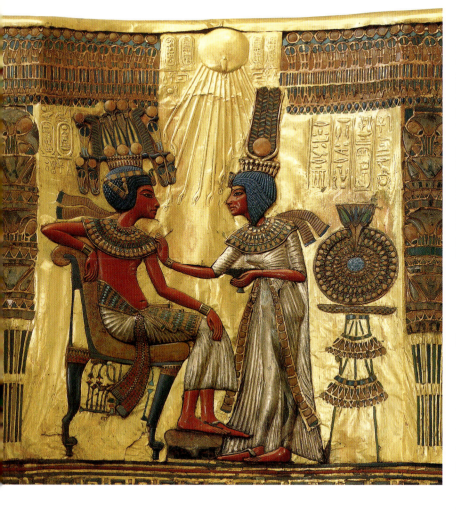

[30] 紀元前1332～1322年頃に王位にあった、ツタンカーメンの玉座の裏に描かれた一場面。ファラオは長くたっぷりとした一重のキルトをはき、二枚重ねた上着は前で合わせている。夫王に油を塗っている王妃は、ひだの入った薄い服を羽織り、胸元で結んでいる。2人とも宝石をふんだんにあしらった胸飾りに、見事な織りの技術によって、真ん中より先端のほうが太くなるように織られた飾り帯をつけている。王妃の右には、つけ襟のような胸飾りを置いたスタンドがある。

武具

紀元前2500年頃の「ウルの旗章」には、メソポタミア兵が防護用のマントと兜をつけた、シュメール軍の行進の様子が描かれている[32]。シュメール人は戦闘に戦車も使用していた。新王国までには、エジプトも戦車を使うようになったが、理想化して描く傾向にあるエジプト美術によって、戦闘シーンもかなり様式化されて描かれている[33]。1000年以上のちの、より洗練された戦車で戦闘に臨む強大なアッシリア軍は、円錐形の鉄製兜と腰丈の鎖帷子(くさりかたびら)で防護している[34,35]。

歩兵については、ヌビア人の傭兵が弓矢で武装し、整然と列を組んで進軍している姿を模した、木槨墓(もっかくぼ)の多彩色の彫像がある[36]。

特別な衣装

特定の宗教儀式でファラオの代わりを務めるエジプトの神官は、ひだのある白いチュニックに加えて、ヒョウの毛皮を右肩にかけていた。ヒョウの頭が腰のあたりにきて、尾が後ろに垂れるかっこうになる。ファラオが神官役をするときにも、そのような毛皮をまとった[36]。メンフィスにあるラムセス2世――古代エジプトでもっとも重要な支配者であったといわれている――の巨像の一部も、同様の動物の尾が描かれていたことをうかがわせる。

[31] 紀元前8世紀のアッシリアの金の宝飾品。1998年にニムルドで発見された豪華な出土品の一部である。 左上:精巧なつくりの金の王冠。 右上:留め金がからみあった蛇の頭の形になっている金の首飾り。 左下:金を織り込んだ装飾用のヘッドバンド。 右下:蛇の頭がデザインされた連結式の腕輪。

古代近東　39

[32]（左）軍の行進に参加したシュメール兵。紀元前2500年頃のウル王家の墓所から発掘された、貝殻、ラピスラズリ、赤い石灰石のモザイクでできた「ウルの旗章」に描かれている。この2つの場面は、戦いとその後の様子を表わしている。上はそろいの軍服を着た兵士の行進の図で、兵はみな、ふくらはぎまでの丈の波形のスカートに、革に金属の鋲をつけたマントを着て、頭はぴったりとした被り物、革の縁なし帽か銅の兜をつけている。

[33]（下）小さな木製の「狩猟用」の櫃に描かれた戦闘シーン。王家のウラエルスで飾られた青い戦いの冠をかぶったツタンカーメンが、当番兵を率いて、混乱して隊列を乱した敵、北シリアのミタンニ族の一群に果敢に向かっていく姿が描かれている。理想化して描く傾向があったエジプト美術のために、堂々としたいでたちのファラオと華やかに飾りたてられた馬の周辺は、すべてが落ちついて統制がとれている。

ールの粘土板にも記されている。この海路は、現在の石油争奪がはじまる前から、交易と戦いの中心であった。

アラビア半島の北部は、この地域で最大の国サウジアラビア王国が占めている。とくに原油に恵まれた国で、近年では財政的にも物理的にも、歴史上かつてなかったほどのめざましい変化を遂げている。

サウジアラビアという国名は、現在国を統治している強力なアル・サウード一族の名に由来する。1902年、亡命中の部族の長の息子で、当時21歳だったアブドゥルアジーズ・アル・サウードは、敵対していた一族からオアシスの町リヤドを奪回した。その後次々と征服を重ね、ついにはアラビア半島で対立する部族をまとめて1つの国家に統一したのである。1932年、アブドゥルアジーズ——西欧ではイブン＝サウードとして知られている——は、自らをサウジアラビアの王であると宣言する [63参照]。1953年に死んだとき、彼には34人ないし36人の息子と数えきれないほどの娘がいた。今日、サウジ王室には王子が少なくとも8000人は存在し、王女も同じくらいの人数がいる。

預言者の故郷の所有者であるサウジ人たちは、信仰の保護者として一定の生得権をもっていると自負し、できる限り敬虔に振舞おうと努力している。1970年代の石油ブームによって工業国から石油保有国に大量に富が移動したとき、湾岸諸国のなかでもサウジアラビアほど大きな恩恵を受けた国はなかった。やせた国土に国民の大半は無教育という部族社会が、貧しい隣国のあいだで突如として驚くほど裕福な国家に変わったのである。まもなく、まったく新しいインフラの必要性に迫られることになった。結果として、21世紀の技術が封建制の王国に輸入され、それとともに西洋の思想、現代的な建物や都市計画などがもたらされた。今日のサウジアラビアは、イスラーム教と進んだ技術というあり得ない組み合わせが融合した国家になっているが、サウジ人と保守的な近隣諸国の衣服にはほとんど影響していない。

現在のゆったりとした簡素なカフタン風の服と保護用の被り物というアラブの衣装は、預言者の啓示より以前の中東にも存在したが、慎み深い装束が維持されてきたのは、イスラーム教の厳しい教えの表われであるといえる。預言者によって定められた習慣と伝統によって、衣服は、定められている1日に5回の祈りに必要な動きと姿勢にふさわしいものであるべきとされた。サウジ流のイスラーム教解釈による祈りは、立った状態で最初に何度か礼をしてから、額と鼻を地面につけてひざまずいて拝礼する。すべての動作を行うあいだ、体にまとわりつかず、体を隠す衣服がよいとされる(8)。さらにイスラーム教の教義では、すべての男性は神の前で平等であるとされている。その結果、サウジの男性は社会的地位にかかわらず、みな飾りをつけず、同じように質素に装う [38参照]。サウジの王子の衣類の布地も、地位の低い平民よりはるかに上等なものだが、仕立てや装い方は同じなのである。

しかし、女性の衣服を理解するには、イスラーム文化の価値観が男性優位の考え方に基づいていることを認識しなければならない。この価値観は遊牧民の戦いやイスラーム教の教えに根づくものである。コーラン（クルアーン）には次のような一文がある。「慎しみぶかく目を下げて、（……）外部に出ている部分はしかたがないが、そのほかの美しいところは人に見せぬよう。胸には蔽いをかぶせるよう」（24章31節(9)。井筒俊彦訳、岩波文庫）

被り物は女性の衣服でもっとも特徴的な要素だと考えられがちだが、サウジアラビアのようなより原理主義的なイスラーム国家では、全身を隠すことが重要な点であるようだ。根底にある理由を充分に理解するには、男性の保護下にある女性全員（母親や姉妹、娘たち）の貞節が、その男性個人の、そして家族の栄誉になることを認識しなくてはならない。そのため、未婚の男性と女性の関係はひじょうに注意を要するものとなる。また、メッカの聖地が近いことから、サウジでは公の場での社会的習慣が厳格に守られている。

染織文化がしっかり根づいた地域をめぐり、
伝統的な技法や創造性に満ちた織物の世界を探訪！

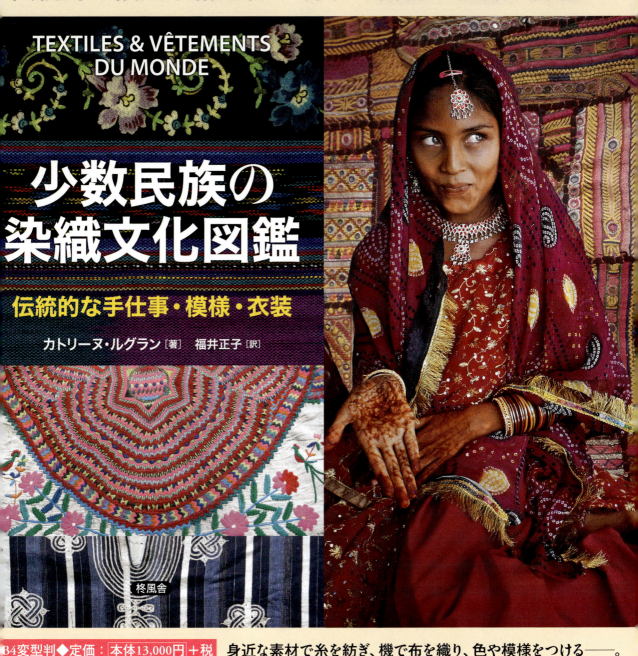

TEXTILES & VÊTEMENTS DU MONDE

少数民族の染織文化図鑑

伝統的な手仕事・模様・衣装

カトリーヌ・ルグラン [著] 福井正子 [訳]

柊風舎

B4変型判 ◆ 定価：本体13,000円＋税
240ページ ◆ フルカラー
ISBN978-4-903530-58-1

身近な素材で糸を紡ぎ、機で布を織り、色や模様をつける──。
風土に合った固有の民族衣装には多様なスタイルがあり、
独自のアイデンティティと手仕事の技が生きている。
いまも人びとの生活の一部としてある織りと染めの魅力を
多数の写真とともに紹介する。

柊風舎（しゅうふうしゃ）
TEL 03(5337)3299
FAX 03(5337)3290
東京都新宿区上落合1-29-7 ムサシヤビル5F

本書の特色

- 伝統的な織物に魅了された著者が、各地を訪ね、衣服や装飾品の多様性や、人々の生活に密着した染織技術を記録。
- 模様や色、形に込められた意味や民間伝承も紹介。
- 衣服や装飾品はもとより、染色工房の親方や針仕事にいそしむ女性たちなど、少数民族ならではの生き生きとした表情をとらえた約700枚のカラー写真を掲載。
- イラスト画で民族衣装の細部を解説。
- 巻末に用語解説、索引を付記。

✳ 星、点々、縞の模様をちりばめる

ベナンの藍染の布は、まるで夜空のように無数の小さな点で飾られていることが多い。あるいは幅広のストライプ柄も多く、伝統的に顔面につける瘢痕に似ている。この模様は、どちらも絞り染の技法で生みだされる。ハウサ（Haoussa, Hausa）系の男性は、糸そのものを先に染めてから、豪華なバーニュ（腰に巻く布）や縞柄のブーブー（長衣）を織る技法を好んで用いる。

星をちりばめたような藍

点々と星で埋め尽くされた藍の銀河。すなわちブランギの技法によって生じる体に特定のパターンを施すために、別糸てから染める。

生成りの布を買うために紡績工場に立コラスは、バーニュにする布をくくる若いる村へ連れて行ってくれた。ここで会は、村の「絞り染のくくり」専門の女性得意とするパターンをくくることができ分をおこなっている。

マティルデは、木炭で布に印をつけて。し指を使って布を円錐状につまみ、米組合成繊維の糸でくくりながら、その円錐たり、間隔をあけたり、連続的なパターく。糸でくくる前に、小石やタカラガイ々包んで指でつまみ、いろいろなデザインることもできる。

布全体をくくり終えるのに1週間、紙に丸まった布をコトヌーの工房にもって約5.5mの布で1枚のバーニュ、また紙で服の上下とヘッドスカーフという「スレを作ることができる。

★ベトナム、花モンの衣装

チュニックはT字形に裁断する。機織りの幅が80cmしかなく、チュニックの袖の一部（ひじから手首まで）ははぎ合わせる。服の首まわりと肩そして脇の下には布ループの留め分がつく。詰め襟は、細長いブレードでこしらえる。左右非対称の胸当ての部分は、扇形（スカロップ）のブレード、リボン、刺繍入りの帯で飾りたてる。装飾の細部は村により異なり、かつ市場で入手できるブレードに限られる。チュニックの袖口の部分もブレードで飾り、丈夫にするために目立つ色の見返し布でふちどる。

刺繍とブレードで飾りつけた2枚のエプロンは、スカートの前とうしろに着用する。

「千本のプリーツ」のスカート。プリーツにする前の布は、幅が5mぐらい、丈は70cmぐらいである。プリーツは3段になっており、1段目の生地は藍染の無地の麻布。2段目はバティック模様を施された麻布。3段目は中国製の木綿布で、小さなバラ、リンゴの花、ボタンの花、羽を広げた鶴などのプリント木綿布がパッチワーク状に縫いつけられている。スカートの裾は、藍が濃紺の細長い布で仕上げる。

刺繍を施した長いレギンス。

上：カラフルな衣装に身を包んだキーという名の少女。鮮やかなプラスチック製のビーズやシークインのフリンジをあしらって、チュニックを飾りたてている。彼女のスカートはギャザー入りである。
下：作りたての縫香は、プリーツスカートのようにひろげて天日乾燥させる。

◎ベトナム、ラオス
[いろいろな民族、

- 丹精こめたプリー
  無数のプリーツ
  チュニック／藍

- ステッチのことに
  刺繍／種子の刺繍
  ／ルーとラオ民族
  バージャケット

- 重要な細部
  タッセルとポンポのすべて／エス

◎オリッサ、ラジャ
[インドの多彩な色

- インドのプリント
  綿花畑で／木版打
  ／泥と藍

- 星、ストライプ、
  綿のサリー／サリ
  ミラーワークの刺
  ターン様式／ジュ

◎メキシコとグアテ
[マヤ系のモザイク

- アイデンティティ
  藍／マヤ系民族の

世界中の文様を3000年のタイムスパンで通観!

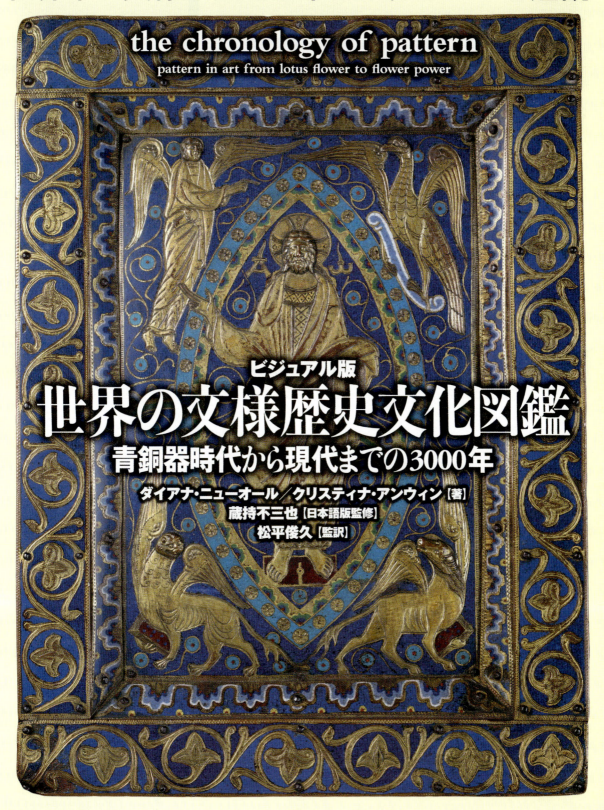

the chronology of pattern
pattern in art from lotus flower to flower power

ビジュアル版
世界の文様歴史文化図鑑
青銅器時代から現代までの3000年

ダイアナ・ニューオール／クリスティナ・アンウィン【著】
蔵持不三也【日本語版監修】
松平俊久【監訳】

東京都新宿区上落合1-29-7 ムサシヤビル5F
Tel: 03-5337-3299　Fax: 03-5337-3290

柊風舎

A4変型判◆定価：本体13,000円＋税
288ページ◆フルカラー
ISBN978-4-903530-93-2

本書の特色

1. 紀元前1100年から現代までの装飾物——衣類、宝飾品、織物、壁紙、家具、陶磁器、絵画、彫刻、建築物など——に見られる文様に込められた意味と、文化的・歴史的・社会的背景を探る。
2. 東西交易による交流や文化の伝播によって、変形・再生・合体を繰り返しながら生み出されてきた文様の様式と発達を通観する。
3. 細部の説明が必要な芸術・建築作品については、文様の各部分を拡大して分析（本書の構成❷を参照）。
4. 文様の刷新を推進するのに重要な役割を担った人物を取り上げて紹介（本書の構成❸を参照）。
5. 巻末に、年表・用語解説・引用／参考文献・索引を掲載。

❶ 基本のページ
文様と装飾物をテーマや年

❷ 文様の細部に注目するページ（主要目次の青字部分）
装飾物全体を示してテーマや背景を述べ、文様の細部を拡大して詳細に検討する。

❸ 文様の刷新
デザイナー

【著者】
ダイアナ・ニューオール（Diana Newall）
美術史家。ロンドン大学付属コートールド美術研究所で博士号を取得。現在、国立ケント大学美術学部非常勤講師。著書に *Appreciating Art*（2008）、共著書に *Art History : The Basics*（2007）がある。現在はクレタ島北部の海港カンディアの文化的発展に関する本に取り組んでいる。

クリスティナ・アンウィン（Christina Unwin）
ユニヴァーシティ・カレッジ・ロンドン（UCL）で考古学、ロンドン・カレッジ・オブ・プリンティングでデザイン学を修める。デザイナー・イラストレーターとして、書籍・雑誌、企業ロゴ、音楽CDのブックレット、考古学的遺産の復元図、展覧会のポスターやパネルなど多岐にわたって活躍。共著に *Boudica : Iron Age Warrior Queen*（2005）がある。

【日本語版監修者】
蔵持不三也（くらもち・ふみや）
1946年、栃木県今市市（現日光市）生まれ。現在、早稲田大学人間科学学術院教授。文化人類学専攻。著・編著：『神話・象徴・イメージ』（共編著、原書房）、『英雄の表徴——大盗賊カルトゥーシュと民衆文化』（新評論）ほか多数。

【監訳者】
松平俊久（まつだいら・としひさ）
1974年、栃木県佐野市生まれ。現在、早稲田大学総合研究機構客員次席研究員、同大学文化構想学部兼担講師、同大学日欧研究機構客員研究員、自治医科大学看護学部・女子栄養大学栄養学部非常勤講師。造形人類学、ヨーロッパ文化論・文化史専攻。

本書の構成

とにグループ分けし、様式・起源・意味・機能を解説する。

進した人物のページ（主要目次の赤字部分）

家・建築家の作品や創作姿勢を紹介し、その人物の生涯を追う。

主要目次

◆序文
◆前1100－後300年【先史時代から古典時代まで】
概要／貴族の儀式用文様／文様の細部 古代の花の力／聖なる果実と花／変幻する怪物と竜／文様の細部 生と死の文様／花、葉、ラビリンス／鏡の文様／渦巻き文と複雑な雷文／文様の細部 魅力あふれる縁飾り
◆300－700年【中世初期】
概要／宇宙を表す文様／力と富の象徴／通文化的デザイン／文様の細部 救済と楽園の文様／きらびやかなしるし
◆700－1100年【中世】
概要／覆い尽くす葡萄蔓／魅惑する頁／躍動感ある組紐文／壮麗なメダイヨン／力をもつ動物／文様の細部 楽園の文様／花、渦巻き文、竜
◆1100－1400年【中世後期】
概要／神の文様／文様の細部 天上の葡萄蔓と渦巻き／文様の細部 楽園の文様／紋章の文様／コスマティー族／ランパ織のすばらしい文様／文様の細部 教会の装飾／イスラーム文様の台頭／文様の細部 崇高な視線のための文様
◆1400－1500年【15世紀】
概要／文様の細部 宮廷の文様／金を使った贅沢なデザイン／フランボワイヤン（火炎式）・ゴシック／光り輝く陶器の文様／文様の細部 古典的な豊穣の角と渦巻き／レオン・バッティスタ・アルベルティ／ハス、菊、牡丹／鳥と三角形
◆1500－1600年【16世紀】
概要／室内装飾／個人で楽しむ文様／輝きを放つグロテスク文様／ニコレット・ダ・モデナ／文様の細部 花のアラベスク文様／ひねり、質感、織物／葉と花、サズ様式／公私の文様／文様の細部 インドの宮廷デザイン／文様の細部 劇的なるものと聖なるもの
◆1600－1700年【17世紀】
概要／室内装飾の文様／イニゴー・ジョーンズ／幾何学文様、アラベスク文様、花のモチーフ／様式化され、ちりばめられた動植物／花の完成度／文様の細部 幸福と長寿の象徴／個人的空間の文様／王室趣味のデザイン／あこがれの文様／文様の細部 結婚許可証／華やかなバロック／文様の細部 豪華な渦巻き文
◆1700－1800年【18世紀】
概要／幻想的な構成／ジャン・ルヴェル／愛国主義の文様／洗練の構図／シノワズリー／文様の細部 宮廷風の花／ジョージ王朝風の好古趣味／ジョサイア・ウェッジウッド／文様の細部 ローマ風デザインの再生／ロバート・アダム
◆1800－1900年【19世紀】
概要／ネオゴシックの文様／文様の細部 アメリカン・キルトの構図／オーガスタス・ピュージン／19世紀のリバイバル／パリの高級ファッション／ウィリアム・モリス／必然性が生みだす美しい文様／手の込んだ文様／花・鳥と織物／松、花、竹、鯉／ルイス・ヘンリー・サリヴァン／衣服を飾る神話の動物／アントニ・ガウディ／流動性と抽象化
◆1900－2000年【20世紀】
概要／新しい幾何学／母なるロシアの文様／大胆な色と抽象主義／民衆のための文様／モダンの図解／グンタ・シュトルツル／文様の細部 ヒンドゥー教寺院の文様／地図、花、鏡／実用的な文様／デジレ・リュシエンヌ・デイ／ビバ／ザンドラ・ローズ／タータンチェック／生まれ変わった花／ネオバロック様式／幾何学と有機的抵抗
◆2000－2011年【21世紀】
概要／転換期の近代性／ポール・スミス／グローバル・デザイン／プリントの可能性／揺れ、流れ、花／地球、月、宇宙
◆付録　年表／用語解説／文献／図版出典／索引

推薦します！
(五十音順)

染め織りを通して考える、ほんとうのものづくり
琉球大学教育学部教授　片岡　淳

「ものとものづくり、そしてその利用」について、脈々と伝える人々の笑顔の奥にあるものを、いま一度探ってみる時がきている。産業革命は、人類にとってほんとうに革命であったのだろうか。昔のものはほんとうに古くさく、捨て去るものだろうか。

この本を開くと、インド・インドシナ半島、中米、中欧、そしてアフリカ各地の鮮やかな衣装の写真と挿絵が飛び込んでくる。

鮮やかな写真を見ると絹や麻、木綿をつくりだす風景や人々の表情までもが伝わり、染織の材料や道具、そして技法まで貴重な聞き取りを含めた、きめ細やかな情報を読み取ることができる。まるで世界の染織の旅をしているようだ。

染織品を紹介する本は数多くあるが、著者は染め織り技術をしっかりとらえ、服飾が現在まで確かに継承され、それを受け継ぐ人々の生活も丁寧に紹介している。

写真で表現できないところは衣服の表裏を注意深く描き、服飾を研究しているものにはたいへん役に立つ構成になっている。

布を知り、敬意を払うことのできる美しい書物
法政大学社会学部教授　田中優子

布は単なる実用品でも、単なるおしゃれの道具でもない。手と身体と、深く記憶された風景と、身についた技能と、リズムと、自然との交流と、そして羽ばたく想像力から生み出された民族文化のしずくである。

布は、植物と昆虫と樹木と草と花と太陽と風と雨と土の贈り物である。その贈り物を形にして、人の世に送り出してくれる染め手や織り手や刺し手が、かつては世界中にいた。今はわずかしかいない。人知れず、山の奥や川べりや町の片隅で、この世に虹を送り出している。

衣装は、グローバリゼーションの中で消えつつある民族の身体である。その、自然と民族の歴史が結晶している輝きを、本書は余すところなく伝えてくれる。私たちがそれに近づきすぎても、遠ざかりすぎても、この虹は消えてしまう。近づき買いあさることによって金銭に還元され、見せかけだけの商品になってしまうからだ。遠ざかり忘れることによって誇りを失い、受け継ぐ者がいなくなり、やがて消滅してしまうからだ。乱暴につかめば消えてしまうこの虹を、私たちはまず充分に知ることから始めなければならない。

本書は布を見つめ、感嘆し、知り、敬意を払うことのできる美しい書物である。

柊風舎　出版案内

世界の民族衣装文化図鑑
1 中東・ヨーロッパ・アジア編
2 オセアニア・南北アメリカ・アフリカ編

パトリシア・リーフ・アナワルト＝著
蔵持不三也＝監訳

B4変型判／各320ページ／フルカラー
定価：各巻 本体15,000円 ＋税
ISBN978-4-903530-49-9/50-5

世界の少数民族文化図鑑
失われつつある土着民族の伝統的な暮らし

ピアーズ・ギボン＝著
福井正子＝訳

B4変型判／192ページ／フルカラー
定価：本体13,000円 ＋税
ISBN978-4-903530-42-0

書店名	注文書	**少数民族の染織文化図鑑**　定価：13,650円（本体13,000円）　冊 申し込みます お名前　　　　　　　　　　　　　　　　tel. ご住所

柊風舎（しゅうふうしゃ）
〒161-0034 東京都新宿区上落合1-29-7 ムサシヤビル5F
TEL 03(5337)3299　FAX 03(5337)3290

アラビア半島 45

[40]（左端）トーブは長く、ほっそりとしたカフタン調の衣服で、風通しがよい。丈148cm、幅160cm。

[41]（左）長い綿のシャルワールは、白い綿Tシャツと、西洋式のような前あきではないボクサーショーツとともにトーブの下に着る。写真の衣服はすべてシリア製。
シャルワール：丈96cm、幅70cm。

男性の基本的服装

　サウジ男性の標準的な服装が、アラブの衣服の基本になっている。強い日差しを避けるために全身を覆い、体内水分量を保つために重ね着をする。通常は、トーブ（thobe）とよばれる、長くほっそりとした、装飾の少ないシャツドレスタイプの衣服を着用する。これは白い綿製だが、冬には、軽い羊毛やポリエステルでもつくる[40]。トーブの下にはシャルワール（sirwaal）という、ウエストがゴムになっている長いズボン下をはく[41]。トーブに加えて、容赦なく照りつける日差しと風に吹きつけられる砂を防ぐために被り物をつける[38、39参照]。対照的に、半島の南西端に住むイエメン人は、丈がふくらはぎまである巻きスカートのフータハ（futah）に綿の上着を合わせ、ゆったりとターバンを巻く。イエメンの多くの場所では、男性は欧米製の羊毛のジャケットを冬も夏も着ている[42]。近くにあるサウジアラビアのアシール州の山地では、ヒツジ、ヤギ飼いがキルト風のスカートをはくが、髪は覆わず、芳香性のある花と葉の冠で飾るため、「花をつけた男たち」というあだ名がついた[43] [(10)]。

[42]（左）高地地方のイエメン人。ヘンナでひげを赤く染め、この地方特有の巻きスカートにゆったりとした上着、欧米製の羊毛のジャケットを着ている。肩には、袋がわりにもなる白い布を掛けている。祈禱用の数珠を曲線状の銀の短剣からぶらさげ、銀の蓋をした120cmのパイプを左手で持っている。この地方でよくみられる履き物には、捨てられたタイルからつくったつま先の四角いサンダルがある。

46　中東

[43] サウジアラビア南部アシール州の辺鄙な山間部に住むカハタニ族のヒツジ、ヤギ飼いの一団。地域の部族間の確執がなくなり、男性的な美しさにより多くの時間がかけられるようになった。目に陰影をつけ、髪を整え、香り高い花とみずみずしい葉、芳香性の植物で飾った多彩色の毛のイカール(ヘッドバンド)をつける。

女性の基本的服装

　中東ではイスラーム教が興るずっと前から、家から外に出るときに体を包むような外衣を着るのが習慣だった。この数千年にわたる伝統は、現在にいたるまでアラビア半島に浸透している。都市の女性たちは、全身を包む黒いアバィヤ(abaya) [44、45] と、中を見通すことのできないヴェールで、顔と体が実質的に誰にも見えない状態にして、気軽に通りを歩いている。衣服がなんであれ、公の場では髪を習慣的に覆い、顔には通常ヴェールをかける [46；38も参照]。この規則があてはまらない例のほとんどは、半島の南端でみられる [47]。

　イスラームの習慣のなかでも、西欧で一番理解されないのが、女性がヴェールをかぶる習慣である。イスラーム教の命令であると思われているヴェール、つまりブルカ (burqa) は、実際には文化の産物である。預言者はたしかに女性たちに慎みを守るようにと命じたが、その対象となるのは髪と胸であって顔ではない。ヴェールの厳密な起源は知られていないが、この習慣は紀元前1100年の昔にアッシリア人によって記録されており[11]、当時は宗教的な理由からではなく、出産年齢の上流階級の女性たちを好色な男たちの目から保護することと、法令によってヴェールをかぶっていなかった「奴隷、召使い、売春婦」と区別をつけることが目的だった。

アラビア半島 47

[44] 現代のアバィヤの外衣は必ず黒である。藍で3度染めていた、古代の最高級の高価な織物への回帰であろう。ゆったりとした現代の外衣には、脇の縫い目の1番上に、片手で合わせて着られるように、手を通すスリットがある。腰のあたりを短くすることもできる。サウジアラビア東部州ダンマーム、2001年。丈187cm、幅184cm。

[45] すっぽりと体を包む薄織りのアバィヤは、頭からかぶって着る。開いているのは裾と袖口だけである。わきの下部分の赤いまちは、身ごろと同じ薄織りでできている。わきの下のまちは、中央アラブの女性の衣服の一番の特徴である。サウジアラビア東部州フフーフ（ホフフ）、1975年。丈167cm、幅216cm。

[46] オマーンのベドウィン女性たち——この写真にあるサララ地方の部族の女性は、香炉に色をつけている。衣服はアラビアでよく見かける色彩豊かなものである。服とヘッドスカーフは市販のプリントで、ヘッドスカーフはテーブルクロスに似ているが、手の込んだ仮面のようなヴェールは、この女性自身の手づくりである。

[47] 若いラビーア族の少女2人は顔にはヴェールをつけず、まっすぐな前髪を見せている。伝統の麦わら帽をかぶり、藍で染めた部族の被り物をかぶっている。サウジアラビアのアシール州山地の孤立した地方では、一般的にアラブ人女性の特徴となっているような行動の抑制はほとんどない。

48 中東

[49] 銀貨と銀の装飾を合わせたベドウィンの仮面。2001年、サウジアラビア、ジェッダで購入。長さ20cm、幅21cm。

[48] 中心のモチーフにコインをあしらったベドウィンの仮面。2001年、サウジアラビア、ジェッダで購入。長さ35cm、幅24cm。

今日、とくに半島北部の年配の女性たちのあいだでは、なんらかのヴェールは男性の被り物と同じくらい当たり前になっている。ヴェールのスタイルは、ベドウィンの女性たちの重く、仮面のように顔を覆うもの[48、49]から、硬い布地に刺繍やビーズ、コインで飾りをつけたもの、都市部の女性たちの黒の重い絹でできた簡素なヴェールや、金属糸の刺繍を施した絹のヘッドスカーフまで[52、53]さまざまである。都市部の絹のヴェールは、着用者の目しか見えないようにできており、1番上に取り外しのできる黒い薄布をつけて、引き下ろして顔をすっぽり覆うことができる[50、51；38も参照]。

アバィヤの下には、都市部の女性は控えめな、市販の西洋風のドレスを着る。対照的にベドウィンの女性の伝統的な服[54〜56]は、男性のトーブに似たカットの、シャルワール[57]の上から着るもので、凝った刺繍と金属糸で色彩豊かな装飾が施されていることが多い。イスラームの規範はこの装飾の位置を定めており、境界はアバィヤの下に着たときに唯一外に見える、首まわりのヨークと袖口である。

地味な外衣ときわめて対照的なのは、サウジアラビアの超モダンなモールでみられる現代風、西洋式の下着である。これは、サウジの衣服の制限は外に見えるものだけに適用されると解釈する人もいることを示唆している[12]。

[50]（左）現代の都市部の女性の黒い絹のヴェール。頭の後ろで紐を結び、目だけをだすタイプ。このフェイスカバーについている取り外しのできる薄いヴェールは、引き下ろすと着用者の顔がすっぽり隠れる。2001年、サウジアラビア北部国境州ダンモン。長さ71cm、幅50cm。

[51]（上）オマーンのベドウィンのヴェールは仮面状で、藍で染めて磨きつやをだしてある。目のあいだの穴に補強芯を入れると、くちばしのように見える。この隆起部分は仮面の長さ分である[46参照]。サウジアラビア、1975年頃。長さ15.9cm、幅22.8cm。

[52] 黒い絹と薄いチュールネットでできたヘッドスカーフ。銀の金属糸で機械刺繍が施されている。サウジアラビア東部州フフーフ、1975年。長さ120.5cm、幅86.3cm。

[53] 金の金属糸で機械刺繍が施された黒の絹のヘッドスカーフ。これで髪を覆い、顔にはヴェールをかける。サウジアラビア、1986年。長さ134.6cm、幅66.7cm。

アラビア半島　49

[54] 青いサテン織りの布地に、首まわりのヨークと、袖から袖口へとつづく金の金属糸の刺繡がよく映えている。サウジアラビア東部州フフーフ、1975年頃。
丈129.5cm、幅144.8cm。

[55] アシール風の黒いビロードのドレスは、赤いサテン地のわきの下のまちが特徴的。脇の三角布から裾に向けて放射状に線がのびている。サウジアラビア、アシール州タイフ、1975年頃。丈132.7cm、幅129.5cm。

[56] 赤いビロードのアシール風ドレスの刺繡は、[55]と同じ指定位置にみられるが、より凝ったスタイルになっている。また、アシール地方に特有の配色が、刺繡糸の赤、緑、黄、銀によって再現されている。サウジアラビア、アシール州タイフ、1975年頃。丈142.2cm、幅129.5cm。

[57] 横になったりしゃがんだりしてくつろぐのが好まれ、仕事では集めたり、運んだり、織ったりと骨の折れる動きをするベドウィンの社会では、下着は動きやすく、慎みのあるものでなくてはならない。女性のシャルワールはこれらの条件を兼ね備えている。股部分のまちがたっぷりしている「下履き」で、ゆったりと座ることができる。サウジアラビア、アシール州タイフ、2001年。丈90cm、幅85cm。

[58] 伝統的なサウジのサンダルはラクダの皮でつくられることが多い。
小：長さ21cm、幅9cm。
大：長さ30cm、幅12cm。

外 衣

伝統的な男性の外衣は、ラクダの毛を細かく織りあげた布か、輸入した英国産毛織物でつくった大きな四角の外套ビシュトゥ（*bisht*）である。ビシュトゥは黒い紐か金の編み込みの縁取りがついている[59]。金の編み込みの縁取りのものは、とくに政治や宗教界の要人が身につけるものである[60]。

簡素な黒のアバィヤに加えて、祝祭では特別な装飾を施した外衣を着る女性もいる[52、53参照]。優美な外衣は、ビーズや金属糸による色彩豊かな細かい刺繍で飾られていることが多い。

履き物

現在もっともよくみられる男性の伝統的な履き物は、ベドウィン・サンダルとよばれるもので、親指部分と平たい革底が特徴的である[58]。暑く湿気の多い沿岸部では、ヤシの葉でつくった簡素なサンダルが今でもときどき使われている。獣皮でつくったものほど丈夫ではないが、履き心地はずっとよい。

髪 型

アラブ男性のほとんどは、あごひげか口ひげをたくわえ[38参照]、髪はかなり短くしている。女性の髪は、家族とほかの女性だけが特別な祝いの場でみることができる。民族舞踊が披露される女性の結婚祝いのパーティなどがその例で、余興は必ず女性によって女性のために行なわれる。そうした場で踊る地方独特の踊りはアル＝ナイシとよばれる。「髪を払う」という意味である。踊り手は腰まである髪をおろし、太鼓の音に合わせて頭の周りできれいな弧を描くように振りまわす。ときには客も髪をだして、音楽に合わせて前後に振ることもある[13]。

[59] 床に届く丈の外套は、ラクダの毛を細かく織りあげた布か英国製の毛織物でつくられ、ケープのように肩に掛けてまとう。縫い目にある小さなスリットは、必要なときに手をのばすためのもの。色は天然の毛の色の黒か茶、まれに黄褐色やクリーム色である。
黒：丈154cm、幅148cm。
茶：丈153cm、幅171cm。

アラビア半島　51

[60] 1920年、スルタン不在時の国を治めるために4人の「内閣」として設立されたオマーン国家諮問議会。1928年のメンバーは宗教担当のラシッド・ビン・ウザイーズ・アル・クサイビ、ムトラ行政区長官のサイード・ムハマド・ビン・アーマド、財政担当大臣ベルトラム・トーマス（英国はオマーンと長く充実した関係にあった）、司法裁判担当のシャイク・ズバイール・アリ。金の縁取りのある高級なビシュトゥに注目。

被り物

　ヘッドスカーフは男性の衣装の重要な要素である。デザインと、とくに着用方法によって、着用者の出身がわかる。サウジ式は3つの品を組み合わせて着用する。1) 白い頭蓋帽のガフィーヤ（*gufiyah*）ないしターキーヤ（*taquya*） 2) 三角にたたんで頭蓋帽の上につける四角い布ゴトラ（*ghutra*） 3) ゴトラをとめる黒い縄または紐でできたリング状のアガル（*agal*）[61、62]。高位の要人が身につけるときには、金糸に覆われた紐数本でできたアガルを使うことが多い[63]。被り物の別の形として、おもに半島南部の国々で着用されているターバン〔ガタラ〕がある。長いヘッドスカーフを何度も頭蓋帽の上に巻きつけてとめる。成人男性も少年も頭蓋帽だけのこともある。イスラーム教徒の男性はこの帽子を、祈りのときに頭を隠すために使うこともある。

[63] サウジアラビア初代国王イブン＝サウード。特徴的な金糸でできたアガルを二重につけている。金糸製は、ゴトラをおさえる役目の一般的な二重の黒のバンドの豪華版。背景に見えるのは、古代の壁に囲まれたオアシスの要塞ディライヤ。アル・サウード一族の最初の都である。

[61]（左端）白い小さな頭蓋帽ガフィーヤ。上：高さ7.3cm、直径14cm。中：高さ6.3cm、直径15.2cm、下：高さ8.2cm、直径19.6cm。

[62]（左）三角形に折って使う綿の頭巾ゴトラは、頭蓋帽の上にかぶる。黒と白：長さ113cm、幅111.7cm。赤と白：長さ113cm、幅101.5cm。
　アガルは通常2本の黒い輪で、被り物をとめる。凝ったつくりのものは要人がつける。黒：高さ1.2cm、直径34.7cm。銀：高さ5.7cm、直径22.8cm。

[64] アル・ワッハーブ派部族の男が、凝ったつくりの曲がった短剣を装飾のついたベルトにさしている。ベルトを巻いているのは、ディシュダーシャ (dishdashah) という、サウジのトーブをもっとゆったりさせたオマーンの衣装。男はかなり古いライフルも持っている。ベドウィンの男性の装束ではよくみられる装身具である。

[65] ヴェールと宝飾品のいくつかをつけたアル・ワッハーブ派部族の女性。キュウリ形のペンダントにはコーランの断片が入っている。中が空洞の大きな銀の腕輪は、とくにオマーンでよくみられる。おそろいのアンクレットとともに身につけることが多い。アンクレットのなかには小さな石が入っていて、着用したときに音がする。

衣料小物

男性は祈禱用の数珠を持つこともあるが、一番の装身具はハンジャル (khanjar) ——イエメンではジャンビーヤ (jambiya) ——という、たっぷりと装飾を施された曲線状の銀の短剣で、精巧なつくりのベルトにさして装着する [64；42、60も参照]。ほかに好まれているのは弾薬ベルトである。ライフルやピストルも、ベドウィンの男性の装束にはよくみられる。事実、品評会、市場、ラクダのレースなどのベドウィンの集まりでは、これから戦いがはじまるのかと思うほどの、武装した集団がみられる[14]。

宝飾類

アラビア半島の市場でみられる宝飾品の大半は、銀または金製である。石油ブームの前には、花嫁は重く低品質の銀の宝飾品で飾られていた [65]。イエメンと周辺地域のユダヤ人の金・銀細工師によって、半島じゅうに出回っていたものである。今日では、おもに西欧からの移住者たちが、サウジや近隣諸国が放棄したベドウィンの宝飾品を集めている。

結婚に同意したアラブの花嫁は、花婿から高価な金の宝飾品の贈り物を贈られる。宝飾品は女性だけの財産になり、基本的には離婚した場合の慰謝料になる。サウジの金市場では、陳列ケースに18、21、24カラットの金の宝飾品が多数飾られている。現代の花嫁は、21カラットの胸当てを受け取る。キルダン (kirdan) とよばれる、しばしば本物のコインに見える金製の儀式用品をつないだもので、首からかけてへそのあたりにかかる長さである [66]。この特徴的な宝飾品には、合わせてそろいの指輪、腕輪、大きな耳飾りをつける[15]。そうした大量生産品にみられる仕上がり具合は価格とは関係がなく、厳密に重さと、国際市場しだいで日々変動する金相場とで決まる。しかし、注文製作の宝飾品のでき栄えは、よりこまかで上質な細工の価格に影響する。

[66] 2001年1月、サウジアラビア、ジェッダの金市場に陳列されていた多彩な宝飾品の一例。大量生産された宝飾品は重さによって、国際的な金相場と連動する価格で販売される。

特別な衣装

サウジは、年に1度、メッカへの巡礼ハッジという、物流上の一大事業を組織している。毎年200万から400万の巡礼たちが、毎分1機ずつ到着する飛行機でジェッダにやってくるのだ。4日間の聖なる儀式に入るときには、男性は2枚の継ぎ目のない布から成るイフラム（ihram）という衣服を着る [67]。現在では白い、テリークロスに似た綿素材でつくられることが多い。1枚を下半身にスカートのように巻きつけ、もう1枚をゆったりと肩に羽織る。今日、女性は国ごとに異なる、地味でゆったりとした服を着用し、髪を覆って4日間の聖なる日を過ごすが、顔にはヴェールをかけない。イフラムをまとうと、富める者も貧しい者も区別はなくなる。巡礼たちはみな、神の前で平等なのである。

服の飾り

男性の服は簡素で飾りのないものになりがちだ。対照的にベドウィンのドレスと女性の祝祭用の装束は、色彩豊かな金属刺繍でふんだんに装飾が施されている [52～56参照]。

顔と体の装飾

部族民を含めて多くのアラブ人が、粉状のアンチモン硫化物、コールを目のまわりにつける。虫や目の病気、日差しを避け、同時に目の美しさを引き立たせる。ベドウィンの女性はあごに単純な幾何学模様の刺青を入れたり、爪や肌、髪をヘンナで染めたりする。特別な場合にも、女性の腕、脚、手に複雑な模様をつけるのにヘンナが使われる。多くの中東の女性同様、アラブの女性も陰毛を処理している。ベドウィンは砂糖ないし蜂蜜と水でこってりとした軟膏をつくって脱毛する。上流階級の女性はかみそりで剃る[16]。

変わりゆく服装

アラブ各地で着用されていた男性の多様な伝統衣装は、20世紀のうちに半島のほとんどの地域でどんどん均一化していった。現在の基準は1950年代初頭にサウジによってつくられたもので、新政府の役人が着るようになった、細くて実用的な袖の、ほっそりしたカフタンである。男性の服装の変化は、外衣や履き物にも現われた。外套の代わりにセーターや西洋風仕立てのジャケットがみられるようになり、サンダルの代わりに西洋風の靴が増えている。

[67] ハッジの巡礼たちの衣服イフラム。19世紀。今日でも男性の衣服の基本は同じだが、布地のタイプはさまざまである。女性は今もすっぽりと覆う服で髪も体も覆う。だが、顔にはヴェールをかけない。

地中海東部

[68]『ダマスカスの隊商宿アサド・パシャに到着した隊商』チャールズ・ロバートソン画、19世紀。大量の荷物を運ぶ隊商がダマスカスの隊商宿に到着したところ。ダマスカスは世界でもっとも古くから異国人によって占領されつづけた都市で、地中海東部地域の交易の中心地。優れた手工芸品で知られ、独特の紋様を織り込んだ美しいダマスク織りは、発祥の地にちなんでその名をつけられた。

地中海東部は古代から商業的・文化的にアフリカ、アジア、ヨーロッパを結ぶ交差路だったが、4000年以上にわたって、アッシリア、ローマ、オスマン・トルコから英国やフランスまで、さまざまな征服者たちに次々と占領されつづけてきた。しかし、そのどれよりも深刻な、あるいは長期にわたる影響を与えたのは、7世紀のイスラーム圏の拡張であった。

イスラーム教の創始者である預言者ムハンマドが632年に死んだとき、彼の新しい信仰を奉ずる者たちはメッカとメディナのオアシス社会にかたまっていた。これら初期のイスラーム教徒は新しい宗教的信念に突き動かされて、すぐさま長い征服の旅に出た。634年から650年のあいだに、すでにレヴァント——現在のシリア、ヨルダン、イスラエルとその占領地およびレバノンの一部——やエジプト、イラクを制圧していた。655年までには、イスラーム軍が東はサマルカンドから西のトリポリまでの地域で勝利をおさめてもいた。

ササン朝ペルシアを倒したイスラーム軍は、アナトリアで攻撃をしかけてきたビザンティン軍のため、東ヨーロッパへの進出を阻まれた。周知のように、ビザンティン帝国は、330年にキリスト教に改宗した最初のローマ皇帝コンスタンティヌスが、ローマ帝国の東半分の地域の都をビザンティウムに移

したときにできた。ビザンティウムは黒海の入口に位置する、ギリシアの古い入植地である。皇帝は新しい都をコンスタンティノポリス（コンスタンティノープル）と名づけた。そのあとにつづく、ギリシア正教会の中心、キリスト教ビザンティン帝国は、華やかな東洋風の専制国家に成長し、領土は地中海東部地域のかなりの部分を含んでいた。

最初のアラブ征服の攻撃は、8世紀半ばに終わりを告げたが、そのときまでにイスラームの旗印は中国との国境からヨーロッパのピレネー山脈にまで広まっていた。陸つづきの地形が、異文化間を結び、発達を促進する大回廊となった。イスラーム教徒のあいだでは、征服欲が知識欲に取って代わった。9世紀のアッバース朝宮廷では、古代ギリシアやインドの影響を受けて、アラビア語での学問が栄えた。一時期、バグダッドやダマスカス、アレキサンドリアは、数学・科学・航海法・医学の中心地となったほか、古典文学への関心も復活した。それに対して、同時期にヨーロッパを支配したカール大帝の宮廷は、「自分たちの名前を書ける程度」[1]だった。このことは注目に値する。事実、啓蒙をうながして中世ヨーロッパの暗黒の時代を終わらせる助けとなったのは、イスラーム世界の学者たちによる発見であった。

10世紀までには、新しい勢力がヨーロッパ＝アジア地域に出現していた。ステップ草原地帯で発達した騎馬遊牧民で、酪農と原始的な交易、都市の略奪によって暮らしを営んでいた、中央アジアのトルコ系民族が、かつてないほどの広範囲にわたって征服を重ねはじめたのである。1453年までには、イスラーム教に改宗した、トルコ語族の1つであるオスマン・トルコがコンスタンティノープルを征服し、ここをオスマン帝国の都と定めた。

トルコ民族は新しいタイプの衣服を地中海東部地域にもたらした。この地域で伝統的だった足首までの丈の体を覆うチュニックにかわって、征服者のトルコ人はゆったりとふくらんだズボンと、上体に巻きつけてから右身ごろの端を折り、左身ごろに重ねて着るタイプの上着をまとった。これらの騎馬民族があぶみとブーツ、とくに赤いブーツを伝えた[69]。

地中海東部は、400年以上にわたってオスマン帝

国の支配下におかれた。今日にみられるような政治的・地理的変化をもたらしたのは、19世紀後半から20世紀初頭にかけての出来事や世界の流れであった。帝国自体は、ナショナリズムと第一次世界大戦後の委任統治制度による土地分割で滅亡し、今日の国家のかたちになった。歴史的にレヴァントの国々は、かつてはローマ帝国のシリア属州にあたり、その南部の広大な地域はシリア＝パレスチナとして知られていた[2]。19世紀後半から20世紀初頭にかけてのこの地域の服装をもっともよく表わしているのは、この大パレスチナ地方［地図4］のもので、400年間のオスマンの支配を思わせる衣装が多い。

[69] 13世紀の肖像画。座位のトルコの王子と従者は、ふくらんだズボンに、中央アジアのステップ地帯に住む遊牧騎馬民族の赤いブーツをはいている。この王はアラブ人ではないため、手にしている武器は剣ではなく、トルコ風の弓矢である。この弓矢はトルコ民族の故郷である東部の草原地帯で、力の象徴とされていた。

中東

[75] イチジクをつむパレスチナ人夫婦。男性は白い簡素な白いトーブの上に西洋風のセーターを着ている。ヘッドスカーフを頭蓋帽の上につけ、2本の黒いヘッドロープでとめている。女性はパレスチナ風の中東のトーブ。ウエストを帯でとめる、くるぶし丈のゆったりとしたチュニックで、刺繡のヨークつき。女性の髪は白い被り物をたらして覆っているため、「ヴェールをかけている」とみなされる。

[74] 20世紀初頭のエジプトの農家の写真。頭の上に水がめをのせている女性は、男性も着ている伝統的なエジプトのたっぷりとした服、ガラビーヤを着ている。少年たちはイスラム教徒の白い頭蓋帽をかぶっている。

[76] 19世紀後半のパレスチナの石切り職人の彩色写真。ターバンは、赤いフェルトのトルコ帽フェズ（タルブーシュ）のまわりに、模様の入った長い布を巻いたもの。トルコ風のたっぷりしたズボンをはいている。右端の男性は羊皮の毛皮を内側にしたジャケットを着ている。

地中海東部　59

[77] エルサレムの黒い綿のドレス。明るいピンクの絹糸で幾何学模様が刺繍されている。丈139cm、幅147cm。

[78] ベツレヘムの儀式用の茶色のビロードのドレス。とがった袖、ドレスの胴部と脇には色とりどりの絹糸で凝った刺繍が施してある。丈148cm、幅144cm。

女性の基本的服装

パレスチナ系アラビア語では、トーブという語は一般的に女性のドレスをさす。ゆったりとしたくるぶし丈の襟のない服で、ヨークと脇に刺繍があり、織った布製の帯でウエストを結ぶ[75参照]。この印象的な服は、地中海東部地域の衣装のなかでもっとも有名なものである[77〜80]。機械刺繍が導入されるまで、パレスチナの刺繍はクロスステッチ、ハーフクロスステッチ、ダブルクロステッチで、ダマスカス製の絹糸を用いていた。だが、20世紀のうちに、合成繊維が絹糸に取って代わった[4]。地域によっては、特徴的な赤の刺繍が月経血と処女喪失を暗示している場合もある[5]。

パレスチナの女性は公の場では、長くゆるやかに垂れるヘッドスカーフをつける [88参照]。髪は覆われ、「ヴェールをかけている」とみなされる。

[79] ラッマラーの生成り色の亜麻布のドレスの細部。夏や祭りのときに着用する（2ページも参照）。こうしたドレスは鮮やかな赤の刺繍が特徴的で、写真のドレスでは黒、青、ピンクも散らしてある。胸の部分の刺繍は別布に施し、その別布をドレス本体に縫いつけている。丈151cm、幅134cm。

[80] シリアの婚礼衣装の細部。黒い綿に精巧な赤い刺繍が印象的。丈126cm、幅136cm。このタイプの華やかな色どりの贅沢な衣装は、基本的には既婚で女ざかりの時期のものである。結婚前に刺繍の多いドレスを着ることは恥ずべきこと、閉経後は不適切とされ、質素な装飾の少ないドレスが好まれた。

[81] 村の履き物として典型的な茶色の革靴と、13世紀にオスマン・トルコの部族民によって中東地域にもたらされたものを思わせる赤い革のブーツ。

履き物

　ヨーロッパの履き物が導入される前は、村の男たちは裸足か、簡素な靴をはいていた。馬に乗る人は20世紀に入ってからも、短い赤のブーツをはいていた。13世紀にオスマン帝国を築いたトルコ部族民によってもち込まれたものを思わせるブーツである[81]。パレスチナの赤いブーツは都市の職人によってつくられていたが、茶色い革靴は地元製だった。靴の取引は収穫期に盛んに行なわれた。農民には畑の刈り株の上を歩くのに足を保護するものが必要だったこともあるが、その時期なら履き物を買う金があったせいもあるだろう。

　パレスチナ人は、ヨーロッパ人が家に入って帽子を脱いでも、靴ははいたままなのを妙なことだと考えていた。イスラーム教徒は正反対のことをする。靴は不潔なものと考えられているため、家やモスクの入口で脱ぐ。一方、被り物は神に敬意を表し、つねにつけておく。儀式によっては、靴は害をおよぼすものと考えることもある。とくに靴底が見えるときなどはそうである[6]。

　1920年代まで、村の女たちは裸足で、靴をはくのは、自分を都会人だと思っている者だけだった。その結果、靴をはくことは上昇志向を意味し、ヨーロッパのファッションを思わせる靴とストッキングがステータス・シンボルになった。

外衣

　中東人は重ね着をするため、数種類の外衣を使っていた。冬には羊皮の毛を内側に着るジャケットを着用していた[76参照]。防寒のためのもう1つの衣類としては、アバィヤ（abayeh）がある。ケープ、コート、肩掛け、毛布、また頭からかぶれば大きなヴェールとしても使える簡素な外套である。19世紀にはトーブ（thob）とアバィヤが村人とベドウィンの基本の衣服だった（「アラビア半島」45～46ページ参照）が、19世紀末になると、パレスチナの村の男たちは、トーブの上からふくらはぎかくるぶしまでの丈のコートを着るようになった。これは通常クンバズ（qumbaz）とよばれ、女性も着用していた[82]。クンバズはさまざまな布でつくられ、男性用でもっとも一般的なのは縦縞の綿か絹である。両脇に裾から上に向けてスリットが入っており、短いスリットかスリットがないものは男性用、長いスリットは女性用である。女性は長いパンツで脚が隠れるため、慎みを守ることはできた。

　ジラヤ（Jillayeh）という語は、パレスチナの多くの地域で婚礼衣装をさす。地域によってドレスかコートで、装飾的な刺繍がみられる。女性用の類似の外衣であるイエレク（yelek）は、より細身のコートである[83][7]。中東のカフタンは丈の長い、たっぷりしたローブで、男女ともに着用する[72参照][8]。

　さまざまなジャケットやベストも着用され、なかには男女共用のものもある[84][9]。これらの衣類は最初はトルコの支配階級のまねからはじまり、その後英国を含むヨーロッパのまねに変わった。ヨーロッパ風のジャケットは、委任統治時代（1920～48年）のパレスチナ社会のあらゆる層に広まり、前述した昔ながらの外套や上着類に取って代わった。ジャケットは、都市の中心部ではヨーロッパ風のズボンと合わせて着用されたが、農村部では長いシャツ（トーブ）とコート（クンバズ）の上に着られた[85参照]。そのためパレスチナの村の男たちは、歴史の3つの段階を示す衣類を重ねて着ていたことになる。「伝統的な」シャツのトーブ、トルコ風のコート、そしてヨーロッパ風のジャケットである[10]。

　ジュッベ（Jubbeh）は男女共用タイプの中東の長いコートで前あき、袖の幅は細いもの、広いものとあり、袖丈は肘までのものや手首までのものがある[85]。

地中海東部　61

[82] くるぶし丈の男女共用の外衣クンバズは、前が下まであいていて、左身ごろの上に向かって右身ごろを重ねて腕の下でとめる。写真の品は両脇にポケットの口があり、裾から上に向かって短いスリットがついているため、男性用と思われる。
丈 147cm、幅 161cm。

[83] イエレクという語はトルコ語で、この女性用のコートの起源と同様である。1831年から41年までのイブラヒム・パシャの占領時代にシリア＝パレスチナ地域に伝わったものと思われる。イエレクにはスカートの裾の両脇にスリットがあり、下に着たドレスとだぶだぶのズボンが見えるようになっている。ドレスやズボンも同じ布と刺繍の場合がある。
丈 126cm、幅 139cm。

[85] パレスチナの村の男たちと少年の彩色写真。全員がそれぞれの着こなしで外套アバィヤをまとっている。その下には外衣の重ね着で、コートのようなクンバズ、ジュッベ、ベストを着ている。若者がターバンをつけはじめるのは、思春期になってからである。

[84] パレスチナの女性は、刺繍入りの短いジャケットをドレスの上に着ることが多い。このジャケットにはいくつかのスタイルがあり、イスラーム世界中に多数の名称がある。この写真の品はベツレヘムの伝統的なジャケットで、青い羊毛のフェルト製。上質のベツレヘムのコーチング刺繍（ステッチ）で装飾が施され、色とりどりの絹糸、おもにオレンジとマゼンタの糸を使って、流れるような花とアラベスクのモチーフが描かれている。
丈 47.6cm、幅 81.3cm。

[86] 華やかな被り物をした19世紀のパレスチナの少女。精巧な装飾の縁なし帽には金貨銀貨が並んでいる。銀の鎖で被り物をとめている。公の場ではこの凝った飾りの帽子はヘッドスカーフで覆って見えないようにする。ヘッドスカーフに美しく刺繍が施されていることもある。

[87] 特徴的な円錐形の帽子は、既婚の女性だけがかぶるものだった。綿か亜麻布製で、詰め物を入れるかキルト仕上げで硬くしてある。別の例では硬い厚紙に赤いフェルトを張りつけ、綿の裏地をつけているものもある。帽子は頭の上にバランスよく乗せるだけで、ぴったりとはかぶらない。その帽子を固定するために、両耳の上の垂れぶちから銀の鎖をぶらさげている。高価な帽子が油をつけた髪や汗で汚れないように、帽子の下に小さな縁なし帽をかぶる。
高さ 15.2cm、幅 11.4cm。

[88] 男女ともに使われる被り物は、中東じゅういたるところでみられる。パレスチナ地域では、女性は長く流れるような、ときにたっぷり刺繍されたスカーフをかぶり、髪をすっぽりと覆う。その下に、ふんだんに装飾の施された独特の縁あり帽をかぶることもある。
丈 209.5cm、幅 107.9cm。

髪型と被り物

　地中海東部地域では、婚礼の日の村の女性以外は、女性が顔を隠すことはなかった。しかし、公の場では、慎みとして、男性同様に女性の頭もつねに覆われるべきだとされていた。女性の被り物は通常、ぴったりした縁なし帽かあごの下で紐を結ぶボンネットで、その上にヴェールをかぶりすっぽり隠す。被り物は地域によって異なり、既婚か未婚かを示した。そもそもは、結婚の用意ができていることを示すためにつけていたものだった。また、貴金属や本物のコインをつけることで富を誇示していた。パレスチナでは凝ったつくりの、たいていは高さ15～18cmの円錐形の被り物をつけた[86,87][(11)]。女性たちはこのような詰め物を入れた帽子に持参金の金や銀のコインを並べて飾りをつけ——コインが多ければ多いほど、格が上ということになる——たいていは美しく刺繍したヘッドスカーフを1番上に巻いていた[88]。

　地中海東部の男性は髪を短くして、頭を覆っているのがふつうで、ほとんどの人があごひげや口ひげを短く整えていた。だが、パレスチナのユダヤ人はあごひげを長くして、伝統的なつば広の黒い帽子にターバンを巻きつけ、ユダヤ教正統派らしく耳の前に長い髪の房を垂らしていた[89]。

　アラブの村の男性の被り物は、数種類を重ねることになっていた。まず白い綿の頭蓋帽をかぶり、その上に白か灰色のフェルトの縁なし帽をのせ、その上に赤いフェルトのトルコ帽タルブーシュまたはフェズ[85参照]をかぶる。オスマン帝国の高官、トルコ兵、都市部のパレスチナ人がかぶっていたフェズは、山高で硬く、植木鉢をさかさまにしたような形だが、農村部のトルコ帽はそれよりやわらかく小型で丸い。フェズの周囲には長い布を巻いてターバン状にする。タバコの巻き紙や税金の書類、小さな香水瓶、ひげを整える木のくしなど、ちょっとした品を、重ねた帽子のあいだやターバンの重なったところにはさむこともある[(12)]。

　シーラ・ウィアが記しているように、頭部は男性の名誉と評判の中心であるため、覆っておくことが

地中海東部　63

[89] 中東に起源をもつイスラーム教徒とユダヤ教徒の頭を覆う習慣には、類似する点がある。写真は19世紀パレスチナに住むユダヤ人で、長いぼさぼさのあごひげをたくわえ、伝統のつば広の黒い帽子やターバンをつけている。そのほかの服装は、近隣のイスラーム教徒のものと似ている。長いゆったりとした中東風のチュニックに、何枚も外衣を重ねている。

[90] パレスチナの宝飾品工房。1番多くみられるのは銀細工用の銀や金属のワイヤと、邪眼のビーズ（左上）、ヘブロン製ガラスの腕輪である。ターバンを巻いた店主は白いトーブに身を包み、本、おそらくはコーランを読みふけっている。

正当で威厳のあることとされた[13]。そこから関連して、被り物自体も暗に名誉を示すようになった。男性はターバンをつけて誓い、怒って相手のターバンをはずすことは侮辱や挑発の意味をもち、物質的な補償を求められることもあった。

宝飾類

　パレスチナの村人たちやベドウィンが身につけていた種々の銀の腕輪、首飾り、チョーカー、髪飾り、指輪は、主要な町に本拠をおく銀細工師がつくりだしたものだった[90]。銀細工師は作品を携えて旅をすることができたため、レヴァントの繁栄期や自国が苦しい時期には、多くの人々がアラビア半島の各地域からパレスチナに移住してきた。それゆえ、地中海東部地域の宝飾品のスタイルと技術には多様な起源が認められる。レヴァントの衣服が海外からの影響を受けつづけたのと同じである。

　一定の宝飾品は、装飾品であるとともに、その物質的な効果も重要である。青いビーズ、そして「目」のあるガラスビーズは、とくに悪意ある人物の嫉妬のまなざしで、災害や病、死をもたらすといわれる「邪眼」に対して効果的であるとされている。子どもたちはとくに「邪眼」に対して無防備であると思われ、危険を伴う注目を避けるために、みすぼらしくうすぎたなくしていた。縁なし帽には衣服同様に、護符、魔よけ、ビーズなどがついていることが多い[14]。

中東

[91] 割礼用のベスト。英国の委任統治期かそれより早い時代のヘブロン・ヒルズのもの。生地は絹の緯糸に綿の縦糸で織りあげた贅沢なアトラス・サテン。前面はさまざまなコインで覆われている。着用する少年の社会的価値が高いことを示す。丈 30cm。

特別な衣装

　イスラーム教には僧侶用の特別な祭服はない。僧侶がいないからである。しかし、ムスリムの人生のなかで重要な段階を記念する特別な行事用の衣服は2種類存在する。割礼は強制的なものでさまざまな年齢で執り行われるが、たいていの少年は6歳以下で割礼を受ける。結婚にも楽園に入るにも必要なことであるため、成人でこれを受けていないのは恥ずべきこととされる。割礼式は男性の人生において主要な行事で、そのこと自体を祝うだけでなく、男性の社会的価値を示すという意味合いもある。社会における少年の地位は、貴重なコインや宝飾品の装飾の度合いによって表現される[91]。また、儀式のあとには、割礼を受けた少年の男らしさに期待するかのように、ふんだんに装飾を施したトルコ帽を着用する。トルコ帽は性的・社会的成熟度と関連しているのである[15]。

　イスラーム教徒のライフサイクルが終わりを迎えるときには、経帷子が特別行事の装束とされる。年に1度のメッカへの巡礼ハッジに行ったことのある男であれば、立派なイフラムが経帷子になる（「アラビア半島」53ページ参照）。そうでない場合は、新たに購入した材料で「祈る女」の手だけで縫製されたものが使われる。祈る女とは、更年期を過ぎた、儀式を行うのに穢れのない女性たちである。男性の経帷子は、1枚は白、もう1枚は緑の長いローブに、腰帯、白い縁なし帽、白いターバン、体を清めるさいにつける腰布、ズボン、巻き布から成る。女性用は、男性と同様の2枚のローブに、ズボン、コインを縫いつけた頭巾、顔をすっぽりと覆うヴェールが加わる。パレスチナ・アラブの女性はふだんヴェールとズボンは身につけないが、墓に入っても女性の慎みを守るために不可欠であるとされていた[16]。

[92] 1905年、ラッマラーのパレスチナ人の親子。少年たちがかぶっている装飾的なトルコ帽は、彼らがイスラーム教徒で割礼の儀式のための装いをしていることを示している。

[93] 1987年、ラッマラーの市場のパレスチナ人女性。真ん中の2人は伝統的なパレスチナの刺繍つきドレスを着ているが、左の女性は装飾のない「イスラーム風」ドレスを着ている。

変わりゆく服装

　西岸地区や難民キャンプ、ガザ地区やヨルダンに住む人々も含めて、村出身の女性の多くは、日常着あるいは晴れ着で、今も伝統的な刺繍つきのドレスを身につけ、流れるような白いスカーフをかぶる[93]。保守的な着こなしが求められる年配の女性ばかりでなく、子どものとき以来、あるいは1度も村に住んだことのない若い女性も同じである。西欧風の衣装や、慎ましさと隠れ具合がさまざまな「イスラームの」ドレスなど、代わりのスタイルの衣類が簡単に手に入る時代でありながら、「伝統的な」パレスチナの刺繍つきの衣装が引き続き着用されている。興味深いことである[17]。

イラン高原

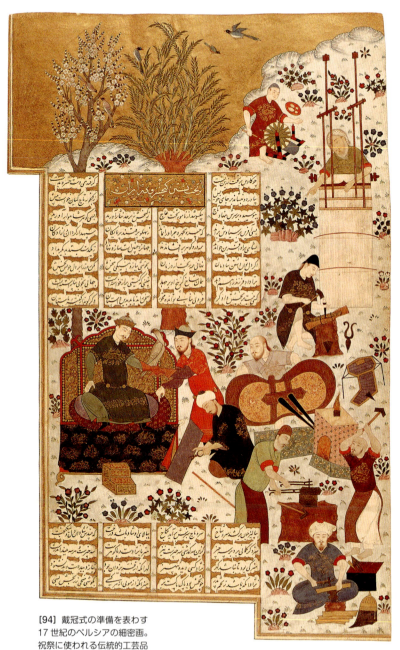

[94] 戴冠式の準備を表わす17世紀のペルシアの細密画。祝祭に使われる伝統的工芸品が庭で準備されている。右上から、職人たちが糸を紡いで布を織り、彫刻を施し、鉄を打ち、金属細工をつくる様子が描かれている。

深く侵食された壮大な山々が、イランの高度455mの盆地を囲むように連なる。ザグロス山脈の尾根は2100kmにわたって南東に曲がり、エルブールズ山脈は北方との境になっている。これらの大山塊が、肥沃だが、希望を失わせるほどに乾燥した大きな中央高原を取り囲んでいる。フランス〔64万3400平方km〕の3倍の国土におよそ半分の人口を有する現在のイランは、乾燥した山々と砂漠にまたがり、今日のイラクとアフガニスタン／パキスタンのあいだ、陸地に囲まれた雨の多いカスピ海と、乾燥した灼熱のペルシア湾岸地域のあいだに位置している[地図5]。

この地域の中心は歴史上ずっとペルシアとよばれてきたが、1935年に正式にイランという名称に変更された[1]。この地に強力な帝国をはじめて築いた古代アーリア人をたたえてのことである。アーリア人の部族民はコーカソイドのインド＝ヨーロッパ語族で、紀元前1000年代にアジアの中心部から、ユーラシアステップ地帯と西アジアの文明世界のあいだに位置する中央盆地へと馬でやってきた。そして、高原の南西のパールス（Pars）[2]とよばれる地域に定住した。そこがギリシア語でペルシス（Persis）、英語でペルシア（Persia）である。最初のペルシア人は革の兜をかぶり、銅で飾られた馬にまたがる戦士だったが、中央アジアから出てきてイランに定住した一部族民にすぎなかった。

もう1つのインド＝ヨーロッパ語族の移住民グループはメディア人で、ペルシア人の北西、現在のイラクとの国境付近に定住した。メディア人を征服してイラン人を最初に統一したのは、ペルシアの名高い統治者であるアケメネス朝のキュロス大王であった。紀元前539年までに、ペルシア帝国は歴史上世界最大の国になっていた。さらにそれから100年足らずで、ペルシア人は多様な民族を擁する国家へと発展し、独裁政治ではあったが、単一政権のもとで、平和や宗教の自由があったとされる時代を築いた。

侵食されてやせた現在のイラン高原は、さほど魅力的には思えないが、東西世界をつなぐ戦略上の要衝であり、だからこそ、近隣のきわめて獰猛な戦士たちや野心的な王侯たちの関心をひき、過去2500年間の大半は、異国の勢力がペルシアの土地を狙ってきた。事実、この土地はギリシア人やローマ人、アラブ人、さらにモンゴル人たちによって相次いで包囲され、そのたびに侵攻や破壊をこうむり、新しい文化も形づくられたが、それらはのちのちまで持続したペルシアの歴史的教訓、すなわち審美的感性や政治的名残、そして文化的持続力のうちに反映されていた。イスラーム教を642年頃にもたらしたのはアラブ人で、16世紀にイスラーム教徒のペルシア人はシーア派の教義を採り入れた[3]。カトリックとプロテスタントのちがいと同じく、スンニ派イスラーム教からは遠くかけ離れた教義である。

20世紀になる頃には、西欧世界の支配勢力が、古代の侵略者が惹きつけられたのと同じ理由から、ペルシアに関心を寄せるようになった。その理由とは戦略的な立地と資源で、資源はかつては金だったが、現在は工業世界の原動力ともいえる原油である。西欧の武器と賄賂はイランの国家統治に、西欧の工業製品は文化保持に脅威を与えた。西洋化は1925年から1979年のパフラヴィー朝下で進行した。パフラヴィー家は54年にわたってイランの近代化に努め、大規模な私有地を分割し、女性参政権を付与し、読み書き能力を普及し、世界市場におけるイラン原油の価格を高め、全国的な西欧風ドレスの着用を法制化した（国会は1928年に民族衣装を禁止し、1936年にヴェールの着用を禁止した）。こうした変化がもたらされたことによって、イランはしだいに西欧との結びつきを強め、必然的に世俗化も進んだ。だが、こうした世俗化はシーア派の宗教当局を怒らせ、国王は原理主義のムッラー〔イスラーム聖職者・指導者〕からの厳しいプレッシャーにさらされるようになった。

1979年、当時の国王モハンマド・レザー・パフラヴィー（パーレビ）は、王位を捨てることを余儀なくされた。アヤトッラー・ルーホッラー・ホメイニー師はシーア派の最高指導者となると、イランがイスラーム共和国であると宣言する。その後ホメイニー

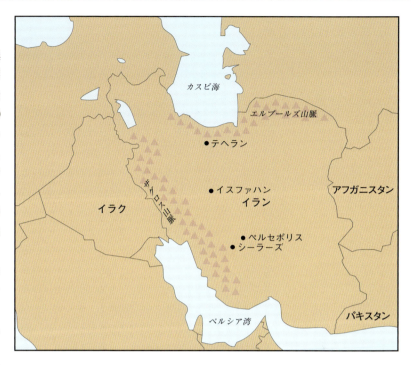

［地図5］イラン高原。イランの現代の都市のほかに、古代の遺跡ペルセポリスが記されている。

［95］イランの墓地で、チャドルに身を包み、髪をすっぽりと覆った女性たちが果物と花を捧げて死者を悼んでいる。この地域のチャドルはサウジアラビアのアバィヤに似ている（「アラビア半島」46〜47ページ参照）。

は、イスラームの行動と服装に関する規定を全国的に施行した。女性は公の場に出るときには全身をすっぽりと覆わなければならず、全身に巻きつけて包み込む長くゆったりとした黒のチャドル (*chador*)[4]の着用が多くなった。顔を覆うことは強制ではなかったが、女性たちは髪をすっぽりと覆った[95]。

今日、イランの民族衣装をいまだに着用しているのは部族グループだけである。1975年のイランには、おもだった25の部族に200万人ほどの遊牧民と半遊牧民がいて、その多くは年に2回新しい牧草を求めて移動する牧畜民だった。これらイランの遊牧民は、アーリア、モンゴル、あるいはトルコの血統を問わず、いずれもアラビア半島の平等主義のセム族とはまったく異なる社会組織を、中央アジアからもたらした。イランの遊牧民の世界はきわめて階層化されており、富やそれによる恩恵が部族じゅうで分かち合われることはない。アラブでは理論上は誰でも支配者になれるが、イランの部族はチンギス・ハーン流に組織され、圧倒的な力を認められた世襲の長が揺らぐことなく頂点に立っている。

以下では、イランの部族の2つのグループ——クルド族とカシュガイ族——について検証しておこう。

北西イランのクルド族は、広い地域に散らばっているクルド族の一部で、現代のトルコ、イラン、イラク、シリア、旧ソ連の国境によって分けられている。こうした人為的な障壁にもかかわらず、クルド族は自らをほかとは異なる自立した「国民」として認識している。6000年にわたって、より広大な、政治的に分裂した地域に居住してきたからである。イランのクルド族はスンニ派のイスラーム教徒ながら、現在の祖国イラン〔シーア派が総人口の90％を占める〕と結びついている。これはペルシア語と関係のあるインド＝ヨーロッパ語を話すためである。加えて彼らは、インド＝ヨーロッパ語族のメディア人の子孫だと考えられている。メディア人は紀元前612年にアッシリアからニネヴェを奪ったが、その後、紀元前530年にペルシアのキュロス大王に敗れている[5]。

イランのクルド族は1981年までに、北西のクルディスタン州とアゼルバイジャンの一部に集められた。昔ながらの遊牧民で、冬の牧草地から夏の牧草地へとザグロス山脈を往き来してきた人々だ。今日では大半は村に落ちついたが、その生活は基本的には牧畜民のもので、ヒツジとヤギの放牧と、小麦や果物の栽培で生計を立てている。

もう一方の遊牧民グループであるカシュガイ族は、イランの部族連合のなかでもっとも重要かつ多彩な部族の1つである。イスラーム教徒でトルコ語を話すカシュガイ族は、少なくとも16世紀から南部のファールス（パールス）州で暮らしており、ザグロス山脈南西部に居住しつづけている。レザー・シャー・パフラヴィーは彼らを武装解除し、西欧風の衣服を着せて定住させようと努力してきたが、彼らは移住生活をつづけた。カシュガイ族は自分たちの伝統的な生活の存続が、家畜の放牧の成否にかかっていると考えている。年に1度のカシュガイ族の移動ルートは、都合のいいことに、主要な市場町で都会への販路にもなるシーラーズの町に立ち寄るため、女性たちはそこで絨毯を売ることができる[6]。

[96] 2人のクルド人が昔ながらのペルシアのカードゲーム、アフスに興じている。それぞれ「蝿払い」のついた大きなクルド風のターバンをつけている。長めのシャツの袖口には、過去の教訓が反映されているといわれている。負傷することを覚悟したクルド人の戦士は、自分用の包帯を持って戦いに挑んでいたのだ。

のついたクルドの被り物 [96 参照] も、既製品ができている。かぎ針編みの頭蓋帽は中国で大量生産されたもので、小さな既製品のビーズがついている。そして、レーヨン・プリントや合成繊維を重ねてターバンにする[8]。

巻きつけて着用するカシュガイ族男性の伝統的な外衣は、レザー・シャーの衣服に関する布告以後あまりみられなくなったが、1950 年代までは着用されていた [97]。長いコートは明るい色のこともあるが [100]、たいていは灰色か青で、切れ目の入った袖がついている。腰にはたっぷりとした飾り帯を巻く。近年、男性の衣装は大部分がヨーロッパ風の衣服に取って代わられた。シーラーズのバザールで売られている既製のズボン、シャツ、ジャケットである。今では頭頂部が丸く、垂れぶちが上を向いたフェルト帽だけが、カシュガイ族の印となっている [98][9]。

[97]（左）1950 年頃の若い遊牧民。伝統的なカシュガイ族の服を着ている。ゆったりした青と灰色の縦縞の巻きつけ式の外衣に、たっぷりとした飾り帯を結び、布製の靴をはき、丸いフェルトの帽子をかぶっている。部族の輸送手段であるラクダは、タッセルのついたスカーフで飾られている。

[98] カシュガイ族の丸いフェルト帽には、さまざまなかぶり方がある。写真の老人は両方の垂れぶちを上に向けているが、帽子の向きを変え、前の垂れぶちをさげて日よけのようにすることもできる。冬には両方をおろして耳を保護する。

男性の基本的服装

イランの他部族の男性が現在はおもにヨーロッパ風のシャツにズボンを着るのとは対照的に、クルド族は民族的アイデンティティの象徴として、部族の男性の衣装の特徴を残そうと努力してきた[96]。伝統的なクルドの服は、手織りの毛織物の細長い布切れを丁寧に縫い合わせたものだった。現在は実用性のために一定の譲歩がなされ、織りや仕立ての伝統的な技術も、短期間のうちに広幅織りの工場製の布に取って代わられている。クルドが昔から着用していた、こぎれいなぴったりとしたジャケット[99 参照]の代わりは、ヨーロッパの兵士の軍服を思わせる、ゆったりとしたブルゾンである。クルディスタンのバザールで売られている、軍の余剰品から手に入れることができ、伝統的なたっぷりしたクルドのズボンを腰と足首でぴったりとめて合わせる。たった今戦車からおりたったようにも見える服装だという[7]。

今日、クルドの袖口が長くたっぷりとした優雅な白シャツは、地元のバザールで買えるヨーロッパ風の既製のシャツに取って代わられている。独特の「蝿払い」

中東

[99] マハバード・クルド男性の伝統的衣装。1974年、イラン北西部。小さな縁なし帽の上に「蝿払い」つきの模様入りターバンを巻く。袖口の長い白シャツの上に、仕立てた丈の短い毛のジャケットを着て、たっぷりした黒の毛のズボンはウエストと足首でぴったりとめる。仕上げにビロードの飾り帯をする。

[100] カシュガイ族の男性用衣装。1974年、イラン南西部。切れ込みのある袖のついた、カラフルな巻きつけ式の外衣は、部族の象徴である脇に垂れぶちのついた丸いフェルト帽とともに着用する。ほかに、西欧風のシャツ、スカーフ、黒いズボン、幅広の飾り帯、布製の靴をつける。

イラン高原　71

［101］（左）サナンダージ・クルド族の既婚女性の衣装。1977年、イラン西部。長袖のドレスにたっぷりしたズボンをはき、ウエストをカラフルな飾り帯でとめる。ドレスの上には、細長いコートと、丈の短いビロードのジャケットを羽織る。既婚女性の黒または茶のターバンは、組紐や色のついたスパンコールで飾られている。

［102］（右）マハバード・クルド族の未婚女性の衣装。1974年、イラン北西部。ゆったりしたスカートのドレスに幅広の飾り帯、丈の短いジャケット、たっぷりしたズボン。精巧なつくりの丸い縁なし帽は、模様つきの薄織りのスカーフで覆う。

72 中東

[103] カシュガイ族の女性の衣装。1974年、イラン南西部。3枚のペチコートの上に、長いゆったりしたドレスを着て、丈の短いぴったりしたジャケットを上に羽織る。頭には小さな縁なし帽をかぶり、その上に白の薄織りのヴェールをかぶせ、喉元を金のブローチでとめる。被り物は絹のスカーフでおさえ、スカーフの端は背中に垂らす。

女性の基本的服装

遊牧民の女性服の基本的な特徴は、重ね着を重視していることにある。何枚重ねるかは、着る人の気分や季節によって変わってくる。だが、季節的な要求とはかかわりなく、これらの何枚も重ねる衣類に関しては、一貫して色鮮やかで凝った模様の贅沢な布地が使われる。現在では地元で生産されているが、以前はインドやコンスタンティノープル、さらに日本から輸入されていた。遊牧民の派手な装いの興味深い側面は、その使用パターンにある。毎日、街や村で、移動時にも［104］、家事をするときにも着用するのだ。この装束が特別な行事のためのものではなく、部族の民族的アイデンティティを象徴する日常着であることは明らかである。

クルド族の既婚女性の装束は、中東のいたるところでみられる、だぶだぶのパンツ、ウエストに巻く幅広の飾り帯、長いコートと短いジャケットの組み合わせ、黒いターバンから成る［101参照］。ターバンは、金や色つきのスパンコールと黒い組紐で飾りをつけた房つきのスカーフを巻きつけたものである。クルドの未婚女性の衣服［102参照］は既婚女性とは異なり、たっぷりしたひだスカートが特徴である。被り物は、華やかな飾りをつけた丸い縁なし帽に、模様のついた白い薄織りの大きな三角形のヴェールをかぶる。スカーフの端はゆるく結んで両肩の後ろに垂らす[(10)]。

カシュガイ族の女性の贅沢な衣装［103参照］も重ね着が基本で、何枚もペチコートを重ねた上に凝ったスカートをはくため、かなりたっぷりとしたスカートになる。上には、長袖のゆったりとしたドレスを着る。下に重ねたものが見えるように、サイドにはスリットが入っている。ルレックスのような派手に光る素材でできている、丈の短いぴったりしたジャケットを重ねて完成する［104参照］。女性の被り物は、縁なし帽を薄織りのスカーフで覆う。

履き物

布製の靴はペルシアの伝統で、少なくとも12世紀にまでさかのぼる。もっとも古いタイプは手製で、甲の白い綿の部分を、強い綿糸を使ってボタンホールステッチで靴底に縫いつけていた。靴底は専門の職人の手によるもので、以前は布切れを一定の大きさにそろえて折り、打って形をつくり、なめし皮の紐で補強してつくったものだった。靴職人は細長い革のウェルトを使って、靴型に甲側と靴底側を縫いつけた[(11)]。現在の靴底は革製か、すりきれた車のタイヤが使われるが、良質の靴には裏地がついていて、かかとが補強されている。布製の靴はどちらの

［104］カシュガイ族の女性はカラフルな衣服を日常着として着ており、暑く埃っぽい移動時も同じである。何枚もたっぷりと重ね着をして、外衣にスリットを入れたり、前をあけて着用し、何枚もあるペチコートを見せるようにする。この花嫁は埃から守るために顔を覆っている。1970年春、イラン南西部、ザグロス山脈にて。

[105] クルド族の老人は、独特のフェルトのベスト、部族の「蝿払い」ターバン、ウエストと足首で絞る、昔ながらのたっぷりしたズボンというスタイルだ。

足でも入るため、とくに左右は決まっていない [97、106参照]。

女性の靴は地元で生産されたプラスチックのサンダルか、大量生産による安価な国際型の履き物である。ストッキングは寒いとき以外は着用しない。

外衣

水をはじき極度の暑さ寒さのなかでも断熱効果があることから、フェルトは中央アジアの遊牧民の衣類、馬やラクダのカラフルな装具、移動式のテント——風に強い円形のユルト——に昔から使われてきた。フェルトを使った外衣で特徴的なものとしては、クルディスタンに住むクルドの亜族の男性が着る、独特のベストがある [105]。

ペルシアの外衣でもっとも古い例は、手織りのフェルトでできた羊飼いのケープであろう [106]。ペルシアのカシュガイ族も、イランとイラクのクルド族も着用しているケープである。この裁ち方の衣類は、西トルキスタンからバルカン半島まで、過去に広い範囲で普及し、羊飼いのケープはトルコのスタイルとみなされている[(12)]。紀元前5世紀から4世

[106] カシュガイ族の羊飼いのフェルトのケープ。袖が細長く、閉じている。長い時間群れを見張るあいだ、断熱効果と防水効果をもたらしてくれる。

紀にさかのぼる、同様の細長い閉じた袖のついた外衣が、中央アジアのカタンダとパジリク古墳で発見されている。これらは、アケメネス朝時代のペルシアの貴族の長い外衣と比較されてきた。貴族たちは細い袖に腕を通さずに着ていたという。紀元前352年頃のギリシアの歴史学者クセノポンによると、この流行はメディア人から伝わったという[13]。

イランの遊牧民の2通りの伝統衣装、すなわちクルド・カシュガイ族の羊飼いのケープとカシュガイ族の帽子が手織りのフェルトでつくられていたことは、とくに興味深い。これらの品々は、ユーラシア大陸ステップ地方の古代の遺物に典型的にみられるものだからである。

被り物

今日、カシュガイ族のフェルト帽は大量生産され、バザールで販売されているが、男性の民族衣装のなかで唯一残っているものである[97、98、100、106参照]。この帽子の起源は、ペルセポリスのレリーフに描かれている、メディア人兵士の円形の兜までさかのぼることができるという説もある[107][14]。

髪　型

イランの女性と同様、クルド族の女性も髪を覆っている。しかし、長い髪は完全に覆われているわけではなく、肩にかかることは許されている。カシュガ

[107] ペルセポリスにある、アケメネス朝の王宮と儀式場の紀元前521年頃のレリーフには、ペルシア人とメディア人の姿が交互に描かれている。メディア人の円錐形の兜は、現在のカシュガイ族のフェルト帽に似ている。

[108] 古いアケメネス朝時代のペルセポリスの中心地近くに位置する遺跡、ナクシ・ルスタムの長方形の磨崖には、3世紀のササン朝の王を描いた彫刻がある。226年頃の戦士王シャープール1世が、捕虜となったローマ皇帝ウァレリアヌスと対面している。シャープールは特徴的なササン朝の王冠をかぶり、その上に男らしいたっぷりとした髪をネットでまとめてふくらませている。

イ族では、髪型は、既婚女性と未婚女性とで異なる。どちらも長い髪を細く編んで背中に垂らしているが、既婚女性はヴェールの内側にしまい込むのに対して、未婚女性は髪の房で顔を縁取るように整える(15)。

衣料小物

イランの部族民の男性にとっては、ほかの中東の遊牧民族（「アラビア半島」52ページ参照）と同様、銃はもっとも誇れる重要な装飾品であった。ほとんどの男性がなんらかの火器を携帯している。新しいものもあれば古いものもあり、ショットガン、通称カラシニコフのAK57、G-3機関銃、ウージー軽機関銃などである。レザー・シャー・パフラヴィーは、自立しすぎている遊牧民を管理しようとして、服飾規定には部族民の武装解除を含めていたが、豊富な武器が失われることはなかった。

宝飾類

イランの部族の宝飾品には、イスラーム世界中にみられる銀製品が数多く含まれる。祈禱用の箱、コーランの言葉が刻まれた首飾りやコインのついた首飾り（「アラビア半島」52ページ参照）などである。しかし、イランでは、とくに次の2つのタイプの宝飾品が重要とされる。1）頂部が動物やヘビの頭の形になっている、端の開いた腕輪。アケメネス朝時代を思わせるが、エーゲ海地域でも同様のものが見つかっている。2）何世紀ものあいだにペルシア王によって集められた、見事な宝石のコレクション。

イランの戴冠用宝飾品とその継承にまつわる騒動は、ペルシア史の年間記録に独特の記述を残している。壮麗なコレクションはきわめて有名で、現在はイラン・イスラム共和国のテヘラン中央銀行の宝物庫に保管されている。1975年には、この宝飾品をまとめた価値が、イラン通貨全体の75％に相当したという[16]。コレクションのなかでもっとも興味深い品は、パフラヴィー朝初代の王の戴冠式用につくられた王冠である。レザー・シャーはカージャール朝の代々の王が使っていた王冠を選ばずに、新しい王室のしるしをデザインさせた。3世紀の強力なササン朝の王たちの被り物にあったデザインである[108]。これらの王冠[109]の類似性は顕著で、レザー・シャーがペルシア2500年の君主制の伝統の継続性と、自身で直近の過去を断ち切ってイランを新しい現代的な時代へと導こうとする意思を示そうとしていたことがうかがえる[17]。

変わりゆく服装

　現在、クルディスタン地方やシーラーズ、テヘランの通りなどで見かけるイランの部族の女性たちは、慎ましやかに黒のチャドルで全身を覆っているが、バザールの各部族特有のセクションである遊牧民市場で買われている品々を見ると、ふだん日常的に着ているものは今もカラフルで、遊牧民の伝統がつづいていることがわかる。20世紀にもたらされた政治的圧迫にもかかわらず、イランで生まれたドレスの一部は、頑固に新しい世紀にまで生きつづけてきたのである。

[109] 1925年の戴冠式にレザー・シャー・パフラヴィーのためにデザインされた新しい王冠。古代ササン朝の王冠をモデルにつくられた。

2

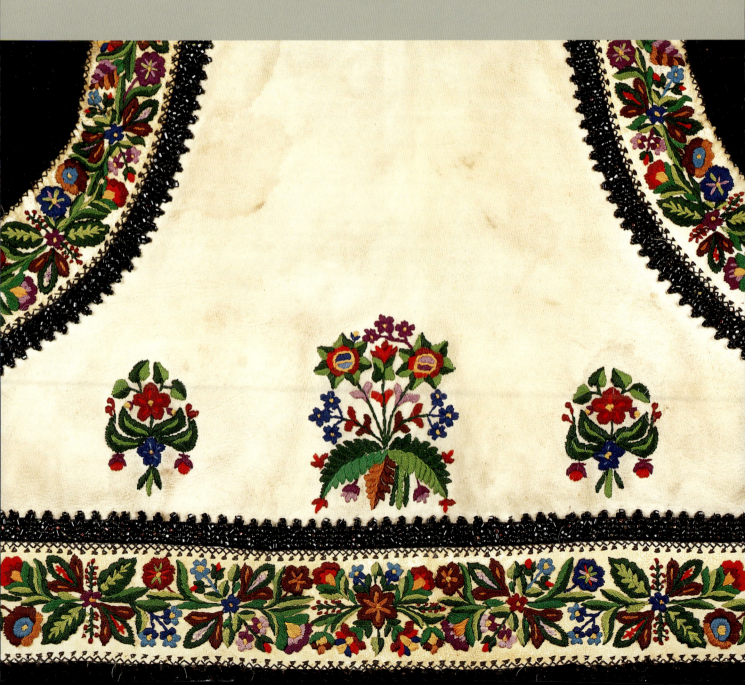

ヨーロッパ

　ヨーロッパ大陸は、ユーラシア大陸の西の端からつきでた巨大な岬である。ホモ・サピエンスが最初にヨーロッパに居住するようになったのは、一般的に紀元前5万年頃と考えられているが、ヒト科の祖先であるホミニドの移動の波はもっと早い時期に発生していた。紀元前100万年までさかのぼるという人類学者もいるほどである。ヨーロッパの内陸部は、東部をのぞき、どこも海からそう離れていない。水路での長距離移動が可能になると、ヨーロッパ人は自分たちが偏西風の端に位置しており、航海に有利であることに気がついた。このおかげで、のちにヨーロッパ人は航海に出て世界各地を植民地化することができたのである。ヨーロッパ内部での往来は、初期には河川流域が南北のおもなルートとなった。東西の往き来は北ヨーロッパの中心部に広がる大平原に沿っていた。現在のフランス、北海沿岸低地帯（ベルギー、ルクセンブルク、オランダ）、ドイツ、ポーランド、バルト諸国（エストニア、ラトビア、リトアニア）、ロシアが位置する双方向の大回廊で、中央アジアからの移民が西へ、やがてヨーロッパ人が東へとその回廊をたどった。全体がアメリカ合衆国とほぼ同じ広さで、民族的な多様性も類似しているこの大平原は、ヨーロッパ東端の境界線とされるウラル山脈とカフカス（コーカサス）山脈の山麓の丘陵地帯でとぎれている。ヨーロッパ人全体に共通する多様性が、エネルギッシュで闘争的な民族を生みだしたのかもしれない。おもに東から次々と侵略を受け、その後何世紀にもわたってヨーロッパ内外で抗争、衝突がつづいたことからも、ヨーロッパ人が進取的で攻撃的であることは繰り返し証明されている[1]。

先史時代のヨーロッパ

[110] 毛皮のスカートをまとった中石器時代の女性。紀元前約7000年のスペイン、リェイダのコグル洞窟の壁画の一部。図版では細部が見えるように色彩は濃く調整してある。

近年の遺伝学的データによると、解剖学的現生人類、すなわちわれわれの祖先であるホモ・サピエンスは、5万年も前に近東からヨーロッパに移住したことがわかっている[1]。それ以前のヨーロッパは、20万年ほど前に特異な種として進化したネアンデルタール人（Homo neanderthalensis）に占有されていた。しかし、現生人類の到来後2～3万年のあいだに、ネアンデルタール人は姿を消していった[2]。その後、氷河期に著しく減少した初期のヨーロッパ人の人口は、やがてゆっくりと盛り返していく。

更新世最後の大きな氷期の終わり頃、人類が活動していた期間は旧石器時代に属する。紀元前3万5000年から8000年の後期旧石器時代とよばれる時期で、全旧石器時代のわずか10分の1程度の期間

にすぎない。初期の人間は後期旧石器時代に文化的に最大の進歩を遂げた。もっとも古いものとされる衣類もこの時期に開発されたが、推論できる証拠が残っているのみである。

毛皮／獣皮の衣類

氷床の前進・後退とそれに伴う氷河期の環境は、人類の活動に重大な影響をもたらした。極寒のなかで生き延びるために必要な解決策は、あたたかな衣類をつくって四肢を覆い、体を包み、頭を保護することだった [111]。当時の毛皮／獣皮製の衣類は、20世紀前半にアラスカのイヌイットが着用していたものと似ていると思われる (8. 北アメリカ「北極圏」335〜339ページ参照)。両者が似ていることは、ヨーロッパの先史学的出土品——毛皮の衣類を縫うのに使ったと思われるシカの角や骨、象牙製の針穴のついた針——と、埋葬物から導きだされた衣類のデータからも確認されている。

後期旧石器時代の埋葬品はわずかしか発見されていないが、現存する証拠品から、男性も女性も服を着た状態で埋葬されていたことがわかっている。考古学者のオルガ・ソファとジェイムズ・M・アドヴァシオ、さらにデイヴィッド・C・ハイランドは次のように述べている。「紀元前2万5000年の、スンギル遺跡［ロシア］から出土したなかでもっとも状態のよかった3体の人骨が身につけていた衣類の復元作業では、ビーズの配置や糸でつないだビーズの変形の仕方から、縫製されたフードつきの上着、履き物つきズボン、ケープ、縁なし、または縁ありの帽子を置いていった」[3]。1つの墓壙から出土した3体は年配の男性、青年期女性、7〜9歳の少年のもので、3人とも多数の腕輪や、首飾り、指輪をつけていた。

後期旧石器時代の図像における社会的符号を研究しているカール・シュースターは、大家族が衣類、体、道具に特定のシンボルないし目印を描くことで系譜を表わしていた習慣に着目した。その結果、個々の親族グループの家系がいつはじまったものにしろ、そのつながりがはっきりとわかるようになっていたとする。そして、後期旧石器時代にはじまった家系学的習慣は、その論理的根拠ともども、世界中いたるところで同様であったと主張してもいる [112][4]。太古にみられたこの現象は、現代の主流からは取り残された民族グループの部族芸術のなかで存続してきた (6. 東南アジア「島嶼部」300ページ参照)ものの、都市国家の興りと文字の発明によって顧みられなくなったともいう。

造形表現の出現は、人類の歴史における大きな進歩であった。ヨーロッパで最初の例は、後期旧石器時代にさかのぼる。こうした作例のなかでもっとも素晴らしいものは、おもにフランスやスペインに位置する洞窟の壁面に絵画や線刻の形で残っている [地図6]。劇的な場面に、壁面いっぱいにマンモス、ウマ、野牛、サイ、クマ、ライオンなどの大きな動物が描かれている[5]。人間の描写はまれだが、点や手形などの抽象的な印が繰り返し登場する。現代の学者は先史時代の洞窟壁画をさまざまに解釈している。シャーマン像や狩猟用の呪術という説もあれば、一定の動物は男性を、それ以外は女性を表わしていると解釈して、社会的分業を示しているとする説もある[6]。

[111] この、パーカーを着て座っているように見える人間像は、フランス、ドルドーニュ地方スルザックのル・ガビユー洞窟で発見された。

伸ばした四肢	曲線状の四肢	曲げた四肢			
だらんとした四肢	砂時計	肘・膝を曲げた状態			

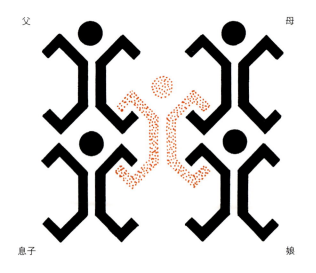

父　　　　　　　　母

息子　　　　　　　娘

[112] 抽象化された人間像が家系的つながりを示す基本要素であったと考えられている。この現象は後期旧石器時代にはじまったと考えられ、現在も孤立した民族グループの部族芸術に残っている。

植物繊維の衣類

　造形表現と同時期に出現し、同様に重要だったのは、植物繊維から糸をつくる方法が発見されたことだった（1. 中東「古代近東」17〜18ページ参照）。植物繊維は朽ちやすいため、考古学者は繊維が使われていたという間接的な証拠を探さなくてはならない。近年になって「成熟した」織物とかご細工の伝統が、後期旧石器時代初期にすでに確立していたことがわかった。チェコ共和国モラヴィア地方の紀元前2万6000年頃の遺跡2か所から、それを立証するデータがもたらされている。パヴロフ（Pavlov）Ⅰ遺跡[7]では、織り込まれた素材、つまりからみ合ったかご細工と織物の痕跡が、4片の焼き粘土についていたのが見つかった。先史・考古学者が充分に柔軟性のある織地、布地をさす「織物」という語を使っている事実は、旧石器時代の生産工程で、綜絖のないタイプの固定された垂下型あるいは水平型の台枠か機が使われていたことを示唆している。これは、これまでの推定年代よりさかのぼる[8]。実際、パヴロフⅠの主要研究者のひとり、ジェイムズ・M・アドヴァシオは、チェコの発掘現場からみて、ヨーロッパの織物生産が紀元前2万6000年より以前から行われていた可能性が高く、出現したのは「少なくとも紀元前4万年で、それよりさらに前だった可能性もある」としている[9]。

　後期旧石器時代の布や衣類については、考古学的出土品からだけでなく、図像学的証拠からも考察できる。謎の多い先史時代の衣類は、後期旧石器時代

先史時代のヨーロッパ　83

の小型の芸術作品にもみることができる。その一例として、2万7000年から2万年前のグラヴェット＝パヴロフ期の、石や象牙、焼き粘土に細かな彫刻を施してつくった小型の女性像がある。ヴィーナス像とよばれるこれらの小像は、イベリア半島からロシア平原にいたるまで、ヨーロッパ全土でひじょうによく似た特徴を見せている。手のひら大の像はどれも、第一次・第二次性徴、つまり外陰部や乳房、腹部、臀部を誇示している[113]。こうした小像は70〜200体ほどあり、その数は胴体や頭部の断片までを含めるかどうかでちがってくる(10)。ソファらはこう述べている。「こうした刺激的な小像の説明は多様で、〈多産の象徴〉、〈地母神〉、古代の性愛芸術、婦人科学の手引き、女性たちが広い社会的つながりにおいて大きな影響を与える存在であったことを示す自画像などと幅広い」(11)。ヴィーナス小像と対照的に、旧石器時代の男性像はきわめて少ない。

氷河期の人々の日常着は毛皮や獣皮などの動物の副産物でできていたと考えられることから、いくつかのヴィーナス像に描かれているわずかな衣類が植物製の織物でできていることはとくに注目に値する。このような繊維の衣類は、被り物、バンドー、ベルトとスカート、の3つに分かれる。

被り物

ヴィレンドルフのヴィーナスの頭部[113参照]は、凝った髪型をしているわけではなく、縁あり、または縁なしの帽子をかぶっているようである。1本か2本の柔軟性のある植物繊維の紐を、「結び目を中心に巻きかご細工の要領で、らせん状ないし放射状に手で織ってつくった」(12)帽子とされている。このような複雑な構造のものは、ただ個人の髪型を工夫するだけではつくりだせなかったものであろう。

ヴィーナス像にそうした帽子が表わされていた時代、興味深いことに、たいていは顔の表情が等閑視されていた。これは、旧石器時代人の通念において、被り物が個々にというよりは社会的に重要であったことを示しているのではないだろうか(13)。一方で、ヴィーナス像の作者が、思春期に入って生殖能力をもったことを示唆する陰毛に類似するものとし

て、頭髪への関心をひこうとしていた可能性もある(14)。

ヴィーナス像の被り物には、さらに注目すべきものがある。ヘアネットやスヌード（一種の帽子）である[114]。伸縮性のある目の粗い素材を撚り合せてつくったネットやネット状のスヌードが、すっぽりと髪を覆っているようである(15)。似たような

[地図6] 後期旧石器時代の洞窟遺跡とヴィーナス像出土遺跡。

▨ 後期旧石器時代氷河

　　現在の海岸線

[113] 1908年にオーストリアで発見されたヴィレンドルフのヴィーナスは、2万5000年前の石灰小像で、最初は代赭石で採色されていた。像に描かれている植物繊維製の帽子（？）は、中心の結び目から1〜2本の紐をらせん状に巻いてつくったもので、巻きかご細工にもみられる手法である。このような帽子をかぶっているヴィーナス像は、顔の表情がないことが多い。

[114] オーリニャック゠ラヴェット期（紀元前2万2000年頃）のヴィーナス像の頭部片を2方向から撮影したもの。フランスのランド県ブラッサンプイのパプ洞窟で発見された。高さ3.5cm。象牙製の頭部に、植物繊維製のヘアネットをつけているように表わされている。

ネット状の被り物は、デンマークの湿地で発見された女性の体にもみられる。紀元前1200年頃の鉄器時代の埋葬地から発掘されたものである(16)。

バンドー

ヴィーナス像に刻まれた繊維製織物の2つ目のグループは、像の胸部の上下と背面上部についている、カップのないブラジャー様の帯である[115]。ソファらはこの織物の構造を、緯糸を連続させて耳をつくって粗く撚り合わせる手法のなごりとみなしている(17)。どんな織り方であれ、この彫刻に描かれた衣類が織られた繊維でできていたことを示している。また、バンドー本体と支えのストラップがつながっている部分には、縫い目らしきものが細かく表わされている。

ベルトとスカート

3つ目の植物繊維の織物製の衣類には、ウエストまわりやヒップの低い位置につけているベルトがある。こうした帯類は紐状のスカートを支えていることもあり、前を覆っているだけのものや[116]、背部だけについているものもある[117]。レスピューグのヴィーナスのスカートには、細部まで撚り合わされた繊維の紐が丁寧に表わされている。個々の繊維のひねりのきつさや角度がはっきりとわかる[176参照](18)。

問題は、こうした植物繊維の衣類がどこでなぜ使われたかということだ。極寒の気候を考えると、日常着ではなく、現実にせよ想像上にせよ、儀式用の装いだったのではないかと思われる。なぜこうした衣類を着用していたかについては、さまざまな見解がある。衣類が地位の高い女性——繊維の衣類を着ていた女性——の階級を表わすものとし、そうした女性が像を実際に考案して製作したのではないかとする仮説もある(19)。また、スカートは思春期の訪れ、さらには女性に生殖能力があることを挑発的に宣言するものであるとし、そうした重要な宣言をするめでたい時と場で着用したのではないかという説もある(20)。

【115】（上）ロシア・コステンスキのヴィーナス像は、胸の上下と背面上部に植物繊維製の衣類をつけている。織物が丁寧につなぎ合わされている詳細な描写から、織られたものであることがわかる。

【116】（右上）短い紐スカートを前部にのみまとっているヴィーナス像。ロシアのドン川上流にある旧石器時代のガガリノ遺跡で発見された。

変わりゆく服装

　ホモ・サピエンスの決定的な遺伝子変化は、後期旧石器時代末までに生じていた。地理的・気候的区分によって、肌の色素や髪質、頭蓋骨の形状、顔面骨格などの特徴が生まれていたのである。世界の主要な人種分化は、すでにこの時期に起こっていた。ヨーロッパに住む人々は肌の色が薄く、ほかの地域に住む肌の色が濃い人々とは生理学的に異なっていたのである。以後の人類の進化には、社会的・文化的発展がかかわってくる。

　後期旧石器時代の洞窟壁画社会は、1万5000年ほどの期間におよび、「一貫したスタイルと内容が維持されるには、驚くほど長い期間であった」(21)。これほど長くつづいたのは、先史時代の伝統の進化がゆっくりだったためもあるが、地理的な孤立によって変化が浸透しにくくなっていたためでもある。

　衣類について、将来のヨーロッパの衣類の基礎が後期旧石器時代に確立し――単純なチュニック、スカート、両脚を別々に覆うもの、ケープ、モカシンないしブーツ(22)――、14世紀半ばまで基本はほとんど変わらなかったと主張する学者もいる。

　衣を含めてヨーロッパの生活様式は千年ものあいだ変わらなかったが、最後の氷河期が終わりに近づくと、各地で重大な出来事が発生し、その変化が先史時代の最後にして最大の進歩へとつながった。すなわち、動物の家畜化と農耕のはじまりである（1．中東「古代近東」14〜15ページ参照）。

【117】（上）フランスのレスピューグで発見された後期旧石器時代の小さなヴィーナス像。骨に彫刻したもので、紀元前2万年前後（グラヴェット文化）。植物繊維を撚り合わせた紐のスカートを腰帯からぶらさげている。こうした紐スカートは、女性が出産年齢に達したことを示すもののようである。

古典時代のヨーロッパ

[118] 織物で飾られた広場にいる、トーガをまとった高官たち。『ポンペイ広場復元図』レオン・ジョセリー画、1910年。

間氷期に入って巨大な氷床が消えると、ヨーロッパの将来を形成する発展の中心地は地中海地域に移った。海岸線を狭い平地に囲まれ、その向こうに高い山脈がそびえる内海である。この地形ゆえに、ヨーロッパ文明はおもに地中海沿岸を中心に発達し、中東の文化的影響を強く受けたのである[1]。

後期旧石器時代の末期には、ヨーロッパ人は環境を変えつつあった。温暖な気温や適度な降水、そしておおよそ同じ緯度で飼育や栽培できる動植物の大半が幸運にも近くに存在していた[2]という好条件が重なって、農耕が急速に広がる理想的な基盤ができた[3]。食料をつくりだし貯蓄する能力が文明の前提条件であったように、農耕は人口増加の鍵となっていく。

ミノアの服装

およそ紀元前5000年から1500年のあいだに、東地中海のエーゲ海の島々に、古代近東やエジプトの古王国の世界とは異なる新しい世界が形成された。そこからなら、海を少し渡るだけで、世界最古の文明の地へと定期的に往き来することができた[地図7]。エジプトにもっとも近いエーゲ海の島はクレタ島で、紀元前2200年までには、進取の気性に富むクレタ人が交易のネットワークを築いており、やが

て、複雑な社会組織、文字、歴史的意義のある建造物を兼ね備えた真の文明へと発展していった。この島の人々は、古代メソポタミア文明では標準的な衣服であった、らせん状に巻きつけた毛織物（1. 中東「古代近東」20 ページ参照）や、エジプト古王国で着用されていた薄い袖のついた亜麻布のチュニック（同 24 ページ参照）から、興味深い発展を遂げた衣装を数多く有していた。

周知のように、クレタの初期青銅器時代のミノア文明の名は、怪物ミノタウルスとともにクノッソスの宮殿に住んでいた、伝説の王ミノスの名にちなんでつけられている。現存するミノア時代の芸術は、考古学的出土品と合わせて、クレタ人の生活様式を示している。クレタ人の社会は、男たちが長く海に出ていたために母系社会で、女が家を切りもりしていただけでなく、織物の生産も請け負っていた[4]。男女の衣類のちがいが、社会構造のちがいを表わし

[地図7] 初期青銅器時代のミノア人の勢力範囲と、その後のミケーネ／ホメロスの世界。

ている。長髪で上半身裸のミノア人男性は、たいていは短い腰布／キルト——縁飾りがあることが多い——を巻きつけて腹帯でとめた姿で描かれている[119]。女性の服装は対照的で、もっと凝っていた。

ミノア女性は大きな鐘型のスカート——多くは縁飾りがついている——に、ぴったりとした前あきの上着を着ており、丸いエプロンをつけていることも

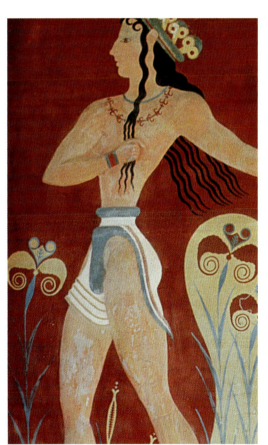

[119]（下左）上半身裸のミノア人の高位の男性は、細かい、おそらくは刺繍の縁取りのついた腰布／キルトに腹帯を締めている。特徴的な凝ったデザインに織りあげられたもので、エジプトの墓所の壁面に描かれていることもある。クレタ人の色彩豊かな衣類は、交易相手にも影響を与えていた。復元されたミノア人男性像は、同じミノアのフレスコ画の2つの部分を合わせて再現されたが、同じ人物からとったものではないため、姿がどこかゆがんでいる。

[120]（下右）多彩色のファイヤンス焼きの像は、クレタ島のクノッソス宮殿跡から発見された。胸をあらわにした印象的なこの女性像は、両手にそれぞれヘビを持ち、頭にネコを乗せている。ミノアの王女か、豊穣の女神と思われる。縁飾りのついた凝った鐘型のスカート、袖のあるぴったりした上着、曲線状のエプロンからは、着る人に合わせて衣類をあつらえていたことがうかがわれる。

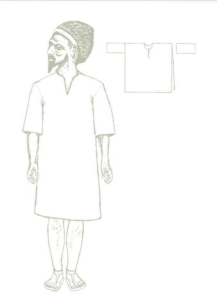

[121]（上）青銅の甲冑と、金属の耳あてがついたイノシシの牙製の兜は、ギリシア本土のミケーネ（紀元前1400年頃）で発見された。ミケーネは、ホメロスの英雄のなかでもっとも力のあったアガメムノン王の都市である。『イーリアス』からわかるように、初期のギリシアの戦士は、金属製の防具を持たない敵を相手に無敵だった。

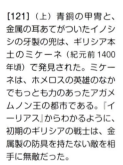

[122] ミケーネのチュニックは、中心部分の穴に頭を通してかぶり、上半身を覆う。袖はあとからつけられたもののようである。

[123] ギリシアの袖なしのチュニックは、平らな亜麻布を半分に折り、両肩から均等に吊るしたものである。

ある[120]。こうした衣装は、単純な縦縞模様のこともあるが、もっとも凝ったものでは、服飾史家エリザベス・バーバーが「信じられないような（色彩豊かな）模様が全面に配置されている」(5)と指摘する模様がついている。こうした特徴ある衣類に加えて、クレタの女性は華やかな宝飾品をつけ、ターバンを複雑に巻きつけたり、髪を高く結いあげたりしていた。

ミノア人女性の特徴的な衣装をつくるには、布地を裁断し縫い合わせる必要があった。この衣類の仕立て方(6)は古代ギリシア・ローマ時代には引き継がれなかったが、鐘型のスカートは青銅器、鉄器時代のバルカン文化のそこここに再び登場しており、とくにブルガリアとセルビアで顕著である（「ヨーロッパ民族衣装の伝統」101ページ参照）(7)。

古典時代のギリシアの服装

高度なミノア文明が紀元前1500年から1400年のあいだに崩壊すると、文化の中心はギリシア本土に移った。すでに紀元前18世紀には、西ユーラシアからやってきたインド＝ヨーロッパ語を用いる人々が、ギリシアの東半分の地域を征服・定住しはじめていた。家長制をとるギリシア語を話す人々、いわゆる初期のギリシア人は、馬や戦車、城砦都市を有する貴族領主になった。なかでももっとも有名な都市はアガメムノン王のミケーネである。

ギリシアの軍事中心の生活様式は、トロイの攻囲をたたえる2つの口承詩、『イーリアス』と『オデュッセイア』に描かれて後世に伝わった。どちらも紀元前8世紀の詩人ホメロスの作品であるといわれている。これらの英雄叙事詩は、つねに戦のことを考える勇敢な部族の長だった貴族の姿を描いている[121]。そして、彼らの存在がその後長く影響を与え、ギリシア・ローマ世界の基盤となる価値観を示した。

アガメムノン王時代のミケーネ人の衣類には、古くからの伝統が現われている。袖つきのT字型の簡素な衣類は、3枚の布を筒状に縫い合わせてつくったもので[122]、近東のセム族に端を発し(8)、南東ヨーロッパに入ってきて、ミケーネ人に採り入れられた。衣類とともに、セム語を基礎とするキトン (khiton) という語も伝わっている。長い袖つきのキトン (chiton) とも表記され、チュニック、シュミーズともいわれる。これは、その後ヨーロッパ、とくにバルカン半島や中央ヨーロッパ、ステップ地方、コーカサス地方の民族衣装の基本的な衣類となった(9)。だが、のちの時代のギリシアでは、まったく異なるタイプの衣装が発達した。青銅器時代末期の紀元前1100年頃に、北方からやってきたインド＝ヨーロッパ語の人々――「ドーリア人」とよばれることもある――によってもたらされたものと思われる。仕立てはせずに体に巻きつけるこの形式は、以後1000年近く変わることがなかった。

古典時代（紀元前500～323年）のギリシア人については、文学と考古学のおかげで多くのことがわ

古典時代のヨーロッパ　89

かっている。壮大な歴史的建造物、彫刻と線画両方における精巧な裸体の描写とともに、ギリシア人は文化を輸出し、さまざまな基準を打ちだした。袖なしのチュニックを身にまとうという装いもその1つである[123]。このパターンのキトンは、1枚の布を縦に半分に折って、肩からたらして着る(10)。これは温暖な地中海の気候にとくに適していた。完全な形で発見されている最古のギリシアの衣類は、紀元前約1000年頃のもので、模様を織り込んだ飾り帯つきの白い亜麻布のチュニックである(11)。

戦時には、装甲歩兵——ギリシア軍の主力だった重装備の歩兵——は、短い鎧[124]と特徴的な飾りのついた兜[125]を身につけた。

ギリシア市民は、長方形の亜麻布や毛織物をさまざまな方法で身にまとい、着用後はしわを伸ばして平らにたたみ、場所をとらずに保管した(12)。ふつうベルトを締めて着る簡素な亜麻布のキトンは、ギリシアのあらゆる時代の男女の基本の衣類であった[126]。その上から、男性市民や軍人は、クラミュス（chlamys）という、肩に羽織ってブローチや棒ピンでとめる外衣を着た[127]。それよりも丈の長いマント、すなわちヒマティオン（himation）は約2×2.75mの男性用の大きな外衣で、体に巻きつけて片方の肩から垂らし、留め具は使わずに着用した[128]。

美しく体に巻きつける古代ギリシアの衣類は、ギリシア人が高く評価していた人間の体の線を引き立たせた[129]。ギリシアの芸術にはしばしば雄々しい理想の裸像——たいていは若者の引き締まった筋肉質の体である——が描かれている。とはいえ、ギリシアの男たちが、しじゅう裸で歩きまわって寒さに耐えていたわけではないということは、心に留めておかなくてはならない(13)。

ギリシアの女性のなかには、やわらかな亜麻布のキトンの上から、ペプロス（peplos）という外衣を着ていた者もいた[130、131]。重い長方形の毛織物を縦にたたんで体に巻きつけ、上部の折り返し部分で着る人に合わせて長さを調節する。キトンとペプ

[124] コリントの陶製の壺に見られるギリシアの絵は、装甲歩兵の動きや隊列を描いている。笛の音を合図に進軍している兵は、兜と鎧を身につけ、大きな盾を持っている。おもな武器は槍で、投げるのではなく、突いたり、刺したりするのに使われた。それぞれの兵が右手の防御を隣の兵の盾に頼っていたため、戦闘中隊列を維持することが重要だった。

ロスに加えて、短いケープを肩から羽織ることもあった。このケープは、「ふつうは喉元付近でとめる小さなマントで、前は大きくあいていて、丈は胸のすぐ上までのことが多かった」という(14)。

[125] 2人のよく似たギリシア兵が、カルキスのコリント式壺に描かれている。紀元前580〜510年頃のもの。兜は頭全体と頬、鼻柱、首筋までを覆い、髪の毛が下からのぞいている。

[126] 長いキトンを着たデルフォイ〔アテネ近郊〕の戦車の御者。職人や戦士、奴隷が着ていたのはもっと短いもので、右肩はむきだしのことが多かった。ウエストはベルトで締め、上身ごろをふくらませて着る。袖のように見えるのは、布地を肩の両側から垂らしただけのものである。

[128] ギリシア男性のヒマティオンは大きな毛織物の外衣で、体に巻きつけ、片方の肩から端を垂らした。これは、アテナイの雄弁家で政治家でもあったデモステネスの像で、ギリシアの彫刻家ポリュクレイトスの作品。

[127] クラミュスは肩から羽織って、棒ピンでとめる。この彫像はローマ人の手になる複製で、元は紀元前1世紀のギリシアの作品である。このように、ローマ人のギリシア文化崇拝のおかげで、失われていたかもしれない古代の宝物が後世に遺された。

[129]（最上）アテネにあるパルテノン神殿の小壁の断片に、単純な布をさまざまな形で身にまとったギリシア人の姿がレリーフで表わされている。ここに描かれている出来事は、アテナイで4年ごとに女神アテナをたたえるために開かれた盛大な祝祭である。全市の人々がアクロポリスへの荘厳な行進に参加し、古い木製のアテナ像に着せる新しい衣服——「物語を描いた」複雑な布でできていた——を掲げて進んだ。

[130]（上）古代ギリシアの衣服ペプロスの着用法を示した図。毛織物の平たい布を体に巻きつけ、上部の折り返し部分で長さを調節する。

[131]（右）ペプロスを着た像。ペプロスは長方形の毛織物を折って体に巻きつけ、上に折り返し部分を残して着用する。神聖な衣服で、ギリシアの女神の伝統的な衣装でもある。

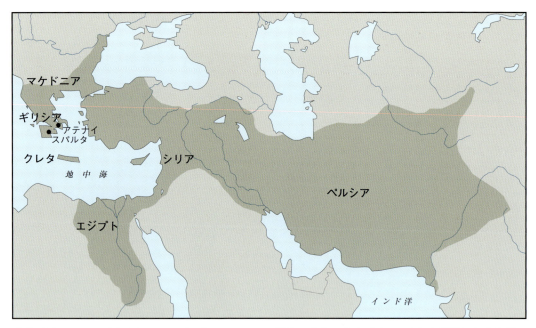

[地図8] ヘレニズム世界——ヘレニズムはギリシア人を意味するヘレネスに由来する語で、ギリシアの言語と文化を共有していたためにこうよばれる——は、アレクサンドロス大王の数々の戦勝の結果として誕生した。その征服は西はギリシアから東はインド洋にまでおよんだ。

　古代ギリシアでは男女ともにサンダルをはいていた。革の靴底についた革紐をさまざまな形に交差させて、足首で結ぶようになっていた。旅や戦では、男たちはくるぶしまで、あるいはふくらはぎの半ばまでを覆うぴったりとした靴や、前を紐で結ぶ革のブーツをはくこともあった(15)。

　古代ギリシアの衣類の進化に影響を与えたのは、紀元前490年から480年のあいだに激しさを増したペルシアとの戦いであった。アテナイが攻略され略奪された屈辱の時代である。この敗北の前から、ギリシア人はペルシアのすべてを忌み嫌っていた。小アジアからやってきた勝者は凝った装いに身を包み、華やかに飾りたてていて、ほぼ全身を覆うという東洋の習慣に従っていた。そのため、ギリシア人が衣服を簡素なものにして、「男らしくない」ペルシア人に対してギリシア人の「たくましさ」を際立たせようとしたのは、政治的な主張だったのかもしれない(16)。

　ギリシア文明を維持し守って来た都市国家は、ペルシア戦争後の再建に努力したが、しだいに都市国家間で争い合うようになっていった。紀元前404年には、アテネ、スパルタとそれぞれの同盟国間で27年争われた激しいペロポネソス戦争が終わり、古典時代のギリシアの全盛期も終わりに近づいた。

歴史の中心は今やギリシア文化が発祥した中心部から、文化圏の北端に位置するマケドニアに移った。アレクサンドロス大王が生まれたのはこの地域である。アレクサンドロスは紀元前4世紀後半までに、強大なペルシアだけでなく、西のギリシア、エジプトから、東はインド洋沿岸まで、多くの王国を征服した。このめざましい勝利は、つづくヘレニズム時代の衣類に多大な影響を与えた。

　アレクサンドロスの遠征の結果、ギリシア人は侵略される側から領主となり、征服者の衣類と装飾品には、新たに手に入れた富と力が徐々に反映されていった。広範囲におよぶヘレニズム世界[地図8]では、異国情緒あふれる織物が豊富に手に入るようになった。色彩豊かで美しく細部まで描かれた、有名なシリアの羊毛のタペストリー、ひんやりとして軽く、楽に染色できるインドとエジプトの綿布、模様を織り込んだ光沢のある中国製の絹織物、中央アジアの遊牧民によって西に運ばれた重いブロケード（紋織り）などである。遊牧民は中国に攻め入らないという約束の見返りに、これら明るく色彩豊かな織物を受け取った(17)。

　アレクサンドロス大王の治世下で、豪勢な宝飾品の時代がはじまる。紀元前3世紀と2世紀には、ヘレニズム時代の金細工師や宝石職人の技術がそれま

でになかった高いレベルに達した。細密画にみられる高度な技術は、初期のカメオ制作に反映されている。ペルシアの征服の結果、さまざまな規模で、荘厳な頭環をつけることが広まった。紀元前3世紀には、ヘビの形をした腕輪がつくられはじめ、ローマ時代を通してヘビの形の指輪とともに人気を博した[18]。

エトルリアの服装

繁栄するヘレニズム世界の西方、遠く離れたところに、別の重要な世界が存在していた。中央イタリアで栄えたエトルリアの初期鉄器文明である。エトルリアは紀元前9世紀に出現し、紀元1世紀にローマに併合されるまで、古代ギリシアの着衣スタイルを受け継ぎ、その伝統をローマへと伝える中心的な役割を果たした。しかし、エトルリア起源の重要な衣服もある。円形のテベンナ（*tebenna*）という外衣で、ローマ市民のトーガの先がけとなったものである。

エトルリア人はギリシア人から、平布を衣服として使うことと、その長方形の織物を身にまとう方法を受け継いだ[19]。この習慣の一例としては、ギリシア人から着想を得たエトルリアの外衣[132]がある。ギリシアのヒマティオン[128参照]のように、斜めに体を覆うものである。そうした類似点はあるものの、ギリシアとエトルリアの体の覆い方には、根本的かつ顕著な相違があることに留意しなければならない。エトルリア人は人物を描くときには、全身を覆った姿で描くことで、その人物への敬意を示した[20]。衣服は「少ないほうがよい」というギリシアの哲学からは大きくかけはなれていたのだ。

ローマ人の服装

歴史学者のJ・M・ロバーツは、ローマ帝国がヘレニズム世界の最後の継承者であり、ギリシアの古典的伝統の大部分を将来のヨーロッパ文明に伝える役割を果たしたとしている[21]。別の視点から、ギリシア文化は再び征服者をとりこにし、その征服者を使って別の蛮族をヘレニズム化したと、皮肉を込めて記しているローマ人もいる[22]。

事実、ローマ人はギリシア文化の多くの面を採り入れた。ギリシアの神や女神がラテン語の名前で崇められたのと同じように、衣服もまた、エトルリア人を経由して、1つの文明から次の文明へと受け継がれたのである。ローマ人は「着る（*indutus*）」衣服と「巻きつける（*amictus*）」衣服とを明確に区別した。後者は外衣とよばれ、前者はその下に、肌に直接着るものとされた[23]。ローマ人はギリシア人の裸を好む傾向までは受け継がなかったため、人間の体を描くときには、女性であれ男性であれ、かなりの慎みをもって表わした[24]。そのため、ローマ人の下着がはっきりとわかる証拠は限られ、競技

[132] ギリシアのヒマティオンとよく似た巻衣をまとったエトルリアの貴族。ただしギリシア人は、全身を覆う外衣の下に体を包むチュニックを着ることはあまりなかった。

94　ヨーロッパ

[133]（上）下で結んだおむつ型の腰布の上に、短い亜麻布のチュニックを着て、右肩を出すようにして留めている。このような簡素なチュニックは、しばしばローマの下級階層の衣類だった。

[134]（下）シチリアで発掘された、3～4世紀頃の邸宅のモザイク画に登場する2人の若いローマ女性は、ビキニに似た下着——ローマ人の下で結ぶおむつ型の腰布の女性版——と平たい胸当てをつけている。

者や剣闘士が腰布だけの姿で描かれている程度である。この腰布は、下で結ぶおむつ状の衣類で、下級の職人でも、腰布の上に簡素な短いチュニックを着ていた[133]。女性は、「男性の腰布をかわいらしくしたもの」(25)をつけていたため、驚くほど現代的なビキニタイプのブリーフをつけて描かれている。腰布と合わせて身につける胸当ては、おそらく胸を包み込むような形にはなっておらず、胸を平たくするか、その位置にとどめておくだけであった[134](26)。

もう1つの女性らしい衣装の例は、若い女性が結婚式に着る特別な装束である。結婚式はローマの娘にとって、人生でもっとも重要な意味をもつ儀式だ。花嫁衣装で一番大切な要素は、頭の部分に集中していた。髪の毛を特別な編み方で6つに分けて編み込み、透き通った、炎のような黄色のヴェールで全体を覆う。大プリニウスによると、黄色は最古の色としてもっとも尊重されたという(27)。服飾学者のエリザベス・バーバーは、古代ミノア人がサフランのおしべを集めて月経痛の薬にしたほか、黄色い染料にしていたと記している(28)。性的に成熟した女性の頭を覆うのは、ローマ人にとってひじょうに重要なことで、女性の性的な力が髪に集まっているとする昔からの言い伝えに基づく習慣に従っていた（1. 中東「アラビア半島」46ページ参照）。ローマ人のブライダルヴェールは、貞節と1人の男性に一生の忠誠を誓う象徴だったのである(29)。

ローマ人の外衣は、先のギリシア世界とほとんど変わらず、ギリシアないしエトルリア式にまとっていた。男女を問わず、子どもを含むみなが同じ基本的な衣服であるチュニックを着ていたが、男性はふくらはぎの半ばまで、女性は足まで隠れるか、くるぶしまでの丈だった。こうしたキトンは肩のところをブローチやボタンでとめるか、縫い合わせてあり、ふつうはベルトを締めた。ローマの女性はチュニックの胸の下と腰のまわりをベルトで締め、2か所をふくらませて着ていた。ローマの既婚婦人の幅広のチュニック——小さなひだが入っていることが多い——は、袖についた一連のボタンによって肩の部分をとめることもあった。ローマ女性のペプロスは、ギリシアの同名の衣類に手を加えたものである

[130、131 参照]。日常的に男性や女性がまとっていた体に巻きつけるタイプの外衣——男性用はパリウム (*pallium*)、女性用はパッラ (*palla*) ——は、さまざまなサイズの長方形の毛織物でできていた。よりすっぽりと体を包み込むタイプの、あたたかなローマの外衣は、長円形、長方形、円形、半円形の毛織物でつくられていた。

ローマ人社会は、顕著な社会経済的相違よりも、まず市民と非市民の区別をはっきりつけていた。この慣習は衣服に正確に反映され、衣服は階層によって明確に分けられていた。ローマ市民にとってもっとも重要な外衣はトーガだった。これは長円形の布を巻きつけて着る衣服で、エトルリアのテベンナの流れをくむものである。もともと羊飼いや農民からなる小さなラテン社会でさまざまな用途に使われていたものが、ゆったりとした威厳のあるローマのトーガになったのである [135]。トーガを正式に身にまとうには、2〜3人の奴隷の手が必要だった [136]。トーガを着用する資格があるのは男性市民だけで、奴隷、異国人、下級階層の人間は着用を禁じられていた[(30)]。

ローマ帝国の歴史を通じて、トーガは歴代の皇帝と高官の正装だった。トーガの全体の色や縁取りの形は、たいていは着用者ごとに厳密に定められていた。たとえば、無地の紫のトーガをまとうことができるのは皇帝だけだった。トーガの巻きつけ方も決められており、しだいに複雑になっていった。トーガのあつかいの難しさについては、多くの記録が残っている。トーガはどこもピンでとめないため、左肩から布が落ちないように、左腕はぴったりと脇腹につけておかなければならなかった。布の重みだけで正しいひだをつくりだしていたのだ[(31)]。裕福な者は、この幅が広くて厄介な衣服をあつかうことだけを仕事とする特別な奴隷を使っていた。トーガには明らかに欠点があったが、歴史学者のシェリー・ストーンは次のように述べている。「帝国のトーガは威厳のある印象的な衣服で、その伝統的な意味合いもあって、公式の場や祭りの場での儀式用の衣装として生き残った」[(32)]。

ローマ人のあいだでは、履き物も階級で異なり、

[135] 皇帝の正装であるゆったりとしたトーガに身を包んだ皇帝アウグストゥス。紀元前1世紀。高官のトーガは濃い紫の縦じまの縁取りがされていた。紫色の染料はアクキガイから採るため、手に入れるのには費用がかかった。

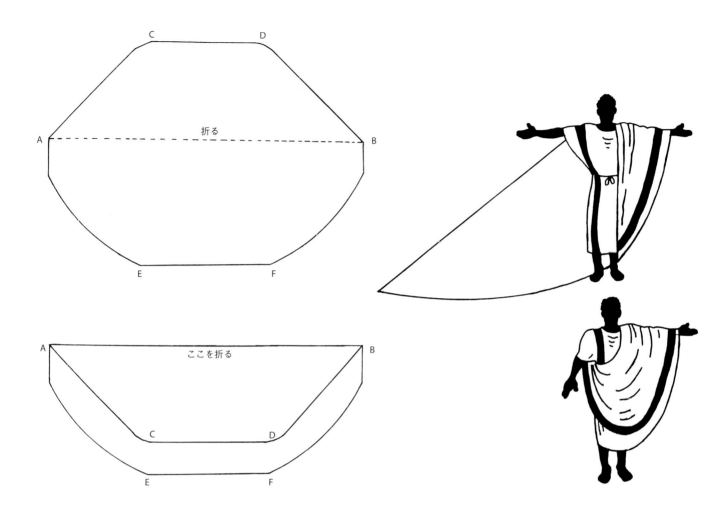

[136] トーガの複雑な着用法を示した図。ローマ市民だけが着用を許されている、この重要な衣服をまとったら、左腕をぴったりと脇腹につけておかなければならなかった。丁寧に整えてつけたひだを崩さないためである。留め具は使わなかった。

靴職人やブーツ職人、サンダル職人、スリッパ職人、女性用靴職人といった専門家によってつくられていた。ギリシアとローマの履き物は、左足と右足に顕著なちがいがあった。女性はさまざまな色の、つま先のあいていない靴を、男性は色や靴紐が一定の階級を示すサンダルをはいていた。ギリシアの兵士と同じく、ローマ人も足首で紐を結ぶタイプの頑丈な厚底のブーツをはいたが、つま先はあいていた[33]。

広大なローマ帝国[地図9]の基盤は軍事力で、およそ紀元前27年から紀元400年までつづいた拡大の時代を通して維持されつづけた。ローマ世界が拡大することを可能にしたのは、軍隊があったからこそである。有名なローマ軍の訓練、秩序、規律は、それまでにはなかったような水準の軍事力を実現した。

古代ローマ兵は特徴的な戦闘用装備を身につけていた[137]。膝のすぐ上までの丈の、短い袖の亜麻布のチュニックを体に直に着た。この内着の上には、キルト風の毛や革でできた防御用のベスト状の上着をはおった。この上着の下端には、一列に並んだ数本の長い革紐が太ももに垂れていて、袖ぐりはそれより短い革紐で飾ってあった。

ローマ人の役人は2枚の金属でできた胴鎧をつけていた。前の胸当てと後ろの背当ては上半身の右側の留め金でつながっていて、ホックやピンでとめるようになっていた[138]。胴鎧の上からはふつう、大きな長方形の軍用外套を着た[34]。

古典時代のヨーロッパ

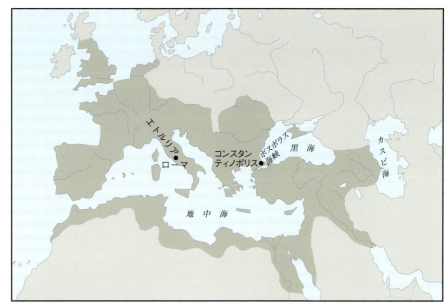

[地図9] ローマ帝国全盛期パクス・ロマーナ（ローマの平和）時代の勢力図。この紀元前27年から紀元180年までの約200年間つづいた平和な時代には、旅人はよく整備された街道を使って帝国内を安全に旅することができた。この交通網がローマ人世界を統合し、帝国内の衣服はしだいに均質化されていった。

[137] 紀元2世紀頃のローマ近衛兵の一団。近衛兵の役割は、皇帝を守り、公共の秩序を維持し、法律を遵守させることであった。防御用の軍服に加えて、兵士はつま先のあいた厚底のブーツをはいていた。

[138] ローマの胴鎧の起源はギリシアの装甲歩兵の鎧である。写真の鎧は青銅製。このように重く頑丈なものをつけていたのは、高位の軍人だけだった。胸と背中を防御する上等な装備を用意するだけの経済力があったためだが、動きやすさのために、ときとともに少しずつ短くなり、腹部まで覆っていたものが、肋骨を覆うだけになった。

[139] アラ・パキス・アウグスタエ〔アウグストゥスの平和の祭壇〕の南面小壁は、ローマ皇帝アウグストゥスがもたらした平和をたたえて建造されたもので、紀元前13年の皇帝一家の行列を描いている。トーガ姿の高官の姿に注目すると、男性が片腕を曲げて、左肩にかかった重い布地を押さえているのがわかる。帝国時代のゆったりとしたトーガは、明らかに動きにくく、複雑なひだを維持するのが難しかった。それにもかかわらず、この威厳のある印象的な衣服は、ローマ帝国時代を通して儀式用の衣装として残りつづけた。

ローマ帝国の最大の功績であるパクス・ロマーナは、アウグストゥス帝（紀元前27年～紀元14年）の時代からマルクス・アウレリウス帝（紀元161年～180年）までの約200年間つづいた繁栄と平和の時代であった。この間、人々はローマ世界［地図9参照］の整備された街道を安全に旅することができ、この交通網のおかげで、西のブリテン島から東はボスポラス、さらにはカスピ海までおよんだ帝国内で、衣服が均質化されていった。ローマの文化は、ヘレニズム時代のギリシア文化をたくみに継承しており、ローマの衣服はその伝統を反映しているが、ギリシア時代よりも露出が控えめで、体を覆う部分が多くなっていた [139]。

ローマ帝国の崩壊（紀元400年頃）とともに、キリスト教という新しい勢力が台頭する。活気が失われ、古典世界の人々のあいだで幻滅と精神的なものへの切望が強かった時代に登場したことが、この宗教にとって有利に働いた。帝国は何度も繰り返しキリスト教を撲滅しようとしたが、帝国じゅうの改宗者の数は着実に増加していった。

ビザンティン時代の服装

紀元330年に、初代のキリスト教皇帝コンスタンティヌスが、古代ギリシアの交易植民地であったビザンティウムに首都を築いた。この東の首都コンスタンティノポリス（コンスタンティノープル）の建設は、西ローマ帝国の衰退の象徴であった。新しい首都はすぐさまローマの都に匹敵するようになり、東のキリスト教勢力の中心地となった。この豊かで強大なビザンティン帝国で、キリスト教は着々と勢力を伸ばしていった。

ビザンティン時代初期およびローマ時代末期の衣

類は、実質的に区別はできないが、時を経るにつれて、凝った東洋風が広まった。ビザンティンの富裕階級の衣服は刺繍やアップリケ、宝石や織りのデザインによって手の込んだ模様がつけられるようになった。また、ビザンティン時代の基本の衣服は、古代に東方でみられたＴ字型の袖つきのチュニック［122参照］に回帰し、袖丈の短いものと長いものがあった。長い袖丈のものは、袖を手首に合わせて切り、その上からさらに袖の長い外着用チュニックを着た。外着のチュニックはダルマティカ（dalmatic）とよばれた古代の衣服である。（紀元前1350年頃の袖つきの「ダルマティカ」の原型が、エジプト王ツタンカーメンの墓所で発見されている[35]）

女性は、ぴったりした袖の内着用チュニックの上に、幅の広い長袖のダルマティカを着ることが多くなった［140］[36]。紀元２世紀までに西ヨーロッパにも登場した、長く流れるような袖が特徴的なダルマティカは、その後寛衣となり、今日でも使われている。古典時代から受け継がれた古代衣服の典型的な一例である[37]。

変わりゆく服装

紀元4世紀には、ヨーロッパ内の均衡が古代の地中海の伝統から離れ、変化しはじめた。古典時代が終わり、ラテン語圏の西側世界とギリシア語圏の東側世界との区別が明確になるにつれ、2つの世界の衣類の伝統もちがう方向に変化していった。西側では、4、5世紀の蛮族による侵攻がヨーロッパの文化地図を書き変え、頽廃期の西側帝国に致命傷を与えた。ギリシア＝ローマ風の巻衣の伝統はほとんど残らなかった。ギリシアの基本的な衣服だった袖なしのキトン［123参照］さえ、完全に消えたのである。これは、キリスト教による衣服の新しい基準からすると、慎みが足りなかったからかもしれない。

ギリシア語圏の東方では、まったく異なった傾向が出現した。Ｔ字型の亜麻布のチュニック［122参照］が古典時代の崩壊後も残っただけでなく、その後の中世ヨーロッパじゅうに広がったのである。事実、このチュニックは現在までヨーロッパ南東部の田園地帯の基本の内着として着用されつづけている。女性は現在でもときどき、やわらかな亜麻布のシュミーズの上に手の込んだ刺繍の入った民族衣装を着ることがある。この毛織りの外着には、エプロンを前と後ろに2枚つけるなど、古代にもあった興味深いスタイルが残っている[38]。

結果として、東ヨーロッパの伝統だけが、古典時代から現代の民族衣装にまで受け継がれた。とくにロシア南部やウクライナ、バルカン半島のスラブ語圏にみられる民族衣装だが、田園風の衣装の豊かな伝統は、悲しいことに現在では消えつつある（「ヨーロッパ民族衣装の伝統」110～117ページ参照）。

［140］初期キリスト教徒のダルマティカの原型が、エジプト王ツタンカーメンの墓所から発見されている（紀元前1350年頃）。のちのビザンティン流のダルマティカは、幅の広い、流れるような袖のついた長い寛衣で、東ローマ帝国に広まり、のちに西ヨーロッパにも登場した。

ヨーロッパ民族衣装の伝統

[141] スロヴァキア地方独特の色鮮やかな衣装をつけた女性たちは、伝統的に顔のない、古代の豊穣の女神ベレヒニアの像を持って、収穫期の畑を歩いてまわる。

ヨーロッパの民族衣装が今のような明確な形をとるようになったのは、18世紀半ばから19世紀にかけてのこと[1]だが、民族衣装の一部の要素はその起源を先史時代にもっている。古代から残ったのは、神話的・準宗教的な意味合いゆえに数千年以上つづいた、影響力のある象徴的な図柄だった。こうした図柄はどうやって現在にまで残ったか。それを示す史料はほとんどないが、儀式用の衣装や石彫、陶器、さらには祭壇の聖具類にも描かれ、自然信仰、まじない、部族の神聖な儀式に関連して登場していたことを示唆する証拠が多数存在している。

中世ヨーロッパの農民の衣服は、仕立てはせず、抑えた色調で、みなどこか似通っていた。厳格な奢侈禁止令(封建社会では、庶民に許される素材やスタイル、色が広範囲にわたって制限されていた)の絶えまない圧迫によって、目立つことや変化は抑えられていた。ロシアではとくにこの傾向が強く、1861年に封建制度が廃止されて農奴が解放されるまでつづいた。服装を規制する法律が取り払われると、古代のシンボルを含めて、凝ったデザインの農民服が登場しはじめ、地方ごとにどころか、隣接する村々とのあいだでも、地理的なちがいが顕著になっていった。その後、この特徴的な衣装が、自分の集団に帰属する印としての役割を果たすようになる。

ヨーロッパ民族衣装の伝統

　19世紀にみられた地方色豊かな民族衣装は、その衣装が生まれた産業革命前の田園世界の保守的な気質を反映している。孤立した自給自足の農村内では、社会のモラルや倫理基準を統制する厳格な基準があった。日々の仕事から結婚の準備まで、あらゆることの方法を詳細に定めたものである。そのため、男にも女にも子どもにも、人生の各段階に応じて、あらかじめ定められた年齢にふさわしい装いがあった。日常着に加えて、礼拝・祝宴・婚礼などで着る、ふだん着よりも凝った特別な衣服があったのである。

　ヨーロッパの民族衣装の伝統を概観するこの章には、男性の特別な衣装の図もいくつか登場するが、女性の衣装に比べると話題が少ない。これは、男性は女性に比べてより大きな世界に混じり合いやすく、服装も外の「同時代的な」スタイルの影響を受けやすかったためである。男性の衣装でも独特の特徴を示している例は多数あり [143-147 参照]、なかにはアルプスの有名な膝丈の半ズボン、レダーホーゼン（lederhosen）のように、今日でも着用されているものもあるが、男性は女性よりもずっと前に、自分の村の伝統衣装を日常着として着るのをやめている。ずっと村にいる場合でも、男性は地域にかかわりなく、農民、大工、鍛冶屋といった職業に応じて広く着用されている衣服を選ぶことが多かった。対照的に女性の生活は家が中心で、外の世界からは孤立しがちだったため、女性の衣類は、地域の文化的伝統のとくに重要な一面をとして認識されていた。

　18、19世紀の農民の基本的な衣服一式は、かなり画一的であった。絶対に欠かせないのは、女性ではシュミーズ、スカート、エプロン（複数の場合もあり）、男性ではさまざまな形のズボン、ベルトか飾り帯、それにＴ字型のシャツであった。男女ともに特別な外着として外套やジャケットを着ることもあった。これらのごく単純な衣服はある程度まで発展したが、この特徴的な装束のもっとも興味深い点は、装飾的な要素と呪術・宗教にかかわるモティーフがいかに古くから受け継がれてきたものであるかという点である [142]。ヨーロッパ民族衣装のこうした側面について、以下で検討しておこう(2)。

　民族衣装は西ヨーロッパ以外のものとして語られることがあるが、これは西ヨーロッパでの流行をよそに発達したものだからである。農村においてより大きな世界からもたらされる変化を受け入れられるかどうかの判断は、国際的な基準によってではなく、その土地土地の基準によって決められた。実際、この「流行からはずれた」衣装――色彩豊かで、丹精込めた手づくりで、びっしりと刺繍が施されていることが多い――は、各社会に内在する意識を表わしていた。自分たちはなにをつくりあげることができるか。度重なる強制的移住も、そうした地域の伝統を破壊させるにはいたらなかった。事実、移住してきた少数民族がもともとの村の衣装や方言、慣習を守っている例は数多い。

[142] 左は青銅器時代の粘土の女性像の線画。ルーマニア南部チルナの火葬墓（紀元前2000年代半ばから末）で発見された。右は典型的な19世紀から20世紀初頭のブルガリアの民族衣装。3500年前のチルナの粘土像と裁ち方や装飾がよく似ている。

102　ヨーロッパ

[143]（左）男性の毛織りの服。セルビア、ベオグラード。

ツォハ（coha）とよばれる上質のフェルトでできた紺色のジャケット（グニ gunj）。前立てと袖口に黒の縁取りがついている。前身ごろを巻きつけてとめる形で、サイドスリットがあり、裏地は白の綿。1930～40年、丈66cm、幅164cm。

紺色のツォハ地のベスト（フェマヌ feman）。前と後ろに手の込んだ黒い縁取り、赤いフェルトの裏地に、緑色の縁取りつきの内ポケット。1930～40年、丈54cm、幅44cm。

ダマスク織りで縦縞が入っている長袖の白の綿シャツ（コスリャ kosulja）。前には2つボタン、縫いつけてひだを寄せた前ブラケット。1930～40年、丈90cm、幅164.4cm。

紺色のツォハ地のズボン（ツァクシレ caksire）。前中央に黒のライン、左右にポケット、内縫い目、折り返し、ポケットに赤い裏地、黒、緑、白、灰色の縞模様の綿の引き紐つきウエストバンド。1960～70年、丈99cm、幅54cm。

[144]（右）20世紀初頭から半ばのマケドニ地方マリオヴォの男性の衣装。

白い植物繊維（おそらくは綿）の襟なし・短袖のシャツ。首まわりに白の装飾的な刺繍が施されている。丈80cm、幅98cm。

黒の毛織りフェルトのベスト。細い装飾的な黒の縁取りと銀のボタン。丈41cm、幅49cm。

白の植物繊維（おそらくは綿）のプリーツ入りキルト（ヴスタン vustan）。引き紐つきウエスト。丈44cm、幅90cm。

白の植物繊維（おそらくは綿）のズボン。前をボタン留め。ふくらはぎを綿の紐で結ぶ。丈93cm、幅64cm。

ヨーロッパ民族衣装の伝統 103

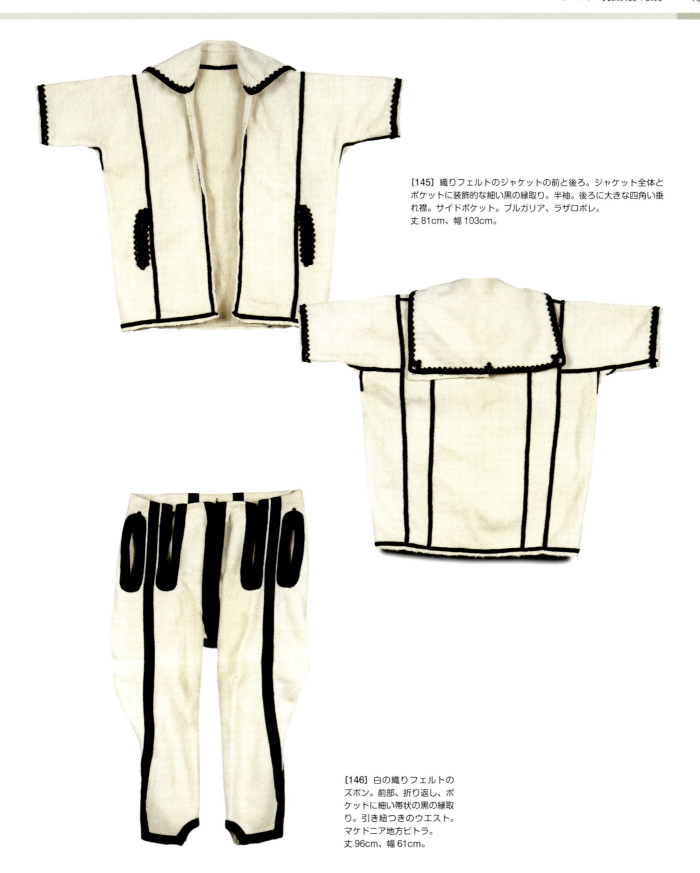

[145] 織りフェルトのジャケットの前と後ろ。ジャケット全体とポケットに装飾的な細い黒の縁取り。半袖。後ろに大きな四角い垂れ襟。サイドポケット。ブルガリア、ラザロポレ。
丈81cm、幅103cm。

[146] 白の織りフェルトのズボン。前部、折り返し、ポケットに細い帯状の黒の縁取り。引き紐つきのウエスト。マケドニア地方ビトラ。
丈96cm、幅61cm。

104　ヨーロッパ

[147] ハンガリーのマチョー地方メソコヴェスドの新郎衣装、19世紀後半。刺繡が施されたエプロンだけがオリジナルで、シャツ、パンツ、ベストは複製。マックス・ティルケ著『東ヨーロッパ、アフリカ、アジアの民族衣装』の図解をもとに復元された衣装一式。

白の綿シャツ。幅広の長袖、肩、襟、前身ごろ中央部に赤い刺繡。袖口は市販のスカラップで縁取りされている。丈85cm、幅189cm。

黒い毛織りのベスト。細い黒の帯状の縁取り。前身ごろと襟に黒の飾りボタンと縁取り。丈52cm、幅43cm。

たっぷりとした白の綿のパンツ（ガチャ gatya）。ウエストに引き紐つき、裾にはフリンジ。丈96cm、幅160cm。

黒綿のエプロン。大小の段に色鮮やかな花模様のサテンステッチ刺繡が施されている。裾には黒い結び目つきのフリンジ。多彩色の花模様の刺繡のリボンは、端が結び目つきのフリンジになっている。丈105cm、幅65cm。

　古代の装飾的要素を新しい衣服の形態に取り込んだ、地域ごとに異なる衣装スタイルが出現したのは、19世紀のロマン主義の時代だった。都会の作家や画家が、庶民の「質素な暮らし」にはより大きな社会に役に立つ教訓が含まれていると信じて関心を向けはじめたのが、ちょうどこの時期であった。「民族」という言葉が生まれたのは19世紀前半のことで、この時代、ヨーロッパの知識人たちはすべての民族学的なもの（牧歌的な農村の伝承など）に「国民性」を定義する根拠を見出そうとし、地方色豊かな衣装の華やぎでその国民性を完全なものにしようとした。服飾史家のジェームズ・スノードンはこう指摘している。「（都会の）芸術家や学者たちがやたらと関心を示したことによって、村人たち自身も意識するようになり、その相乗作用から「われわれの衣装」をもっと精巧なものにしようという動きにつながり、やがてその動きは地域社会の組織にしっかりと根づいていった」(3)

　民族衣装が特定の国で長く残ったのは、この衣装の普及をめざした都市在住の有志たちが農民服を身につけはじめたためである。この習慣は、階級や民族の区別を消す役目を果たした。こうした状況を背景にして、ドイツやオーストリアでは民族文化や舞踏を伝えるグループが登場し、その活動は2大戦間に多くのヨーロッパ諸国に広まった。ときには国の支援を受ける場合もあった。これらのグループ内では、衣装の装飾の正確さに、うるさすぎるほど厳しい注意が払われていた。

ヨーロッパの民族衣装が頂点に登りつめ、その後衰退していったのは、あっというまの出来事だった。今日の均質化された国際的スタイルの衣服なら、大量生産され、店で購入できてどんどん安価になっていくのに対し、皮肉なことに伝統的な衣装はどんどん高価になっている。若い世代が出身地の伝統的な衣装をつくって着たいと願っても、伝統的な素材や特別な縫製技術が必要であるために簡単ではない。こうした初期の縫製技術のなかでも、もっとも高い評価を受けたのが刺繍であった。

ヨーロッパの民族衣装における刺繍の役割

刺繍という古い技術の根底にある基本原則は、布地や衣服の価値を高めるために装飾的なデザインを加えることである。刺繍に必要な基本要素はきわめて単純で、1) 素材（織り地、フェルト、獣皮、樹皮など）、2) 突き刺す道具（とげ、鋭い骨や石片、金属針）、3) 糸（羊毛、絹、綿、靭皮繊維、獣毛を撚り合わせて長くしたもの）があればよい[4]。

一部のヨーロッパの民族衣装にみられる難解なデザインは、何重もの意味を表わしていることが多い。とくにそれは、古代の呪術＝宗教的信仰が根強く残っている、辺鄙な農業社会で顕著である。このような刺繍を施された布地は、人の体を飾るだけでなく、防護の図柄を使うことで危険や害から守る役割も果たすと信じられてきた[5]。これら魔よけの図柄は微妙な差異が重要で、その効力は衣服のどこにつけるかによってもちがってくる。

悪い霊は衣服の開いている箇所や端から入り込んで攻撃してくるため、刺繍を正しい位置につけることが重要だった。その結果、刺繍はたいてい衣服の首まわりや裾まわり、袖口、ポケットに沿って、さらにはボタンホールをなぞるように施されている[148-152]。とくに体の無防備な部分には、たっぷりと刺繍をつける必要があった。ボディスの前や肩、袖、生殖器周辺、心臓の上、背中の中心部などである。さらに、関連する図柄が広い範囲をカバーしている場合、刺繍の位置どりにはすべて意味があることを忘れてはならない。特定の意味をもつ図柄はめったに重なり合うことはない。

邪悪な霊にとくに効果があるとされている刺繍は、古代の神話からとった幾何学模様であることが多い。三角、ジグザグ、長菱形、迷路、三日月、円、星、十字架などである。動物界からとったモティーフ——鳥、魚、角、目、手[6]——も大いなる力をもつと考えられていた。

民族衣装においては色が象徴するものも複雑だが、世界の刺繍の権威であるシーラ・ペインは赤、白、黒の3色が人間の状態を表わす基本色だと指摘している[7]。白と黒は衣装では象徴的に使われても、刺繍では役割がちがってくる。だが、赤はこれにはあてはまらない。「赤はもっとも強力で生気があり、心を浮き立たせる色であり、生と死を表わす血液の色である。このようにいろいろな意味をもち、命、火、太陽、そして力が犠牲や死と相殺される。赤い糸と布地は、精霊崇拝と悪魔、若さと結婚、護符と秘められた力を連想させる。どの部族や農民の刺繍でも、ひときわ目立つ色である……」[8]

織物は人生の節目の儀式において重要な役割を果たしてきた。なによりも誕生、成人、結婚、死という人生におけるもっとも重大な儀式で重要視されてきたのである。ほとんどすべての社会において、刺繍がふんだんに施されるのは若者の衣装で、とくに婚礼衣装において顕著である[147]。その後、人生がつづくにつれて刺繍は控えめになり、晩年には首まわりの簡素な縁取り程度になる。ペインはさらに次のように記している。「世界の大半で、人々は婚礼のときに着たシャツや衣装一式に包まれて埋葬される。目立っていれば、来世で伴侶が気づくという考えからだ。だが、呪術＝宗教的には、人間であることを認識してもらうためだという」[9]

[148] 先祖伝来の袖のついた女性用刺繍つきジャケット（クラスニク klasenik）。ブルガリア、ラザロポレ。20世紀初頭～中葉。白のフェルト地に、金属糸で縁取りをした凝ったビロードの胸当てがついている。前立てに丸い金銀線細工のボタン、袖ぐりとポケットに細いオレンジと黒のフェルトの縁取り、太いオレンジと黒の帯状の裾の縁飾りには、装飾的な刺繍が施されている。赤のビロードに金属糸の刺繍は、トルコから伝わった技術と色使いである。使用には適さない先祖伝来の袖は、少なくとも2500年前にさかのぼるものである。丈101cm、幅68cm。

[149] ふんだんに刺繍が施された女性用の白のシュミーズの上に、白い紐で典型的な渦巻き模様の縫い取りをつけた、黒い織りフェルト地のオーバードレスをまとったスタイル。ブルガリア、ラザロポレ。20世紀初頭。シュミーズ：丈125cm、幅133cm。オーバードレス：丈98cm、幅85cm。

[150]（拡大図左下）シュミーズの袖の刺繍パターンには、魔よけと豊穣（豊饒）のシンボルである「鉤つきの菱形」と「種子をまいた畑」のモティーフが含まれている。

[151]（拡大右下）シュミーズの裾には、2羽の鳥に守られた豊穣の女神と生命の樹を図案化したモティーフが繰り返し刺繍されている。

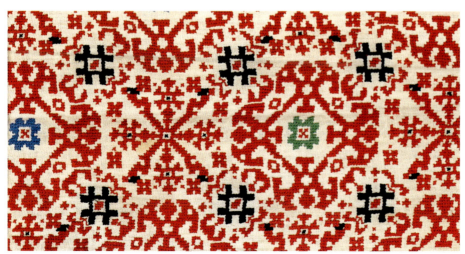

[152] 毛皮の裏地つきのルーマニアの男性用ベスト。房飾り（タッセル）で締めるもので、色とりどりの刺繍で花模様の縁取りが施されている。

民族的造形の起源

　辺境の地に住んでいた初期の人々の思考や関心を、彼らの祖先の時代から今日まで伝えてくれる、一種の「言語」とでもいうべき民衆的シンボルの造形体系は、すでに後期旧石器時代から存在してきた。このシンボル体系には、家系や人間関係に関する古代の人々の考え方を反映するモティーフが含まれている。初期の人々はこうした系譜を示すシンボルを体や衣服、道具にも描き、どこに行くときにもそれを持ち歩いていたのである。この造形は何千年にもわたって、母から娘へ、父から息子へと直接受け継がれてきた（「先史時代のヨーロッパ」81 ページ参照)[10]。

　そのほかの古代のテーマも、装飾的なモティーフのなかに残っている。狩猟の儀式はその一例である。旧石器時代の人間は、世界で初めての狩猟民であった。彼らは氷河期と温暖期のあいだの時期、変化していく大陸を移動する動物の大群から、食料や衣類、ときには住みかまでも手に入れていた。この巨大な狩猟地域はイベリア半島からアジア北部、さらにはアメリカ大陸にまでつづいていた。今でも狩猟儀式のなごりはスペインからシベリアまでの地域の刺繍にみることができる。その一例に、捕食者と生贄のモティーフがある [153、154]。太陽も古代の原型的な

[153]（下左）南シベリアのアルタイ山脈にあるパジリク古墳群クルガンで発見された紀元前 4 世紀のフェルト製鞍の裏地の図柄。

[154]（下右）神聖ローマ帝国皇帝の戴冠式用外衣に刺繍された、ライオンに襲われるラクダの図柄。1133 〜 34 年にシチリア王ルッジェーロ 2 世のために、パレルモでつくられたものといわれている。

108　ヨーロッパ

[155] 比較的写実的な後期旧石器時代のヴィーレンドルフのヴィーナス像。マンモスの牙を彫ったもの。紀元前2万3000年頃。

（下、左から順に）
[156] 新石器時代、紀元前5800〜5500年頃の地母神の抽象画。頭から角が出ている。

[157] 20世紀の東ヨーロッパの刺繡図柄。両手をあげて天に祈っているとされる地母神像。

[158] 20世紀の東ヨーロッパの刺繡図柄。両手をおろして祝福しているとされる地母神像。

[159] カラパチア山地やロシアでは、女性たちは今も、ベレヒニアとよばれる、前キリスト教時代の力強い偉大なる大地母神像を、守り神や豊穣（豊饒）の象徴として衣服に刺繡している。女神の両方の手には、それぞれ眷族の鳥がとまっている。こうした抽象化された神像によくあるように、顔は描かれていない。

図柄の1つであった。太陽を表わすお決まりの絵文字は、ほとんど世界中の刺繡にみられ、後期旧石器時代の芸術にすでに登場していた(11)。

東ヨーロッパ

　東ヨーロッパで繰り返し登場する、神話に深く根ざした図柄としては、さまざまな形で描かれている地母神像がある。この女性像は一般的な女性の像ではなく、古代の豊穣（豊饒）の女神を表わしており、鳥やシカ、ウマ、植物とともに描かれていることが多く、拝んでいるような人物像を伴うこともある。この主要な装飾的シンボルは古代からのもので、東ヨーロッパの孤立した地域や民族的に異質な地域、たとえばロシア北部の荒野、カルパチア盆地の孤立した地域などでよくみられる。ここでの女性像は、写実的なものもあれば、抽象的なものもある。

　女神はたいていの場合顔がないが、さまざまな特徴によって女神の神聖さと力が伝わってくる。初期の狩猟文化では、当然のことながら目の前の現実を伝えることに関心があったため、その結果として、女性たちは、狩猟動物と同様に、きわめて写実的な姿で描かれた[155]。農業が発達したずっとあとになって、文化的に求めるものがより概念的になり、種子や土の繁殖力に焦点があてられるようになった。そのため、女性の姿はより抽象的な形で描かれるようになったのである[156](12)。

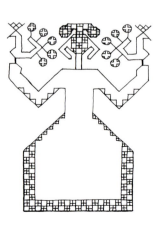

ヨーロッパ民族衣装の伝統　109

　女神像の刺繡の権威であるメアリー・ケリーは、もっとも解釈が容易な女神像は単一の直立像で、前はたっぷりしたスカートをつけ、足はぴったりと土台につき、両腕をあげて天に祈っている［157：156も参照］か、両腕をおろして祝福している［158］かであると主張している。こうした刺繡の女神像の起源は、人類最初の彫像、いわゆるヴィーナス像に求めることができる。ヴィーナス像は地母神、命の源、豊穣（豊饒）の象徴として初期の人類が表わしたものだといわれている。

　考古学者のマリヤ・ギンブタスは、カラパチア山地の東に位置する東ヨーロッパのモルダヴィアで自ら発掘した、様式化された女性像に関連づけながら、偉大なる女神について書いている(13)。ギンブタスは、強力な豊穣（豊饒）神への信仰はけっしてなくなることはなく、後期旧石器時代から新石器時代、青銅器時代まで、古ヨーロッパの母系社会に残ったと確信している。攻撃的で父系主義のインド＝ヨーロッパ人が馬を駆って侵攻し、文字通り征服地を踏みつけにして、もともとあった文化を覆したあとでも、それは変わらなかった。ギンブタスは、2つの文化の信仰体系は実質的に異なったものだったが、古ヨーロッパの神聖な象徴的イメージが根こそぎにされることはなかったと主張している。それは、生まれながらの工芸家であった女性たちが女神像を使いつづけたためである。たとえば、新石器時代の陶器と20世紀のロシアとウクライナの儀式用衣装のどちらにも、ヨーロッパの女神像を表わした女性像がみられると、ギンブタスは指摘する。今日でも、カパラチア山地の山奥の村に住む女たちは、「守護女神」を意味するベレヒニアという前キリスト教時代の大地母神［159］の力強い像を衣服に刺繡して、魔よけと多産のお守りにしている［141参照］。

　シーラ・ペインが女神とみなす(14)像を配した現存する最古の織物は、パジリクにある遊牧民の支配者の凍った墓壙で出土した、大きなフェルトの覆いである。座って聖なる枝を抱いた女性を描いた写実的なモティーフが、フェルトいっぱいに繰り返し刺繡されている［160］。おそらく、後述する生命の樹に関連する女神だろう。この女性はスキタイ以前のロシアで崇められていた、炉の女神を表わしていると考えられている。後代のさまざまな国々の刺繡では、女神はしばしば馬に乗った男とともに描かれている。

　豊穣（豊饒）の女神のモティーフは、ときに生命の樹に変形する。生命の樹はもっとも一般的で重要な刺繡図柄の1つである［161、162：151も参照］。古代シュメールの芸術では、木はときとして擬人化された花瓶からはえた植物に置き換えられた。同種の生命樹の図柄では、崇拝者か守護者が側面を固めていることが多い。ヨーロッパの民族芸術で好まれるモティーフである［163］。花瓶の花はしばしば女神の多産性を暗示し、チューリップやバラ、ザクロが加えられることもある。

　国によっては、刺繡の木がその土地特有の図像の

（下、左から順に）
［160］パジリク──紀元前4世紀頃──の大きなフェルトには、座った女性像が繰り返し登場している。おそらくは女神で、聖なる枝を持っている。崇拝者と思われる騎手が近づいてきている。

［161］誕生、結婚、死にまつわる重要な儀式で聖具として使われていたウクライナの儀式用の布には、様式化された生命の樹が、雲のような形状の大地から伸びている姿が描かれている。

［162］やはりウクライナの儀式用の布の図柄は、生命の樹を表わしたもので、抽象化した女神像ともされる。中心から突き出した「頭」と、上にあげた「腕」が特徴的。

［163］1780年頃のモラヴィアの布の刺繡図柄。生命の樹を女性のような花瓶に置き換えるのは、古代シュメール芸術にみられた。花瓶からは、多産に関連する、女神を思わせる花が出ている。この図ではチューリップとザクロの実が描かれている。

モティーフに置き換えられる。一例はワシ——単頭ないし双頭——で、天空神の力を表わす古代の太陽系の象徴である [164]。双頭のワシはのちにヨーロッパのハプスブルグ家などの紋章となり、スペインやロシアの刺繍では木のかわりに描かれる。中央ヨーロッパ、東ヨーロッパの刺繍のハート紋と同様である。

西ヨーロッパ

女神像のような東ヨーロッパの刺繍デザインが古代の信仰や慣習に深く根ざしているのに対して、西ヨーロッパの衣服は伝統よりも装飾を重んじてきた。これは、西ヨーロッパの衣服が東ヨーロッパとは背景を異にし、流行と交易に基づく教会と都市の伝統のなかから生まれたことによる [165]。西ヨーロッパでは手ごろな裁縫の材料が購入できたこと、さらには1523年に出版がはじまり、さまざまな図柄を表わしたパターン集が広く流通したことにより、スカンディナヴィアからスペインまでの民族刺繍はある程度似通ったものになった。

何世紀ものあいだ、衣服を飾ることを禁じる奢侈禁止令下にあった西ヨーロッパの農民に、自由と繁栄をもたらしたのはフランス革命であった(15)。じきに西ヨーロッパの民族衣装には、比較的安価な市販の生地や装飾品を使って、都市の流行の一定の要素が取り入れられるようになった [166]。外衣はおもにリボンや縁取りで飾りつけられたが、手仕事は被り物やエプロン、亜麻布に施される赤いクロスステッチに限定されていた。今でも刺繍のモティーフがどの地域に帰属しているかの証になるのは、山間の谷などの孤立した地域だけである。ブルターニュやイベリア半島の人里離れた地域がこの例にあたる。

東ヨーロッパと西ヨーロッパの民族衣装の裁ち方とスタイルのちがい

ベルギーとイングランドをのぞいて(16)、民族衣装はヨーロッパのどの国にも出現したが、裁ち方やスタイルは東と西とではっきりと異なる。より理解を深めるために、この対照的な衣服のタイプや明らかに異なる特徴が生まれた背景についてみておこう。

東ヨーロッパの民族衣装

ヨーロッパの民族衣装のもっとも古い要素のなごは、今でも東ヨーロッパの隔絶された地域でみることができる。たとえば、カラパチア山地の辺境地域では、女性は今も織物生産に必要なすべての作業を行っている。植物を栽培し、収穫し、刈り取り、糸を紡ぎ、すいて染色し、亜麻布や羊毛などの毛を自宅の織機で織るのである。母親は子どもたちに衣服の仕立てだけでなく、住んでいる村の習慣に合った

[164] 刺繍にその土地独特の図像を採り入れている国もある。左は双頭のワシの写実的な図柄。右は19世紀のウクライナの抽象的な図柄。

ヨーロッパ民族衣装の伝統　111

[165]（左）20世紀初頭のハンガリーの中央ヨーロッパ風ダーンドル・スタイルの衣装一式。

ひだ飾りのある短い袖（あとからつけられたものと思われる）と、引き紐式の襟ぐりの白ブラウス。
丈44cm、幅67cm。

前あき部分の紐を編みあげて締めるオレンジのビロードのボディス、ウエストに四角い前たれつき。ボディスには金の縫い取りで縁取りがあるほか、前と後ろに幾何学模様がついている。
丈52cm、幅43cm。

ブロケードの小花模様がついた、たっぷりした黒のスカート。黒いレースとブロケードの花柄のリボン状の裾飾りつき。丈72cm、幅176cm。

赤い絹地に色とりどりのブロケードのリボンと飾りをつけたエプロン。結び目つきのフリンジで縁取られている。
丈60cm、幅71cm。

[166]（右）20世紀初頭のポルトガルのダーンドル・スタイルの衣装一式。

丸首、長袖の白のシュミーズ。肩と袖口に青い花柄の刺繍。襟ぐりと袖口にレース。
丈63cm、幅60cm。

赤いフェルトと黒のビロードに多彩色の刺繍を施した、編みあげ式の丈の短いボディス。ピンクと青の縁取り。
丈31.7cm、幅35.5cm。

赤い毛織り地に多彩色の縦縞と、赤いフェルトの横帯がついたギャザースカート。ミシン仕上げの多彩色の花柄の裾飾り。
丈68.6cm、幅63.5cm。

多彩色の縦縞と、緯糸をループにした装飾的な織り方の赤い毛織り地のエプロン。上部でシャーリング。
丈50.8cm、幅58.4cm。

多彩色の花模様の刺繍のついた赤いフェルト地の小袋。
丈22.2cm、幅14.6cm。

黒と赤の毛のぴったりした縁なし帽。頂部が豚の尻尾のようにとがっている。
高さ14cm、幅27cm。

赤い革の折り返しのついた白い革製のブーツ。
高さ23cm、幅26cm。

モティーフを特定の位置に刺繡する方法を教える。この織物の工程には、地域の基本の服である長い白のシュミーズを織る作業も含まれる。T字型の亜麻布のシュミーズは、紀元前2000年前後に中東から東ヨーロッパに入ってきて、紀元300年頃のビザンティン帝国を経由して西ヨーロッパにも採り入れられた（「古典時代のヨーロッパ」88ページ参照）(17)。事実、シュミーズは以後ヨーロッパじゅうの農民服の基本の肌着としての役割を果たすようになった。シュミーズは上に着る衣類で覆われてしまうためか、最古の時代の図柄がこのシュミーズにはみられず、外衣にみられることがあるのは注目すべき点である。

シュミーズの上には、ふんだんに装飾のついた毛織りの衣類を着た。女性用の基本の服は2本のストラップでつった、袖なしの長いドレスだった。この特徴的なエプロンドレス風の衣服は、ロシアの伝統的なサラファン（*sarafan*）[167]が起源だが、19世紀のノルウェー、スイス、スペインのピレネー山脈地帯など、西ヨーロッパの一部でもみられた。サラファンは、後代のより西洋化されたスタイルのなかでも、いまだに残存しているシンプルな衣類の1例であろう(18)。

サラファンの上には毛織り地のエプロンをつけた。実際には、2枚つけることも多かった。基本となる後ろエプロンの幅が足りない場合に、ほぼ同じサイズのエプロンをもう1枚、前からつけるのだ[168]。いたるところでみられる東ヨーロッパのエプロンは、下の衣服を汚さないためではなく、女性の性的部分を悪霊から守るためのものであった。エプロンはおもに女性用だが、ときには未婚の男性、とくに新郎がつけることもあった[147参照]。

パニョーヴァ（*panjóva*）とよばれる後ろエプロン／スカートは、新石器時代に発達したもので、20世紀に入ってもロシアやウクライナの花嫁や既婚女性が身につけていた(19)。着用者の多産性を示すことを基本の目的とするこの衣服の、もっとも古くシンプルな形は、小さな四角形の模様の入った、裁断も縫製もしていない長方形の布をウエストのところでベルトでとめて、後ろエプロンとしてさげるようにしたものである[169]。パニョーヴァは今も、ウクライナの民族衣装としてこのような形で着用され

[167] ロシアのサラファンは、ゆったりとしたエプロンドレス風の袖なしのドレスで、胸元からくるぶしまでの丈。

（右下、左から順に）
[168] 細い2枚のパニョーヴァ、1枚は前に、もう1枚は後ろにつける。

[169] 幅の広い四角形の後ろエプロン、パニョーヴァの典型。小さな前エプロンをつけることもあれば、つけないこともある。

[170] 柄ものの婚礼用エプロンに、柄を引き立てる無地の布（黒が多い）を縫い合わせた筒状のスカート。スカートの柄の部分が後ろエプロンのように見える。

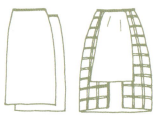

ヨーロッパ民族衣装の伝統　113

[171] ロシアのオリオル州には、この絵のような、ひじょうに手の込んだ装飾の施されたパニョーヴァ（後ろエプロン）があった。

[172]（最上）光と鉤に囲まれた菱形は、女性の外陰部を表わしていると主張する学者もいる。

[173]（上）菱形を4分割して、各枠内の中心に点を入れたもの。「豊穣」または「種をまいた畑」のモティーフ。

[174]（左上）大きな「豊穣の畑」のモティーフの刺繡が施された儀式用の衣装に身を包んだ花嫁。モティーフは魔よけと多産を祈るもの。ウクライナ、クリヴォリヴニャ、1992年。

ている。大ロシア南部の州では、エプロンは前で柄を引き立てる布と縫い合わせる形になったが、後ろエプロンをつけているように見える[170]。

　パニョーヴァには、手の込んだ装飾が施されているものもある[171]。典型的なのは、豊穣の意味をもつ2つの図柄——光と鉤に囲まれた菱形[172]と4分割した枠内にそれぞれしれじれ点が1つずつ入っている菱形[173；150も参照]——が、エプロンの柄の入った四角い部分に刺繡されているものである。後者の図柄は「豊穣」または「種をまいた畑」のモティーフとよばれる[174]。どちらの菱形のデ

ザインも、その起源は東ヨーロッパの新石器時代にさかのぼるだろう[20]。

　毛織り地の後ろ／前エプロン——これが筒型のスカートに進化した——を着た女性が北ロシアのより冷涼な気候の地に移住しはじめたとき、保温のために体の上のほうに筒型のスカートを引き上げ、その結果、2枚のエプロンが進化して、特徴的な2本のストラップのついたエプロンドレス型のサラファンができたのではないかと推測されている[175][21]。

　後ろエプロン／スカートの分布地域のすぐ東では、まったく異なるカテゴリーに属する衣類が着用されて

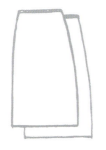

[175] 東ヨーロッパの二重エプロンが進化した最終型が、ロシアのサラファンかもしれない。

いた。フリンジのついた紐状のエプロン／スカートで、飾り帯をつける場合とつけない場合があった［地図10］(22)。この現代的な衣類の原型は、ひじょうに古い時代にさかのぼる。事実、紐状スカートは、人物像に描かれていた最初の繊維製の衣類であった［176～179］。保温性という点でも慎みという点でも効果的ではないこの衣類は、女性の生殖能力を強調する社会的な機能を果たしていたにちがいない(23)。

現代の東ヨーロッパの紐エプロンと飾り帯は、おもに織られていない長いフリンジから成っている。こうした衣類が古くからあったことは、バルカン半島で考古学者が発見した出土品からわかっている。幸いにも偶然残っていた一連の出土品のおかげで［180～184］、旧石器時代の紐スカートが新石器時代から青銅器時代や鉄器時代を経て、ヨーロッパの民族衣装が結晶する18世紀半ばへと受け継がれ、現在にまでつづいていることがわかる。現在も、バルカン半島の一部の衣服には、装飾的な紐状のフリンジがつけられている［185、186］。

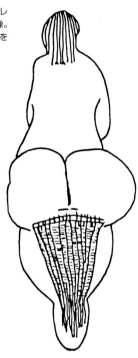

［176］後期旧石器時代のレスピューグのヴィーナス像。紐状の後ろスカート（？）をつけている。

［地図10］20世紀初頭の東ヨーロッパ内における四角い後ろエプロン／紐スカート／飾り帯の分布図

━ ━ ━ 四角い後ろエプロン、パニョーヴァの地域
･･････ 紐エプロン／スカート／飾り帯の地域

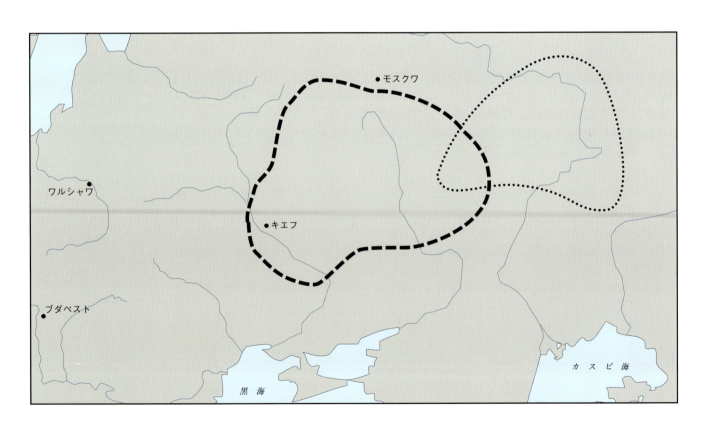

ヨーロッパ民族衣装の伝統　115

[177] バルカン半島一帯の辺境地帯に住む、モルドヴァの女性が着用している現代の紐スカート。織られていない長い紐やフリンジでできている。

[178] セルビアとルーマニアのヴァラキア人が着用している、現代の長いフリンジのついたバルカンのエプロン。

[179] アルバニアで着用されている現代の紐スカート。

[180]（上）デンマークの青銅器時代のボルム・エスホイ遺跡で出土した、毛の飾り帯の先端。

[181]（下）北アイルランド、アントリム地方アーモイの鉄器時代の湿地で出土した、馬の毛の飾り帯。

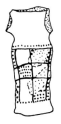

[182]（上）バルカン半島中央部のヴィンチャ文化（紀元前5000年代初頭）の遺跡で出土した、新石器時代の粘土製女性像の復元画。2体は四角いスカートを、2体は紐スカートをつけている。

[183]（右）デンマークのグレーヴェンスヴァンェで発見された、青銅器時代後期の紐スカートをはいた青銅製少女小像の線画。

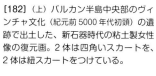

[184]（右端）青銅器時代後期の女性像復元画。ゆったりした袖のシュミーズの上に、四角いスカートに長いフリンジのついたエプロンをつけている。セルビア、クリチェヴァツ。

ヨーロッパ

[185] 20世紀初頭のマケドニア地方マリオヴォの婚礼衣装。ふんだんに使われているオレンジと赤のフリンジは、衣装そのものと、コインで装飾された前エプロンの縁取りを引き立たせている。

シュミーズ：丈116cm、幅105cm。

ベスト：丈98cm、幅73cm。

エプロン：丈64cm、幅50cm。

オレンジの毛織りベルト：長さ250cm、幅6.5cm。

バルカン半島の典型的な三角形のかかとのついた、オレンジと白のニットの靴下。長さ51cm、幅16cm。

[186]（右）2つの頭飾り（同時につけることもある）。1つは重い手織りの布地に、赤と黒の毛糸で菱形の豊穣のモティーフを刺繡し、長くて重いフリンジをつけたもの。着用者が背中に垂れさがるように調節し、ときには前にも垂らす。長さ282cm、幅32cm。

2つ目の頭飾りは軽い四角い布地に、丸い房飾りの縁取りをつけ、抽象的な生命の樹のモティーフ（右下）を刺繡したもの。モティーフは豊穣の女神を表わしているのではないかともいわれている。長さ87cm、幅100cm。

西ヨーロッパの民族衣装

　東ヨーロッパで特徴的な植物繊維製の白いシュミーズは、ヨーロッパじゅうで民族衣装の基本の服の役割を果たしているが、西ヨーロッパの民族衣装の描写ではあまりみられない。これは、西ヨーロッパでは異なったスタイルが発達したためである。

　西側の女性の民族衣装に欠かせない要素は、たっぷりしたスカートと薄い色のブラウスで、その上にぴったりとした編みあげ式のボディスかコルセットをつけていた［187〜191］。外着のジャケットが加わることもあった。基本のドレス——たっぷりとしたスカート、長袖のブラウス、ぴったりとした編みあげ式のボディス——は、一般的にダーンドルとよばれる。この上から、独立したオーバーエプロンをつけることもあったが、西ヨーロッパのエプロンには、東ヨーロッパのそれにみられるような古代を思わせるものはついていなかった。

　エリザベス・バーバーは、西ヨーロッパのダーンドルのぴったりしたボディスは、東ヨーロッパのサラファンと同じ2本の肩ひもが進化したものではないかと述べている［167参照］[24]。この仮説の証拠は、スイスの博物館にある初期のボディスの内部構造を検証した結果に基づいている。スイスは地理的に、東のサラファンと西のダーンドルが交わる位置にある。この初期のボディスには、幅10cmのテープ——おそらくは肩ひものなごり——がぴったりと身ごろの上部についていて、胸を持ちあげるブラジャーのようにバストの下を通り、肩を越えて背中でV字型につながっている。ボディスの装飾的な表布がこのテープの骨組みを覆っている。こうしたぴったりした衣服は、テープの端の位置をフックでとめたり、バストの前を紐で編みあげて閉める。

［187］西ヨーロッパのダーンドル。ふんわりとした袖のシュミーズの上に、たっぷりのスカートとぴったりした編みあげ式のボディスをつける。このオーストリアのチロル地方（サルンタール）の女性の写真は、オーストリア民族衣装のアルバムにある。19世紀にはこうしたアルバムがよく出版された。

[188] フランス各地の衣装は驚くほどバラエティに富む。このノルマンディの女性の姿からは、手の込んだ柄の入ったエプロンの肩紐と、高さのある被り物が、この地方の特色であることがわかる。

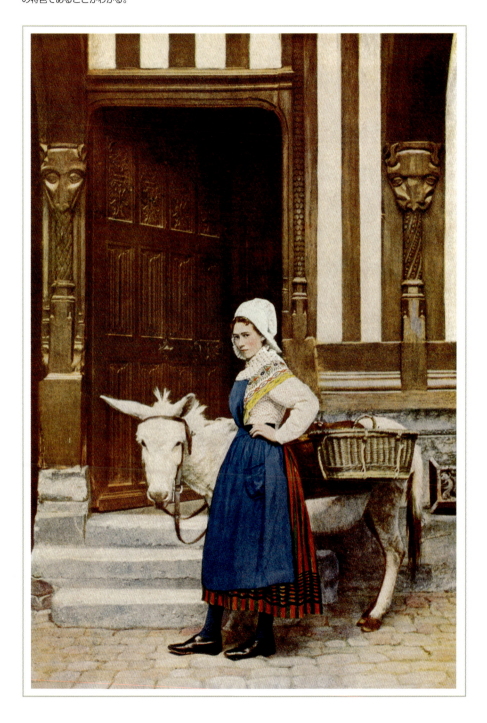

[189] トラハト (tracht)——ドイツ南部とオーストリアに広まった男性と女性の伝統的な地方衣装——は、亜麻布や刺繍、さらにアルプス地方でもともと着用されていた一種のフェルト地ローデンを使っていることが特徴である。このドイツの女性の装束では、高価そうな凝ったつくりの帽子も目につく。

[190] ノルウェーのハルランゲルの若い女性は、ビーズで飾りつけた複雑な装飾のボディスに、スカウト (*skaut*) という亜麻布の被り物をつけている。このような民族衣装は、都市の中産階級の女性が、出自を示そうとして着用することもある。

[191] ゆったりした袖にぴったりとした編みあげ式のボディス、たっぷりしたスカートという、スイス、ベルン州の典型的な女性の衣装。

[192] 19世紀の一部のウェールズの農民が着ていた山高帽とすっぽりとした外套は、著しく時代遅れのファッションだった。魔法使いの一般的なイメージにそっくりなのは、1630年代の魔女裁判の時代に多くみられた衣装だったためである。

ヨーロッパ民族衣装の「つくられた伝統」

　大いなる歴史の重みを反映しているようにみえるヨーロッパの民族衣装の伝統のなかには、実際には比較的最近になってつくられたものがある。その一例として、ウェールズでは、19世紀のロマン主義時代の学者と愛国者たちが、活気のない自国の文化を憂えて、国の過去を再発見しようとした。その過程で、歴史や言語、文学、服飾の歴史が不十分だと感じた彼らは、新たな過去をつくりだした。

　19世紀のウェールズの農民の大部分は、現実には著しく流行遅れの服を着ていた。たとえば、1630年代にイングランドの地方の女性たちが着ていた特徴的なスタイルの衣装——ツイードのケープに黒の山高帽——が、1760年代やさらにそれ以降にも、ウェールズの山奥で着用されていたのである。こうした衣服[192]はウェールズじゅうでいっせいに着用されていたわけではなかったが、1830年代に意図的に国民的衣装に取り込まれていった。その結果できあがった衣装一式[193]は、同時代の作家たちによって「デイム・ウェールズ (Dame Wales)」とよばれた[25]。ウェールズの農民が実際に着ていた衣服が、その後世界でもっとも工業化された地域の代表的衣装になった。かなり皮肉なことである。

　つくられた民族衣装の2つ目の例はスコットランドで生まれた。現在のハイランドの伝統には、国家的衣装とみなされているものも含まれている。キルトの格子模様は、着用者の「クラン（氏族）」を示すといわれる。この衣装は太古からの伝統を受け継いだものと説明されているが、実際には比較的新しい。ただし、ケルト人と格子縞の布には古くから関連がある（3. 中央アジア「シルクロード」139ページ参照）。本書の民族衣装の定義では、現在知られているキルトの伝統がはじまったのは、17世紀のスコットランド・ハイランド地方である[26]。

　300年前のキルトは、さまざまな格子模様を織り

込んだ長い毛織り地で、その土地でどんな天然の染料が手に入るかによって色がちがっていた。当時は、特定のクランと特定のタータンに関連はなかった。同じ地域に住む男たちは、その地域にある格子柄の布のなかから各自好きなものを選んで着ていたようである。1〜2度体に巻きつけてから肩に掛ける長いキルトには、実用的なメリットもあった。ハイランドの羊飼いは家から遠く離れた場所で夜を迎えたとき、この羊毛の布にすっぽりとくるまれてあたたかく眠ることができたという。17世紀の絵画のおかげで、当時の格子柄の布がどんなものであったかを知ることができる［194］。

1746年のカローデンの戦い以後、勝利を得た英国はスコットランド人の土地を支配下におき、彼らが武器を持つことや、格子縞のキルトを着用することを禁じた[27]。こうしてスコットランドの民族精神は打撃を受けたが、数年後、イングランド軍がハイランドの男たちを徴兵しはじめると、新たに組織された連隊に入隊したスコットランド人は、伝統的な衣装をかなり質素にした新しい衣服を支給されるようになる。地域やクランとはなんの関係もない、標準的な「政府」のタータンである［195］。

スコットランド・キルトはその後、さらなる進化を遂げた。新しく組織されたスコットランド連隊の士官——スコットランド人と英国人貴族——が、ハイランドの昔ながらの格子柄のキルトをより豪華にしたものを、好んで着用するようになったためである［196］。

ファッション性を増していったこの衣装の進化は、貴族階級が社交界の行事や田舎着としてキルトを採り入れたときに最終段階に達した［197］。差別化された「クラン・タータン」は、歴史学者ヒュー・トレヴァー＝ローパーによると、「サー・スコット・ウォルターがハノーバー朝の国王をたたえて企画した式典用の衣装としてデザインされた」[28]という。17世紀のハイランドの羊飼いが着ていた質素な多

［193］19世紀ロマン主義時代のウェールズ人の学者と愛国者は、国の過去からさまざまな要素をつなぎ合わせて、ウェールズの「民族衣装」を生みだした。

[194]（上左）1631年ドイツの新聞には、「Irrländer oder Irren」、つまり「アイルランド人」とまちがって説明されることの多かったハイランド人の姿が描かれている。スコットランド人たち——おそらくはグスタフ・アドルフ配下のマッケイ連隊——は、伝統的なケルトの格子縞の布地を身につけている。

[195]（上右）英国軍に徴兵されたハイランド人は、「政府」のキルトを支給された。その格子柄は地域にもクランにも関係のないものだった。

[196]（下左）第12代エグリントン伯爵ヒュー（1739〜1819）。スコットランド連隊を指揮する士官で、一般兵のキルトを豪華にしたキルトを身につけている。

[197]（下右）『バルモラル城の夜』カール・ハーグ画、1854年。ヴィクトリア時代の紳士が、きれいにひだをつけたクラン・タータン柄のスコットランド・キルトを着ている。

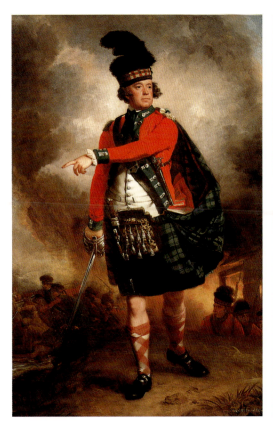

目的キルトが、中産・上流階級向けのしゃれた衣装へと進化していったのである。

　意図的につくられた民族衣装の最後の例は、リトアニアにある。ここではつくりかえられた民族衣装が何度か抵抗を示す役目を果たした。最初は、19世紀と20世紀の2度のロシアの支配に対してで、より最近では、完全なまでの修正主義者たち〔ホロコーストに対する歴史的見解を修正しようとする人々〕による「古代」衣装の高揚においてである。リトアニアを国家として統一するために決められた民族衣装の理想は、つねに変化していた。最終的に、知識豊富な民族誌学者と歴史学者のおかげで、衣装のデザインが自由な形式の芸術的な思いつきから、その複製品が現在広く博物館に飾られているような正確な民族衣装へと変化したのである(29)。その結果、より本物の「民族衣装」が出現した[198]。

　この数十年、リトアニア人は国家の象徴によりふさわしいものを見つけようとして、再び新しい民族衣装をつくりだした。そしてそのために、侵攻してきた勢力がキリスト教を伝えた中世前の、「本物のリトアニア」に回帰しようとした。あいにく、「古代の真実」に触れようとする試みの結果として生まれたものは、これといった特徴のない衣装、いわゆる「新異教主義」の衣装となってしまった。キリスト教以前のリトアニアで実際に着用されていたとされる、わずかな考古学的証拠に基づいてつくられたものである。

変わりゆく服装

　ヨーロッパ民族衣装の黄金時代[199]は、20世紀に入っておおむね衰退した。都市化や工業の成長、義務教育の開始が主因である。民族衣装が生き延びることができた状況が終わりを告げ、地方衣装の伝統は、集団への帰属を表わすという目的を失ったのである。それにもかかわらず、民族衣装は国家的式典や観光客向けの余興、また、ひじょうに辺鄙な地域でみることができる（たとえばアルバニアでは、首都以外でいまだに正式な衣装が着用されている）。こうした衣装は「つくられた」民族衣装と同じく、ウェールズのように国家の沈みがちな気持ちを高めたり、スコットランドのように国家の誇りを吹き込んだり、さらにはリトアニアの一連の民族衣装のように抵抗を示したりするきっかけとしての役割を果たしている。

　古代の地母神に由来する刺繍については、20世紀に効果的な技術がどんどん発達するにつれて、神を呼び起こすことで畑を活性化し、豊穣を祈るような差し迫ったニーズが、近代科学や女性の多産が望ましいものかどうかについての考え方が変わった。新しい発明が前面に出てくるにつれて、女神の力添えがなくても命はつづいていくようになった。かつて女神は多大な影響力をもっていたが、新しいものにのみ込まれていったのである。それでも、20世紀の最後の四半世紀には、いくつかの西洋諸国のフェミニストグループのあいだで偉大なる女神への信仰が再燃した。人に力を与える女神の能力は、結局のところそう簡単には失われていなかったのである。

[198] 新たにつくられたリトアニアの民族衣装。これはかつて広まっていた芸術的な空想的作品ではなく、博物館に保存されている実際の衣装を反映したものだった。

[199]『カプリ。人影のある風景』チャールズ・C・コールマン画、1989年。19世紀の西ヨーロッパの民族衣装をロマンティックに描いた作品。

3

中央アジア

　ユーラシア大陸の中央を、東ヨーロッパから中国北部まで8000kmにわたって走る草原。このウクライナの広大なステップ地帯は、紀元前4000年紀に馬の家畜化がはじまった場所とされている。飼いならした馬に乗って、放牧している多数の牛や羊を追いたてる方式が可能になると、これまでにない生活様式が確立した。遊牧である。自給自足で暮らす遊牧民の大半は、アルタイ語系の騎馬民族（モンゴル人、テュルク語系民族など）である。領土という概念にしばられない一方、干ばつに翻弄された遊牧民は、牧草地を定期的に移動してまわったので、ユーラシア大陸全体の人口は連鎖的に流動した。彼らは富を求めて定住共同体を繰り返し襲撃したが、もっとも被害を受けたのは東方にある中国の共同体であった。中国の肥沃な渓谷では穀物がよく実り、また女性も多かった。人気の高い絹も中国でつくられていたが、その技術は2000年という長きにわたり門外不出とされていた。中央アジアには、西から移動してきたインド＝ヨーロッパ語系の民族もいた。シルクロード沿いのオアシスの廃墟にある、紀元前1200年のものとされる墓からは、長身、金髪で目が青く、ケルト人の格子縞の肩掛けをつけたコーカソイド系の人骨が出土している。紀元前100年頃に、この名高い交易路を中国人が利用するようになると、古くから中央アジアのステップ地帯と砂漠地帯を貫いていたこの道が、急速に重要視されることになった。長く困難な旅路をものともせずに、交易と宣教活動がひきもきらずに行われた。高価な品々や遠い異国の民芸品だけでなく、思想、技術、そして仏教、ヒンドゥー教、ユダヤ教、イスラーム教、さらには霊と交流するシャーマニズムなどの宗教や哲学的世界観が、シルクロードを行き交った。

モンゴル

[200]『モンゴルの一日』の一部。バルドゥウギイン・シャラヴ画、1920年代頃。モンゴル人は、秋になると家庭ごとに伝統のフェルトづくりをする。「母のフェルト」といわれる代々伝わるフェルトを1〜2枚地面にしき、水でしめらせたら、その上にその年に刈った羊毛をしきつめて水をかける作業を繰り返し、3層にする。一番上の層は草で覆い、羊毛がからまり合うのをふせぐ。3層をまとめてしっかりと巻きあげ、よく湿らせた雄牛の皮で包み、革紐でしばる。巻いたフェルトを馬で引き回し、繊維を「揉む」。

中央アジアの遊牧民の生活に欠かせない生地、それは羊毛のフェルト(1)である。紀元前4世紀の中国人は、1000年の歴史をもつ、ハンガリーから北京にかけての遊牧の地 [地図11] を、「フェルトの地」とよんだ。テントの布(2)、暖かな敷物（ラグ）、馬などの家畜用装飾品や身を守る衣服(3)などに使われるフェルトは、遊牧民にとって不可欠であることを中国人も知っていたのである。チンギス・ハーンは、アジアのテュルク・モンゴル系民族を総称して「代々、フェルトのテントで暮らす人々」とよんだ(4)。

中央アジアでもっとも悪名高い脅威となったモンゴル人は、何世紀ものあいだ自らの歴史を口承で伝えていた。だが、文字をもつ近隣の中国人は、長い年月を通して何度も彼らのことを記録に残した。モンゴル人とその祖先は、4000余年にわたり絶えまなく中国を襲撃し、物品を略奪した。そのため中国王朝の歴史に、貪欲きわまる野蛮人としてしばしば登場することとなった（「シルクロード」139ページ参照）。馬で襲撃してくる彼らは匈奴とよばれ、「弓を携え万里の長城をこえてくる部族」と恐れられた。（ローマ帝国末期にアッティラの統治のもと、中央ヨーロッパを恐怖に陥れたフン族は、匈奴の子孫であるという説がある）

12世紀末になると、モンゴル人は対立する部族が集まったゆるやかな国家を形成しはじめる。そして1162年、奇跡の子が誕生した。伝説によると、この子は生まれたときに、大殺戮を予測させる指関節の骨の大きさの血の塊をにぎっていたという。真偽のほどは疑わしいが、大殺戮が現実のものとなったことは確かである。

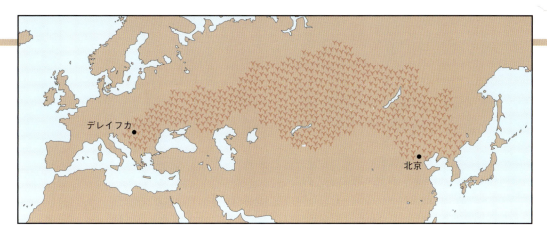

[地図11] 図表上に印のあるユーラシア・ステップ地帯は、東ヨーロッパから中国北部にのびる草原である。世界最古とされる馬の家畜化の証拠が、ウクライナのステップ地帯にあるデレイフカ遺跡で見つかっている。この馬の家畜化によりズボンが登場することになる。

 やがて彼は並いる猛者のなかで頭角を現わし、20歳になるころには、モンゴルのほとんどの部族を支配下におさめた。彼こそが、のちに「世界を支配する者」という意味の名をあたえられる、チンギス・ハーンその人である〔「チンギス」の語源については諸説ある〕。1206年、チンギス・ハーンはモンゴル帝国を開き、最大で20万の兵を率いて北京からカスピ海まで、武力で次々と手中におさめていった。だが、1227年8月、66歳の征服者はもっとも信じがたい事故で命をおとす。中国北西部遠征中の落馬による事故だった。歴史家にとっても遺宝調査隊にとっても残念なことに、チンギス・ハーンの墓はいまだ発見されていない(5)。

 チンギス・ハーンの死後、モンゴル帝国は主要な4人の息子に分割された(6)。チンギス・ハーンが信頼を寄せていたオゴデイは、中央モンゴルを継承すると、父のやり方を踏襲して力で他族を征服しながら、中央ヨーロッパのハンガリーやボヘミアまで領土を拡大した。この勢いに、東欧の民は奇跡を求め救済を祈るしかなかったが、まさに奇跡はおとずれた。1241年、モンゴル軍が侵攻をやめ、東の祖国に引き返したのである。チンギス・ハーンの2人の息子が亡くなったため、慣例によりすべての子孫が祖国にもどり、新しい統治者を民主的に選ぶ必要が生じたためである。モンゴル軍は、1259年にもエジプトを落とす手はずをととのえながら、侵略を中止し東方にもどっている。このようにモンゴル帝国は戦闘では圧勝するものの、つねに継承者問題という弱点を克服することができなかった。

 チンギス・ハーンの後継者のなかでもっとも名高いのは、孫に当たるクビライ・ハーン（推定1216～94年）である。クビライは宋朝を打ち、中国王朝を配下におさめた。こうして元朝（1271～1368年）の皇帝になったクビライは、今日の北京に冬の都を置いたが、そこで若かりしマルコ・ポーロに出会い、召しかかえたとされる(7)。夏の都ははるか北の上都に置いた。この地はのちにロマン派の詩人サミュエル・テイラー・コールリッジにより、永遠の桃源郷と称された。クビライの支配のもと、モンゴル帝国は栄華をきわめ、今のハンガリーから朝鮮（韓）半島にわたる、かつてない大帝国を築きあげた〔地図12〕。

[地図12] クビライ・ハーン率いるモンゴル帝国は1280年に領土を最大に広げた。

[203]（右ページ左）モンゴルの北側に暮らすブリヤート族のシャーマンの正装前面。ゆったりした身ごろの襟のない綿の赤いチュニック。前身ごろには人間の骨格を表わす金属の装飾が施されている。輪は関節を示す。全体に小さな弓矢が縫いつけられ、音の鳴る輪が散りばめられている。首からさがる磨きあげられた真鍮の鏡は、魔よけである。冠の銅の帯には、銅製のシカの角がついている。面は打ちだした銅で、目と口の穴、張りだした鼻にも穴があいている。またあごには毛のあごひげがつけられ、金属の鈴が額とこめかみからさがっている。

[204]（右ページ右）シャーマンの正装背面。銅の頭飾りについたシカの角のあいだからは24本の絹のヘビが垂れさがり、背中にそってのびている。この使い魔はシャーマンを霊界に無事送り届ける役目をになう。

モンゴルの支配者たちは臣下や外国人の力を借りて政治を行ったため、時とともに権力は支配者から官僚へと移っていった。これに度重なる内部での不和が加わって、やがて帝国は衰退し、領土は元の大きさまで後退した。15世紀から16世紀にかけては、民族間の争いにより支配権がたびたび移った。その後、内部抗争に明け暮れるモンゴルを満州族が2期にわたって征服し、抗争は終結した。しかし、モンゴルは2つの政権に分かれ、内モンゴルと外モンゴルとなった。双方は文化の面でも徐々に分かれ、内モンゴルには中華系の人々と文化が増えていく。20世紀には両モンゴルで、それぞれソ連（当時）と日本による政治的動きへの不満が広がった。1921年、ソ連は外モンゴルのウランバートルを占領し、直後にモンゴル人民共和国が誕生した。1992年、ソ連崩壊により、モンゴルは独立民主主義国であることを宣言することになる。

他国のくびきという歴史を乗り越え[8]、モンゴル国は独立独歩の遊牧民の国として立ちあがった。人々は今でも野生の動物や家畜に詳しく、また広大な国土についての知識もある。モンゴル国はテキサス州の2倍の面積を有するが、人口密度は1平方kmあたり約1.7人にすぎない[9]。また、馬の数は国民1人につきおよそ1頭の割合となっている。国土は、広大なユーラシア・ステップ地帯、ゴビ砂漠の半乾燥地帯（ある程度の家畜を養い放牧ができる植生がある）、北部のシベリアへとつづく森林地帯（雪をたたえた山脈の麓に美しい湖がある）の3地域からなる。北をロシア、南を中国と接する侵略されやすい国であり、標高の平均が1580mと世界でも高い場所にある。また、アジアで5番目に広い国土をもつ国である。1557年にチベット仏教（ラマ教）として伝わった仏教が連綿と信仰されてきた。それ以前に信仰されていた中央アジアの神秘主義は、千年来シャーマンを通じて霊と交信していた。

シャーマンの衣装

シャーマンによるトランス（憑依）状態での霊視と、精神面からの病の癒しという面をもつシャーマニズムを、考古学と比較民族学的証拠から、3万年の歴史をもち、それ以前にも行われていた可能性が大きいと多くの学者が考えていた。比較宗教学の権威だったミルチャ・エリアーデは、シャーマニズムは方法論にすぎないため、宗教とはいえないが、すべての精神体系や宗教の源であると主張している[10]。

シャーマンが霊界への案内人として霊をよぶときには、太鼓やラトルなどのリズミカルな音の力を借りるが、シャーマンの衣装がその役目を担うことも多い[11]。その趣ある意匠は、しばしば特定の動物をまねている。たいていの場合、鹿、熊、鳥がその対象となった。こうした衣装は「アーマー（鎧）」ともいわれ、霊界への旅（トリップ）のあいだシャーマンを守ると信じられていた [201〜204]。

[201] モンゴル民族のシャーマン衣装：フリンジがついた綿とシカ革のチュニックに、鈴、そり用ベル、銅板、四角い板などの金属が縫いつけてある。鉄の飾りと鉄板は動物の骨格をまねたものといわれる。中央に穴のあいた八角形の鉄板は大地を、さまざまな形の鉄板は人間と動物を、長い鉄の棒は骨をあらわすという。

[202] 背中にたれる帯は、シャーマンが霊界に飛んでいくときに使う。衣装だけでなく、付属する個々の金属の飾りも、使い魔を表わすとされている。

[205] モンゴルのほとんどの芸術には仏教の影響が見てとれる。伝統舞踊もその1例である。悪霊払いのために行われるツァムの仮面舞踏はとりわけ有名で、踊り手は張り子でできた立派な仮面をつける。もっとも有名な仮面は、人間と動物の繁殖を司るとしてあがめられている「白い老人」（右から2番目）のものだろう。白い老人は、チンギス・ハーンのシャーマンが着ていた白い丈長の服をまとっている。

ツァム舞踊の衣装

　古代のシャーマニズムのなごりに仏教やモンゴルの伝承が混じり合い、高度に形式化されたツァムの仮面舞踏が確立された。演者は絢爛な衣装に身を包み[205]、物語性のある踊りをおどることで悪霊払いをする。20世紀半ばにスターリンによる宗教弾圧がはじまるまでは、毎年、夏になると、モンゴルの500を超える寺院でこの舞踊が披露されていた。今日では観光客向けのツァムが行われている。

モンゴルの日常着

　1500年頃、モンゴル民族は定住生活でしか手に入らない物資を求め、以前とは異なる友好的な態度で国境の中国人に接した。彼らは茶や穀物、鉄器、とりわけ布地を欲しがった。モンゴルには機織りの技術がほとんどなかったため、衣服は特に重要であった。中国の布地の流入により、モンゴルの民族衣装はおのずと中国の影響を受けることになった。

　中央アジアの衣服をひと目見れば、男女の区別がある西洋の衣装の概念とはかけ離れていることがすぐにわかる。20世紀中頃まで、中央アジアと東アジアでは男女の衣服には細かなちがいしかみられなかった。初期に活躍した西欧の学者は、衣服のみでは男女の区別をつけるのが難しいと述べている(12)。さらに中央アジアの民族衣装は、裁断も西洋のものとは異なっている。たとえば、体型にそった仕立てをしていない。モンゴルの民族衣装で重要な寸法は着丈と身幅のみである。どの服も、無駄の出ない裁断方法で、昔ながらの縫製が行われている。そのため、遊牧民の服は簡単にたためて箱や鞍囊（あんのう）に収めることができる。洋服に使われるハンガーは必要ない。

　衣服の種類に関していえば、長ズボン〔ウムドゥ〕はこの時期に現われた。前述したように、馬が初めて家畜化されたのが中央アジアであるため、ズボンが初めて登場したのもこの地域だといわれている(13)。あらゆる条件がぴたりと重なったとき、フェルトや革製のチュニックのような身ごろに、筒型に近い袖のついた服から（おそらくこれが筒型のズボンへの前身であった）、足を包み込むズボン型への変化が起きた。馬を飼うようになった遊牧民は、徐々にその背にまたがるようになったため、足がこすれたり雨風にさらされたりしない長いズボンで覆ったのである。

　乗馬のさいには、上半身も適度に余裕のある服で覆わなければならなかった(14)。ズボンをはいた3000年前のチェルチェン人のミイラ（「シルクロード」139ページ参照）にみられるように、元来遊牧民が身につけていたのは、ゆったりとした長い前あき

の上着だったと思われる。けれども、モンゴル民族のあいだで発達した上着はそれとは異り、身幅がゆったりとして長めであり、左右の身ごろを襟元で交差させ、左身ごろを右わきでとめた。デンマークの民族学者であるヘニー・ハラール・ハンセンによると、モンゴルの民族衣装にみられる前あきから、右わきでとめる形への変化は、15世紀の満州族による征服の影響だという(15)。だが、考古学的証拠は右わきでとめる上着が、13、14世紀の内モンゴルですでにみられたことを示している[206]。右わきでとめる形式がどこではじまったかは特定できないものの、東アジアのどこかであり、それが現在モンゴル国でみられる男女兼用の伝統的な上着、デール (del) の原型となったことは確かである。

男女の基本的服装

モンゴル民族の衣服は、上着〔テルレグ〕、ジャケット〔フレム〕、さらにチュニックのデールなど、どれも帯とボタンの両方を使って合わせをとめている。ボタンは西洋のように、衣服に直接縫いつけ、ボタンホールに通す形とは異なる。アジアの衣服にはボタンホールがない。ボタンは「フロッグ」といわれる短い紐の先についていて、もう一方の紐が「ボタンホール」の代わりとなる。

モンゴルでは男も[207]、女も[208]デールを着る。はぎ合わせ部分を裾まで縫わず、スリットとして残すことで、乗馬時の動作が楽になる[209]。デールの下にはくズボンの裾は、頑丈なブーツのなかにたくし込む。

[206] 13、14世紀の絹でできたデール。モンゴル民族が中国を支配した元の時代のもので、1978年に内モンゴルで発掘されたオングート族の墓から見つかった。金襴で、長菱形の格子の1つ1つに花弁状の模様が入っている。裏地には人間の顔をもつライオンが背中合わせに立つ柄が連続して描かれている。この初期のデールは、前見ごろを右わきでとめている。着丈142cm、袖を広げた横幅246cm。

[207] (左端) モンゴル南東ダリガンガ地方の民族衣装を着た男性。緑色の綿のデールに刺繍を施した縁取りがしてある。黒いフェルトの帽子〔ウネグネェ・マルガイ〕には紋織物のアップリケがついていて、耳と額を覆うフラップはクロテンの毛で縁取られている。またクロテンの尾の飾りもある。黒い革のブーツは革のアップリケがついている。銀の金具で帯にさげているのは、木と革でできた装飾的な鞘に収まった小刀。左側には焚きつけを吊るしている。位の高い者は庶民とくらべてかなり装飾の多い服を着ていた。このシンプルながら優雅さを感じさせる衣装は、初期の頃のものである。

[208] (左) ウールド族の女性の伝統的なデール。立ち襟と折り返した袖口(馬の蹄の形)には青い縁取りがついている。帯にさげているのは裁縫道具(指ぬき・針・糸)を入れた小袋。右腕の下に見えるのは髪に飾った房で、24本に編んである。民族特有の丸い帽子〔ヨクト・マルガイ〕には三日月の模様がついている。性別の区別なく、みなこのような帽子をかぶる。

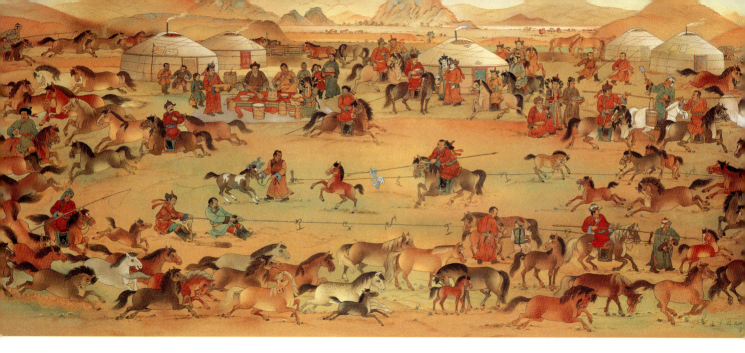

[209] C・ダヴァーコーによる、初夏に子馬を選別する祭りの様子を描いた絵画。1941年。乗り手はデールの下にはいたズボンを頑丈なブーツにたくし込んでいる。「羊の角」の髪型をした女性の姿もみられる［221、222 参照］。

履き物

　革のブーツを、モンゴル人はゴタル（gutul）とよぶ。正式な形は、つま先が上方に反っている。これは、つま先を地面に触れさせないことで、虫の殺生を少なくするという仏教の教えに基づいているらしい(16)。今日では、ひじょうに頑丈なロシア軍のブーツやその模造品が使われている［209参照］。遊牧民の時代には、戦士は外側の皮革と内側のライナーのあいだに金属の小片を何枚も重ね入れた、強度の高い特殊なブーツをはいていた［210、211］。

外　衣

　冬には、羊毛で裏打ちしたさまざまな外衣を着用する。ザハチン族の女性用外衣は、昔から柳を編んだものや鋳鉄の板で胸部、腹部を覆い、狙われやすい女性を守ってきた［212］。以下はある評論家の言葉である。「その理由は、満州族の兵士は、右側から妊婦を撃ち、子宮のなかの胎児を殺したからである。大虐殺とはそういうものであった……」(17)

被り物

　1930年代に収集された創造的な帽子は、モンゴルの民族衣装のなかでもことに見事である。種類もさまざまで、円錐形や頭蓋帽、兜形に、素材は紋織物、サテン、きめ細かなビロード、フェルトなど。

また毛皮や羽毛、金の美しい組み紐で縁取られたもの、頭頂にビーズや石をあしらったものもある［213〜220］。創造的なモンゴル民族の衣装のなかでも帽子はとくに華やかで、まさにマルコ・ポーロが描いた異国情緒の香りが強い。

髪　型

　もっとも印象深いのは、19世紀に貴族の女性がしていた「羊の角」の髪型であろう［221、222］。髪を固形のマトンの脂で固め（マトンは今でもモンゴル人の暮らしによく登場する）、留め具、護符、房で固定する。これらは家伝の貴重な髪飾りであるが、ヘニー・ハラール・ハンセンは、1940年代に同僚から「国境地域の女性たちは、銀や珊瑚でできた伝統ある家伝の髪飾りを、ミシンやラジオ、蓄音器などと交換している」という話をきいている(18)。

衣料小物

　モンゴルの民族衣装にはポケットがないため、日用品は帯からさげて携帯する［207、208参照］。裕福な男性は火打ち石と短剣・箸・楊枝のセットを、帯から銀のチェーンでさげるのが習わしであった。デールの裏側には、装飾的な嗅ぎ煙草用の瓶や銀の鉢を携帯し、護符を持つこともあった。女性は裁縫道具の小さな袋を身につけた。

モンゴル　133

[210]（左）最近は鐙に足をかけたまま高速で立ち乗りする姿が見られるが、頑丈なブーツにより、この姿勢での乗馬が安定する。

[211]（上）12、13世紀、チンギス・ハーンの時代のブーツ〔ゴタル〕。表面を切りさき、なかで重なりあう金属の小片が見えるようにしてある。馬上の戦士は武器を効果的に使うための安定感を得ようと、鐙に足をかけたまま立つことがあった。そのためにブーツの強度を増す必要があり、金属をつめるようになった。

[212] ザハチン族の女性用の羊革外衣の１つ。昔から、上部には防具が裏打ちされている。

中央アジア

[213]（左上）竹を編んだ骨組みに白い絹紗を貼り、赤い絹紗で縁取っている。表面には赤い紙が糊づけされ、あご紐には青い綿が使われている。頂点の白い飾りボタンは、クジャクの羽根飾りをつけるための台座になっている。高さ17cm、直径32cm。

[214]（右上）ミンガド族の貴族の女性が儀式で使うクロテンの帽子。冬でもフラップは上向きに立たせておく。2種類の赤い帯が後部に垂れ、上には、珊瑚細工を上部にあしらった細長い銀飾りがついている。

[215]（左下）ハルハ族の男性がかぶる、色とりどりの紋織物でできたドーム型の帽子。4つのフラップはクロテンの毛で縁取られ、頂にリスの尾がついている。

[216]（右下）バヤド族の色鮮やかな丸い女性用帽子。頂の大きな飾り結びがひときわ目をひく。赤とピンクの房が後部にさがる。

モンゴル 135

[217]（左上）ウリャンハイ族の女性用帽子。六角形のドーム形で、一年を通して儀式のさいに使われた。耳と後部を覆うフラップの裏は毛皮張り。

[218]（右上）バルーン・ブリヤート族の花嫁の帽子。頭頂部は赤紫のサテン、内側の縁取りは青いサテン、つばの外側には4つの爪をもつ龍が2体刺繍されている。上部には金属の飾りボタンで赤い絹の房がとめてあり、後部には2本の長い帯が垂れている。
高さ10cm、直径25cm。

[219]（左下）トルグード族の女性用帽子。頭頂部に珊瑚の飾りがついた円錐形（背を高く見せるためといわれている）。頂の飾り結びにも珊瑚があしらわれ、そこから紐がさがる。帯には「草竜」の模様が描いてある。

[220]（右下）毛皮で縁どった、男女兼用の冬の帽子。尖った頭部は青と紫のサテン地。紫には角の模様が描かれる。頂にあるのは赤い絹糸のボタン。2本のあごひもは薄い緑のサテン。
高さ13cm、直径30cm。

136　中央アジア

【222】固形のマトンの脂で固めて形づくった髪、銀やトルコ石、珊瑚でできた髪留めでおさえた「羊の角」の髪型。髪の先は左右の胸の横にある、金メッキを施した銀の容器に入れて処理してある。先の尖った銀飾りのついた帽子の後方からは、刺繍入りの垂れが2本さがっている。

【221】立ち襟、青い折り返しのついた袖口、詰め物で盛り上げた肩部分など、凝った装飾を施した赤い絹のドレスの上に、見事な柄の袖なし上着を合わせている。これは19世紀にモンゴルの貴族が着た祭り用の衣装のなかでも目をひくもの。このハルハ族の女性の髪型は「羊の角」の典型といえる。

モンゴル　137

特別な衣装

　チンギス・ハーンのわずか2世代後に、フビライ・ハーンがモンゴル帝国にチベット仏教を受け入れた。おそらく先祖が信仰していたシャーマニズムにもっとも近い宗教だったからと思われる。モンゴル帝国がもっとも栄えた時期に、チベット仏教の影響でフビライの荒々しい闘争心に寛容さが加わり、それ以降、歴代ハーンは多文化の民を抱える複雑な国家を統治することができるようになった。今日でさえ、チベット仏教の熱心な教徒は一生に一度、遠く困難な道のりをへて、チベットの聖地ラサへ巡礼しようとする。仏教僧はすべて、黄色い下着の上に濃いワインレッドの僧衣をつけているため、一目でそれとわかる[223]。

変わりゆく服装

　現在でもモンゴルでは多くの人がデールを着ている[224]。男性の仕事着の丈夫な生地は世界共通のデニムに取って代わった。この男性は西洋風の帽子をかぶり、ロシアのブーツをはいているが、体の右わきが合わせになった長めの上着を伝統的な黄色い帯でとめているのは、先祖代々の様式といえる。

[223]（左上）黄色い袖なしの下着の上に、自分の階層の色である深紅の僧衣を着る若いラマ教の僧。

[224]（上）フブスグル湖畔のゲルの野営地で、ズボン、上着、ブーツという中央アジアの昔ながらの衣装に身を包む騎馬民族の男性。デールは激しい労働に適する、素朴で強い織り地でできているが、裁断の仕方や形はモンゴルの千年にわたる伝統を受け継ぐものである。

シルクロード

[225]『アフガン人の茶房』ジョナサン・ケンウォーシー画、1995年。古代のシルクロードは北アフガニスタンを通っていた。ターバンを巻いた男たちが、しばしば茶房でゆったりと茶をたのしむ姿がみられる地である。

ヨーロッパと極東が偉大なるシルクロードで結ばれる数千年前、中央アジアの厳しい大地には、古くからのラクダの隊商が通る道が網目のように走っていた[1]。この海から遠く離れたユーラシア大陸の中央部では、浅い鉢状の広大なくぼみのなかに山脈が縦横にのび、そのままヨーロッパのウラル山脈、カフカス（コーカサス）山脈につづいている。東には中国国境、南にアフガニスタンとパキスタンの一部、北にはシベリアの針葉樹林タイガがある。中央南部のタリム盆地の広さは、645×1290km。この盆地は一部で標高がマイナス150mを下まわる一方、周囲には、北の天山山脈、西のパミール高原、南のヒンドゥークシ山脈、崑崙山脈などの高峰がそびえたつ[地図13]。タリム盆地の中央には乾燥のはげしい過酷なタクラマカン砂漠があり、その周囲に岩がちな塩類平原とオアシスが点在する。この乾燥状態が、驚くべき人間の遺体を、驚くべきことに当時の衣服を身につけたまま保存することとなった。

この数百年のあいだに、タリム盆地の端のチェルチェンにある長年廃墟となっていたオアシスで、紀元前2000年から700年のものと思われるミイラが相次いで発見された[2]。これは考古学界には驚異的な発見といえる。このミイラが、北で遊牧生活を営みアルタイ語を話す騎馬民族でも、東の定住農耕民族である中国人でもなく、インド＝ヨーロッパ語を話すコーカソイド（白人種）にほぼまちがいないとわかったからである。これらの半遊牧民は、有史以前に西のインド＝ヨーロッパ語族の中心地から、中国領トルキスタンに移り住んでいた[3]。

シルクロード 139

　タリム盆地のミイラのなかでもっとも有名なのは、現在ウルムチに展示されている3000年前のものである[4]。茶色の髪をもつ紀元前1200年から700年頃の男性のミイラのなかには、身長が1.8m以上で、毛織りの服に驚くほど色とりどりの毛で編んだ帯を巻いている例もある[226]。

　タリム盆地の北東、オアシスの町ハミでは、明るい髪の色をしたコーカソイドのミイラが見つかった。このミイラも色とりどりの織物の衣服を身につけていた。とくに斜め綾織りの服が目をひく。これらの毛織物には大小の縞模様がみられる（6色のものもある）。ケルト文化にみられるようなこの格子柄[227]は、同じ青銅器時代の紀元前1200年から400年頃に、中央ヨーロッパの岩塩坑（オーストリアンアルプスのハルシュタットとハライン）から発見された、綾織り地の格子縞を思いおこさせる[228]。

　この古代のミイラが暮らしていたのは、隊商が使っていた古い街道沿いであるが、後世のローマ時代になると、その街道は国境をまたぐ有名な主要道、つまりシルクロードとなった[地図14]。そしてその時期、中国の漢王朝は絹の輸出をはじめた。ただし、交易をはじめたものの、中国人はつねに絹を独占しようと目を光らせていた。

　絹と絹織物の生産の歴史は古く、原産地についての神話ができるほど謎に包まれているが、地元の伝説から中国起源であることはまちがいなく、紀元前3000年頃にはすでに生産がはじまっていたという[5]。絹は中国でもっとも貴重で、需要の高い産物だった。また文化の高さや洗練度に関係なく、あまたの民族から受け入れられた。北方のステップに住む貪欲な騎馬民族（「モンゴル」126ページ参照）もその価値を認めていたため、しばしば中国北部の肥沃な渓谷に住む豊かな人々を襲い、絹を奪っていた。

　度重なる遊牧民の侵入で憂き目をみた中国人は、侵略者に大量の絹をわたすことで侵略を未然に防ごうとした。記録によると、中国人はこれらを「進物」とよんでいたが、一方騎馬民族は「貢物」とよんでいた。中国北方の国境では、和平のために定期的に賄賂が騎馬民族にささげられた。そうすることで、いつか別の方法で折り合いがつくことを期待してい

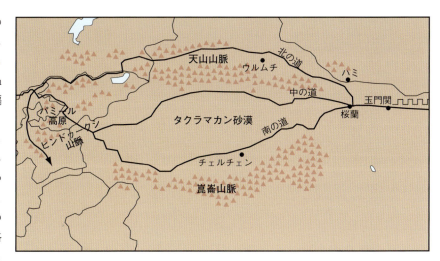

[地図13] 中央アジアの低地タリム盆地の地図。古代シルクロードは3本の幹線からなっていたことがわかる。起点は万里の長城の玉門関で、道はそこから桜蘭へとつづいた。チェルチェンとハミの遺跡では、紀元前1200年から700年頃のものとされるミイラが多数発見された。

[226] チェルチェンの第2号墓から発掘された紀元前1000年頃のものとされるミイラ。このミイラは背の高い55歳前後のコーカソイドで、髪は明るい茶色。白いシカ革のブーツに明るい色の毛の衣服（シャツ、ズボン、フェルトの脛当て）を身につけている。

[227] 格子縞のウールの綾織り地（紀元前1200～700年頃）の切れ端が、オアシスの町ハミ近くの埋葬所で見つかった。

[228] 格子縞をあしらったウールの二色綾織り地（紀元前1200～400年頃）の切れ端が、オーストリアのハルシュタットで見つかった。ハルシュタットの綾織り地とタリム盆地で見つかった綾織り地が類似するということは、2つの地域に伝わった織り方が起源を同じくすることを示す。

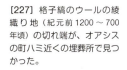

中央アジア

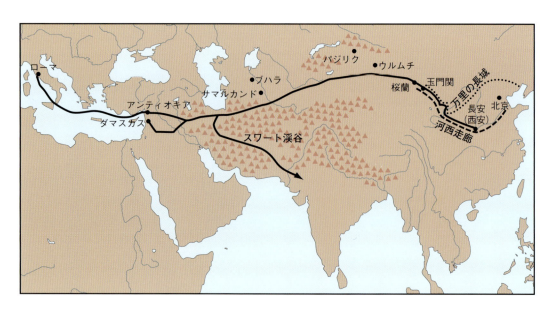

[地図14] 大陸を横断するシルクロードは、300年頃、中国とローマを結んでいた。中国人は、ヨーロッパ西部から毛織物や金、銀、ガラスに加えて、ブドウなどの異国の珍しい食べ物や植物を、中央アジア西部からは馬、奴隷、踊り子、曲芸師、さらにさまざまな衣装をもち込んだ。中国から輸出したものとしては絹や酒、宝石、スパイスなどがある。初期の頃は、おもに東が西からの影響を受け、中国はさまざまなことを外国から吸収した。船の形やさまざまな装飾もその1つで、それらを中国の美術品に応用した。しかし、時が過ぎるにつれて流れは逆になり、中国の革新的な科学技術が世界を変えるようになる。印刷技術により読み書きが普及し、磁石が方位磁針による航海を可能にした。また、中国伝来の火薬により戦争時の破壊力が増大した。

たものと思われる。

　中国の古典によると、人は無教養であれ粗野であれ、いずれは文化の魅力を理解して文化人となるという。しかし、北の国境に現われる中央アジアの遊牧民は、中国文化に染まろうとはしなかった。たしかに彼らは定住により富を得たいと思っていたが、魅力的な産物をつくりだすのに必要な、個人に制限を課す秩序だった組織は、遊牧の騎馬民族にとって魅力的ではなかった。

　貪欲な遊牧民には、賄賂としてどれだけ大量の絹をわたしても、やがて効果がなくなった。それゆえ、防御のための土でかためた何層もの壁が、何世紀にもわたってつくられた。これが万里の長城である。万里の長城は、一重の壁がひとつづきになったものではない。北辺の中国人は、王朝ごとにじつに多くの壁をはりめぐらせた。そして、どれもが遊牧民の侵入を防ぐことを目的につくられた[6]。紀元前100年以降は、この防御壁の1つの門である玉門関のみが、中国人隊商が定期的に中央アジアへと向かうさいの出口となった。

　シルクロードは紀元前200年に黄金期を迎えた。ローマ帝国（紀元前31年〜紀元235年）と中国の漢王朝（紀元前202年〜紀元220年）という二大文化国から流出した物と思想が、そこで交わりあったのである。中国から地中海の東岸にいたる6435kmの困難な旅には、約8か月を要した [地図14参照]。目的地に着いた中国の品々は、海をわたってローマの市場にもち込まれた[7]。しかし、シルクロードの運命は大きな波に翻弄されていた。戦争や山賊や狂信者によって道が封鎖されたこともあれば、この地を征服した帝国の保護の下治安が保たれたこともある。中間商人が何度も中継ぎしながら商品を流通させたため、1人の人が始めから終わりまでを運ぶということはほとんどなかった。商品は、商人から商人へ、オアシスからオアシスへと値を上げながら進んでいき、不思議と最後には、まるで別世界から現われたとでもいうように終点にたどり着く。そして実際に、それらは東西というまったくの別世界をゆきかっていたのである[8]。

　万里の長城はひとつづきの壁だという大きな誤解があるように、シルクロードもアジアの中央を走る、くっきりとしたひとつづきの道だと思われている。だが実際には、紀元300年頃に、なんとか細くてほこりっぽい小道の撚りあわせのような形態になったにすぎない。西に向かう隊商はすべて、中国の絹産業の中心地である北の町、長安（現代の西安）から出発した。西安を出た商人は、甘粛を通り、玉門関をぬけて西の桜蘭をめざした。

　そこから先は、3つの道に分かれる [地図13参照]。南の道と中の道は怖ろしいタクラマカン砂漠の北端

シルクロード　141

[229] 中央アジアでひじょうにもてはやされるイカットの女性の絹服クルタ。20世紀に織物工場で製造されたものと思われる。手織りではないものの、「生命の樹」の抽象的なデザインは、古くから受け継がれてきたモティーフである（2. ヨーロッパ「ヨーロッパ民族衣装の伝統」109〜110ページ参照）。

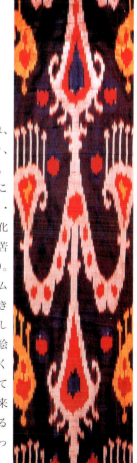

[230] 絞り染めした手織りの絹イカットの一部。19世紀頃のもの。

と南端を通る。乾燥した岩だらけの平原をぬけると、それぞれパミール高原とカラコルム山脈の高峰の山越えがあり、その後は西の地中海にぬけるか、ヒンドゥークシの難所を過ぎて南のインドにぬける。3本めのルートは北の道である。地形的にそう厳しくはないものの、ステップを疾走する遊牧民の襲撃をもっとも受けやすいルートである。この道は高い山々の峠をいくつも超えたあと、中央アジアの布地産地の中心をなす西のオアシスを通って地中海に出る。

しかし、7世紀の前半、中央アジアは大きな変化にさらされた。632年の預言者ムハンマドの死後、アラブ人が北アフリカとアジアを支配したのである。その結果、イスラーム勢力が拡大し、地中海とインド洋沿岸地域は統一され、中央アジアは広大なイスラーム教徒たちの商取引圏の中心地となる。なかでも布地の生産は主要産業となった。アラブの遊牧民やベドウィン、さらに中央アジアのトルコ人の生活では、昔から布地が大きな役割を果たしていた

が、交易によってその本質的な実用性が注目され、重要性がさらに増した。かさばらず、耐久性があり、どこでも需要のある布地は理想的な商品であった。

イスラーム勢力の台頭は、多くのことをひきおこした。13世紀初頭、モンゴルの支配者チンギス・ハーンが中央アジア（そしてその他のイスラーム文化圏のほとんど）を征服すると、この地域の新たな苦難の時代が幕をあける（「モンゴル」127ページ参照）。14世紀にはトルコ・モンゴル系王朝であるティムール帝国が、モンゴル帝国イルハン朝の統治を引きついだ。中央アジア南部に点在するオアシス都市（しばしばトルキスタン地方といわれる）では、建築と絵画のルネッサンスがおきた。残念なことに、つづく200年は内戦が繰り返され、不安定な政治によってこの地域の交易は徐々に衰えていく。頻繁に往き来した隊商の足もにぶった。こうして16世紀になる頃には、シルクロードの黄金期はすっかり色を失ってしまった。

しかし、トルキスタン地方では、織物が地方の工房が支える主要産業として19世紀末までつづいた。西のオアシス都市は卓越した繊維（特に絹）の生産で名を馳せていた。これらの布と衣服は裕福な都市生活者の需要を満たすとともに、カザフ、キルギス、タジク、トルクメン、ウイグル、ウズベクの遊牧民たちの需要にも応えた。中国は絹の生産を門外不出としていたが、6世紀には蚕の卵と桑の種子がひそかに国外にもちだされた[9]。

中央アジアで織物生産がもっとも盛んだったのは19世紀であろう。この時期につくられた素晴らしい織物のなかで、最高の生地としていまだ君臨するのは、色とりどりの絹で織ったイカット（ikat）である[10]。イカットは現在でも人気があり、大量生産までされている[229、230]。この方式の防染法は古くからあったが、その復興がトルキスタン地方最後の都市芸術となった。それはイラン、イラク、インド、トルコなどの近隣諸国でつくられたイカットとは異なる、独自の傑作といえる。中央アジアでは、絞りと染めを何段階にもわたって行うイカットの技術[231、232]をアブルブランディ（abrbrandi）という。この語源はペルシア語のアブル（abr）「雲のような」である。抽象的な柄の輪郭が曖昧で、にじんだように見えることからこうよばれている。

[231] 工場製品のイカットを着た2人の少女が、イカットの絞り作業（糸はまたほどき、さらにまたしばる）をしている。絹の経糸は何度も染料につけられる。

[232] 絹の経糸を決まった回数だけ染料につけたら、手織りの織機にかける。白い綿を緯糸に織られる前から、できあがりの柄がはっきりとわかるのが見てとれる。

中央アジアの絹製イカットの素晴らしい点の1つに、鮮やかで多彩な色があげられる。これらはコチニール、茜、イスパラク（飛燕草）、藍などの天然染料ならではのものといえる(11)。だが、1865年のロシア併合によってウズベク・ハーンの支配が終わると[233]、中世からの伝統をほぼ変わらぬ形で受け継いできた染色工芸に大きな変化がおとずれる。19世紀末にバザールで合成染料が手に入るようになると、古来使われてきた染料がすたれていったのである。日光と洗濯で色落ちしやすい合成染料は歓迎されざるものであった。市場にどんな合成染料が入ってくるかは、ドイツ、ロシア、イギリスなど、その時々の連合関係の相手国によって変わった(12)。その後、時は移り変わっても、ウズベク・ハーンでつくられていた織物の人気は衰えず、やがてトルキスタンの女性が服地として使うようになった[234]。だが、しだいに織物工場での大量生産品が主流となっていった。

中央アジアには古い生地や衣服を保存するという意識が代々なかったため、19世紀以前の生地はほとんど現存していない。だが、幸運にも当時の美しい衣装や壁掛けがわずかに残っており、その多くはウズベキスタンのオアシス都市、たとえばブハラやサマルカンド、それにフェルガナ盆地の町でつくられたものである。この一帯ではほとんどの農家が小麦や綿花畑のまわりで、蚕の餌となる桑を栽培していた。桑の栽培は女性の仕事で、男性は絹をとるために繭を煮る作業をした。織る前に染色工たちが色をつけたが、彼らはユダヤ人であることが多かった。絞って染める工程を何度か繰り返したあと、無地の綿を緯糸にして織りあげる。イスラーム教の戒律では、肌に直接ふれるのは官能的な絹より綿の方が好ましいという(13)。

しかし、世界に名高い中央アジアのイカットといえば、見事な壁掛け[235]や光沢のあるドレス[236, 237]に使われる、絹のビロード（バグマル baghmal）であろう。

イカットの多くは、都市の豊かな上流階級のローブ〔チャパン〕やドレス〔ムルサク〕などの豪奢な衣装や、目を見張るような被り物、鮮やかな部族の衣装に使われている。トルキスタンの社会では、そのような衣装が重要な社会的機能を果す。古のシルクロードでは、人は身なりで判断できるものだったのである。

[233]（左下）19世紀、ブハラの宮廷で、ロシアの役人を迎えたレセプション。地方総督と高官はみな素晴らしい絹の外衣に、銀の留め具のついた幅広のベルト〔ベルボク〕をつけている。このようなベルトは、都市の上流階級しか着用が認められていなかった。トルキスタン地方では階級によって服装がきびしく決められていた。支配者と上級高官の外衣は絹のビロードで、金の刺繍がつくこともあった。次の階級はカシミール産の高価な生地でできた外衣であった。裕福な商人と学者は絹のイカットを着ることができた。農民と遊牧民はいつも粗い毛の服を着ていた。だが、支配者はしばしば軽い絹のイカットの外衣を、地方のあちらこちらに住むさまざまな部族に配っていた。

[234]（右下）このタジク人一家はみな、さまざまなクルタと引き紐つきパンツ〔バラク〕といういでたちをしている。これが今日、トルキスタン地方の村や町でよく目にする服である。服地のイカットは、現在は織物工場で大量生産されている。

[236]（左）19世紀にブハラでつくられた、ビロードの男性用絹製イカット。裏地はロシア産の綿のプリント地。見返しの生地は絹製イカットで（おそらく高級な古い生地）、撹拌した卵白をぬって圧力をかけ、光沢をだしてある。おそらく多色彩飾の縁取りと袖口の刺繍は絹のクロスステッチだと思われる。
着丈125cm、
袖を広げた横幅190cm。

[235]（左）ビロードの絹製イカット（バグマル）の一部。綿密な刺繍を施した帯で縁取られている。なかには7色づかいのものもあるが、この場合、一色一色をちがう液につけて染める。

シルクロード 145

【237】（左と下、右は拡大部分）19世紀の女性用絹のビロードの外衣、前面と背面。偉大なる女神のモティーフ（2. ヨーロッパ「ヨーロッパ民族衣装の伝統」108〜109ページ参照）が繰り返されている。似た模様の絹製イカットの裏地がついて、見返し部分は別模様の光沢がある絹製イカットになっている。女性の外衣はゆったりと体を包む必要があるため、先細りの細長いイカット生地が、身ごろの継ぎ目にはさみ込まれている。隣り合う身ごろと上下が逆だったりするなど、あちらこちらに大ざっぱな作業が見受けられる。この艶やかな衣装は、女性のみが参加する行事で用いられた。男性にも男性のみの行事があった。
着丈 120cm、
袖を広げた横幅 152cm。

男性の基本的服装

　中央アジアの基本の衣服であるパンツ、チュニック、外衣には、ステップで暮らす騎馬民族の古代からの伝統が表われている(「モンゴル」130～131ページ参照)。ケイト・フィッツ・ギボンとアンドリュー・ヘイルによると、「トーガをまとって乗馬はできない。東洋の遊牧民がもたらしてくれたものは数多いが、パンツもその1つである」[14]という。このような衣服の古い例は、紀元前1000年頃のチェルチェンで発見されたミイラにもみられる[226参照]。この基本の衣服は、数千年にわたりどの階級の人々にも変わらぬままに伝えられた。遊牧民の男女や子どもから、昔この地を征服した兵士の裕福な末裔である都市の貴族まで、みな基本の衣服は同じで、階級によるちがいといえば、生地の質や縁取りの凝り方のみであった。

　男性は、直線で裁断した、幅が広く裾のみを細くした引き紐つきのズボンをはいた。その上に丈が長くくびれのない綿のシャツまたはチュニック、そしてハラート(khalat)というコートを着た。夏には薄い生地、冬には詰め物やキルティングを施した生地を使った。裕福な都市の男性用コートでは、階級によって使う生地に微妙なちがいがあった。男性の社会的地位は、着用する外衣の優雅さで一目瞭然だったのである。イスラーム社会において、衣服は地位と政治のための道具といえる。19世紀のトルキスタン地方では、外衣は社会的な情報を表わす手段であり、個人の好みというよりは社会的地位と出身地を表わしていた。さらに、地方総督が戦争やスポーツでの活躍を賞する報酬や、買収の目的で贈るといった名誉ある外衣も、着る者に確固たる社会的地位をもたらす。富裕層は10枚もの服を重ね着した。こうした男性の衣装には意匠を凝らしたベルトが不可欠で、とくに廷臣にとってベルトは重要なものだった[233参照][15]。

　絹のイカットは貴族だけの特権であった。階級に適さない外衣を着ると、体罰のうえに重い罰金をかせられた。前述したように中央アジアがロシアに併合され、ウズベキスタンのハーンが廃位すると、絹は以前よりも普及するようになった。こうしてイカット模様への新しい需要が増えたのに応じて、織物工場で合成染料を使い機械で捺染されたイカットが生産されるようになった[16]。

女性の基本的衣装

　男女の衣服はひじょうによく似ている。唯一女性特有といえるのは、前立てで合わせるロングドレスのクルタ(kurta)である[229、234参照]。女性の衣服の組み合わせは、引き紐つきパンツ[238](男性用と同じだが、裾の折り返しに装飾的な縁取りがついていることもある[234参照])、襟のないドレスとコートとなっている。イスラーム教徒社会での習わしにより、トルキスタン地方の女性も髪を覆う。顔まで覆う女性もいる。裕福な都市の女性は外出時には、体全体をパランジャ(paranja)ですっぽり覆う。これは足首まで隠れる、背に飾り袖がついた衣装である。さらに顔を不透明な馬毛のヴェールで隠す[239、240]。一方、貧しい女性は親戚の男性から外衣を借りて頭

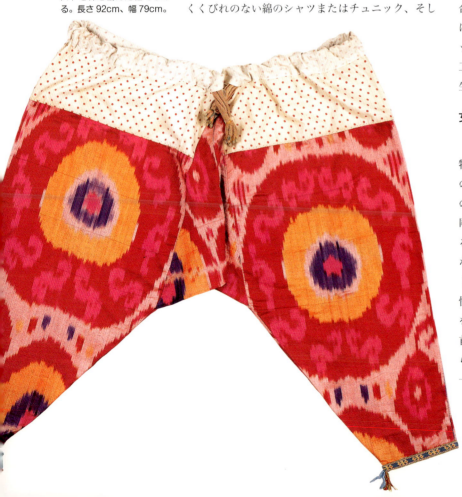

[238] 20世紀初頭のブハラの女性用の引き紐つきパンツ(イシトン/ロジム)。2種類の生地が使ってある。上部には綿を、下部には経済状態にあわせてできるだけ上等な生地を使う。幅広のパンツのウエストを綿を編んだ紐でしめる。長さ92cm、幅79cm。

シルクロード 147

[239] 都市の裕福な女性は、外出時に足もとまでの長い被衣パランジャを頭からかぶり、体をすっぽり覆い隠していた。顔は馬の毛のヴェールで覆った。トルキスタン地方、1900年頃。

からかぶる。

　遊牧民の女性はヴェールで顔を覆わずに、さまざまな被り物でクルタごと覆う。もっとも印象的なのはトルクメン人のチルプイ (*chyrpy*) [241] で、都市で使われているパランジャを短くしたようなこのマントを頭にかぶる。背中には長い袖のなごりがさがっている [242]。男女共に用いられる飾り袖のついたこの外衣は、中央アジアの長い伝統に根ざした衣装である。

　トルキスタン地方伝統の衣装は色鮮やかで派手であり、西洋人にはうるさく感じられる色や柄のとり合わせもある。衣服をコーディネートして着るという考えは、女性の衣服に関してはみられず、むしろ対照的な組み合わせがこの地方では好まれている。多種多様な縁取りと裏地の素材は、何層にも重なった贅沢な衣装の雰囲気をまねしようとした試みであろう。

履き物

　トルキスタン地方ではさまざまな長さのブーツを

[240] 19世紀のヒバで使われていた馬の毛のヴェールには、宝石で飾った帯状の髪飾りがついている。このような凝った装飾品は「頭部の宝石」と称されることもあった。両側に出ているのは背中にたらす2本のおさげのための髪飾り。髪飾りは銀、金メッキされた銀、トルコ石、珊瑚、綿でできている。帯状の髪飾りの横幅は42cm、髪飾りの長さは38cm、30cm、ヴェールの長さは57cm。

中央アジア

[241] 凝った宝飾品を身につけ、髪も肩も背中もすっぽり覆う、飾り袖つきのチルブイをつけたトルクメン人の女性。

[242] チルプイは刺繍がふんだんに施された被衣で、トルクメン人の女性の基本的な服装となっている。髪を隠すように頭にかぶる。女性には各年齢にみあった色がある。若者は紺、中年は黄色、年寄りは尊敬を表わす白。このマントのような衣服の背面には、飾り袖が短いリボンでとめられている。

よく見かける[243]。金属で補強した踵がついているものもある。短いブーツのなかには革の靴下をはくが、なかには優雅に装飾されたものもある[244]。宮廷に仕える者には、甲に豪華な刺繍が施されたビロードづかいの踵の高いブーツがあつらえられた(17)。

被り物

トルクメン人などの遊牧民と都市の住人の服装で

シルクロード　149

【243】（左）19世紀のサマルカンドの男性がブーツをはいている。この内側にはやわらかな革の長靴下をはいていた。この男性は、ブズカシというアフガニスタン北部とトルキスタン地方で親しまれているスポーツをしているところ。馬に乗った2チームが死んだヤギか仔牛を奪いあう伝統競技で、死骸を持って早くゴールポストを越えたほうのチームが、名誉のガウンなどの褒賞を獲得する。選手は派手なターバンを巻いている。

【244】（左）短いブーツに対照的な高い踵がついている。このブーツはアップリケの飾りがついた革の靴下とともにはく。高さ44cm。

【246】優雅な綿生地でできたターバン。1891年、ブハラのもの。長さ500cm、幅88cm。

【245】イスラーム社会では、男性は家や仕事場で、小さな丸い縁なし帽をかぶる。写真の3つはトルキスタン地方で一般的にみられる装飾つき帽子。仕事や遊びで外出するときには、この上にターバンを巻くので帽子は隠れる。

ちがいがもっとも顕著なのは、被り物である。トルクメン人の大きくてつばのある羊皮の帽子は、男性の民族衣装の特徴である。都市の人々は、自宅や仕事場で、小さくて丸く、たいていは刺繡をふんだんに施した縁なし帽をかぶっていた【245】。縁なし帽が上質なほど、かぶっている人の地位は上である。バザールのなかで帽子を売る店が中央にあったことから、人々が被り物に重きをおいていることがわかる[18]。しかし、都市の男性が人前に出るときには、縁なし帽の上からターバンを巻いた。なかには255mもある布を巻くという大きなターバンもある【225、233、243参照】。ターバンの質と色もまた社会的地位によって異なる【246】。

衣料小物

　中央アジアの衣服は、引き紐つきパンツも、チュニックも、外衣も、どれもポケットがついていない。そのため小さなバッグや袋が生活の必需品となる。

中央アジア

[247] トルキスタンのさまざまな地域から集められた、19世紀末の刺繍入り小袋。

[248] 都市の裕福な家庭の若い妻が、婚礼用の凝った宝飾品一式をつけた典型的な例。母も子も見事な柄の絹製イカットの服を着ている。母の外衣の袖口から下の衣装が見えている。

これらの袋には見事な装飾が施してあり、帯からさげて持つ[247]。

宝飾類

遊牧民の女性はたくさんの宝石で身を飾る。ヴェールをかぶらないので、飾りたてた宝石を見せつけることができる[241参照]。身につけた宝石の総重量はじつに7.7kgにもなる。都市の結婚適齢期の娘や豊かな家庭の若い妻は[248]、銀にカーネリアン、トルコ石、ガラスストーン、珊瑚、金メッキした銀などを合わせた豪華な宝石をたくさん身につけていたため、すべてをつけると、歩くのが困難なほどだった。結婚式ですべてを身につけると、総重量は何と16.4kg（！）にもなった[19]。

特殊な服装

きわめて魅力的な装飾が施された婚礼用のシャツは、古代のシルクロード上の辺鄙な場所でつくられた[249]。たっぷりフレアをとった短いゴアスカートつきのチュニックに、アマルガム合金の古い飾りや新しい飾りをつけたもので、古来の美しい絹のクロスステッチ刺繍とジッパーの部品、さまざまな小さい金属の飾り、独創的な位置につけられたプラスチック製や真珠貝のボタンなどの飾りがついている。

変わりゆく服装

19世紀も終わりを迎えると、トルキスタン地方の衣服の形や裁断方法には、西からきた「外国」の衣服の影響が表われてくる。フィッツ・ギボンとヘイルによると、このとき初めてポケットや襟、ボタン、小さな縁取りが伝統的な中央アジアの衣服に取り入れられたという[20]。西洋の服を最初にそのまま取り入れたのは、ロシア人の人口の割合がもっとも多い地域で、とくに都市部の男性が革命後、急速にロシア風の服を着るようになった。どの衣装や装身具でも、伝統は女性のほうに長く残っていたが、

[249]

シルクロード 151

[249]（左ページ右下）女性の婚礼用の綿のチュニック、ジュムロ（jumlo）。絹のクロスステッチ刺繍が施され、ガラスビーズ、プラスチックボタン、真珠貝のボタン、コイン、ジッパーの部品など、さまざまな金属の「拾得物」がよせ集めてある。たっぷりフレアをとったゴアスカート（長さ90cm、幅146cm）には、何百枚という三角形の布地がはぎあわされている。この素晴らしい衣装は、現在のパキスタン北西のヒンドゥークシ山脈を越えるシルクロード本線からはずれたスワート川（インダス川の支流）流域のもの。

これは世界共通の現象といえる。

世紀の変わり目に、ミシンの到来と時を同じくして現代の服装が取り入れられた。1930年代までには、ふくらはぎ丈のドレスにズボンという組み合わせが姿を消し、足を下まで覆うパンタロンが田舎での標準着となった[231、234参照]。現在、ウズベク族の職業をもつ女性や都市の労働階級は西洋風の服装をしている。にもかかわらず、今でも多くの人が家庭着や祭りの衣装に、工場で生産したカラフルな絹製イカットを着たがる。

しかし、すべての服がすっかり西欧化してしまったわけではない。イスラーム原理主義の文化では、時とともに女性がもとの服装にもどり、アフガニスタンのチャドリ（chadri）を、再びかぶるようになった地域もあった。チャドリはプリーツがあって体をすっぽり覆う長いヴェール[250]で、女性が男性社会をのぞくための、あみをはった小さな窓が1つだけあいている[251]。

[250]（上）タリバン支配下のアフガニスタンでは、2001年頃、女性は外出時にチャドリを強要された。これは体を完全に覆う被衣で、前方に網状の「窓」がついている。

[251] チャドリに覆われた女性が、かごを運んでいる。

4

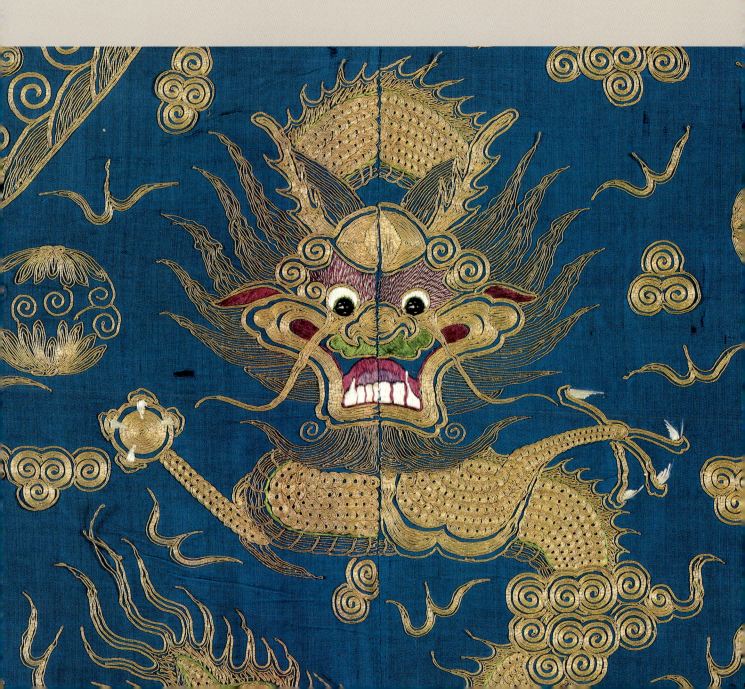

東アジア

　今からおよそ 100 万年前、アフリカ大陸を出た原人たちが極東へと移動した。それが、更新世中期に狩猟技術や、火を使う技術、そしてある程度の文化をもって登場した北京原人（ホモ・エレクトス・ペキネンシス）である。その後、紀元前 10 万年にホモ・サピエンスの到来があったことが、ヒトの DNA の系統解析から判明した。男性の Y 遺伝子がほぼ完璧な形で次世代に受け継がれることから、アフリカを放浪していた古代人類の一部がアジアに分流し、中央アジアのステップを経て、さらに奥の東アジアまで到達していたことが確認できたのである。東アジアはそれから数千年間、他地域から孤立していたが、更新世の終わりである紀元前 3 万年頃、北部の黄河流域に際立った文明が現われる。これが中国文明である。一方、同時期の朝鮮半島には、中央アジアとアジア北部からの移住民が集まっていた。そして紀元前 1 万年頃には、さらに朝鮮半島から日本へと少数の移住民が流入した。彼らは先住ないし後住民との混血をすすめながら、のちにこの原日本人たちはやがて先住民のアイヌ人を日本列島の北方に追いやった。それでも、東アジア全域を完全に支配したのは、広大な面積、膨大な人口、歴史ある高度な文明をもつ中国であった。日本と朝鮮は、規律正しさ、和をよしとする受容力、全体のための個の抑制、権威と階級の尊重などにおいて絶えず中国を手本としてきた。このように古代からゆるぎない極東の文明は、世界でも類を見ないほど厳粛に伝統を守ろうという、安定した土壌があってこそのものである[1]。

中　国

[252] 皇帝と思われる黄色い長袍を着た男性が、優雅な衣装をまとった女性たちをはべらせて田舎の東屋に座っている。二重の外壁の外では、馬に乗った2つの軍が集結しようとしている。伝統を重んじる中国では、黄色は重要な意味をもっていた。おそらく唐の時代（618～907年）に、黄色の着用が皇帝にしか許されなかったことに由来する伝統である。これは中国文明を興したとされる黄帝神話と、唐の皇帝を結びつけるための措置であった。満州族の支配下ではこの伝統が重んじられ、黄色が皇帝の色とされた。

　中国は、人類史上もっとも変革をとげた国である。5、6千年前の中国（世界最古の文明がはじまった地の1つともいわれている[1]）は、20世紀の革命で生まれかわった、現代の強大な中国とは表面的にはまったく別の国家のように思われる。だが、詳細に検討していくと、現在の中国にみられる特定の習慣や姿勢は国家創設時からすでに存在し、悠久の歴史のなかでその片鱗が見え隠れしていたことがわかる。

　更新世後期の初めから、中国は独特の環境にあった。いくつもの大きな山脈とひじょうに乾燥した平原に西と北を囲まれ、また南には密林、東は海という地形による孤立がおもな理由である。内陸はほ

ぼ全域が山地で、西から東へと川が流れる[地図15]。中国に文明をもたらした高度な文化は、北部の黄河流域で興った。冬には寒さが厳しい平原となるが、肥沃で耕しやすい黄土のおかげでアワの栽培が可能になり、これが中国で初めての主食となった。それから2千年以上が過ぎると、主食穀物はアワから米に取って代わった。

新石器時代（紀元前6000年頃）や青銅器時代（紀元前1700年頃）でさえも、中国はその後連綿とつづくこととなる特性を備えていた。絹や翡翠、青銅、漆など、ほかではみられない中国文化を特徴づける贅沢品も、この頃すでに洗練の域に達していた。とくに絹は中国の貴族社会を特徴づける儀式や政治のみならず、社会的行動にも大きな影響をあたえた。

絹は *Bombyx mori* という蛾のサナギを形づくる長い単繊維で、新石器時代である紀元前4000年頃までには、この蛾の飼育がはじまっていた。つづく数百年のあいだに、丈夫で耐久性のある繭の繊維をほどき、「ほかの繊維とは似ても似つかない」絹のもととなる糸をとる方法が開発された[2]。紀元前3000年紀の終わりになると、絹の利用は高位者の特権となり、中国に初めて現われた支配層と複雑なかかわりをもつようになった。馬がひく戦車で敵を蹴散らす好戦的な民族、青銅器時代の殷朝の支配層である。

殷朝（紀元前1500～1050年）では、絹の長衣の縁を、無地の生地をひきたてる細かな模様をちらした帯で飾る[253]という、中国式の衣服の特徴が確立した[3]。同時期には文字の使用もはじまった。殷朝の占いに使った甲骨や貝に書かれた文字は、現在使われている高度な漢字の基礎となった。この国では遠い過去から現在までの年譜がつまびらかにされているが、それは記録という伝統の賜物である。また、祖先を敬う心というのも古来の伝統といえる。殷朝のうちたてた独自の支配体制は、歴代王朝の興亡を経ながら20世紀初頭まで引き継がれてきた。それは、官職と軍が仕える聖なる朝廷、贅沢品をつくりだす巧みな職人、労力をすべて農産物と国への奉仕にささげる貧しい農民という体制である。

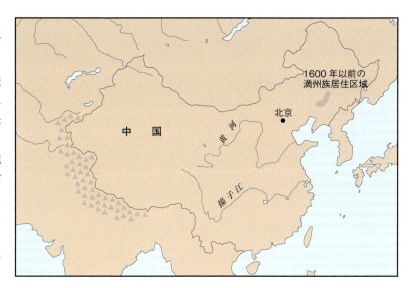

[地図15] 1600年以前の満州族居住区域が記された中国。

[253] 殷朝の長衣の様式を示すスケッチ。発掘された翡翠の小立像の服装からおこしたもの。左右対称に仕立てられた服は襟ぐり、袖口、裾を同じ模様の帯で縁取ることで、単色の本体を際立たせている。この方式の衣装は中国で何千年にもわたって支持されており、20世紀になった今でも同様に愛されている[279参照]。

殷朝は周朝（紀元前1050〜221年頃）に倒され、周朝は北は北京、南は長江下流にまで領土を広げた。殷と周の支配下にあった1300年のあいだ、領主たちは特定の宗教的な習慣をはぐくみ、それが中国人の血族と宗教を重んじる心の源泉となった。氏族に属するのは貴族のみだったため、正式な出自がわかるのは貴族のみとされた。さらに、貴族のなかでも家長のみが祖先の守護をたまわる儀式を行う特権を有し、それを実行していた。

[255]（右ページ）18世紀に描かれた、中国で尊敬を集めた孔子の肖像。ゆったりとした絹の長衣「袍（パオ）」を着ている。袍の画がはじめて記録されたのは漢の時代であった。

[254] 等身大のテラコッタ像。かがんだ戦闘態勢をとる後衛の射手は、青銅の平板のついた胴鎧をつけている。秦朝の初代皇帝、始皇帝の墓からは、これと同じ素材の兵士像〔兵馬俑〕が何千体も見つかった。

皇帝の絶対的権力の根本には宗教的な優位性があった。すなわち、皇帝だけが見えない力と交信し、種まきや収穫に最適な時をつげる神託を受けることができたのである。このように農業に欠かせない習わしをとり仕切った結果、支配者にとっては自らの宗教的位置づけが最重要事項となった。だが、この概念は根本的に多義的なものだった。つまり、支配権をつぎの王朝に譲るのに適した時期を決めるのもまた、卓越した能力をもった者となるからである。したがって、周朝が殷朝を倒したことによる天命の移動は、軍事的であるとともに宗教的だとも考えられた。

周代末期には、さらにいくつかの中国の特徴がさだまった。1つは人口激増の兆候である。この脅威はまず、紀元前500年の鉄の導入に起因する人口増加にみられた。質のよい農具により収穫量が上がり、食料増が人口増につながった。そのため、困難であった資源の確保はさらに不安定となった。一方、土壁で守られた都市は成長をとげた。壁の外には食料を供給する農家の畑があり、壁の内側には貴族と職人に加え、新たに台頭してきた商人階級の家もあった[4]。都市の中心部が豊かになるにつれ争い事が増えたため、それなりの防御体制も必要になった[254]。裕福だった貴族がますます富み、独自の武力を備えた暮らしをはじめるにつれて、朝廷の支配のおよぶ範囲に疑問をもつ者が増えていった。

当時社会は混沌として不穏な状態にあり、封建制における対立も絶えなかった。このようななか、学識者の一団が、すべての事象に通じるある道徳的な基本原則が必要だと説きながら地方をまわっていた。そして紀元前6世紀、もっとも名高くもっとも影響力の強い優れた賢者が現われる。儒教の祖、孔子（紀元前551〜479年）である。孔子はつねに、自分は世俗的な思想家で、宗教的な予言者ではないと言っていたという[255]。

[256] 中国の役人は、儒教の教えを正しく学び、階級を表わす特殊な服〔蟒袍（マンパオ）〕を着た。この宮廷衣の上にまとった補服（ブフ）の胸と背に縫いつけられた徽章〔補子（ブジ）〕は階級を示す［276-278 参照］。

儒教のめざすものは、官職における清廉潔白さと無私無欲の復活であった。その教えは社会組織や良識、実用的知識に関する哲学である。さらに、家族を理想とした年功序列の秩序を提唱した。正しい政治を行うためには忠誠心や品行方正、資料の保管などが必要だとも説いた。中国が何千年にもわたり安定した国家を維持できたのは、官僚［256］が儒教という共通の信念にのっとった政治を行ってきたからである。その信念はいくつもの王朝と帝国を超えて受け継がれ、国家の伝統と価値観を揺るぎないものとした。

儒教が重んじる経書（今日では十三経として知られている）の 1 つに『書経』（歴史の書）があるが、これには儀式では正装が肝要であると記してある。周朝の慣例によると、正装と壮麗な附属品の数々は階級社会の秩序を守るために不可欠であった。また、別の書である『周礼』（制度の書）には、支配者の衣服についての記述がある。それは 9 種の正装で、うち 6 種は貴人用、あとの 3 種は行政の業務用や、戦や狩りなどに用いられる正装であった。最上位の貴族と軍人の公務時の服装に関する記述もあった。

儒教の思想では、正装は徳を理解し尊重する心を表わす。このため、平民は上位の者の特権を侵してはいけないとされていた(5)。

やがて西域に興った小国、秦が周を滅ぼし、他の小国を制圧して中央集権を確立した（紀元前 221 〜 206 年）。これが中国における初めての成熟した帝国となる。1 人の君主による帝国という理想的な体制は、漢朝（紀元前 206 〜 紀元 220 年）でさらに確固なものとなった。漢朝でもっとも影響力のあった思想家は、古代からの陰陽思想を発展させた宇宙論を唱える董仲舒であった。人間界が宇宙の 5 元素（五行）、すなわち土・火・水・金・木からなるという考えは、朝廷の興亡に影響するという。特別な儀式の衣装の色も五行によって決められた。さらにその 5 要素は季節や重要な方位、音律、そして色にもあてはめられた。自然の色は黒・青・赤・黄・白とされた。これまでつづいてきた各朝の勃興も 5 段階の循環で考えられ、それに伴う朝廷の色の決定も元素の特徴に応じてなされた。新たな朝廷が手はじめにする業務の 1 つに、新たに定めた帝国の色で官衣を統一するための勅令の公布があった(6)。

服装に関する信頼できる情報が残っているのは、漢の時代あたりからで、薄肉彫や絵つきタイル、漆器などの造形的証拠が見つかっている。そこでは男女とも袖幅が広く、腰に帯を巻き、巻き重ねた裾が足もとまでとどく、着物式の衣服に身を包んでいた[255参照](7)。この長衣は「袍（パオ pao）」といわれ、明代が終わる1644年まで用いられた。その後、満州族が初めは多民族の侵略軍に、つづいて征服した中国の新宮廷内に、最後にはすべての中国人に自分たちの衣服を強要した。

漢代に中国はさまざまな点でめざましい発展をとげた。領土は拡大し、シルクロードが公式に使用されるようになり、仏教の伝来もあった。現在の中国で文化的にも民族的にも漢民族が優勢なのは、このためだといえる。

しかし、度重なる戦争により漢朝は滅びた。つづく唐朝（618～907年）は黄金期と考えられている。中国が成熟期を迎えた時代である。それからの千年は、宋（960～1279年）、モンゴル人の支配下にあった元（1279～1368年）、明（1368～1644年）、満州族の支配下にあった清（1644～1911年）と、各王朝の興亡が中国の年代記を織りなしていく。だが、政治は変わっても、時代を超えて何度も繰り返す現象があった。人口の増加である。14世紀には中国の人口は8000万だったが、1600年には1億6000万にふくれあがった。それでも、人口の爆発はまだ先のことである。平民のもつわずかな土地が減少するにつれ[257]、飢饉がひどくなり、その結果起きた反乱が国家の衰退を物語っていた。そうした苦難の時代に中国の社会的安定を支えたのは、儒者による官僚主義であった。政府は変わっても、高度な学問をおさめた少数の役人が、変わらぬ儒教の価値観を新政府に取り入れたのである。

[257] 1696年頃に制作された満州族による支配時代の版画。米の刈り入れをする農民はゆったりとした膝丈の、引き紐つきのズボン〔褌ないし袴〕をはき、伝統的な中国の上衣「袍」を着ている。2枚の細長い織布を背中とわき下で縫い合わせた前あきの服である。監督人の袍は袖つきで、ゆったりしたズボンの裾が足を覆っている。

しかし、何世紀にもわたり儒教を基にした保守的な政治を行ったつけがまわってくる。中国は、紙や紙幣、活版印刷、火薬、水力紡績機、方位磁針など、重要な革新的技術を世界に先駆けて数多く発明してきたが、これらを広く応用して進歩的・意欲的な社会を築こうという気構えに欠けた。この国が早々に成熟させてしまう技術は、知的意欲をかきたてたものの、社会発展をうながすまでにはいたらなかった。社会発展を阻んだこの溝の正体は、いまだもって謎である。だが、中国の文明がめざす方向性が、西洋諸国とは異なるらしいということはつねづね指摘されてきた。中国の文明がめざしたのは「継続性の確立と根幹的変化の阻止」であった[8]。

明代は偉大なる文化の最盛期であり、日本や西の海洋国が積極的に商取引を仕掛けていた。だが、中国の最後から2番目の王朝である独裁的な明朝は、1640年代には苦境に陥った。孤立した歴代皇帝の無力さ、宦官の不和、度重なる役人の派閥闘争などの結果、徐々に衰弱していったのである。農民の反乱が起きても、すでに軍の力では制御できない事態となっていた。そして皇帝直属の将軍は、北方の「蛮族」に援護を求めるという致命的な決断をくだしたのである。

万里の長城の北方には満州族が暮らしていた。17世紀初頭から明朝に仕えていた遊牧民である[地図15参照]。元来満州族は、国境で獣と魚を獲り、畜群を追う小集団で、西方にある遼東省のステップと朝鮮とのあいだにある遼東半島で、政治的にも経済的にも繁栄していた。16世紀末になると、この好戦的な遊牧民はステップ地域で共同体を築き、1640年代初頭までには徐々に力をつけ、隣の豊かな大国の動乱に強い興味を示していた。1644年、中原に進攻した彼らは馬で万里の長城をぬけ、天命を主張した。こうして龍の玉座に鎮座する中国最後の帝国、清朝が誕生したのである。

高度な文明をもつ伝統の国中国が、北方の遊牧民に侵略されたという事実はさまざまな影響をもたらした。新たな支配者は、自分たちの政治を既存の中国の官僚制にうまく適用させようとした。だが、このように一見、融和的とみられる態度を取りながら、満州族は鋭い目で警戒をおこたらず、以前の遊牧民の征服者たちが最終的には中国文化に取り込まれ、自らの民族性をなくしていったことに気がついた。そこで同じ轍を踏まぬよう、そして視覚的にもステップの民という出自が伝わるよう、満州族の服装をすべての役人に強要した。それは遊牧民が乗馬に使う靴や袴子、さらに機能的な乗馬術を宮廷向けに手直ししたものだった。

今でもみられる清代の衣服は、中国最後の王朝期のようすを如実に表わしている。現存する衣装の80%以上が清朝（1886〜1911年）の最後の25年に着用されたものである。そのほとんどは贅を尽くした衣装で、簡素な服や実用的な下着はほとんど残っていない。したがって、ここからの説明は高官の着た衣服に限定される。

男性の基本的衣装

初期の東アジアで発達したのは、限られた布幅しか織ることのできない後帯機（腰機）であった。そのため、中国の織布でつくられた上着は、ふつう細長い2枚の布をそれぞれ両肩に掛け、背中とわきを縫い合わせ、前はあいたままという形になっていた。袖は袖繰りにあとで縫いつける。これが古くから伝わるもっとも典型的な衣装、袍である。農業労働者が着ていたが[257参照]、同時に宮廷の儀式用衣装でもあった。宮廷用は、前あきの縁にさらに布を足し、身ごろがたっぷり重なるようにしてある。

また、袖には縦にも横にも布を足して存在感をだした。実際、満州族の征服の頃まで、明朝の宮廷内で着られていたかさのある漢服、すなわち袍服（深衣）[258]には、12mもの美しい厚手の絹織物が使われていた。中国の衣装研究で名高いジョン・ヴォルマーは、こういった大ぶりな衣装の利点について「重い袍服は動きをにぶらせるので、壮麗な宮廷の雰囲気にあったゆったりとした重々しい動きを生みだす。袖は、人目にふれる公式な場で手を見せることをきらう習慣を尊重したもので、さらに暗殺の恐れを軽減するという実用的な効果もある。袖のあつかいに両腕をとられるため、わずかな手の動きも目立つからである。袍服の下にはつねに別の衣（衫）を

着たり、蒸し暑い夏には竹で編んだ下着を身につけたりして、袍服が肌にふれるのをさけた」[9] [259]

　定住して農業を営む中国人が遊牧民の支配を受けたことで、両者の生活のちがいが浮きぼりとなった。服のつくりがその一例である。中国人が服に使っていたのは織り地だったが、満州族の服は動物の皮であった。

　清朝の比較的細身の旗袍（チーパオ）〔旗とは満州族の意〕には、合わせの縁が曲線で、右わきでとめるという満州族の衣服の伝統が取り入れられた[260]。中国の衣服の伝統とはまったく対照的なこの形には、初期の皮の衣服のなごりがみられる[10]。この非対称な合わせに加え、合わせをとめるボタンと留め環、筒袖（馬上で風が袖口から吹き込むのを避ける）、満州族特有の朝顔の花形に広がった馬蹄袖マティシュ（*matixiu*）――折り返しをのばして手袋をつけていない手を守ることができる――などのなごりもみられる。これらの絹の旗袍は、明らかに元来は戸外で行動する騎馬民族の実用的な外套であった。だが、この満州族風の衣装を着せられたのは、華やかな衣装に身を包み、つま先がそった草履をはいて、ほとんどの時間を座ってすごす中国の廷吏[258]、つまり騎馬民族とはかけはなれた世界に暮らす人々であった。さらにこの服は、動きが緩慢な廷吏ひとりひとりの寸法に合わせてつくる必要があった。

[258] 明朝で用いられた宮廷用の赤い袍服。鳥の文様がついた徽章は、この高官が文官であることを示している。赤は明朝の公色。満州族はこれを自分たちの国の色である黄色に変えた。

[259] 竹と糸で編んだ網状の下着。19世紀末。宮中での長時間勤務のさいに、袍服の下に着る絹衣が肌にはりつかないようにするためのもの。とくに蒸し暑い夏に使われた。着丈63cm。

[260] 18世紀の刺繍のついた絹のサテン地に十二章の文様をあしらった龍袍（ロンパオ）は、清朝の正式な色である黄色を採用している。このような略式の長衣は、征服者である騎馬民族の旗袍が原型であり、満州族特有の合わせ部分の丸みのついた縁取りと、右でとめる合わせ、遊牧民らしい馬蹄形の袖口が特徴。着丈138cm。

中国　163

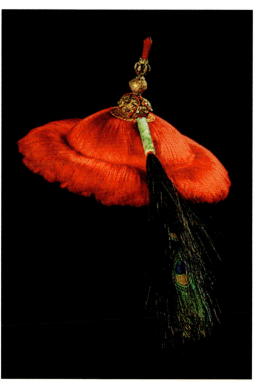

[261]（左）19世紀に宮廷で使われた満州族の伝統的な冬の帽子。絹のサテン、クロテン、絹紐、ガラス、金メッキした金属、翡翠、羽根でできている。高さ16cm、直径26cm。

[262]（右）19世紀後半に宮廷で使われた夏の帽子〔頂戴帽〕は、農民が使う円錐形の日よけの形を模したもの。竹、絹紗、フロスシルク、ガラス、金メッキした金属、綿、羽根でできている。高さ24cm、直径34cm。

髪型

遊牧民だった征服者は力を目に見える形にしようと、役人の髪型を満州族の様式にすることを法に定めた。頭部の前面を剃り、残りの髪は編んで背にたらす。皮肉なことに、のちにこの弁髪（ピエンファ）が、西洋のマスコミがおくりだす数々の漫画で「中国人」の典型とされてしまった[11]。

被り物

征服してすぐ、清は2種の被り物の使用を法で定めた。どちらも抄拳（チャオチュエン chaoquan）といわれるもので、宮廷の儀式の正装には欠かせない。冬には、満州族が元来使っていた毛皮の縁取りがある帽子をかぶった。縁を上向きに折り返し、頭頂にはヤクか馬の毛を赤く染めて飾った[261]。夏には竹で編まれた骨組みを絹紗で覆った円錐形の日よけが用いられた[262]。夏でも冬でも仕上げは頂を宝石で飾ったが、これにより階級と地位がひと目でわかった[12]。また満州族の宮廷用のつばつき帽も、頂の飾りや毛皮の種類、色、リンジュ（lingzhi）というクジャクの大羽根の装飾で階級を表わした[256参照]。これらの帽子はモンゴル人がかぶっていた帽子を思い起こさせる（3. 中央アジア「モンゴル」134〜135ページ参照）。

女性の基本的服装

漢朝の女性の正装は男性とほとんど変わりがない。長袖で丈の長い袍の下に何枚もの衣服を重ね、全体的なボリュームをだすことで重要な場での正装にふさわしい装いとした。正装とそうでない服装、すなわち朝服（チャオフ *chaofu*）と長服（チャンフー *changfu*）のちがいは、実際のところおもに造形表現にゆだねられるが、中国の装飾ではたいていの文様が特別な吉兆の意味をもっていた[263、273-278 参照]。

満州族の女性が征服時にはいていたのは袴ないし褲（ク *ku*）〔袴子／褲子（クーズ）とも〕というズボンまたは脚絆であった。これは階級や性別に関係なくすべての中国式の袍の下にはくことができる。元朝をおさめたモンゴル人のような元遊牧民の征服者に由来する伝統である。つづく清朝時代には満州族の女性のズボンは、2枚の前掛けをスカートのように合わせたものでかくされていた。これは裙子（クンズ *qun*）[264]という。これもまた古代の遊牧民からゆずり受けた伝統である。

[263] 9頭の龍が描かれる龍袍。この黄土色は「秋香色」（チューシャンスー *qiuxiangse*）といわれる色である。着丈142.5cm、袖を広げた横幅198cm。9番目の龍は、つねに満州族の衣装の特徴である身ごろの重なりの内側に描かれ見えない（下の写真参照）。

黄色は清朝の皇帝の色で、皇帝の衣装の多くが黄色で統一されていた。最高の職人技で丹念に仕立てられたこの服は、宮殿で皇太子などの皇族が着ていたものと思われる。

中国　165

[264] 満州族の衣装の特徴である2枚の前掛け（裙子）でズボン（袴子）や脚絆を隠す。それとともに、正装にふさわしいボリューム感をだしている。スカートのようなこの前掛けは七分丈のコート「褂」（クァ）の下にはくため、つねに露出する下部のみが装飾されている（左は拡大図）。長さ113cm、幅123.2cm。

東アジア

(左上から時計回りに)
[265] 19世紀末の刺繡入りの絹サテンの靴。漢族の上流階級に属する女性の纏足用。子どもの頃から足をしばり理想的といわれるハスの蕾の形にした。長さ10.7cm。

[266] 満州族の踵の高い靴〔高低鞋〕。布地か焼石膏をぬった木の土台に、絹のサテン地とタビー織りの綿をはり、アップリケをつけてある。20世紀初期のもの。高さ9.5cm。場があらたまるほど踵は高くなる。長さは最大でも7.5cmが理想的。

[267] 清の時代の男性の宮廷用ブーツ〔靴〕。絹サテン、革、綿と紙の層、焼石膏でできている。保存用のカバーつき。1900年頃のもの。長さ31cm。

[268] 都市に住む漢族は、糊づけした布やフェルトや革でできた硬い靴底がついた、布製のスリッパもはいた。写真は19世紀末のもので絹サテンとビロード、フェルト、革、綿糸などでできている。長さ27cm。

履き物

　10世紀以降、漢族の上流階級の女子は、足を布で巻き成長をとめた。ハスの蕾の形をした魅力的な足にするためである。そうしてできた小さな足に小さな靴をはいてすり足で歩むさまは、たよりなくとりすまして見えた。こうすることで、漢朝に仕える、都市の裕福な階級ということを誇示し、身分が「劣る」人々にはっきりと差をつけるのが狙いであった[265]。清朝の初期には、満州族の女性にこの慣習をまねてはいけないという禁止令がでた。それにもかかわらず、漢族の貴族のあいだでこの纏足の習慣はつづいていた。極端に小さな足は賞賛され、纏足をしない満州族の女性でも、底上げされた歩むづらい靴、弓鞋（チーシェ qixie）[266]をはいて足が小さく見えるようにしたり、気どったぎこちないすり足で歩いたりすることがあった。中国人にとってはそれが品のある女性のしぐさであった。

　清朝での男性の履き物には、底が硬いブーツの習慣が取り入れられていた。馬上から襲撃するときに、鐙に足をかけて立つための安定性を得るために、満州族の戦士は靴底を硬くしていたのである（3. 中央アジア「モンゴル」133ページ参照）。元来はそのように機能性を備えていた乗馬ブーツ「馬靴」（マシュエ maxie）の形だけが残り、宮廷用のブーツとなった[267]。

　漢族の農民の履き物は、気候や季節によってちがっていた。漆の木靴とサンダルも用いられていた。都市の人々は、足をすべて覆う鞋（シェ xie）という種類の豊富な靴をはいていた[268]。

中 国　167

[269] 宮廷で使われたサテンのベルトには、財布、手ぬぐい、ナイフ、ケース入りの箸、火打ち石がさがっていた。これらは馬に乗っていた遊牧民、満州族が身につけていた帯と生活必需品を華美にしたものである。写真は19世紀前半のもので、刺繍した絹サテンに金、真珠、赤いガラス、絹の紐の装飾がついている。長さ124cm。

衣料小物

　清朝の宮廷で用いられていた、さまざまな色のベルトに附属品をつけた朝帯（チャオダイ chaodai）も、明らかに満州族の遊牧民に端を発する。馬に乗る遊牧民は、必要な物をなくさずすぐ使えるようにするために、帯にさげて携行した。そこから派生した宮廷用のベルトは、カード織りの絹の細い紐で、色は階級によって決まっていた。この帯から一般的には2枚の儀式用手拭き、財布2つ、短剣、ケース入りのナイフと箸、火打ち石がさがっていた [269](13)。

外　衣

　宮廷ではたいてい外衣を重ね着して防寒したり、組み合わせに変化をつけたりしたが、外側にはたいてい外衣の補服（ブフ bufu）を着た [270]。外衣、帽子、襟がそろってはじめて正装として認められた。正式なコートである補服の前面と背には階級の印「補子」（ブジ buzi）が縫いつけられていた。厳格な階級制をとっていた宮廷では、地位が重要視されていた [256参照](14)。だが、自宅では補子のついていない外衣を着た。

武　具

　中国を征服する前の満州族は、戦さのときでもいつもの乗馬用コートの旗袍を身につけていた。旗袍にはキルティングが施されたり、防御性の高い鎖帷子が重ねられたりしていた。清の閲兵用の鎧は、征服後に採用されたものである[271]。やがて満州族は、金属の板を重ねた上から詰め物をした生地で覆った、中国式の小札製の鎧下を着るようになった。

宝飾類

　清の宝飾品も、衣服や装飾品と同じく騎馬民族の戦士に起源をもつ。片方の親指につける、翡翠などの準宝石を使った射手の指輪がその例である。元来は人差し指と中指で弓を固定し、親指で弓弦をおさえるための実用的なものであった[15]。また、満州族が宮廷でつけていた朝珠（チャオズ chaozhu）は、仏教の数珠にあたるものだが、これも特徴的といえる[272]。モンゴル人の遊牧民がつけていた同じような首飾りが、中国征服前に近隣の満州族に伝えられたと思われる[16]。

[270]（左ページ）満州族の皇帝康熙帝の14人目の息子、胤䄉とその妻の肖像（18世紀）。揃いの黒い補服には皇族の印である龍が円のなかに刺繍されている。袖口は馬蹄形になっており、皇族の朝珠を首からさげている。

[271] 18世紀初頭に満州族が使っていた儀式用の鎧。詰め物をした上質の布地で金属の板を覆い、金メッキした真鍮の飾りをつけている。この鎧の原型は紀元前3世紀までさかのぼる[254参照]。

上着：着丈69cm、肩幅38cm。

革ズボン：長さ79cm。

[272] 満州族の宮廷で使われていた朝珠（琥珀、翡翠、紅石英）。仏教で使う数珠が原型。背中にたらす長い飾りがおもりとなり、前部分との均衡を保つ。元来小さな3つの飾りは念仏を唱えた回数を記録するために使われていた[256、270参照]。写真は19世紀のものと思われる。長さ65cm。

[273] 漢様式の袍。前合わせで袖は着物のように幅広になっている。8頭の龍が刺繍してあるが、重要な9番目は見あたらない。清朝後期の婚礼用と思われる。

服の飾り

　満州族皇帝の袍に使われる文様のなかでも、龍は最高位に位置する。起源は古く、青銅器時代までさかのぼる。漢朝では龍と皇帝を文学で結びつけたが、袍の文様に龍が初めて使われたのは9世紀、唐朝の規則によってであった。現存する最古の龍袍は10世紀から11世紀の遼朝のもの。モンゴル人の元朝期には5つの指をもつ龍文が皇帝の印であった。1636年には明が法律で、5本指の龍を描いた黄色い龍袍を着ることができるのは皇帝の一族に限ると定めた。その下位に当たる貴族は、龍に似た4本指の蟒（マン mang）を描いた格の低い袍を着た。清朝の最初の100年のあいだはこの規則が厳格に守られた。実際に博物館の展示品や個人所蔵の清の袍には、龍から指を1本消して蟒にしてあるものがある[17]。

　龍の文様には、正面、横顔、立ち姿、歩く姿などさまざまな形態があり、衣装の数か所に刺繍されたり織り込まれたりしている。九龍の龍袍は、中国の宮廷の典型的な衣装であるが、龍が前面に3頭、背面に3頭、両肩に1頭ずつ描いてあり、9番目は前身ごろの合わせの下になる見えない部分に刺繍される[263、274参照]。

中国　171

[274] 典型的な満州族の九龍の龍袍。前身ごろが重なり、袖口は馬蹄形をしている。手の込んだこの衣装には9頭の龍がすべてそろっているが、最後の龍は前身ごろの重なりの下にかくれている（左参照）。164ページ掲載の黄土色の皇帝の龍袍ほど手が込んではいない。この青い衣装は清朝後期の婚礼用と思われる。
着丈145.7cm、袖を広げた横幅233cm。

172　東アジア

[275] 裾に海からあがってきた生き物が描かれた、金の刺繍の衣装（下は拡大写真）。生き生きとした描写は、原型となった威厳ある皇帝の9頭の龍をあしらった龍袍とはまったく趣を異にする。きらびやかで細部まで贅を尽くしたこのような衣装は京劇に使われた。
着丈132cm、袖を含めた幅200cm。

中 国　173

　16世紀初頭、明朝の図案師は宮廷用朝袍の裾に、高位を示すさらなる文様を加えたチシュ（chishou）といわれる絵柄は、岩でくだける波間に皇帝の龍を中心とした宇宙観を描いたものである。しかし、この宇宙観は人間が衣装を着ることではじめて完成する。着用する人間の体が世界の軸となり、描かれた宇宙を支えるのである。宇宙の中心には、堂々たる衣装を身につけた神聖な人物の頭がおさまる。

　最高の装飾が施された龍袍は皇帝だけのものだったが、漢[273]と清[274]の時代には、装飾の質を落とした模倣品が花嫁衣装として市場に出まわった。また、きらびやかな京劇の衣装としても使われた[275]。

特別な衣装

　孔子の教えに基づいた官僚制度では、入念に分けられた階級がことさら重要視されていた。貴族は12の階級、文官と軍人はそれぞれ9通りの階級に分けられ、どの階級に属するかは、前述した補子（ブジ）によってひと目でわかるようになっていた。当然、第一の最高位を表わすのは皇帝の補子である。これは円のなかに龍の顔が正面から描かれている[276]。丸い補子は最高位のみがつけることができた。龍は質を落としたさまざまな形で、下位の皇族を表わすほかの補子にも描かれている[270参照]。軍人の階級にはほかの動物の補子が使われ[277]、また文官の階級にはさまざまな鳥が描かれた[278]。

（上から順に）
[276] 皇帝の丸い補子には正面を向いた龍が描かれている。16世紀、明朝で使われたスリット織り。直径39cm。

[277] 軍人の補子にもさまざまな動物が描かれた。写真の豹は第3等級を示す。18世紀、絹サテンの紋織り。縦26.6cm、横26.2cm。

[278] 文官の補子はさまざまな鳥である。縦30.5cm、横29.8cm。

変わりゆく服装

満州族がおさめた清朝は、1911年、内部の弱体化と外部からの脅威による圧力で崩壊し、長期にわたり受け継がれてきた中国の皇帝による支配は幕を閉じた。そして宮中の衣装も、中国の政治制度での重要性を失いその役割を終えた。しかし、威風堂々たる皇帝の龍袍が忘れ去られることはなかった。事実、西洋諸国では、今も昔も上流階級の女性が皇帝時代を思わせる模造品を好んで着ている[279]。

中国の人口は確実に増加したが、農民に必要なだけの土地を割りあてる対策はとられなかった。そのため、年季奉公人や土地をもたない農民の数は増えつづけた。このような農民が大規模な反乱を起こし、ついには3000年近くつづいた皇帝による支配を終わらせたのである。

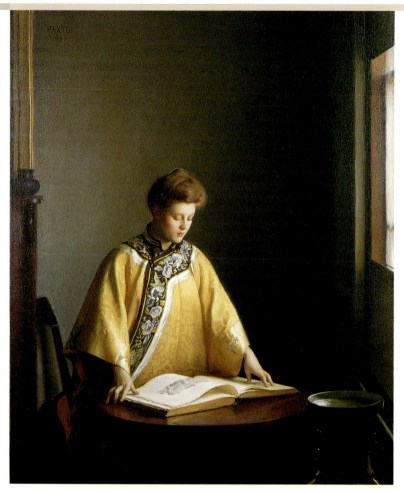

[279]（上）『黄色い上着』ウィリアム・マックレガー・パクストン画、1907年。中国皇帝の素晴らしい絹の龍袍は1911年の革命で政治的な役割を終えたが、その後も西洋の衣服に影響をあたえつづけた。写真は20世紀初頭のボストン上流階級の女性が、中国風の長衣をまとっているところ。重厚な刺繍を施した縁取りが無地をひきたてる殷時代の様式のローブである。丸くカーブした身ごろの縁取りと右わきでとめる様式は、遊牧民の満州族が清朝の宮廷にもち込んだ。

[280]（下）農地改革（20世紀の辛亥革命の主たる目的であった）の初期の頃、地主はしばしば反抗する農民や兵士に追われてつかまり、審判にかけられ、即罰を受けた。憤怒に燃える大衆は、すりきれた仕事着にまとわりつく長ズボンを膝でしばり、機敏な動きで報復した。

起こるべくして起きた革命に火がつくと、中国の歴史ある文化は急激に衰退し、儒教や社会的・法的秩序も崩壊した。過去の安定した国家にはもう戻れない、かといってどこをめざせばいいのか？ 中国は路頭に迷った。西洋の自由主義は植民地からの搾取を連想させるため非難をあびていたが、そのなかにあって唯一目を引く新しいイデオロギーがあった。ロシアの共産主義である。こうしてロシアの革命をモデルとして、1921年に中国共産党が設立された[18]。

1949年、戦争と苦難の数十年の後[280]、農家出身のカリスマ的指導者、毛沢東の下で中国共産党は全盛期を迎えていた。中華人民共和国のはじめの5年間における何千人もの「粛清」や、毛沢東の第二次5か年計画における大躍進政策での何百万人という犠牲者にもかかわらず、1965年までに中国の人口は8億3500万に達し、人口、人口密度ともに世界屈指の国となった。社会的動乱は高まり、1966年から1969年にかけて文化革命が起きた。新たに重点がおかれるようになったのは肉体労働者、自己犠牲、毛沢東思想への追従である。1968年までには、守られた地位におさまり安穏とする官僚と戦う、若い「紅衛兵」[281]が国を根底からひっくり返した。彼らは、中国でもっとも保守的な制度、すなわち家庭とも戦ったが、これを揺るがすことはできなかった[282]。

世界的にみても、中国の革命はもっとも規模が大きかったといってまちがいない。ほかのどの国よりも社会、政府、経済が一点に集約された、変化のない稀有な社会であったため、大変革の必要があったのである。

[281] 1911年の革命とつづく文化大革命では過激な革新階級が形成され、古い政治体制を象徴する文化に抵抗した。満州族の風習である弁髪が嬉々として切り落とされたのはその一例であった。

[282] 文化革命でさえも家族の絆を弱めることはできなかった。写真は4世代にわたる健康的な農家の女性たち。以前の中国の一般家庭では、人は飢えに苦しみ短命であったため、このような情景はまれにしか見られなかった。女性たちが着ている服は、革命後国じゅうにひろまった「人民服」を思い起こさせる。

中国の他地域

　1987年には、中国の人口約10億のうち漢民族が93％を占めていた。今日、残りの約7000万人は、政府が認識しているだけでも55の民族からなっている。そのうちのいくつかについては、中央アジアの章や南アジアの章の「ヒマラヤの王国」であつかう。この章では、南部の熱帯地方の少数民族について述べる[283]。

　中国の繁栄以前、漢民族は何世紀にもわたって南部への侵略を執拗にしかけ、異民族を同化させたり、統率されていないいくつもの民族の寄せ集めを追い払ったりしていた。このような南西部への侵略、征服、支配は紀元前2000年以上前から行われており、20世紀になってもつづいた。その結果、南西の山間にある省は国内でももっとも民族間の混血がさかんな地域となった[地図16]。さまざまな地形がみられる貴州、湿気て霧の多い雲南、過ごしやすい広西の渓谷には、興味深いさまざまな民族が暮らしている。これは歴史が残した民族の遺産といえる。貴州省だけをとっても、人口の4分の1以上を700万人の少数民族が占めており、毎年100もの大きな祭りと何千もの小さな祭りが行われているため、住民はつねに祭りの雰囲気のなかで暮らしている印象がある[284]。80の少数民族からなる住民の祭りは、たとえば3番目の月の3番目の日や6番目の月の6番目の日など、大陰暦の吉日に行われる。この地域の特別な目的をもった荘厳な衣装には、祝いの場を飾るための意匠が凝らされ、それぞれの特徴が色彩とともに華やかに演出されている[285]。

[283] 貴州省の山中には中国最大の少数民族チワン族が住んでおり、国内でも高水準の農耕技術をもっている。写真の農民は上下ともゆったりとした服を着て、頭を守るターバンのような被り物をつけている。骨の折れる農作業に適した服装である。

[地図16] 南部の省を示した中国の地図。ここには多くの少数民族が住んでいる。

中　国　177

中国南西部でみられる創造的な民族衣装のなかでも、もっとも印象的なのは貴州省のミャオ族のものである。よく知られているのは、7世紀から親しまれてきた「光沢のある茶色い布」[19]でつくられた衣装である[286]。ふだんはジャケットに、500以上のひだがあるナイフプリーツのスカートを合わせる。織りあがった布を大きな木槌でたたき、繊維と繊維のあいだを密にして、その後、藍に何度かひたして染色すると、深みのある重厚な紫がかった茶色が出る。それをさらに豚の血と皮を混ぜた液で染める。布が乾いたら、卵の白味をこすりつけ光沢をだす。これは防水の役目もはたす。

ミャオ族の民族衣装で目をひくのは金属の飾りである。多数ある氏族の1つがこの作業を専門に受けもつ。錫繍ミャオ（苗）族の女性たちは銀をあしらった前掛けだけでなく、素晴らしい銀の冠、何連もの銀の首飾り、耳飾り、腕輪もつくる[287、288]。おもしろいことに、このように銀を多用するものの貴州省には銀鉱がない。彼らは銀を近隣の湖南省で手に入れたり、そのほかの地域から購入したりする。むかしは銀が不足すると歯磨き粉のチューブを洗って磨き、細切りにして銀細工に編み込み、伝統的なデザインを保持していた。

[284] 貴州省の北西部、小花ミャオ族の少女たちが「跳花坡」〔長角ミャオ族中心の伝統的な祝祭〕で笛を吹いている。オレンジ色の糸かせをまいたボリュームある被り物や、手の込んだアップリケと襟のクロスステッチの刺繍が特徴的である。

[285] 貴州省の高山の村に住むこの少女たちは、刺繍を施した素晴らしい毛織りの布に羽毛をあしらった衣装で客を迎える。

178　東アジア

[286] 有名な「光沢ある茶色」の布でつくられたミャオ族の上衣。織り目の密なこの生地は、はじめに何度も藍の液につけたあとに豚の血と皮を混ぜた液につけて染める。乾いたら卵白をぬりつけ、なくてはならない艶をだすとともに防水もする。
着丈83.5cm、袖を広げた横幅116cm。

ミャオ族をはじめとする少数民族はみな中国に属する。政府は彼らの民族固有の立場を守ろうとしている。少数民族の子どもたちは、ほかの中国人と同じく定期的に学校に通い、標準中国語を習わなくてはいけないが、政府は民族の言語と固有の文化を守るための配慮をかかさない。また、少数民族は漢民族のひとりっ子政策の対象とはならないので、人口増の余地がある[20]。このような保護政策により、中国の輝かしいまでに装った少数民族は、次世代のために自分たち独自のアイデンティティを守るよう定められているかに思える[289]。

[289] 貴州省雷山県の郎徳村では、祭りの衣装をつけた子どもが、酒をついだ皿を持って客をで出迎える。

[287]（左上）錫繡ミャオ族は、手間をかけ銀の糸を伝統の刺繡に編み込んだ前掛けをつける。

[288]（右上）錫繡ミャオ族の2人の女性が紫味をおびた「光沢のある茶色」のプリーツスカートにブラウスといういでたちに、祭り用の宝飾品を飾っている。宝飾品は王冠形の頭飾り、3連の首飾り、いくつもの腕輪、長い耳飾り。このように凝った銀の髪飾りとボリュームのある宝飾品は、たいていの場合、村の豊かさを表わすとされる。

朝　鮮

[290] 18世紀の恵園(ヘウォン)(別名シン・ユンボク)による風俗画。3人の妓生(キーセン)と同伴する3人の男が、蓮池のほとりで伽耶琴(カヤグム)の音を楽しんでいる。帽子をかぶっていない男性は長い髪で髷を結っている。縁の広い黒い馬毛の帽子が朝鮮らしさをかもす。

歴史とは波乱に満ちたものである。したがって、世界中に現存するどの民族衣装をとっても、安定した環境で途絶えることなく発達した例はなかなかない。とりわけ朝鮮の民族衣装は、激動の歴史をくぐってきた。この国に現在残る「伝統的な」衣装は、何十年という破滅的な動乱の前の時代にさかのぼり、朝鮮最後の王朝、李氏朝鮮（1392～1910年）の衣装を再現しようと意識的に復興されたものである。朝鮮[1]とは「朝の静けさ」という意味であるにもかかわらず、この国の歴史は「静けさ」とはほど遠い。だが、地理的環境を考えると、それも仕方のないことといえる。

朝鮮半島は、ユーラシア大陸の東端から南にのびる965kmの半島で、黄海（韓国では西海という）の対岸には中国があり、日本海（韓国では東海）をはさんで東と南には日本がある。また北の国境はロシア、中国と接している[地図17]。このように力があって攻撃的な国々に囲まれているため、度重なる侵略により戦争を繰り返してきたのは当然のことである。さらに皮肉なことに、朝鮮人自体も、かつてはほかの地からこの半島にやってきた移住民の集まりであった。

現代の朝鮮人の起源は、先住民と移住民との同化にある。先住民は、紀元前3万年頃に中央アジアや北アジアからやってきた。そして中央アジアからの移住は、紀元前5000年から1000年のあいだに行われた。朝鮮の創造神話は、北方から移住民とともに入ってきたさまざまな神話の影響を受けている。生命はこの世の創造と、それにつづく天の王と女の結びつきから生まれた。女ははじめは熊だったが、ほら穴で20個のニンニクの球根のみを食べて100日間を過ごした末に人間になった。ロバート・ストレイとウンギョン・パクが皮肉めかして述べたように「朝鮮人がニンニクの刺激臭を渇望するのは、かな

りの昔に端を発する」[2]。この話の熊の件はシベリアの神話にもみることができるため、朝鮮人の起源は中央・北アジアにあるという仮説がたてられた。

朝鮮半島の地形は平坦ではない。半島の約70％をゆるやかな山地が占めている。約20％のみが平らで耕作可能な土地であるが、通年で使えるわけではない。朝鮮には四季があり、冬にはシベリアからの北風が吹く。地形と気候の変化が激しいものの、民族的多様性は驚くほど少なく、少数民族はほぼ皆無といっていい。

歴史をひもとくと、政治の主体は外部からの侵略に対抗する形でつくりあげられた。紀元前200年から紀元200年、漢の時代には中国人が侵略を進め、現在の平壌の近くに前衛地をおいた。その戦争の結果、攻撃された朝鮮半島北部の民族間で初期の同盟ができ、1世紀頃それが最初の朝鮮王朝、高句麗となった。南部では北部のようなさしせまった圧力がなかったので、民族はゆっくりと融合していった。それでも3世紀になると、南部にも2つの列強、百済と新羅があらわれた。その後の400年は「三国時代」（紀元前57〜紀元668年）といわれ、芸術、建築、文学、政治術が花開いた。国家形成に最大限の影響をあたえたのは、4世紀に中国から入ってきた仏教だと思われる。仏教は最終的に3国すべての国教となった。

この三国時代に、元来は朝鮮で発達した文化が、日本にまで広まった。これまで朝鮮は、中国文化を日本に伝える橋渡しでしかないと誤解されることがあった。だが、朝鮮から日本に伝えられた文化の多くは、中国を起源とはしていない[3]。たとえば百済時代の建築家と大工は、6世紀頃から日本で次々と建立された寺院の建設を任されていた。古代の日本で、宗教的、世俗的に重要な地位につくのは日本人よりも帰化人の方が多かった[4]。さらに日本に対する朝鮮の影響は、祖先の地位という微妙な領域まで達した[5]。

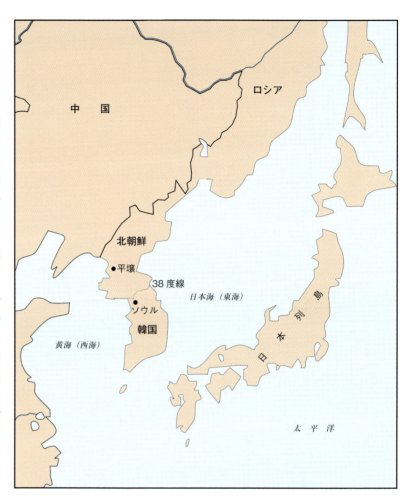

［地図17］朝鮮半島は列強に囲まれるという、地理的に不利な環境にある。

墓室の壁画、粘土の彫像、魏（502〜557年）に伝わる古い中国語の書物に描かれた朝鮮訪問の記録などで明らかになった三国時代の服装は、朝鮮の伝統的衣装、韓服（ハンボク hanbok）を知るための最古の鍵といえる。これらの衣服は、もちろんすべて上流階級のものである。3国それぞれの政治組織は王と貴族を中心に成り立っていたが、衣装は、上着である襦（チョゴリ）に、ズボンの袴（バジ）またはスカートの裳（チマ）と、どの階級もみな似通っていた[291〜293][6]。だが、装飾品から帽子までを含めた衣装の細部は、社会的地位によってちがっていた。

朝鮮　183

　つづく統一新羅時代（668～935年）では、地位による服装に対しての国家規制がさらに強まり、使用する生地にまでおよんだ。この時代は、韓服に唐の影響が表われた。8世紀の墓から発掘された彫刻がその証拠である。発掘された粘土の人形[294]は、前で組んだ腕よりも下で裳（チマ）をとめているが、これは唐の影響を受けた女性の服である。だが8世紀には、朝鮮の裳は胸の高い位置でとめる傾向が高まった[295]。それは現在の韓国の女性の、上半身をできるだけ短くみせ、下の裳の曲線とボリュームを強調し、下半身の体の線を隠す衣装の初期の兆しといえる。

　統一新羅時代、朝鮮では仏教が最盛期を迎えた。後半になると首都の慶州（ギョンジュ）では「仏教寺院の屋根が飛んでいる雁のようにつらなり、仏塔は星をちりばめたよりも密に建てられていた」[7]という。このような隆盛にもかかわらず、10世紀の初めまでには独裁的な新羅王朝は崩壊しはじめ、つづいて高麗（918～1392年）が興った。新政府は役人の選抜試験〔科挙〕には儒教を用いたが（「中国」158ページ参照）、同時に仏教を国教とした。土地と金をもつ世俗の力にかなり後押しされ、仏教はこれまでで最高の広がりをみせた。

　朝鮮最後の王朝である李氏朝鮮は仏教を離れ、朱子学を正式に採り入れた。社会的地位の世襲に重きをおく朱子学では、階級と性別により地位が定まった。その結果、地位がこれまで以上に服装に反映されるようになり、衣装の種類までが階級によって異なった。たとえば貴族の女性が外出するときには、身を隠すチャンオッ（*jangob*）とよばれる長衣を頭からかぶって顔を隠した[296]。一方、庶民の女は外出時につばの広い帽子で日光をさけた[297]。だが、この時代の階級の区別は被り物にとどまらない。それは、18世紀の朝鮮でもっとも興味深い妓生（キーセン）たちの装いに顕著にみられる。

[294] 8世紀の墓から発掘された粘土の彫像の女性は、唐の影響を受けた服装をしている。裳（チマ）は組んだ腕の下の位置でとめてある。

[295] 墓から発掘された粘土の彫像を復元した統一新羅時代の女性の服装。8世紀に、中国の唐王朝との文化交流があったことがうかがえる。

（左ページ）
7世紀の二国時代の服装の再現。

（左から順に）
[291] 襦（チョゴリ）と裳（チマ）。高句麗。
[292] 襦と袴（パジ）。百済。
[293] 襦と裳、袴。新羅。

[296] チャンオッは昔のなごりの飾り袖がついた長衣で、上流階級の女性が外出時に庶民から顔を隠すために頭からかぶった。すりおちないよう、内側から手でおさえる。

伝統的に、朝鮮の宮廷での舞踊はたいてい男性が行っていたが、女性の舞踊が加わる場合は、稽古をつんだ宮内の妓生がそれにあたった[298、299]。妓生は表向きは、幼い頃から歌・舞踊・楽器を仕込まれた品位のある若くて美しい女性ということになっている[290参照]。学識者や芸術家、支配層などとの交流があるため、国内でもかなり文化的で教養のある女性であり、重要な地位を占める男性の接待にはかかせなかった。しかし、1910年に日本が朝鮮を併合すると、国が宮廷での娯楽を庇護することはなくなった[8]。

何世紀ものあいだ、朝鮮は貪欲な近隣諸国から何度も苦汁をなめさせられてきた。16世紀には日本の侵攻が失敗に終わり、17世紀初頭には満州族の清朝が朝鮮を臣属させている。また、19世紀には日本と西洋の海洋国が、貿易のために開港をせまった。その後も圧力は絶えず、近代になるとついに朝鮮は交流を開始せざるをえなくなり、門戸開放政策をとった。それからの朝鮮は、男性の外見を近代化する必要性など、さまざまな問題をかかえることになる。1895年、政府が令を発し、男性は伝統的に頭の上に結いあげていた長髪[290参照]を短く切り、洋服を着用しなければならなくなった。この大勅令の結果、ほとんどの男性がほぼ一夜にして容貌を変えた。

このように、政府が近代化への決意が不可欠だと考えていたにもかかわらず、すべての民が嬉々として変化に飛びついたわけではなかった。辺境では多くの農民や労働者が新たな動きに抵抗し、昔ながらの暮らしをつらぬいた[300]。実際には1940年代になっても、都市部でも伝統的な韓服を着ている者を見かけたし、高齢者は今日でも韓服を好んで着ている。

攻撃的な近隣諸国との度重なる衝突にもかかわらず、朝鮮が完全に支配されて統治権を奪われたのは、千余年の歴史のなかで1度だけ、日本に併合されたとき（1910～45年）のみであった。朝鮮人にとってこの35年にわたる占領は、忘れることも許すこともできない国家的な大きな傷跡としてある。

[297] 18世紀の旅を描いたこの絵画には、上流階級の女性と庶民とがともに描かれている。庶民は簡素な日よけ帽をかぶり、貴族の女は顔を隠すため体をすっぽり覆うチャンオッをかぶっている。

[298] 品格のある衣装をつけ、客に剣の舞を披露する妓生。18世紀の蕙園(別名シン・ユンボク)による風俗画。

[299] 妓生は品位のある若くて美しい女性といわれているが、贔屓の客との密会を断ることはなかった。若い女性の裳(チマ)は、腰回りで大きくふくらみ、体の線がまったくわからなくなっている。18世紀の蕙園による風俗画。

186　東アジア

[300] 1896年12月、ソウルにて。4人の運び手が椅子に座った2人のアメリカ人女性を運んでいる。運び手はみな、朝鮮の伝統的なふだん着である韓服を着ている。建物の前に立っている男は、目の粗い生成りの麻でできた、袖の幅が広く、足まですっぽり覆う長さの外衣に、顔まで覆う帽子という喪服を着ている。

　第二次世界大戦後の西洋からの圧力で、1948年に朝鮮の南の半分が正式に大韓民国となるや、朝鮮戦争（1950〜52年）の舞台がととのった[9]。戦争による荒廃の年月ののち、韓国は自国の古くからの伝統を誇る思いから、南北に分かれる以前の芸術を復興させた。自民族を主張する動きのはじまりである。これは、最後の王朝が途絶えるまでの数十年間（1800〜1910年）に用いられた民族衣装の再現ともなった。

　韓国人は李氏朝鮮時代の衣服を日常着にはしなかった。20世紀中頃まで、朝鮮は西洋の影響を大きく受けていた。戦争の焼け跡から立ち上がった韓国は、奇跡の経済復興をとげ、20世紀を代表する工業国となり、台頭した高収入の知的職業階級が西洋の最新流行の服を着たがった。それでも特別の場では韓服を着て豊かだった昔をしのび、古い価値観とのつながりを目で見て実感した。そして今でも同じことが行われている。

男女の基本の伝統的服装

　韓服は西洋とは構造が明らかにちがう。西洋ではさまざまな体形用のサイズがあり、どの服もできるだけ体の形にあわせて採寸、裁断、裁縫する。それに対して、韓服は体に巻いて帯でとめるので、どのサイズの体にも合わせることができる。女性の裳（チマ）はウエストサイズを考慮することなく、帯のしめかたで対応する。長さもとくに決まっていない。

　服を仕立てないという朝鮮の考え方は、男女の上着、チョゴリ（jeogori）にも反映されている。チョゴリは体に合わせたあと、紐を片蝶結びにしてとめる。男性は上着をバジ（baji）とよばれるズボンの上にだす[301]。ぴったりとした肌着のパンツは、1920年代に西洋風に変わってしまった。だが、バジは相変わらずゆったりして、くるぶしで結んでと

女性の襦（チョゴリ）の構造

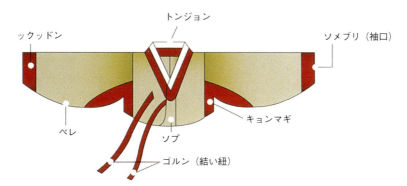

女性の裳（チマ）の構造

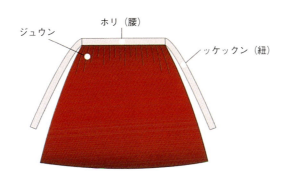

[301] 朝鮮の民族衣装、韓服の基本的な構造図。

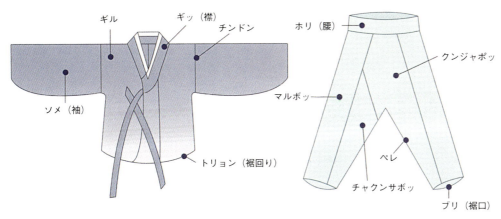

める形のままである。たっぷりとしたはきやすいバジは、アジアのステップ地方に住んでいた騎馬民族の伝統である。

朝 鮮　189

[302]（左ページ左）高い位置にウエストがあるボリュームある絹のスカート、チマ。上着と対照的な色が使われる。
長さ 111.8cm、幅 196.8cm。

[303]（左ページ右）朝鮮女性の伝統的な衣装の構成。

（上）短い上着チョゴリ。絹の衣装の青い袖口と赤いリボンには、金色で縁起のいい模様が押印されている。
着丈 38cm、
袖を広げた横幅 139cm。

（中）ソッチマはペチコートの役目をし、ボリューム感のあるスカートをさらにふくらます。
長さ 119.4cm、幅 96.5cm。

（下）女性の下着ソッパジ。綿や絹でできている下着もあり、夏にはカラムシの茎の皮の繊維や写真のように麻を織ったものを使う。
長さ 99cm、幅 134cm。

[304] 男性の夏の外衣、周衣（ドゥルマギ）は、硬く艶のあるカラムシ（靭皮繊維）の茎の皮の繊維でできていて、裏地はつけない。目立たない模様のついた白襟の部分は絹製。着丈 129.2cm、袖を広げた横幅 145.7cm。

[305] 白い外衣、道袍（ドポ）。房のついた黒い絹の紐を使い胸の位置でとめる。19世紀のあらゆる階級用のふだん着。写真ではこれに合わせて伝統的なつば広の笠、カッをかぶっている。つばの下に見えるのは、馬の毛の網巾。これで笠がずれないようにしていた。

　女性の上着は、何世紀ものあいだに徐々に短くなった（現在では裾が胸をかろうじて覆う程度である）。その上に重ねてたっぷりとしたスカート、チマ（chima）をはく。チマは簡素なスカートで、胸の上でしばってとめる。この下には何枚もの下着（伝統的にブルマーの形をしているソッパジ）とペチコート状のソッチマ（sok-chima）を何枚もはいてスカートをふくらませる。そのため、ウエストがどこにあるのかがまったくわからなくなる。チョゴリが体に接するのは、胸上とわき下部分のみである。儒教に傾倒した朝鮮の伝統文化においては、女性にとって至上のものは慎み深さと品位であり、女性の服装を贅沢なブロケード、絹、サテンで隠すのを良しとした。[302、303]

外 衣

　周衣（ドゥルマギ durumagi）〔トゥルマキ〕[304]をはじめ、男性用の外衣は数種あるが、18世紀の風俗画にもっとも頻繁に登場するのは庶民、学識者、役人、貴族のふだん着、道袍（ドポ dapo）[290、299、300 参照]である。一般的には白[305]、晴れの日には空色を着た。幅広の袖、細い袖口、広がった裾と、ボタンでとめず重ね合わせただけの身ごろという特徴をもつ道袍は、長い絹の組紐を胸のあたりで結んでとめた。冬用の素材は絹か綿、夏用はカラムシの繊維か、絹紗を糊で固めた素材を使った。

履き物

　男性は、道袍をはじめ、すべての服に脚絆と白い綿の靴下、ポソン（buhsuhn）をはいた。夏は裏地なし、春秋は裏地つき、冬は裏地にうすく綿をつめる[306]。汎用性が高く、年齢も身分も関係なく同じものが使われた[10]。この綿の靴下の上に甲部分の少ない、藁やフェルト、革、絹をはった革などでできた（身分によって異なる）靴をはく。つま先とかかと部分には、ほかの部分と対照的な色のアップリケがつき、デザインをひきしめる[307：290も参照のこと]。この優雅な靴も、室内ではかならず脱いでいた。

髪型／被り物

　妓生は長い髪を太く編み、美しくかつ目を引くような形に結いあげた[308]。既婚女性は下方に美しいあげ髪をつくった。上流階級の女性がめったにない外出をするときには、髪は注意深く隠した。

[306]（上、上部）ポソンはいかにも朝鮮らしい綿の靴下。長さはふくらはぎのなかほどまであり、つま先が上に向いている。
大人用：長さ40.6cm、幅25.4cm。
子ども用：長さ13cm、幅6.7cm。

[307]（上、下部）戸外では汎用性のある靴下をはいてから、幅広で甲部分が少ない唐鞋（タンヘ）をはく。写真は革を絹で覆った女性用で、つま先とかかとにアップリケがついている。
長さ25.6cm、幅7.3cm。

[308] 詩山（シー・サン、別名ユ・ウン・ホン）による18世紀の風俗画には、太く編んだ長い髪を結いあげる妓生が描かれている。

朝鮮　191

[309] カッは馬毛、竹、絹でできた外出用帽子。

[311] 1歳の子どもが儀式で着用する衣装の袖は、成人用のバンジャンと同じ縞柄になっている。

[310] 儀式用のバンジャン。健在する両親をたたえるための衣装である。

　男性はサントゥ（santu）といわれる伝統的なまげの上から、黒い馬の毛で編んだ小さなニットの網巾〔マンゴン〕をかぶる。うなじ部分はまげを支えるために突出している。これは室内のみでかぶる帽子である。

　外出用の典型的な朝鮮の帽子といえば、今も昔もカッ（gaht）である[309]。14世紀末に儒教が韓国で優勢になると、カッは男性の服装にかかせないものとなった。馬の尾の長い毛を粗く編んだ軽い帽子である。広く平らなつば〔ヤンテ〕の上部にのびる円柱は紙粘土でできている。カッが落ちないように額には馬毛の帯を巻く[290、305参照]。雨天時は、まげを保護する室内帽の上に防水紙にひだをつけたレインハットをかぶった(11)。

特別な服装

　朝鮮の文化で特別な意味をもつ外衣、バンジャン（bang jang）[310]は一族伝来のもので、両親が健在の成人男性のみが着用をゆるされる。1歳のときに着た衣装[311]の成人用を着ることで、育ててくれた両親をたたえる意味がある。多色使いの縞柄の袖が、子ども用と成人用の共通点である。

東アジア

[312] 現在の婚礼衣装は李氏朝鮮時代の王族の壮麗な衣装が基になっており、前後に吉祥文が丹念に刺繍されている。

服の飾り

東アジアでは昔から刺繍が重要視されてきた。絹の故郷である中国では、紀元前5世紀の墓から刺繍された物品が出土している。さらに古い例では、紀元前4000年頃の中国の墓に埋められた副葬品のなかから、丹念につくられた骨の針が見つかった[12]。

古代朝鮮の刺繍は中国から伝えられたといわれている。1世紀の三国時代になると、刺繍は朝鮮に定着し、男女の区別がない世襲制の刺繍職人が現われた。だが、家庭内でも刺繍は大事な技術とされ、女性のあいだで受け継がれた。7歳になると、女性は女部屋に引きこもり、家族の日常着や晴れ着の裁縫と刺繍を仕込まれた（刺繍は服のほかにも階級を示す徽章、枕カバー、座布団、寝具、また屏風の補強にまで使われた）。装飾目的のデザインがほとんどであったが、誕生日の祈願、尊重されていた宗教的な象徴、長寿を願う10通りの吉祥文など、伝統的な文様もあった[13]。

時を経るにつれて上流階級の優美な刺繍は徐々に派手さを増し、糸に金銀を使うまでになった。政府が繰り返し倹約令をだして贅沢な衣装を禁止しても、それぞれの階級で、贅をつくしたさまざまな刺繍が出まわった。現在でも刺繍の高度な技術は、女性のなしえる高度な技として賞賛されている。

衣料小物

李氏朝鮮時代、宮中の女性は基本的に冬は金と銀、夏は翡翠、というように季節にあった宝飾品をつけた。宮中では、身分不相応な高価な宝飾品をつけることは認められていなかったが、元来は王妃や王子のみがつけることのできる贅沢な装飾品（たとえば、龍の頭がついた金銀の長いかんざしなど）を、勝手に身につける裕福な庶民も多かった[14]。

朝鮮の女性にとってもっとも大切なのが婚礼の衣装であることは、今も昔もかわりない[312]。豪華で色鮮やかな婚礼衣装は最後の朝廷、李氏朝鮮時代に王族が着ていた衣装の再現である。結婚式の日、朝鮮の女性は文字通り王女のような衣装を身にまとう。

変わりゆく服装

　古くから、朝鮮の衣装の色は年齢によって決まっていた。子どもと若年時代の明るい色は、絹の婚礼衣装の鮮やかな赤、緑、黄色で絶頂をきわめる。花婿は婚礼の日に生まれて初めて帽子をあたえられる。その後、夫婦は白などの地味な色の服で過ごし、高齢になると白のみで過ごすのが慣例であった。事実、この国では、かつて王族の死後3年は白い服を着用すべしという政府の勅令があり、その時代の人々がみな白い服を着ていたため、「白い人々の国」といわれた。また、白は家族の死を悼むための色でもあった[300参照](15)。

　年齢に応じた色の服を着るという配慮に加え、今でも袖口と襟の見せ方、紐や帯の結び方、帽子やくしの角度などに気をつけた正しい着こなしが良しとされる。現在でも色柄に昔の美意識が反映され、白などの自然な色（やさしいパステル色も含む）が好まれる。また、上着を最小限にして下半身を大きく見せるよう、スカートの曲線が強調されることも興味深い[313]。

[313] ファッションショーで民族衣装を着る朝鮮の女性。2003年11月。

日　本

[314] この江戸時代の2曲の屏風は、平安時代の宮中を描いた11世紀初頭の文学作品『源氏物語』のなかの「絵合」を描いたもの。貴族の女性たちは、絹衣を何層にも重ねるこの時代特有の装束に身をつつんでいる[315参照]。同じく絹衣を幾重にもまとう光源氏は、衣装を仕立てるために豪華な絹の反物を選んでいる。

　英国では、日本を太平洋の大英帝国と呼び称していた時期がある。両者は海の恵みを受ける島国であり、近隣の大陸の影響が大きく、人口の割に世界的に大きな力をもってきたからである[1]。孤立の時代が長かった日本では、特徴ある複雑な神話が生まれ、自らを固有の民族とする意識が育った。

　こうした自民族中心主義からすると、古代氷河期からこの3000kmにおよぶ長い列島[地図18参照]に住んでいた祖先の存在を信じたいところだが、現代の研究からは、紀元前400年の朝鮮から騎馬民族の大移動があったとする定説に対し、さまざまな批判がだされている[2]。しかし、このような科学的考察がすんなり受け入れられるとは限らない。この国では過去の解釈が、現在の国のありかたに影響をあたえるため、考古学的証拠についてはつねに激論がかわされることになる。これはとくに朝鮮との関係において顕著であり、両国はやっかいな関係のまま長い年月を過ごしてきた[3]。

[地図18] 日本列島は南北に約3000km、緯度にして20度の長さをもつ。

　日本が石器時代だった頃、強大な隣国である大陸の中国では、すでに高度な古代文明が発達していた（「中国」155ページ参照）。それが日本に大きな影響をあたえた。6世紀には、中国から、145海里の距離にある朝鮮を経由して、製鉄技術、思想、宗教、服飾文化などが日本に入ってきた。

　中国の影響は、古代の日本の政治にもみられる。7世紀までの日本は、いくつもの氏族の集まりで、それを統治する天皇の存在が曖昧であった。やがて645年、権力を手にした藤原氏が舵取りをして日本はあらたな方向に進みはじめた。これは日本が歴史的に軌道修正できる能力を示した最初の例である。この後、何世紀にもわたりその修正が繰り返される。

　日本は新軌道の導き手を、当時世界でも文化水準が高く力のあった中華帝国にもとめた。だが、その結果は中国のような中央君主制ではなく、英国の歴史家J・M・ロバーツがいうところの「何世紀にもおよぶ封建的無政府状態」であった[4]。日本ではほぼ900年のあいだ、一貫した政治体制が継続することがなかったためである。だが、この国は団結力と芸術の発達については一本筋が通っていた[5]。

　日本社会の継続性と力の源は、自立と家族と伝統的宗教にある。それぞれの氏族が大きな家族だったように、国家も大規模な家族といえた。家族と氏族においては、唯一自国を起源とする神道（神ながらの道[6]）の伝統儀式への参加に重きがおかれた。神道では八百万の神々や地方神、さらにさまざまな家神に加えて、祖霊をも共同で崇拝する。やがて仏教が伝来し、神道と融合した[7]。こうして今日、ほとんどの日本人が両方の宗教観をもつようになっている。

　つぎに芸術の発達に目を転じてみよう。9世紀には藤原氏が栄華をきわめ、平安時代（794〜1185年）の摂関政治を手中におさめていた。平安時代とは当時の首都、平安京からつけられた名である。この時代は、日本の宮廷文化が最頂点に達し、貴族は壮麗な衣装に高い関心をもっていた。華麗な女性の衣装は、中国の唐の時代の衣装に端を発する。唐の細身の袖の長袍に裙といういでたちが、日本の貴族の十二単に発展した。十二単は「12枚重ねた着物」で、色（または色調）のちがう十数枚の袿を重ね着し、襟元や袖口、裾に色の重なりが見えるようにした衣装である[315]。

　この重装備の下には、袖口が狭い簡素な白い絹の下着、小袖を着る。これがのちに、近代日本の民族衣装である着物となったといわれる。平安貴族の男性は、幅広で大きな袖口が特徴の、ボリューム感のある大袖を着た。この下には長くてゆったりとした袴をはいた[316]。

　平安時代の宮廷芸術は、日本文化の最初の頂点といえる。だが、日本人のほとんどを占めた農民は、織った靭皮繊維を身につけていた。そうした人々の大部分は、藤原氏配下の宮廷人が身につけていた繊細な絹は目にしたことがなかったし、まして直接触れることなど決してなかった[8]。

日本　197

[315]（左ページ）平安時代、貴族の女性は色のちがう衣装を次々と重ねた壮麗な十二単を着た。季節、場、美意識によってその時々の色の組み合わせを決めた［314 参照］。

[316]（上）1192年、源氏の総領、頼朝が終身にわたる将軍となり、日本を支配した。幕府による政治のはじまりである。頼朝は高く伸びた硬い帽子をかぶり、量感のある大袖を着て長くゆったりとした袴をはいていた。これらの衣装はすべて地位の高い者のみが着用を許されていた。

東アジア

[317] 1615年の大坂夏の陣での武将を描いた屏風絵の一部。防具の鎧は、平安時代からの簡素な衣服、小袖の上につけた。

　平安時代になると、階級の差がより大きくなった。土地をあまりもたない者は、貴族ないし豪族に仕えることで土地の保有権を保障してもらう代わりに、小作料をおさめ奉公する義務を追った。

　一部の選ばれた人々が私腹を肥やす平安貴族の文化が、特権の少ない地方の豪族から批難をあびるのは当然のことであった。彼らは、貴族社会の浄化された環境が退廃的で堕落した生活を生み、それにより貴族の自立心と自らの氏族への忠誠心が弱まったと感じた。藤原氏の衰退後、権力は別の強力な氏族へと移った。

　この時代（1185～1333年）の初期には、武家の頭領が代々将軍職についた[316参照]。世襲制の天皇の名のもとで、将軍は独立した実権をにぎっていた。将軍と武士たちは倹約と質素の見本である禅僧を賞賛した。簡素な衣服は徳とされた。洗練を極めた優雅な平安の生活に軍事的要素が入り込むにつれ、重ね着も1枚1枚減っていった。武士は平安時代には簡素な下着だった地味な小袖を外衣としてまとった。その一方で鎧には装飾が凝らしてあった[317][9]。

　16世紀になると、豪奢で技巧を凝らした日本の工芸品がヨーロッパの市場に現われ、商人は美しい装飾品が生まれた謎の国への興味をつのらせた。最初に日本を訪れたのはポルトガル人だった。1543年に上陸した彼らは、アメリカ大陸からこれまでなかった食用作物（サツマイモ、トウモロコシ、サトウキビ）をもち込んだ。同様にもち込まれたマスケット銃を、日本人はすぐに模倣し製作しはじめた。この新兵器は「戦国時代」を終わらせるのに重要な武器となった。そして新しい権力「徳川家」（1615～1868年）が現われ、首都が現在の東京である江戸に移された。

　250年にわたる徳川家の支配のあいだ、軍事支配を基盤にした制度により、天皇はさらに政治から遠ざけられた。今や将軍は世襲となり、階級制度の頂点にのぼりつめ、力の弱まった天皇の名のもとで政治を動かしていた。将軍は世襲による厳しい階級制度をもうけた。すなわち士農工商である。

　日本の社会制度には、中国と共通の弱点が1つあった。両者とも変化を無縁のものと決め込み、外部からの働きかけを無視したことである。ヨーロッパはこの国にとって明らかな脅威であり、すでに火器とキリスト教の伝来という前例があった。キリスト教は神の視点ですべての平等を説いている。そのため17世紀の日本では、ヨーロッパの宗教が社会の秩序を乱す可能性があるとみなされ、厳しいキリスト教徒迫害がはじまった。このためすべての日本人はいずれかの仏教寺院に所属しなければならなくなった〔1664年寺請（檀家）制度〕。それ以前から、日本は鎖国という思い切った政策をとった。ヨーロッパとの商取引は出島を除いてほとんどなくなり、日本人が海外に出ることもできなくった。外洋船の製造も禁止された。200年以上つづいた孤立状態は国に繁栄をもたらしたが、その反動も大きかった。「大いなる平和」のもとで経済的には繁栄したが、軍事力は衰退し、19世紀に最新兵器をそなえた西洋諸国が再び姿を現わしたときには、日本の軍事技術はそれに太刀打ちできないほど衰えていた[318]。

[318] 金箔の角と覆面つきの兜と鎧。19世紀、江戸時代末期。全体の高さ173cm。軽くて柔軟性の高い防具は、漆ぬりの鉄板、つなぎの絹紐、肩鎧、ひじ、手、脛当てからなっている。16世紀に発達したこの型は江戸時代まで使われていた。

ぬるま湯にひたっていたアジア民族にとって、ヨーロッパ人の存在は二重の意味で脅威といえた。先進技術とヨーロッパ文化の勢いという2つの脅威は、中国で顕著に現われた。2000年の歴史においてはじめて、「野蛮な」征服者からの文化の流入にとどまらず、国自体が変化せざるを得なくなったのである。これが辛亥革命に向けた動きとなった[10]。

1840年代になると、日本の支配者たちは、西洋列強に対する中国の動きに警戒しだした。今や西洋はアジアの貿易に入り込む姿勢をみせ、実際にそうする力をもっていた。中国の動きを観察した日本は、すぐさま劇的な変化を伴う対策を講じたが、この素早い動きこそ日本の特徴といえる。19世紀初頭の日本は、表面的には西洋への対応が中国ほどうまくできるようにはみえなかったが、じつはすでに近代化に向かっていた。

鎖国という制限のあった時代であったにもかかわらず、江戸の経済は繁栄し、貨幣経済を伴った多様性のある社会に発展した。これにより古い封建制度は衰退し、都市の人口が増加した。江戸時代末期には、経済の中心であった大阪の人口は30万から40万となり、江戸は100万都市に成長した。繁栄する大都市には公的に認められた娯楽地区があり、自由闊達で創造的な空気に満ちたその場所からは重要な芸術が生まれた[319；また325-327も参照のこと]。大阪と江戸は消費の拠点で、「商人を卑しい身分だとする古い考え方をあざ笑うかのようだった」[11]。すでに社会には変化の兆しがあり、それが思想の変化へと発展し、西洋の影響を受け入れる基盤が整いつつあった。その時期はすでにすぐそこまで来ていた。

鎖国をする日本に寄港をもとめる外国船が少しずつ現われ、1853年にはついにアメリカ海軍司令官のマシュー・ペリーが、日本に友好関係をせまった。その後すぐに徳川家の江戸時代は終わり、封建制度は廃止となり、権力は朝廷に戻った。そして才長けた若い明治天皇のもとで、日本は明治（「照らされた統治」）維新（1868〜1912年）を迎えた。藩主たちが天皇に土地を返還した廃藩置県によって、「日本帝国は統治され、世界の国々と肩をならべるようになった」[12]。この利他主義的な行為は愛国心の表われであり、小さな国土ながら教養の高い国民の共通認識として、つづく50年間の指導者たちを鼓舞しつづけた。日本は明らかに西洋に追いつくことを目標とし、固有の統率された意志の力で、成功への道をあゆみはじめたのである。

202　東アジア

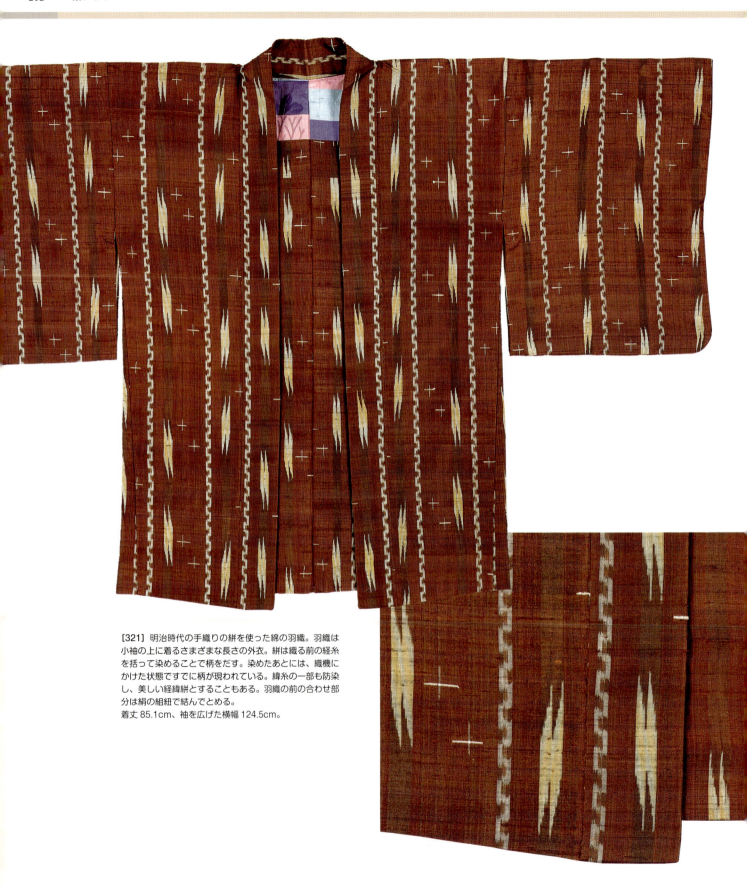

[321] 明治時代の手織りの絣を使った綿の羽織。羽織は小袖の上に着るさまざまな長さの外衣。絣は織る前の経糸を括って染めることで柄をだす。染めたあとには、織機にかけた状態ですでに柄が現われている。緯糸の一部も防染し、美しい経緯絣とすることもある。羽織の前の合わせ部分は絹の組紐で結んでとめる。
着丈 85.1cm、袖を広げた横幅 124.5cm。

日本 203

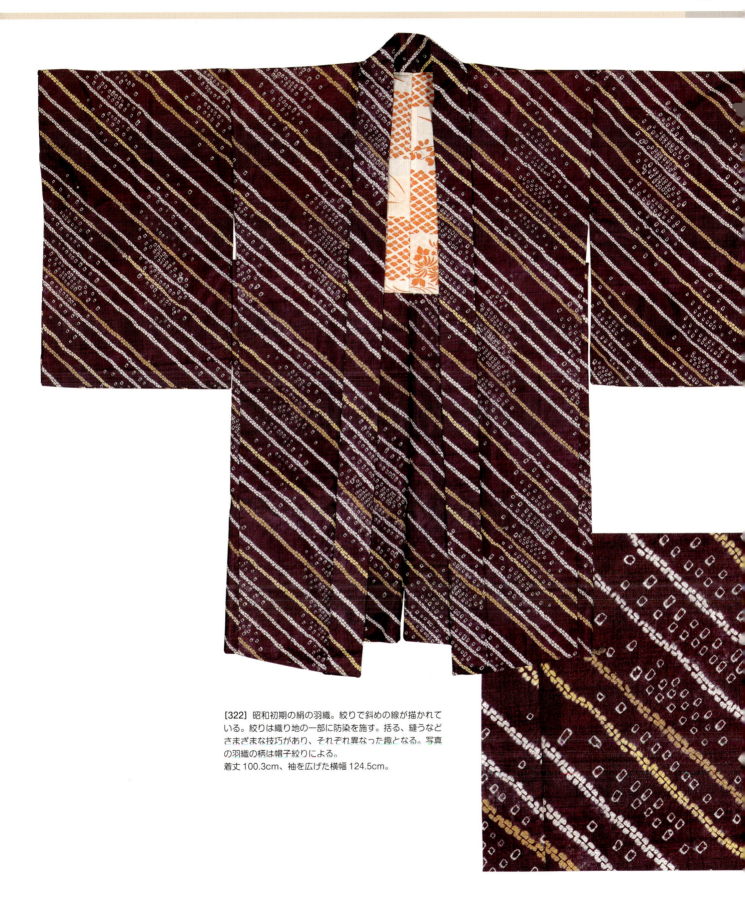

[322] 昭和初期の絹の羽織。絞りで斜めの線が描かれている。絞りは織り地の一部に防染を施す。括る、縫うなどさまざまな技巧があり、それぞれ異なった趣となる。写真の羽織の柄は帽子絞りによる。
着丈100.3cm、袖を広げた横幅124.5cm。

東アジア

[323] 写真は正装といえる友禅染の打ち掛けで、明治時代のもの。友禅染は筆に染料を含ませて染めつける。さまざまな色のひじょうに細い線を手で描く。防染糊と染め桶を使う筒描きと似ているが、友禅には白生地に絵筆で直接絵柄を施す「描上友禅」もある。写真の着物は、裾の赤い帯に絹の詰め物がしてある。裾の重みで生地が下に引っ張られるため、動くたびに優雅なひだができる。長さ156cm、袖を広げた横幅129cm。

日本　205

【324】江戸時代後期の夏の小袖、帷子(かたびら)。素材はカラムシで、白上げという防染糊を使った友禅の技法で染めてある。柄はすべて白くなる。染めて描いた雰囲気あふれる風景画には、色糸の刺繍と金糸の縁取りが施される。この小袖の黒い刺繍糸は、下地の風景画の線をだすよう部分的にしか使われていない。このような高価な着物は、武家でも上流の家柄に属する女性の特権であり、公の重要な行事で用いられた。
長さ 170cm、袖を広げた横幅 117.5cm。

日 本　207

[325]（左ページ）『橋の上下』喜多川歌麿画、18世紀後半。洒落た若い女性たちの顔はみな同じだが、入念に描かれた小袖の柄に、日本人の織物の美学への思い入れが見てとれる。

[326]（下）『風俗三段娘 上品之図』喜多川歌麿画、18世紀後半。立ち姿の娘は凝った小袖を着ている。袖の長いものは振り袖で、未婚を表わす。髪型は芸者風に複雑に結いあげ、簪や櫛をさしている。琴をひこうとしている年配の女性は、地味で袖の短い小袖を着ている。

　白い肌は美しいとされていたため、女性は米粉で顔を白くぬり、目や口を強調した。成人時に女性は眉をそり、より高い位置に描きなおすこともあった。明治維新以前は、公家のあいだで男性でも顔を白く厚塗りする習慣があった。古代の日本では上流階級の男性が、身分を示すために歯を黒くぬっていた。黒は不変の色とされ、永続と忠義の証とされたという(17)。

　履き物は男女で似通っていた。そのなかのひとつ足袋は、底に硬い詰め物がしてあり、つま先の親指部分だけがほかの4本と分かれている。日本特有の履き物である外皮繊維で編んだ草鞋（わらじ）や底を高くあげた下駄には鼻緒がついていて、足袋のつま先の分かれ目にその鼻緒をはさむと履き物が脱げない。この底上げした下駄と、平らで藁の底がついた草履（ぞうり）は、男性の正装時に用いられたが、どちらも鼻緒を指ではさんで足に固定する。

　流行には消費行動が顕著に現われるが、1680年代には、凝った柄のついた小袖に庶民の関心が集まった。庶民の日常を生き生きと描いた文学作品を読むと、この庶民の様子がよくわかる。また、商人、職人、武士、公家、歌舞伎役者などがひしめく公認の歓楽街の風俗を描いた絵や版画からも、当時の様子がわかる[327]。版画からは当時流行った帯や髪型、小袖の色柄まで知ることができる。

[327] 歌川豊国の三幅対錦絵。1800年。遊郭で船から降りようとしている男性2人は、有名な歌舞伎役者と思われる。侍のように髷を結っている。

裕福な商家の女性は、歌舞伎座など限られた場所であれば、比較的自由に外出できた。歌舞伎は劇と歌と舞踊による舞台で、その衣装は舞台の醍醐味の1つである。歌舞伎座では、役者も客も見られる立場であるため、裕福でない者も一張羅を着ていった。裕福な人々は男女の別なく、公演のあいだに歌舞伎座近くの茶屋で観劇用の衣装に着替えた[18]。公家・大名や武士の上流家庭は、春の花見[319参照]、秋の紅葉狩りなど四季折々に外出し、流行の小袖を披露した。豪華に趣向を凝らした小袖の図柄は、特別に描かれたものが多かった。

特別な衣装

古くから変化のなかった能の装束は、江戸時代の衣装という枠組みからは外して考える必要がある。能の舞台は仏教の世界観を表わしており、さまざまな主題を面、無言劇、形式的な舞いと謡いで表現する。14世紀後半の能は、将軍や侍との結びつきが深くその階級からの庇護を受けた。能の装束は伝統の柄が織り込まれたり刺繡されたりした特徴的なもので、形式にのっとった装束と装飾品が発達した[328、329]。これらの装束は17世紀から19世紀にかけて能の豊かな伝統を伝え、流行の小袖が優勢であった江戸時代においても、伝統の形式を守った。

[328]（右）18世紀、江戸時代、能に使われた唐織り（「中国式織物」）の装束。金襴の絹織物で、絹に金箔を加えた緯糸が、金の雲と雪をのせた椿の絵柄に何度も覆われる。能の演目のためにあつらえた装束で、16世紀以降変わらぬ様式を踏襲し、当時も今も女性を演じる男性が身につけている。長さ150cm、袖を広げた横幅140cm。

[329]（下）たいていの能舞台では、主役2人に数人の脇役がつく。どの役も形式的な所作と装束、謡いをもつ。女性、男性、亡霊、鬼などの面は主たる役どころで、面をつける男性の役者は敬意をもって面をあつかった。

[330]（右）『貴族』エリュー・ヴェッダー画、1872年。万博と日本の浮世絵がヨーロッパの多くの芸術家に影響をあたえたのち、19世紀には西洋の上流階級で「ジャポニズム」が流行した。写真の西洋人女性は、日本人には考えられない着こなしをしている。西洋では、襟ぐりを深くとった服は、日本でうなじをみせるのと同じように艶があるとされていた。

[331]（右端）凝った髪型の芸者は、着物を着ながし、うなじを強調した。日本人はうなじにことさらに美を感じる。

着物

　現代の着物についての研究者ライザ・ダルビーによると、20世紀への変わり目に洋服が伝来すると、日本の男性の服装は糊のきいたシャツとビジネス・スーツに変貌をとげたという。人々は洋服が日本の伝統の衣服とあまりにちがうことに驚愕した。なかには男女兼用の伝統的衣服である小袖を、わかりやすい新しい名で呼んだ方がいいという者もいた[19]。こうして、これまでとまったく同じ、長方形の袖、重ね合わせる襟、とめるための帯を伴う幾何学的構造の衣服を示すのに、あらたに「着るための物」という意味の着物という言葉が使われるようになった。

　西洋の上流階級の女性のあいだでは、19世紀の日本の着物も流行った[330]。今日では日本でも日常的に着物を着るのは芸者をはじめとする特定の職業人のみとなった。おそらく芸者は、この美しい絹の衣装を着ることで、自分自身を芸術作品として表現することができるという理由もあって、着物の伝統を守っているものと思われる[331][20]。

沖縄と北海道の固有の織物

　着物は、自然の染料である藍、茜、サフランを用い、また綿、カラムシ、絹などのさまざまな素材を織ることで、さまざまな柄をだしている。地方の島では、特殊な染めの技術と素材が発達した。

　琉球諸島最大の島沖縄は、日本列島の南に位置するが[地図18参照]、今も昔も独特の文化を有する。沖縄のまばゆい太陽と風景のくっきりとした色は、本州の弱々しい光とくすんだ色合いとは異なるため、沖縄特有の微妙な色を生んだ。琉球の型染め布にはそれが見てとれる。この紅型は、琉球王朝にゆかりのあった多色づかいの織物で[332]、染めには多くの型と染料を使い、染料と防染料を何度も施す手の込んだ作業を要する。

沖縄の織物の研究を専門とするアマンダ・メイヤー・スティンチカムは、ミネラル分を含む染料が、紅型の朱色、鉛丹（丹）、白（胡粉）、藍、墨などの特殊な色をだすと述べている[21]。なかでももっとも特徴的な色はラックカイガラムシ（*Coccus lacca*）という虫からとる臙脂（ラック）で、中国から琉球にわたり、染料として使われるようになった。古紅型の地色によく使われている温かみのある桃色は、臙脂か茜からとった色だと思われる。

特色ある織物繊維の使用も発達した。食用の実のなるバナナに近い種だが、食用に適さない実をなすバナナの茎の内部繊維もその1つである。このバナナの繊維を織ったものは芭蕉布[333]といわれ、島民が1年を通して着ている[334][22]。

[332] 19世紀頃の沖縄の綿の着物。紅型を使い、自然の花の咲きほこるようすを描いている。以前、紅型の着用は琉球王朝内でしか許されていなかった。長さ127cm、袖を広げた横幅121.9cm。

一方、北海道には現在でもアイヌ民族が住んでいる。600年頃よりも以前には日本列島の北部を中心に住んでいたが、日本人の勢力が増すと北に追いやられた。アイヌ人は、日本人とちがい、体が大きく、顔が毛ぶかく、長くて濃いあごひげをはやしていた。そのため、かつては「毛深いアイヌ」といわれていた。数十年前、アイヌ人はコーカソイドに区分されていたが、最近の調査で、中央アジアに起源をもつことがわかった〔諸説あり〕(23)。

アイヌ人は男女とも固有のアットゥシ（*attusi*）という服を着ていた。最大の特徴は、楡の樹皮の内側の繊維からとるアットゥシという糸で織られていること、また地色と対照的な色に染めた（通常は藍染め）綿布で幾何学模様を入れることにある[335]。その左右対称的な模様はアメリカ北西岸に住むカナダの先住民族トリンギットの毛布、すなわちチルカットを彷彿させる（8. 北アメリカ「北西海岸」353、359ページ参照）。

[333] 江戸末期、明治初期の手織りの芭蕉布。沖縄固有のバナナの茎の内側の繊維でつくられている。写真の薄い色の部分は染めていない生成りのバナナの繊維で、茶色の線の部分は沖縄固有の色で染めてある。ひじょうに手間のかかる作業を要するこの繊維は、16世紀から19世紀にわたってつくられていた。長さ116.8cm、袖を広げた横幅106.7cm。

[地図19] 東に流れる日本海流と北太平洋海流は、北海道と北アメリカの北西部にあるトリンギット族の居住地域のそばを通っている。

[334]（上）バナナの繊維（芭蕉布）でできた服を着る沖縄の女性。澄んだ珊瑚礁の海につけながら、カラムシの布を日にさらしている。

[335]（下）北海道のアイヌ民族は、男女共に楡の樹皮の内側からとった繊維でつくったアットゥシを着る。伝統的な左右対称のアップリケで模様がつけられ、白い綿の刺繍糸で補強される。

　この民族もまた、樹皮（ヒマラヤスギ）の内側の繊維を使って服をつくっていた（347〜348ページ参照）。日本海流と北太平洋海流という大きな流れが北海道沖を通り、東に流れ、トリンギット族のいるブリティッシュ・コロンビア州沿岸まで流れていたことを考慮すると、この類似性はことに興味深い[地図19]⁽²⁴⁾。

5

南アジア

　南アジアの地形は、たった8kmのあいだに標高の低いインド海岸線の熱帯地域から、雪をかぶった山々がそびえたつヒマラヤまで、標高差が劇的に変化するという極端さをもつ。ヒマラヤの力強い山系は、北のチベット平原と、南のインド側にある沖積平野のあいだをはばみ、通行を困難にしている。また、気候の分岐点ともなっており、大陸からインドに吹く冬の寒風をさえぎる。そして南西の湿気を含んだモンスーンの季節風は、ヒマラヤを越えるときにインドに水分を落としていく。その結果、ヒマラヤのインド側では雨や雪の降雪量がひじょうに多くなり、標高が高く低温のチベット側は乾燥する。ホモ・エレクトスが南アジアに入ってきた時期については意見が分かれるところであるが、おおよそ100万年前であろうといわれている。つづいて解剖学的に現生人類とされるホモ・サピエンスが移動してきて、それがこの地域に初期の文明をうちたてた。その後、南アジアの古代文明は侵略者や征服者、冒険家、商人らの影響を何度も受けた。亜大陸という環境により、この地にヒンドゥー教、ジャイナ教、シーク教、仏教など複数の主要な宗教が生まれたことは特筆に値する。仏教はその誕生の地においては7世紀までにすたれてしまったが、他地域にはしっかりと根づき、アジア全体を凌駕するようになる。ヒマラヤに点在する小国では、8世紀から古い密教化した仏教の信仰が営まれている[1]。

インド

[336] インド中部のカジュラホ村にある壮厳な寺院では、ヒンドゥー教の信者が階段をのぼって参拝する。この巨大な寺は8世紀から9世紀にかけて建立された。参拝では、おろしたての服と清浄の儀式が聖なる行為として重要とされる。そのような場では、伝統的な体に巻いて着る服が良しとされる。祝別を表わす明るい色のサリーを体に巻いた女性と、洗いたての髪と裸の上半身に、伝統的なドーティといわれる腰布を巻いた男性が多数寺院に集まってくる。

　ここ100年の世界的傾向として、西欧以外の国々では民族衣装がすたれ、洋服を着る習慣が根づきつつある。だが、インドはこの流れを頑なに拒む稀有な国である。インドではいまだに多くの人が、縫製しない布を体に巻くという昔ながらの服を着ている。5000年ほど前にインダス川流域に興った古代文明から連綿とつづく伝統の衣装である。

　古代インダス文明を興した民族のなかには、一般的には南部と関係が深いとされている肌の黒い民族、ドラヴィダ族が含まれるとする説が有力になってきた。彼らの存在を示す考古学的および言語学的証拠（下記参照）から、インダス川流域の古代文明はインド亜大陸全土から発生したことがわかった。さらに、インダス川の北部流域の山間には、いまだドラヴィダ語を話す地域が残っている。それはインド南部からははるか遠方であり、これにより、これまで考えられていたよりも北の地域でも、かつてドラヴィダ語が使われていたことが明らかとなっている[1]。

紀元前3千年紀には、エジプトのピラミッド、メソポタミアのジッグラト、インダス川流域の巨大都市を生みだした高度な文明が勃興したとされている。インダス文明の場所は現代のパキスタンで、南のモエンジョダロの遺跡では、ショールを体に巻く身分の高い男性の彫像の一部が〔337〕、北のハラッパ遺跡では、首飾りと多数の腕輪のみを身につけた、ほっそりとした女性の小立像が見つかっている(2)。

古代のインドでは、エジプトやメソポタミアのように現代にまで残るような偉大な美術品や巨大建造物はつくられなかった(3)。だが、宗教と社会制度の分野では、中近東の文明よりも後世に残る功績をあげた。中東のものとはまったく異なるインドの哲学や社会の概念は、紀元前1000年から存在し、現在も受け継がれている。

紀元前1750年頃、インダス川流域のハラッパ文明は衰退する。おそらく生態系を無視した過剰開発と自然災害が原因と思われる。この古代文明の衰退と偶然に時を同じくして、インド亜大陸に外部から未曾有の軍勢が流入してきた。アーリア人の到来である。このインド＝ヨーロッパ系の遊牧民は、北西の中央アジアからヒマラヤ山脈を越えてやってきた。北の厳しいステップ地方からきたズボンをはいた騎馬民族は、これまでにない構造の服をもたらした。体の形に合わせて縫製した丈夫な服は、馬に乗った人の肌が馬に擦れるのを防ぎ、厳しい気候から体も守った（3. 中央アジア「モンゴル」130ページ参照）。

征服者のアーリア人がまずインドにもち込んだ文化は、ハラッパ文明の足もとにもおよばない未発達のものだった(4)。しかし、遊牧民であったアーリア人は、何世紀もかけて亜大陸を南に移動しながら、先住民族であるドラヴィダ族と混血し、彼らの影響を受け、農耕民族にゆっくりと変化していった(5)。やがて彼らは、インドでいまだに重要とされている2つの基本的文化を築きあげる。

今日カースト制度として知られている階級制度は、遊牧民の生活をやめたアーリア人が採用した社会組織が発達したものだといわれている。はじめは職業による区分であったが、徐々に出生で厳しく分けられるようになった。この制度の最高権力者はヒ

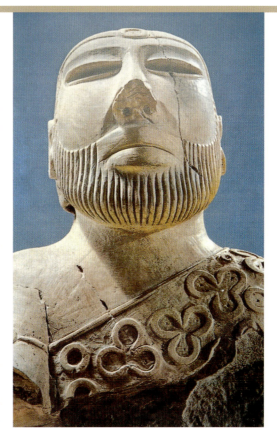

【337】5000年ほど前のインダス川流域の高度文明都市では、人々は縫製していない布を体に巻いて着ていた。この衣服はその後も絶えることなくインドじゅうで親しまれ、今日にいたっている。インド最古の文明における衣服は、印章に彫られた絵や彫刻から知ることができる。この小さな石灰石の男性の胸像は、花柄のショールをはおっている。花柄は型押しか刺繍によるものと思われる。インダス川流域モエンジョダロ遺跡。紀元前2500年頃。

ンドゥー教の祭司（バラモン）で、つぎに土地をもつ王族と武士〔クシャトリヤ〕、そして農民と商人の平民〔ヴァイシャ〕、その下が召使いや労働者の奴隷〔シュードラ〕となる。まもなくこの4つの階級に、「不可触賤民」（この階級のものに触れるのは不浄という意味がある）(6)という5つ目の階級〔アウト・カーストのハリジャン〕が加えられた。これにはアーリア人の血の純度を保つという目的があったという説もある。

アーリア人は、インド人が今でも心のよりどころとする宗教の基礎も築いた。古代中央アジアの火への崇拝に基づき、聖なる火に質素な食物を供えるという思想である(7)。穀物やギー（澄ましバター）を供えることにより、神に信仰が届くと信じられている(8)。そのような儀式をとりしきるバラモンはひじょうに尊敬されていた。

口承されたサンスクリット語の詩編を1000以上も記録した聖典リグ・ベーダからは、アーリア人の社会と宗教について、多くのことを知ることができる。リグ・ベーダが初めて記されたのは、紀元前

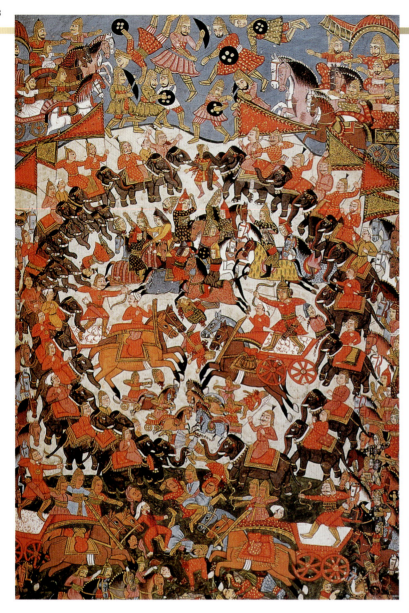

[338]『マハーバーラタ』の戦闘場面より。『マハーバーラタ』は400年頃初めて編纂されたが、描かれた事実は紀元前1400年から1000年のできごとである。場面中の中央アジア式の縫製された衣服から、この場面はインド北部で描かれたものと思われる。

[地図20]（右）インドの主要都市。

社会でこれまで親しまれてきた神々のなかから、独自の神を選んで祀る。ある意味、ヒンドゥー教は深遠な探求と形而上的な問いを継続する哲学ともいえる。そのため、インドは「精神的な」国といわれているが、ほとんどのインド人にとって宗教は思考よりも、日々の、季節ごとの、そして人生折々の儀式と習慣のうちに生きている。だが、世界でもっとも保守的な宗教観をもつ国とされたインドにさえ、あらたな文化交流により新しい世界観がみられるようになった。

紀元前6世紀になると、北部にいくつかの中心都市が形成された[地図20]。この都市化によって交易の範囲が広まり、階級社会に変化が生じ、ついにジャイナ教と仏教という新しい宗教が誕生する。ジャイナ教はヴァルダマーナ・マハーヴィーラ（紀元前540〜467年）が開いた宗教で、生物の命の尊重を重要視したため、大規模な耕作と畜産は許されなかった。その結果、多くの信者が商人となり、現代のジャイナ教徒はインドでも裕福な層に属するようになっている[9]。

1000年頃のことであった。その後、紀元前1000年から600年のあいだに書かれた3通りのベーダには、アーリア人が肥沃なガンジス川流域に定住地域を増やしていく様子が描かれている。2つの有力な氏族の戦いを描いた大叙事詩『マハーバーラタ』は、この時代のものである[338]。また、幅広い哲学の問題をあつかい、疑問を呈することで真理を探究するサンスクリット語の書『ウパニシャッド』も、この時代に書かれている。

宗教と儀式はインド人の生活のあらゆる場面に浸透し、紀元前1000年には古代ヒンドゥー教が確立していた。聖典も神も預言者もいっさいなく、地域

ヒンドゥー教とその支配に対抗するだけでなく、カースト制度に疑問を投じる仏教は、とくに異端の宗教とされた。周知のように、仏教は「悟りをひらいた」ブッダの説く宗教である。ブッダはゴータマ・シッダールタ（紀元前566～486年）という王族階級の王子であったが、豊かで快適な暮らしに満たされない思いをもっていた。そのために実家を出て「禁欲と徳の教えを説き、精神を高めることで苦悩から脱却することをめざした」[10]。アジアでもっとも普及した仏教は、さまざまな分野に影響をあたえたが、特徴的な僧侶の衣服もその1つである[339]。インド発祥の物事のなかで仏教はもっとも偉大であり、歴史のなかで重要な役割を果たした。それにもかかわらず、8世紀から9世紀にかけてのヒンドゥー教の大改革により、仏教徒とジャイナ教徒はインドではすっかり影をひそめた。こうしてインドで忘れさられた仏教は[11]、中国や日本にわたり、その後チベットに伝わってチベット仏教として花開いた（「ヒマラヤの王国」248～251ページ参照）。

　その何百年も前、紀元前321年にチャンドラグプタ・マウリヤが、インド中部の王国に攻め入り、インドに最初の帝国を築いた。すたれた王国に代わる新しい帝国は、マウリア朝3代目の王アショーカ（紀元前269～232年）までに発展を遂げた。アショーカはインドでもっとも偉大な支配者として尊敬されている。

　アショーカの支配下で確立した政治的統一の方策はその後も他の追随をゆるさず、2000年後に英国による支配、いわゆるブリティッシュ・ラジ[12]がはじまるまで一貫していた。マウリヤ朝時代（紀元前321～232年）からは古代遺跡が発見されているが、さらにインド最古の視覚的証拠も出土している石像である。西洋人の目には、この石像がまとっているのはイスラーム教以前の官能的な衣装に見える[13]。このように体にぴったりとはりつく服は、民間信仰の男神ヤクシャと女神ヤクシーの像に見受けられる[340]。とくに女神は豊満を美とするインドの基本的な女性感を表わしているが、ふくよかな胸、細い腰、大きな尻をもつ伝統的な彫像の最古の例であるため注目に値する[14]。

　アショーカ王の死後、マウリヤ朝は急激に衰え、その後500年は支配者のいない以前の状態がつづいた。だが、マウリヤ朝が弱まる一方で、世界的な交易が国内にまたたくまに広がった。2、3世紀には遠い南方の国々、チェラ、チョーラ、パンディヤの強力な海軍が、インドとローマ、アラビア、東南アジア、中国との交易で中心的役割を演じていた[15]。

　北部一帯では、いくつもの騎馬民族（みな中央アジアの縫製された服を着ていた）の小国ができ、彼らは何度も北西のヒマラヤ山脈を通ってインドを攻め、王国を築いた。すなわちバクトリアのインド・グリーク朝（紀元前200～80年）、インド＝イラン語派のサカ族（紀元前80年）、パルティア族（1世紀）、クシャーナ朝（50～300年）などである。こうしてインドは500年にわたり外部からの支配を受けつづけたが、その間まったく変化しなかった事柄が2つある。文化交流の門といえる北西部の国境の重要性と、ヒンドゥー文化の同化力である。インドを支配した者はまずヒンドゥー教の小国を手中におさめ、高温多湿の気候に適した上着の優美な外衣をまとって、インドの暮らし方に従った。

【339】グプタ朝（4世紀）の赤砂岩の仏像はインド北部のもの。衣服のしわを表わすと思われる線から、細かな「プリーツ」が想像できる。このようなドレープのよった服は中国や日本にある同時期の仏像にもみられる。現在でもインドの聖職者は、このように体に巻きつける衣装を身につけている。

【340】マウリヤ朝時代（紀元前2世紀）の民間信仰における男女神の彫像。自然と豊穣ないし豊饒を表わす。左のヤクシャは腰巻（端の部分の装飾が前にたれている）を飾り帯でとめている。上半身は裸か布を巻きつけていて、頭にはかならず被り物を巻いている。右のヤクシーはたくさんの宝石をつけているほかは、長い腰巻を宝石をちりばめた帯と飾り帯でとめているだけである。

南アジア

[341] ヒンドゥーの地母神デヴィのブロンズ像。12世紀。4本の腕は多才な能力と強大な力を表わす。多くのインドの女神同様、身につけているのはほぼ宝石だけである。

クシャーナ朝が滅びると、北部のガンジス川流域に新勢力のグプタ朝が現われ、再び国家が統一される（320〜550年頃）。この時代、インドの芸術遺産の足場がかたまり、素晴らしい文化の花が開いた。インド文明は成熟し、とりわけ伝統的な舞台とおびただしい数の荘厳な石の寺院が建立された。仏教の初期にみられた洞窟寺院とは異なる信仰の場である。こうした後期の仏教における、彫刻が施された堂々たる新しい大伽藍は、インドの芸術およびイスラーム時代以前の建造物にならぶ栄光を放っている。ジャイナ教の寺院もインドのあらゆる場所に建てられたが、荘厳な建物はこのあとの時代に登場する[16]。

3世紀の終わりに、南部のパッラヴァ朝（現在のチェンナイ［地図20参照］周辺を支配していた）はデカン高原に住む民族、サータヴァーハナのくびきから解放され、勝利の勢いのままに、つづく600年間、南部を支配した。パッラヴァ朝の台頭により、ドラヴィダ文化繁栄の基礎が築かれた。ヴェーダ時代のヒンドゥー教は南北それぞれに素晴らしい文化を発達させたが、両者は異なる様相を呈した。たとえば南部の理想的な女性は、ドラヴィダ語の古い詩に書かれているように、マンゴーの木の若葉のように赤茶けた黒っぽい肌をもつ。一方、北部では今も昔も明るい色の肌が最高とされている[17]。

ヒンドゥー文化の最盛期であるグプタ朝と次のイスラーム時代のあいだに、地母神デヴィ[341]へのあらたな宗教的関心が高まり、デヴィ信仰がこの地をまたたくまに席巻した[18]。デヴィを、ヒンドゥー教のみでなく、仏教の特徴でもある性の新しい表現だとする研究者もいる。マウリヤ朝からグプタ朝への変換期につくられた偉大な美術品には、当時まだ主流であった仏教美術が多くみられるが、徐々に官能的な作品も増えていた。

インドのそこここに建てられていた仏塔は巨大なドーム型の聖堂で、周囲の門と欄干のほかは、質素で見栄えのしないものだった。門と欄干にはヤクシャとヤクシーや[342]、ヒンドゥー教の神々、王、女王、戦士、従者のほか、ブッダの一生を装飾的に表わしたさまざまな彫刻が施されていた。これらの多種多様な彫像が着用しているのは、縫製された服、布をまとった服などさまざまで、両方の形が並行して発達していたことがわかる。体に巻きつける服はインドのもともとの形、縫製された服は中央アジアからきた征服者が導入した形である。

仏塔にほられた豊穣（豊饒）の神のように、ヒンドゥーの神々とインド・アーリア人の支配者はみな、はじめは温暖な気候に適した体に巻く服を採用した。だが、この簡素な服の目的は体にまとうためでも体を隠すためでもなかった。この服を身につけることで、宝石で飾るのと同様に、自らを官能的に見せつつ、同時に社会的地位を示していたのは明らかである。一方、対照的に質素な従者や兵士など身分の低い者は、だれもがさまざまな形のチュニック、コート、ズボン、腰帯といった縫製された服を組み合わせて着ていた[19]。

グプタ朝までにヒンドゥー教、仏教、ジャイナ教は成熟し、その後のインドを特色づける哲学を確立させた。それは創造と天上への回帰の循環であり、歴史を1本の線ではなく円とみる宇宙観であり、つねに無殺生を心がけることである。この世界観から、個人よりも集団の幸福を最優先するという社会の仕組みができた。

インドじゅうで増加する熱狂的なバクティ（信愛）集団は、保守的なヒンドゥーの教えにのっとったヒンドゥー教と自らの権威を正当化する上流階級に立ち向かった。それに応える形で、南部の祭司ラーマーヌジャは、12世紀頃、シュリ・ビシュヌ派〔聖なる（シュリ）ヴィシュヌ神を尊崇する宗派〕を興した。ラーマーヌジャはヒンドゥー教をよりよく理解するために伝統的に行われてきた方法、つまりサンスクリット語で書かれた経典を注意深く読むことで、インド・アーリア人の伝統に神への強い信愛の情があることを見出した。こうして南部では従来のヒンドゥー教に信愛の実践が加わった[20]。

インド人とイスラーム教との初めての出会いは、西海岸で貿易を行っていたアラブ商人がもたらした。その後、中央アジアのイスラーム教徒が何度も襲来しインドを征服した。当時のインドは内戦が頻発していて外部から攻めやすくなっていたのである。度重なる外部からの侵攻は、戦争や衣服、美術、建築、そして宗教にも影響をあたえた。侵略者との政治的・思想的対立で世の中が混乱するなか、15世紀にグル・ナーナークがシーク教を興した。シーク教はカースト制を否定し、形をもたない唯一の神を信じることで、ヒンドゥー教からもイスラーム教からも妨害されない信仰心がもてると説いた。シーク教徒の男性は、たいていは特殊な形のターバンを巻き［348参照］、ひげは伸ばし放題なのでひと目でわかる。ひげを耳に掛けた目立たないネットでまとめておくこともある。

インドに到来したイスラーム教徒は、インドの女性を非難した。周知のように、イスラーム教では、女性が人前に出るときには全身を覆う必要がある。しかし、インドの女性は服を着る習慣はあっても、肝心の頭と胸を露出しているという批判である。たしかに、南部の女性はその後も頭を覆わず人前に出ていたし、地域によっては上半身も覆うことがなかった。イスラーム教は、さらに男性にズボン、ジャケット、シャツ、外衣などの縫製した衣服を強要した。このような中央アジア式の衣服は、上流階級のヒンドゥー教徒には広く普及した。だが、インドの女性は伝統的な体に巻きつけるサリーの着用をつづけた（サリーについては後述する）。

相次ぐイスラーム教徒による大きな侵略の波は、最終的に16世紀にムガール帝国をうちたてた（「ムガール」はペルシア語でモンゴルを意味する）。ムガール朝はインドを300年間支配した。しかしながら、その支配力はきわめて弱く、南部においては力がおよばなくなった時期もあった。ムガール帝国の庇護の下、文学や建築、芸術、工芸があらたな繁栄をみせた。また、皇帝はイスラーム文化とヒンドゥー文化の粋を合わせ、層の厚い文化の育成をめざした。このため、縫製した衣服と布を巻いて着る服の伝統はどちらも継続した［343］。

［342］インド中央にあるサンチーの大仏塔群の第1塔東門に彫刻された、豊穣の女神ヤクシー。官能的な女神は左足のかかとで木の根元をおしている。これは、美女の足が触れた木には花が咲くというインドの言い伝えをふまえたもの。豊かな曲線美をもつ女神は、透けた生地でつくられた腰巻を巻き、華やかな飾り帯とたくさんの宝石、そして官能美をきわだたせる装飾品を見せつけている。

[343]『キス』は17世紀初期に描かれたデカン派の絵。イスラーム教徒の王子が、袖がついて裾がスカートのようになった透けた生地でできた服を着、下には引き紐つきズボンをはいている。おそらくズボンは薄くて軽いモスリン製である。王子がキスをしているヒンドゥー教徒の女性は、デカンの伝統的なサリーを着ている。裾の短い体にぴったりとしたブラウスはチョリという。裁断はヒンドゥー式で腹部が大きくあいている。

ムガール帝国の時代には、インドと大西洋岸のヨーロッパが直接交流を行った。15世紀後半、ポルトガルは西海岸のゴアとディーウを植民地とした。それを皮切りに、16世紀になると東西の海岸に次々と植民地を増やしていった。それから100年後、英国とオランダが西海岸のスラトからアーメダバードにかけて拠点を築き、またマスリパタムには東海岸初の足掛かりをおいた。17世紀には、デンマーク、オーストリア、フランスが、インドの海岸線での植民地開拓にのりだした。一方、英国とオランダは、拠点地域でさらなる港を開拓したり、ポルトガルから引き継いだりした(21)。これらのヨーロッパ人との交わりは、その後に起こるゆゆしき出来事の前触れであった。だが、偉大なるムガール帝国を倒したのは、西欧諸国の商人ではなかった。インドでは帝国が長くつづいたためしがない。この亜大陸はあまりに多様であり、代々の支配者はあまりに搾取的だった。そして17世紀の終わりには、またしても別の新勢力軍からの侵略を受けることになる。

初めヨーロッパの貿易商はインドに夢中になった。母国の人々が初めてみる香辛料や、インドでしか手に入らない織物を喉から手が出るほど欲しがったからである。絹はすでに中国から入っていたが、インド綿はヨーロッパではまだ目新しかった。インドの素晴らしい織物は、すでに陸路で地中海に伝わり、その技術が評判になっていた。ベンガルの薄くて軽い綿モスリン（ムルムル mulmul）には、「風」、「霧」、「空気の織物」、「夜露」などの抒情的な名前がつけられていた(22)。東西の織物貿易では、ほかにも型押し、着色、絞り染めの綿織物やイカット（絣）などの特殊な織物をあつかった。インドでは媒染剤の使用、染め、型押しがはるか昔から確立し、色落ちしにくく美しい色目の植物による染色が行われた。インディゴブルーと茜は国内でとくに親しまれていたが、輸出品ともなっていた。

ヨーロッパの貿易商は、斡旋人がすでに入り込んだ土地に商館を設けようと、土地を入手しはじめた。その結果、ヨーロッパ人どうし、または地元を治める多くの貴族たちとの争いが頻発した。ポルトガル、オランダ、フランス、英国などヨーロッパの貿易商はみな会社を設立していた。しかし、18世紀の終わりになると、英国が他国を出しぬき貿易をほぼ独占した [344](23)。

インドを支配することは、英国の歴史における最重要事項であった。1857年には英国の東インド会社がインドのほとんどを（直接、または協定により）支配し、巨額の利益を得ていた。産業革命後は原材料がインドから英国の機械化された工場に運ばれ、折り返し工業製品、とくに有名な綿織物「マンチェスターの織物」がインドに大量に運ばれた。その結果、インドの職人は貧困に陥り、工芸の町はすたれていった。こうして英国の支配に対する不平がつの

った。そのうえ、これまでの征服者とは異なり、英国人は地元民との隔離社会を徐々に確立した。当初から拠点は母国にあったのである。1857年、さまざまな要因が重なり大きな革命となった。引き金となった兵士による反抗は、またたくまに国民の支持を得て国じゅうに広がった。

　1857年の「大反乱」が鎮まると、英国の支配体制が確立した。力を失った東インド会社の土地は帝国の直轄地となり、総督が統治するようになった。英国は統治下の地域について学ぼうとし、下層階級の地位を高める努力をした。カースト制社会の特徴といえる体に巻いて着るサリー (sari) は、英国の植民地制度において有利な地位を獲得するための手段として、これまで以上に多くの人に着られるようになった。また、インドの女性はサリーの下に丈の長いスリップをはくようになった。上流階級の女性はヴィクトリア朝のブラウスを着るようになった。インドの男性の洋装がはじまったのもこの時代である。

　1947年に支配を終えた英国がインドに残したものは、大衆への西洋教育の結果実現した政治的統一、鉄道網、中央集権制度であった。皮肉なことに、インド人はこれらを享受することで、民族自決の思想をはぐくんだのである。

[344]『パーマー家』フランチェスコ・リナルディ画、1786年。ウィリアム・パーマー将軍と内妻のイスラーム教徒フィゼと子どもたち、使用人、フィゼの3人の姉妹が描かれている。フィゼは上質ではあるが落ち着いたイスラーム式のコートを身に着けている。サフラン色に金の縁取りをした裾の長いコートと短いボディスにヴェールをかぶり、ダイヤモンドの耳飾り、いく連かの真珠の首飾り、銀のアンクレットをつけている。英国人のインドにおける内妻はビビ (bibi; ヒンズー語、ウルドゥー語で「妻」を意味する) とよばれ、英国の統治がはじまると厳しく見とがめられたが、それ以前の東インド会社時代には大目にみられていた。このような英国人と現地人のあいだにできた子どもが、差別の憂き目をみることも徐々に増えていった。

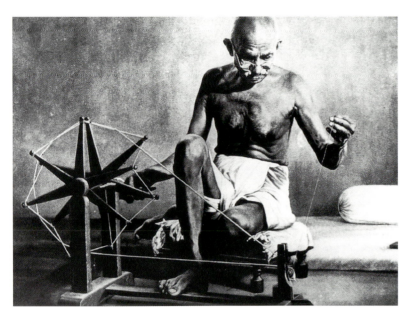

[345] マハトマ・ガンジーが、インドの伝統的な腰巻ドーティをつけ、インドの糸車、チャルカ (charkha) で綿を紡いでいる。1930年頃。この糸車がインド独立運動のシンボルとなった。

1885年にインド国民会議が設立されると、インド人の政治家たちに発言の機会があたえられ、彼らは独立政府の設立を訴えた。1920年、マハトマ・ガンジー（「マハトマ」は「偉大なる魂」の意）が党を率いるようになるや、独立の声は高まった。ガンジーのカリスマ性と貧困層への共感から、独立運動は大きなうねりとなった。ガンジーは英国の法と制度への非暴力不服従運動を開始した。また、村々の窮状を告発し、自ら貧しい農民と同じく、伝統の白い布を体に巻くだけの昔ながらの身なりをし、インド綿のカディ (khadi) を「手で」紡いで織った [345]。

パンディット・ジャワハルラール・ネルーや、ムスリム連盟の長、モハメド・アリ・ジンナーも独立に尽力したインド人である。ジンナーはパキスタンでのイスラーム国家建設に向けて動いていた。そしてついに、1947年8月14日から15日に日付が変わると、英国支配の時代は幕を閉じ、独立国インドとパキスタンが誕生する。

独立運動のさなか、ガンジーに触発された愛国家の都会的な服が登場した。これはヒンドゥー教にもイスラーム教にも属さない、宗教に関係なく受け入れられた現代的な服装である[24]。そのような団結に向けての意思表示がみられたものの、国内では痛ましい出来事がつづいていた。ほかにも反政府の動きがみられるなか、新政府は英国支配下でほぼ独立した政治を営み、英国の統治を支えてもいた550を超える藩王国を、インド連邦に統合した [346]。これにより運動は激しさを増していった。だが、1948

年にガンジーが暗殺されると、すべての宗派に衝撃がはしり、だれもが大きな悲しみに包まれた。そして最終的にインドはついに平和を取り戻すようになる(25)。

インドの初代首相となったジャワハルラール・ネルーは近代国家の基を築いた。彼はまた、近代的なインドらしい服装を流行らせ、それがやがて、ヨーロッパでネルージャケットといわれるジャケットとなった［347］。1964年5月にネルーは死去し、1966年、娘のインディラ・ガンジーが3代目の首相となった。彼女は政界の波にもまれながら首相の座につく。だが、1977年、その座を追われる。1984年には、再び首相の座についたが、暗殺されてしまう。同情をかった息子のラジヴ・ガンジーが次の首相に選ばれたものの、彼もまた暗殺された。その後、イタリア人であるラジヴの妻ソニアが夫をついで政界入りした［348］。そんなインドでは、現在、世界中に普及している洋服とともに、体に巻きつける服と縫製された服を見事に組み合わせた衣服が日常着となっている。

［347］ジャワハルラール・ネルー（1889～1964年）はインドの初代首相である。写真は娘のインディラ・ガンジーと孫のラジヴとともに撮ったもの。娘も孫も首相を務めた。ネルーはインドの上流階級が着用した近代的な服を確立させた。ガンジーがかぶっていた愛国者の帽子、立ち襟で細身の外衣、アチュカン（achkan）と細身のズボン、チュリダル（churidar）がその服装である。アチュカンは洋服のように縫製してあるものの、ヨーロッパではなくインドの伝統をくんでいる。ヨーロッパでは異国情緒をかもすネルージャケットが人気を博した。

［348］サリーを着たソニア・ガンジーと、ターバンを巻いたシーク教の経済学者マンモハン・シン。彼は2004年5月にガンジーが率いる国民会議派が選挙で予想外の勝利をおさめると、首相に選ばれた。シンはシーク派の伝統に従い、髪を切らずに頭上でゆい、それを覆うようにターバンを巻いている。

［346］（左）現在ニューデリーのインペリアルホテルの宴会場に飾られている、ボーン・シェパードスタジオ制作の油絵。英国の支配が最盛期にあった頃、半独立的立場にあった藩王国の領主は英国を支える重要な役割を担っていた。1912年、公式に描かれたこの絵画には、贅沢な衣装に身を包んだマレルコトラ〔インド北部パンジャブ地方〕の総督が描かれている。その右には、カンダハールの初代司令官、ロバート・セール少将が座っている。総督に仕える4人の英国人兵士は、ビクトリア朝のドレス姿の妻を伴っている。彼女たちは高温多湿のインドでも、何枚も重ね着した上に、全身を覆う英国の「正式な」衣装を固持した。それゆえにその装いが正式とされたのである。

[349]（上左）もっとも一般的なドーティの巻き方（前面、背面）。

[350]（上中）インドの南端にあるケーララとタミルナドの2州では、カーストのすべての階級の男性が腰巻き（ケーララではムンドゥ、タミルナドではヴェシュティとよばれる）を着用する。

[351]（上右）南端のケーララ州全域とタミルナド州の一部の女性は、ヴェシュティ／ムンドゥをふだん着にしている。アンガヴァストラムはサリーの美しい振りの部分、パッルー（pallav）のように、上半身にゆったりたらすことが多い。

巻 衣

インドの服飾は、奥の深い歴史を背景に驚くべき幅の広さを誇る。サリー、ドーティ（dhoti）、ターバンなどは、どれも縫製されていない汎用性のある長い生地を、巧みに体に巻きつけて着用する何千年も昔から変わらぬ衣服である。

男女のドーティ

インダス川流域では、世界最古といわれる5000年前の綿が見つかっている[26]。それはインドの巻衣のなかでももっとも基本的な、ドーティといわれる腰巻きであった。1つは男性用の初期のドーティ、もう1つは現代のサリーの前身といえる女性用ドーティである。男性用ドーティについて服飾史を専門にしているシャンタル・ブーランジェがいくつかの形式を挙げている。基本的なものを上に図解する[349][27]。

男女のヴェシュティ／ムンドゥ

南部では、南部式のドーティのほかにドラヴィダ族特有の巻衣がある。2か所に布を巻くのが基本で、ヴェシュティ（veshtiはサンスクリット語の動詞vesh「おおう、巻きつける、巻く」の派生語）ないしムンドゥ（mundu）はバスタオルのように腰に巻いて最後に端を折り入れる。さらにアンガヴァストラム（angavastram）という軽い生地を肩からさげる。通常ヴェシュティは3.5mの白い綿モスリンで、アンガヴァストラムも同色、同素材のものを使う。アンガヴァストラムの大きさはさまざまで、ハンカチほどの小さなものもあれば、ヴェシュティほど大きいものもあり、好みと必要に応じて使いわける。前述したように、ヴェシュティやムンドゥはインドの最南端の2州、ケーララとタミルナドで男性が着用するが[350]、ケーララ州全域とタミルナド州の一部では、女性も着用する[351][28]。

[352] ルンギーを無造作に巻いた南部の若者。ポンガル祭〔新年の収穫祭〕に向けて、牛に模様を描いて敬意を示している。

男性のルンギー

ルンギー（lungi）も下半身に巻く布で、ヒンドゥー教徒、イスラーム教徒の別なくインドじゅうで日常着や仕事着として使われている。2mの布を筒型に縫った物を腰に巻きつけ、最後に1つの大きなひだをとるか、小さなタックをいくつかとるかしてとめる [352]。

男性の被り物

インド北部の男性はターバンを巻く習慣がある。パグ（pag）（小さなものはパグリー pagri）は細長い布で、ふつうは167.5×7.5cmほどだが、6mという長いものもある。これを頭にさまざまな形に巻きつける。ひとくちに「ターバン」といっても、労働者が暑い日にだけ日よけに使うものから、宗教固有のもの [348参照]、氏族を表わすもの [371参照] まで用途は幅広い。北部の文化では、ターバンが服装のなかでもっとも重要視されている。アーリア人の時代からターバンの生地、色、柄、巻き方には、血統、出生、地位が表われていた [353]。南部では、北部の王への対抗心をもった王がターバンを巻くことがあったが、それもほんの一部で、ふつう頭にはなにもつけていない。ヒンドゥー教徒、ジャイナ教徒、シーク教徒、イスラーム教徒はみな、特別なときにのみ頭を覆う。インドのイスラーム教徒は帽子をかぶるか [376参照]、なにもかぶらない（最近の都市に住むヒンドゥー教徒もたいていはそうしている）。

[353] 『グワリオルでの狩りに発つ』エドウィン・ウィークス卿画、1887年頃。支配者、中尉、騎兵、馬丁、兵士、見物人など、さまざまな階級の男性たちが頭にターバンを巻く様子が描かれている。それぞれのターバンは色と巻き方が地位によって異なっている。ターバンは基本的には北部の文化である。グワリオルは北部の都市アグラの南部に位置し、タージ・マハ（ー）ルがあることで知られている。

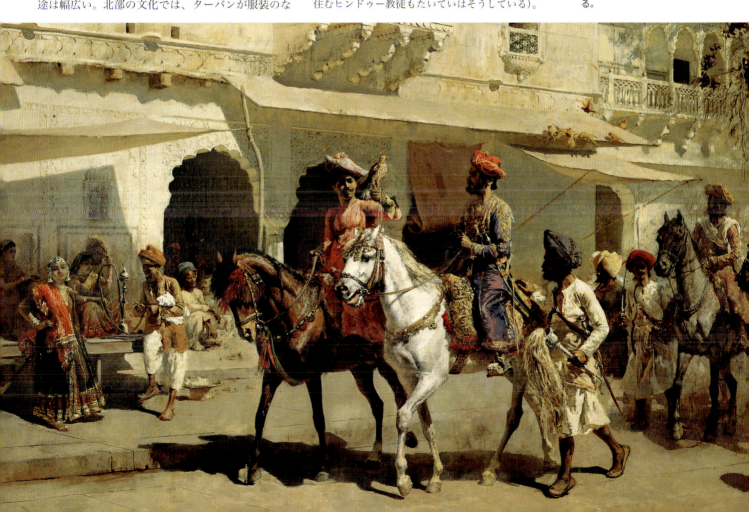

インド全土でほとんどのヒンドゥー教徒の男性はひげを剃り上げているが、口ひげを残している者は多い。ただし、ジャイナ教の僧はまったくひげをたくわえないし、ヒンドゥー教の僧は伸ばし放題にしている。上に反った形の口ひげはカーストの高い地位であることを示すため、かつては身分の低い者やハリジャン（不可触賎民）にはこの形のひげは禁じられていた。現代の都市に住む若者やインドに住むユダヤ人はひげを剃っており、なかにはシーク教徒でありながらひげを剃る者もいる[29]。

女性のサリー

女性の民族衣装サリーはインドのほぼ全域で、階級や宗教に関係なく、都市でも地方でも着用されている。他文化でも体に巻きつけて着る形式の衣装はあるが、サリーの巻き方は、どの文化よりも成熟したものとなっている（6. 東南アジア、265〜301ページ、10. アフリカ「中央アフリカ」544〜549ページ、「西アフリカ」550〜557ページ参照）。周知のように、

[354] コルカタの女性が婚礼のサリーを披露している。3世代に伝えられた伝統の衣装である。巻き方はベンガル式。さまざまな色調の赤を使ったサリーは結婚式で着るのが一般的。額には赤い斑点ティカ（*tikka*）またはビンディ（*bindi*）をつける。これはヒンドゥー教の儀式でつける祝福を表わす印である。髪の一部にふってある赤い粉は既婚を表わす。

サリーは縫製されてない長い1枚の布を首から足もとまで巻いて頭までも覆う衣服で、100通り以上もの着方があるという[354]。布の大きさは、長さ1.8〜8.2m、幅0.6〜1.2mとさまざまで[30]、織り方と色の種類は無数あり、金属糸を使うものもある[359-363参照][31]。

現代のサリーにカースト制の影響はみられないが、今でも時折、巻き方に地方の特色がみられることがある。たとえば南部のタミルナドのピンコス（*pinkosu*）という「背後でひだをつける」方式は、後ろ姿に表情があっておもしろい[355]。北西のグジャラート州[356]と、その東にある西ベンガル州の巻き方とはまったく異なっている。西ベンガル州では昔ながらの、肩にかける部分が短い巻き方を踏襲している[357][32]。ベンガル地方では若者がいまだに伝統的な赤白の綿のサリーを着ているが、巻き方は都会でよくみられる現代的で宗教色がないニヴィ（*nivi*）とよばれる方式になっている[358][33]。

今日ではほとんど場合、サリーの下には2種類の透けない衣服をつける。1つはチョリ（*choli*）という丈が短く体にぴったりとしたブラウスで、ふつうは胸と背中と二の腕を覆う。もう1つは下半身と足を覆う長いペチコートである。

内側に慎み深く服を着るようになったのには興味深いいわれがある。11世紀以来、イスラーム教では女性が人前に出るときには体をすっぽり覆わなくてはいけないとされてきた。インド北部では、この考え方がヒンドゥー教徒の女性に影響をあたえ、頭を覆ったり、ときには胸を覆ったりする者もでてきた。この慎み深さは、「上半身を露わにするのは、原始的で文明のない女性のみである」[34]と主張する英国人の到来でさらに促進される[364]。高度な文化をもつ歴史あるインドの女性が、はるか昔から肌を露出させる服を着ていたことを思うと、この主張は独断的だといえる[365]。実際、13世紀にヴェネツィア人のマルコ・ポーロは、インドの女性が「宝石のほかにはほとんどなにも身につけていなかった。それは当時の彫刻の服装によく表われている」と述べている[35]。史実にかんがみると、インド歴代の数ある女王のなかで、英国人が「慎み深い服装」と認める衣装を身につけて

インド　229

【355】(右)ピンコスの背面と側面。タミルナド州特有の背後でひだをつける巻き方が、おもしろみのある表情をだす。

【356】(右端)インド北西にあるグジャラート州のサリー。この巻き方では、前面のひだの方向が、装飾された布はし、つまりパッルー同様重要となる。グジャラート村のしきたりに従い、写真の若い花嫁はサリーで花婿の父から顔を隠すようにしている。義理の父は（また家族内で花婿より年上の男性も）、家族でありながら死ぬまで花嫁の顔を見ないのが建前となっている。

【357】(左端)古風なベンガル式サリーの前面と背面。肩からたらす部分が短いため、振りの部分にキーリングをつけ、その重みで振りを安定させる。

【358】(左)コルカタの花市場で、この地方の伝統である赤白の綿のサリーを、インドの都会でみられるニウィ・スタイルで巻く女性。買い物中、装飾のついたパッルーはよごさないように腰にたくし込んでいる。

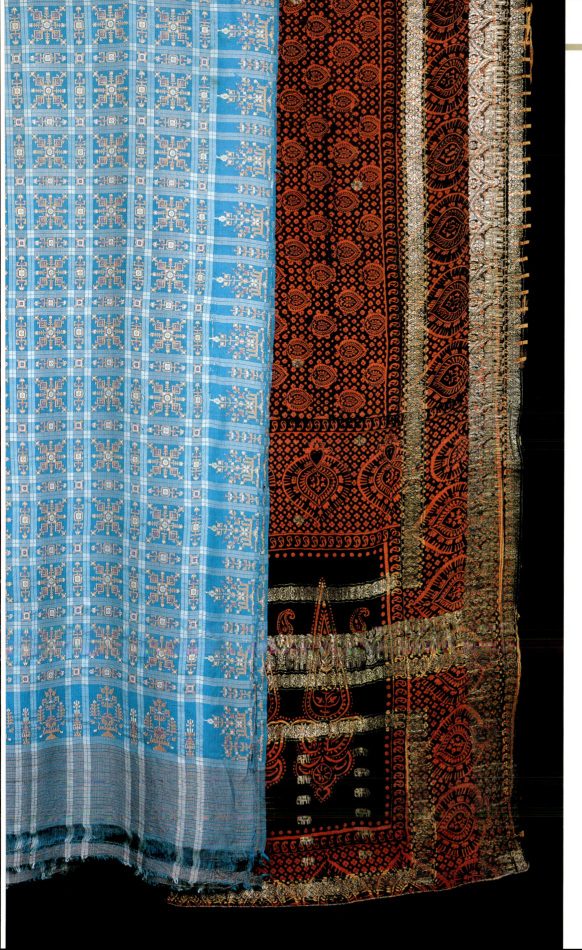

インド　231

（左から順に）

[359] 薄手の生地でできた華麗なバナーラス産のサリー。白絹と金の金属糸を織り込み、ダイヤモンド柄をならべた柄のブロケード。1985年以前のもの。
長さ4.47m、幅1.14m。

[360] グジャラート州のパトラ織り (*patola*) の絹のサリー。1981年以前のもの。えび茶、青、ベージュという色づかいの複雑な織りは、イカット（絣）の絞って染める技術によるもので、織る前に糸を染める。写真のイカットは織る前に経糸も緯糸も染めてある。長さ4.45m、幅0.97m。インドの有名なパトラ織りは、アジアの他地域の織物に大きな影響をあたえた（6. 東南アジア、286、298ページ参照）。

[361] 赤白の絹に型押しで、複雑な象や花、幾何学模様をつけたラジャスターン州産のサリー。1985年以前のもの。長さ5.4m、幅1.06m。

[362] 青い絹のサリーはバングラデシュのダッカ産か、コルカタ産と思われる。対称的な色の経糸と緯糸を順番に織り込んだ基本的な格子柄。さまざまな色の別糸を経糸に加えながら幾何学模様を繰り返している。1920～30年頃。長さ5m、幅1.09m。

[363] ブロケード織り、防染、型押しの柄、金と銀の金属糸を織り込むなど、いくつもの技術を組み合わせた南部の珍しい綿のサリー。1985年以前頃のもの。
長さ4.9m、幅1.1m。

234　南アジア

[366] 縫製してあるゆったりとしたズボン、ヴァジャニーをはく、北西部のグジャラート州の農民男性。彼らは長袖のプルオーバーシャツを着て、チャドルを肩に掛けている。チャドルにはショール、被り物、袋、毛布、枕、敷物など多数の用途がある。

[367]（下左）北西部のグジャラート州の男性は、チュリダルにクルタ、つまり西洋のベストに、地方の特徴であるターバンを巻いて、肩にはチャドルが掛けてある。クルタの襟と袖口は西洋風だが、前あき部分は、インドの伝統に従って首から中ほどまでしかない。

[368]（下右）インドの伝統舞踊カタックを踊るイスラーム教徒の女性は、チュリダルをはいている。

今日ではチュリダルとカミーズ（kameez）というチュニックの組合せが主流となり、伝統的なズボン、サルワール（salwar）はみられなくなった（下の写真を参照のこと）。このほか、イスラーム教徒の女性が着る縫製した衣服の組み合わせ（伝統的なカタックを踊るダンサーの、スカートの短い正式な衣装など[368]）には、チュリダルが欠かせない。すべてのインドのイスラーム教社会の人々はチュリダルをはいている。

女性のサルワール・カミーズとデュパッタ

パンジャブ地方は、インド半島北西にある大平原で、パキスタンをぬけインドのインダス川とガンジス川流域のあいだに入り込んでいる[(37)]。サルワール・カミーズはこのパンジャブ地方と関係の深い上下の服装である。この地方では、女性は昔から、全体的にだぼっとして、すぼまった裾が刺繍で飾りつけられたサルワールと、長さと身ごろの幅が時々の流行で変わるチュニックのカミーズを着用してきた。これらに欠かせないのは、ひだをよせて身を覆

インド 235

[369] インド東部産の現代的な絹のスカーフ3枚。黄色と金、緑と金の2枚はバナーラス産。最近のスカーフは西洋での用途に合わせたサイズでつくられるので、デュパッタとして使うには幅がせますぎる。長くてガーゼのように薄い橙色の絹のスカーフは、西ベンガル州のコルカタ産。このような、織り目の密なスカーフは、かつて名をはせていたベンガル産の薄手の綿モスリンを思いおこさせる。

う長いヴェール[369]のデュパッタ (dupatta) である。体の前にたらすか、頭からかぶるか、肩にただ掛けるだけかは、場面や動作、同伴者、年齢、既婚か未婚かによって変わってくる[38]。

19、20世紀には、パンジャブ地方からの移民により、サルワール・カミーズ・デュパッタの組み合わせがインド全土に広がった。また学校の制服に採用されたこともあり、この服装はブラウスとスカートという洋服の組み合わせに肩を並べるほど普及した。1980年代にはエスニック調の流行により、インド全土の女子大生と事務職の女性にサルワール・カミーズが支持された[370]。今日では、サルワール・カミーズは都市に住む中・上流階級の未婚の若い女性にとって一般的な服装となっている。

[370] 洗練されたコルカタの若い女性が身につけているのは、サルワール・カミーズとそれに合わせたデュパッタ。デザイナーは、コルカタにあるアヌラーダズ・コレクションのアヌラーダ・ナブラカ。

女性のガーグラー

女性のくるぶしまであるギャザースカートのガーグラー（ghaghara）[381〜383参照]は、北西部にみられる。たっぷりとした長いスカートは、イランのザグロス山脈でラクダの遊牧をしている民族のスカートと似ている（1. 中東「イラン高原」73ページ参照）。このことから、少なくとも北西部のグジャラート州に住み、このスカートを着用している女性たちは、遠い中央アジアとつながりがあることがわかる。服飾史の研究家ジュディ・フレイターは、現在グジャラートやラジャスターンなど北西部にある州の近隣に12の小グループに分かれて暮らす移民、ラバリ族の口承による歴史と、彼らが着ている衣服と装身具についた刺繍のモティーフを鍵に足跡をたどった。フレイターはこう述べている。「ラバリ族は昔からラクダを飼っていた。この結びつきや印象的な背の高さ、肌の白さ、さらに青や緑の目をした者がたまに出ることなどから、その祖先はラクダを放牧していた移民か、外国人か、そういった人々と混血した先住の牧畜民だったと思われる」(39)。今日、ラバリ族の多くの少数グループは、カッチ県でいくつかの村に分かれて暮らしている。

地方の服装

インドには地方に暮らす少数民族が多数あるため、布地や服装がおどろくほど多彩である。したがって、地方の特色ある服飾については、手作業による素晴らしい刺繍が有名な地域にしぼってみていくことにする。

インド西部とヒマラヤ山麓の一部分には、同系列の衣装を着る少数民族がぱらぱらと点在する。そのなかで不毛の僻地カッチ県（ヒンドゥー教徒や半遊牧民のイスラーム教徒、農民などが住む）では、色が多彩で、たいていは美しい刺繍を施した、縫製してあるか体に巻いて着る素晴らしい衣装がつくられ、着用されてきた。

カッチ県の男性は縫製服を着る。形はさまざまだが、色は白が多い。砂ぼこりの多い土地に白い生地は実用的でないと思われるが、夏の強烈な日差しと過酷な暑さを考えると、白が適している[371]。体にぴったりとした白いジャケットのケディユン（kediyun）は、グジャラート州と近くのラジャスターン州のどのラバリ族の村でももっともよく目にする[372]。もともとは、アヒール族[373]やカンビ

[371]（下左）カッチ県のラバリ族のヤギ飼いが伝統の衣装を着ている。ゆったりと体に巻く白いドーティ、ラバリ族特有のケディユンといわれる白いジャケット、黒いプリント地のターバン。

[372]（下右）カッチ県のラバリ族の男性。家の中ではターバンをはずしてくつろぐ。着ているのはラバリ族伝統のケディユン。

[373]（右ページ）ヒンドゥー教徒である民族集団アヒールの少年用正装。1976年頃のカッチ県のもの。同地域で一般的である長袖の簡素な綿シャツとはちがい、このケディユンは入念な刺繍が施されているほか、小さな鏡も多数縫いつけられている。着丈44.5cm、袖を広げた横幅138.4cm。たっぷりとした引き紐式の綿のズボンにも同様の刺繍が施されている。長さ78.7cm、幅104.1cm。

南アジア

[374] デバラヤに住むラバリ族の、縫製された男性用ギャザーつきの綿のケディユン。1981年以前のもの。着丈121.9cm、袖を広げた横幅156.2cm。

[375] 色鮮やかな服を着たマルダリ族（イスラーム教徒）の若いラクダ飼い。クルタに裁断・縫製した引き紐つきのサルワールをはいて、たたんだチャドルを左の肩に掛けている。シャツの裾はカーブがついていて、クルタの前あきは中ほどまでしかない。

インド 243

[390] カッチ県の現代的なスカーフ6点。生地はすべて、染料につけるさいに染まらないように細かく分けて結び防染してある。インドではこの手法をバンダニとよぶ。これが「バンダナ」の由来である。バンダナは18世紀のはじめにインドからイギリスに輸入されたまだら模様のハンカチのこと。

は型紙がない。いくつかの幾何学形を布に無駄がでないようにうまく組み合わせて直線裁ちにし、それから縫い合わせる。祭りで着るブラウスには刺繍がびっしり施されている。ラバリ族の人々はこの入念な刺繍ゆえに、自分たちの衣装をもっとも重要な芸術品、豊かな一連の図像学的デザインを表現する媒体と考えている。凝った刺繍のブラウスは、ほかの部族でもみられる。マルヴァダ・メグヴァル族はその典型である[389]。だが、現在はカッチ県の女性のすべてが、手作業による装飾のついた服を身につけているわけではない[391]。

たいていのイスラーム教徒の女性は、伝統的にチュニックに似た地味なドレスを着て、それに合わせたズボンをはいて[392、393]、ヴェールをかぶってきた。こういったドレスのなかには美しく装飾されたものもある。ガラシア族のボディスである赤いチュリ (*churi*) には、クロスステッチの刺繍がすきまなく施されている[394]。この見事な1枚布の刺繍を仕上げるためには、女性の1年間の「余暇」のうち2か月分がつぎこまれるという[(43)]。

[391] スムラサール・シーク村のマル・メグヴァル族の女性が、機械プリントのたっぷりとしたスカートをはき、そろいのブラウスを着てヘッドスカーフをかぶっている。大ぶりな「象牙」の腕輪がコーディネートのポイントになっている。これは刺繍の施された伝統的な背中のあいたブラウス、カンジャリとノースリーブのクルティ (*kurti*) にかわる現代的なドレスである。

南アジア

[392] イスラーム教徒の女性が着る、華麗な刺繍を施した紺色の綿のチュニック、アボ（abho）。五角形の前面の布（下は拡大写真）には見事な細かい柄を組み合わせ、小さな鏡も縫い込んだ格子の模様がついている。パネルの周囲も手の込んだ刺繍になっている。両肩はボタンどめ。身ごろ部分には緑、赤、黄色の小さな点が等間隔でならび、赤い縁取りには絞り染めの柄がならぶ。
着丈102.9cm、袖を広げた横幅94cm。

[393] このチュニックに合わせるのは刺繍が施された紺のズボン、エジャール（ejar）。これはこの地方のサルワールにあたる。アボの下にはくため、アボで隠れないズボンの下部と裾にだけ刺繍が施してある。長さ91.4cm、幅83.8cm。

インド　245

カッチ県では刺繍が高く評価されているが[395；394、399も参照]、つくる側にとっても、刺繍はやりがいと仲間を得られるという利点がある。この地域では、午後になると製作中の刺繍を手に集まる人々を目にすることができる。輸入生地の服を着る余裕のある家庭でも、若い娘はかならず刺繍をすることになっていて、見合いのときには刺繍の作品を相手に見せて腕前を示す。部族ごとに固有のデザインがあるが、幾何学模様が帯状に並ぶなかに、様式化された象や鳥、ラクダ、寺院などの地域色あふれる図柄が描かれ、躍動感をだしている。この地方特有の大小の鏡（四角、三角、ダイヤ、丸）が神秘的な雰囲気をかもす[396]。

この地方で放牧や農業に従事する人々は、サンダルからがっしりとした靴まで、暑さや足もとの悪い地形に適した履き物をはいている。女性は昔から、細長い色をつけた革を組み合わせ、糸のポンポンをつけたスリッパンをはく。今日ではゴムのサンダルをはく女性もいるが、ほとんどの人はアンクレットや足の指輪が映える裸足である。[398、399参照]

[394] ガラシア族のボディス前面についた布には、部族の複雑な伝統柄が刺繍されている。赤いワンピースの上に絞り染めのハンカチをはおる女性もいる。写真の伝統的なヴェール、チュンダディ（*chundadi*）の柄は、バンダニという絞り染めによるもの。

[396] 鏡、ボタン、刺繍がふんだんに使われた、イスラーム教徒の子ども用ドレス。着丈57cm、袖をひろげた横幅63.5cm。

[395] 凝ったつくりの伝統的な3点の組合せを着るアヒールの少女。装飾には社会的な意味合いが込められたものもある。頭にかぶる布の柄、綿スカートの絞り染めのデザイン、ミラーワークの刺繍は、すべて所属するカーストを表わしている。

246　南アジア

[397]（下）小さな少女がガラスの腕輪をたくさんつけている。ドレスはリックラックとレースで縁取りされている。

[398]（右上）メグヴァル族の女性の色鮮やかなドレスを、きらめく金銀の宝飾品と「象牙」の腕輪がより華やかに見せている。

[399]（右下）デバリア地方のラバリ族の女性が、結婚式用の一番いい衣装を着ている。絞り染めの黒い毛のヘッドスカーフが、特別な日にふんだんに身につける銀の宝飾品と、色とりどりの刺繍でかざった衣装を際立たせ、女性たちを魅力的にしている。

最近のカッチ県の村では、女性はたいてい長い髪を後ろにたばねてヴェールで覆うので、髪型のお洒落には気を使わない。以前、遊牧民として厳しい生活を送っていた時代には、多くの部族のあいだで、髪を入念に編み、髪飾りが落ちないようにするのが伝統であった。男性は西洋風に髪を短くしている。ターバンには各地域で受け継がれる特徴的な巻き方があり、ひと目で所属がわかる。ラバリ族の男性は黒いプリント地のターバンを特徴とする[371参照]。一方、イスラーム教徒の男性は人前ではつねに縁なし帽をかぶっている。

インドの他地域の女性が老若を問わずそうであるように、この地方の女性も貴金属や宝石を多用する[397][44]。ガラスや金、銀、プラスチックでできたアームレットや腕輪、アンクレット、バングル、首飾り、チョーカー、耳飾り、鼻のスタッド、鼻ピアス、手足の指輪、数々の髪飾りなどの装飾品を、手足の先までつける。金銀の輝きと独創的な大きな象牙の腕輪は、カラフルな衣装に花をそえる[398；391も参照]。同様に、重要な行事のさいに身につける、銀を一連につらねた特別な宝飾品も衣装をきわだたせる[399]。宝飾品の多くは社会への帰属意識のみでなく、身につける人の年齢、既婚・未婚、子どもの有無も表わしている。さらに、宝飾品をつけかえるということは、近しい人の死を意味する。男性も宝飾品を身につけることがある。もっともよく見かけるのは、首飾り、チェーン、護符、耳飾りなどの婚礼用の宝飾品である[45]。

より美しくなるために、女性は手や腕、首に伝統的な絵柄の刺青を点で描く[388参照]。若い女性は頬に小さな×印や、手にサソリを刺青して「過度の美しさ」を抑え、「邪眼」をひきつけない配慮をすることもある。刺青は美しいものとして好印象でみられる。あるラバリ族の花嫁によると、「金は身につけたり外したりするけれど、刺青は死ぬまで身につけることができる」という[46]。

変わりゆく服装

　1948年にインド政府がカースト制度を法で禁じ、すべての人に社会で躍進する機会があたえられた。それ以来、カッチ県のような僻地でさえも、伝統的な暮らしに徐々に変化が起きはじめた。こうしたもはや避けられない変化は、地方の衣服に影響をあたえた。たとえば今日、カッチでは手縫いの刺繍を施した服を着る女性はほとんどいない。日常着は安価で入手しやすい機械織りのプリント地が、伝統的なバンダニ染めのスカートやヘッドスカーフに取って代わった。これはとくにカーストの低い階級で顕著にみられる。これらの変化は経済ともかかわりがある。女性が外に出て働くようになり、新しい世界に触れるようになったのである。働きに出た女性は刺繍をする時間はなくなるが、かわりに物を買うための収入ができる。そうはいっても、美しい手づくりの衣装を評価する風潮はまだあるし、たいていの女性は、外国から流行服の最新情報が少しずつ流れてくるようになった今日でも、伝統的な衣装を着つづけている。保守的な村においても、ほとんどの男性の衣服は西欧風となっているが[400]、もちろんこれは世界的な流れといえる。

[400] 2003年に撮影された、インド西部のある村における井戸の周りでの印象的な風景を見ると、ほとんどの女性は体に巻きつけて着るサリーを身につけているが、男性は様々に、縫製されたさまざまな西洋の衣服の組み合わせを身につけることが多くなっているのがわかる。これは世界的な流れといえる。

ヒマラヤの王国

[401] ヒマラヤ北東部にある高地のあいだの渓谷には、ネパールでも有名なシェルパ、つまり山岳ガイドとポーターを生業とする少数民族が暮らしている。早朝にはすでにシェルパたちが集団で、運搬の仕事に励んでいる姿がみられる。女性は運搬籠が当たる腰の部分に、腰を守る縞模様の頑丈な当て布をつけている。写真の女性たちの後ろには、雪に覆われたアンナプルナ山群がそびえている。

インド半島の最北部からさらに北上すると、標高は急激にあがり、凍れる高峰、風の強い高原、そのあいだに点在する緑したたる渓谷といった雄大な景色が、西のパキスタンから東はアジア内陸部のミャンマー（以前のビルマ）まで、弧をなすようにつづいている。そして雪を抱く巨大な山々のなかには、世界一高いヒマラヤ山脈がある。ヒマラヤとはサンスクリット語で「雪を抱く」という意味である。この山々の頂は、現在でも多くの人々に神聖な場所として畏れられている。8世紀には、仏教のなかでももっとも原始的といえるタントラ仏教がこの地に根ざし、単なる仏教文化を超えた独自の文化を形成した。

密教（西洋ではチベット仏教といわれている）は、2500年以上前にインド北部で生まれた。王族階級の若き王子ゴータマ・シッダールタが、豊かな特権階級の身分を捨て、悟りを開くことで苦悩からの解脱を求めたのがはじまりである。12世紀になると、仏教誕生の地インドでは、ヒンドゥー教とイスラーム教に押され、仏教はすたれてしまった（「インド」

219ページ参照)。だが、ほかの地では生き残った。人々の心をとらえるこの宗教は、すでにゆっくりと北部に広まって、ヒマラヤの高地や涼しい渓谷にしっかりと根づいていた。仏教勢力の南端には、ラダク、ムスタン、ネパール、シッキム、ブータン、チベットといった小さな王国が点在し、密教世界を実現していた[地図21](1)。トランス状態、精霊、巨大な鬼、夢体験、輪廻の教えなどによって世俗的な現実とつながっている密教は、仏教になじみがない西欧人からすると、魔法とも感じられ、西欧の実用主義とは対極に位置する。この秘儀的な宗教は、その壮大な地理的環境と同じく強烈で劇的である。それがもっともよく現われているのが、仏教の神聖なる中心地といえる、歴史に名高いチベットである。

チベット

チベットの国土の半分以上は青蔵高原が占めている。この高原は、東西を1285kmにわたってはしる、標高4570mの高地にある巨大な砂漠である。そのため、チベットはしばしば「世界の屋根」と称される。この国の北の国境、中央アジアの崑崙山脈では、9世紀頃、チベット語で外交が行われ、交易路に沿って仏教文化が花開いた。世界一の高峰エベレスト山（標高8848m）のあるヒマラヤ山脈が、西と南の国境となっている。

標高の高いチベットの気候は独特で、降水量が少ないひじょうに乾燥した空気のなかでは、穀物なら50年から60年、干し肉は1年以上保存可能であり、ほぼ無菌といえる環境のため疫病もまれである。人口を構成するのは単一の民族で、250万人のチベット人すべてが民族的起源を同じくし、単一の宗教をもち、単一の言語を話す(2)。優雅な服に身を包む貴族[402]と、人口の大半を占める質素な服を着る農民[403]という2階級が存在した。西欧の概念でみると、経済は最低限にしか発達していない。1950年代以前のチベットは、世界の他地域との関係を断とうとする完全孤立の王国であった。

チベットの神政政治の起源は、13世紀に偉大なるモンゴルの支配者フビライ・ハーンが、チベット人の活仏ラマに、チベット全土におよぶ政治的権威

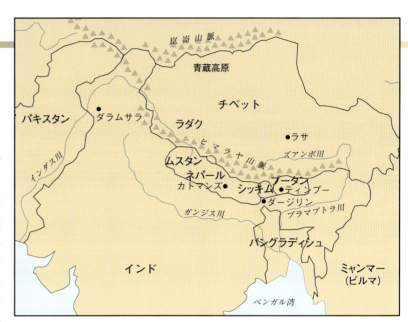

[地図21]ヒマラヤの小王国、ラダク、ムスタン、ネパール、シッキム、ブータン、チベット。

[403]チベット東部で、年配の巡礼者がマニ車を手に寺院の周囲を時計回りに回っている。遊牧民が着るような羊の皮を裏張りしたチュバの袖口と裾からは、下に着る縞模様のシャツが見えている。首には白い絹のスカーフ、カダ（*kadda*）を巻いている。これは信仰に欠かせない布である。

[402] 19、20世紀のチベット貴族の写真。着ているローブ、チュバ（*chuba*）は、胸元で左右の身ごろを交差し、右わきで留める。袖を幅広く折り返している部分は、下に着用しているシャツの袖である。両脇の2人の女性は同じ型で裾の長いローブを着て、その上からチベットの女性の典型的衣類といえる、縞柄の前掛けをつけている。すべてのチベット人がチュバを着用するが、階級によって布地の質が異なる。

南アジア

[404]（右）インド北部、ダージリンの丘陵地帯に住むチベットからの移民は、いまだに故郷のローブであるチュバを現代風にデザインした服を着ている。

[405]（右端）ダージリンに移り住んだチベット人は、今もなお故郷の女性の典型的な衣類といえる縞模様の前掛けを、質素なチュバの上につけている。

[406] えび茶色のローブをまとったチベット僧が、活気のある宗教問答をしているところ。若い修行僧が、大げさな手振りで前に座る相手に力強く自分の論を説いている。相手の僧の役割は、この僧の論に反駁することである。

をあたえたことにさかのぼる。16世紀のはじめから「知の大海」という意味の「ダライ・ラマ」という称号が、その後の支配者すべてに使われるようになった。こうした密教世界の地理的にもっとも外側に位置するのはモンゴルである。この国はソビエトに占領されたが、占領後も残った数少ない寺院には、13世紀のチベットの影響が色濃く残っている（3. 中央アジア「モンゴル」137ページ参照）。それゆえ、両国の衣服には興味深い類似点がある。モンゴルもチベットも男性の丈の長いローブは、胸元で左右の身ごろを交差し、右わきでとめる。さらに長袖の袖口は折り返すのが一般的である。

チベット文化の核である仏教は、この国にも人民にも影響を与えている。チベットではほぼ6世紀にわたり、代々のダライ・ラマが国の主要な宗教的権威としての役割を果たしてきた。17世紀には、「偉大なダライ・ラマ5世」がチベットにはじめての自治政府を立ちあげ、新たに統一された国家の政治的リーダーとして、また宗教的リーダーとして頭角を現わした。そしてその後300年のあいだずっと、ダライ・ラマは生まれ変わり、何代にもわたってチベットを治め[3]、精神的進歩が物質的進歩よりも価値

があり、道徳感が軍事力に優先するという驚くべき社会を見守っていると信じられてきた[4]。

チベットの高貴なラマと、中央・東アジアの強大な後援者（モンゴルのハーンと中国皇帝）の関係は、司祭と聖職任命権者のそれと同様であった。そして20世紀中頃になると、中国がその歴史的関係を強力な盾に、チベットに対する「統治権」の行使を訴えた。

中国の支配がはじまると、全国的な集団移住が行われ、なかには厳しいヒマラヤ山脈を越えて、インド北部の丘陵地の町ダージリンに入植する者もいた。ダージリンでは今でも当時の移民が伝統的なチベットの衣服を身につけている[404, 405]。チベット人の大脱出は、ダライ・ラマ本人の秘密裏のラサ脱出にまで至った。ダライ・ラマはインド北部の山腹の町ダラムサラでチベット仏教を復興させ、実質的にチベット亡命王室を打ちたてた。そこではえび茶色のローブをまとい、頭をまるめた大勢の仏僧が[406]、チベット王国の再建に力をつくした。

ネパール

北にチベット、南にインドの広大な平原を臨む場所に、世界でももっとも険しく厳しい山地を抱えるヒマラヤの王国ネパールがある［地図21参照］。国土の80％は山地であり、人口の80％が自給自足の暮らしをしている。越えるのが困難な地形に加え、自主的に孤立の道を選んだこともあり、ネパールは世界でももっとも開発が進んでいない地域となっている。国土の面積はフロリダ州とほぼ同じで、2300万以上の人口に35の異なるカースト階級と数知れない少数民族を抱え、言語は西ヨーロッパのすべての言語を合わせたほどの種類がある。国民の多くは民族の伝統的な衣服をなおも着ている［407］。

南部の低地にはグルカという恐れを知らぬ戦闘集団があり、200年以上も英国軍に忠実に仕えてきた［408］。

北東部の高地にあたるヒマラヤの渓谷のトレッキング地帯には、シェルパ族［401参照］が住んでいる。この民族は山岳ガイドとして有名であり、ネパールでは珍しく仏教を信仰する人々である。

ネパールの国教はヒンドゥー教であるが、世界でもヒンドゥー教を国教とする王国はこの国のみである。国王を熱心に支持する家臣たちは、国王こそ慈悲深いヒンドゥー教の神ビシュヌの生まれ変わりであり、自然の力を保持する人物だと信じている。事実上、最近までこの国では2つの宗教が折り合いよく共存し、「仏教徒の心をもったヒンドゥー教の国」ともいわれていた[5]。カトマンズから数キロ以内には、ネパールの歴史と文化の中心地、カトマンズ渓谷が広がっている。肥沃なこの土地は、2本の交易路に挟まれた地の利のよさも備えている。ここには有名な仏塔がある。中国がチベットを占領した結果、ここがチベット仏教の世界的拠点となった。

［407］ネパール北西部、チベットとの国境にあるフムラ地方カデガオンの若い未婚女性。手織りの布でつくった衣服に首飾りを何重にもさげている。

［408］グルカ兵は弧の形に反り返る短剣ククリ(khukri)を持つ。写真は第二次世界大戦時の英国兵との共同軍事行動。

252 南アジア

[409] ネパール東部の山腹にあるこの町ではほぼすべての男性がネパールの民族衣装を着ている。トネリコの木陰では市が開かれている。

ネパールは多くの点でインドの影響を強く受けている。影響は国教のみでなく衣装の種類にもみられる。さまざまな少数民族の伝統的な衣装や装身具 [401、407、408 参照] は別として、ネパールの男性の民族衣装には、明らかにインドで着られているある服との共通点がみられる。それは、ジョッパーズに似た白いズボンにゆったりとした白いシャツ、灰色のベスト、そしてカラフルで洒落た縁なし帽トーピ (topi) [409、410] といういでたちである。ネパールの都市部に住む女性は、インド女性の典型的衣服であるサリーか、着やすく、ショールもついているサルワール・カミーズ [411]——こちらを着る人の方が多く、ネパールではクルタ・サルワール (kurta surwal) といわれている[(6)]——を身につけている [412]。

ヒマラヤの王国　253

[410] トーピはネパールの男性がお洒落のためにかぶる帽子である。高さ 12.7cm、直径 25.4cm。

[411] 2人のネパール女性が、南アジアの衣装サルワール・カミーズを着てカトマンズのダルバール広場を歩いている。

[412] ネパール東部で手織りされた色とりどりの綿スカーフ。目を引く色づかいと美しいデザインはネパール特有のもの。長さ 177.8cm、幅 33cm。

[413] 1907年に初代ブータン国王になったウゲン・ワンチュクが1904年、側近とともに写った写真。未来の支配者はブータンのブーツをはき、天蚕絹製と思われるゴを身につけている。ゴはチベットのチュバにとても似ている。頭にかぶっているのは、伝説の鳥にちなんだ「レイバン・クラウン（ワタリガラスの冠）」。ブータンを統一したことで名高い、僧の兵士シャブドゥン・ガワン・ナムギャルの道案内をしたという、伝説の鳥である。

[414]（右）首都ティンプーの特別な祭りの人込みには、手もちで一番上等のゴ（男性のローブ）とキラ（女性の巻衣）に身を包む男女と子どもたち、そしてえび茶色のローブを身につけた僧の姿がみられる。男性は白いカブネ（*kabney*）〔カムニとも〕を、女性はラチュー（*rachu*）を肩に掛けないと儀式に参列できない。子どもは大人の衣装をそのまま小さくしたものを着ている。

ブータン

ブータンはヒマラヤに唯一残る仏教王国である。チベット高原の南東にある緑に覆われたこの山がちな小国は〔地図21参照〕、金剛乗（密教）が国教として信仰されている唯一の王国である。

内陸にある孤立した王国は、20世紀の半ばまで中世の封建社会を維持してきた。外部世界を寄せつけず、何世紀もつづいたゆっくりとした足取りを守ってきた。商人は北の峠から定期的に布地やスパイス、粗末な品々、穀物、ヤクの尾をもってチベットに出向き、塩、毛、ときにヤクの群れとともに帰ってきた。1950年代に中国がチベットを侵略すると、ブータンの平穏な孤立状態が打ち破られた。幸運なことにその厳しい地形と指導者のたゆまぬ警戒心から、社会的・宗教的な習慣はなんとか残され、国民性も損なわれていない。

この国にチベット仏教が伝わったのは8世紀のことである。17世紀には神政政府が統治していたが、1907年には体制が変わり王国となった。この王国の公式なローブはチベットの王族のものとほぼ同じである〔413；402も参照〕。勅令により、臣下の者はみなブータンの民族衣装を着ることになっている〔414〕。

老若問わず男性は厚ぼったいローブのゴ（*go*）を着るが、この構造はチベットの裾が長いチュバと同じである。また下に着たシャツの袖が表に出るように折り返し、袖口を目立たせる点も同じである。だが、丈を短くして着るゴの着付けは、丈の長いチベットのチュバとは異なる。ブータン人は衣服を特殊な方法で体に巻き、固定する〔415、416〕。

1900年代以前、北部、中央、東部では今では古びてしまった女性のチュニック、クシュン（*kushung*）[417] が使われていた[(7)]。このチュニックはキラ（*kira*）(257ページ参照) と形が異なるだけでなく、装飾に使われるモティーフの素材を日常生活から集めているという点も異なる。そこでは、たとえば聖なる稲妻の矢や護符箱、凝った形をしたバターの供物などのモティーフが使われている[(8)]。

ヒマラヤの王国　255

[415] ブータンのゴの着方の図解。だぼっとしたシャツの上に丈が床まであるローブを羽織る。これはチベットのチュバに似て厚ぼったい。シャツは最後に折り返して印象的なローブの袖口となる。両脇の縫い目の位置を調整したら、裾を膝下まで持ち上げ腰に帯を巻く。余った布を前に引きだし袋をつくる。ここには携帯品を入れておくことができる。背後の余った布も帯の上に引きだす。ここ数十年は、ゴには膝丈の靴下と西洋の靴を合わせている。

[417] 1900年以前にブータンの女性が着ていたチュニックのクシュン〔今日のクシュタラ(kushuthara)〕。もう織られることも着用されることもない古風な衣装である。縫取織りのチュニックは、現在では特別な儀式や、地方の寺院で祖先の像を飾るときにしか用いることはない。装飾のモティーフは実際に儀式で使われる道具であることが多い。長さ91.4cm、幅136cm。

[416] ブータンの男性のローブ、ゴの例。シャブドゥン・ガワン・ナムギャルが17世紀に導入し、当時は斬新とされた。写真のように平らに広げるとチベットのチュバに似ているが、ブータンでの着方はチベットのそれとはまったく異なり、裾を膝まであげたあと、帯でしっかりとめる。

[421] 3種類のキラ。どれも3枚の手織りの布を縫い合わせてあるが、きれいに並んではいない。

左：縦144.8cm、横226cm。

中央：縦124.5cm、横228.6cm。

右：縦137.2cm、横256.5cm。

ヒマラヤの王国　259

現在では悪天候時には、たいていのブータン人がビニールシートや既製のレインコートを着用する。だが、老人のなかにはいまだに手織りの毛を使った雨よけマントを身につける者もいる［422、423］。

帽子などの一般的な被り物は都市部では見かけない。しかし、田舎では男女とも竹で編んだ平らな雨よけ帽をよくかぶっている［424；422も参照］。

［422］（左）東部のブムタン渓谷の遊牧民は、手織りの毛の雨よけマントを肩に掛け、前を結ぶかピンで留めるかしている。頭には竹で編んだ平らな雨よけ帽をかぶっている。

［423］（下）ブムタンで使われている毛でできた雨よけマント。このような手織りの衣服は、ふつうはカラフルな花のデザインと幾何学模様の帯が交互に繰り返されている。縦 128.3cm、横 123.2cm。

［424］（左）竹でできたブータンの雨よけ帽。平らな手編みの被り物は田舎でよく見かける。高さ 1.27cm、直径 33cm。

260 南アジア

[425] ルナナ地方高地の寒冷な渓谷に住む、少数民族の女性用民族衣装。

上着：着丈 81.3cm、袖を含む幅 137cm。

多色の毛のスカート：縦 152.4cm、横 116.8cm。

麦わらで編んだ帽子：高さ 12.7cm、直径 20.3cm。写真の帽子は中心の棒がなくなっているが、特徴的な形と後ろに回して固定するビーズの紐からルナナ族の帽子だと特定できる。

ブーツ：高さ 35.6cm、幅 8.9cm、長さ 22.5cm。

聖職者でない者は西欧風に髪を短く刈っているが、僧は頭をまるめている[414参照]。女性は大人も子どももショートカットにしているが、貴族の女性は髪を伸ばし西欧のさまざまな髪型を楽しんでいる。

男性は大人も子どもも、民族衣装のゴに合わせ膝丈の靴下と西欧風の靴をはく[414参照]。女性は大人も子どもも西欧風の黒い靴かサンダルかゴムのつっかけをはく[418参照]。

儀式用のスカーフ（男性用の肩掛けはカブネないしカムニ、赤いラチューは女性用）の着用は正装に必須とされる[414参照]。貴族でない男性は白い肩掛け、軍人は黒い肩掛けを用いる。王と大僧院長のみが特別な黄色の絹の肩掛けを着用することができる。

公な場に出るすべてのブータン国民（学校、公式試合、銀行員、事務員、ツアーガイドなど）は、民族衣装を着ることになっている。だが、ヒマラヤの遥か高地、ラヤの渓谷に住むたくましいルナナ族には例外が認められている[425、426]。その特徴的な毛の衣服はブータンでは異色である。

[426] ブータンの辺境ルナナ地域に住む少数民族の女性。この地はひじょうに標高の高い渓谷にあり、短い夏の数か月間、頑健な遊牧民たちはヤクの毛でできた黒いテントで暮らし、家畜に山の草を食べさせる。女性が着ているのはこの民族特有の毛の衣服と中央に棒のついた麦わら帽子。

6

東南アジア

　東南アジアにホモ・エレクトス種のジャワ原人が入ってきたのは、今から100万年以上前のことである。当時、海面は今よりも200m低かった。現生人類のホモ・サピエンスがアフリカに出現した約10万年前の後氷河期には、すでに海面は上昇し、この地域は大陸と島嶼部とに分かれていた。なかには大きな島となった地域もある。おおまかにいうと、大陸の地形は連なる山脈のあいだをイラワジ川や紅河（ソンコイ）、メコン川などの水系が流れ、その流域が広大な文化の交流路となっていた。多くの場合、洪水の起こる低地の平原には政治力をもつ大民族が、山岳地帯にはさまざまな少数民族が住んでいた。島々でもこの低地と山地の住み分けがあったが、気候が似ているため、東南アジアの国々には地域としての統一性ができた。この地域は熱帯に属して高温多湿で、原始からの豊かな熱帯雨林が年間を通して生い茂る地域である。紀元前4世紀に現代人の直系の祖先たちが定住し、技術のある農民、金属職人、海上交易人たちに分かれた。東アジアと世界の他地域に挟まれた中心的位置にある東南アジアは、長いあいだ世界中の交易商を引きつけてきた。そのため、外部の政治や経済力により地域全体が繰り返し打撃を受けた。大航海時代のヨーロッパ人によるスパイス交易から、ヨーロッパ人が錫やゴム、原油を求めた植民地時代、共産主義と資本主義の闘いの前線となった冷戦時代まで、東南アジアは何度も外国の文化と技術と思想を受け入れなくてはならなかった。しかし、その一方で、個人の権利より地域社会の権利を優先させるという考えに基づいた、独自の価値観も育んできた。

大　陸　部

[427] ミャンマーが中国、ラオス、ベトナムと国境を接するあたりにある村の入り口に立つ、アカ族の若い女性。東南アジア大陸部にある辺境の村では、沈泥の家が多く見られる。幅の広いヤシの葉や草で屋根を葺き、周りを竹で編んだ網代の壁で囲み、居住場所を木の杭で地面から持ち上げてある。写真の女性は部族特有のヘルメットのような被り物をつけている。これは竹の帽子に重い銀の飾り物をならべ、あいだにビーズを散らしたものである。赤と黒の脚絆はヒルから足を守るためのもの。

東南アジア大陸部[1]は、早い時代から目新しい商品を探す海外の交易商の目を引いていた。短剣の柄や媚薬のためのサイの角、鎧のためのサイの皮、羊皮紙のためのシカ皮、象牙や亀甲、真珠、ルビー、翡翠、珊瑚、さらに装飾に使われるクジャクとカワセミの羽根、染料となる植物、美術品の素材となる香りのよい白檀などが取引された。今日でも世界の商人がこの地域に注目し、産業化時代の財宝ともいえる錫やゴム、原油などに加えて、ヘロインまでも求めに来る。

この地域の発展における2つの基本的側面は、とくに注目に値する。1つは重要な役割を担う米の存在である。現在発見されている考古学的証拠によると、米作は約8000年前に中国の長江流域ではじまった[2]。その後、東南アジア大陸部では収穫量の高い水稲耕作が、河川流域の湿地や灌漑された土手で発達した。そのおかげで、従来の狩猟採集民族の100倍もの人口密度を支えることができた。

このように早くから花開いた農業に人口増加が拍車をかけて、青銅器時代が早く到来し、紀元前1500年までには青銅器の腕輪や矢じり、斧などがつくられるようになっていた。紀元前500年、ベトナム北部のドンソン文化では、青銅工が凝った装飾を施した青銅の太鼓を鋳造し、東南アジアの島々へと輸送していた。これは初期の複雑な通商ネットワークの例といえる[3]。

東南アジア大陸部における、有史以前の織物の発達については、ある程度までさかのぼって追うことができる。考古遺跡ではさまざまに加工された繊維が出ているが、それらを特定の集団と関連づける有力な方法がない。だが、古代（紀元前2500年頃）の織物の兆しがベトナム北部に残っており、4000年前の東南アジアの文化には「織機」を意味する言語的証拠もいくつか認められている。

[地図22] 東南アジア大陸部は、連なる山脈のあいだを流れるいくつかの大河が地域を分けている。低地は政治の中心であり、高地には少数民族が住む。

さらにタイでは、紀元前700年から500年頃の墓壙で、絹や麻、綿、バナナの繊維、石綿繊維が使われていたことを示す証拠が見つかった。タイではまた、6世紀から9世紀にかけてのドバーラバティー王朝時代の古い銅像や彫刻からも、当時の着衣がどのようなものであったかを知ることができる。それによると人々はくるぶしまである長い腰巻をつけていたらしい。上半身にシャツやブラウスは着ていなかったが、女性は肩に細長い布を掛けていた[4]。

有史以前の証拠を総合すると、大陸部の女性たちは、古代から現代までこの衣服を絶え間なく継承してきたことがわかる[428](のちに、裁断・縫製した服を上半身に身につけるようになったが、それらは度重なる侵略のたびに導入されたものである)。外部からの影響に何度もさらされた地域であることを考えると、この継続性は驚きに値する。

東南アジア大陸部[地図22]は、インドと中国に挟まれた地域である。地の利から外国の交易商の目を引き、また逆に外国から入ってくる商品も取り込んだ。この地の文化に影響をあたえた主たる3つの要素は、インドのヒンドゥー教と仏教、中国の経済と強力な政治力、そしてヨーロッパ人による通商と入植の独占である。同地域一帯(中国の雲南省、ミャンマー、タイ、カンボジア、ラオス、ベトナム)に大きな地理的影響を与えたのは、メコン川である[5]。ヒマラヤ山系に位置する荒涼としたチベット高原に源流を発し、4800kmくだったベトナム南部の巨大なデルタまでには雄大な流れとなり、南シナ海にそそぎ込む。

メコン川流域には、タイ語の流れをくむ言語を話すいくつもの民族が暮らしている。タイ族、ラオ族などのタイ語系の民族は、この地域の人口のかなりの割合を占める。もっとも重要なタイ・カダイ諸語は、長江の南に起源があるといわれている。過去2000年以上にわたり、タイ語を話す部族は、移動しやすい尾根や河川沿いの道を使って南下してきた。そして今日では、ベトナム社会主義共和国やミャンマー連邦、中華人民共和国の雲南省などの戦略的に重要な地に住む少数民族のみならず、タイ王国、ラオス人民民主共和国でも大多数を占めるようになっている(これらの地はすべてメコン川流域にある)。

メコン川流域には他国からの侵略・侵入の跡がみられる。中国、英国、フランス、そして不運にもフランスにつづいてしまったアメリカなど、20世紀の東南アジアの政治の趨勢(ほとんどが最悪の方向に)を決めたのは諸外国の存在であった。それがもっとも顕著だったのが雲南省である。

[428] 大陸部でもほとんど西欧化の進んでいないミャンマーでは、民族衣装の着用が義務となっている。男女共に古代からはいてきた、腰に巻く筒型スカートのロンジーは、女性用はくるぶしまでの長さ、男性用は脛の中ほどまでの長さとなっている。上半身には地味なブラウスかシャツを合わせる。

[429] ミャンマー、ミャウーのシッタウン寺院にある17世紀の浅浮き彫りのビルマ人貴族女性。くるぶし丈のスカートと胸当てをつけ、肩にショールを掛けている。

雲南省は中国の省のなかでも、民族的・地質学的・気候的にもっとも起伏に富んでいる地である。北は寒冷なチベット高原の南端で、南は湿気が多くうだるような熱帯のミャンマー、ラオス、ベトナムに接している。古い時代には、中国人とは関係のない王国がひっそりと栄えていた。そして20世紀初期になると、北の漢民族が南部への侵略を進め、その結果、故郷を追われたタイ言語族のいくつかが雲南省の西部に定住するようになった（4. 東アジア「中国」176ページ参照）。これらタイ語を話す民族は、移住に伴って中国南部からごく基本的な形状の布地を伝えた。それは衣服（女性のスカート、男性の腰巻）のほかに、実用的・装飾的な布または儀式で使われる布であった。また、彼らが同時に伝えた織りの技術は、従来その地域で使われていた技術よりも高度だった証拠がある。

現在、タイやラオス、ミャンマーでタイ語を話す人々は、フレーム式の水平足踏み織機を使っている。これは中国が起源で、13世紀頃に東南アジア大陸部に導入された[6]。タイではこの織機が何世紀にもわたり使われてきた証拠が見つかっている。しかし、タイ人は元来はひじょうに単純で携帯しやすい織機を使っていたものと思われる。マティーベル・ギッチンガーとレーダム・リファーツ・ジュニアによると、「タイの基本的な布製品は、どれも縫製されておらず平らである。（……）織りあがった緯糸の幅そのままを利用している」[7]という。緯糸の長さと現在みられる模様織りの技術からみて、タイ人の織機の原型はかなり単純で携帯しやすい腰機だったと推測できる[8]。

漢民族の到来による圧力と、自民族の習慣と言語を保存したいという望みから、多くの民族が雲南省近隣の国に侵入しつづけた。なかでもミャンマーにはもっとも多種多様な民族が移り住んだ。

ミャンマー

長いあいだ、インド半島と東アジアのかけ橋であったミャンマーでは、複合的な伝統がこの国の過去を物語っている。こうした雑多な文化の混合は、主たる言語がビルマ語、ヒンドゥー語、ベンガル語、中国語、そして英語が少しといった例をとっても明らかである。すべてはこの国への侵略と交易という歴史の生きた証拠といえる。今日の世界において、ミャンマーは西洋文化の影響が少ない国の1つである。

ミャンマーの古代の布に関する考古学的証拠が、端切れという形で残っている。紀元初期に驚くべき繁栄をみせたピュー国時代のこの布は、ハリムにあるピュー（驃）国（7世紀〜9世紀）の遺跡で見つかった。この証拠に加え、最近の『新唐の歴史』の中国人による記述も参考にすると、ピュー国の人々は腰に巻く綿の布と絹のショールを身につけていたことがわかる。熱心な仏教徒で殺生を禁じられていた彼らが、絹を自己生産していなかったのは明らかである。しかし、宮中では絹紗のスカーフも用いられていた[9]。絹はヒンドゥー教国のインドから輸入されていたものと思われる。

現存する17世紀の浅浮き彫りに描かれているビルマ人の貴族女性は、前面に合わせがある長い巻きスカート（現在のロンジー longyi）をはき、わき下を通して背中にまわす形の胸当てをつけている[429]。また、ショールを片方の肩に斜めに掛けてもいる[10]。

今日、ロンジーは一般的に熱帯に適した綿で織られている。19世紀半ばまで、女性は地元産の綿を使い、家族のための布をヤカン式足踏み織機で織っていた。これは台枠のついた長方形の織機で、

大 陸 部　267

[430]（左）チベット・ビルマ語を話すスゴー・カレン族は、ミャンマーとタイの北部に暮らす。素晴らしい手織り綿の衣服には、種子を使った刺繡による幾何学的な四角形が繰り返される模様がよく使われている。

政府は独立後、自給自足や外国との接触の制限、民族衣装の着用義務などを公式な政策とし、これにより国内の織物産業には新たな需要が生まれた。だが、英国支配の時代と変わらず、手織りの生地はいまだに西欧の製品や、近隣諸国から密輸入された製品との激しい競争にさらされたままである。

　ミャンマーの地理的・政治的孤立状態のせいで（1982年まで外国人を受け入れなかった）、外部と触れることのなかった少数民族の衣服は、100年のあいだほとんど変化がなかった［427参照］。これらの少数民族は、国の大勢とは外れた暮らしをする孤立した集団である。この山岳地帯の人々のもっとも顕著な特徴は（タイ北部に流出している者も多い）、色とりどりの衣装［430］と特徴的な被り物と宝飾類［431］であることが多い。少数民族には（そしてそこに属する小集団には）、それぞれに決まった様式と色があり［432～434］、その衣装をつくるのにはひじょうに手間ひまがかかる。その結果、凝った新しい衣装は儀式でしかみられなくなった。しかし、人口の大半は決められた民族衣装を着る義務がある。

[431] めったに人目にふれないミャンマーのラタ族は、カヤー州北部とシャン州との境にあたる辺境の地の厳しい環境で、松の森のなかに住んでいる。老女たちのなかには、真鍮の輪を手首から肘にかけてつけている者がいる。前腕の動きを妨げるための伝統の装身具である。

織り手のための座がついている(11)。地場産の綿（*Gossypium herbaceum*）は国内のどこでもたやすく手に入ったが、やがてそれが不可能になる運命が待っていた。

　英国による併合後、ビルマは英国領インドの行政区の1つとなった。英国人は、地元の綿産業は経済的利益に限りがあり、たいていの作物よりも米の栽培を奨励する方が利益が大きいと判断した。（「たいてい」であってすべてではない。後述のアヘンの記述を参照のこと）。その結果、地元産の綿は姿を消し、まもなく国じゅうの店頭や市場には、英国製のマンチェスターコットンの布地と日本産の絹と綿の布地が並びはじめるようになる。インドの例と同じく、このような安価な輸入生地が手に入るようになると、地元の織工の多くが失職を余儀なくされたのである。

　英国の支配は1942年までつづき、その後は日本による占領がはじまった。やがて1945年に一時的に英国支配が再開したあと、ビルマは最終的に独立国となる。そして1989年、国名をミャンマーとし、それ以来、軍による厳しい独裁政治がつづいている。

268　東南アジア

［432］女性用の袖なしブラウス。基本である手織りの綿織物に絹糸の絵緯紋織りで模様を描いた2枚の布地でできている。ミャンマー、チン州のレイツー族（レムロ川流域）。胸から上は幾何学的模様のデザインで、腹部の模様は小さな赤いビーズを線状に並べダイヤモンドの形にしてある。4つのタカラガイを集めた18の飾りがついている。着丈41cm、幅52.5cm。

大 陸 部　269

［433］4枚の手織りの布を直線で縫い合わせた女性用袖なしチュニック。ミャンマー、チン州ハーカー族。上部は黒無地に、黄色と赤の絹糸を使った絵緯で幾何学模様が短い帯状に入れてある。下部は絹糸の絵緯紋織りにより幾何学模様がびっしりと描かれている。さらに白いビーズを線状にならべ、4つのボタンを集めた模様もつけてある。着丈 82.3cm、幅 79.5cm。

[434] 2枚の絹の布を縫い合わせたロンジー。絹の絵緯紋織りで全体に帯状の幾何学模様をだしている。ミャンマー、チン州、ハーカー族。縦141.3cm、横104.5cm。

現在のミャンマーは、北東部を中国の雲南省に接し、東のラオスとはメコン川でしか隔てられていない。このミャンマー、雲南省、ラオスの接点が、悪名高い「黄金の三日月地帯」とよばれる地域である。つまり、世界最大のアヘンとそれを精製したヘロインの生産地である[12]。ミャンマーがこの利益の高い商売に深くかかわっているのと同様、隣国のラオスも同じくかかわりをもっている。

ラオス

ラオスの農民は、アヘンの原料のケシが北部のメコン川流域のアルカリ土でもっともよく育つことを発見した。この利益の高い作物がいつも重要視されるのは、近年のラオスが長期にわたり世界でももっとも貧しい国とされる事実を反映している。だが、この国はつねにこうした状態であったわけではない。19世紀中頃にフランス人がやってくる以前は、ラーンサーン（「百万頭のゾウ」の意）王朝として名をはせ、国境は現在のタイの北部にまで伸びていた。だが、1893年にフランスの保護国となる頃には、自給農民、乏しい天然資源、物々交換、さらに多数のラオス人以外の山岳民族が政府に不満をもつ地と変わっていた[13]。フランス人はつねにラオスをベトナムより劣った国であり、誇り高き領地ベトナムの附属品とみなしていた。

内陸にあるラオスは地理的に攻撃を受けやすい位置にある。長期にわたりこの国を貫く道は、定住できる新たな地を探す人々をインドから中国へと導いてきた。そして、以前はおもにアニミズム的な信仰をもっていたこの地に、新しい宗教概念をもたらした。今日ラオスで勢力のある宗教は、ほかの大陸部の国々と同じく上座部仏教（テラワーダ仏教）、「長老の教え」である。これは瞑想を推し進める宗派である。早朝、サフラン色の僧衣を着たラオスの僧たちが、托鉢の鉢を手に、列になって信者が食物を供えてくれるのを辛抱強く待っている姿を見かける。

9世紀から14世紀にかけてこの国を統治したアンコール王国のレンガと石の寺院は、一時期、現在のベトナム南部やラオス、タイ中部にまで勢力を伸ばしたアンコールの文明の高さとその高尚な精神を現在に伝えている。カンボジア人は1300年まではヒンドゥー教を信仰し、その後大乗仏教（マハヤナ仏教）と上座部仏教（テラワーダ仏教）を受け入れた。当時の寺院の壁画には特徴的な衣装をまとったカンボジア人が描かれているが、なかには今日でも目にする服がある[18]。

昔のカンボジア人が使っていたさまざまな腰布のサンポット（sampot）は、現在でも男女問わずすべての階級の人々が身につけている。これらの伝統的な衣装は、幅約50cmの平らな長方形の布を裁断せずに使って形づくる。サンポット・チャウン・クブン（sampot chawng kbun）という着用法は[19]、腰に巻いた布の両端を体の前で束ねたあと、ひだにするか巻き込むかして紐状にし、股下を通して背中でとめる方法である［445］。この巻き方は女性も使うが［446］、一方サンポット・サムロイ（sampot samloy「スカートのようにはく腰巻」の意）という筒型のスカート状の巻き方もある［447］。この腰巻には、凝った格子のような柄で、裾の無地の帯がアクセントになっているものが多い［448］。豊かな柄の絹の腰巻にはしばしば、白いレースのブラウスとクラマ（東南アジアのあちこちで見かける肩掛け）を合わせる。

［445］（左）1999年に国が開催した「水祭り」で出番を待つ漕ぎ手たち。みな腰布を伝統的なサンポット・チャウン・クブンの巻き方で身につけ、それにスポンサー名がかかれたTシャツを合わせている。ロゴから彼らのスポンサーは地元の絹協同組合であることがわかる。

［446］（下左）サンポット・チャウン・クブン式に腰巻を着用するカンボジアの少女たち。写真の儀式では、腰巻の色は曜日を表わし、それぞれの曜日の神に敬意を表している。

［447］（下右）筒型のスカートのようなサンポット・サムロイのスタイルで腰巻を着用することもある。写真の女性たちは白いレースのブラウスと柄つきの肩掛けを合わせている。

東南アジア

[448] 特徴的な色と柄をもつカンボジアの絹の腰巻3種。

左：縦87cm、横85.5cm。
中央：縦303cm、横95cm。
右：縦189cm、横82.8cm。

大陸部　277

　腰巻が衣料の特徴であるカンボジアは、隣国のベトナムと大きく趣を異にする。今日のベトナムでは西欧の服を着る人が大勢を占めている。

ベトナム

　インドシナ半島でもっとも面積の大きな国である。この国では、1000年以上にわたって中国に追随したスタイルが服装の主流を占めていた。中国は長きにわたり全アジアに巨大な影響力をもつ国であった。今日、裕福層に属さない多くのベトナム人のふだん着は、中国と西欧の衣服の組み合わせで、それにヤシの葉で編んだ円錐形の笠ノンラー（nonla）をかぶることが多い。ノンラーは田舎ではどこでもよく目にするが、都市でも物売りや学生の一部がかぶっている［449］。細身で丈が長く色の種類に富むドレスのアオザイ（ao dai）も、ベトナムで目にする非西洋的な衣服である。アオザイは両脇にスリットが入っていて、下にはパジャマのようなズボン「クワン quần」をはく［450］(20)。

　ベトナムはカンボジアやラオスと同じフランスによる植民地経験をもつ。19世紀の後半に、これらの国々は貿易と利益を目的とするフランスに支配された。ベトナムは30年間の戦い（初めはフランス、その後米国と）ののちに晴れて独立国となった。共産党の指導者ホー・チ・ミンは、さらにインドシナ半島の解放と統一も願っていた。だが、紀行作家マイケル・バックリーはこう述べている。「今（2002年）になってやっとその統一が実現したが、ホー・チ・ミンが思い描いたのとは別の形となった。それは社会主義ではなく資本主義経済によって成り立っているからだ。1980年代中頃からインドシナ半島の3国はみな民間企業を支持する方向に転向した」(21)

[449]（左）ベトナムの果物売りが中国風の上着、だぼっとしたパジャマのようなズボンにノンラー（ヤシの葉を編んだ伝統的な円錐形の笠）をかぶり、肩には天秤棒を担いでいる。

[450]（下）ベトナムのティーンエイジャーが、そろって白いアオザイを着て自転車で学校に向かっている。

[451]（最下）ベトナム北部、中国国境近くのサパの市場に立つ花モン族。印象的な民族衣装はバティックによる模様と刺繍、アップリケによるもの。

東南アジア

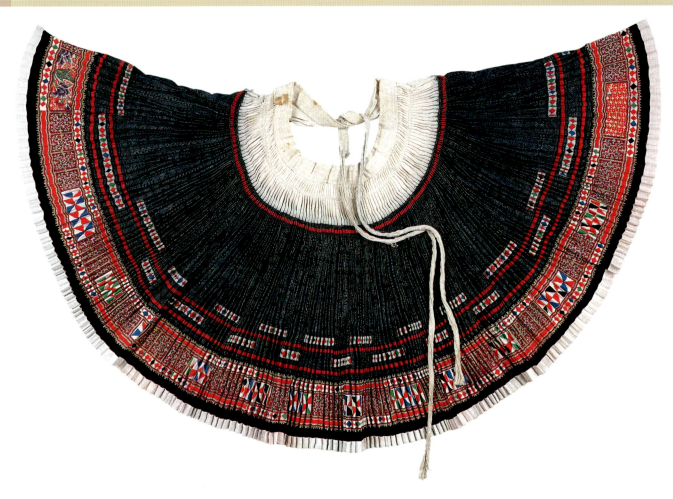

[452] 花モン族のプリーツスカート（左は拡大写真）。手染めの藍のバティックによる繰り返し模様に、カラフルなクロスステッチ刺繍による帯状の幾何学模様、そして入念に配置されたアップリケがついている。

[458]（左ページ上）タイ北部カレン族の女性用綿ブラウス。2枚の綿生地からなり、黒地に赤と黄の刺繍が丁寧に施されている。さらに白い種の飾りもついている。縦62cm、横88cm。

[459]（左ページ下）タイの3部構成のスカートにみられる裾飾り（「足」部分）は、長い浮き糸で飾られている（内側にあるので写真では見えない）。このようなスカートは浮き糸を守り、複雑な織り目を見せるために裏表にはくことがある。縦87.5cm、横68.5cm。

きた［459、460］（時おり不調和ながら、西欧の縫製された、ゆったりとしたシャツやブラウスが普及することもあった）［461］。

　立憲君主制は伝統織物の継承をうながした。王は実権をもたないものの、尊敬され、驚くほどの影響力を有している。シリキット王妃は伝統的なタイの織物を保存し、養蚕と絹織物の復活を推し進めただけでなく、村の機織り職人と好ましい関係を築いた（彼らの織った布で自分の衣装をつくらせるほどである）。これは実りのあることであった。この王族の後ろ盾によって職人の協力体制がととのい、現代のタイの織物が世界の市場に出回るようになった[1]。

[460] タイの地方の女性たち。供え物を乗せる銀の入れ物を持っている人もいる。みな伝統的な3部構成のスカートをはき、寺院の前でポーズをとっている。

[461] 若いラオ族の女性。伝統的な3部構成のスカートを、現代的な西欧の縫製されたシャツと上着に合わせている。上着には米国の象徴ともいえる典型的なロゴがついている。2004年1月ラオスにて。

島嶼部

[462] ヒンドゥー教の島の、聖なるダブルイカット（経緯絣）のグリンシン〔字義は病気（グリン）なし（シン）〕と、黄金の花と生花で壮麗に飾りつけた冠をつける輝くばかりのバリの少女。ブランコの儀式にて。ヒンドゥー教のインドでもモンスーンの時期に合わせて同様の儀式が行われる。

東南アジア島嶼部は、温かな熱帯の海に囲まれた海洋世界で、規則的でおだやかな風が吹くため、地域間や国際間の交易が盛んであった。海洋国の歴史は、この地域の古代から現代にかけてのさまざまな名称に現われている。近隣のアジアの船乗りたちからはナンヤン（南洋）とよばれていた。モンスーンを利用して航海する古代のペルシアやアラブ、インドの交易商は、この島嶼を「風下の地」とよんだ。16世紀初頭、ヨーロッパの船乗りたちを駆り立て、漠然ながらも向かわせた先は「東インド諸島」だった。17世紀から20世紀にかけてこの地を植民地としたオランダ人は、緑したたる島々を「エメラルドの帯」とよんだ。20世紀中頃のまだ若い文明国家は、インドネシア諸島とよばれた。植民地時代以後につくられた新しい言葉である。しかし、伝統織物の鑑定家にいわせると、この島々は「織物の地」でもある。この諸島は、手織りの布の種類が世界でもっとも豊富であり、類をみない卓越した技術と驚くほど変化に富んだ布地を産する。この織物の宝庫はインドネシアの多様性のみでなく、東南アジア島嶼部の統一性も反映している。それは1人1人がこの美しい布と衣類を大事にするという風土から生まれた共通意識である。

何百年ものあいだ、この地域を船でめざす世界の多くの商人たちを引きつけてきたのは、特産のスパイスであった。これは、昔はインドネシア東部にある辺境のいくつかの島でしか採れなかった[1]。16世紀にヨーロッパ人が伝説のスパイス諸島への最短航路を求めたことで、歴史が動いた。

ナツメグとニクズクを世界に初めて紹介したのは、ジャワ島のヒンドゥー教徒と推定される。この香り高いスパイスがヨーロッパに上陸したのは、6世紀のことであった[2]。冷蔵設備のない肉食の文化において、ぴりっとしたスパイス（「おいしさ」をもたらす調味料の起源である）がしだいに人気を得ていったのは、けだし当然のことといえる。だが、残念なことにその産地はもどかしいほど遠かった。約1000年をかけて船舶技術と航海術をものにすると、ヨーロッパ人はこぞって「東インド諸島」への最短距離発見に乗りだした。大航海時代の幕開けである（7. オセアニア、307ページ参照）。探検が盛んに行われた時代から、ヨーロッパ人による地球の侵略がはじまった。この時代にヨーロッパ人の商業熱が培われ、それが植民国家を生み、今日の世界地図をつくりあげたともいえる。

しかし、スパイス諸島はインドネシア列島のほん

の一部にすぎない。インドネシア列島は1万8110もの島々からなり、うち220は「環太平洋」を形成する火山島である [地図23]。世界一長い列島がアジアの下部に連なり（西はスマトラ島から東はニューギニアの海岸までの5110kmにわたっている）、2億3千万以上の人口、350の民族を抱える。この列島にはマレーシアの一部も含まれる。大陸部と分断される島嶼部のマレーシア、サバ州、サラワク州はボルネオ島にある(3)。

この地域の気候は全体を通して熱帯であり、概して緑の森と竹とヤシの木に覆われた、草原のほとんどない地である。肉牛や水牛、山羊、豚、鶏、アヒル以外の家畜はほとんど飼われていない。魚、果実、ココナツ、米が主たる食料で、米はインドネシアでもマレーシアでももっとも重要な作物となっている。水稲の生産性の高さは、今も昔もひじょうに肥沃な火山灰と豊富な水、さらに水田を耕し、稲を刈り込みながら、肥料となる糞を落とす水牛のおかげである。

インドネシア列島のなかでジャワ島はもっとも住みやすく、長年人気の高い島であった。5世紀の王国建国から1500年頃まで、ジャワ人は米の豊かな恵みを享受し、スパイス目当てでこの国の各地の港を訪れた世界の船乗りを、類まれな外交術で魅了もした。そのため、この地には初めての経済成長が訪れた。1600年以前はクローブとナツメグの木はモルッカ諸島にしか生えていなかったが、季節風のせいでスパイス諸島の住民と世界をまたにかける交易商が出会う機会はあまりなかった。スパイス諸島からの荷の積み替えにより、ジャワ人は幸運にも「この成長が期待できる商品をたやすく独占できた」(4)。

この時代にはまた、仏教やヒンドゥー教、さらにイスラーム教が東南アジアに広まった。大陸部では仏教が勢力をもっていた（「大陸部」270ページ参照）。一方、ヒンドゥー教が最終的に根づいたのは、インドネシアのバリ島とロンボク島のみであった。島嶼部で圧倒的に受け入れられたのはイスラーム教である。イスラーム教勢力は、1400年の活気あふれるマラッカの港（マレー半島南岸）に端を発する。

その後、マラッカ海峡のインド人交易商が増加し

[地図23] 東南アジア島嶼部は、現在のフィリピン（地図の最北）、マレーシア（東西ともに）（点線より北西の部分）、インドネシア（点線より南東の部分）。この国境線には、地域を英国領（現在のシンガポールとマレーシア）とオランダ領（現在のインドネシア）に分けるという、1824年の英蘭協約が反映されている。

たことで、イスラーム教が他地域に広まったものと思われる。マラッカ海峡という有利な地を押さえたイスラーム教徒の商人たちは、ジャワ島北部の港から輸入されるスパイスを独占した。マラッカは豊かになり、ついには王もイスラーム教徒となった。マラッカのような小地域での王族の宗教的後ろ盾は莫大な利益を生む。それゆえイスラーム教徒が支配するこの港は、さらに多くのイスラーム商人を引きつけた。イスラーム教がもたらしたペルシアの国王観も、マラッカの王の心をくすぐった。イスラーム教徒になることで、彼は周囲の港町を治める小国の王とは比べ物にならないほど、地位の高いスルタンになることができたのである。

東南アジア島嶼部には、こうして長年にわたり世界中から商人が集まっていたが、16世紀に現われたヨーロッパの交易商はこれまでとは種族がまったく異なり、この地に脅威をもたらした。中国やペルシア、あるいはインドの商人とはちがい、ヨーロッパ人の船は速く、武器は強力だった。だがもっとも重要なのは、利益のあがる事業であれば、その一部または全般を政府が支持したことであった。

286　東南アジア

[463] ひじょうに珍重されたインドからの輸入布パトラ織りは、西海岸のグジャラート州産。オランダはこの絹のダブルイカットのパトラ織りを特定の商売相手のためにとっておく、特別扱いの品にした。この得意先優遇処置は、パトラ織りがインドネシア国内産の布と同じ扱いを受けるようになってからもつづけられた。縦 444.6cm、横 96.8cm。

　当初、ヨーロッパ人たちは、東南アジアの人々が、金・銀や鉄砲以外の自分たちの商品に見向きもしなかったのに驚かされた。ほかに価値がありそうなのは、インドの布地——光沢のある絹織物のパトラ (*patola*) [463]（この模様は今でもこの国のデザインに影響を与えている）と模様がプリントされた綿布——のみであった。従来これらの布地を運び込んでいたインドの商人は、ヨーロッパ人のため、長年かけて培ってきた市場からあっという間に追放されてしまった。

　ヨーロッパの商人のなかでも抜きん出て優秀なのは、オランダ人であった。16世紀から17世紀にかけて、ヨーロッパではカトリックのハプスブルク君主国の支配が終わった。それとともに、プロテスタントが優勢だったオランダ共和国は、またたくまに世界の交易で力をふるうようになった。オランダ海軍後援の下、連合東インド会社がバタヴィア城を現在のジャカルタに建設（許可は1619年）して交易拠点とし、スマトラ島とジャワ島のあいだにある最重要地点のスンダ海峡を支配した。

　それ以前に渡来したポルトガル人と同じく、オランダ人はインドネシア人もイスラーム教徒も信用せず、アジアからの移民（おもに中国人）を下級の事務職に起用した。また、当時はまだヨーロッパ人女性の入植がなかったため、オランダ人と現地女性とのあいだに生まれた子どもたちが、欧亜混血という新たな階級を生みだした。

　やがて1800年までには、ヨーロッパ人と東南アジア人の科学技術力のちがいから、経済と軍事をヨーロッパ人が握るようになった。タイを例外として（「大陸部」282ページ参照）、東南アジアの国々はすべてヨーロッパ人に支配されるようになった。1824

年にナポレオン戦争が終結すると、マラッカ海峡からシンガポール南部にかけての英国とオランダの領土を見なおす、いわゆる英蘭協約が結ばれ、これにより「マレー地域は強制的に二分された」[地図23参照][5]。

オランダ人は広範囲にわたる制度をいくつか実施したが、それは無意識のうちにこの地域の愛国心を育むことになった。1つに、下級事務職確保のため、地元の「青年事務員」を養成しようと学校をいくつか設立した。これにより、インドネシア人はヨーロッパの歴史を知れば知るほど、革命の可能性を意識するようになった。オランダはもう1つ、自分の首を絞めるような行為をはたらいた。インドネシア国民はみなマレー語を話さなければいけないと主張したのである。その結果、列島じゅうに共通言語が取り入れられた。以前は互いに言葉を理解しあえなかったさまざまな民族が、互いに交流可能となったのである。こうして国家主義の概念が広がった。

国民の生活が一変するようなもっとも大きな出来事は、植民地時代の終盤、第二次世界大戦中に起きた。日本による東南アジアの占領である。アジアの国による攻撃的な動きにより、ヨーロッパ人が無敵だという神話が崩れた。新しい世界の構築がはじまったが、それは日本人によるものではなかった。1945年8月に米国が原子爆弾を広島と長崎に落とし、日本の領土拡張策が突然に終了したためである。

東南アジアの人々は、日本が敗戦してヨーロッパ人が戻ってくる一瞬のあいだに、政治機構を引き継ぐ機会をものにした。たとえば、インドネシアの国家主義者スカルノはインドネシアの独立を宣言した。しかし、問題は山積だった。とりわけ、独立した統一国がこれまでこの列島には存在しなかったということが最大の問題であった。列島の共通点といえば、オランダの支配とマレー語のみだったのである。さらに、ジャワ人が他島の人々から信用されないという根深い問題もあった。まさにそれは、オランダがさらに高度な拠点を植民地に置くために利用しようと虎視眈々と狙っていたことだった。

新たに独立国家となった東南アジアの国々では、全体主義が植民地主義に取って代わった。非植民地化により、強力な独裁政治が推し進められることになったのである。インドネシアでは、1967年にスカルノが失脚するまで軍の独裁支配がつづいた。つづく新大統領スハルトの下での国家による弾圧と経済成長にてこ入れされて、東南アジアの政治は安定し、1970年から80年にかけて奇跡的な好景気が訪れるようになる。やがて1990年代後半には悲惨な不況にみまわれたが、21世紀に入ると経済は復興した[6]。

インドネシア列島

東南アジア島嶼部でもっとも古い衣服はたたいた樹皮でできていた。その技術は、20世紀になっても山岳地帯の人々のあいだに受け継がれていた[464]。織りの技術もやはり有史以前から発達していたと思われる。その流れといえる簡単な綿の織物が、現在でも全国で男女の区別なく用いられている。この多目的な日常着のサロン（巻衣）には、単純な縞模様や格子模様が数多くみられる。

[464] 20世紀初頭に写したスウラウェシ中部ベソアの人々。樹皮布のスカート、ブラウス、ヘッドバンドを身につけている。20世紀には樹皮を使用した衣服を着るのは、孤立状態にあったスウラウェシの部族のみとなった。海岸に住む部族は、4世紀から16世紀にかけて、ヒンドゥー教徒のインド人かイスラーム教徒のアラブ商人から織物の技術を学んだ。

インドネシアの衣類が大きく変化したのは14世紀以降、イスラーム教徒の交易商が、そしてその後はヨーロッパ人が優美なインドの織物をこの列島にもたらしたときである。この島にインドの織物が渡ったのは初めてではなかった。それまでの数世紀間も輸入はされていた。だが、それを手にすることができたのは、装飾的な衣服を着る特権があった貴族階級のみだった。しかし14世紀になると、スパイス貿易の恩恵により織物の民主化が起き、一般の人々が手にする布地の種類にこれまでにない変化が生じた。商人は、カラフルなインドの絹やプリントされた綿布と引き換えに、貴重なインドネシアのスパイス（地球の別な地域では同じ重さの金と同じ価値があったという）を手に入れることができることを発見した。一方、インドネシア人は容易に手に入るクローブ、ナツメグ、胡椒、香り高い白檀と引き換えに美しい布地を手に入れることができることを発見した[7]。

インドネシア人にとって、見事な織物は昔からただの布地以上の価値があった。布を織るということは崇めるべき行為としてあり、その織物はなおも古来からの神聖な意味を保ち、力や庇護、地位などを反映すると同時に、儀礼具や贈答交換物、富の蓄積、さらには通貨としてさえ用いられている。こうして糸を紡ぎ、染め、織って布にすることは、まさに創造の過程を象徴するものとみなされ、ふつうは女性に限定された役割となっている。

短繊維の綿はこの地域で元来栽培されており、経絣（事前に染めた経糸で模様を織りだす方法）の織布に使われてきた。思い通りの模様を描くためには、糸の一部を防染繊維できつくしばって染料をしみさせないようにする[465]。経絣では模様が縦または横に帯状に出る。経糸を染めるために自然にそのような模様になるのである。インドネシアのほかの伝統的な布地同様に、経絣は単純な腰機で織られる[466]。この織り機は経糸が断続的なものと継続的なものという2方式に分かれる。どちらの場合も、床に座る織り手の背後にくる平紐か枠を使って経糸の張り具合を調節する[8]。

驚くほど多様なインドネシアの織物を理解するために、列島の西の端から主要産地を追って順にみていくことにする。

[465] フローレス島の染め・織り職人が、染料につけたときにしみ込まないよう、経糸の一部を注意深くしばっている。この作業工程は、経糸にだしたい模様をつけるためのもので、緯糸が織り込まれて布地になると模様ははっきり現われる。フローレス島、1988年。

[466] フローレス島の織り職人が、腰機でパトラのような布を織っている。経緯の糸の張りを、腰にあてた平紐や棒に寄りかかることで調整する。フローレス島、1991年。

スマトラ島

　インドネシアのなかでも大きな面積を占める島の1つで、島々のあいだをうねうねと回る交易路を監視するような、もっとも重要な位置にある。この地の利から、スマトラ島の多彩な織物には他国の影響が多くみられる。マラッカ海峡に沿ったこの島では、何世紀にもわたり海岸の各所でインドや中国、ジャワ、アラブ、ペルシア、ポルトガル、オランダの商人を受け入れてきた。その結果、絹や金属糸、ビーズ、鏡面仕上げの金属、さらには新しいデザインや染織法、新技術などを得ることができたのである[9]。

　絵緯を用いたソンケット (songket) は、他国から入ってきた技術の最たる例である。イスラーム教徒の商人がこの島に、金銀で覆われた糸で織ったインドの布地をもたらした。パレンバン (イスラーム教徒の貿易でにぎわう地域) で織られた金銀のソンケット [467]、西部のミナンカバウで織られた光り輝く豪華な布地などが有名だが [468]、海岸にあるパレンバンは美しい緯絣でも知られている [469]。

　スマトラ南端のランプン州 (胡椒交易の中心である豊かな地域) は、地元の女性が使う刺繍布のタピス (tapis) で名高い。美しい綿や絹のサロンで金属糸や綿、絹の糸でびっしりと刺繍が施されているもので [470, 471]、刺繍の技術はおそらく初期に中国の交易商がもたらしたものであろう。ランプン州の優雅なタピスは「通過儀礼」や、3、4日にわたって営まれる結婚式などの特別な記念の儀式のときにしか着用しない。

　またランプン州は霊船布 (タティビン tatibin、タンパン tampan) でも名高い [472][10]。霊船布はひじょうに高度な技術や深遠な図像、象徴性を帯びた見事な布であるが、儀式・儀礼のさいに壁に掛けるのみで衣装としては使われない。

[467]（上）スマトラ島南部のパレンバンで織られた、赤と金の絹の男性用被り物。絵緯の技法を用いたソンケットという、インドで生まれ、イスラーム教徒の商人がスマトラ島に紹介した技術が使用されている。
縦212.3cm、横79.4cm。

[468]（右ページ右端）スマトラ島西部ミナンカバウ地域の肩掛け（右ページ下左は拡大写真）。光る端の布は赤・緑・金の糸で織られている。縁取りは金属糸の金。縦287cm、横51.5cm。

[469]（左）赤と金の絹で織られた女性用の筒型スカート。パレンバンはこの緯絣でも名をはせている。縦72.5cm、横71cm。

[475]（上左）女性用のスカートの布カイン・パンジャン(kain pandjang)。天然の染料を使ったトゥリス（手描き）・バティック(tulis batik)手法。20世紀初頭、ジャワ島北海岸。
縦265.5cm、横106.5cm。

[476]（上右）トゥリス・バティックで柄をつけた女性用のカイン・パンジャン。20世紀初頭、ジャワ島中部。縦251.5cm、横104cm。

ジャワ島

ジャワ島はスマトラ島のすぐ東に位置する。昔から、蝋防染で複雑な模様をつけたバティック（batik）〔いわゆるジャワ更紗〕が主流だった島である。バティックの作業は、まずチャンチン（canting）という銅の「ペン」で布地に繊細な模様を描く作業からはじまる[475～477]。手描きの細かく込み入った柄を誇るジャワのバティックは世界一といわれ、19世紀末から20世紀初頭にかけて最盛期を迎えた。当時は職人が多く、需要も高かった。また、この複雑な製作過程に必要な、質のよい綿生地の安定した輸入もあった[11]。

バリ島

ジャワ島の東海岸からわずか3.2kmのところにある小さな火山島のジャワ島では、15世紀にイスラーム勢力がヒンドゥー王国を倒した。その結果、多くのジャワ人がバリに逃げたため、列島一帯がイスラーム教徒というなかで、この島のみが小さなヒンドゥー教の地帯となった。

綿絣の染めと織りの技術はこの島で最高潮に達した。難しいダブルイカット（経緯絣）のグリンシン（geringsing）が織られているのは、インドネシアでもバリのトゥンガナン・バゲリンシンゲン村のみで

[477] ジャワ島のバティックでもっとも重要な工程は、最初に丹念に手描きをするトゥリスである。初めの染めで色をつけないすべての部分が、白く残るように蝋で輪郭を描く。1度染料につけたあとに蝋をはがし、残りの柄をまた蝋で描いては浸してはがすという工程を繰り返す。写真は20世紀初頭頃の風景。

ある[478；462も参照]。経糸と緯糸をともに防染して、思い通りの柄をだすというこの手間のかかる伝統的な織物は、バリ島東部の村のほかに世界でも2か所（インドと日本）でしか織られていない。グリンシンに使う染料は藍かモリンダ（現地ではモリンダないしムンクドゥの根から抽出される染料）で、生成り地に赤紫の柄が出る。

スンバ島

経絣の綿織物はおもに東部の端にある島々、とくにスンバ島、フローレス島、ティモール島で織られている。わけても有名なのは、スンバ島の東海岸で織られる男性用マントのヒンギ（*hinggi*）である[479；481も参照]。この布は多彩な色、細部にわたる描写、太い線で帯状に描かれた様式化された人間や動物で知られている。「頭蓋骨の木」の柄もみかけるが、これはスンバ島に最近まで首狩りの慣習があったためだという。ふつうは体に巻くものと肩に掛けるものが対になっている。何世紀ものあいだ、この貴重な布は価値ある商品として取引されていたが、19世紀にはオランダが独占的に輸出した。女性用では筒型スカートのラウ（*lau*）[480；482も参照]がある。

[478] 手紡ぎの経緯絣の綿布グリンシン。柄は4つの頂点をもつ2体の星を強調した寺院と2体の影絵の人形（ワヤン *wayang*）の繰り返し。縦204.5cm、横49.5cm。

[479]（左端）1920年代にスンバ島で撮られた写真。男性がヒンギという大きな2枚のマントを身につけている。1枚は腰に巻き、もう1枚は肩に掛けている。

[480]（左）スンバ島の女性がはくスカートのようなラウ。たいていは男性のヒンギ同様の柄であるが、こちらはイカットではなく絵経の技法によるもの。

[481]（上）20世紀初頭につくられた男性が身につける綿のヒンギ。天然染料の経絣。左右対称に配された獰猛な動物の列が、中世の紋章形式で描かれている。オランダ人の紋章を参考にしたものと思われる。縦251.5cm、横125.1cm。

[482]（右）絵経で柄を入れた女性のラウ。スンバ島には欠かせない馬のモチーフ。縦131.3cm、横59.2cm。

[483]（上）フローレス島南部中央の海岸にあるリオ族の職人による肩掛け。色と布を覆う構造的な柄は、この部族に大きな影響を与えたパトラ織りに似ている。縦226cm、横123cm。

[484]（左）フローレス島中央西部のガダ族の染め・織り職人による男性の儀式用肩掛け。経糸のルエには様式化された馬、犬、人間が描かれている。すべて織る前に染色されたもの。イカット（絣）の防染方法は、染めたくない経糸の束をヤシの繊維でしばり染料につける。縦217.8cm、横135.8cm。

[485]（下右）幅の広い経絣の織物を腰に巻くティモール人男性。

[486]（右）東ティモール固有の動物と鳥が並ぶ赤と黒の帯が交互に配された、儀式・儀礼用のショール。雄鶏とリスをきちんと左右対称に並べた絵柄は、中世ヨーロッパの紋章を思い起こさせる。縦190.5cm、横72.4cm。

フローレス島

　険しい地形のフローレス島は、交流も輸送もひじょうに困難な地である。そのため、織物の伝統も地域ごとに分かれている。なかでも注目すべきものの1つは、交易の歴史がはっきりと表われた柄である。南部中央の海岸に位置するエンデ地域の織物には、輸入されたインドのパトラ織りの影響がはっきりと見てとれる。リオ族の住む地域では、輸入された布地をそのまままねた柄がみられる［483；463、466も参照］[12]。さらに、パトラ織りに似た布の色と柄をだすのに一般的に使われている複雑な技術、モリンダによる染色過程も、パトラ織りにならったものである。このことから、インドからは有名な織物と合わせてこの染織法も紹介されたことがわかる[13]。

　この島の中央西寄りのバジャワにはンガダ族が住んでいる。この部族がつくる服のなかに経絣のルェ（*lué*）という変わった布がある。舞踊の装束の一部として肩に掛けるもので[14]、様式化された人間と動物が藍地に白く描かれている［484］。

ティモール島

　列島の端に位置するもう1つの島ティモールは、特徴的な経絣で知られている。明るい色目のこの織物には、擬人化した大きな柄や鳥が描かれることが多い。島の西半分に住むアトニ族の織物には、それが顕著に表われている。幅広の長方形の織物は、経糸の方向に縫い合わせ幅を広げている。男性はこの平らでフリンジのついた布を腰に巻く［485］。1枚を儀式のときのショールにすることもある［486］。ティモール人は図像が読めるので、ほかの者が身につけている織物で出身地や姻族がわかる。首狩りを行っていた時代には、見る者を不安にさせるメッセージともなっていた。

スラウェシ

　スラウェシは中央部が険しい山岳地帯で、半島が海に向かって4つの手を伸ばす奇妙な形をしている。4つの半島それぞれに歴史があり、織物の伝統がある。もっとも魅力的な地はトラジャである。高地の中央から南にかけて住むトラジャの人々は、伝統的に素晴らしい樹皮の衣装をつくってきた。タコノキかカジノキの樹皮の内側をゆでてたたくと、ひじょうにやわらかくしなやかなフヤ (*fuya*) というシート状になる。これに天然染料で色を塗るか模様を型押しして衣服にする。縫製することもある［464参照］。この伝統を受け継いで今日も着られているブラウスは、レンバ (*lemba*) といわれる。藍で染めた綿に、トラジャの彫刻でも使われることもある有名な模様がついている［487、488］。この地域の人々は、昔から重要な儀式や儀礼のとき、ボリューム感のあるスカートと筒型の頭飾りに合わせてこれらのブラウスを着ていた。

［487］1929年に撮影されたトラジャの女性は、凝ったレンバのブラウスにたっぷりとしたスカートと儀式・儀礼用の頭飾りをつけている。

[488] トラジャの女性用ブラウス。藍染めの綿にアップリケとビーズ細工で装飾されている。このレンバを着るのは儀式や儀礼のときのみである。昔は樹皮でつくられていたが、現在は既製の綿布が使われている。着丈55cm、横87cm。

[489] スラウェシのイカットには、系図を様式化したセコン (sekong) といわれる模様が繰り返されている。互いに組み合わさった抽象的な人型の繰り返しは、子孫と親戚の永遠の継承を表わしている。

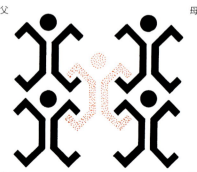

父　母
息子　娘

島嶼部　301

スラウェシの織物の長い伝統を反映して、家系を複雑な模様で表わした織物もある。パ・ポリトノリン（*Pa Poritonoling*）（*Pa* は「柄」、*Pori* は「イカット」、トノリンは織られた村の名）とよばれる価値のある珍しい織物である [489]⁽¹⁵⁾。

ボルネオ島

ボルネオ島には手の込んだ彫刻や樹皮への着色、入念なビーズ細工、迫力ある刺青という幅広い装飾の伝統がある。イバン族（そのほとんどは東マレーシアのサラワク州に住んでいる）もひじょうに素晴らしい織物文化を育んできた。スカートや腰巻、上着、肩掛け、さらに大きな壁掛けや毛布は、密に織りあげて柄をつけたプア（*pua*）という織物でつくられている。この複雑な経絣はイバン族の織物のなかでもっとも有名である [490]。

凝ったプア織りはとくに腕のいい女性が染めを行う。「この仕事ができるのは、50人に1人しかいない」といわれてきた⁽¹⁶⁾。この織物は、かつてイバン族がかかわっていた特徴的な首狩りの慣習と関係があるという説もある。19世紀後半になっても「敵の首を狩るまでは男は一人前とはいえず、プアを織るまでは女はだれからも認めてもらえない」⁽¹⁷⁾といわれ

ていた。織り糸を媒染剤につけてから染料にひたし、染めた経糸を織機にかけるという手間のかかる前処理は、男性の誉れ高い首狩りにも匹敵する。そのため、女性の染めて織る作業は「女性の出征路」とさえいわれていた [491]⁽¹⁸⁾。

[490] 手紡ぎの綿を天然染料で染めた経絣のプアの腰巻。模様部分の配置はパトラ織りの配置を思い起こさせる。縦262cm、横161cm。

[491] イバン族では、染めと織りでとくに熟練の技をみせる女性のみが、両親指の付け根に刺青を入れるのを許されていた。これとまったく同様に、首狩りで功績のあった男性のみが手の甲に刺青を入れることを許されていた。ボルネオ島、1988年。

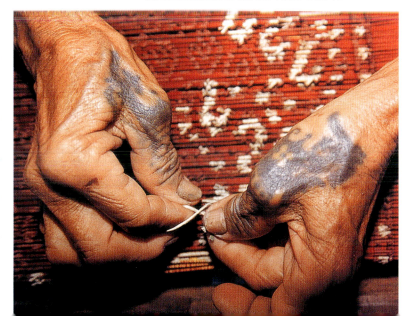

東南アジア

[492] バゴボ族の男性用上着。艶をだしたマニラ麻の生地にビーズ細工と刺繍が施してある。
縦 55cm、横 110cm。

[493] バゴボ族の男性用の短いズボン。艶をだしたマニラ麻の生地に複雑なビーズ細工が施してある。イカットの細縞も入っている。股の大きな当て布は中東の縫製によくみられる。イスラーム教がミンダナオ島の衣服にもたらした影響の好例である。ビーズ細工を施した裾は別布をあとで縫いつけたもの。
縦 58cm、横 86cm。

[494] 若いバゴボ族の男性が、手紡ぎのマニラ麻で織り、手の込んだビーズ細工でにぎやかに飾った上着と短いズボンをはいている。ミンダナオ島、20世紀初頭。

フィリピン諸島

　東南アジア島嶼部には、インドネシア列島のほかにも多くの島々が集まる国がある。フィリピン諸島である。最南端のミンダナオ島の3種類の衣服からは、東南アジアの全般的な織物の特徴とは別の一面をかいま見ることができる。衣服には物質的・社会的環境の影響がみられ、高地の部族と海岸の部族では異なる特徴がある。

　島の南部中央の山岳地帯に暮らすバゴボ族は、バナナに近縁のマニラ麻（*Musa textilis*）の繊維で織り、巧みな技法で美しく仕上げた布で名高い。昔、男性はひじょうによく艶をだし、入念に装飾された上着と短いズボンをはいていた[492〜494]。誇り高きバゴボ族にとって、美しい衣装を着ることはとくに重要であった。装飾品が価の高さを表現したからである。

　近隣の南部中央の部族も艶をだしたマニラ麻のズボンと上着を身につけていたが、こちらの服にはトリティク（*tritik*）という防染技術を使う凝った模様が入っていた[495、496]。

　ミンダナオ島西海岸（フィリピン南部で唯一輸入した絹糸で織った布が見つかった地域）に住むイスラーム教のマラナオ族やマグインダナオ族、タウスグ族、ヤカン族は、色とりどりの衣装と色が象徴する意味を尊ぶことで知られている[497〜499]。事実、彼らの歴史的叙事詩には、「虹の色を手にする」という一節がある[19]。こうした色へのこだわりは現在でも部族に息づいている[500]。

東南アジア

[495]（左）ミンダナオ島南部中央の男性用上着。艶をだしたマニラ麻の繊維を、トリティクの防染技術で織って複雑な模様をだしている。着丈55cm、袖を含む幅110cm。

[496]（下）ミンダナオ島南部中央の男性用ズボン。艶をだしたマニラ麻の繊維をトリティクの防染技術で織って模様をだしている。長さ59cm、幅70.5cm。

[500]（右）1997年に撮影された、ミンダナオ島のアクサラ王。ミンダナオ島の海岸にあるボボン・マカダール地域出身。この地域のイスラーム教徒は写真のようなカラフルな服で知られている。

[497] ミンダナオ自治地域バシラン島ヤカン族のカラフルな絹の被り布。縦 88.9cm、横 83.6cm。

[498] （上）絹と綿で織った細身の上着。銀のボタンが 18 個ついている。裁断に西洋の影響が色濃く出ている。ヤカン族。着丈 78.8cm、袖を含む幅 136.2cm。

[499] （下）絹と綿で織られたカラフルな縞のズボン。ヤカン族。長さ 108.8cm、幅 49.2cm。

7

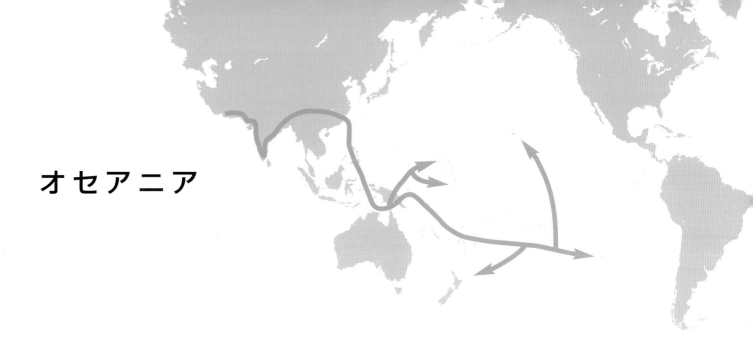

オセアニア

　「火山に囲まれた太平洋に人類が現われたのは、氷河期のことである。彼らはここで、人類史上もっとも壮大なドラマを生みだすことになる」(1) 当時まだ地つづきだったオーストラリア・ニューギニアへの人類の移動、それにつづいて起きたオーストロネシア語族のオセアニアの無数の島々への移動など、長期の航海を伴う大規模な移動が、この地球最大の水域のあちらこちらで行われていた。更新世後期は氷河期の終わりにあたり、地球はまだ氷に覆われていた。その頃、東南アジアの島々から、肌の黒い狩猟採集民が太平洋を陸伝いに航行し、ソロモン諸島を東端として進出した。紀元前2000年紀の中頃には、インドネシア諸島からやってきたオーストロネシア語族の大規模移動があり、紀元前1100年から900年には、機動力がきわめて高い海洋民族がフィジーにまで達した。オセアニアをもっとも遠くまで移動したのは、カヌー製造に長けたポリネシア人であった。勇猛果敢な海洋民族による太平洋の開拓は、人類最後の組織的かつ計画的な大移動であり、地球上で手つかずだった無人地帯への移住といえる。大移動の黄金期は11世紀から13世紀で、この時期に彼らが築いた生活様式は、地球上でももっとも広範囲に分散する文化となった。こうして広大なポリネシアの三角地帯に属するすべての島が発見され、人が住みついた。その一方で、ヨーロッパ人は水平線を平たい地球の末端とみなし、そこから落ちると考えたために、遠洋への航海に恐れをなしていた。ヨーロッパ人がオセアニアを訪れたのはじつに17、18世紀になってからのことである。彼らは、ポリネシア人が方位磁針も六分儀もアストロラーベ（天体観測器）もなしに長期の航海をしたことを信じようとしなかった。オセアニアでの航海術は、茫々とした太平洋と、頭上に広がる空にわずかに認められる目印のみが頼りであった。

オセアニア

[501]『ループ型帆船カムチャツカ号に乗ったボキとヘキリ』ミハイル・ティカノフ画、1818年。ロシアのループ型帆船カムチャツカ号が1818年にホノルルに寄港したさい、ハワイ王国のカメハメハ大王はオアフ総督のボキと海軍司令官のヘキリに、来訪者を歓迎して物資の補給をするようにと命じた。この油彩画では、ボキは簡素なタパの下帯と立派な長い起毛のマント、兜をつけていて、ヘキリも同じ格好をしている。左側には樹皮布のタパをまとった高貴な女性が座っている。1人は彫刻を施したクジラの歯のペンダントと、果物の一部でつくったレイのヘアバンドを身につけている。帆船でやってきた初期のヨーロッパ人は、しばしば本国から病気をもち込むだけでなく、アルコールももち込み、先住民に弊害をもたらした。

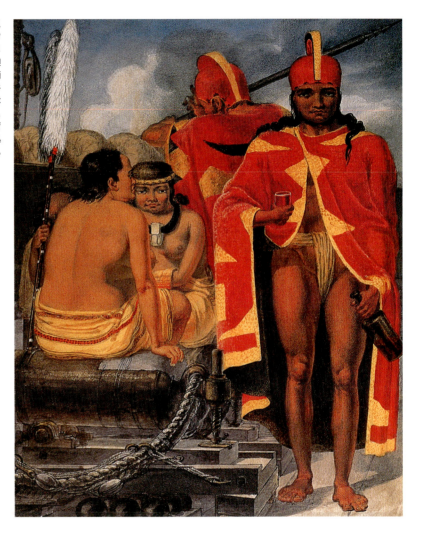

アメリカ大陸にいつ人間が住みつくようになったかは、いまだに議論の的になっているが、多少の留保をつけていえば[1]、おそらくオセアニアへの移住が、人類が行った未知の陸地への最後の大移動だったものと思われる。それまで長年にわたり繰り返されてきた移住の締めくくりであるこの大移動は、地球の3分の1を覆い、水陸あわせてもっとも広範な面積を占める太平洋が舞台となった［地図24］。紀元前1200年までは、太平洋の陸から離れた島々はほとんど知られておらず、無人であったが、紀元1300年までには、どんなに遠くであれ、居住が可能であればすべての島に人が住みついた。オセアニア人は低い環状サンゴ礁の不毛な土地や標高の高い火山島の肥沃な土地、隆起してできた石灰石の島の鳥糞を含むリン酸土、ニューギニアの山がちな雲霧林、ソロモン諸島のうっそうとした熱帯雨林など、あらゆる環境に適応して暮らしはじめた[2]。

長期にわたりつづいた移動のはじまりは、今から4万年から6万年も前までさかのぼる。東南アジアの島々から、狩猟採集民の集団が、おそらく攻撃的

な集団に追われて東への移動を開始し、インドネシア諸島の端のティモール島あたりまで行きついたと思われる。彼らはそこから、当時まだつながっていたオーストラリアとニューギニアという広い島まで移動するという、じつに驚くべき快挙をとげた。世界中の大海がまだ氷河期末の巨大な氷河でつながっており、海面も今より125m低かったことを考慮しても、ティモール島からオーストラリアに渡るためには、88.5kmほどの航海が必要であり、その大半は視界に海しか入らない旅であった[3]。現在のオーストラリア人の祖先にあたる先住民（アボリジニ）は、今から4万年から5万年前にこれを成しとげた[4]。これは現生人類が初めて外洋を渡った記録だと思われる[5]。おそらくヨーロッパの探検家が海辺に住む先住民を初めて目にしたときに使っていたのと同じ、いまにも壊れそうな木の皮のカヌーで外洋に出たのであろう。

早くから移動をはじめたのはインド・太平洋語族だという研究者もいる。彼らは赤道近くに住んでいたため肌が浅黒く、鼻幅が広く毛が縮れている。黒い肌は太陽の紫外線に強いとされる [502]。現在では、彼らが初期のメラネシア人だったということがわかっている[6]。

分厚い氷が融けると、海面は再び上昇し、ニューギニアとオーストラリアが分断された。ニューギニアに残ったメラネシアの狩猟採集民は、のちにパプア人といわれるようになる。その後、紀元前2000年紀の中葉、高度な移動技術をもった開拓者が現われた。インドネシア諸島の背が高く、体重があり、肌の色が比較的明るい人々である。この新参者たちはオーストロネシア語を話していた[7]。図柄の彫刻やレリーフが施されたラピタ陶器のかけらの出土から、彼らもまたかなり広範な移動を行っていたことがわかっている。「ラピタ」とは、陶器のかけらが初めて出土したニューカレドニアの西海岸にある遺跡名である。

こうした陶器をつくる開拓者はそれまで例がなく、太平洋の島々の文化背景に大きな波紋を投じた。少なくとも紀元前3000年までには、ビスマーク諸島に初期のラピタ文化があったことがわかっている。さらに紀元前1200年までには、すでに長距離の探検を伴う移住が行われていた。人類がフィジ

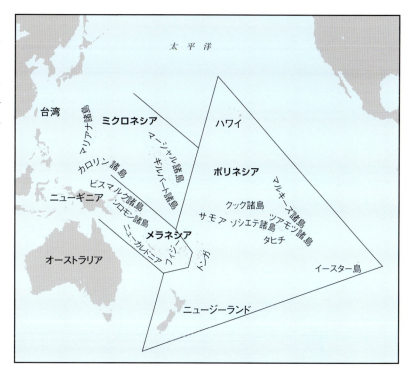

ーにもっとも早く現われたのは紀元前1100年から900年、そこからポリネシア西部に移り、3000年ほど前にはトンガとサモアに定住した。海洋民族のオーストロネシア語族はほんの2、3世紀のうちに、15から25の世代を経て、じつに4850kmの海を海図もなしに、ニューカレドニアからトンガ、サモアまで移動してしまった。まさにこれは先史時代の偉大な冒険譚といえる[8]。

[地図24] メラネシア、ミクロネシア、ポリネシアの三角地帯。北にはハワイ諸島、南にはニュージーランドがあり、その間7100kmにおよぶ。

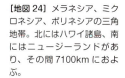

[502] メラネシア人特有の、
色とりどりの羽を使った装飾的
な頭飾り

[503] マオリ族の長の顔の刺青は、ニュージーランドでみられる典型的な渦巻き模様。ニュージーランドはポリネシアへの定住者が最後に行きついた島の1つである。

彼らはなぜ、未知である太平洋の南と東をめざしたのだろう。ラピタ人の狭い社会では氏族員の階級制が厳しく、生まれた順番が富と権力の両方を決定づけた。家系の序列だけでなく、霊力マナや土地を得る権利を、代々の長男にもたらした先祖にも重きがおかれた。このため、長男以外の兄弟は外洋を開拓し、名高い一族をつくりあげようとしたのである[9]。ラピタ人は移動する先々に食料とする植物と動物と栽培技術をもっていった。こうして生活環境をそのまま移したため、オセアニアのどんな土地にでも住むことが可能になったのである。ラピタ文化を有するオーストロネシア語族が、先のわからぬ広大な太平洋に漕ぎだすことで、ポリネシア内の文化は複合的に発達していった。ポリネシアこそ、ポリネシア人が勇猛果敢な太平洋のヴァイキングと化した舞台であった[503]。

精巧で巨大な海用カヌーの設計や製造という点で、ポリネシア人はずば抜けた能力をもっていた。紀元後1世紀には、この大移動を行う船乗りたちの技術はかなりの発達をとげていた。サモアから東に3220kmの距離にあるマルキーズ諸島を足がかりに、ソシエテ諸島に範囲を広げ、徐々に太平洋の四方八方を開拓していった。800年から1000年にかけて、ハワイやイースター島、ニュージーランド、そして巨大なポリネシア三角地帯の頂点となる3点までその範囲を広げた[地図24参照]。

長期にわたるオセアニアへの入植は、さまざまな局面で断続的かつ分散して行われた。そのため、主たる移住を1つ1つ考察するには、21世紀になっても守りつづけられているデザインの特徴や刺青、衣服（または衣服をつけない文化）に注目していくとわかりやすい。ただし、そのさい気をつけなければならないのは、ここ50年の考古学的・遺伝子学的・比較民族学的研究が進展するまで、オセアニア人祖先の移住史に関する編年がほとんどわかっていなかったということに留意しなければならない。初期のオーストロネシア語族による航海の偉業は、ヨーロッパ人が到来するまで書き記されることはなかったのである[10]。

オーストラリア

ヨーロッパからオーストラリアへの初期の移住者は、オーストラリアの先住民が裸もしくはほんの少し体を覆うほかには、道具や武器を携帯するため、毛髪か動物の毛皮でできた腰帯をつけているのみだと報告している。前面に垂れがついた腰帯もあるが、これはヨーロッパ人の入植後に「慎み深さ」をおもんばかっての変更だと思われる。冬や気温が低い気候地帯では、ポッサムやカンガルーなどの皮でできたマントを身につけていた。マントはカンガルーの尾からとった腱で縫い合わされ、毛の面を表に出すものも裏に入れるものもある。後者の場合、皮の部分に鋭利な貝の殻で見事な彫りものがされている[11]。衣服の素材の種類は乏しいものの、オーストラリア先住民は絵の技術に長けていた。

事実、オーストラリア先住民は世界でももっとも古くから芸術を継承してきた。「オーストラリアの先住民は約5万年前から岩壁に絵を描いていた。ヨーロッパ人がラスコーの壁画を描いたのはそれから3万年後のことである」[12]。彼らはさまよえる「創造主」が陸のさまざまな物を創った「ドリームタイム」を讃える秘密の儀式で、共同作品を制作してい

オーストラリア 311

[504] オーストラリア北西の僻地、フィッツロイクロッシングの住民たちが、60人以上の先住民の芸術家によって描かれた『砂絵II』(7.9×9.75m) に座っている。この絵画には古くから伝統芸術と刺青に使われつづけてきた複雑な図柄も取り入れられている。

た。ドリーミングといわれる口承では、大移動の詳細が受け継がれた。オーストラリア先住民の1人1人には、各ドリーミングの物語と、創造が行われた土地を大事に守る責任がある。彼らは波線や円、菱形、ジグザグなど、先住民の芸術特有の幾何学模様を肌やマントの皮部分 [504、505] に刻む。それは、模様の組み合わせで持ち主やその氏族がわかるという[13]、何千年も連綿と受け継がれてきた豊かな図像の遺産である。

[505] ポッサムの毛皮のマントの製法とデザイン法は、今でもグンジュマラ地域に残っている。このレイク・コンダ遺跡のマントの裏に描かれたデザインは、グンジュマラの人たちが、国家遺産景観に指定されたブジ・ビムの、溶岩流の荒れた土地で、8000年にわたり築いてきたウナギの養殖法を描いたもの。

メラネシア

ニューギニア

　ニューギニアは世界でも屈指の大きな島である。中央には4600mを超える高山がつらなり、その周りを海岸部の平野や沼地、低い山々が取り囲む。こうした多様な地形による起伏にとんだ土地が人を遠ざけたため、この島に人間が現われたのはわずか5万年前のことだった。現在、ニューギニアには50万ほどのメラネシア人がいる。彼らは少数民族ごとに小さな集団となって島じゅうに分散して暮らしており、使われている言語はじつに740種類を超える[14]。共通語のトク・ピジンは、単純化されたヨーロッパの言語とメラネシア語の混成語である。

　1970年代以前、ニューギニアの先住民が手を携えて全島におよぶ中央集権体制を築こうという動きはなかった。しかし、園芸学の領域では彼らのおおいなる貢献がみとめられる。デンプン質の根を食べる世界的に重要な主食タロイモ (*Colocasia esculenta*) を、早くから栽培していたのである。広大な太平洋で何度も繰り広げられたオセアニアへの大移動のさい、カヌーには東南アジアの主食である米ではなく、ニューギニアからの贈り物、つまりタロイモが積まれていた。

　ニューギニアの文化は地域ごとに多少異なってるが、源は1つである。一方、政治的には2分されていて、西はインドネシア領土のイリアンジャヤ、東は現在は独立してパプアニューギニアとなっている。今日では、全島で西洋風の日常着を着用しているが、険しい山岳地帯の閉ざされた地域では、ふだんから伝統的な装いの継承がみられる。かつら、鼻飾り、ペンダント、腕輪、帯、そしてきわめてニューギニア的な装身具のペニスケースなどである [506、507]。

　山岳地帯では、シンシンといわれる儀式が定期的に行われる。起源は「ビッグマン」（指導者）が部族の外の人々を招待し交流をはかるための行事であっ

[506]（右）山岳地帯固有の装身具を身につけるイリアンジャヤ、エイポメク村のメラネシア人。植物繊維を編んだかつら、骨でできた鼻飾り、貝殻のペンダント、繊維の腕輪と腰帯、ペニスケース。

[507] イリアンジャヤのペニスケースの数々。下段の小さなものは亀頭を覆う。

た。現在はパプアニューギニア政府の後援により部族間の和平のために行われている。頻繁に催されるこの儀式のなかでとくに印象的なのは、踊り手の見事な衣装[508]とボディ・ペインティング[509]である。この山岳部族のシンシンの衣装は、世界でももっともカラフルで、個性的である。一方、女性の衣装はこれとは異なる。西洋文化の衣服が入る前は、女性が身につけるものといえば編んだ袋（重い畑の作物、薪、豚、赤ん坊を運ぶのに便利）と、草と撚った繊維とでつくったスカートのみであった[510、511]。

[508] ニューギニアの山岳地帯は、色とりどりの衣装をつけたシンシンの儀式で名高い。目を見張るような衣装を身につけた男性が、隊列を組む。カラフルな腰巻衣、頭頂に高くそびえる羽根の頭飾り、鮮やかなボディ・ペインティングが見事なこの写真は、サングレ村を練り歩くメンディ部族の男性たちを撮ったもの。今日では、ボディ・ペインティングを鮮やかにするため、市販の塗料が使われる。模様は氏族の象徴でも魔術的なものでもなく、日々目にする地方固有の鳥を模したものだという。

[509] なかには、この西部山岳州タンブル地区のカウイル族の男性のように、衣装に身を固め、顔と体を炭で真っ黒に塗り、個を埋没させる者もいる。

[510] ニューギニアの女性が使用する植物繊維を編んだキャリングバッグ。

上：縦45.7cm、横42.5cm。

右：縦80cm、横87cm。

316　オセアニア

上：縦48cm、横85cm。下：縦105cm、横47cm。

メラネシアの南の島々

ニューギニアに住んでいるのはメラネシア人だが、これとは別に、メラネシアといわれる太平洋の広範を占める地域がある［地図24参照］。ここには雑多な部族が集結していて、何百もの言語とその方言が話されている。これはまちがいなく、言語が長期にわたり、多くの狭い地域内でそれぞれに発達してきたことを示す。メラネシアの文化の中心はフィジーで、ニューギニアから太平洋に向けて3200kmほど連なる長い諸島の南東の外れに位置する。「近隣」のポリネシアに属するトンガやサモアに近いという地の利があり、交流が行われた。トンガとサモアはフィジーから北東にそれぞれ805kmと1205km先にある。

20世紀初頭のオセアニア研究者ピーター・バック[15]は、フィジー、トンガ、サモアの共通点を数多く紹介しているが、その1つに3島とも卓越した樹皮布タパ（tapa）の産地であることを挙げている[512]。樹皮布は、おもにカジノキ（細い木質の茎をもつ熱帯植物）の樹皮の裏側を原料にしている。カジノキは、東南アジアからオセアニアにもち込まれ、そこから移住民のカヌーにのって太平洋の火山島に伝えられ、肥えた土で繁殖した。

タパをつくるには、カジノキの樹皮のやわらかい内側部分を堅い外側の樹皮からはがさなければならない。そのために内側の部分を下にして斜めにした板にのせ、貝殻で削る。繊維をやわらかく保ちながら広げるためには、板も樹皮も湿らせておく必要がある。こうして処理した内側の樹皮は、水にひたしたあと、木の台の上にのせて木槌でたたく。木槌の表面には何本かの縦の溝が刻まれている。まず樹皮の繊維を広げるために溝のある面でたたき、その後、溝のない側でたたいて表面をなめらかに仕上げる[16]。タパの多種多様な柄は、さまざまな模様が彫られた竹製の版木に天然の染料をつけて型押ししたものである。北オーストラリアやニューギニアをはじめ、太平洋各地で地域ごとに技術を改良したタパ工芸がみられる。

[512] フィジー製の縫製していないタパ。体に巻きつけて着る。右上の1着は男性用、ほかの3着は女性用。

左：縦45.7cm、横238.6cm。
右上：縦69.2cm、横276.8cm。
左下：縦43.9cm、横195.6cm。
右下：縦117.3cm、横315.3cm。

318　オセアニア

ミクロネシア

　ミクロネシアはラピタ文化をもつオーストロネシア語族が発見し、定住したと地域といわれている。彼らは紀元前1500年以前に、ビスマルク諸島から南東のソロモン諸島にかけて入植した。ミクロネシアには低環礁にそって2100もの島があり、ニューギニアの北東から北に向かって、マリアナ諸島、マーシャル諸島、ギルバート諸島、カロリン諸島などが散在する。ミクロネシアは珊瑚礁のやせた土地なので、移民がもち込んだなかでも質の良くないタロイモ、数種の茎の長いイネ科の植物、ココヤシなど一部の植物しか定着しなかった[513]。ミクロネシアでは、素材に加工をせずに衣服をつくってきた。靭皮繊維を織った腰巻衣[514]、靭皮繊維を混合させた腰巻衣[515,516]は男女兼用、ココヤシの繊維を巧みにからませて仕立て、仕上げに鎧をつけた戦闘服もある[517]。

[513] ヤップ島の若いミクロネシア人がココナツを集めている。この繊維をからみあわせて丈夫な服をつくる。ココヤシは、ミクロネシアにももち込まれたオセアニアの食用植物のなかで、定着した数少ないものの1つである。

[514] ハイビスカスかバナナの繊維でつくられたミクロネシア、ウルシー環礁の腰巻衣。こうした織物の衣服は、オセアニアではほとんど見ることができない。

左：縦195.5cm、横49.5cm。

左から2番目：縦171.5cm、横50cm。

左から3番目：縦200.5cm、横48.5cm。

右：縦165cm、横48.5cm。

ミクロネシア 319

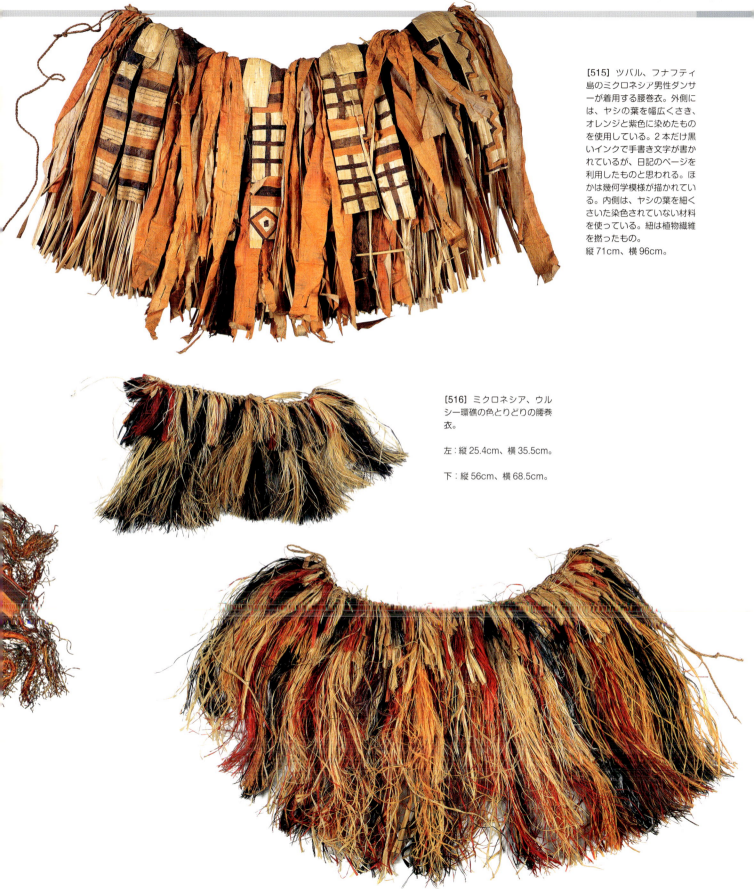

[515] ツバル、フナフティ島のミクロネシア男性ダンサーが着用する腰巻衣。外側には、ヤシの葉を幅広くさき、オレンジと紫色に染めたものを使用している。2本だけ黒いインクで手書き文字が書かれているが、日記のページを利用したものと思われる。ほかは幾何学模様が描かれている。内側は、ヤシの葉を細くさいた染色されていない材料を使っている。紐は植物繊維を撚ったもの。
縦71cm、横96cm。

[516] ミクロネシア、ウルシー環礁の色とりどりの腰巻衣。

左：縦25.4cm、横35.5cm。

下：縦56cm、横68.5cm。

オセアニア

[519] リモアの女性が儀式に使う衣装。靭皮繊維を細かく編んだスカート〔プレタシ（puletasi）〕と袖なしのブラウスが、オウムの赤い羽根で装飾されている。揃いの頭飾りと髪飾りもついている。

（上から時計回りに）
ブラウス：縦51.4cm、横53.3cm。

頭飾り：高さ60cm、幅15cm。

髪飾り：縦18cm、横15cm。

スカート：縦160cm、横64.8cm。

代に伝えられたものである。ピーター・バックによれば、広範囲におよぶ諸島への入植は1度の大移動ではなく、小単位でのカヌーによる移動が何度かにわたって行われた結果だという[18]。

ポリネシア西部のトンガとサモアへの入植が紀元前1000年以前〔紀元前1300年頃〕だったのに対し、東部から出てくる考古学的証拠は、どれも早くて紀元前200年から紀元1世紀のものとなっている。このことから、トンガとサモア以東の入植については、800年ほどの「長期間の中断」後にかなり大規模な展開がみられ、その結果、わずか4世紀でオーストロネシア語族が居住可能であるすべての島や列島に入植した（紀元1000年までに完了）と考えられる。ただし、「長期間の中断」の正確な原因と期間については、いまだ解明されていない[19]。

一方、メラネシアの交易所であるフィジーに比較的近いトンガとサモアは、その恩恵を受けていた。フィジーから入ってくる特産品の1つに、島に生息する赤いオウムの羽根がある。ポリネシア系サモア人にとって、この鮮やかな装飾品は儀式用の衣装を飾る重要な要素であった[518、519]。対照的に、近隣のトンガの、タコノキ（pandanus）の葉と思われる靭皮繊維を美しく撚り、巻き、編んでつくった腰巻衣〔ツペヌ（tsupenu）〕は、すべて島内産の素材でできている。この創造的なスカートのデザインは、トンガで独自に発達したものである[520]。

しかしながら、ポリネシアの服飾文化の歴史は、この地域の最北に位置する熱帯のハワイ諸島[20]と、最南に位置する温帯のニュージーランド諸島という、対照的な2地域にもっともわかりやすく表われている。

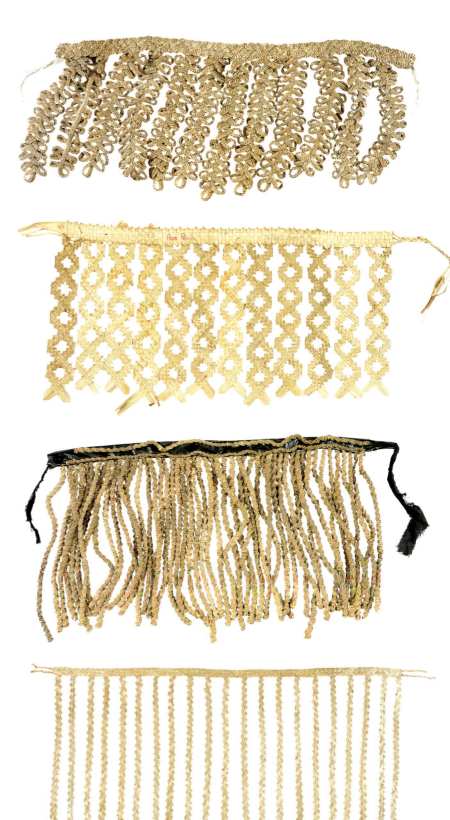

[520] ポリネシア、トンガの葉の繊維（タコノキだと思われる）でできた腰巻衣。4枚ともそれぞれの意匠が凝らしてある。

縦83cm、横35cm。

縦90cm、横37cm。

縦96.5cm、横62cm。

縦120.5cm、横49.6cm。

[521]『レイづくりの女性』セオドア・ウォレス画、1901年。このハワイの娘はムームー (muumuu) を着ている。これは19世紀初頭に島をおとずれたヨーロッパのキリスト教宣教師が強制した、全身を覆う衣服である。宣教師は、現地の女性は生活の仕方を徹底的に変えるべきだと主張し、とくに衣服をつけ、ダンスをひかえることを訴えた。当時ハワイに寄港していた捕鯨者らは、その逆を望んだ。

ハワイ諸島

　ハワイは発見後、入植が盛んに行われ、明確な階層社会を形成するまでにいたった。18世紀にヨーロッパ人が上陸した頃には、階層社会は諸島のすみずみにまで徹底していた[21]。ハワイの人々は、ふだんは男性が腰巻、女性がスカートをつけており、すべては樹皮をたたいてつくったタパでできていた[501 参照]。ハワイのタパはその厚さ（極厚から極薄まで）のみでなく質感も多種多様であった。太平洋で一般にみられる樹皮をたたく槌には数本の溝が平行についているだけだが、ハワイの槌にはさまざまな模様が彫ってある。そのため、多様なすかしが入った仕上がりとなる。さらに、色やデザインも豊富で、すべて自然の染料を使い、緑、黄、ピンク、赤、青、ブルーグレイの色をだしている。残念なことに、1920年代中頃から、ハワイでタパがつくられることはなくなった。ヨーロッパ人のとくにキリスト教宣教師が、恣意的にポリネシアの伝統や習慣の数々を一掃し、西洋の信仰と文化を強要したためである。さらにこれらの一環として、「きちんとした服装」が求められた[521]。

　ハワイ固有の衣服には、たたいてつくったもののほかに、編んでつくったものもある。素材はバナナの茎の外皮やティ・リーフ (ti leaves)[22] で、肌に近い腰まわりの部分が編んであり、下部は長い繊維

がそのままさがっている。現在、ハワイといえばだれもが思い浮かべるフラダンサーが身につけているのが、このパウ（pau）・スカートである［522、523］。

島の王や部族の長など高い身分であることを示す、壮麗な羽根のキヘイ（kihei）（ケープ／マント）は、ハワイの服飾の典型的といえる。さらに頭には羽根飾りのついた兜をかぶる［524；501 も参照］。これらの衣装をつくる現地の職人は、手先の技術と配色に対する感度が高い。クック船長は、ハワイの羽根の衣装の表面が肌触りの点でも光沢の点でも、ヨーロッパで使われている肉厚で密なビロードより優美であるという感想をもった(23)。

羽根の衣装はポリネシア内で発達し、ハワイ、タヒチ、ニュージーランドに定着した。ハワイではこのキヘイは、ひじょうに細かな目で編んでいき（てぐす結びで、必要とされる細かさに編んでいく）、結び目に小さな羽根の束を、別の糸で結びつけることでほつれをふせぐ。赤と黄色の羽根はとくに貴重とされ、現地民の多くがオウム猟で生計をたてていたため、色鮮やかな種が絶滅してしまった。

羽根の衣装を身につけることは貴族の特権となった。これが主たる理由となり、意匠を凝らした色鮮やかなデザインが発達した。この衣装は衣服というよりは権力を示す記章のようなもので、平民と女性

［522］（左）ハワイのフラダンサーの衣装であるパウ・スカートは、世界中の人が思い浮かべる太平洋地域の衣装の典型である。

［523］（下）ハワイのパウ・スカート（左下は拡大図）。腰の部分は編んで丈夫に仕上げている。素材はティ・リーフか、バナナの茎の外皮。縦71cm、横76cm。付属の足首飾りはスカートと同素材。各縦 22.8cm、横 6.4cm。

[524] 1817年にフレシネの探検隊の一員としてハワイを訪れたジャック・アラゴによるスケッチ。若い長は、自分の階級にふさわしい羽根の紋章をつけている。これより高い身分の者は長いマントをまとう。直線的で線対称な刺青は、曲線を多用したニュージーランド、マオリ族の刺青とはまったく趣が異なる[503参照]。

は着用が許されなかった。さらに貴重な衣装を女性から遠ざけるために、権威のある者の衣装はすべて男性の手でつくられた。

身分が高くなるにつれて、着用する羽根の衣装は大きくなる。短いキヘイを着ているのは身分の低い長だとみなされ[524参照]、長いキヘイは王や重要な役人のものとされた[501参照]。もっとも名高い羽根のキヘイは「百万ドルのマント」といわれるカメハメハ大王（1740～58年生まれ、1819年没）のものであろう[525][24]。ほぼ全面が最高位の色といわれるマモという鳥の黄色い羽根でできている。マモはすでに絶滅してしまった。このキヘイには、貴重なマモの羽根が推定45万本使われている。1羽からとれる黄色い羽根は6、7本だったので、じつに8万羽のマモが使われたことになる[25]。愛する自国の領土のみでなく、他の島をも統治した者だけが手にできる貴重な品である。

[525] 優雅な3着の羽根のキヘイから、黄色が貴重だということが見てとれる。右端がカメハメハ大王の全面黄色い羽根を使ったキヘイ。ハワイの歴史家ジョン・デニス・ホルトは、カメハメハ大王のキヘイに柄がないのは、地位の高さを示す必要がないためだと主張している。ほとんど神のような存在であったため、階級など意味がなかったためである。

[526] 亜麻の繊維で各部をつくり合わせたパーケーとよばれる蓑衣。縦117cm、横152cm。

ニュージーランド

　ハワイの発見者にとっても、移住民にとっても、障害となったのは北半球での航海だった。南西をめざした古代人にも気候という障害が待っていた[26]。ニュージーランド——マオリ語で、白く長い雲のたなびく地という意味の「アオテアロア」（Aotearoa）とよばれ、ポリネシアの中央部から4265kmに位置する——は、北の亜熱帯から南の寒帯と幅広い気候帯に属する。サウスアイランドには2985mの雪渓をかぶった山々がつらなり、熱帯とはほど遠い景観となっている。

　ポリネシア人の最後の大移動は、11世紀、マオリ族（いわゆる「寒冷地のポリネシア人」）のノースアイランドへの到来で幕をあけた[27]。この新しい環境は、熱帯から移住してきた彼らにとってことのほか厳しかった。バナナやパンノミ、ココヤシといった植物の多くが育たなかったからである。定着したのはヤムイモ、タロイモ、サツマイモのみであった[28]。ポリネシア人が家畜とした3種の動物のうち、新しい土地に上陸できたのは犬だけだった。豚と野鶏は元の地に置きざりにされたか、旅の途中で死んでしまった[29]。食用植物のほかにカジノキがほとんど育たないという問題もあった。ニュージーランドでは、樹皮の布はほとんどつくられたことがない。しかし、布の材料となる代用品として、いわゆるニュージーランド亜麻（*Phormium tenax*）が採れ、マオリ族の日常的な布として使われた。

　温かな服が必要になったため、初期のマオリ族の女性は現地産の亜麻をためしに使い、魚獲りの網に使われる結びを用いて服をつくった。こうして織機を使わない手織物の方法が確立した[30]。おそらくマオリ族がはじめてつくった衣服は、ニュージーランドの厳しい気候から身を守るための蓑衣、パーケー（*paakee*）であったと思われる。彼らは亜麻を粗く織った簡素で実用的な蓑衣[526]で体を守っていた。平民はふだんでも蓑衣や腰巻衣〔ピウピウ（*piupiu*）〕を身につけていたが、天気の悪いときには、身分の高い者も蓑衣を着用した[31]。

　織りの技術の発達にしたがい、マオリ族の衣服の種類は増えていく。初期の衣装でもっとも貴重なのは貴族が着た犬皮のケープ[527]である。細かな織

328　オセアニア

[527] C・D・バローによる、正装するマオリの族長ランギハエアタの水彩画。犬皮のケープには幾何学的なターニコの模様が入っている。緑色岩のペンダントと大きな緑色岩でつくった斧を持つ。顔にはマオリ族特有の曲線を多用する刺青が入っており、耳にはポリネシアの伝統である樹皮の布切れをつけている。樹皮布は温帯のニュージーランドではほとんどつくられていない。族長の左側に描かれているのは、ニュージーランドの衣服の材料となる亜麻。

ポリネシア 329

[528] 1800年代中期の亜麻でつくったコロワイといわれるマント。濃淡を繰り返す柄は、初期の貴族が着用した犬皮のケープを思い起こさせる。縦110cm、横134cm。

[529] カイタカとよばれるマントは、目の細かな亜麻の織物で幾何学模様で縁取りされている。
縦123cm、横185cm。

[530] ヨーロッパ人に売るためにつくられた、ハトの羽根でできた光沢のあるマント。

左：縦92.5cm、横61cm。

右：縦92cm、横77cm。

330　オセアニア

[531] マオリ族の貴族男性が着ていた、高い地位を表わす羽根のケープ。縦96cm、横135cm。

[532]（下）高い地位を表わすハトの羽根のケープを着るマオリ族の貴族の女性。20世紀の初期頃。唇とあごには階級に見合った図柄の刺青が彫ってある。

[533]（右下）マオリ族の貴族女性が着た、高い地位を表わす羽根のケープ。縦99cm、横146cm。

り目の長方形の亜麻の生地に、下地が見えないほど犬皮がびっしりと縫い込まれている。たいていのマントはターニコ（taaniko）という黒、茶または赤、白の3色を使った、高い階級を表わす手織りの幾何学模様で縁取られている。

　1800年代中頃になると、犬皮の衣服は徐々にみられなくなり、代わりにコロワイ（Korowai）といわれるマントが登場する[528]。対照的な白と黒の縦線の繰り返しに、前時代の縦線の入った犬の毛皮のケープの名残りが感じられる。次に出てくるのはカイタカ（kaitaka）といわれるマントで、これは亜麻の生地にはっきりとした幾何学的な横線が入ったものである[529]。この光沢のあるマントは、ヨーロッパ人がことのほか好んで収集したため、今ではほとんど残っていない。鳥の羽根のマントも同様である[530][32]。

　1769年頃、ニュージーランドを訪れるヨーロッパ人は、羽根の衣服を珍重したが、マオリ族のあいだでは犬皮のマントであるカイタカのほうが好まれていた。だがその後、羽根のマントはマオリ族の高

ポリネシア　331

い地位を表わす衣服に昇格する[531]。このマントには、アヒルやキウィ、ハト、オウム、ニワトリ、キジ、ホロホロチョウなどさまざまな鳥の羽根が使われた。地位の高い女性は、決まったデザインの羽根のマントを着ることが許されていた[532、533]。ハワイの貴族女性が羽根のマントの着用を厳禁されていた事実とは対照的である。

マオリ族の支配者層は、優雅な裾の長いマントを身につけるというポリネシア人の慣習を受け継いでいるが、その多くは羽根のマントである。また、体の動きで房がゆれる靭皮繊維のスカート、ピウピウ（*piupiu*）もポリネシア文化の流れをくむものである。ピウピウは男女共に身につける儀式用の衣装である[534][(33)]。その特徴は、スカートの表面でゆれる飾りにある。これは筒状にした亜麻を柄が出るように束ね、腰に巻いたものである[535]。オセアニアの熱帯の島々でみられる腰巻衣が、温帯のニュージーランドではこのように独自の発展をとげた。

[535] 現代の女性が着る儀式用の衣装。スカートの上からピウピウを腰に巻いている（男性用は丈がこれより短くなる）。ヘッドバンド〔チリパレ（*tilipare*）〕と胴着〔パリ（*pari*）〕にはターニコの幾何学模様が描かれている。さらにサメの歯の耳飾りと彫刻をした緑色岩のペンダントをつけている。

[534] マオリ族のピウピウは、男女共に着用する儀式の衣装。スカートの表面でゆれる素材は、筒状にした亜麻の葉で、明暗色を交互につなげてある。縦65cm、横118cm。

8

北アメリカ

　北アメリカ大陸のかなりの部分がまだ氷河で覆われていた氷河期末期の紀元前1万5000年頃、シベリアから石器時代の狩猟者の小さな集団が次々と渡ってきた。考古学的証拠からも、中央アジア最古の住人が、北アメリカへの最初の移住者にも含まれていた可能性が示されている[1]。それ以前にも、紀元前3万年までさかのぼる、1回またはそれ以上の移住が行われた可能性もある。ほかの新世界の地域も同様の傾向があるが、この地域でも、以前に考えられていたよりも実際はかなり人口が多かったとみられる[2]。新たな移住者の一部は、ベーリング海峡にかかる陸橋を越えて移動し、野生動物を狩りながら氷結していない谷を進み、南へと向かった。別の集団は、沿岸航海用の小船に乗って海上から氷河の障壁を迂回し、北アメリカや中央アメリカ、および南アメリカの西海岸沿いを探検しながら定住していったと思われる。移動の手段はさまざまであるが、このようなアメリカ大陸への移住は数千年にわたってつづき、外見や習慣、言葉が異なるさまざまな民族が移り住むことになった。彼らに共通してみられる能力は、新たな環境への順応性だった。自分たちに合った場所に落ち着いた集団は繁栄し、小さな集団からやがて部族へと発展した。一方で、彷徨をつづけた集団もある。1492年の有名な「アメリカ大陸発見」の頃、この大陸にはすでに多くの民族が暮らし、文化的な面でも、イヌイット（エスキモー）の原始的な狩猟経済から、現在メソアメリカとよばれるメキシコや中央アメリカ各地で繁栄したスペイン征服以前の高度な文化まで、多様性に富んでいた[3]。

北極圏

[536] メルヴィル湾における、北極圏のイヌイットとヨーロッパ人の初めての出会い（グリーンランド南部出身の画家ジョン・サシューズは、鏡に映る自分たちの姿に感心する2人のイヌイットとともに立っている、自分自身の姿を描いている）。1818年。体にぴったりした毛皮の服を着たイヌイットは、珍しい宝物を前に驚嘆している。体に合わせて仕立てられた、西洋の制服を着込んだイギリス海軍の探検家たちは、金属のナイフをイッカクの牙と交換している。

人間が順応した環境のなかでも、きわめて厳しいと思われる人類居住地域の北限に、20世紀をかなり入った頃まで優れた文化が存在していた[1]。現在、その子孫は自分たちを「本物の人間」を意味するイヌイットとよんでいる[2]。古い伝統をもつ彼らは、おもに北極海沿岸と、シベリアの北東端からアラスカやカナダを通ってグリーンランド東部にいたるまで、太平洋北部を9650kmにわたって帯状に縁取る島々に住んでいた[地図25]。

イヌイットはその地域一体に広く分散していた。ある集団は北緯66度30分線の北極線より南の地域に住んでいたが、大部分は樹木限界線と北極海のあいだの、永久凍土層の土地に生活していた。北極線北側の、北極圏内では、9月から5月まで冬がつづく。真冬の3週間は太陽がまったく見られないが、星や循環する月光のおかげでまったくの暗闇ではなく、ぼんやりと明るい。6月から7月のあいだは、太陽が地平線より沈むことはなく、北極圏の村では1日24時間忙しく活動する。北極線の南部では、アリュート族やベーリング海付近のユピック族が、いくぶん草木がみられるツンドラ地帯に住んでいたが、強風との戦いを強いられる厳しい生活だった[3]。

広い北極圏地域のほぼ全域に共通な要素として、コミュニケーションの輪がある。ベーリング海峡からグリーンランドにいたるまでの地域で話される言語は、お互いに理解可能だった。一方、アリューシャン列島やコディアク島、プリンス・ウィリアム湾などの南西アラスカの地域では、言語的には近くても、共通点は少なくなる[4]。

広範囲に存在しながらも、イヌイットには共通の文化があった。内陸部に住んでカリブー狩りに依存した生活を送る集団も一部にあったが、ここで重要視されるのは、北極圏に住むイヌイットの大半がもつ独特の要素で、それは海および海がもたらす資源への順応性だった。ほとんどのイヌイットは、アザラシやセイウチ、ラッコ、クジラなどの海棲哺乳動物に

依存する生活をしていた。海の生き物を狩る生活からアニミズム性の高い宗教が成長し、その宗教では、海と陸、動物と人間という異なる世界を呪術で往き来する力をもつシャーマンが存在する。物理的な境界がないようにみえながらも、浮氷が吹き寄せられて固まり、また離れるという変化が絶えまなく起こる荒涼とした風景のなかで、変わることがないより所は、人間と、人間に食料や住まい、さらに着るものまで提供してくれる動物との不可欠な関係だった。そんなイヌイットの衣服について語ろうとするなら、獣皮や毛皮、鳥の皮を苦労して加工処理し、過酷な針仕事を行う女性の重労働を説明しなければならない。

　伝統的な服装は、温かさをできるだけ保つように工夫が凝らされた。獣皮を細かくいくつにも切り、ぴったりと体に合うようにまちやダーツを入れて、腱で丁寧に縫い合わせた。その服には、防寒用の補助窓や魔法瓶などでおなじみの空気を使った断熱の原理が活かされている。ロシア語でフードがついた毛皮のプルオーバーを意味する言葉に由来するパーカーは、獣皮でつくられた下着と上着を合わせて着用する。そのさい、下着は毛皮を内側にして肌に触れるように、上着は毛皮が外側に出るようにして着る。この2枚のあいだにできる空気ポケットが必要な断熱効果を生みだす。カリブーの毛皮は断熱効果に優れているためとくに好まれた。カリブーの毛の1本1本には空気を含む空洞があり、そこに体温が閉じ込められる。

　この毛皮の服は、日常の手入れが不可欠だった。つねに干して乾かし、すりこみや補修が必要とされたが、きちんと手入れをすれば報われた。3kgから4.5kgほどの獣皮の服を着ていれば、マイナス46℃の屋外で何時間も働くことができる。非情なまでに苛酷な環境に、見事に適応した服である。

　はるか後期旧石器時代、イヌイットは北東シベリア人と交流があった。北極圏の先住民たちは、ベーリング陸橋が最後に水没する紀元前9000年から8000年頃に北アメリカにわたり、北極海南岸に住みついた。多くの学者はそう考えている。移住者たちが、海棲哺乳動物を狩って生活するために必要となる複雑な技術を開発するまでには、それから数千年が経過したようである。おそらく攻撃性の強いア

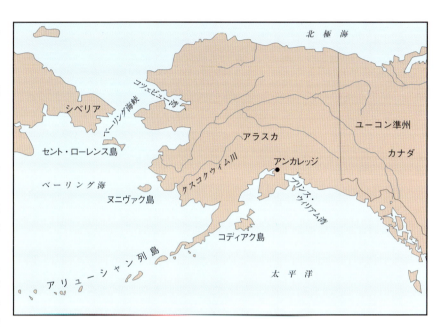

[地図25] 北極圏の地図。

メリカ先住民（ネイティヴ・アメリカン）の部族によって北に追われたイヌイットは、紀元前2500年頃にベーリング海以北の北極圏に広がっていった。その結果、最後まで人が住まずに残されていた北極海沿岸が、恒久的に人の住む場所になった。このような初期の移住者はその後二手に分かれ、一方は南へ向かってアリューシャン列島や南西アラスカに定住し、もう一方は北極海沿岸を北東に進み、今日のカナダやグリーンランド各地に広がっていった[5]。

　北極圏におけるヨーロッパ人との接触の時期と場所、さらにその接触の度合は集団によって大きく異なる。北アメリカ先住民のなかで、900年から1000年頃にヨーロッパ人、つまりグリーンランドのヴァイキングと最初に接触したのはイヌイットだった。17世紀を迎えるまでには、ロシア、英国［536参照］、米国の探検家が、西洋の実用品や装飾品を紹介しており、そのほとんどは装飾品として使われた。「イヌイットは毛皮や象牙、クジラ製品を、コインや縫い針、指ぬき、金属ボタン、ベル、スプーン、さらに布、羊毛の毛布、ガラスビーズなどと交換した」[6]。当初、ヨーロッパの素材は、北極圏の美意識をそれほど刺激するものではなかったが、18世紀になって交易品目が増えると、衣服やその装飾にまで影響をおよぼしはじめた。以下に取り上げる衣服と衣料

北アメリカ

[537] ヌニヴァク島のイヌイットは白い毛皮のインセット〔装飾のために縫い込んだレースや刺繍の小布〕や、「セイウチの牙」で飾られたパーカーを着ている。「セイウチの牙」をつけることで、イヌイット文化でとくに尊重される海棲哺乳動物への敬意を示す。パーカーのフードのまわりには、クズリかキツネの毛皮の房飾りがつけられ、顔面に氷晶ができるのを防ぐ役割を果たす。下唇にはラブレット〔唇飾り〕をつけている。

小物は、19世紀から20世紀初頭の伝統的な生活様式を反映している。

男性の基本的服装

イヌイットの男性と女性の服装はほとんど同じだった。いくつかのちがいは、それぞれの仕事の性質から来ている。しかし、男女とも、基本的な服装と外衣類を分けることは難しい。厳しい気候条件のため、イヌイットの服はほとんどすべてが外衣でもあるからだ。室内では、男女とも服を脱いで、ぴったりした下着や脱毛したシールスキン〔オットセイやアザラシの毛皮〕、カリブーの子どもの皮でつくられたパンツで過ごす。屋外では、防水性のシールスキンのチュニックやシャツを、毛皮の方を内側にして着るのが通常の夏服で、そこにシールスキンのズボンをはき、ひざ下を紐でしばってブーツに押し込む。

冬には、フードつきのパーカーを着るが [537～541]、カリブーの毛皮のものが好まれた。男性用のフードつきパーカーには、前は腰までの長さだが、後ろの丈が長くなっているものがあり、アザラシの呼吸穴のそばで何時間も氷上に座って待つときには都合がいい。後ろが長いパーカーには、風で舞い上がらないように後ろの部分にフリンジがつけられているものもある。トナカイを追って生活する北東シベリアのアジア系イヌイットは、自分たちの動物（家畜化されたカリブー）の皮からつくったフードのないシャツを着ていた。一般的に、陸上動物の毛皮がもっとも温かいが、北極圏では手に入れることがきわめて難しい。

エトピリカやツノメドリ、オオハシウミガラス、ウミガラス、ウといった鳥の、なめす前の皮だけでつくられたパーカーであるアノラック（anorak）も着られていたが、これはとくに、カリブーの毛皮を手に入れることがほとんどできないヌニヴァク島とセント・ローレンス島のイヌイットが着ていた。北極圏のなかでも、北限のグリーンランドに暮らすイヌイットが内側に着るパーカーは、通常ウミスズメやウミガラスの皮の羽毛がついている側を内側にして、体にぴったり合うようにつくられた。

この集団の猟師がはく、ホッキョクグマの毛皮製ズボンも注目に値する [544参照]。1頭のクマの皮から、裾をシールスキンつまりアザラシの毛皮のブーツに押し込んではく、見事なズボンが3枚つくられる。

女性の基本的服装

男性同様、女性も夏には軽量のチュニックまたはシャツを着て、冬には毛皮のパーカーをまとった。外衣は上部がかなりゆったりしており、背中におぶったり、大きなフードに入れたりした赤ん坊を前にまわして授乳できるようになっている。赤ん坊の重さを、袋状の布（スリング）や皮の紐で支えた。女性や少女も、毛皮のズボンをはいた。

[538] おそらくケワタガモの皮のパーカーを着たヌニヴァク島の2人の住民。このようなパーカーの多くには、鳥のくちばしや足、華やかな羽などが飾りとしてつけられた。

[539] 3歳のイヌイットの少女は、毛皮のフードつきパーカー、ズボン、ブーツですっぽり包まれている。この日付のない写真は1900年頃のゴールドラッシュの時代に撮られたと思われる。

【540】アラスカ州ノームで着られていた獣皮のパーカー。1922年頃。裾や袖ぐりの上の部分に茶・白・黒の小さな毛皮の三角形がモザイク状になった帯で飾られている。フードや裾にめぐらされたオオカミらしき毛足の長い毛皮は、霜がつかないように使われた。丈99cm、幅62cm。

【541】ラブラドル半島で着られていたカリブーの皮製のパーカーは、フードの縁取りや袖口にアカギツネの毛皮が飾られている。丈106.7cm。

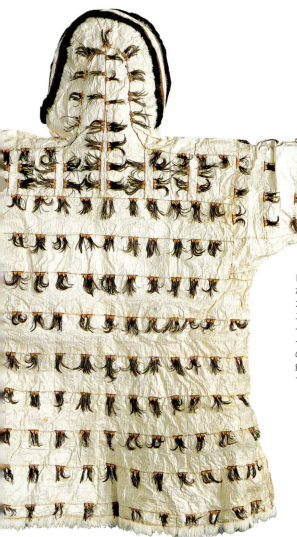

[543]（右）ヌニヴァク島の住民が、温かくて断熱効果のある毛皮のパーカーの上に、防水性の腸でできたパーカーを着込んでいる。

[542]（左）19世紀の半ばから終わりにかけて、アラスカ州セント・ローレンス島のユピック族がつくった、セイウチの腸でできたカムレイカ。エトロフウミスズメのくちばしや小さな羽根の飾りがつけられている。丈109.2cm、幅137cm。

[544]（上）グリーンランドの北極圏のイヌイットが着ていたホッキョクグマの毛皮のズボン。丈79cm、幅65cm、厚さ15cm。

アリュート族のあいだでは、鳥の皮のパーカーは男性のみに使われ、伝統的に女性はラッコの皮のパーカーを着ていた。しかし、利益の大きいラッコの皮を先住民が使うことを、ロシアの毛皮商が禁じたことから、男女とも鳥の皮のパーカーを着るようになった。

外衣

北極圏の衣服でももっとも見事なものはカムレイカ（kamleika）とよばれるパーカーやシャツで、海棲哺乳動物の腸でつくる。腸を傷つけずに取りのぞき、裏返してイガイの殻できれいにこすり、水と尿で洗い、空気で膨らませ、ぶらさげて干してから切り開き、広げてさらす。こうしてできた細長く白い切れを、縦または横に縫い合わせ、毛皮の房や羽の飾りをつけて服にする[542、543]。このような腸皮でつくる服は、飾りをつけなくてもつくるのに1か月ほどかかり、通常は4か月から6か月で取り換えられる[7]。軽量で防水性のあるカムレイカは、毛皮のパーカーの上に着て、風雨や海のしぶきから身を守る。カヤックというアザラシなどの皮を張った軽量なボートに乗った猟師には、とくに有用である。首回りと手首部分をしっかりと結んでから、カヤックのハッチの回りにある木の輪にパーカーを紐でしばりつける。このようにすっぽりと覆われた猟師は、荒れ狂う海のなかでも濡れることはない。腸皮を使

339

[545]（下左）毛皮の帯の飾りがついたシールスキンのブーツ。靴底はアゴヒゲアザラシの皮でつくられている。長さ40.6 cm。

[546]（下右）シールスキンのブーツの内側にはくためにつくられた、編みソックス。すかし模様を編むのに使われている繊維は、ほどいたオオムギの袋とされている。長い植物繊維は、西アラスカのクスコクウィム川沿いでは少なく、オオムギを入れる袋の麻はとくに珍重されたという記録がある。ソックスは、通常ビーチグラス（*Elymus mollis*）（海辺に生育するイネ科の雑草）でつくられているために「ワラのソックス」とよばれるが、そのようなソックスの多くには、複雑な模様が編み込まれている。長さ22.9cm。

った服はさまざまな場面で使われ、ヨーロッパ人との接触のあとでは、いろいろなデザインが生みだされた。19世紀中頃のアリュート人たちは、ふだんに着るカムレイカを、ロシア将校のケープのような形に仕立てていた。

髪型

通常、毛皮のパーカーにはフードがついていたため、日常生活で凝った髪型をするのは難しかった。男性の髪は短く、一部では剃髪（ていはつ）も好まれ、アジア系イヌイットには完全に髪を剃っている部族もあった。アリュート人とイヌイットの一部――そして、いったいにアジア人も――は、頬ひげや口ひげが少なかった。イヌイットの女性のほとんどは、髪を地面に届くほど伸ばしていたが、頭に沿うように編み込みをしたり、またグリーンランドではきつくまげを結って頭に載せたりしていた。それが19世紀のファッションだったが、以前もそのようにしていたかは不明である。カリブー・イヌイットは、ハドソン湾の西でツンドラトナカイを狩る生活からそうよばれているが、その部族の女性たちは、「ヘアスティック」という磨かれた長い木の棒を使って、ビーズや毛皮の小片を交互につけながら髪をうまく巻きつけていた。

被り物

眩しい光を減らすために、とくにカヤックに乗る猟師たちは、まびさしやバイザーのようなものをつけていた。同様の目的で使われたものに曲げ木の狩猟帽[8]があるが、これは蒸気にあてるか湯につけるなどして、薄い木の板を曲がりやすくしてつくられた。曲げた板の両端を後ろで合わせて、トウヒの根で縫い合わせ、その継ぎ目をさらに象牙の小片で補強した[9]。帽子の多くには幾何学的なデザインが描かれ、アシカの頬ひげの飾りがつけられた。アメリカ先住民の服装に関する権威ジョセフィーヌ・パテレックは、アリュート人の帽子は太古から使われたものではないかもしれない、と記している。たしかに、それが多くみられるようになったのは、ヨーロッパとの接触後のことだった。木を薄い層に削りだすという不可欠な作業が、ロシア製の鋼のナイフを使えば、それまでの石の手斧よりもかなり容易になったと推測される。

履き物

中央北極圏では、シールスキンの軽い上靴が夏にはかれるが、それ以外では、1年じゅうブーツがはかれている。男性用は膝丈で、女性用は前の部分がさらに高くなっている。このようなブーツの表の部分はシールスキンで、ゴマフアザラシの皮が多く使われているが、靴底はアゴヒゲアザラシの皮で、セイウチの皮と同じくらい丈夫だが軽い。イヌイットのブーツは、一般的に「マクラク」（*mukluk*）という形につくられていた。それは、靴底を大きく裁断して縁にひだをつけ、つま革に縫い込む形である。ブーツの飾りは、帯状に切った毛皮や幾何学的模様である[545]。中に干した草やコケを敷いて、

湿気を吸収するようにしていた。南西アラスカのユピック・イヌイットは、繊維を編んでソックスをつくった[546]。ほかの地域では、ニオイネズミの皮やカリブーの毛皮、シカの皮やケワタガモの皮などで長靴下がつくられた。

太平洋のイヌイットのあいだでは、時にはブーツがはかれたという記録はあるが、1783年にロシア人が上陸するまで、履き物は存在しないも同然だった。アリュート人もほぼ裸足だったとされる。北極文化圏の住民でありながら履き物がないのは不自然に思えるが、このような南西海岸の住民たちが暮らしていたのは、温暖な海洋性気候だった。温かい日本海流の影響で霧が出やすく、雨や嵐になりがちではあるが、零下に下がることは珍しかった。その気候条件は、南側の隣人であり、つねに裸足であった北西海岸のアメリカ先住民と同じだった。たしかに、アリューシャン列島では、体感温度がはるかに冷たく感じられることを看過してはならないが、さらに北に住むコツェビュー湾のイヌイットでさえ、1816年に初めてヨーロッパ人と接触したとき、ふだんは裸足であったと記録されている(10)。

衣料小物

北極圏では、遮光式の雪用ゴーグル[547]は必需品だった。素材は木や象牙で、激痛を伴う、有害な網膜の炎症である雪眼炎を防ぎ、海や氷の反射を和らげる。多くの雪用ゴーグルの内側は、眩しさをさらに減らすために炭で黒く塗られていた。象牙よりも木を削ったものが多いのは、木の方が着用者の顔に凍ってはりつくことが少ないからだった。

狩りの道具には「アザラシかき」[548]があり、アザラシを網で捕えるときに使われていた。猟師はアザラシの呼吸穴の周りをこれでひっかいて、好奇心が強いアザラシをおびき寄せ、氷の表面の下に広げた網に誘い込んだ(11)。

ミトン(二股手袋)は防寒や、海棲哺乳動物を吊り上げるときにロープでやけどをしないようにするために必要とされた。グリーンランドのイヌイットのあいだでは、ホッキョクグマの毛皮でできたミトンが一般的である。シールスキンのものには親指を入れるところが2つつけられ、手のひらが濡れると、そ

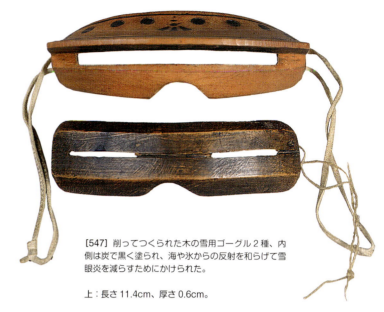

[547] 削ってつくられた木の雪用ゴーグル2種、内側は炭で黒く塗られ、海や氷からの反射を和らげて雪眼炎を減らすためにかけられた。

上:長さ11.4cm、厚さ0.6cm。

下:長さ13.7cm、厚さ3.8cm。

[548] 象牙を削った「アザラシかき」には、アザラシのかきづめと青いビーズの目がはめ込まれている。
長さ24cm、幅3.3cm。

の面を手の甲に回しても使えるようになっている。指が分かれたこうした手袋は、本来知られていなかった(12)。

19世紀終わりにヨーロッパのガラス製ビーズがグリーンランドに伝わり、イヌイットの女性たちは幅の広い飾り襟をつくるようになった。アラスカにガラス製ビーズが伝わるのは、このかなりあとである。「網目の土台の上につくられた幾何学的模様[558]は独特なデザインで、今では民族のシンボルとしてつけられている」(13)。

ほかにも、ズボンを引き上げ、時にはパーカーを締める役目を果たすベルトがある。このような機能的な役割のほかに、ベルトには魂の境界を示す役割もあった。そうした象徴的な側面は、男性のベルトの後ろに動物の尻尾や護符がぶらさげてあったことからわかる。

北アメリカ

[549]（上）シールスキンの袋や小袋は、天然の白・茶・黒の3色でできている。通常ベルトにさげて使ったが、イヌイットの服にはポケットがなかったため、このような入れ物が必要だった。縦15.2cm、横13.3cm。

[550]（右上）ヘラジカの皮でできたそり用の袋は、ビーズとフリンジの飾りがつけられ、漂白して毛を取りのぞいたカリブーの皮で縁取られている。この一品は1880年頃の、カナダのユーコン流域のものである。縦41.9cm、横34.3cm。

必要なものを入れるのに、動物や魚の皮でつくった袋や小袋[549]を身につけた。女性の場合なら、必需品は貴重な骨の針を入れた象牙細工の針箱や、錐、腱の糸などだが、それを入れるものは「主婦」とよばれていた。男性の小袋には、タバコと火打ち石と火口のセットなどが入れられた。北極圏のイヌイットは、小袋を身につけることはなかったが、冬にそりで移動するときには、必要なものを入れるのに大きな袋を使った[550]。

武具

アジア系イヌイットとセント・ローレンス島のイヌイットのあいだでは、よく戦争が起きていた。戦闘に出る男性は、シールスキンを二重にしてつくられた一連の輪をつなげたもので、下半身を覆った。こうした輪は、上から下に向かうにつれて大きくなっていた。必要なときには、この折りたたみ可能な鎧を腰のところで結ぶと、脚が自由になって走りやすくなる。戦士の肩と首と頭は、シールスキンを張った大きな木製の盾で保護するようにした。運ぶときには手首に紐で結んだ。雨あられのように降り注ぐ矢に背中を向けても、頑丈な盾と体を包み込む輪が身を守った[14]。

宝飾類

屋外では、毛皮にすっぽり包まれているため、身につけた宝石類を見せびらかすことはできないが、むきだしだった顔には、独特の唇飾りである小さなラブレット[551]をつけた。その素材は木や骨、象牙、石で、下唇[537参照]や頬に開けた穴に通して、朝顔形に開いた固定具で固定する。下唇の両側にラブレットをつける男性もいるが、おそらくは突き出たセイウチの牙を模しているのだろう。初期の探検家たちはアジア系イヌイットを、その大きなラブレットのために「歯の人々」とよんでいた。

女性はラブレットを下唇に固定し、時にはビーズの房をつけることがあった[552]。ヌニヴァク島の住民は、とくに凝った長いビーズのペンダントをつけた[553]。ひどい悪天候のときには、このような飾りを外して口が凍らないようにするが、旅行者は村が近づくとラブレットをつけ直し、滞在中は食事や寝るときにだけ外すようにする。

特別な衣装

ベーリング海峡のイヌイットにとって、冬は祝宴

[552]（左）削った象牙と交易品である高価な中国製の青いガラスビーズでできたラブレット。長さ1.3cm、高さ1cm、幅3.8cm。

[553] ベーリング海に浮かぶヌニヴァク島のイヌイットの女性が、ビーズのペンダントを2つつけたラブレットを見せている。頭は飾りがついた腸皮のウィンドブレーカーのフードで覆われている。

[551]（下）象牙や木を削ってつくられたラブレットを、頬や下唇に開けられた穴につけた。

左上：象牙、長さ2.2cm、厚さ1.9cm。
右上：象牙、長さ1.6cm、厚さ1.9cm。
中央：木製、長さ1.3cm、厚さ4.4cm。
左下：木製　長さ1cm、厚さ2.2cm。
右下：木製　長さ1.6cm、厚さ1.9cm。

や贈答交換祭、死者の追悼儀礼、さらに特別なダンスを踊る季節だった。儀式や儀礼が行われる建物のなかでは、踊るあいだは暑くなるので、参加者たちはひじょうに良質のアザラシかカリブーの皮の半ズボンだけになる[554]。男性は、カタカタと音を立てるツノメドリのくちばしや羽の飾りがついた、シールスキンのダンス用ミトンをつけた。女性は、霊界とのつながりが強いと考えられていたオコジョの毛皮でつくった、ダンス用のヘッドバンドをつける。このようなヘッドバンドには、重いビーズのフリンジがつけられ、踊り手の視界を一部遮るが、そうすることで霊的な視野が開けると考えていたようである。
しかし、霊界と繰り返し接触する役割を担ってい

[554] 北極圏のエスキモーの女性のパンツ。1896年頃。毛皮の方が体にあたるようにはく。丈24cm、幅42.5cm。

[555] カナダのユーコンテリトリーでつくられた、フードつき雌ジカの皮の子ども服。1901年頃。染色した茶色の線とクイルワーク（柔らかくして染色したヤマアラシの針などを用いた北米先住民の装飾工芸）で飾られている。ミトンをフードに結ぶこともできる。長さ77.5cm、幅63.5cm。

たのは、シャーマンだった。シャーマニズムはイヌイットの生活の中心にあり、ふつうの人々には入れない場所に入ることができる能力がシャーマンにあるとされた。女性も含むイヌイットのシャーマンは、治療儀礼やダンスに欠かせない演者であり、特別のペンダント、タッセル、タバコ入れという独特の衣装がその地位を示していた。

　北極のイヌイットに特別な服装はない。しかし、喪に服すさいに、ある1つの服をひじょうに尊重する習慣があった。5日間の服喪のあいだ、猟師の妻は立つことも横になることもせずに、亡夫の高価なホッキョクグマのズボンをうやうやしく頭の上にのせて静かに座る、と伝えられている。

服の飾り

　「飾り」とみられるような要素は、実際は霊界を喜ばすためにデザインされた[15]。色を変えた毛皮の帯を服につけることが、もっとも一般的な飾りである。パーカーの喉の部分につけられたインセットとよばれるあて布の「セイウチの牙」は、そのようなデザインの例となる[537参照]。また、4色のちがう色がつけられた切れをつぎはぎにした毛皮のモザイクは、服を飾るために、西アラスカのイヌイットによってさらに工夫された。

　服につけられたり、さげられたりする小物には、オコジョの白い尾、クマの歯と爪、削った骨、さらに象牙の護符があった。凝ったフリンジもつくられた[555]。キング・ウィリアム島では、はかない命を守ろうとしてか、7歳のイヌイットの男の子が「服のあちこちに80個近い護符をつけているので、思い切り遊べない」[16]様子が伝えられている。

顔および体の装飾

　顔面に色を塗ることはほとんどみられないが、刺青は男女とも広く行われていた。アラスカ西部では、捕鯨に従事する男たちが、獲物の数を頬に刺青した線の数で誇った[17]。女性の場合は男性よりも広範におよび、あご、頬、眉、腕、ときには胸まで模様が彫られた。

　女性にとって、刺青には保護的な役割もあった。体の特定の場所に線や図柄を入れることは、悪霊や病気から身を守るものと信じられていた。もっとも一般的な図柄は、あごに入れる数本の線であるが、それは多産の護符としてつけられ、成人女性への成長を意味した。刺青は、思春期に達した少女たちが受ける痛みを伴う通過儀礼だった。彼女たちに刺青を施すのは年上の女性で、図柄の輪郭を点で記して下書きをしてから、そのデザインに沿って針と糸を通す。糸の表面には煤と尿を混ぜたものがついており、それが紺色の色素を肌の下に残していく。「この過程の痛みに平然と耐えられれば、若い女性に子どもを産む準備ができている証とされた」[18]

[556] ほとんど樹木がないこの土地で、木製の物はごくまれに流木を見つけたときにつくられた。写真にあるアラスカの儀式・儀礼用仮面は、うずくまる鳥の形に彫られている。頭部が下を向くようにして顔につける。長さ20.3cm、高さ7.6cm、幅10.8cm。

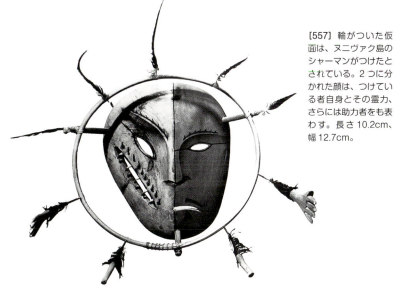

[557] 輪がついた仮面は、ヌニヴァク島のシャーマンがつけたとされている。2つに分かれた顔は、つけている者自身とその霊力、さらには助力者をも表わす。長さ10.2cm、幅12.7cm。

仮 面

　死者が称えられ、殺した動物の魂の慰霊が行われる、アラスカとグリーンランドの冬祭りでは、踊るときに仮面をつける[556]。木を彫って顔をかたどったこうした仮面は、先祖や精霊を表現している。ベーリング海のイヌイットの儀式・儀式の中心をなす仮面踊りでは、輪のついた仮面が現実世界を超えたものを見る目の役割を果たす。仮面の中心にある顔は木の輪で囲まれ、その輪が宇宙のいくつかの層を示し、星や目印を示す飾りがつけられている[557]。南西アラスカにあるヌニヴァク島のイヌイットのあいだでは、女性の踊り手は、木と羽でつくった小さな仮面を両手の指にそれぞれはめた。このように小さい扇のような付属物は、うたやおどりに合わせてひらひらと舞うように動いた[(19)]。

変わりゆく服装

　探検家や捕鯨船員、さらに毛皮の交易商たちは、衣服に関する新たな概念や素材をもち込んだ。カリブーの群れや海棲哺乳動物の減少に伴って、イヌイットの猟師たちの獲物も少なくなった。そのために交易でもたらされた布の使用が高まり、日常着では毛皮の衣服に代わるようになった。猟師たちの一部は今でも毛皮の服を身につけるが、多くの男性はダウン・ジャケットや布のズボン、ゴム長靴という姿で現われる。女性は通信販売で買ったワンピース、上着、ズボンを身につけているが、祭りなどの行事には、幅の広いビーズの飾りがついた襟[558]など、民族的なシンボルが今もみられる。伝統への誇りは、たしかに今も残っており、尊い文化遺産を称えるように、今日でも正装のときには、毛皮のパーカーをもっているイヌイットはそれを着る。

[558] アラスカ西部クスコクウィム川地域のビーズでできた襟は、ネット状の革の台にビーズが並べられている。キリスト教の宣教師たちが来るようになって、イヌイットの古い慣習であった刺青は止めさせられたが、交易用ビーズの出現で、幾何学的なデザインの伝統はつづいた。長さ71.1cm、幅10.2cm。

北西海岸

[559] コロンビア川下流を進むメリウェザー・ルイスとウィリアム・クラークの絵。チャールズ・M・ラッセル画、1905年。探険家たちが身につけている、体を保護するように手足を覆いつくしたシカ皮の衣服と、湿気が多い北西海岸に住むアメリカ先住民が身につけた、体の一部だけを覆う芸術的な服が対照的に描かれているが、この先住民の服装は事実と異なる。しかし、霧が深い光景はまさにその通りである。

北西海岸文化のドラマチックな性格は、その舞台である、アラスカ南部からカリフォルニア北部にいたるまで細い島が連なった沿岸地域の雄大さに似合っている[地図26]。西側は、切り立った起伏の激しい山脈が太平洋に向かってほぼ垂直に落ち込み、そこでは冷たい北極海の水と暖かい日本海流が交わって、温暖ではあるが湿度が高く、霧がいつまでもつづき、降水量が豊富な、「モミ、ベイツガ、ヒマラヤスギの深い木立の、まさに熱帯雨林」[1]が育つ環境を生みだしている。紀元前9000年までさかのぼる最古の頃から、先住民たちは海と森林の両方を資源に生計を立てていた。しかし、彼らの世界観は、土地を侵略する森林よりも、獲物が多い海に偏りがみられた。

独特な北西海岸文化の中心地は北部にあり、ヌーチャヌルス族（旧称ヌートカ族）、クワクワカワク族（旧称クワキウトル族）、ニューホーク族（旧称ベラクーラ族）、ツィムシアン族、ハイダ族、トリンギット族が住んでいた。これらの部族の言語は異なっていたが、度合いの差こそあれ、海からの資源に依存

するという共通の海洋文化があった。冬のあいだは村に定住し、村には目印として大きなヒマラヤスギの厚板張りの一族の家々と、高くそびえて紋章を示すトーテムポールがあった。海岸沿いの村は、山脈や深い森で内陸部と隔てられていたが、このような障害が交易を妨げることはなかった。それは、アメリカ先住民（インディアン）が見事な彫刻と彩色が施された大きなカヌーに乗って、海や川に浮かぶ何千もの島のあいだにはりめぐらされた水路を縫うように進み、広域を旅したからである［559参照］。北西海岸のカヌーとは、同様に孤立しがちな大平原にとって、まさに馬のようなものであった。

　自然の恵みが豊富なこの世界に、農耕は存在しなかった。その余裕も必要性もなかったのである。土器づくりや、犬を除けば家畜化した動物もいなかった。旬の季節に野生のイチゴやデンプン質の根菜を採ることはあったが、サケなどの魚類が豊富に獲れるため、食生活は動物性脂肪が中心だった。北西海岸では捕鯨をする部族もあり、魚やクジラの油が入手できた。実際、あまりにも多くの油が使われたため、水路によっては「グリース・トレイル（油の道）」(2)とよばれたところもあったほどである。

　この地域は、基本的に木を主体とした文化であった。住居や衣服の材料となったのは、大きなヒマラヤスギの木であり、サケと同様に生活の必需品だった。ヒマラヤスギは、物理的および精神的な必要性のほとんどを満たした。厚板は住宅に使われ、幹を

[地図26] 北西海岸の地図。

削って航海用のカヌー、曲げ木の箱、そびえ立つトーテムポール、見事な儀式・儀礼用の仮面やラトル〔アメリカ先住民のダンス楽器〕［560、561；578、579、582～588も参照］などもつくられた。また、ヒマラヤスギの樹皮は衣服に使われる基本的な繊維であり、その素材が使われた服装は、雨が多い北西部の気候に適していた。

　もっとも一般的な織物は、ベイスギやアラスカヒノキの内側にある繊維質の層を織ってつくられた。樹皮の内側を乾かし、裂き、たたいて細かくほぐし

[560]（下左）19世紀のトリンギット族はワタリガラスのラトル（カタカタ）を儀式のダンスに用いた。この作例は、本来いたずら好きで力強い神話的な存在であるワタリガラスが、もっとも崇められる行動をしている姿を表現しているという解釈もある。それは、魔物が人間から隠してしまった太陽を、箱から盗みだすことである。長さ36.2cm、高さ11.4cm、厚さ12.7cm。

[561]（下）19世紀のトリンギット族シャーマンが持っていたミヤコドリのラトルは、背中に魔女を乗せたカエルを運ぶミヤコドリの様子を表現している。苦しむ魔女のからんだ髪が、カエルの手に結びつけられている。長さ38.7cm、高さ12.7cm、厚さ10.2cm。

[566]（左ページ）　トリンギット族が、1904年12月9日、シトカ〔アラスカ州南東部アレクサンダー諸島中のバラノフ島にある港町〕で行われたポトラッチに集まった。色彩豊かな衣装には、高価なチルカット毛布2枚と、裂いたトウヒの根を織ってつくられた、高級な山高帽3個が見られる。右側の、つばが広い帽子には3つの輪がついているが、その持ち主が過去に行ったポトラッチの数を示すものと思われる。ハドソン・ベイのボタン毛布をまとっている中央の人物がかぶる帽子は、一族の紋章と2つの輪で飾られている。回りにいる人々の多くは、凝ったビーズやアップリケがついた衣装をまとい、儀式用の被り物や鼻輪をつけ、フェイス・ペイントをしている。

[567] 1914年冬のハムサマラ〔仮面ダンス〕祭り。クワクワカワク族の変容の儀式のなかでもっとも神聖なものは、ハマツァという人食い人種のものである（ハマツァの踊り手と仮面は、人間の内部に潜んだ平和と調和と均衡を乱す、共食いの欲求を抑えようとする、人間の究極の葛藤を表わす）。圧倒するような服装でダンスに迫力が増し、指導を受けて訓練を積んだ仮面の踊り手によって、人間と動物の超自然的な能力が互いに乗り移る姿が劇的に表現される。

毛皮の交易につづいて、プロテスタントやカトリックの宣教師たちがこの地に入り、先住民たちを改宗させて、その文化を白人の文化に変えようとした。さらに開拓移民たちがつづき、お決まりの土地を巡る争いが起こった。やがて先住民たちは蔑まれるようになったが、それでも多くの場合には祖先から受け継いだ土地に留まることができた。それにもかかわらず、この新たな生活は惨めなものであり、とくに打撃だったのは、1884年にブリティッシュ・コロンビア州で、ポトラッチが正式に禁止されたことだった。このような儀式はその後も秘かにつづけられていたことが多かったが、神聖な儀式用の品々の多くは政府によって破壊、没収され、時には収集家たちに盗まれた[5]。

[568] トリンギット族によるチルカット毛布は、シロイワヤギの毛とヒマラヤスギの繊維で織られている。このような毛布は、儀式では踊り手、ポトラッチでは特権をもつ男が身につけた。19世紀。長さ182.9cm、幅88.9cm。

男性の基本的服装

夏には、北西海岸部族の男たちの多くは、ほとんどまたは一切衣服を身につけず、必要であれば、長方形のヒマラヤスギの樹皮を二層に織った布に、ウサギやカワウソの毛皮の飾りをつけ、ベルトで締めて膝丈の服のようにしたチュニックを着た [563参照]。

女性の基本的服装

天気が温暖なときは、ヒマラヤスギの樹皮を織った前掛けをつけて、腰帯を後ろでしばった。冬になると、ヒマラヤスギの樹皮の巻きスカートを前掛けの上につけるか、男性のものと同様のチュニックを身につけた。

履き物

北西海岸沿いでは、ほとんど誰もが裸足だった。始終カヌーに乗り降りする沿岸の部族にとって、靴は不便であったと思われる。川上に住む部族だけが、皮革製のモカシンを必要とした。

外衣

冷え込んで雨がちな天気のときは、ヒマラヤスギの樹皮を二層にした、腰までくる円錐形のケープ[564参照]や、ヒマラヤスギの樹皮でつくった毛布、さまざまな毛皮や羽毛まで使ったローブをつけた。ラッコの毛皮がもっとも珍重されたが、クマの全身の皮を使ったローブや、アヒルやアビの皮でつくられたローブなども着た。いずれも、木や骨でつくった毛布の留め具や紐などでとめた。

儀式用の衣装はツィムシアン族やハイダ族もつくっていたが、北西海岸でもっとも有名な織物は、トリンギット族の亜族であるチルカット族が織る毛布[568；566も参照]だった。糸を紡ぎ、染め、綾織りで撚り合わせる技法を使って織るのは女性の仕事で、シロイワヤギの毛をヒマラヤスギの樹皮の繊維の回りに巻きつけた経糸と純毛を緯糸にして、この有名な五角形のダンス用の毛布を織り上げた。男性がヤギの毛を刈り、毛布を織るための木枠をつくり、必要な定規を用意し、女性が図柄を写すためのデザイン板に彩色した。

チルカット毛布をつくるときには、緯糸はゆるく垂れるようにするが、これは織り方にしては珍しい。かせにした糸は、織り機の頂部に、ゆるくたるみのできるように縛りつけておく。毛布に施される丸みを帯びたデザインは織りの技術には合わないため、この部分は別布として織り、それを腱で縫いつけ、合わせた部分をにせの刺繍で隠した。手間がかかり、大変貴重なチルカット毛布は、完成までに半年から1年かかる。

髪型

女性は髪を1本または2本の三つ編みにまとめ、男性は一般的に髪を長く伸ばしてそのままにするか、または巻きつけて束髪にし、頭頂部に留めた。アメリカ大陸の先住民には珍しく、北西海岸の男性は顔が毛深いという特徴があり、男性は豊かな口ひげややぎひげ、あごひげなどをたくわえていた。

被り物

北西海岸は独特の帽子が有名である。下層階級の帽子はヒマラヤスギの繊維で編んだかご細工であり、上流階級の女性は裂いたトウヒの根を編んで、通常は持ち主のトーテムにかかわる図柄を描いた帽子をかぶった[569]。ポトラッチのとき、位の高い男性がかぶる帽子は、山が高く、曲線を描いた木製

[569] 貴族の女性が、裂いたトウヒの根でつくられた飾りつきのかご細工帽子をかぶっている。ヒマラヤスギの樹皮のローブをまとい、鉄の鼻輪、アワビの耳飾りと高価な銀の腕輪を5本つけている。

354　北アメリカ

[570] 19世紀のハイダ族のかご製帽子は、裂いたトウヒの根を織ってつくられ、つばには綾織りの柄と描かれたトーテムの図柄がみられる。帽子に載せられた10個のかご細工の輪は、この持ち主が過去に1回またはそれ以上のポトラッチを行ったことを示す。
高さ41.9cm、幅27.9cm。

[571] 珍しいヌーチャヌルス族のかご細工の帽子には、頂に特徴的な球根状の飾りがつき、部族ならではの捕鯨の光景が描かれている。
高さ25cm、幅20cm。

[572]（右ページ）19世紀のトリンギット族の、木を彫ってアワビの貝殻の飾りをつけたフロントレット。額につけるこの頭飾りは、初めは側面と後ろをオコジョの皮で飾っていたと思われる。また、フロントレットの上にはアシカのひげが突き出て、ワシの羽毛を包んでいたようである。
高さ20.3cm、幅16.5cm、厚さ3.2cm。

のもので、帽子の上に輪が円柱のように連なったり[570；566も参照]、一族のトーテムポールについている紋章をまねた動物の飾りが乗せられたりしている。北西海岸に住む部族で、おもに捕鯨を行っていたヌーチャヌルス族は、頂に球根の形をつけた独特の「捕鯨者」の帽子をもっていた[571]。帽子の形や素材はさまざまであっても、いずれもつばが広く、トーテム〔始祖〕動物の鳥や魚や獣が描かれていたところは共通していた。内側には編んだヒマラヤスギの繊維のヘッドバンドがつけられ、紐をあごの下でしばるようになっていた。

とくに見事な儀式用の被り物は、フロントレットという額につける飾り用バンドで、おもな紋章の形を彫刻してはめ込んだ飾り板であった[572]。フロントレットは男女ともに身につけられ、儀式用に今でもつくられている。

衣料小物

毛皮や繊維を編んだ腕輪はつけられたが、衣服のおもな付属品は袋だった。この袋はおもに、北西海岸で通貨として使われていたツノガイの貝殻を入れるのに使われた。ヒマラヤスギの樹皮を斜めに編んでつくり、同様に編んだヒマラヤスギの樹皮や革でつくられたベルトをつけた。そこにはしばしば貝殻や動物の歯ないし鉤爪の飾りがつけられている。

さらに海岸を下ったフパ族やポモ族、ミーウォク族、チュマシュ族などの極西部の部族たちは、かごづくりで知られるようになった。とりわけフパ族は、繊維を撚り合わせたかごで富を象徴する「財布」をつくり、きらびやかなジャンプ・ダンスでは、男性がそれを持ち、さらに貝の首飾りと独特のキツツキの頭皮[6]で装飾された頭飾りをつけて舞った。

[576]（右）ひじょうに高価な銅製品の飾りは、北西海岸のステータス・シンボルだった。

威と富を示す高価な銅製の盾など、貴重な品々をばらばらにして海に投げ込んだりするのを見守ることで、主催者がもつ特権や地位への主張を正当化する証人となる[576,577]。このような銅製品やチルカット毛布の小片は、地位の高い客に贈り物として主催者から贈られることもあり、それによってどちらの地位も正当化される。こうした演劇的な儀式のあいだには、命名や鼻や口への穿孔（せんこう）、儀礼的な刺青彫り、

さらには成人の認定などからなる通過儀礼も行われる。

　衣装をつけることがとくに重要となるのは、超自然的な存在との関係を構築または再建して、部族の決まりごとを若者たちに伝授するという、舞踊団や秘密結社による儀式のときである。とりわけクワクワカワク族は、1つのテーマをさまざまに演じる手の込んだ儀式をいくつも展開していた。精霊に出会ってさらわれた主人公が、その精霊によって超自然的能力を授けられ、この授けられた秘法をもって村に帰るというものである[578]。こうした儀式は総称して「冬の踊り」とよばれることが多いが、北米で古来から行われていたなかでも、もっともドラマチックな芝居と思われる[567参照]。

　すべての儀式を通してもっとも評価の高い衣装は、チルカット族のダンス用の毛布だけではなく[579]、チルカット毛布の端切れを使った袋[580]や脛（すね）当て、ダンス用の前掛け、チュニック[581]にまでおよぶ[568参照]。そこで再利用されたものは、以前に行われたポトラッチからの高価な土産であり、持ち主の富を象徴する重要なものである。

[577] 儀式用の銅製盾。地位をあらわすこの盾は、欧米の銅板をたたいてつくられ、高さは0.6mから4.6mのものまで幅広い。どの盾も名前がつけられ、その「生涯」を追うことが可能だった。
高さ76.2cm、幅40.6cm。

[579] 1914年に撮影された儀式の踊り手。踊り手はチルカット毛布を巻き、恐ろしい超自然的な女性の巨人ゾノワクの面をつけている。その怪物は、儀式を行うあいだ追い払っておかないと、子どもを貪り食うと脅す。

[578] 仮面をつけたクワクワカワク族の踊り手。若者に儀礼的な生活を伝授する秘密結社の舞踊団のメンバーは、複雑に演出された劇を踊るために、くちばしが動く鳥の怪物の仮面をかぶり、儀式用のラトルを持つ。

[580] チルカット毛布の一部を切ってつくったと思われる小袋は、ポトラッチで位の高い客に贈られる。長さ26.7cm、幅18.4cm。

[581] トリンギット族のチルカット毛布でつくったチュニックは、シロイワヤギの毛とヒマラヤスギの繊維で織られている。中央の柄は紋章と思われる。長さ179cm、幅133.4cm。

服の飾り

北西海岸の芸術に独特の象徴的表現様式は、トーテムポールの上や仮面、腕輪、毛布などにみられるが、どれもが輪郭という語彙を使った美を語る古代言語を反映している。太くなったり細くなったりする曲線を何本も使って、卵形、U字形、S字形、角ばった楕円の「目」など、イメージのおもな特徴の輪郭を描き、このようなバラバラのデザインを連続させてパターン化し、表面全体を覆いつくす(8)。北西海岸芸術のさらなる特徴は、左右相称のスプリットイメージと、オフホワイト、黒、水色、薄い黄色、赤、緑を中心とした少ない数の単調な色を繰り返し使用するところにある。

顔および体の変形

フェイス・ペインティングは男女ともよくみられ、虫や天候から肌を守る実用的な目的のために毎日行われていたが、紋章をつけることがふさわしいと思われた儀式になると、とくに念入りに施された〔566参照〕。場合によっては、刺青が施されることもあった。たとえば、ハイダ族の男性は美の表現、不運から身を守る、地位を示すなどの理由で家紋を上半身に刺青した。しかし、ほとんどの部族は、手の甲と女性の前腕だけに刺青を留めていた(9)。

クワクワカワク族の一部では、後頭部が一番高くなるようなすり鉢状の長い頭にするのが貴族的で望ましいとされ、頭の整形が行われていた。赤ん坊がまだゆりかごに寝ているあいだに、あてものがついたヒマラヤスギの板を幼児の頭の周りに結びつけ、つねに圧力をかけて、頭の形を変えるのである。

仮　面

北西海岸には豊かな仮面の伝統がある。彫刻を行う職人が手がけるもっとも高度な芸術作品であり、見事な仮面がドラマ性に富んだダンスや儀式を彩った〔582-587〕。この力強い仮面は、精霊の眷族や紋章化した動物、あるいは神話上の生き物などを表わしていた。英雄の手柄が再現されるダンス劇では、苦痛・恐怖・力強さの表情をした仮面が、シャーマニズム的なビジョンクエスト〔北米先住民の通過儀礼〕とイニシエート（秘儀を伝授された者）の変容の道具として使われた。こうした仮面は、夜、かがり火だけが照らしだす、儀式用の建物でのダンスを大いに盛り上げた。

[583] クワクワカワク族の動く怪鳥の仮面は、儀式的な劇のなかで、踊り手の動きに従ってくちばしが揺れ、ピシッという恐ろしい音をたてて閉まる。長さ58.4cm、高さ22.9cm、厚さ22.9cm。

[582]（左ページ）変容の儀式用仮面。儀式で変容が起こるとき、この鳥の仮面は開いて、入り組んだ細工が施された光冠に囲まれた人間の顔をのぞかせる。1865年頃。
高さ33cm、幅38cm、厚さ68.5cm。

【584】恐ろしい女の巨人ゾノワクの仮面。彼女は赤ん坊をさらって食べながら森を歩き回る怪物である反面、ときにはお気に入りに富を与える気前よさも持ち合わせる。今にも犠牲者を吸い込みそうな丸く開いた赤い口は、血に飢えた様子を表わし、振り乱した髪はあちこちに広がって獰猛さを示す。長さ22.9cm、高さ30.5cm、厚さ22.9cm。

【585】くちばしが動く怪鳥の仮面。
長さ47cm、高さ20.3cm、厚さ24.1cm。

[586] 19世紀のカイガニ・ハイダ族の仮面。目は動くようになっており、4枚の彩色された薄い板が、切妻造りの家を前から見た形に組み合わされて枠になっている。クジラの尾の形につくられた、詰め物された黒い布が口の両端からぶらさがる。高さ58.4cm、幅67.3cm、厚さ17cm。

[587] ツィムシアン族が額につける、オオカミの形をした面。目はアワビの貝殻で、歯は小さな巻貝のふたでできている。高さ10.5cm、幅17cm、厚さ22cm。

北アメリカ

[588] クワクワカワク族の仮面をつけた踊り手ハマツァまたはカニバル・ダンス・ソサエティのメンバーが、儀式に参加するための準備をしている。右側の踊り手はくちばしが長い人食いワタリガラスの仮面をつけている。このような仮面の動くくちばしは、踊り手の操作によってカタカタと音をたてて開閉する。

大きいが軽量なクワクワカワク族の仮面は、とくに劇的なつくりで、尾とひれとくちばしが踊り手の操作によって動き、踊り手の胴もヒマラヤスギの樹皮のフリンジで覆われていた [588；567 も参照]。ハマサマラ (Hamsamala) の一連のダンスに使われる3つのおもな仮面は、奇怪なくちばしがついた怪物ハクウクー、ワタリガラス、くちばしの上にくるりと曲がった付属品がついたガロクウズウィスだった[10]。

変わりゆく服装

北西海岸沿いには、ひじょうに人気の高い交易品があった。ハドソン・ベイ毛布で、先住民たちはそれを伝統的な紋章の絵をつけて有名な「ボタン毛布」につくり変えた [589]。デザインの輪郭が真珠貝のボタンで描かれ、そのボタン1つ1つが大きさや形、色によって念入りに選ばれた。ヨーロッパ産の目が粗い毛織物も、同じように儀式の衣装をつくるのに使われた。そのさい、紋章となる動物の柄が赤く切りとられ、ボタンやビーズで縁取りされた [590、591]。1850

[589] （右）クワクワカワク族の老人が、彫刻された語り手の杖を持ち、ボタン毛布を着ている。毛布は、伝統的なデザインの輪郭を真珠貝でかたどったデザインで飾られている。毛布の前部分には銅の輪郭が見える。

北西海岸 365

[590] 19世紀のトリンギット族の服は、交易によって入ってきた紺色の布に、赤いフランネルの生地でアップリケした2匹のシャチをつけ、ビーズで丁寧に縁取りをつけて飾った。長さ102.9cm。

年には、ボタン毛布と交易で手に入れた布のシャツを儀式に着ることが、ポトラッチの一般的な形となった。そのわずか四半世紀後には、日常のヒマラヤスギの樹皮でつくった服がヨーロッパ的な服装に変わりはじめたが、ヒマラヤスギの樹皮に比べると、北西海岸の気候への適合性はかなり落ちる。

19世紀の毛皮貿易が、北西海岸の先住民にかなりの利益をもたらすようになると、ポトラッチの贅沢さも輪をかけて増していった。1884年にカナダ政府が出したポトラッチ禁止令は1950年代に解除されたが、この文化独特の芸術様式が再現されるまでには数十年の月日を要し、その復活も、部族に口承された歴史や19世紀の遺物が博物館に保存されていなければ不可能だったが、幸いにも博物館は何十年にもわたって世界でも最高の芸術伝統を保管していた。

[591] ボタン毛布は、市販のハドソン・ベイ毛布に、真珠貝のボタンで輪郭をとった紋章で飾ったものである。長さ142.2cm、幅177cm。

ウッドランド

[592]『湖を探検するラディソンとグロゼイエ』フレデリック・レミントン画、1906年。フランス人たちがきちんと仕立てられた当時のヨーロッパの服に身を包んでいるのに対して、アメリカ先住民たちはシカ皮の腰巻しか身につけていないように見える。おもな漕ぎ手の2人は、それぞれ髪に羽を1枚だけつけており、先住民に深く崇められていたワシの羽根であることは間違いない。

ヨーロッパの探検家たちが、北米大陸を初めて確認したのは、16世紀の大航海時代の頃である。天をつくほどに伸びて生い茂った、おびただしい数の高木の香りが、はるか海上にまでただよってきたので、近くに陸地があることに気づくことが多かった。生い茂る木々は、のちに「原始林」として讃えられた(1)。風にそよぐマツと棘のあるベイツガの高木がそびえたち、カバノキやオーク、ニレ、ヒッコリー、カエデなどの落葉樹が趣を添えるこの壮大な森林地帯は、セントローレンス川の河口を南下してフロリダ半島の先端にいたるまで、大陸東部の沿岸に沿って伸び、内陸は大西洋沿岸から五大湖を囲み、大平原の西部まで、さらに南はメキシコ湾にまで広がる[地図27]。

ウッドランド東部に住みついた最初の住民は狩猟民族のパレオ・インディアンで、氷河期末期の頃にはすでに住んでいた。気候の温暖化に従って、更新世の大型哺乳動物たちが減りはじめたために、より定住型の生活形態が進んだ。原始時代からウッドランド期へと時代は移っていったが、特徴的なのは2000年から3000年ほど前に農耕が発達したことだった。

メキシコ以北のアメリカ先住民のうち、ヨーロッパ人との接触によって最初に被害を受けたのは、このウッドランド地域の先住民だった。沿岸地域の部族は、接触後すぐに、ヨーロッパ人がもち込んだ旧世界の疾病によって大きな被害を受けた。一方、数百キロ内陸部に住んでいた部族は、入植者たちと政治的および軍事的に折り合いをつけるまで、数世代を要した。カユーガ族、モホーク族、オネイダ族、オノンダガ族、セネカ族で構成され、のちにオンタリオ湖沿岸に住んでいたタスカロラ族が加わった、イロコイ連邦（部族連合）の場合がまさにそうだった(2)。

イロコイ連邦は、新世界の主権を巡る英国とフランスとの紛争に巻き込まれた。フランスの探検家 [592参照] や交易商は、17世紀初めにセントローレンス渓谷のヒューロン地方に入り、ガラスビーズや金属製品、毛布、毛織物を、シカ、カワウソ、ビーバーの皮と交換した。高利益で競争の激しいこの毛皮貿易で、英国人はイロコイ連邦と組み、金属、布、武器を定期的にイロコイ連邦に提供することで強力な同盟関係をつくりあげ、着々と西に勢力を広げた [593]。アメリカ独立革命において、イロコイ連邦は英国への支援をつづけることを選んだ。そのために、勝利を収めた米軍は連邦を壊滅寸前まで追い込み、連邦は消滅しかかった。19世紀に入ってから再建を果したが、南側の「文明5部族」(下参照) 同様、初期の服装や工芸品で残っているものはごくわずかしかない。

イロコイ連邦は内陸部に住んでいたために、ヨーロッパとの最初の接触を生き残ったように、アパラチア山脈を越えた南側に住む大きな部族も切り抜けた。これらの部族がもつ先住民文化はひじょうに進んでおり、また農耕の基盤も発達していた。19世紀初めには、南東チェロキー、チカソー、クリーク、チョクトー、セミノールなど、その地域のおもな部族は、急激な欧米文化への同化から、「文明5部族」として知られるようになった。こうした急速な文化適応は、この地域の服装の素材であったシカの皮と、輸入された銃や金属製品、家畜、西洋の服装との交易が活況を呈することにより、一層拍車がかかった。先住民たちは、手に入るシカの皮を新たな経済活動で存分に活かそうとして、急速にヨーロッパの服装を取り入れた。ヨーロッパの服装への転換があまりにも急だったため、南東部ではヨーロッパとの接触以前の衣服がほとんど残されていない。モカシンと脛当ての一部を除けば、従来の服装のほとんどは、17世紀末までにすたれてしまった [594]。

南東部の部族と増えつづけるヨーロッパ系の住民との関係は当初、友人的であったが、急速に増加する入植者たちが先住民の土地を着々と侵害したために、悪化しはじめた。1830年には強制移住法案が可決され、ミシシッピ川以西の土地と先住民居住地

[地図27] ウッドランド地区の地図。

[593] 大きく折り返した獣皮のモカシンをはき、太ももまである革の脛当てをガーターで膝の高さにとめ、黒い毛皮の腰巻をつけたイロコイ族の首長。赤いローブは交易で得た毛織物のようだ。金属製の斧、腕輪、平和のメダルは、毛皮貿易にかかわっていることを示す。

北アメリカ

[598] 羽毛を重ねてつくられた小さなケープ。1890年頃。このようなケープは英国女性が身につけたペルリーヌを元につくられたらしい。北東部のイロコイ族がつくりはじめたと思われ、1830年頃から60年頃までアメリカ先住民がつくっていた。
長さ112.5cm、幅71cm。

[599] 『ワシントンとインディアン会議』ジュニアス・B・スターンズ画、1847年。場面には1753年のオノンダガ族が描かれている。中央の女性は、小さな羽根のケープをつけている。ケープが登場するにしては時代設定が早すぎるが、先住民のつくったものということを画家は認識していたと思われる。

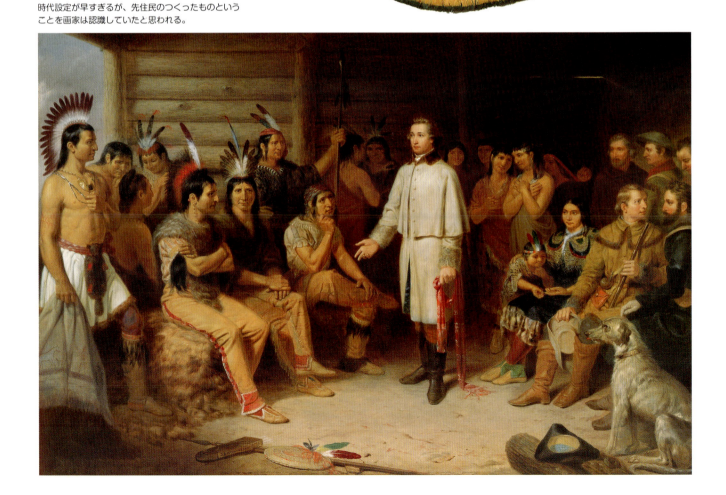

のあたりでとめ、編んだ帯やフリンジの飾りをつけた。温暖な気候のところでは、腰巻のほかに、腰や肩に飾り帯をつけるほかは、あまり衣服を着ることがなかった。

女性の基本的服装

北東部の女性は当初、シカ皮でつくられた飾り気のない膝丈の巻きスカートをベルトでとめて着ていた。冬には、上に皮のポンチョを羽織った。ヨーロッパ人と接触する頃には、対になった2枚の皮を脇で縫い合わせ、肩のところに紐をつけた、ストラップつきのスリーブ・ドレスを着ていた。こうした基本の服に、別につくった袖を首の後ろでとめ、さらに前で細く切ったシカ皮の紐で結び、その紐を腰に巻く。この取りはずし可能な袖は、腕の下部分は縫わずに、手首のところで結ぶ。服の長さは、着る者の身長や皮の大きさによるが、膝丈の脛当てと一緒に着て、脛当てをくるぶしのところでぴったりと紐でとめる。19世紀には、五大湖西側の女性は短い羽毛のケープもつけていた[598、599]。「このようなケープをつくる技術は、セントローレンス川を伝って広がり、西はアイオワ州まで広がった」[4]。

南東部の女性は、シカ皮や撚り合わせたクワの樹皮、バッファローの毛を織ったものを素材とした巻きスカートに、腰から膝までの前掛けをつけた。それに合わせたのはショールやケープで、片側の腕を出してさげ、反対側の肩で結ぶ。脛当てをつけるときは、ガーターで膝の高さにとめた。

履き物

モカシンの語源は、アルゴンキン族の古語〔makasin「履き物」〕にある。北東部のモカシンには、大きく2つのタイプがある。一方は前と後ろの部分に縫い目がついた一体型で、くるぶしのあたりでモカシンをしっかりととめる紐がついている。もう一方のモカシンには、3つの部分がある。足の甲を覆うのは楕円形またはU字形のつま革、靴底はその形にあわせて先が細くつくられ、3つ目は折り返し

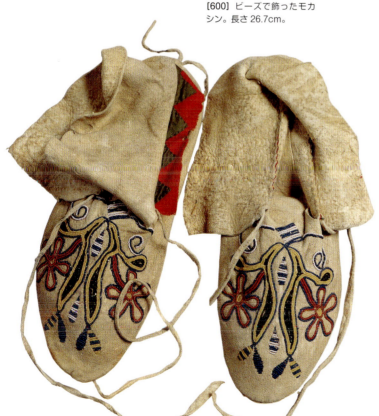

[600] ビーズで飾ったモカシン。長さ26.7cm。

[601] ビーズ飾りがつき、靴底が堅い革製のモカシン。ミネソタ準州、19世紀。寒いときにはぱたぱたする折り返しの帯を上にたてて、紐をくるぶしで結び、交易で得た赤と緑の毛織物の飾りが見えるようにする。彩色した靴底は原皮で、灰汁につけて生皮の毛を取り除き、乾かして堅くする。長さ25.4cm。

の帯状の部分である。楕円形の差込みや帯の部分にはクイルワークや刺繍、ビーズなどの飾りがつけられる [600、601]。

18世紀のチェロキー族がはいていたシカ皮の一体型モカシンには、他の民族とは異なる特徴があった。足全体を包み込んで、足の甲の中央に1本の縫い目が通っている [594の中央の人物参照](5)。南東部地域の南部にある暖かな気候の地域では、男女とも家のまわりでは裸足だが、旅に出るときには編んだ麻のモカシンをはいた。

セミノール族が暮らしていたような荒れた湿地では、沼地用モカシン（swamp moccasins）が使われた。1枚の皮を足につけ、後ろやつま先部分を紐で結ぶものだった。この紐は長いままにしておいて、足を守るためにくるぶしの回りに結べるようにする。ときには別の皮を底に縫いつけて、靴底を頑丈にした。ファッション性に富んだ、ボタンでとめるものもあった [602]。

髪　型

ウッドランド全体で、戦士の頭飾りは魂の守護神が宿ると信じられており、強力な護符の役目を果たした。アメリカ先住民の装飾に関する権威であるルイ・シェア・デュバンは、「昔からの髪型はローチ（たてがみ）とよばれていた。（……）戦士たちは髪をむしる、先端を焼く、のちには髪の房を1つだけ長く残して頭全体を剃るなどしていた」と記している。こうして残った長さの髪にローチをつけた。ローチとは、赤く染めたシカの毛や馬の毛、ヤマアラシのとげ、ヘラジカのたてがみなどでつくられたヘアピースである [603；595も参照]。「頭の中央で編み込まれた髪の房につけたローチは、激怒する大きなキツツキの堂々とした鳥冠に見えた」。キツツキは、昔から戦士のシンボルの鳥だった(6)。

北東部の女性は、長く伸ばした髪を顔にかからないように後ろにもっていき、ビーバーの尾のような形にして、クイルワークで飾ることがあった。その髪型はやがて「棍棒形」とよばれるようになった。男女ともクマの脂で毎日髪を整え、なめらかで光沢

[602] ジョン・ヒックスという名前でも知られたセミノール族の首長、チュドー＝シー＝マスラの肖像画。チャールズ・バード・キング画、1835年。ボタンつきの沼地用モカシンと、さまざまな色のリックラック（ジグザグ状の細い平紐）で飾られたシャツを着ているが、このようなシャツは、セミノール族の特徴的な服として今でも残っている。首につけた銀のゴージットには、米国の平和のメダルがさがる。このメダルはワシントンを訪れた首長に与えられ、その場で肖像画が描かれることがあった。

[603] チペワ族のローチ型の頭飾りは、フクシアで染めたシカの毛と黒い馬の毛でできている。19世紀にミネソタ州で収集された。長さ25.4cm、幅14cm。

ウッドランド 373

[604] 19世紀のチペワ族が着ていたベストの前面と背面。男性用の標準的なスーツのベストに黒のビロードの別布を加え、そこに豪華な花柄の飾りをビーズでつけた。丈55.9cm、幅48.3cm。

が出るようにした。南東部では、喪に服するときに女性は髪を短く切ったが、それ以外はまとめずに長く伸ばしていた。対照的に、セミノール族の女性はきつく巻いた髪を頭頂部に乗せ、日ざしを遮るようにした[614参照]。

外衣

　南東部の先住民は、美しい羽のマントをつくった。とくに七面鳥の羽がよく使われ、下地となる繊維の粗い織物に1本ずつつけてつくる。この高級な服を着るのは、男性だけの特権だった。五大湖地方の男性は、美しくビーズを施されたベストを着た[604]。気温が低いこのような地域では、シカやクマ、ヘラジカ、西部ではバッファローなどのさまざまな皮から冬用の外套がつくられた。

北アメリカ

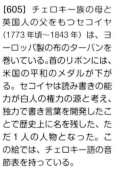

[605] チェロキー族の母と英国人の父をもつセコイヤ (1773年頃〜1843年) は、ヨーロッパ製の布のターバンを巻いている。首のリボンには、米国の平和のメダルが下がる。セコイヤは読み書きの能力が白人の権力の源と考え、独力で書き言葉を開発したことで歴史上に名を残した、ただ1人の人物となった。この絵では、チェロキー語の音節表を持っている。

被り物

　北東部の厳しい冬に、女性は毛皮の縁なし帽やフードをかぶることはあったが、それ以外では何かをかぶる習慣はなかった。しかし、男女とも羽などの飾りをつけた、編んだヘッドバンドをすることはあった。猟師は獲物に忍び寄るとき、頭にシカの枝角をつけ、体に獣皮をまとった。また、ときには「キツネやカワウソの全身の皮を頭に結びつけ、尾を後ろにたらした」(7)

　南東部では、被り物に凝ることはなかった。通常は何もかぶっていなかったが、七面鳥やツル、サギ、ワシ、白鳥などの羽でつくった頭飾りは位の高い男性の特権とされており、身分の高い男性が身につけた。ヨーロッパとの接触以後では、輸入されたヨーロッパの布を使ったターバンが流行した [605]。

衣料小物

　北東部の男性は、1本の紐を肩にかける大小の袋を持った。素材はシカ皮で、クイルワークや刺繍の飾りがついていた。鮮やかな幾何学的模様の飾り帯や、シナノキなどの繊維でつくられた小さな袋 [606、607] が装飾品として使われた。南東部の先住民のあいだではあまり装飾品はみられなかったが、例外は見事に編まれた飾り帯だった。帯の多くは、クワの樹皮の内側の繊維を指で編んだものに、複雑な模様のビーズ飾りをつけたものである [608]。シカの胃や嚢でつくられた小袋をベルトにさげて、中にはパイプ、タバコ、火打ちを入れた。さらに南部では、セミノール族がスカーフをハンドバッグ代わりに使い、その中にハーブや薬草などの神聖な薬やビーズを入れていた。

[606]（左）チペワ族の小さな袋「タコ」。フリンジが6本ついているためにこの名前がつけられた。シカ皮で、花柄のビーズ飾りが施されている。長さ12.7cm。

[607] 五大湖地方の飾り帯は、「オブリーク・インターレーシング」（斜めに交差させて組む）とよばれる、北米東部の古い織り方で、機を使わない方法で織られている。18世紀頃には、ケベック州ラソンプシオンの編んだ飾り帯が、フランス系カナダ人や毛皮貿易をしていた混血先住民の標準的な服装になった。今日、この梳毛糸の織物は、文献などに「アソンプシオン」帯と記されている。長さ147.3cm、幅30.5cm。

[608] イロコイ族の古い銀のブローチが10個ついた、男性用の毛織物の肩掛け飾り帯。長いフリンジについているガラス製のトレードビーズは、それぞれ糸に編み込まれている。この驚くほど精巧につくられた帯は、セネカ族の首長が所有し、身につけていたものである。
飾り帯自体の長さは76.2cm、フリンジを含めて3m。

ウッドランド 381

[617]（左ページ上）五大湖地方北部の、このビーズ細工がついたシカ皮のシャツは、従来から使われていた素材で西洋風の服をつくったことを示す。丈83.8cm。

[618]（左ページ下）当時の大統領クインシー・アダムズの横顔がはっきりと浮彫りされた、1825年の平和のメダルの両面。裏側には、平和と友情を示す握手と、交差したパイプと斧が描かれている。この青銅のメダルに、最初は銀メッキが施されていたことは間違いない。長さ7.6cm。

がわかると、先住民たちは真鍮や銀、「ドイツ銀」（じつは銀ではなく、銅、亜鉛、ニッケルの合金）の装飾品を含め、あらゆる金属を得ようと必死になった。フランス、英国、新たな米国政府、さらに個人の交易主たちは、大量の金属宝飾品をつぎ込み、先住民と同盟を結んで毛皮を手に入れようと競った[608参照]。初期の真鍮と銅の装飾品は、やがて銀の宝飾品に変わり、その大半はフィラデルフィア、モントリオール、ロンドンに住んでいた英国人銀細工師がつくったものだった。1800年頃には、先住民たちも硬貨や食器類を原料にして金属の装飾品をつくりはじめた。よく身につけていたのは、政府が配った銀メッキの平和のメダルだった[618；593、602、605も参照]。

　変わりゆく服装でも特に色彩豊かなものは、セミノール族の服である。彼らの生活様式の特徴の1つに、伝統的な赤と黄色のパッチワークのデザインやリックラック〔蛇腹、細いジグザグ型の平紐〕[619]で飾った、色彩豊かな綿の服を好むことがあった。チャールズ・バード・キングが1830年代に描いた、セミノール族の男性のチュニック[602参照]は、1910年にもまだ着られており、「ビッグ・シャツ」とよばれていたことは興味深い[620]。

[619] 現代のセミノール族の男性用パッチワークの外套。彩色した小布を並べてさまざまな柄にした、伝統的な方式で飾られている。丈68.6cm。

[620] 1910年に撮影されたこの写真には、セミノール族のガイドがセミノール族伝統の「ビッグ・シャツ」を着て、フロリダ州南部の沼地で鳥の皮を剥いでいる姿が写っている。

大平原

[621]『ロッキー山脈のふもとにて』ヘンリー・ファーネイ画、1898年。この夏の野営地で、男性たちはシカ皮の服を着たり、交易で得た毛布を巻いたりしている。全員のモカシンと髪型は、この土地独特のもので、前面の3人は、勇気を象徴する護符である1本のワシの羽根を髪につけている。

中西部に広がる平原や草原が農地に変わるかなり以前には、風に揺れる草の海が、ミシシッピ川の土手からロッキー山脈のふもとまで[621参照]、テキサス州南部から北はカナダ西部まで[地図28]、北米大陸の中心部一帯に広がっていた。この巨大な牧草地は、地球上でももっとも栄養のある牧草を数千年にわたって多くの大型動物に提供した。1万5000年前には、人間がこの大型動物を追って北米に移住するようになった。このパレオ・インディアンが使った溝のある石槍や吹き矢の矢じりが、彼らの生活を支えた大型獣の骨に混じって洞穴や居所から見つかっている。

旧石器時代が終わると、気候変動や乱獲によって、オオツノバイソンやマンモス、マストドン、洪積世馬など数種の動物が絶滅し、新たな食資源を探さざるをえなくなった。より小型の野生動物や野生の植物を、手当たりしだいに追い求めるうちに集まった猟師や採集者は、氷河期の頃のパレオ・インディアンに対して、古代人とよばれる。北米の一部地域では、この生活様式がヨーロッパ人の入植までつづいた。その地域こそ大平原であり、世界観も受け継がれつづけた。アメリカ先住民の生活の根底にあるのは霊性である。シャーマニズム的な宇宙論と、旧世界の後期旧石器時代からつづく儀式[1]に根ざした信仰体系をもとに、宗教が日常生活のあらゆる面にかかわっていた。

16世紀後期には、スペイン人によって北米に馬が再び導入され、スペイン人が定住した南西部から徐々に北側へと広まっていった。人と馬との出会いがもっとも大きく影響したのは大平原の遊牧狩猟民で[622]、馬＝バッファロー＝先住民の組み合わせからなる有名な文化が生まれた。

大平原の遊牧民にとって、世界とはつねに動くものだった。波のように揺れる草地は、絶え間なく吹きつける風や、移動するバッファローの群れ、さらに移動する自分たちによってかき乱された(2)。そのような世界で生きるためには、簡単に持ち運びができて、季節の大きな変化にもすばやく対応できる衣服が必要だった。大平原全体で、部族間の交易や贈答・情報交換はたえず行われていたが、先住民自身と同様に、彼らが身につける服装も、かなり独特だった。

白人の交易商が登場するまで、先住民は獣皮の衣服をつけていたが、その皮を加工するには熟練した技術が必要とされた。内側の肉をこすりおとし、必要であれば外側の毛も取り除く。洗ってから木枠の上に伸ばし、シカの脳や油、木の灰でつくったペーストを塗り込む。さらに皮を洗い、しぼって乾かし、

［地図28］北米の大平原地域。

［622］「リトル・プラム」率いるブラックフィート族の騎手が、サンダンス〔北米先住民の、太陽と結びついた夏至の宗教儀式〕をする前に行進する様子。この特権的な集団のなかの多くが、見事なワシの羽根の頭飾りをつけている。戦いにおける多くの手柄を示すこうした正装は、とくに優れた戦士だけに許された。

386　北アメリカ

[626] フリンジがたっぷりつけられた、マンダン族またはヒダーツァ族の男性が着たシャツには、編んだクイルワークと象徴的な青と赤の色がつけられている。
1830〜50年頃。
丈55.9cm、幅47cm。

大平原　387

[627] カイオワ族の少年のシャツと、三角形の「盾」、脛当て、モカシン。

シャツ：丈 45.7cm。

脛当て：長さ 44.5cm、幅 20.3 cm。

モカシン：長さ 18.4cm。

388　北アメリカ

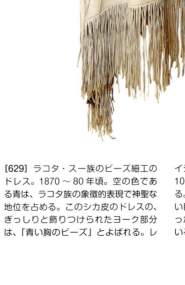

[628] シャイアン族の少女が着た2枚皮のドレス。1870〜80年頃。入念にビーズ細工が施されたシカ皮のドレスには、大きなロシア製の青いガラスのトレードビーズもついており、さらにドレスの上には、長さが115cmの複雑なツノガイでつくられたヘアパイプの首飾りを、前後に垂らすようにつけている[642参照]。ドレス:丈72.4cm、幅55.9cm。

[629] ラコタ・スー族のビーズ細工のドレス。1870〜80年頃。空の色である青は、ラコタ族の象徴的表現で神聖な地位を占める。このシカ皮のドレスの、ぎっしりと飾りつけられたヨーク部分は、「青い胸のビーズ」とよばれる。レイジーステッチという技法で、ビーズを10mmほどの幅で平行に腱に縫いつける。丁寧に作業するため、裏に見える縫い目もほとんどない。裾の両側が長くなった布には、動物の前足の形が残されている。長さ174cm、幅138cm。

女性の基本的服装

もっとも古い女性の服装は単純な巻きスカートで、落ちないようにベルトでとめ、寒いときには上にポンチョやケープを羽織った。馬のおかげで移動が増えると、皮はさらに手に入りやすくなり、より複雑な女性用の服が発達した。初期には、折りたたんだ獣皮をなめし、脇で折り込むドレスを着ていた証拠が残されている。のちの「2枚皮」ドレス[628]は、裁っていないシカやヘラジカの全身の皮2枚を紐で結んでつくられた。動物の後ろ足が肩の部分になり、元の皮の形に沿って飾りがつけられた。このようなドレスでは、前足がスカートの両端に垂れ下がり、裾に長い別布がついたように見えた。これにつづく「3枚皮」ドレスでは、一番上の部分に1枚の皮を折りかさねてヨークのような形をつくり、それを2枚の皮でつくられたスカートに縫いつけた。この場合も、すその両端に長い布がついていた[629]。

やがてヨーロッパから交易商が入り、目の粗い毛織物が紹介される。英国ストラウドでつくられた重い毛織物で、緋色や紺色に染められていた[5]。男性の腰巻や、高価なヘラジカの歯のドレス[630、631]の下地になったやわらかい布は、このストラウドの

[630] アラパホ族の「そばかす顔」とよばれた女性は、ヘラジカの歯を豪華に飾ったドレスと、ヘアパイプの装飾品をつけている。

[631] クロウ族のヘラジカの歯で飾ったドレス。ヨーロッパ製の毛織物は、早くから北米先住民との交易品だった。やわらかく、温かく、加工しやすいこのような織物は、冬の衣服として急速に皮や毛皮に取って代わった。目の粗い毛織物から簡単なツーピースのドレスが裁断され、貝、ティンクラー、ヘラジカの歯などの飾りが縫いつけられた。このクロウ族のドレスは、なかなか手に入りにくいヘラジカの歯の代わりに、枝角や骨を削って使っていたことを示す。

ドレス：丈 111.0cm、幅 45.7cm。

モカシン：高さ 25.4cm、幅 13.3cm。

[632] シャイアン族の目の粗い毛織物のドレス。肩から胸にかけて飾られたツノガイは、ブリティッシュ・コロンビア州バンクーバー島から、先住民の交易網を通じて大平原にもたらされた。ドレスの両裾には長く伸ばした布がつけられ、初期の皮製のドレスの形のなごりがみられる。丈71.1cm。

毛織物だった。ヘラジカの歯のドレスは、長命と富の象徴だった（1852年当時、ヘラジカの300本の歯で飾られたドレスには、上等な馬1頭と同じ価値があったという）。大平原の女性や少女がこうした高価な服を着るのは、特別な行事のときだけだった。ヘラジカには下の乳歯の切歯が2本しかないため、必要な数の飾りをつけるために、その枝角や骨から模造品がつくられた。交易によって得られたこのような布のドレスであっても、初期の獣皮のドレスのなごりで、両裾に別布がつけられていたことは興味深い[632]。どのような形の服を着ていても、冬や儀式のときには、それに脛当てをつける[633]。膝の上または下で、革紐やカワウソの毛皮でつくった紐で結び、モカシンをはいた。

[633] スー族の女性のシカ皮の脛当て。幾何学的な模様がビーズで施されているが、その形は大平原の先住民の小屋、すなわち獣皮を用いたティピーに似ている。この脛当ては1890年代のものと思われる。長さ38.1cm、幅19cm。

履き物

　大平原のモカシンには大きく2つのタイプがある。1つは、靴底がやわらかく、1枚の皮を裁断して足を包み込む一体型で、足やかかとの外側を縫いつける。もう1つはのちに登場する、硬い牛皮の靴底にやわらかい皮の上部をつけた、2枚の皮でつくるものである。後者の場合は、舌革をつけて裁断するか、または舌革を足した[634]。白人たちがまだ左右同じ形につくられた靴をはく不自由さに苦労していた頃、先住民たちはすでに左右それぞれの形にデザインされたモカシンをはいていた[6]。

　冬用のモカシンは、皮についている毛を残したままつくられた。通常は折り返しをつけ、それを上にあげてくるぶしで結べるようにする。大きめに裁断して、草や毛皮などの暖かい詰め物を入れられるようにした。儀式用のモカシンにはヤマアラシの針やビーズ細工の帯の飾りがつき、ときには靴底まで装飾が施された[635]。このようなモカシンは地位を示す品として使われ、「パレード」モカシンとよばれていた。モカシンの靴底に施す実用性がない飾りは、自分だけに向けられた隠しデザインを入れるという、先住民の性向を示す[7]。地位が高い人物のモカシンには、後ろに引きずる付属品までつけられた。スカンクの毛皮の紐やオオカミの尾などをモカシンにつける栄誉を与えられるのは、手柄をたてた戦士だけだった[636参照]。

[634] ビーズで飾られたスー族のモカシン。1890年頃。長さ26.7cm。

[635] ラコタ・スー族のクイルワークのモカシンは、靴底にも飾りがついている。1880〜1900年頃。長さ20.3cm、幅8.3cm。

【636】1832～34年のあいだに、スイス人画家カール・ボドマーが描いた絵画では、マンダン族の2人の戦士が、地位の高さを示すモカシンとバッファローのローブに身を包んだ姿が描かれている。このような重い皮を適切に保存処理する加工はひじょうに複雑であったため、ときには半分に切ってから加工され、継ぎ目を美しいヤマアラシの針やビーズの装飾用帯で飾った。

外 衣

　大平原の先住民にとって、ローブは防寒用の外衣であり、日中は快適な暖かさを保ち、夜間には寝床の役割を果たした[636]。軽量のローブはシカやヘラジカの皮でつくられたが、冬にはバッファローのローブを毛皮を内側にして着た。このかさばるローブは、40kgを超えることも珍しくなかった。男性のローブは、儀式の正装としての役割も果たし、なめした皮の外側には柄が描かれた。男性のもっとも劇的なモティーフは「偉業のローブ」にみられる。それは持ち主が戦いで挙げた功績を絵文字で記録したもので、多くの戦士や馬の登場する戦闘場面が様式化して描かれている。シャーマンと首長たちが集まって、バッファローのローブに身を包んで座る姿は、バッファローの集団を模したものといわれており、勇ましい獣から人へと力が乗り移ることを象徴する姿と考えられた。女性のバッファローのローブには「ボックス・アンド・ボーダー」のような幾何学的な模様が描かれたが[637、638]、それを生殖を示す抽象的なモティーフだとする説もある[(8)]。

[637]「ボックス・アンド・ボーダー」が描かれた、バッファローのローブを羽織っているダコタ・スー族の女性。下に着ているフリンジがついたシカ皮ドレスの胸には、「ティンクラー」と呼ばれる小さな錐型金属の飾りがつけられている。この情景は、1832・34年のあいだにカール・ボドマーが描いた（のちに、版画家がアシニボイン族の少女を画面に加えている）。

[638] ラコタ族の女性が着た「ボックス・アンド・ボーダー」のバッファローのローブ。1870～80年頃。このようなローブには、女性たちが自ら柄を描いた。柄は獣皮の形を強調したもので、中央の「ボックス」は抽象化した動物の内臓である。描かれた模様を含む皮全体で、その女性とバッファローのもつ力の関係を象徴している。大平原の社会では、女性とバイソンとのあいだに、つねに象徴的なつながりがあった。
長さ201cm、幅160cm。

[641]（右ページ）この豪華な頭飾りは、最良のワシの尾と翼からとった羽、ビーズ細工、馬の毛の紐、オコジョの皮でつくられている。オコジョは獰猛な戦い方で知られていたため、戦争の護符によいとされた。長さ76.2cm。

バッファローが減りはじめると、重いバッファローのローブに代わり、しだいに織物の毛布が使われるようになった。ナバホ族の「チーフ毛布」（「南西部」411～412ページ参照）は、ハドソン・ベイの毛布同様に珍重された。白地で両端には「飴棒縞」の帯をつけ、一方の側面には短い並行の縞をつけるデザインだった。この縞は「ポイント」ともよばれ、毛布のサイズを表わすが、それが間接的に値段を示すことから値札のような役割を果たし、「ポイント数」または交換に必要なビーバーの皮の数を示している[9]。

髪　型

女性は一般的に、髪を2本の三つ編みにしていた。未婚の女性は後ろに、既婚の女性は肩から前にたらした。しかし、男性の髪型はさらに複雑だった。北部の男性は、髪をいくつかに分け、編んでカワウソの毛皮で包むこともあった[639]。南部では、髪を結ばずに伸ばした。男性の多くは細く長く髪をひと房残し、ふつうは編まずに飾りをつける髪型にしていた。この髪型は、男性が派手なローチにするときにもそのまま残された。その場合、頭頂部に逆立つ髪以外は剃りおとし、髪の塊にローチをひろげる土台をつけて、染めたヤマアラシの毛でつくったローチが頭頂部に立つように支え、頭の前から後ろまでとぎれない流れをつくった（「ウッドランド」369、372ページ参照）。今日、この髪型はモホーク（モヒカン）とよばれているが、それはウッドランド北東部の部族の名前からつけられた。

被り物

この地域の日常生活では、冬に時折毛皮のケープをつける以外は、一年じゅう何もかぶらなかった。しかし、儀式のときの被り物は大平原の特徴的な装いで、なかでもとくに有名なものは、ワシの羽でつくられた戦いの頭飾りである[640、641]。それは、頭飾りをつける者を「羽の太陽」で霊的にワシに変え、「空の国」と太陽の光のなかへ舞い上がらせると考えられていた[10]。アメリカ先住民にとって、羽は

[639]（右）シッティング・ブルの肖像写真。編んだ長い髪はカワウソの毛皮で包まれ、髪にワシの羽を1本つけている。1885年にノース・ダコタ州のビスマークで撮影された。ハンクパーパ・スー族の呪医だったシッティング・ブルは、「カスター将軍の最後の抵抗」としても知られるリトルビッグホーンの戦い（先住民は「グリージーグラス川の戦い」とよんでいる）で、導きの精霊となって団結した先住民軍を指揮した。

[640]（右端）ブラックフィート族の戦士「ツー・ガンズ」は、立派な羽根の頭飾りをつけている。この形は「フレアー・ボンネット」の頭飾りとよばれる。

鳥や空の力の隠喩だった。鳥類すべてのなかでも、ワシは霊的な力がもっとも強いと考えられていた。ワシの羽を飾った頭飾りは、戦いで4つの武勲を挙げた優れた戦士がかぶるものだった。戦いで軍団を指揮する、馬を襲う、敵から銃を奪う、先制攻撃をしかけるといった武勲である[11]。

手柄となる行為は、戦士に褒美を与える仕組みの基礎だった。それには、命や頭皮を奪うこと、敵の紋章にふれること、弓や銃や投げ矢を盗むことなどが含まれた。頭飾りで「光輪」のように並ぶ部分や、後ろにたれさがる飾り[622参照]に使われている羽の1本ずつが、戦いでの手柄や他の際立った栄誉を表わした。1本の羽が1人の敵にあたる。羽に結ばれている赤く染めた短い毛髪が、敵の髪房（首級）を意味していた。羽を受けるにふさわしい戦いでの手柄を話してきかせなくては、頭飾りの羽を受けることはできなかった。オコジョが頭飾りにつけられる場合は、オコジョがもつ鋭敏さと追っ手からうまく逃れる本性が、戦士にも望まれるからだと言われていた。

宝飾類

宝飾品は、大平原の先住民の装いのなかでは複雑な部分であり、首の周りや手首につけるほか、耳からさげることもあった。ビーズや貝、ヘアパイプを組み合わせた耳飾りなどは、重さが250gにもなる。グリズリー（クマ）の爪でつくった首飾りには、強い力が秘められているとされた。毛皮の紐と、太平洋岸の部族との交易で手に入れたツノガイの貝でチョーカーがつくられた。カワウソの皮を巻き、クイルワークやヘアパイプ・ビーズで飾ったものには、貝のゴージットや胸当てを下げた。平和のメダルは、首長たちが尊ぶ宝物だった。メダルは政府からの正式な贈り物で、直径が7.5cm〜15cmあり、片面には当時の大統領の像、反対の面にはときによって平和のパイプと石斧を交差させた図が描かれた（「ウッドランド」380ページ参照）。

衣料小物

女性がつけた革のベルトには、彩色とクイルワークやビーズの飾りが施され、そこに錐を入れた容器や絵の具の袋をさげた。男性の場合はベルトが2本で、内側のベルトは腰巻や脛当てが落ちないように支え[623参照]、ベルトの上に生皮の飾りベルトをつけ、その上にスカートをつけた。この地域の服にはポケットがなかったため、外側のベルトに小袋や小道具、武器、個人の持ち物でもっとも神聖な「薬」袋などの小物をさげた。こうした魂を支える「薬」袋には、ハーブや、幻視や夢に現われた手工品を入れた。

1850年以降、男性の一部は、ヘアパイプ・ビーズとよばれる白い貝が管状に連なった飾りのついた胸当て（首飾り）をつけるようになった。ヘアパイプ・ビーズという名前は交易商がつけた。ビーズの長さは5cm〜12.7cmで、西インド諸島のコンク貝（*Strombus gigas*）の縁を使って、米国東部でつくっていたものがはじまりである。1860年には貝があまりにも高価になったため、骨からつくられるようになった。長い円筒形のビーズを2つから4つつないだもので、やがて女性も身につけるようになった[642; 628、630も参照]。

武　具

大平原のインディアンは、鎧を身につけはしなかったが、バッファローの首からとった重い生皮を輪に結びつけて色を塗った、円い盾を持っていた。威力が増すようにと、さらに羽を飾ったり、鳥やほかの動物の爪をつけたりすることもあった[625参照]。盾のおもな目的は戦いにおける防御だったが、大平原の多くの服装と同じように、霊的な意味もあった。盾の文様は幻視によって得られたものが多く、そのため超自然的な力や保護が与えられると信じられていた。大平原のシャツの、三角形になった首の部分[627参照]も「盾」とよばれ、戦士の実際の盾に描かれた象徴的な文様と同じように、体を守る役割を果たすとされていた[12]。

[642] ラコタ・スー族がつけた、ヘアパイプの首飾り。1870〜80年頃。ビーズをつけた獣皮のドレスの上にかけたと思われる[628参照]。

特別な衣装

大平原の常住民には、自身に限定された服装はなかった。ただし、戦いになると、首長は特別な木の杖または槍を持ち、立派な戦闘服に派手な頭飾りをつけた。独特の頭飾りは、さまざまな戦士結社のメンバーが部族のダンスをするときにもつけた。このような戦士結社は、好戦的な大平原の部族に重要とされる剛胆さと大胆な精神を育成するためにつくられた [643]。多くの場合、部族には男性結社が複数あり、クレージードッグズ、ラニーウッド、ブルズなどの名前がついていた。結社にはそれぞれの正装と儀式があり、なかでも宗教色が強い儀式は、部族の繁栄に結びつくと信じられていた。

シャーマンや呪医は、ほかの者とちがう服装をすることがあったが、とくに治療儀式のときはそのちがいが際立った。たとえば、シャーマンは治療効果を高めるためにクマの皮をつけることがあったが、それは体を守るまじないの強力な源がクマだからである。旧石器時代から、クマは神聖視されてきた。すべての動物のなかでも、クマはもっとも危険な魂をもつと信じられており、そのために呪医は魂を助ける役割を、この強い力をもつ動物に求めた(13)。シャーマンはクマの皮に身を包み、頭部を仮面にしてガタガタと大きな音を立てながら、クマのような唸り声をあげ、病人のまわりを猛々しく飛び回り、力強い動物の生命力を弱った人間に吹き込もうとした。

[643] 捕えられたスー族の戦士たち。1800年頃。囚人たちは、シカ皮と交易で得た布の服を組み合わせている。さらに多くは交易で得た毛布に身を包んでいる。左下の3番目の女性戦士がまとったハドソン・ベイ毛布には、複数の帯がみられるが、それはこの毛布を手に入れるために必要なビーバーの皮の数を示す。

囚人の名前は 1. クロウ・ケイン、2. メディシン・ホース、3. コール・ハー・ネーム、4. キッキング・ベア一首長、5. ショート・ブル、6. カム・アンド・グラント、7. ハイ・イーグル、8. ホーン・イーグル、9. ソレル・ホース、10. スキャッター、11. スタンディング・ベア、12. ローン・ブル、13. スタンディング・ベア、14. クロース・トゥ・ハウス、15. ワン・スター、16. ノウ・ヒズ・ボイス、17. オウン・ザ・ホワイトホース、18. テイク・ザ・シールド・アウェイ、19. ブレイブである。

服の飾り

大平原文化では、ヤマアラシの針を使ったクイルワークが重要な要素だった。飾りの素材というだけではなく、偉大な霊力の源とされ、ときには、祈る者を超自然的な存在に変えると考えられた。ヤマアラシは木の高いところまで上るために太陽と結びつけられ、さらにその針が太陽の光線を思わせた[14]。大平原の先住民が使っていた16通りほどのクイルワークの技法には、縫う、経糸を巻く、編む、織るなどが含まれる。どの技法でも、最初に丁寧な針の下準備が必要だった。水につけてやわらかくし、裂いて開き、平らに伸ばしてから染めて飾りに使う。クイルワークは、18世紀の終わりにビーズ細工が発達するまでは最高級の飾りであり、一時期は2つの飾りが同時に、ときには同じ服につけられることがあった。ビーズ細工が使われはじめた頃は、クイルワークの幾何学的模様をそのまままねていた。しかし、のちにはクイルワークに代わってビーズ細工が主流になった。

1780年頃までに、ヨーロッパの交易商たちは、大きな不透明のビーズの首飾りやポニービーズと皮の物々交換をはじめていた。ポニービーズとよばれたのは、交易商がポニーの背に荷物を乗せて列を組んだ、ポニー・パック・トレインから来ている。1860年代には、もっと小粒で人気が高いシードビーズが手に入るようになり、そのさまざまな色合いの小さなビーズが、曲線を帯びた複雑なデザインに使われるようになった。このビーズで飾りをつけるときに、いくつかの技法が使われた。たとえば、オーバーレイステッチでは、1本の糸にたくさんのビーズを通し、別の糸で間隔をあけながら小刻みにとめていく。また、「レイジー」ステッチでは、5個ほどのビーズを糸に通してから布にとめるので、広いところを埋めるには適当な技法だった。

今日残されている美しい先住民の貴重な作品の多くは、先住民が自分たちの土地を政府によって追われ、決められた特別保留地に生活することを強いられた1880年代から1920年代にかけてつくられたものだった。この時代に、大平原の人々の典型的な芸術とみられるようになった見事な装飾品が多く流出した。当時つくられた作品には、部族特有の特徴や統一感を失っていたが、初期の民族学者たちはその事実を見落としていた。ビーズ細工が伝統芸術の主流となる一方で、描かれる物語は、戦士たちの戦いから古い生活様式や社会活動へと変わった[644]。ビーズ細工はさらに複雑さを増していき、とくに子どもの衣服[645]と護符[646]にその特徴がみられる。

顔および体の装飾

顔と体のペインティングは大平原文化の重要な要素で、飾りというだけではなく、強い霊的な力をよび起こすものと考えられた。どのような飾りにするかは、個人の自由だった。ペインティングには、軍事的結社のメンバーであることを示す、儀式への参加を祝う、戦いにおける庇護を願う、さらに哀悼の意を表現するなど、社会的かつ宗教的な目的がいくつかあった。

変わりゆく服装

ヨーロッパとの接触以前から、北米には交易網がはりめぐらされていたため、接触後はほどなくヨーロッパの製品が大平原にもたらされるようになった。素材が外国製品に変わっても、長くつづいた様式がそのまま受け継がれたことは特筆に価する。たとえば、アメリカ先住民は、貝や磨いた石の輝く表面が霊力の表われと考えていたので、交易商がもたらすきらめくガラスビーズの市場はすでに存在していた。ストラウドと米国でつくられたフランネルの布は革の腰巻や脛当て、上衣に取って代わったが、好まれる色は依然として赤であり、暗い下地と赤い装飾物の組み合わせが好まれるのも、なめした皮に赤い代赭石の飾りをつけた元来のものを連想させるからだった。金属は、石でつくった道具に代わるだけではなく、それまで使われていた飾りの代わりにもなった。また、小さい円錐型の金属を、上衣や脛当て、シャツ、モカシンの飾りにした「ティンクラー」のような新しい品は、それまでのジャラジャラと音を鳴らすシカの副蹄と同じ用途に使われた。

[644] 特別保留地時代のビーズの袋には、「古き時代」の様子が描かれる。

左：求愛の様子。長さ66cm、幅21.6cm。

下：3組の先住民の男女が踊る。長さ45.7cm、幅32.4cm。

西欧の市場でも、交易によってこの地から得られたものを活用した。たとえば、ビーバーの皮でつくったフェルトの帽子は中国の富裕層にたいへん大流行をみせ、ビーバーの皮の需要は1820年代から30年代にかけて最盛期を迎えた[647]。利益が高いビーバーの毛皮の貿易によって、ミシシッピ川から太平洋岸にいたる、それまでほとんど未踏だった地域が開けていった。わなを用いた猟師たちは、10枚から20枚の皮を束にしたものを100ポンドの梱に詰め込んで、セントルイスまで運んだ。価格は、質のいい大人のオスの毛皮で1ポンドあたり4ドルから6ドルだったが、英国と米国東部にあるビーバーのフェルトハットの市場によって、価格が左右された(15)。ビーバーの毛皮を使ったフェルトは熱、水分、薬品、圧力などの処理を経てつくられる。最初は皮からビーバーの厚い毛を取り除き、その毛を薬品につける。薬品には水銀が使われることもあったため、職人に害が出ることもあった(16)。

西洋の服装へのあこがれは強くなっていったが[648]、大平原の先住民が経た数々の変化のなかでも完全に失われなかったのは、はるか昔のシャーマンの世界からつづいている、部族の根底に流れる固有の美的感覚だった。

[647]（上）ビーバーのフェルト帽は19世紀の初頭に流行の絶頂期を迎えた。

[648] アシニボイン族の戦士、ピジョンズ・エッグヘッドが1832年にワシントンを訪問した前後の様子。流行の「軍服」のスーツを、粋なビーバーのフェルト帽と合わせている。

[646]（左ページ上）特別保留地時代の乳児用ボンネット。

左：長さ15.2cm、幅14cm。

右：長さ15.2cm、幅12.7cm。

[646]（左ページ下）ラコタ族の子どものビーズがついたベスト。へそを守る、トカゲの形の護符がついている。トカゲはつかまえるのが難しく、それゆえに殺すことも難しいことから、吉兆の動物とされた。このような護符には赤ん坊のへその緒が入っており、護符に込められた共感呪術によって、子どもが育つあいだに身を守る役割をはたすとされた。

南西部

[649]『ナバホ族の騎手たち』エドガー・ペイン（1883～1947）画。3人のナバホ族の男は典型的な服装で、交易で得た色鮮やかな布でつくられた、腰丈で長袖のシャツを、コンチョ（conchos）という銀のメダルで飾った革のベルトで締めている。長い髪は南西部の髪型の典型であるチョンゴという形に後ろでまとめられ、綿のカチーフを額に結ぶ。

　南西部は、3650mにおよぶ山々と、海抜をやっと越えるか、海抜以下のところに砂漠が広がる雄大なコントラストがみられる土地である〔地図29〕。大きく突き出た崖、高くそびえるメサ〔頂上が平らで周囲が絶壁の地形〕、奇抜な形の岩だけのこの乾ききった場所には、水が足りなかった。恒久的な川はほとんど存在しない。激しい雷雨のあとだけ、荒れ狂う急流が、乾いてごつごつした溝をうねりながら流れた[1]。さらに、南西部には草が豊富な平原もなく、平原にはつきものの大きな獣もいない。

　この地域には、少なくとも紀元前1万2000年から人が住みついていた。一部でプエブロ族の先祖と考えられているアナサジ族の文化は、紀元前400年頃にはフォアコーナーズ〔米国南西部の北緯37度、西経109度の、ユタ、アリゾナ、コロラド、ニューメキシコの4州が接する地点〕を中心としたこの地域に確立していた。同時期には、ヒラ川とソルト川流域のホホカム文化も発達した。どちらの文化も紀元

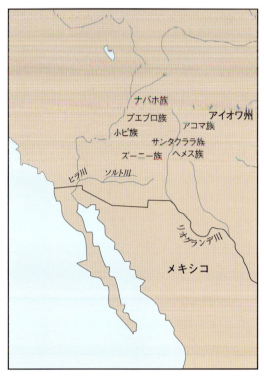
[地図29] 南西地域。

1400年には滅びている。その後、初期の先住民たちは、農耕のための肥沃な土壌が得られる川沿いに定住をはじめた。メソアメリカの聖なる3本柱、すなわちトウモロコシとマメとカボチャの栽培によって食料供給が安定し、人口も増えて村が発展した。南のメキシコ文明諸国との交易によって、定住したプエブロ族の農民の生活はさらに潤い、紀元1000年には「黄金時代」を迎えた。

プエブロ族の領土は、14世紀半ばにアサバスク語を話すナバホ族とアパッチ族の祖先による侵略を受けて一変した。とめどない攻撃のために、定住農民たちは村を強化するか、または完全に捨て去るかの選択を迫られた。16世紀にスペイン人たちがやってくると、プエブロ族はアコマ、ホピ、ズーニー族の西部の村およびリオグランデ渓谷沿いに集められた。一方、遊牧の羊飼いになったナバホ族と襲撃をつづけたアパッチ族は、そのあいだの地域を支配した。

南西部の先住民は、ヨーロッパ人の領土侵入によるたび重なる辛苦を切りぬけた。フランシスコ・デ・コロナド率いるスペイン人は、1539年から40年にこの地に入り、馬や刀剣、十字架などをもたらした。

さらに1598年以降は、スペインからのキリスト教宣教師と入植者が入りはじめ、従来の「異教」信仰をカトリック教に変えようとした。先住民たちは、スペイン人の信仰を表面的には受け入れたが、実際は自分たちの信仰や儀式をつづけた。1821年にメキシコがスペインから独立すると、南西部は一時的にメキシコ共和国の一部となったが、米国が1848年にメキシコ戦争で勝利をおさめると、この地域は再び戦勝者の占領地となった。

ヨーロッパからもち込まれた疾病や優れた武器の破壊的な力にさらされ、部族によっては強制的な移住を強いられながら、この地域の先住民は近年まで独自の文化の多くをそのまま維持してきた。彼らの特徴的な服装には、そうした文化が反映されている。メキシコの北では、ヨーロッパとの接触以前に綿織物の服を着ていたのは南西部だけだった。ここはまた、北極圏を除いて、本来の先住民の服装が20世紀までつづいた数少ない北米地域の1つでもある。

南西部の部族に関する最初の本格的な研究は、1880年から1930年にかけて行われた。この50年のあいだに、マスメディアやマスツーリズムの影響を受ける以前の、地域に住む先住民の様子を表わすひじょうに有益な写真が多く撮られている。

男性の基本的服装

紀元500年頃に南部から綿が伝わる以前、先史時代の南西部に住む人々の衣服は、なめしたシカの皮や、布地のようなものでつくられていた。その布地は、土地に生えているユッカやインディアン・ヘンプ〔北米産のキョウチクトウ科バシクルモン属の多年生植物〕を撚る、編む、または別の指編みによってつくった。杼口を操作する器具がついていない、単純な機（はた）は、紀元700年より前にも存在しており、この機のもつ垂直な枠が、毛皮を撚り合わせ、羽毛のローブをつくるときに使われた。綜絖（そうこう）〔緯糸を通すために経糸を上下に分けるもの〕がついた機が南西部に登場したのは紀元700年頃で、それによって機織物がはじまった。700年から900年には、考古学的に集められた大多数の織物に共通してみられるただ1つの繊維になるほど、綿はどこにでもあった[2]。き

[650]（下）ジェロニモが率いる、武装したチリカワ・アパッチ族は、大きな白綿の腰巻とヘッドバンドなどの伝統的な服装をしている。

[651]（右）1901年にホピ族の特別居留地で撮影された、ホピ族の3人の長老。ゆったりとした綿のズボンに、長袖のぴったりとしたシャツを身につけている。

わめて重要なプエブロ族の服は白い綿で織られていたが、おそらくそれは、紡ぐためにふくらませた原料繊維が雨雲に似ていたせいかもしれない。たしかに白綿の衣服は、儀式のさいに象徴的な役割をもち、また白い下地が霊的な意味合いの強いデザインの色鮮やかで複雑な刺繍を引き立てるので、珍重された。

男性の基本的な服装は、白い綿の腰巻だった。体にぴったりとして、股を通してベルトの下にとめるものと、前掛けのように前後に垂らして腰で結ぶものがあった。ジェロニモで名高いチリカワ・アパッチ族の腰巻は後者のタイプで、幅が広くて長く、膝まで届いた[650]。プエブロ族の場合は、白い腰巻の裾を綾模様の帯で強化した。スペイン人との接触後にヒツジが入ってくると、このような腰巻は、綾織り地に浮き織りの紺色か黒の羊毛でつくられるようになり、ときにはダイヤ型の綾の縁飾りがついた。

ホピ族では、織物はおもに男性がする仕事だったが、ほかの部族では女性の仕事で、刺繍も女性が行った。南西部の男性は、腰巻の上に、腰から膝まで

南西部　405

[652] ヘメス族男性のシャツ。
1920〜30年。
身ごろ：丈 58.5cm、幅54cm。
袖：長さ47cm、幅34.5cm。

さがるキルトを巻くこともあった。今日でも、プエブロ、ナバホ、アパッチなど多くの部族の儀式で、この服装がみられる [661（左から4番目）、676参照]。

脛当ては砂漠で脚を守るためにしばしば必要となった。くるぶしから先がないぴったりした長靴下で、通常は巻きつけて締め、編むかシカ皮でつくることもあった。丈はふくらはぎまで届き、膝のところをガーターでとめ、足の下に紐でかけた。しかし、19世紀になると、男性の多くがメキシコ人のような白綿のズボンをはくようになった。当初はゆったりとしただぶだぶのズボンだったが、20世紀にはよりぴったりしたものになった [651]。

南西部全体で、古風な皮のポンチョに代わって、平織りの綿をスクエアカット〔丸みをつけずに、角型にカットしたデザイン〕にしたシャツを着るようになった。袖はついているものとついていないものがあった。1枚の布を前、別の1枚を後ろに使い、またそれぞれの袖には1枚の布を折って輪のようにしたものを使った。この簡単な服は、身ごろの裾から脇の途中までと、袖口から袖の途中までをゆるく縫ってあった [652、653]。多くの地域では、シャツをズボンの外にだして、ベルトを締めた。

[653] ホピ族男性のシャツ。
長さ135.5cm、幅56cm。

19世紀になって、色鮮やかな市販の布が手に入るようになると、ナバホ族の服装に変化が現われた。1860年代から80年代にかけて交易場が次々と開いて布が流通した結果、典型的なナバホ族男性の服といえるものができあがった[649参照]。それは腰丈の長袖で、色彩豊かな綿ビロードやコーデュロイのシャツに、白または黒っぽい色のズボンに合わせ、特徴的な南西部のベルトであるコンチョ（conchos）を腰で締める服装である。ベルトのコンチョという名前は、革のベルトにつけられた銀のメダルであるコンチョからきている。

女性の基本的服装

プエブロ族の女性のあいだでは、長方形のマンタ（manta）またはマントが、ショールや膝丈のドレスの役割を果たした。右側に布端がくるようにマンタを体に巻きつけて右肩でとめ、左の肩は出るようにして、布を左の腕の下に回す形になっていた[654-656]。脇は途中まで縫ってあり、ずり落ちないように、赤や緑の羊毛を編んだ長いベルトでとめた。しかし、流行は、時間と同じように、西欧人以外の少数民族の居住地でも移り変わっていく。ニューメキシコ州のほとんどの町と同様に、今日のホピ族の服装は、市販の布で同じような形に仕立てられた綿のドレスに代わっており、その現代的な装いに、花柄やレースの飾りがついたブラウスやプリントの前掛けを合わせている。黒のマンタは儀式や特別なときに時々みかけるだけだ。

ナバホ族の女性の服装は、かなり独特な道をたどった。少なくとも1700年には、プエブロ式の直立した機で織物をはじめているが、プエブロ族の見事な機織技術を見て織り方を身につけたようである[3]。しかし、特別な儀式の服に綿を使ったプエブロ族に対して、ヒツジを追って生活していたナバホ族は、羊毛で織物をした。

少なくとも1750年から1868年にかけて、ナバホ族の女性はビイル（biil）という、1枚の長方形の布や2枚の布を脇で合わせてつくった羊毛のドレスを着ていた[657、658]。1864年から68年まで、ボスク・レドンド強制収容所で悲惨な生活を送ったのち、交易場で安い市販の布が新たに手に入れられるようになると、彼らの服装に変化が起こる。女性たちが英国風のドレスを着るようになったのは、まさにこの時代だった。長くゆったりとした綿のスカートに、長袖で腰丈の、綿ビロードの独特なブラウスを組み合わせた。女性たちに裁縫を教えたのは、軍人や商人、宣教師の妻たちだった。

1868年には、アパッチ族の女性たちも英国風の服装を取り入れていた。これまでの皮のドレスの代わりに、アパッチ族特有の服とされるキャンプ・ド

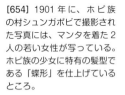

[654] 1901年に、ホピ族の村シュンガポビで撮影された写真には、マンタを着た2人の若い女性が写っている。ホピ族の少女に特有の髪型である「蝶形」を仕上げているところ。

南西部 407

[655] 刺繍が施された、アコマ族の茶色の羊毛のマンタ。1860～75年。
長さ107cm、幅137.3cm。

[656] 刺繍が施された、サンタクララ族の黒い羊毛のマンタ。1920～30年。
長さ109cm、幅62.5cm。

[661] 7種類のプエブロ族の布。
（左から）
独身男性の毛布：長さ 118.5cm、幅 156cm。
少女のショール：長さ 82.5cm、幅 74cm。
見本集：長さ 105.4cm、幅 36.2cm。
キルト：長さ 135cm、幅 49cm。
毛布：長さ 158.1cm、幅 154.5cm。
ホピ族のマンタ：長さ 112cm、幅 144cm。
毛布：長さ 178cm、幅 125cm。

れた [659]。19世紀半ばに、ナバホ族は側面で結ぶ、赤褐色の牛皮でできた膝丈のモカシンをはくようになっていた。アパッチ族は、初期の頃から、単純な2つの部分からできている底がやわらかいモカシンに、別の皮の脛当てをつけていた。この古風な履き物が進化して、つま先が上を向いた、アパッチ族独特の脛当ておよびモカシンができた [660 ; 679も参照]。

外 衣

戦闘的な略奪者にふさわしく [650参照]、初期のアパッチ族が上半身につけた皮の服は、銀ボタンがたくさんついた、軍服のようなシャツへと代わっていった。

プエブロ族のあいだでは、紐状に細長くはいだウサギの皮をユッカの紐にからませてつくる肩掛け毛布や、綾織りと平織りの綿毛布 [661] が使われた。1880年代の頃には、影響力が強い商人たちがもち込んだペンドルトン〔米国のウール製品メーカー〕製のチェックと格子柄のショールが、プエブロ族の女性のあいだで流行した。

織物をはじめたナバホ族の女性は [662]、鮮やかな幾何学模様のある特徴的な毛布を次々とつくりだ

[662] ナバホ族の女性が機織り機の横で羊毛を紡ぐ。

南西部　411

した[663]。赤い色がとくに好まれ、織り手は交易で手に入れた布をほどいて、鮮やかな緋色や深紅の毛糸にすることもあった。毛布は当初から交易用であり、まもなく商人たちの要望に応えてより大きく重いラグがつくられるようになった[664]。ナバホ族自身は、外衣に市販のペンドルトンの毛布を使いだし、とくに縞模様や水平な線が入っているものを好んだ。そのデザインが、手編みでつくっていた肩掛け用の初期の布にも好んで使われていたものだからである。

ナバホ族はまた、「首長の毛布」（チーフジョセフブランケット）を得意とした。この呼称は、着る者よりもむしろ服のデザインを表わしている[665-667]。このような男性用の肩から掛ける毛布は、直立した綜絖を使う織機で織っていた。また、目立つ模様のポンチョ[668]や、女性が着る毛布[669]もつくっていた。

[663] 毛布を身につけたナバホ族男性の模型。1840〜80年頃。

[664]（左）ナバホ族初期の水晶風の柄のラグ。
1900～11年。
長さ193cm、幅109.2cm。

[665]（左下）ナバホ族の第1期チーフ毛布。
1800～50年。
長さ123.2cm、幅208.3cm。

[666]（中下）ナバホ族の第2期チーフ毛布。
1850～65年。
長さ121.9cm、幅172.7cm。

[667]（下）ナバホ族の第3期チーフ毛布。
1865～75年。
長さ134.6cm、幅152.4cm。

南西部 413

[668] ナバホ族男性の初期の典型的なポンチョ。
1840〜60年。
長さ214.5cm、幅142.2cm。

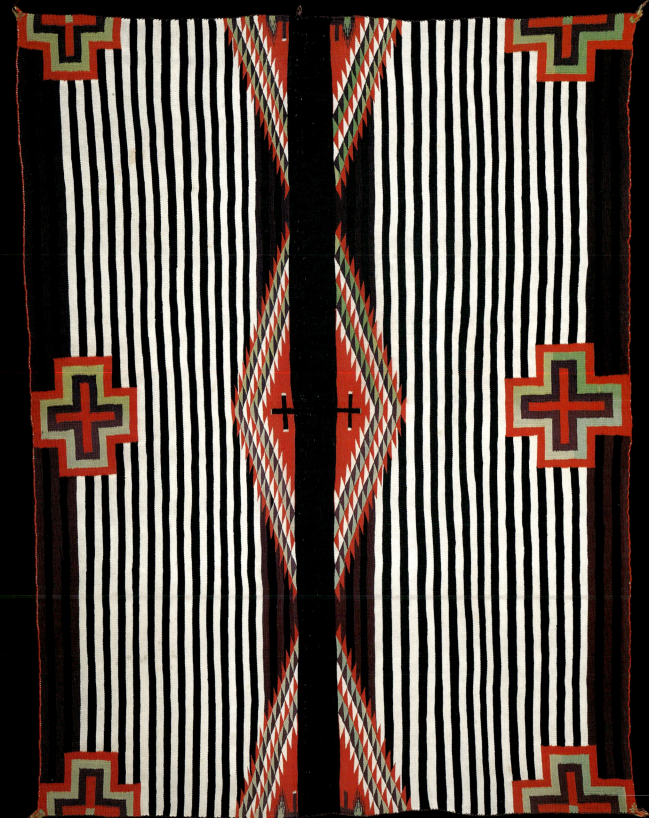

髪型

　南西部の特徴的な初期の髪型はチョンゴ（chongo）とよばれるもので、長い髪を後頭部でぐるぐると巻き、紐で束ねるこの髪型は、プエブロ族から取り入れられた [649、663参照]。ナバホ族の女性は手で紡いだ綿、羊毛、市販の紐でチョンゴを結んだ。これに対し、男性は染色した綿のカチーフを頭に巻くことを好んだ。チョンゴは標準的な髪型として20世紀半ばまでつづいたが、やがてナバホ族とプエブロ族の男性はどちらも、あごや肩のあたりで髪を切り、布のヘッドバンドでとめるようになった [670]。しかし、年長のナバホ族の女性たちの多くは、今でも依然としてチョンゴの髪型を好んでいる。

　ホピ・プエブロ族の若い女性たちは、髪を特徴的な「蝶」形にしていた。髪を真ん中で分けてから、それぞれU字形をした木製の「ヘア・ボウ」に8の字に巻きつけ、それを紐で結んでから広げて、直径20cmほどの渦巻きや円板のような形にする [654参照]。結婚すると、新妻は髪を下ろし、長いねじり髪か三つ編みにした。

被り物

　儀式用の被り物以外に、プエブロ族の男女はほとんど何もかぶらなかった。交易によって布がもたらされると、男性は布製の幅広い帯を頭に巻き、前や横でしばって、髪が落ちてこないようにした。ナバホ族の女性たちも一貫して何もかぶることはなかったが、男性の多くは20世紀の終わりになると、明るい色のフェルトやワラの、つばが反ったウエスタン・ハットや、つばが平らで側面がまっすぐの帽子 [675参照]をかぶるようになった。初期に、アパッチ族の男性は布のヘッドバンド [650参照]をつけていたが、20世紀になる頃には、彼らも英国風またはメキシコ風の帽子をかぶることが多かった。

衣料小物

　プエブロ族がつくる美しい飾りベルト [671]は有名で、今でも儀式で同様のものがみられる。このような経糸が表面に出るベルトやガーター、ヘッドバ

[670]（左上）グランドキャニオンで、布のヘッドバンドをつけているナバホ族の銀細工師と男児。1927年。

[671] 織物の飾り帯（中央部分と端のフリンジ部分）。刺繍の飾り帯とレイン・サッシュとよばれる飾り帯はどれもホピ族のもの。

織物の飾り帯：長さ337cm、幅11cm。

刺繍の飾り帯：長さ252cm、幅9.5cm。

レイン・サッシュ：長さ172.7cm、幅11.4cm。

[669]（左ページ）ナバホ族のチーフ毛布の変形で、女性用の毛布。1875～85年。長さ132cm、幅178cm。

[672] ナバホ族の銀細工。コンチョベルトと、スカッシュブロッサムの首飾りのバリエーション。

ンドは、女性が幅の狭いベルト用の織機を使って経糸を浮き織りにする技法で、赤・緑・黒の羊毛を織り込んでつくった。1800年代の終わり頃には、コンチョベルトも使われるようになった。最初は、ナバホ族との交易でベルトを手に入れた。ナバホ族は19世紀半ばに、隣接するメキシコ人から銀細工を学んでいたのである。のちには、プエブロ族の銀細工師も、南西部の典型的なコンチョベルトをつくるようになった [651参照]。ナバホ族にとって、コンチョベルトはつねに貴重なものだった。アパッチ族のあいだでは、コンチョで結ぶ布のネッカチーフが男性用の飾りとして人気があった。ほかに、個人的な霊力をもつとして、男女とも彩色をしない木の護符を身につけていた。

宝飾類

初期の頃、石や貝のビーズは豊富にあった。紀元500年以降、プエブロ族の人々のあいだでトルコ石の使用が増加し、ビーズを何千個も使った美しい首飾りが手づくりされた。銀とトルコ石を組み合わせた人気の高い宝飾品は、工芸の技術で世界的に有名なナバホ族のものというイメージが強い [670参照]。彼らにとって、トルコ石はもっとも重要なもので、祈禱具としても使われるほど、単なる宝石以上の価値を帯びている。

トルコ石と銀の宝飾品は、最初は個人が使うものであったが、のちには観光用の土産品となった。事実、1889年には、ナバホ族はフレッド・ハーベイ・カンパニーから注文を受けている。しかし、当時も今も、ナバホ族自身は、ベルトや首飾り、腕輪、指輪、帽子の環帯、ボタン、耳飾りなどの宝飾品をふんだんにつけている [672]。

武具

初期の南西部の戦士たちは、武具づくりにかご細工の技術を応用し、頭にぴったりとしたなめし皮のメディシン・キャップをかぶった。このキャップに多くの穴をあけて通気性をよくし、さらに羽根の飾りをつけることが多かった。胴にシカ皮を数回巻いて、戦いに出ることもあった。リオグランデのプエ

ブロ族の男性の多くは、アパッチ族と同様に、盾をもっていたが、彼らはこれに2枚の厚い革を縫い合わせて彩色を施すか、木材や象徴的な飾りをつけた。

服の飾り

ヨーロッパとの接触以前の初期の時代、ベルトや紐、サンダルなどプエブロ族の服に使われた小物には、彩色された繊維の紐で単純な幾何学模様が描かれていた。のちに綿や羊毛が使われるようになると、平織りや菱形ないし斜文の綾織りで柄を描いた織物がつくられた。スペイン人との接触後は、キルトや腰巻、シャツ、飾り帯に、スペイン人から学んだ羊毛の刺繍[652、661、671参照]が施された帯の飾りがついた。やがて女性の羊毛のマンタや綿のドレスにも特有の象徴的な意味をもつ赤・青・緑・黄色などの幾何学模様がついた刺繍の帯がつけられた[673、674]。

ナバホ族の毛織物の装飾は、浮き織り、綾織り、平織りの織り方によって模様をだす方法や、別色の糸で帯や幾何学模様を描きだす方法で行われた[662参照]。ナバホ族のブラウスやドレスには、銀貨や、溶かした硬貨でつくったボタンを、前あき部分、襟、さらに両袖やカフス部分に並べて飾りにした[675]。

[673]『陶器の装飾をする人々』ジョセフ・ヘンリー・シャープ (1859～1953) 画。プエブロ族の女性たちが、石とアドーベ (日干しレンガ) でつくられた住居のなかで、刺繍を施した帯と幾何学模様の羊毛のマンタを着ている。

[674]（下）プエブロ族女性の、丁寧に刺繍された白綿のドレス。
長さ109cm、幅62.5cm。

[675]『交易所への出立』R.ブロウネル・マックグルー画、1965〜75年。前景のナバホ族の少女が着ているシャツに、硬貨とボタンの飾りが見える。少女はコンチョベルトもつけている。馬に乗っている騎手は、つばが平らなウエスタン・ハットをかぶっている。

特別な衣装

　もっとも有名なプエブロ族の特別な服装は、カチナが登場する儀式に着るもので、カチナとは、万神殿にいる多くの祖先の使いを象徴する人形である。たとえば、ホピ族にはおもな使いが30人、力の弱い使いが400人以上いる。カチナの服装で特徴的なのは仮面と頭飾りで、男性だけが儀式に参加する。
　プエブロ族のほとんどの儀式で、男性は裾に黒・緑・赤の刺繍が施された白綿のキルトをまとい、「レイン・サッシュ」とよばれる飾り帯をつける。その帯は、長い白綿の帯にフリンジがついたもので、フリンジで雨が降っている様子を表現している[676；671も参照]。夏至の儀式では、女性たちが伝統的な黒いマンタと「乙女のショール」という、白地に青と赤の縁取りがついたものを着る[677]。そして、女性の踊り手たちは、タブリタ（*tablitas*）という彩色された平らな木の板を、さながら塔のように立てて踊る。

[676] 1888年に撮影された、プエブロ族のコーン（またはタブリタ）・ダンスは、豊穣（豊饒）を願う儀式で、カチナとは関係がない。飾り羽の柄には彩色が施される。男性はキルトと「レイン・サッシュ」とよばれる飾り帯をつけ、女性はタブリタの頭飾りをつけている。

[677]（右）ホピ族の、白い毛の「乙女のショール」には青と赤の縁取りがあり、黒っぽい毛のマンタの上に着る。1890〜1920年。

ショール：長さ82.5cm、幅73.7cm。

マンタ：長さ74cm、幅86.5cm。

　ナバホ族の重要な儀式は治療儀式で、呪医が自然の均衡を回復させるために行い、儀式のなかで詠唱「ウェイズ」を歌う。詠唱に合わせてイェビチャイの踊りを舞うが、このイェビチャイとは、風や雷など自然の力を肉体化した聖なる存在のことである。男性の踊り手はキルトを着る[678]。こうした儀式に参加するのは男性だけだが、男女両方の姿で演じられ、全員が仮面をつける。

　チリカワ・アパッチ族の成女式では、少女は伝統的で特別なキャンプ・ドレスを着る。このドレスのなかには、聖なる花粉でこすり、ビーズや絵の具で飾りをつけた黄色いものがある。付き添う男性の踊り手たちは、上半身が裸で、なめした皮を黄色く塗ったキルトと、つま先が上を向いたアパッチ族の履き物をつける。ガン〔山の精霊〕の像頭には、細長い板やリュウゼツランの茎でつくった、アパッチ族の信仰を示す頭飾りをつける。踊り手の顔は、目と口の部分に穴があいた、黒の革または布の質素な仮面で覆われている。

[678] ナバホ族のイェビチャイのタペストリーでは、4人のイェビチャイの踊り手のうち、3人はキルトを着ている姿に描かれている。1930年〜36年頃。長さ142.2 cm、幅294.6cm。

顔および体の変形

　南西部の先住民たちは、儀式の服装とともに、顔と体にペインティングを施した。絵の具には、土からとった黄土と植物の染料が使われた。また、故意ではないが、乳児を堅いゆりかごの板に括りつけていたために、頭蓋骨が平らになることがあった。

仮面

　南西部で仮面をつけて踊る部族の伝統をいくつかみると、その起源が共通で、それぞれの部族が特徴のある味つけを加えたことがわかる。仮面をつけた儀式的な劇でもっとも古く有名なのは、プエブロ族のカチナの踊りである。古代のプエブロ族の仮面をつける伝統と、ナバホ族の「ナイト・ウェイ」〔晩秋から初冬にかけて営まれる9日間の歌祭り〕の儀式の仮面をつけた参加者、さらにアパッチ族の「ガン」の踊り手と山の霊の演者を結びつける、歴史的な流れが浮かび上がってくる[679]。

変わりゆく服装

　プエブロ族の織り手の創造性は共同体の思考プロセスに関係し、厳格な社会統制や通過儀礼、身分、儀式や技術的な効率化の影響を受けた。織物は、織り手の家族や一族など、関係をもつ者のためにつくられた。そのため、服は着る者の年令や性別を表わし、社会的な集団への加入の記念や、社会的な地位を示す役割を果たした[(4)]。しかし、20世紀初頭になると、ニューメキシコ州のプエブロ族の女性のほとんどは、ちくちくする毛のマンタの代わりに、同じ形の綿ドレス、レースの縁取りがある綿の前掛けをつけた。男性は英国風の黒っぽいベストを取り入れ、今日でも多くの人がはいている黒っぽいズボンまたは白綿のズボンの上に、綿シャツをだしてベルトをした。今

でも、肩に届く髪を綿のヘッドバンドでとめる髪型をしている男性がいる。スニーカーや店で買った履き物は一般的になっているが、それでもほとんどの男性はカウボーイブーツやカウボーイハットにリバイス（ジーンズ）といったウエスタンルックを好む。

プエブロ族とは対照的に、ナバホ族のかつての織り手は実験的で、見た目が派手なものを好み(5)、特徴のあるさまざまな織物をつくり、南西部や大平原だけではなく、メキシコ人や英国人たちにも高く評価された。今日、ほとんどのナバホ族の男性は、プエブロ族と同じように、ジーンズやブーツ、カウボーイハットといったウエスタンスタイルの服を好んでいる。ナバホ族の女性の多くは西洋風の服装を取り入れたが、古い地域では、綿ビロードやキャラコのスカートが今でもみられ、伝統的なスカッシュブロッサムの首飾りや、銀とトルコ石の宝飾品などとともに着ている。

アリカワ・アパッチ族の男性は、19世紀の終わりにメキシコ風の服を西洋の服に替え、カウボーイハット、リバイス、格子縞のシャツ、カウボーイブーツを身につけるようになった。女性は19世紀当時の、ゆったりとしてひだ飾りのついた綿のスカートに、ぴったりとしたブラウスのキャンプ・ドレスを着ていたが、近年では買った服を使って英国のファッションをとりまぜている。ただし、年配のアパッチ族の女性や儀式に参加する多くの人は、見物人であっても参加者であっても、伝統的な服装をしている。

[679] 山の精霊の儀式「ガン」を行うアパッチ族の踊り手。女性はキャンプ・ドレスを着ている。男性がつける脛当てとモカシンのセットは、つま先が上を向いている。

メソアメリカ

[680]『テノチティトランの最後の日々：コルテスのメキシコ征服』（一部）ウィリアム・ド・レフトウィッチ画、1899年。紀元1325年頃、アステカ族は中央メキシコのテスココ湖に浮かぶ島に、首都テノチティトラン〔現在のメキシコシティー〕を築いた。200年近く栄えていたが、スペイン人エルナン・コルテス率いる軍がこの地を征服し、都市を破壊した。近年の考古学的発掘では、「テンプロ・マヨール（主神殿）」から珍しいスペイン征服以前の布地が発見されている。この絵は、劇的な架空の場面のなかに、テンプロ・マヨールを描いている。

今日、われわれがメキシコと認識している国は、悲惨な状況のなかから生まれた。1521年にスペインがこの地を征服した当時、アステカの首都テノチティトランは、20万人ほどの住民で栄える大都市だった。メキシコ中央部だけで、人口は1000万から2000万にものぼった。しかし、ヨーロッパ人がもち込んだ疾病の流行やスペインによる搾取に加えて、スペインが征服以前の社会を崩壊させたため、16世紀の終わりともなれば、「ニュースペイン」地域の人口は、ほんの100万になっていた。これは、有史以来でもっとも大きな人口減少だった[680参照]。このような人的被害は、初期の6大文明のうちの1つが興ったメソアメリカ全体に広がった（1. 中東「古代近東」14ページ参照）。

メソアメリカ[1]という用語は、スペインとの接触以前にひじょうに高度な文化が次々と栄えた、今日のメキシコおよび中央アメリカを含む[地図30]。全盛期は紀元前1000年にオルメカ族とともにはじまり、マヤ、サポテカ、テオティワカン、トルテカ、アステカとつづいた。この初期の複雑な社会に関しては、何十年にもわたって調査が行われたため、メソアメリカのヨーロッパとの接触以前の服装[2]については、北米の5つの地域よりも、はるかに多くのことがわかっている。

征服前の1519年にエルナン・コルテスがこの地に着いたとき、メソアメリカは繁栄していた、文化的にも洗練された地域で、稠密な人口をトウモロコシやマメ、カボチャを中心とした集約的な農業方式で支えていた。地域のどこでも、豊富な種類の新鮮な食物、原料、手工芸品が、暑くて肥沃な低地と乾燥した中央高原のあいだを往き来していた。メソアメリカには大型の家畜がいなかったため、このような品物はすべて、人間の運搬人が背中に担いで運んだ。組織化が進んだ商人の集団と高度に開発された市場制度によって、さまざまな繊維を加工して、メソアメリカの厳密に層化した社会を反映する衣服をつくることができた。

メソアメリカの住民は、貴族、職人、平民、奴隷に分けられ、すべての階層が歴史上でももっとも浸透した複雑な宗教的儀式の影響を強く受けていた。このすべてを包含するイデオロギーへの奉仕として、手の込んだ芸術と建築が発達した。そびえ立つピラミッド、上質の陶磁器、色鮮やかな壁画、記念碑的な彫刻、見事な布地のほかに、人々の生活に不可欠な宗教的予言と、より実用的な非宗教的な目的を兼ねて、複雑な暦もつくられた。また、メソアメリカの住民は象形文字を開発し、樹皮からつくった紙や蛇腹折りにした獣皮の本に、重要な事柄を記録することができた。事実、後古典期後期（紀元1250〜1519年）の頃の写本が15点ほど現存しており[3]、さらに現地の様式で書かれた植民地初期の書類も多数残っている。このような絵入りの文書には、それぞれの地位にふさわしい服装をした人々の姿が描かれている。また、ヨーロッパとの接触以前の壁画や陶磁器、粘土の小立像、石の彫刻にも、服装の描写がみられる。

現存するもっとも古いメソアメリカの布地は、オアハカのギラ・ナキツ洞窟にある陶磁器以前の時代の遺跡から出土している。見つかった端切れは、機を必要としないもので、かご細工のように巻く、縄状に編む、結んで網にする、などの技法でつくられていた。こうした技法は、初期の狩猟採集を行っていた移住者が、ベーリング海峡を越えてアメリカ大陸にもたらした可能性がある[4]。このような古い端切れはいずれも、紀元前8000年頃の、綿ではない植物繊維でつくられていた。グレートベースン〔米国西部の大盆地〕やペルーで発見された同じような端切れも、同時代のものと思われる。メソアメリカで紡がれていない綿の最初の証拠が見つかったのは、プエブラ南部のテワカン谷にあるコスカトラン洞窟で、紀元前5000年より以前のものである。同じ地域から出土した紀元前1500年から900年のあいだの土器片には、平織りの織り目が柄のようにつけられていた。これが織物の存在を示す最古のものになる[5]。

メソアメリカで最古の服の描写は、先古典期の中期（紀元前1150〜400年）にさかのぼり、メキシコの中央高原で見つかった、小さな粘土の小立像にみられる。女性は短いスカート、男性は腰巻をつけている。古典期（紀元250〜900年）には、メソアメリカ全体の男性が巻きつける腰巻と、結んでつけるケープを組み合わせて身にまとっていた[6]。

ヨーロッパ人が到来した頃にメソアメリカを支配していたアステカ族について、われわれは幅広い知識をもっている。したがって、16世紀初期のヨーロッパ接触以前の服装に関しては、とくに自信をもって語ることができる。大航海時代に新たに発見された民族すべてのなかで、もっとも克明に記録されているのは、中央メキシコの、ヨーロッパとの接触時のアステカ族だった。そのために、われわれがよく知っているのは、アステカの服装、および同時代の隣国や、すぐ上の年代の祖先の服装である。世界のいたるところと同じように、彼らの服装にも社会状況が反映されていた。

人々の服装の布地、形、つくりは、入手できる材料と技法によって決まる。新世界で高度な文明をもっていたもう1つの住民であるアンデス山脈の人々とはちがって、メソアメリカには毛を刈ることができる家畜がいなかったため、織物をすべて植物繊維でつくらなくてはならなかった。植物の種類によっては、加工が困難なものもあった。織糸をつくるの

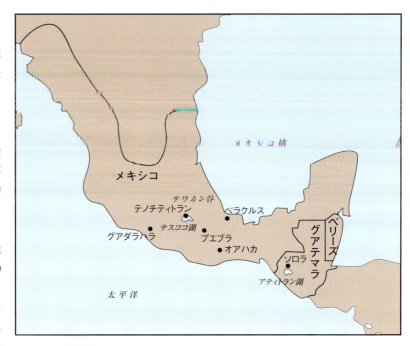

[地図30] メソアメリカのおもな遺跡。

[681]（上）アステカ族の女性が、洗ってふくらませた綿の繊維の束から糸を引きだすために、錘を回している。

[682]（右上）アステカ族の母親が14歳の娘（1回の食事に2枚のトルティーヤを食べることしか許されない）に、後帯機の織り方を教えている。

に必要なのは、長く、強く、しなやかな繊維である。加工していない自然の産物には、残念ながら十分に長く強くしなやかなものはほとんどない。そのため、ある程度の加工が必要になる。メソアメリカの高級な繊維である綿（Gossypium hirsutum）の場合は、莢から種子を取り除き、外した繊維を洗い、たたいてふわっとさせ、ふくらませた綿を伸ばし、紡いで短い繊維を合わせて長い糸にする[681]、という加工が伴う。ところが、メソアメリカの多くの人々は、綿の服を着ることを許されていなかった。彼らの服は、強く、丈夫な木質の靭皮繊維でつくられていた。繊維の原料になったのは、マゲー（アガベ）やユッカ、ヤシのような、葉が長い植物の師部だった。この丈夫で堅い植物を長くしなやかな糸へと大変身させるには、大変な重労働が必要だった。火で炒り、染料を染み込ませ、腐らせ、浸水させ、こすり、洗い、梳き、膨らませ、そしてこれを紡いでやっとできあがる。

糸を紡ぐと、次の段階は織りである。メソアメリカの女性が誰もが使っていた後帯機（腰機）[682]で織った布は、4辺の耳がいずれも完全にほつれないように仕上がっている[7]。そのため、細長い布片はそれ以上の加工を必要とせずに、機からはずして腰布として身につけることができ、また2枚の幅が広い織物の耳を合わせて、男性のたっぷりとしたケープや女性の巻きスカートにすることができた。

征服以前の、男性の基本的服装

紀元250年からすでに、メソアメリカの男性の基本的な衣服は長い腰布で、それを腰に巻き、股を通して、体の前後両方に布の端が下がるようにつけた。アステカ族の場合は、その2つの布端を腰の前にもってきて、特徴的な「アステカ・ノット」に結んだ[683][8]。それにケープをつけるが、ケープはこの文化では地位を示すおもな目印だった。メソアメリカの男性は誰もがこの2種類の簡素な服をつけていたが、階層は繊維や表面の装飾、添える装身具などのちがいによってはっきりと区別された。美しく身を包んだ貴族は、いつも格好ではっきりとわかった[684]。アステカ族の倫理規制を定めた法律では、すべての男性のマントについて、繊維、長さ、飾りの程度を定めていたといわれている[9]。

征服以前の、女性の基本的服装

男性の腰布のように、女性に不可欠な服装は巻きスカートだった。綿または靭皮繊維の素材で、2枚以上の布地を合わせ、前後ないし側面にひだを寄せたスカートは、昔も今もメソアメリカ全体で基本的な女性の服装である。落ちないように、特徴的な色

メソアメリカ 425

[683]（左端）アステカ族の聖職者。「アステカ・ノット」に結んだ腰布と幽玄なケープを身につけて、儀式にしたがって神殿を帰いている（耳の前についた血のしみは、神への供物として何度も瀉血したためについた）。

[684]（左）贅沢な装いのアステカ族の王は、2つの花束を持ち、正式な宮廷のマントである高級な綿を括り染めしたプランギ（plangi）のケープをつけ、翡翠と金の宝飾品、翡翠の唇飾り、ケツァール（カザリキヌバネドリ）の羽根の髪飾りをつけている。

鮮やかな美しいベルトでとめる。

　上半身につける服装には、スペイン人による征服の頃、2つの基本的な服があった[685]。1つはウイピル（huipil）（ナワトル語で「ブラウス」を意味する[h]uipilli から)[10]という、ゆったりした袖なしのチュニックで、2枚か3枚の織物を縦に縫い合わせ、首の穴をくりぬき、脇を縫い上げるが、袖ぐりの大きさは、地域によってとても小さいものか、かなり大きいもののどちらかだった[686]。女性が上半身につける2つめの服はケスケミトル（quechquemitl）（ナワトル語で「首」を意味する quechtli と「マントやケープをつける」を意味する quemi から)[11]で、長方形の布を2枚縫い合わせ、首を通して掛けたときに、布が三角形になるようにした。

　奇妙なことに、この2つのタイプは昔も今も地域的にはっきりと分かれている。ベラクルスからプエブラ、さらに北西のグアダラハラへ、さらに西の太平洋岸まで頭のなかで線を引いてみると、ケスケミトルの分布はその境界線から北側のみで、紀元200年からみられた[12]。対照的に、ウイピルは今も昔も南側だけにみられる。アステカ族の女性が身につけたのはウイピルで、日常着にケスケミトルを使うことはまったくなかったが、特別な儀式で、多産の女神の肖像や神に扮した者を飾りつけるときにだけ使った[13]。

[685] 征服の頃、メソアメリカの女性が上半身につけていた衣服。左がケスケミトルで、右がウイピル。

[686] アステカ族の上流階級に属する8人の女性が、豪華に柄がつけられた、幅が広いウイピルを着ている。未婚の少女は、長い髪をおろす。既婚の女性の髪型は、2本の房状になっている。

メソアメリカ　427

[687] 13世紀のヨーロッパ製足踏み織機の図。

[688] 征服後の先住民男性の図。新しいヨーロッパ風の服を着ているが、征服以前のケープを依然として身につけ、足踏み織機でつくられた幅の広い布地を裁断している。

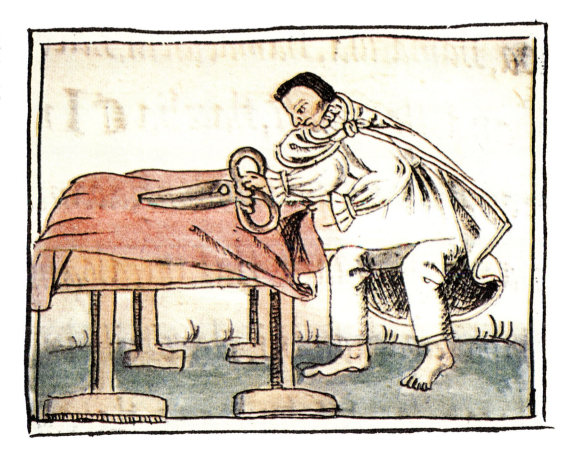

北アメリカ

[692] メキシコ中央部クエツァランの、ナワトル語を話す女性は、紗のケスケミトルの下に植民地風のブラウスを着ている。征服以前のターバンを巻いた髪型は、毛の紐を髪に巻きつけてつくられ、別のケスケミトルが掛けられている。さらに、このような古代の「肩掛け」の一部が、右下にあるこの女性の機で完成しつつある。

[693] メキシコ中央部シエラ・ノルテ・デ・プエブラのケスケミトルを着る地域全体で、多くの女性は今でも征服以前の伝統的な服装をしている。今日、古いケスケミトルにはさまざまな飾りがつけられている。サンフランシスコのクロスステッチ、パンテペックの縫取織り、クエツァランでは紗、サンパブリートの刺繍のようにである。

改宗のために訪れた宣教師たちは、先住民の女性の服装を慎みのあるものと考えたために、ケスケミトル[692、693]とウイピル[694-697]は、１つ加えることで、今日まで形を変えずに着ることを許された。

[694] グアテマラの高地にあるサンタカタリナパロポで撮影された写真。中央と右側の少女に見られるように、ウイピルの下の部分を巻きスカートで覆い、きつく巻いた飾りのベルトで腰にアクセントをつけている。

[695]（右ページ）メキシコ南部では、ウイピルを巻きスカートの上に着る。オアハカ州ウシラで、チナンテコ族の女性が手織りのウイピルにフチナ（fuchina）の染料〔唐紅〕で模様を染めている。1964年。

北アメリカ

[696] メキシコ南部ゲレロ州コチョパのアムスゴ族の地域でみられる、3枚の織布を合せたウイピルと、その町の手織りの巻きスカート。中央の布に絵緯で飾りがついたウイピルは、スカートの上にだす。

ウイピル：丈85.1cm、幅92.7cm。

スカート：丈118cm、幅210cm。

メソアメリカ 433

[697] グアテマラ高地、チャフルの織布を2枚合せたウイピル。ウイピルをスカートにはき込み、絵緯の色鮮やかなベルトでアクセントをつける。一緒に置かれているのは、その町の典型的な髪のリボンと、ツテ（tzute）というヘッドクロス。

ウイピル：丈61cm、幅82cm。

ヘッドクロス：長さ213.5cm、幅100cm。

髪のリボン：長さ468cm、幅5cm。

ベルト：長さ365.8cm、幅20.3cm。

スカート：丈417.5cm、幅108cm。

[698] ケスケミトルの下には、植民地風のブラウスを着た。ブラウスには、市販の布に手で刺繍したヨークと袖がついている。このブラウスはそれぞれ、サンパブリート、コアウイラ、チャチャワントラのもので、いずれも山脈地帯にある。

サンパブリート：丈 61cm、幅 80cm。

コアンクイラ：丈 49.5cm、幅 96.5cm。

チャチャワントラ：丈 71.1cm、幅 68.6cm。

[699] オトミ族の女性たちが、植民地風ブラウスのヨークや袖にする布に刺繍をしている。

　ケスケミトルを着る多くの地域では、この肩掛けを薄くて透ける「慎みのない」生地で織っていた[692、693（右）参照]。そのため、植民地時代になると、ケスケミトルの下に着るものとして、スペイン風のブラウス[698]が導入された。この体を覆う服の基になっているのは、明らかに16世紀ヨーロッパのシュミーズだった。今日、このようなブラウスの襟ぐりや袖には、ヨーロッパ風の花や動物の柄をあしらった華やかな刺繍が施されている[699]。

メソアメリカ　435

[700] 現代のサンダルであるが、征服以前のように、かかとの部分が高くつくられている。高さ14cm、長さ28cm、幅10cm。

履き物

　征服以前から植民地時代までに描かれたどの絵にも、かかとを守るように、かかとの後ろが高くなったサンダルが描かれているが、それをはいているのは、神々や支配層、地位の高い戦士、遠くまで旅をする皇帝の使者など、重要な人物だけだった。保守的な先住民社会に暮らす男性は、今でもサンダルをはいており、一部は征服以前の形にならってつくられている[700]。今日のサンダルの靴底の多くは、自動車の古タイヤを利用している。大多数の先住民女性は今でも裸足だが、毎週開かれる大きな市場では、薄い安物のプラスチックの靴をはいている姿もみられる。

外　衣

　高い位置にあるメキシコの中央高原やグアテマラの山の多い高地などでは、寒冷気候であるため、温かな外衣が必要となる。その1つがコトリナ(*cotorina*)という袖のない毛の上着で、裾には飾りのフリンジがついている[701]。コトリナはひじょうに古い服の形で、それをとくに大切にしているアステカ族は、シコイ(*xicolli*)、つまり「神聖な上着」とよんでいた。神の肖像[702]や聖職者がこれを着ていた[17]。アステカ族の聖職者は、人間を生贄にするときにこの服を着ていたにもかかわらず[18]、それが改宗させようとするスペインのキリスト教宣教師たちの詮索を免れたのは驚きである。そんな上着が現代まで生き延びられたのは、初期の段階に「異教」の神の服から、無害で実用的な服へと変身を遂げたからであろう[701参照]。

[701]（左）肌寒い日に、高地の町に住む男性は毛のコトリナを着る。

[702]（下）今ではチュルブスコ偶像として知られている、アステカ族の神の石像。儀式のときに着る、袖がなく特徴的なフリンジが裾についたシコイを身につけている。この古代の服が、今日のコトリナの基になった。

北アメリカ

[703] グアテマラ高地のアティトラン湖北側にある、市場町ソロラの男性は簡単に見分けられる。灰色と白の毛のあつらえた上着の裾に、黒い組み紐が飾りについているからである。さらに、手織りの縞のシャツ、ズボン、ベルト、袋、黒と白の格子のロディリエラ (rodillera) を腰に巻いている。

上着：丈68cm、幅132cm。

カミサ（シャツ）：
丈92.4cm、幅142cm。

ズボン：丈87.5cm、幅63.5cm。

ロディリエラ：丈124.5cm、幅56cm。

ベルト：長さ188cm、幅19.8cm。

袋：長さ144.8cm、幅83.8cm。

[704] セーターを着た先住民の男性が、植民地風のブラウスを着た女性と談笑している。

メソアメリカ　437

今日、高地の冬には、先住民の男性は簡素に仕立てた上着[703]、毛のポンチョまたは安い機械編みのセーター[704]も着る。女性は長い肩掛けのレボソ（rebozo）〔スカーフないしショール〕を体に巻いて体を温めるほか、子どもをくるんで抱いたり、手仕事をしたり、あるいは市場での買い物を入れたりするなど、さまざまな用途に使っている。

衣料小物

征服以前のメソアメリカでは、ほとんどすべての小物に地位や役割に関係するメッセージが込められていた[684参照]。アステカ族のあいだでは、宮廷の使者は官杖を持ち、扇を持っていることもあった。戦士がもっとも手に入れたい、旗幟を思わせる豪華な背中の飾りや、きらめく羽根がついた戦士の服[706参照]、その装いを飾る貝の首飾り、腕輪、鼻と唇の飾りなどは、市場で売っているものではなかった。そのような名誉の品は、戦いで手柄を上げた報酬としてのみ与えられた。あこがれの的であるこのような派手な服装が、戦場での激しい攻撃をもたらす強い動機づけになったことは明らかで、アステカ文化の圧倒的な武力を裏づける証拠になる。

今日、保守的な先住民の村では、男性はわら帽子やその模造品をかぶっている。伝統的なズボンにはポケットがないために、ショルダーバッグを持つ人が多い[690、703参照]。女性もときには手さげを持つが、ふつうの持ち運びはほとんどレボソですむ。

ベルトは複雑で色鮮やかなものが多い。特徴的なウイチョル族のベルトには、綿を織って毛で縁取りした袋が7個から9個、1本の紐で結びつけられる[691参照]。中米のベルトにも、特有の魅力がある[705]。

髪　型

征服以前の男性のほとんどは髪が短く、耳の少し下くらいで切っていた。アステカ族の聖職者は、長く伸ばした髪が顔にかからないように、後ろにまとめて布の帯でしばった[683参照]。少年は、10歳までは髪を完全に刈り込まれるが、10歳を超えると、ひと房の髪を後ろに伸ばすことを許される。15歳に

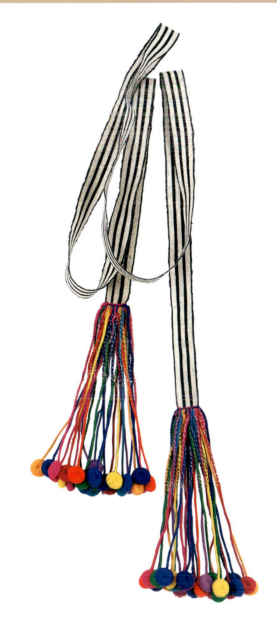

[705] グアテマラのサンチャゴ・サカテペケスで編まれたベルト。
長さ267cm、幅3cm。

なる頃にはこの房がかなり長くなるが、戦いで捕虜を捕まえるまで切り落とすことは許されなかった[(19)]。これも、勇敢な戦士になることをアステカ族の若者に求める、社会的な強制の現われだった。今日、先住民の男性は控えめな西洋風の髪型にしている。

未婚のアステカ族の少女は、髪を結ばずに肩にさげた。結婚すると、髪を2本の角のような房にした。その髪型は、髪を真ん中で分け、紐で結んでから折りたたむようにして、髪の大部分をうなじに残しながら、2本の房の先を頭頂部にとめてつくった[686

北アメリカ

[706]（右）アステカ族のオトミ階級（戦いで捕虜を5人とること）に属する勇敢な戦士は、名誉ある石柱のような髪型をし、華やかな緑色の羽根でつくった戦闘服、ケツァールの羽根がそびえる後ろの飾り「鉤爪」と、骨のラブレット（唇飾り）をはめている。イノシシの牙のラブレットをはめた捕虜は、羽根がついた美しい服を脱がされ、メソアメリカの基本的な武具であるキルティングのついた綿の鎧だけとなった。

参照］。今日では、長い髪が顔にかからないように、後ろに引っぱり、三つ編みなどにしている。

頭飾り

征服以前の頭飾りでもっともドラマチックなのは、古典期のマヤの石碑に描かれている、そびえたつ羽根の兜である。この見事な兜には、緑色と金色にちらちらと光る、長いケツァールの羽根がたくさんつけられ、メソアメリカの宝物でももっとも貴重なものである。アステカ族の支配者たちは、見事な儀式用の頭飾りももっていた。アステカ族最後の皇帝モンテスマがつけた素晴らしいケツァールの羽根の頭飾りは、ウィーンの民族学博物館に今も置かれている。

アステカ族の女神像にみられる比較的簡素な頭飾りのほかに、女性が頭に飾りをつけている絵はない。しかし、征服以前の小立像をみると、メソアメリカの一部地域で、女性が髪に紐をからめてターバンのようにしていた様子がはっきりとわかる。この習慣は今でも保守的な先住民の地域に残っている［692参照］。村によっては、長い飾り用のリボンの途中にビーズをつけたものを三つ編みに編み込み、後ろに垂らしている。また、中米の先住民の市場のどこでも、女性たちがレボソを折って、日よけにして頭に乗せている姿がみられる。

武具

スペインとの接触の頃に先住民がつけていたキルティングの綿の鎧［706］は、メソアメリカの武器である石や矢、黒曜石を埋め込んだ棍棒のみならず、槍に対してもひじょうに効果的であったので、スペイン人たちはすぐにこれを取り入れた。しかし、ほんのわずかなあいだに、体を包む防御服がどれだけ厚くても、トレドの鋼でできたスペイン人の剣や槍に太刀打ちできないことが、先住民たちにもわかった。こうして征服後、それまでの鎧は使われなくなった。

宝飾類

トルコ石を含む青緑色の石は、すべての宝石のな

かでもっとも高く評価された。メソアメリカでダイヤとクロテンに匹敵するのは、翡翠とケツァールの羽根だった［684参照］。金・銀・銅の軟質金属ももちろん貴重だったが、重要度がちがう。水晶も、上流階級の装身具として、おもに唇飾りに使われた。ほかに上流の装身具として重要だったのが花であり、持ちやすいように茎を長く残した小さな花束にまとめられ、儀式で持つほか、私生活でも楽しまれた。

服の飾り

メソアメリカの織物[20]は、さまざまな種類の複雑な織りに加え、すでに織ってある布の見栄えをよくするために、飾りの刺繍を針でつけた。珍重される刺繍用の糸トチョミトル（*tochomitl*）には、ウサギのやわらかい下腹部の毛が含まれていた[21]。少量の野蚕糸の細糸や、熱帯の鳥の鮮やかな色の羽毛も飾りに使われ、この高価な羽根を織り込むか、または高級な布地に丁寧に縫いつけた。布につけた飾りの材料には、海の貝やカタツムリの殻、さまざまな性質と色の石、さらに銅や金、銀の薄片もあった。

征服以前の織物は、見栄えをよくするために彩色や染色も施された。前述したように、染色には、紡ぐ前に繊維を染め、紡いでから糸を染料に浸し、織ってから布を染めるという3種類の技法が使われた。知られている防染技術には、イカット (*ikat*)、プランギ (*plangi*)、絞り染め、バティック (*batik*) (蝋防染) があった。イカットは糸の一部をしばり (とっておき)、布を織る前に染める。プランギはすでに織った布のあちこちをしばり、染めることで、小さな丸や四角の模様をつくる [684参照]。絞り染めは、布を染める前に巻いてしばり、染まったところと染まらないところが模様になる。バティックは、織った布の決められた部分に蝋のようなものを塗り、染液がその部分にしみこまないようにする (6. 東南アジア「島嶼部」294ページ参照)。

染色の原料は、植物、動物、鉱物由来のものだった。ミョウバンや硫酸鉄などの媒染剤が、染料の色を定着させたり変えたりするときに使われた。植物染料の原料としては、花や葉、茎、根、樹皮、果実があった。動物性の染料は、有名なカタツムリ (*caracol*) の明るい紫色の殻の染料 (*Purpura patula pansa*) と、深紅色の赤いグラナ (*grana*) またはコチニールがある。後者はメキシコハサボテン (*Opuntic* ヒラウチワサボテン) に住みつくカイガラムシ (*Dactylopius (coccus)*) の、メスの小さな体を乾燥させてつぶしてつくった。また、ある種の土や酸化物から採れる鉱物の染料も使われた[22]。

考古学的な記録は、メソアメリカの織物が、陶磁器や農耕よりも古くからあったことを示している。民族学的な類推によれば、陶磁器と食料生産を合わせたよりも多くの時間を毎年布づくりに費やしていたという。エリザベス・W・バーバーが記しているように、18世紀後半の産業革命によって、綿織り機、ジェニー紡績機、力織機、さらには巨大な織物工場が誕生し、近代の西洋世界は手織りの布への依存から解放された[23]。そのような仕事にどれだけの手間がかかっていたのかをわれわれは忘れてしまっているが、ほんの最近まで、織物生産は人類にとってもっとも時間がかかるただ1つの労働だった。それは、見事な布や服を生みだした文明をもつメソアメリカ全体でも同じだった。

今日の変わりゆく服装

征服の直後から、スペイン人の領主と、スペイン人と先住民との混血である上流階級のメスティーソたちは、流行のヨーロッパ風の服を着るようになった。このような支配階級が最新ファッションの西洋の服を着るという傾向は、植民地時代から現代までつづいた。先住民の場合は、状況がちがい、征服以前や植民地初期の服装習慣が、今も一部地域でつづいている [690-701参照]。しかし、リーバイス、Tシャツ、スニーカーなどの西欧の影響は、スペイン人が500年前にもたらしたものと同じくらいの劇的な変化を、先住民の服装にもたらしている [707]。

[707] 高地の市場でみられる新しい装いと古い装い。服装の変化を止めることはできない。

9

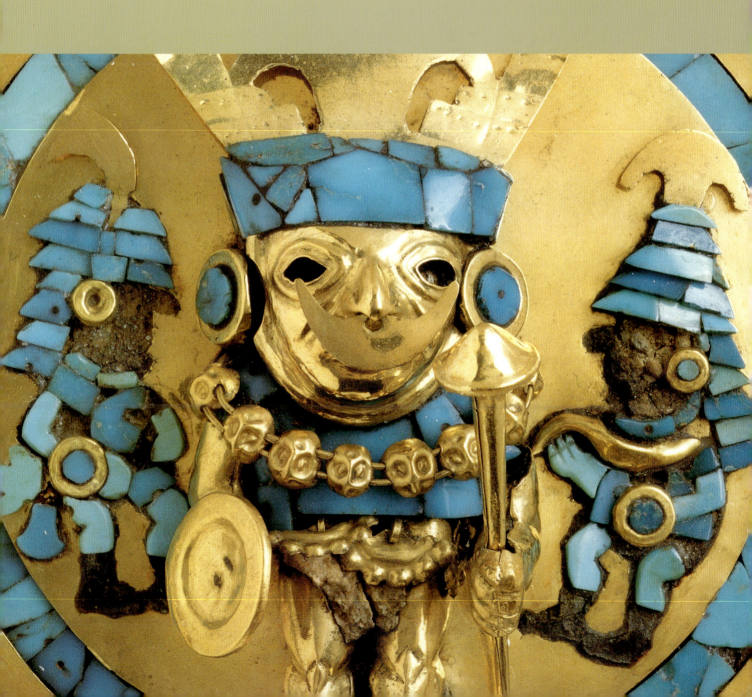

南アメリカ

　南米は、最上級の大陸である。そこには、世界で最長の山脈や最大の熱帯雨林、最大流域の水系、さらに地球でもっとも高い山々やもっとも乾燥した砂漠もいくつかある。西側のアンデス山脈沿いに並ぶ古代の住居遺跡は、アメリカ大陸の最南端に位置するティエラ・デル・フエゴ（フエゴ諸島）へといたる。最初に南米に渡った人類が、アジア・シベリア・北米から小型の頑丈な船で海岸沿いを下ったか、それとも陸上を歩いたかは定かではないが、そのどちらであっても、より多くの食物を見つける望みにひきつけられてやって来たことだけは確かである。氷河期の大型哺乳動物が紀元前8000年頃に絶滅すると、彼らはより幅広く小動物や野生植物を狩猟・採集するようになった。地域によっては、農耕が採集や漁を補う重要な活動になるが、その後に興ったアンデスの高度な文明を支えたのは、大規模な定住生活を支える農耕社会と、公共の目標達成へと労働を仕向ける社会構造との結びつきだった。アンデス山脈の東側には、広大なアマゾニアの熱帯低地が広がる。およそ1万2000年から6000年前には、この地域の狩猟と採集を行う遊牧民が、大きな水路の近くに定住をはじめた。アマゾン川沿いの生活からは、さまざまな洗練された部族社会が発達した。ヨーロッパとの接触がはじまる頃には、その集団の多くが終局を迎えて衰退していたが、一部はまだ繁栄していた。

古代アンデス

[708] アンデス中央海岸のスリットつづれ織りの断片。コカ用の袋に使われたらしい。綿とラクダ科の動物の毛からつくった毛糸で織られている。長さ24cm、幅14cm。

アンデスの世界は、そびえ立つ山々から海岸沿いの狭い砂漠へと急勾配で落ち込む、高低差が大きい荒涼とした地域で、地理的に多様な姿をみせており、早くからこの地で歴史上でも並外れた織物の伝統の1つが興った[地図31]。数千年にわたって、織物は政治的・社会的・宗教的な区別を示す重要なものとしてあつかわれ、その重要さは世界のほかの地域では類をみない。布が美意識全体の基盤だった[1]。この良質な織物への尽きないあこがれこそが、古代文明を育んだ最古の揺籃の地の1つである古代アンデス世界の特徴だった (1. 中東「古代近東」14ページ参照)。現在も残っている織物の多くは芸術的傑作であり、すべてが土器づくりに数千年先立つ織物技術の伝統を反映している。保存されているなかで最古の植物繊維の布は、紀元前8600年から8000年のあいだのものである。このかご細工の端切れは、現在のペルー中央の高地、カリエホン・デ・ウアイラスにある乾燥したギタレーロ洞窟で見つかった。最古の布には、手で緯糸を綟る技法や絡み編みのルーピング技法が使われている[2]。

ペルーの北海岸沿いの高度が低い地域では、紀元前3000年頃、機を使わない布が新たに栽培された綿の繊維からつくられた。こうした古代の端切れでもっとも有名なものに、先土器時代の村だったワカ・プリエタ遺跡から出土したものがある。この丁寧に綟ってつくられた布には、動物と人間と幾何学模様を組み合わせたモティーフがすでにいくつかみられ、これらのモティーフを組み合わせたものが、その後4000年以上もアンデスの織物で使われた。絵柄を繰り返す、反転させる、連結する、鏡像にするなど、さまざまな形で登場、再登場を繰り返したのである。初期にこうした活動が起こったのは海岸であったが、革命的な織物の発展が起こったのは高地だった。この発明が、のちにつづく織物の伝統に強い影響を与えることになる。

広域におよんだペルー文化が生まれたのは中央アンデスの高地である。それは、紀元前2000年から1400年頃に綜絖（ヘドル）を使う機が徐々に開発さ

古代アンデス　443

[709] 中央アンデスで見つかったチャビン様式織物の布片。長さ74cm、幅31cm。この布切れは南海岸の埋葬地で見つかったが、紀元前1000年頃にペルー中央の高地で織られたと思われる。この織物も、ほかの関連するチャビン様式の布切れ同様、服のようではない。こうした布切れから、ペルー初期の織物技術がうかがえる。

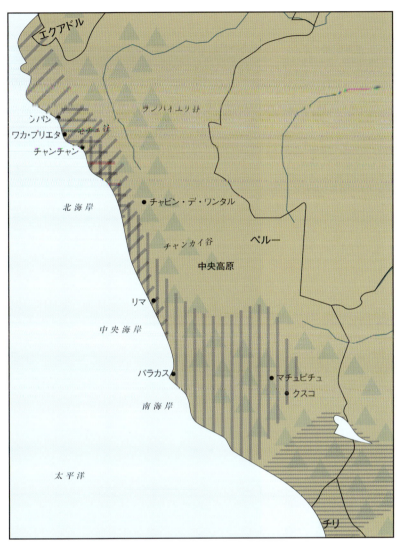

[地図31] 古代アンデス地域。

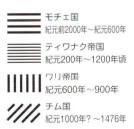

モチェ国　紀元前2000年～紀元600年
ティワナク帝国　紀元200年～1200年頃
ワリ帝国　紀元600年～900年
チム国　紀元1000年?～1476年

れたあとのことだった(3)。現在のチャビン・デ・ワンタル村の近くにある古代遺跡にちなんで名づけられたチャビン文化は、紀元前1200年頃から600年頃までペルーを支配した。この初期の時代には、複雑な絵柄[709]を使った見事な宗教的美術様式が生みだされただけではなく、大きな影響をおよぼす技術革新もあった。そのなかには新たな織物技術があり、色糸を部分的に加える方法が初めて行われ、絵柄を描く表面として布を使うようにもなった。こうした進んだ技術のすべてを含む波が、チャビンの芸術様式とともにアンデスじゅうに広がっていった(4)。また、比較的早くからラクダ科の動物の毛を染めた布地の痕跡もみられるが、これはチャビン様式というよりは地方でつくられたもののようである(5)。

[715] おそらく高地ワリ族のラクダ科の動物の毛の織物。高さ86.5cm、幅122cm。複雑で色彩豊かな、ここにあるようなワリの織物をつくる、段階的に組まれた見事な工程は、世界の繊維史のなかでも類をみない。また、アンデス人にとって布を裁断しないことがどれだけ重要だったのかを強く訴えてもいる。

ワリ族の織り技法では、経糸と緯糸のどちらもが不連続で、布の耳から耳までいかずに、純粋にデザイン上の目的で使われる。支えとなる緯糸を水平に機の上に張り、そこに経糸で、大きい長方形や雷文〔方形または菱形の組み合わさった模様〕、階段文などのさまざまな形を、斜めの列になるように規則的に組み合わせて織る。このような幾何学模様の布片は、複数の細長い布を数本同時に機の上で織ると考えられる。染めていないアルパカの毛糸を使い、さまざまな高さの支えとなる緯糸に、あり継ぎの技法で経糸をかけるようにする。そして織り終わってから支えの緯糸を取り除き、外された幾何学模様の切れをさまざまな色に絞り染めする。それから染めていないアルパカの毛糸を、支えの緯糸が入っていた経糸の輪に通して組み立てなおす。最後に、細長い布のあいだの隙間と幾何学的モティーフの端を縫い合わせてとじ、規則的な柄と不規則的な柄が混ざった布地ができあがる。この複雑な技法の起源は高地と思われる。また、同様の柄を描いたワリ風の陶磁器もある。

あり継ぎにした経糸

取り外す支えの緯糸

[716] 高地のワリ風織物。紀元 500 〜 800 年頃のペルー海岸部出土。ラクダ科の動物の毛糸の緯糸と綿の経糸。高さ 106cm、幅 95cm。こうした連続した幾何学模様の貫頭衣にみられるワリ風の織物は、ある程度抽象化されているために解釈が難しいが、一般的なワリ様式のなかでも、とくにワリの貫頭衣の特徴になっている。ただし、このようなデザインの意味が、ワリ帝国で完全には理解されていなかった、ということではない。

ヨーロッパ・ルネサンス時代の芸術家たちが西洋絵画における消失点の技法、つまり遠近法を開発したように、南部高地の織り手たちは「消失線」の形式を開発した、と指摘されている。消失線のポイントは、モティーフが貫頭衣の中央に向かって、端のものに比べて幅が広くなることである。このインターロックによるつづれ織りでは（447 ページの図参照）、階段状の雷文の隣の三角形に横顔が入っている。

[717] 忙しそうに糸を紡ぐインカ族の女性は、基本的な中央アンデスの女性の服装をしている。くるぶしまでの寛衣の肩をピンでとめ、腰には太いベルトをしめる。肩を覆うショールは、簡素なピンで動かないようにとめる。

女性の基本的服装

インカ女性の、首からくるぶしまで届く寛衣は、脇の下で布を体に巻きつけてから、布を引っ張りあげて両肩まで上げ、ピンとベルトでとめる。羽織ったショールの前をピンでとめて、むきだしの腕を覆うようにする[717]。対照的に、海岸沿いのチュニックのような寛衣[724参照]の脇は縫ってあり、肩の上まで覆い、通常はベルトをしない[(12)]。高地および海岸部の服装の異なる表面の柄や織りの技法については、後述する。

履き物

ごつごつとした山頂の地勢のためか、インカ族はサンダルをはいた。ラクダ科の動物の首の部分の皮からとった、なめしていない皮でつくった履き物をはいていた。コボはそう記している。靴底は革または編んだ植物繊維でできていて、貴族のサンダルには、色鮮やかな毛の紐がついていた[(13)]。高地の埋葬地で見つかった生贄の少年がはいていたモカシン[710参照]は、少年がインカ族ではなく、征服された南部の地方の出身であることを示す。この埋葬地は、アイマラ語を話す地域にあった。ワマン・ポマは、インカ族ではない人々を描いた挿絵のなかで、同じような履き物を描いている[711参照]。

外 衣

長方形のマントやショール〔チョリョ (chollo)〕は、男女とも防寒着として身につけ、それぞれの重さや飾りは、各個人の性別や物理的環境、身分にふさわしいものになっていた。マントは、インカ族にとって社会的な意味をもっていた。哀悼や懺悔のときには、マントを頭のうえにゆったりとかけた[(14)]。インカ族の男性のマントは、飾りがない布を2枚組み合わせて肩や胸の上で結び、ゆったりとつける[713参照]。女性のショールは、首元をピンでとめた[717参照]。

髪 型

インカ族の男性は、できるだけ短く髪を刈っていた。インカの生贄には、男女とも数本の三つ編みにしている場合がみられるが、その髪型は、現在も保守的な高地地域で流行している。ワマン・ポマが描いたインカ族の女性は、長く垂らした髪を織ったヘッドバンドで額のあたりでとめているが、現代のインカ人形は、女性の髪を別のものでとめているようにつくられている。

被り物

アンデスの被り物は地域によって異なり、そのために出自の印としての役割を果たす。被征服民が移動させられることが多かったインカ帝国ではつねに使われ、つけている者の民族や地理的な出身地を示した。被り物はあくまでも個人のものと思われたらしく、徴税制度や再分配制度の対象にはならなかった。もっとも普及した男性用のヘッドバンドは、厚みが指の厚みの半分で、指と同じ幅に編んだラクダ科の動物の繊維の帯を、手のひらの幅になるまで何重にも頭に巻いたもの、とコボは説明している[710参照][(15)]。

海岸沿いのチムー文化に現存する儀式用の頭飾りは、インカのものより数多くが現存している。青と黄色のコンゴウインコ、赤いコンゴウインコ、斑点のあるオウム、ナナイロフウキンチョウなど、アマゾンの熱帯に棲む鳥の羽、さらには小さなハチドリの玉虫色の見事な羽などでさらさらと輝いていた[16]。インカの貴族は、いつも額に金属の板を結びつけていた[713参照]。インカ支配者の王位を示すヘッドバンドには、小さな金の管から赤いフリンジがぶらさがっていた。このフリンジは支配者の地位を示すシンボルであり、ヨーロッパの王冠にあたる。

衣料小物

　高地の女性にとってのおもな小物は、寛衣やショールがずれないようにおさえるピンやベルトだった。コボによると、このようなピンの長さは10cmから28cmで、金、銀、銅でできていたという[17]。現在と同様に、当時もインカのベルトに求められるのは厚く、堅く、強くするための二重織りの構造で、通常は経糸が表面で柄をだしていた。厚くて強いために、腹を支える役目も果たした[18]。アンデスの服はどれもポケットがないため、男女ともさまざまな織りの袋を持った。外交上の一般的な贈り物にも使われるこうした袋のおもな目的は、コカの葉を入れることだった[708参照]。コカの葉をライムと一緒に噛むことが、おだやかな興奮剤として、アンデスで幅広く使われていた。

宝飾類

　アンデスの遺跡で発掘された手工品には、さまざまなビーズや首飾り、アンクレット、指輪、襟飾り、羽毛、あごひげを抜く金属や貝でできた毛抜き、腕輪がある[19]。インカや地方の貴族は、幅の広い金や銀の腕輪を、通常は右の前腕につけた[20]。スポンディルス貝でつくった首飾りがとくに珍重され、その価値は金を上回るほどだったという[710参照]。

[718] シパンの王の服に身を包んだマネキン。この衣装は、ペルー北海岸のシパンの第一墓で見つかった出土品のレプリカで再現された。

古代アンデス　453

儀式のときには、鼻飾りや耳栓もつけた[718、719]。イヤスプール〔アメリカ先住民の円筒形耳飾り〕には、金や半貴石がはめ込まれているものや、羽がついたものがあり、アンデスで高度に洗練された。ときに4×6.5cmほどもある大きな耳栓は、インカ族男性のもっとも特徴的な印である。「耳栓男」とよばれたほどで、スペイン人はそれを母国語風にオレホン（orejón）(「おおきな耳」) とよんだ。

武具

アンデスの戦いでは、黒曜石を尖らせた槍や棍棒、投げなわ、投槍器、斧、矛槍のほかに、投石器も使われた。投げる威力を増すために、布製の投石器が使われた。インカの身を守る戦いの服には、革の兜と盾があった。指揮官は円盤型のペンダントをつけた[720]。

顔および身体の変形

アンデスでは古くから、乳児の頭を人工的に変形させた。ペルー人考古学者フリオ・C・テージョが1925年に行った南海岸パラカスの発掘では、紀元前600年から150年頃のものと思われる、ひょうに長く引きのばされた頭蓋骨が繰り返し発見されている。中央海岸沿いでは、マックス・ウーレによるパチャカマック遺跡で出土した、インカ帝国時代に生贄として捧げられた女性の墓のなかに、さまざまに変形した頭骨が見つかっている。この女性たちの出身地は、インカ高地のいくつかの異なる地方にまたがっていた(21)。

服の飾り

アンデスの織り手たちは、何千年以上にわたって古代世界でもっとも見事な布や、驚くほど多くの技法を取り入れた織物をつくりだした。おもな技法には、彩色、絞り染め、刺繍、平織り地に縫取り織り、インターロックとスリットつづれ織り、二重織り、三重織り、型（成形）織り、スプラング〔緯糸なしで経糸を織り込んでいく織布技術〕、綾織り、紗がある。さらに、この織物の一部は、産業化以前の世界ではもっとも高いスレッドカウント〔1インチ四方に織り込む糸の本数〕をもつ。古代アンデスの服にみられる飾りのほとんどは、布地に織り込まれているが、ときには羽、ベルやタッセルのフリンジ、金や銀の板などさまざまな素材が加えられた。

インカ族のもつ布の質は、2種類あった。最高級のコンピ（qompi、スペイン人はcumbiと表記した）は、もっとも質のよい若いラクダ科の動物の毛糸からつくり、支配層が身につけた。両面とも表のように仕上げているコンピは、垂直型の直立した機で織られ、高地で好まれる色鮮やかなインターロックのつづれ織りをつくるには最適である、とコボは記している[711参照]。海岸沿いの美しいスリットつづれ織り地は、おそらくAまたはX型フレームの機で織られている。高地、海岸部のどちらであっても、一般の

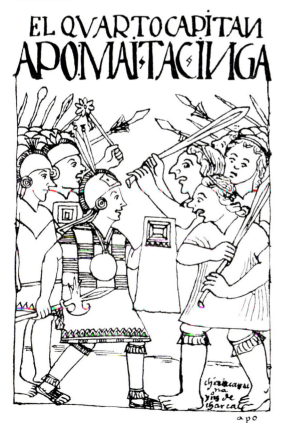

[720] 左側のインカの貴族たちは、軍人用の革の被り物をかぶっている。指揮官の胸には、円盤型のペンダントが下がる。このようなペンダントは、外交的な贈り物として皇帝から贈られたものだ。不運な出自の住人たちは、鎧さえ持っていないようだ。

[719]（左ページ）素晴らしく手の込んだモチェの耳飾りは、金の板を打ちだしてつくられ、トルコ石の貴頭衣に身を包み、取り外しできる装身具をいくつかつけた戦士の姿を象る。取り外しができる盾を片手に持ち、もう片方の手には、やはり取り外しできる戦闘用の棍棒を持つ。戦士の半月系の鼻飾りはゆらゆらと揺れ、胸は取り外しできるフクロウの頭の首飾りで覆われる。耳飾りの大きさは親指ほどで、ペルー北海岸のランバイエケ近く、シパンの王家の墓から宝物の一部として発掘された。直径9.4cm。

[721] ランバイエケ様式のスリットつづれ織りの布片。紀元1000年頃の、ペルー北海岸パカトナム遺跡で出土。綿とラクダ科の動物の毛糸。タッセルを省いて23cm四方のこの珍しい布の複雑な象徴的表現形式（右ページの線画も参照）は、住民たちの社会的・宗教的生活の一部であった儀式的な活動を描いている。

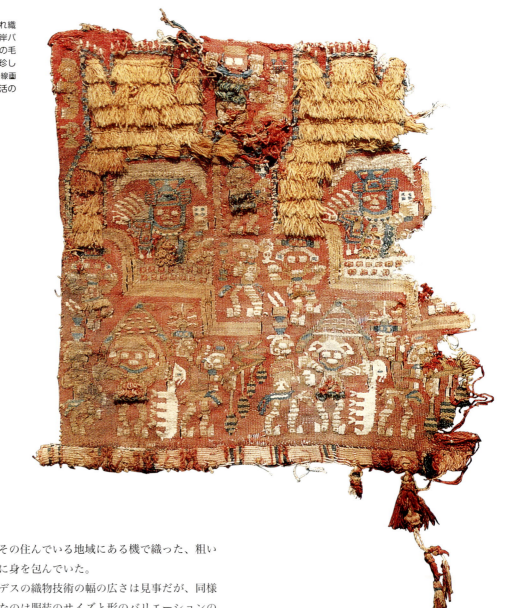

人々はその住んでいる地域にある機で織った、粗い布だけに身を包んでいた。

アンデスの織物技術の幅の広さは見事だが、同様に重要なのは服装のサイズと形のバリエーションの幅だった。服装は、ある地域をほかと区別する上で、飾り方と同じように重要だった。仕立てをしないために、地域による織物のちがいは、形やサイズ、織りの構成や装飾の柄で区別された。古代アンデス文化はいずれも、独自の織物中心地や個性的な織物を有していた。

北海岸

紀元1年から850年頃のペルー北海岸のモチェ族は、古代アンデス世界でもっとも手の込んだ儀式用の服をつくっていた。それがはっきりと示されているのは、西半球で発掘された墓のなかでも遺物がひじょうに豊富なシパン遺跡から出土したさまざまな装具である［718、719参照］。

モチェ支配の終焉後、北海岸に隣接するヘケテペケ谷で、紀元1000年から1350年頃にランバイエケの伝統織物が開花した[22]。先行したモチェの芸術

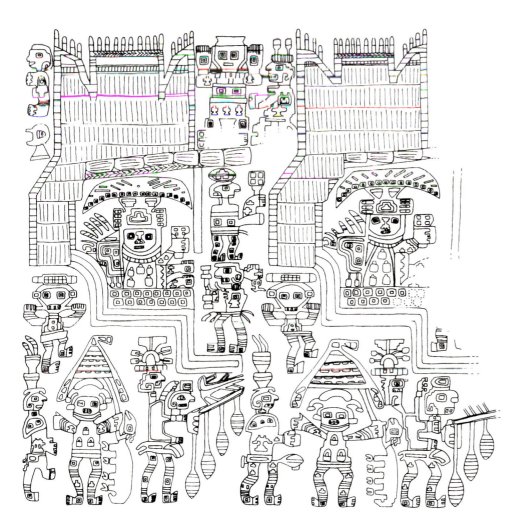

形式を思わせる見事なランバイエケ風の織物は、建造物や動物、さまざまな活動をする人間の情景を描き、壁画や土器に残されたモチェの絵画を髣髴とさせた [721] (23)。

つづくチムー王国の中心地はモチェ谷だった。チムー族も高度に階層化された社会を営み、谷の人口の多くは、首都チャンチャンで変わった形の住居にぎっしりと詰め込まれて暮らしていた。しかし、支配層たちは広い複合住居に住んでいたようで、そのアドーベ〔日干しれんが〕の壁は、チムーの織物にみられる独特のモティーフで飾られていた。たとえば、簡素で美しい白の紗の衣服は様式化した海鳥のモティーフをつけていたが、それはチャンチャンのアドーベの装飾と同じモティーフである [722]。

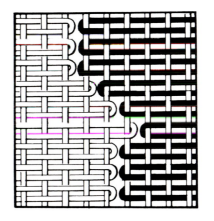

スリットつづれ織りのパターン

456　南アメリカ

紗織りの一例

[722] 北海岸のチムーの綿。紀元1000年頃。この一連の白い服には、チムー織物の全体にみられる特徴が1つ反映されている。貫頭衣、腰布、長方形のマント、さまざまな頭飾りを含む男性用の服装一式に、ある傾向がみられるということだ。ここに紹介する一式のほとんどは、よくみられるペリカン様式を織り込み、密に撚った染めていない綿の糸が、白地に白の紗と平織り地に縫取織りで模様をつくっている。

貫頭衣：丈59cm、幅116cm。

帽子：高さ35.5cm、幅27cm　紐：88cm、幅6.5cm。

マント：280cm、幅176cm。

腰布（本来はこの一式に含まれていたものではない）：長さ243cm、紐を含む幅447cm、紐の高さ18cm。

タッセルつきの帯：長さ313cm、幅5.5cm。

平織り地に縫取織りの一例

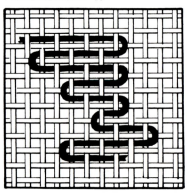

[723] このつづれ織りには海鳥や魚、ザリガニの姿があしらわれ、縦の両端には、儀式の服を着た男性が片手に植物、もう片手に何かの道具を持つ同じ姿で描かれている。紀元1000年、中央海岸、綿とラクダ科の動物の毛のつづれ織り。長さ161cm、幅112cm。この織物は海岸地域の特徴であるスリットつづれ織りの技法で織られている（455ページの図参照）。高地では、より丈夫なインターロック技法が好まれる。インターロックとスリットつづれ織りに共通する利点は、多様な色を密接に組み合わせることにある。スリット織りの弱点は、地にさまざまに異なる色の柄のモティーフを入れるとき、何度も色を変えることでできるスリットが、織物の構造を弱くすることである。この贅沢で色鮮やかな手の込んだ織物は、実用性よりも芸術性が強く、重要な行事のときに重要な人物がマントとして身につけるか、または壁掛けとして使った。写真の作例は一部を切った、未完成である。上の端が切れて、横の2本の端がなくなっている。古代ペルーの織物で現存しているものでは、そのような欠損は珍しくない。

古代アンデス　459

中央海岸

　中央海岸でもっとも状態がよく保存された織物は、チャンカイ谷で見つかった、スペインによる征服より300年前のものだが、この地域における織物の歴史は古い。後期の中央海岸の織物には、現地の動物相を表わしたものが多い。アンデスの神話や伝説では海が大きな役割を果たしているため、魚や甲殻類、海鳥などのモティーフが海岸沿いの織物で中心になっていても驚くことではない[723][24]。

　アシや毛糸、布でつくられた象徴的な像[724]は、チャンカイ織物の使用に関する独自の情報源になっている。このような像はしばしば「ミイラ人形」とよばれていたが、その正確な意味は今もわからない。チャンカイの埋葬物と一緒に発見されたこの小さく脆い像は、ひじょうに巧みで丁寧につくられており、通常、顔はつづれ織りの技法で織られ、小さい服はそれぞれの人形に合わせてつくられている。今日のペルーでは、こうした小像の稚拙なコピー品が、多くは古布を用いて、ミイラ人形として大量に売られている。

南海岸

　南海岸でもっとも有名な織物は、紀元前の600年から175年の古代パラカス文化のものである。大判で装飾が施されたパラカスのマントは、平織りの布に色鮮やかな刺繍が施されている。丁寧につくられた布の多くは、埋葬儀礼の供物としてつくられたようだが、生きているうちに使われた形跡があるものもいくつかみられる[725][25]。フリオ・C・テージョによるパラカス遺跡発掘で出土した遺物は、それまでにつくられたペルー織物でもっとも壮観となる発見だったと思われるが、そこでは400体以上のミイラが掘り起こされた。ほとんどは少なくとも2000年前に埋葬された成人男性で、ひとまとめにされて6層にも布に巻かれていた。その布は、飾りがない大きな平織りの綿布と、手の込んだ仕上げのラクダ科の動物繊維の織物で、刺繍が施されたものもあった。

[724] この繊維でできた像のような人形（ひとがた）は、ムニェカ（muñeca）「人形」とよばれたが、遊びに使われた痕跡はない。その代わり、かなり象徴性が高いようで、埋葬地での儀式の場面によく登場した。この人形は女性で、顔には段階的な飾りが施され、チャンカイ様式の柄の寛衣には水平に首のスリットが入り、頭にはスカーフ、2本のベルトと戦勝首級のペンダントをつけている。
高さ33cm、幅12.7cm、奥行き2.54cm。

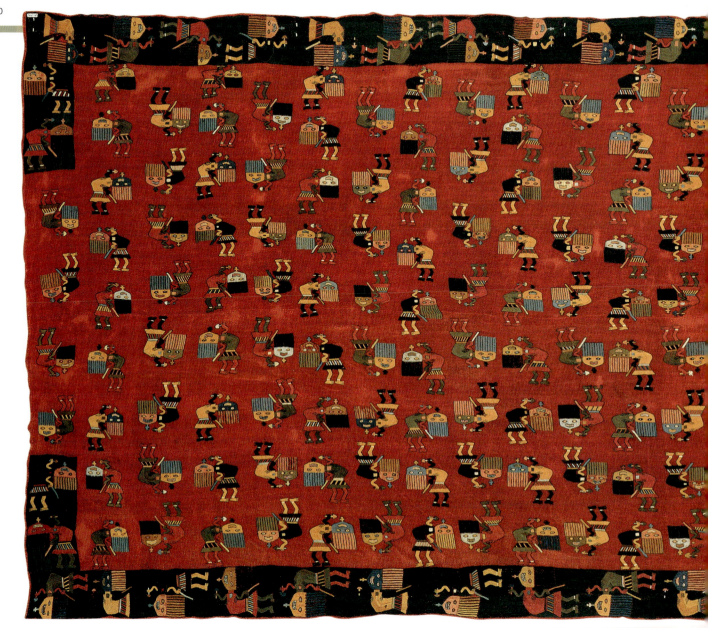

[725] 南海岸パラカスのマント。紀元前200年頃。ラクダ科の動物の毛糸、平織りにステムステッチの刺繍。縦142cm、幅241cm。大きなパラカスのミイラ群とともに見つかった布の多くは、儀式的な服だった。この見事な布の多くは、生前に外套のように首周りや肩と腕の上に長く垂らしていたと思われる。マントの柄はステムステッチで刺繍したラクダ科の動物の毛糸で表わされ、平織りの地の布に一針ずつ針と糸で刺繍をしている。ステムステッチで、進むステッチを前のステッチと隙間を空けないようにすれば、完全に糸で布を覆う部分ができる。

パラカスの織り手は、針に糸を通す長年の悩みに驚くべき解決法を編みだした。針に糸を通して小さく結んで輪をつくり、それをつねに針につけた状態にしておくもので、刺繍用の糸は針に通すのではなく、その輪を通すようにする。

ステムステッチ刺繍

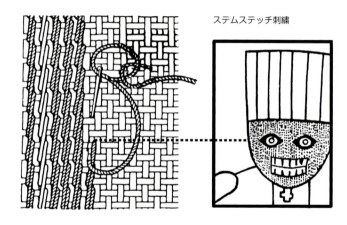

古代アンデス 461

ったとしても、驚くには値しない。

　高地のワリ族にとって、古代のお手本はチャビン族で、その宗教的なシンボルにはさまざまな神のモティーフがあった[709参照]。このような傑の抽象化した形は、多くの文化がチャビンの信仰を受け入れたため、その後のアンデスの織物の多くに同様のモティーフが幾度となく登場している。こうした宗教的・政治的なモティーフを広く共有することには、社会的アイデンティティの広がりを反映している。ワリおよびインカ帝国の時代に、それまではつながりがなかった高地と海岸部の文化が政治的に結びついて、アンデスの伝統とよべるものが徐々に現われた。

　古代アンデスでもっとも複雑な柄はワリとインカの服装にみられる[714-716参照]。ときにソリの貫頭衣は四隅がとがった帽子と一緒に身につけられる。その帽子は幾何学模様の柄で、絡み結び編みや絡み編みの綱細工でつくった鎧の技術に使われている技法でつくる。幾何学模様の帽子、幾何学模様の貫頭衣、さらに織物に影響を受けた幾何学模様のフェイス・ペイントは、幾何学模様そのものを讃えているようにみえるほどだ[726、727]。

[726] ワリ風の幾何学模様の角が4つある帽子、織物の柄から派生した幾何学模様の貫頭衣、幾何学模様のフェイス・ペイントは、身につける者を幾何学模様が表わす力強い存在にする。

高地

　アンデス山系は古代ペルー文化でももっとも強い勢力の本拠地だった。そのうちの2つは、時代がかなり離れているワリとインカである。この2つの文化の織物が他の高地のものよりよく知られているのは、紀元600年から850年および1460年から1532年のあいだに、海岸部との関係が強かったためである。そこで見つかったミイラの束には、低地の支配層に与えられたインカの織物が含まれていることがあった。インカ帝国にはそのような贈り物の記録が豊富に残されており、ワリにも同じような制度があ

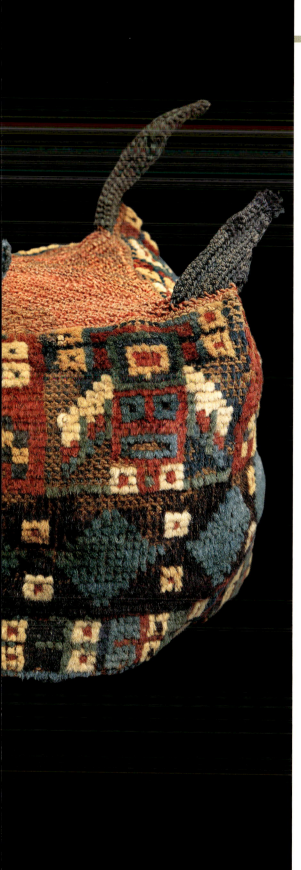

変わりゆく服装

　16世紀までに、攻撃的で強大なインカは広大な領域を支配し、今日のエクアドルの北境からチリの中央部にいたるまでを傘下におさめた。その支配下の地理的な区分には、ときには移住した多様な民族が含まれ、2万3000kmにおよぶ道路網が、さまざまな区域をインカの首都クスコに結んでいた。しかし、1532年11月15日、インカ帝国はスペインによる侵略を受ける。この戦いは中央アンデスのカハマルカで起こった。インカの支配者アタウアルパは、その直前に統治権を巡って異母兄に勝利したばかりであったが、捕虜になった。数か月後、歴史上で最高額の身代金を贈ったにもかかわらず、インカ皇帝と部下の貴族の多くは征服者によって殺された。やがてスペイン人は現地の支配層を自分たちの行政機関に取り込み、ペルーがスペインから独立するまで、この上流階級は命脈を保った。アンデス社会の下層階級は、隔離された場所で日常生活の文化的慣習の多くを保ったが、彼ら独特の服装はほとんど失われた。

　スペイン人による征服ののち、インカ帝国の中心地であったアンデス中央部および南部では、とくに民族衣装の着用が禁じられた。この命令は、先住民のアイデンティティを抑え、共通の文化を奪おうという目的で出された。対象にされたのは男性の貫頭衣とマントで、どちらも古代アンデス文化の象徴的存在だったが、現地の男性はズボン、上着、ベストというスペインの地方農民の服装を押しつけられた。先住民のあいだでポンチョが一般的になったのは、この時代だった[26]。今日のペルー女性の服の多くから考えると、女性の寛衣の場合も、スペインの農民の服が強制されたと思われる。

[727] 4つの角がある帽子2個。色鮮やかな幾何学模様で飾られる。紀元500〜800年のもの。帽子の頭頂部と角は、側面とは別につくられている。角は動物の耳を表わしていると思われる。右側のパイルの帽子の、もち上げて結んだ糸は毛皮を象っている。このやや小ぶりの成人男性用の帽子を頭の上にのせ、ときには幾何学模様の貫頭衣と一緒に着た。同じような帽子は今でもペルーの市場で売っている。

左：高さ14cm、直径14.5cm。

右：高さ14cm、直径15.5cm。

現代のアンデス

[728] ペルー、クスコのピチュ・マルカ出身のケチュア族の女性が、後帯機（腰機）で経織りの織物を織る。この手法でつくられた完成品をショールにしてつけている。

16世紀半ばに起こったアンデスの悲惨な征服のあと、スペイン人は先住民の人口が戦争や病気で激減した海岸沿いを中心に存在感を増していった。織物が真っ先に完全に失われたのは、この海岸地域だった。対照的に、山岳地帯の高地では、征服以前の衣服を含む現地固有の文化がつづいた。それは、新たな支配者たちが落ち着かないほど目についた。こうした伝統的な生活の存続は、インカ帝国の中心地でとくに強く、帝国の過去に共感する現地民は、スペイン人にとってつねに苛立ちの種だった [地図32]。

征服から40年ほどあとの1572年に、ビセロイ・フランシスコ・デ・トレドは、インカ帝国の記憶をすべて消し去るために、「先住民の服」を着ることを禁止した。この計画は、現地の服を地域ごとにスペインの農民の服に替えていく、というものだった。その後、住民たちの反乱がつづいたために、1780年に下されたさらに強い命令では、先住民たちに外国製の服を着ることを強要した。結果として生まれたのが2つの様式の融合で、住民たちはスペインの衣服のうち、自分たちに合うものを取り入れた。男

性は、膝丈で襟や袖がないシャツである貫頭衣を、短い上着や膝丈のズボン、スペイン風の帽子に替えた。ほとんどの女性は、貫衣の代わりに、スカートやブラウス、ときにはやはり短い上着を着るようになった。しかし、小物については、現地民たちは自分たち固有のものを織って身につけることをつづけ、このような征服以前の品は今日でもみられる。それは、女性のショールと荷物を包む布、細々としたものを入れる袋、ベルトや飾り帯で、誰もが身につけている[729-732]。

　こうしたスペインと先住民の融合によって生まれたのが、今日、われわれが目にしている一般的な服である。長年のあいだに、新たな染料や素材、発明の影響を受け、形に適応させるために変化しているが、保守的な地域では、18世紀当時のアンデスの形が比較的そのままで残っている[(1)]。それぞれの地域社会で特有の形があるため、アンデスじゅうで服装に大きなちがいがみられ、地域の服装の魅力的なモザイクを生みだしている。

　インカ帝国が広域までおよび（463ページ参照）、多くの民族がその支配下に入ったが、それぞれに独特の征服以前の服と織物の伝統があった。このような古くからの伝統に、スペイン人は布をつくる新たな道具であるヨーロッパの足踏み織機を導入した。それまで現地にあった機の綜絖ロッドや杼口ロッドの様式とはかなり異なる原理で動いた[(2)]。ヨーロッパの織機の、ペダルを使って杼口を変える仕組みはおそらく中国で発明され、最初に中東、さらにヨーロッパに11世紀または12世紀頃広まった[(3)]。アメリカ大陸では、ヨーロッパと同様に、足踏み織機は事業として導入され、その地域で男性が以前から織物をしていたかどうかは関係なく、男性が機織りを行った。悪名高いスペインの植民地の作業場オブラヘ（*obrajes*）で、フロアー織機の前に座っていたのは、現地の男性だった。

　今日、アンデスの服装にはさまざまな繊維が使われている。綿（*Gossypium barbadense*）とおもにアルパカの毛は、羊毛と同様に現在も使われる。スペイン人は、征服のすぐあとに、アンデスにヒツジを導入した。羊毛は、表面が小さな鱗屑〔皮膚の障害で

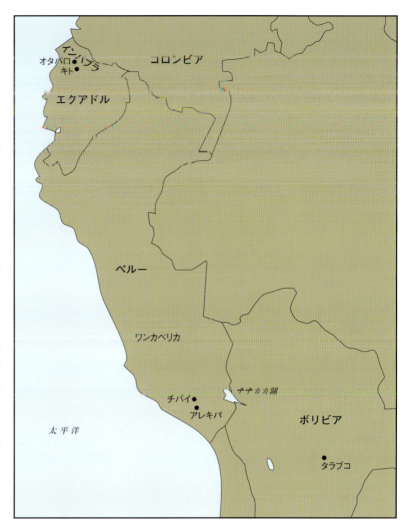

[地図32] 今日のアンデス地域にある遺跡。

脱落した表皮〕でびっしりと覆われているところが他の動物の毛とは異なる。この鱗屑があるために、鱗屑がほとんどないアンデスのラクダ科の動物に比べて、羊毛は肌触りがはるかにごわごわする。しかし、繊維に水分を含ませ、撹拌、熱、化学薬品などで加工するフェルトの技法には向いている。フェルト加工は、アンデスの人々が今もかぶるヨーロッパ風の帽子の多くにみられる[(4)]。古代から伝わる現地固有の繊維に加えて、今では人工の合成毛糸や工場で生産された布も使われている[(5)]。

[730]（下）エクアドル、コトパクシ州の袋シーグラ。単純なルーピングの技法を使い、リュウゼツランの毛糸でつくられている。この袋にみられるのは伝統的な柄ではなく、現地で使うためにつくられたのではない。(征服以前の袋との比較は、「古代アンデス」442 ページ、451 ページ参照)。高さ 26.7cm。

[729]（上）エクアドル、インバブラ州ナタブエラのベルト。綿の平織り地に、アクリルで絵経と絵緯の両方を使った模様が入っている。長さ 3m、幅 4.5cm。

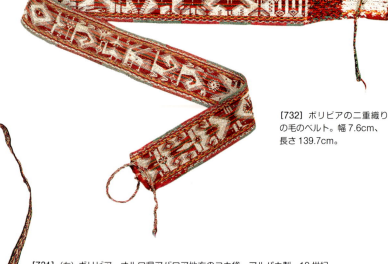

[732] ボリビアの二重織りの毛のベルト。幅 7.6cm、長さ 139.7cm。

[731]（左）ボリビア、オルロ県アバロア地方のコカ袋。アルパカ製、19世紀。経織りの平織りに、絵経紋織りの帯、交差経織りの縁、巻いたタッセルがつく。長い経糸が、袋の横に開口部がある 3 つの小さなポケットに使われた。多くつけられたタッセルは、丁寧に巻かれ、細かい縫い目で縫いつけられている。袋のたて 19cm、横 21cm、紐のたて 107cm、横 1cm。

男性の基本的服装

　18世紀に起こった、おもに貫頭衣などのインカの服装をスペインの農民の服装に替えた影響は、アンデスの男性のシャツや被り物、ぴったりとしたズボンにはっきりと現われている。今日のズボンは膝丈よりも、くるぶしまで伸びる傾向がみられる。同じ服装の変形したものは、高地一帯で着られているが、地域によって独自の形と組み合わせが生まれた。

　北アンデスで男性の服装がもっとも有名なのはオタバロで、キトから105m北に行った、標高2835mに位置する有名な市場町である。この地域に住む6万から7万のケチュア語を話す人々は、エクアドル全体はもとより、ラテンアメリカ全体でももっともよく知られた先住民で、それは地域における家内工業の織物取引とそれに関連する観光を独占していたためだった。過去数百年のオタバロ男性の伝統的な服装は、白い綿のズボン、白い綿シャツ、白いサンダル（アルパルハータ *alpargatas*）、フェルト帽、そして独特の赤または青の縞が入った毛のポンチョである[733]。1960年頃まで、オタバロの白いズボンは手で紡いで、手織りした綿布でつくられ、幅は広くてふくらはぎまでの長さだった。今では、この格好をしているのは、老人たちだけである[734]⁽⁶⁾。

　エクアドルのオタバロの白い服とまったく対照的なのは、チチカカ湖の西側（ペルー側）湖岸近くのタキーレ島に住む、ケチュア語を話す男性の羊毛製の服である。大きさが5.5km×1.5kmで標高3810mの、小さい高地の島の男性は、温かい手づくりの服を着ている。長袖の袖つけ線が腕のほうに落ちている形の、クリーム色の粗く織った毛のシャツ、黒または濃紺の長い毛のズボン、袖のない白い毛のベス

[733] 1993年11月に、エクアドル・インバブラ地方オタバロの、サンルイスにある教会で結婚式を挙げている男たちは、機械でつくった、現代的な形の白いズボンに大きなポンチョを合わせている。花嫁は2枚の白い巻きスカートに、白い刺繍入りのブラウスを着ている。パドリナス（介添え人）の1人は、布を巧妙に折って帽子の形にしたものを頭にのせている。

[734] インバブラ地方ナタブエラで、エクアドル人の夫婦と孫が、オタバロの亜流の服を着ている。男性2人は白い綿のシャツに幅広のズボン、アルパルハータをはき、ポンチョと濃い茶色のソフト帽をつける。女性は古い形の白いフェルト帽、刺繍入りのブラウス、織ったベルト、1枚の巻きスカート、毛のマントにちらちらと光るガラスビーズを何重にも巻きつける。

トの前と脇には黒い布がついている。この基本の組み合わせに、幅が広くてカマーバンドのような赤や栗色のベルトと、柄が描かれた白い帯をする。2つの小さなポケットがついた、平らでほぼ正方形の袋を腰に結びつける男性もいる。タキーレの男性は、大きな縁なしのニット帽をかぶる。縁にタッセルがついているものが一般的である。この帽子を編むのは男性で、足踏み織機で粗い毛の布バイェタ (bayeta) を織るのも男性である。バイェタはシャツやベスト、ズボン、マントに使われる [735、736-740][7]。一方、女性は4本の杭で地面に固定する機を使って、土地固有の布の伝統を守り、荷物を持ち運びするときに使う布やコカ袋、ベルトをつくる [729-731参照]。毛糸を紡ぐ仕事は男女とも行うが、一般的に良質の糸は女性が紡ぎ、男性は粗く紡いだ毛糸づくりを手伝う[8]。

チチカカ湖の東側（ボリビア側）に住むアイマラ語を話す部族は、今日にいたるまで、昔からの織物伝統を守る。この長期にわたる継続の証拠は、ワマン・ポマ・デ・アヤラが著した『新しい記録と良

現代のアンデス 469

[735] ペルー、タキーレ島のふだん着。独特の服装をした男性の方が、いつも色鮮やかな装いになる。黒っぽいズボンの下には、防寒のために別の白いズボンをはいていることが多い。たっぷりとしたクリーム色の上着の下に、別のシャツを着ている。女性の場合、赤い上着を着られるのは既婚女性だけである。妻はスカートの下に、色のちがうオーバースカートを2枚から4枚つけているが、すべては寒い季節における防寒のためである。

[736] ペルー、タキーレ島の男性の毛のシャツ。丈73cm、幅（袖を広げた状態で）1.5m。

[737] 男性のマントは足踏み織機で織り、かぎ針編みの飾りが端についている。ペルー、タキーレ島。

[738] ペルー、タキーレ島の男性の毛のズボン。足踏み織機で織った布。2/2綾織。丈89cm、幅72cm。

[739] ペルー、タキーレ島の男性の毛糸のニット帽。長さ53cm、幅24.5cm。

[740] ペルー、タキーレ島のベルト。長さ1.9m、幅（紐を除いて）16cm。

現代のアンデス　471

[741] ワマン・ポマ・デ・アヤラが残した2枚の16世紀の挿絵では、コージャ（アイマラ族）の男性たちが、幅広い縦縞の貫頭衣を着ている姿が描かれている。最初の恐ろしい絵には、インカとアイマラの服装のちがいがはっきりと描かれている。

き統治』の、16世紀の挿絵にみられる。そこには、征服以前のアイマラの貫頭衣が2枚、はっきりと描かれている [741]。幅の広い縦の縞が入ったこの衣は、現在も重要な行事のときに、アイマラの高官が着ている立派な儀式用の貫頭衣とほとんど同じである。日常的には、アイマラ族の男性の多くは、工場でつくられた丈夫な黒っぽいズボン、ヨーロッパ風の上着、特徴的なポンチョ、最近ではこげ茶色のソフト帽の下に、寒い高地用の円錐形のニット帽をかぶっている [742]。

[742] ボリビア、カラマルカのアイマラ族。集団の真ん中に立っている男性は、円錐形のニット帽の上にソフト帽をかぶっている。腰を下ろしている男性が同じ種類の縁なし帽をかぶっているのがはっきりと見える。左側の首長の妻は、重要な地位にあることを示す儀式用の手織りのスカートに、わらと布の帽子をかぶる。右側の女性は、フェルトの山高帽をかぶっている。

履き物

　アンデスの服装と同じように、履き物も地域によってさまざまなものがある。その決定要因になるのは気候ではない。厳しい寒さのチチカカ湖盆地の高地に住む女性と子どもは、裸足でいることが多く、一方でもっと低地の暖かい場所に住むエクアドルの女性は、どれだけ貧しくても家の外では安物のプラスチックの靴をはく。今日、アンデス一帯でもっとも一般的な履き物は、タイヤからつくったサンダルか安いスポーツシューズである。しかし、例外はある。オタバロの男性は、植民地時代から独特のアルパルハータをはいている[747]。この魅力的な白いサンダルは、白い綿の紐を編んだつま革、かかとのベルト、フルクラエア（*furcraea*）の繊維をぐるぐると編んだ靴底でできている。フルクラエアは丈夫な葉の繊維で、征服以前のサンダルの底にも使われていた。

[747] オタバロの男性がはくアルパルハータ3足の各片側。エクアドル、インバブラ地方オタバロの市場で購入。

外衣

　20世紀になって、征服以前に着られていた貫頭衣の代わりではなく、マントの代わりに着られるようになったポンチョで、アンデス独特の服だった。ポンチョは通常、胴全体を覆い、現地固有の織機で手織りした長方形か正方形の布を合わせてつくられる。征服以前の貫頭衣を、馬に乗りやすいように脇を縫わずにしたもの。それがポンチョではないか、という推測もなされている(14)。

　ポンチョは19世紀初め、スペインとの独立戦争の頃にクリオーリョ（新世界生まれのスペイン人）と先住民のあいだで普及した。騎兵たちが使うのにちょうど良く、クリオーリョの上官たちは、ホセ・デ・サン＝マルティンやシモン・ボリバルを含め、全員が大型のポンチョをつけた。ポンチョの中央と縁には帯がつき、その装飾には紋章とスペインの花柄が使われた。先住民の予備軍も早速この大きなポンチョを取り入れ、ヨーロッパの柄ではなく、民族固有の柄をつけた(15)。

　アンデス女性の外衣には、頭を覆う布やショールがある。通常は2枚の長方形の布を縫い合わせてつくる。アイマラ族の女性は、基本的なショールに加えて、飾りや儀式用の装飾品、または荷物を運ぶ布にするための付属の布を持つ[742参照](16)。オタバロの女性は日常着に頭を覆う布とショールの両方を用いるが、どちらも現在では工場生産の良質の毛、大量生産のアクリルやベロアなどでつくられる(17)。タキーレの女性は、頭を覆ったり[735参照]、赤ん坊を運んだりするさいにショールを使う。

髪型

　オタバロでは、子どもの髪が神聖なものと考え、3歳か4歳になるまでは、体に悪いから髪を切ってはいけないとされた。それゆえ男女とも髪を長く伸ばし、健康状態を髪の濃さとつやで判断していた。女性や少女はほとんど髪を切ることがなく、後ろにまとめて、フロアー織機か後帯機（腰機）で織った1本の長い帯で包んだ。オタバロの男性も、顔にかからないように髪を後ろにまとめて、1本の長い三つ編みにした。

　タキーレの女性は、首のすぐ上のところから、まっすぐに数本の三つ編みにした。2ないし3世代ほど前までは、男性も同じように髪を編んでいた。今日、男性の髪は短く切られているが、祭りの踊りによっては、少なくとも25本の三つ編みが38cmかそれ以上の長さに編まれたかつらをつける[748](18)。

[748] ペルー、タキーレ島の男性は25本の三つ編みがついたかつらをかぶる。2〜3世代前までつづいた髪型。

[749] アンデスの縁なしニット帽の高さと飾りは、見るものを楽しませる創造的な表現である。ボリビア、ポトシ北部のママニ兄弟が帽子をかぶっている。1988年。

被り物

　帽子はアンデスの服装では特徴的で、わらを織る、わらと布でつくる[742参照]、編む[749]などのほか、多くはフェルト状にした羊毛でヨーロッパ風の形につくられる[750、751]。16世紀に、スペインから来た帽子製造人がアンデスの人々にフェルトのつくり方を教えたことから、帽子づくりに重きがおかれるようになった。アンデスのフェルト帽は、フェドーラとよばれる、やわらかいフェルトの帽子の上の部分に縦の折り目がついたものから、ドーム型で細い縁がついた堅い帽子や、19世紀のイギリス人帽子商から名前がつけられた山高帽（ボウラー）まであった。徐々に主流になったのは、今日の形のフェドーラだった[742参照]。フェドーラと山高帽は、一般的に機械生産される。

　アイマラ族の男性がヨーロッパ風の被り物をかぶるようになったのは、1572年にビセロイ・フランシスコ・デ・トレドが、征服以前のアイマラ族の伝統であった頭を変形させる慣習を禁止する命令に対して、とされている[19]。最近では、ペルー南部とボリビアの男性が円錐形の縁なしのニット帽をかぶっているが、その柄には現地の織物の柄が使われた。この被り物が征服以前のものであるかどうかはわからない。現在、アイマラ語でその帽子をチュク（*chucu*）とよび、ケチュア語ではチュッリュ（*ch'ullu*）であるが、初期のインカ語の辞書には見当たらない。縁なしニット帽の現代的なつくりについていえば、編み物自体スペインから導入されるまでアンデスにはなかったが、征服以前のルーピングの技法で似たようなものができる[20]。この縁なし帽の起源はともかく、今でも、多くの人はフェドーラの下にかぶりつづけている[742参照]。

　オタバロの男性の手づくりのフェルト帽は、女性のものとまったく同じであったが、1940年代に一部の男性がつばの広いフェドーラをかぶりだし、1960年代には、ほとんどの男性がそうするようになった[734参照]。一方で、ほとんどのオタバロの女性は、もはや帽子をかぶらない。1970年代と80年代に、若者は帽子を後ろ向きにかぶると、それは女

現代のアンデス　477

[750] 今日のアンデスにみられる被り物の独自性は、地域の民族衣装のなかでもつねに驚きをもたらすものである ことが、この写真のボリビア、ポトシ北部の若い家族からもうかがえる。1988年。

[751] この6個のフェルト帽のさまざまな大きさや飾りは、ヨーロッパの被り物の影響が今もアンデスに残っていることを示す。

478　南アメリカ

[752] ペルー、ワンカベリカでみられる、若い独身男性の特徴的な日曜日の服装。1970年代頃。

の子を捜していることを示し、金曜の夜にはその姿がよくみられた。近年ではこの慣習は廃れたようだが、民族学者のリン・メイシュが適切に記しているように、恋の戯れが廃れることはない[21]。

衣料小物

　アンデスのおもな装飾品は、よくみられる征服以前の袋とベルトである[729-732 参照]。地域によっては、別の装飾品が追加される。たとえば、ペルーのワンカベリカでは、日曜日と祝日に、若い独身男性がひじょうに珍しい服を着る[752]。足踏み織機で織った毛織物でつくった、青みがかった黒ベースの日常着に、独特のアレンジと色鮮やかな飾りを加える。上着の裏表を逆にして、独身を示すために縫い目を外にだす。上着のポケットからさがるのは鮮やかな色のカーチフで、ベストの上には赤いベルトをつけ、その端には長いフリンジがついた紐をさげ、上着の後ろから下にだす。この珍しいアンサンブルに欠かせない特徴的な付属品は、編んだオーバースリーブと、幾何学模様と動物の柄を描いた、毛染めのストッキングである。目をひくこの服装を飾るのは、花を飾ったフェルトの帽子で、青みがかった黒の羊毛でつくり、額の上のつばを起こしてかぶる[22]。

宝飾類

　理由は定かではないが、エクアドルに比べて、ペルーやボリビアでは宝飾品がそれほど重要視されない。エクアドルのインバブラ地方では、金メッキしたガラスビーズを連ねたものを何重も重ねることがとくに人気だった[734 参照]。そのビーズには、ブドウほどの大きさのものもあった。サラグロで身につけられている別の宝飾品は、小さいビーズをつないで柄をつくっている。エクアドル南部の、福音主義の宣教師団が改宗させた町などでは、コインと十字架を一緒にした首飾りをつけるのを禁止していたが、そのほかのもので目につくのは耳飾りで、なかには長さが11.5cmになるものもあった。材料は古いペルー銀貨が多く、女性がショールをとめるときに使う銀製のピンのトゥプ（*tupu*）も一部がペルー銀貨でつくられていた[743 参照]。

現代のアンデス　479

[753] タキーレ島の祝祭衣装。たっぷりしたギャザーのスカートを多く重ねるほど、格が上になる。日常的に2枚から4枚のスカートを重ねているが、日曜日には0枚から0枚になる。祭りで踊るときには、15枚から18枚ものスカートを次々と重ね、色鮮やかな層をなす。

特別な衣装

　多くのアンデスの村では、祭日の服装が日常着よりも華やかである[753][23]。エクアドルの社会では、結婚式や洗礼式などに、たとえ伝統的な家庭であっても西洋風の服装をつけることが礼式上必要とされるが、イースターや聖体の祝日、万霊祭といった祝日には、新しく手織りでつくった現地固有の服だけがふさわしいとされる[24]。ペルーのタキーレ島に住むケチュア語を話す人々は、結婚式のために特別な服を織る[754][25]。このような結婚式の服装の品目には、いわゆる「カレンダー・ベルト」が含まれる場合があるが、その幅が広くなった中央部の縞に、「伝統的な」絵と創作された絵を組み合わせる[26]。

[754] 結婚式の衣装をつけたタキーレ島の男女。結婚するときには、古い服を取りだして、結婚する男女のために織った新しい服を入れる場所をつくる。結婚したことを示すために、花嫁はシャツの色を白から赤に変え、花婿は先端が白い縁なしニット帽を、赤と青の下地で全体に柄が入ったものに変える。

服の飾り

　刺繡は、手や機械のどちらであっても、アンデスの服につける飾りの主流である。ペルー南部アレキパの北にあるチバイの町では、女性はさまざまな飾りをつけた服を着る［755～759］。長いスカートは、色彩鮮やかな鳥や魚、花などの刺繡で縁取りされている。服装のすべてに飾りやレースがついている。興味深いことに、この女性用の服にペダル式のミシンで刺繡を入れれば、男女共用となる(27)。

［755］チバイの女性の帽子。

［756］チバイの女性のブラウス。

［757］チバイの女性の上着。

現代のアンデス 481

[758] チバイの女性の赤いオーバースカート（右は模様の拡大）。

[759] チバイの女性の緑のアンダースカート。

変わりゆく服装

　さまざまな意味で、伝統的なオタバロでさえも衣服の変化の先頭に立っており、その変化の速度は女性よりも男性の服装の方が速い。ここで注目すべきは、南部のインバブラ地方からどこかへ働きにいく若い少女たちが、丁寧につくられた自分たちの地域の服を着ることは、自らの民族性を示す上で役にたつと強く感じるようになってきている、という点である。しかし、男性の場合はそうではない。リン・メイシュが記したように、若いオタバロの男性が音楽家や商人として外国へ出かけると、ヨーロッパや米国で買った西洋風の服や装飾品をもち帰ってくる(28)。ただし、オタバロ男性のアイデンティティ・シンボルとして、長い三つ編みやポニーテールなどの髪型が欠かせないものであることは変わらない。

　アンデスのほかの地域で、外国に旅行する習慣がないところでも、一般的に男性は地域性の少ない服を着る。また、学校に通うことも、伝統的な服装に危機をもたらしている。かなりの長時間にわたって授業を受ける子どもたちは、織物を習う機会を失う。さらに、すべてではないが、多くの学校で先住民の学生にメスティーソの同級生と同じ服を着ることを強要するために、現地固有の服装の伝統はさらに失われていく。このような変化にもかかわらず、アンデスの保守的な地域では、昔からの服装を今も着ている。皮肉といえば皮肉だが、その伝統を後押ししているのがほかならぬ観光なのである。ペルーのタキーレ島では、社会の団結を高める独自の服装が、結果的に外の世界を引きつける力となり、タキーレ島の経済状況にも良い影響をおよぼしている。住民たちはそれをよく認識しているのだ。

アマゾニア

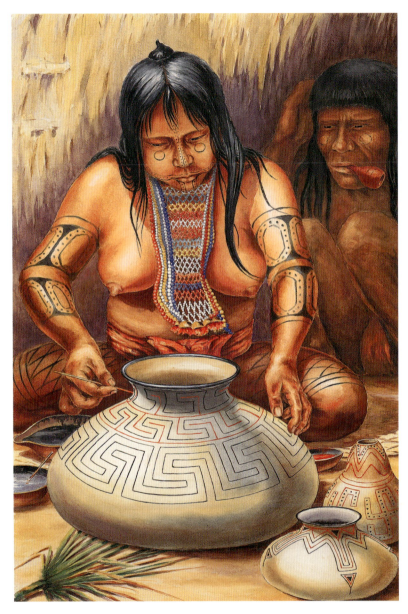

[760] カラジャ族の女性の体には、凝ったボディ・ペイントが施されている。ウラジミール・コザク画、1955年頃。頬にある2つの円い傷は、男性の木製パイプの火がついた部分で焼いてつけたものだ。

アンデス山脈の東には、南米の熱帯低地が3220平方 km以上にわたって広がり、その中央を赤道が通る。このアマゾンの熱帯雨林をほぼ200年前に見たチャールズ・ダーウィンは、ひじょうに感動して次のように記している。「私が深く感動した風景のなかでも、人類の手によって損なわれていない原始林ほど気高いものはない。(……)その地は広大で野生的、そして乱雑な、自然そのものがつくった生い茂る温室である」[1]

ヨーロッパ人がこれほどまでに畏敬の念をもつ熱帯雨林は、そこに暮らす先住民たちにとっての全世界であり、彼らは自分たちを取り囲む緑豊かな世界の自由な住人として、平等主義の石器時代的な生活を営む。このような特有の文化のなごりが今もみられる地域も一部あるが、多くの場合、部族的な生活はすでに思い出でしかなく、原始林自体も、情け容赦ない森林破壊によってかなり減少している[2]。

地球上で最大の熱帯雨林であるアマゾニア地域を流れるのは、アマゾン川の濁って曲がりくねった広大な水系である。それはオノリコ川のように、流域に大量の泥を放出する[地図33]。こうした大規模な川の迷路沿いにできる肥沃で豊かな氾濫原の土壌は、数千年にもわたってこの地の人口を支えてきたが、川のあいだの居住地はまばらだった。およそ1万2000年前から6000年前まで、遊牧民的な狩猟と採集を数千年つづけたあと、人々はおもな水系沿いに定住し、新世界でもっとも早く土器づくりをはじめた。

紀元400年頃、氾濫原に人口が密集しはじめると、いくつかの地域では複雑な構造の社会が起こった。首長が統治するこのような集団はかなり大きく、好戦的で地位や富による階層分化があった。住居や防衛、畑、道路、さらに墓地などを整備するために、大規模な土木工事も行われた。アマゾン下流近くの地域では、死者を壺に入れて埋葬する。アマゾン伝統の色鮮やかな陶器には、大きな人間の納骨壺がある。もっとも早くアマゾニア地域で土塁を築いた首

長国は、アマゾン川河口にある大きな島マラジョーに興った。柄を刻み込んだ色彩豊かな土器をつくり、そのモティーフは、今日まで大きな影響を残している[761]。16世紀に、ヨーロッパの侵略者は当時残っていた部族社会を滅ぼしたが、その文化は以前のマラジョアラ文化と似通っていた。

先史時代のマラジョー島ではさまざまな像がつくられているが、そのいくつかはシャーマニズムに関連すると解釈されている(3)。多くは女性像だが、今日シャーマンを務めるのは男性である。多くの場合、女性は儀式から除外される。この初期のシャーマニズム的な芸術は、女性だけで暮らしていたいくつかの古代アマゾン社会の信仰を反映していると考えられる。スペイン人もまたこうした〔アマゾネス〕伝承の普及によって力があった。

最初のアマゾニア横断は1542年のことで、探検家のフランシスコ・デ・オレリャーナが、アマゾン川をエクアドルの高地から大西洋岸まで旅した。先住民との遭遇譚として、彼は獰猛な女性の戦士たちに攻撃をされたが、彼女たちの姿がギリシア神話のアマゾン族を思い出させたと記している。これが、世界でもっとも広大な水系の名前の由来である。アマゾン川の流量はコンゴ川の5倍、ミシシッピ川の12倍で、大洋に流れ込む年間水量の5分の1を担っている(4)。

最初の先住民とヨーロッパ人との出会いは1500年だった。ポルトガルの航海者ペドロ・アルヴァレス・カブラルは、リスボンからインドへ向かう途中に風で流され、偶然にブラジルの海岸を見つけた。そこで彼は数人の友好的なアマゾンの先住民、トゥピナンバ族の数人に会っているが、彼らが人食い人種であることは、そのときに知る由もなかった。旧世界と新世界の出会いは、いつも幸運をもたらすとは限らない。

[地図33] アマゾニアの地域を示す地図。

[761] マラジョーで使われた、人間の納骨壺の前面と背面。紀元400年頃。高さ約100cm。マラジョアラ文化は紀元1500年の頃には滅びていたが、このモティーフに似た模様は今日まで影響をおよぼしている。

衣料小物

先住民たちが広く身につけていたのは、織った綿の腕輪や足輪、ベルト、さらに腰布や靭皮繊維でつくられたさまざまな形の陰部の前掛けなどで、その一部は機を使わずに、指で綯る、輪にする、網にする、などの方法でつくられていた [776；762、767、768も参照]。男性のベルトには、ジャガーの皮やサルの毛などの飾りがよくつけられた。女性のベルトには莢や、ときにはカタツムリの殻の飾りがつけられ、儀式で踊ると、からからと音をたてた。

いくつかの部族でみられたもう1つの女性用装身具は、赤ん坊を運ぶときの細いスリングで、体に斜めにかけた [777]。このようなスリングは、綿よりも樹皮の紐や布でつくられ、通常は飾りがなかった。しかし、なかには染めた靭皮繊維を緯糸に使って、控えめな模様になっているものもあった。骨でつくったティンクラー [778] など、ほかのものをこのスリングにつけることもあった。

[776]（上）リクバクツァ族の男性の模型は、靭皮繊維の性器用前掛け、儀式用の羽飾り、ビーズと歯の首飾りをつけている。ワシの羽柄からつくったパンパイプを吹いている。

[777]（右上）細いスリングに赤ん坊を包み、家族の荷物を大きな運搬用のかごに入れて歩くエタ族の女性。鉄の斧は、近年になってから使いはじめた。

[778]（右ページ）カンパ族の赤ん坊を運ぶスリングは、染めた緯糸でつくった直線的なモティーフと、45個のカチカチと音がする骨で飾られ、その1つ1つに独特の模様が描かれていた。

[780] イェクアナ族の男性の首飾りは、ペッカリーの歯や綿の紐、植物染料でできている。ペッカリーの鋭い犬歯は、首飾りや護符に使われ、持ち主の狩猟の力量は、つけている歯の数に示されるという。

[779] 上腕につける、放射状に広がる「羽根」の装飾品は、ペルー、モンタニャ地方のマシュコ・アマラカエリ族の部落で見つかった。

宝飾類

男性は儀式用の羽飾りを、腕と耳と鼻につけた[779-783]。コンゴウインコの羽毛、オウムの羽、繊維、サルの歯、カタツムリの殻、鳥の皮などを組み合わせた飾りは、アマゾニア地域における装飾品の複雑さを示す[16]。

男性は、ビーズや種にサルやペッカリーの歯を組み合わせてつくった首飾りも何本かつけた。女性も身につけた、別の飾り用の首飾りは、トルコイシフウキンチョウや黄色のオオハシ、紫色のカザリドリ、緋色やさまざまな色のコンゴウインコ、さらにハチドリの小さな青い羽根などの色鮮やかな羽根を、シードビーズ、アルマジロやジャガーの爪といった動物や昆虫のさまざまな部位、ペッカリー、ハナグマ、サルの歯、象眼した円い貝殻に緑色の甲虫の翅鞘をフリンジにしてつけたものなどを組み合わせてつくった。

西洋人の目から見て、アマゾンに暮らす人々でもっとも特徴的な飾りは、多くがつけている唇の栓で、2つの種類があった。長いペンダント型で下唇の穴からさげるものと円盤型のもので、円盤は徐々に栓を大きくしていって大きなものが入るようにす

アマゾニア

[781] ウルブ・カァボル族の首飾りに、虹色のハチドリの青い胸の羽根と黒い羽の羽根でできた飾りがさがる。実際にこの首飾りをつけたのは、女性だった。

[782] 3本の紐と虹色に輝く緑色の甲虫の翅鞘でつくられた耳飾りの先端には、オオハシの羽がぶらさがっている。アグアルナ族がつくったもの。

[783] エタ族の男性が、唇の栓を口のなかに入れて、横長に唇の下にはめている。樹脂の一部が下唇から外に出る。首飾りは35.5cmのやや柔軟性がある竿で、動物の歯の飾りがついている。耳のペンダントは、羽根がついたままの鳥の皮である。

る[770参照]。こうした飾り物は、木や樹脂を含むさまざまな素材でつくられた。エタ族は、木製のかんぬきでつくった唇の栓を口のなかに横長に入れ、横木についている磨いた半透明の楕円形の樹脂を、下唇に開けた穴から外に出るようにしていた[783参照]。

耳飾りはペンダントのような形で、耳たぶにあけた穴から垂らすか、木製の栓が小さいものから徐々に大きく、いくつかつながっているものをつけた。昆虫の翅鞘も、見事な耳飾りや首飾りにされた。この堅い翅鞘は虹色の輝きがあるだけではなく、ラトルとしても使え、つける者の踊りや頭の動きに合わせてかさかさと鳴る[782参照][17]。

494　南アメリカ

[784] クアルプの儀式に使う木製の柱を飾っているカマユラ族の男性2人。柱にそれぞれ特徴的な柄を描き、織物で包み、色鮮やかな羽の頭飾りを乗せて、村で高い地位にあった、亡き先祖の魂を表わす。背景にあるカマユラ族の家の円錐形は、ダンスの衣装にも使われている〔下の785参照〕。

特別な衣装

儀式の執行者ないしその代理は、特別な衣装を着る[784]⁽¹⁸⁾。儀式的なダンスの衣装は、樹皮布または木製の王冠に、長く細かくした樹皮の内側をフリンジにしたものや、ブリチヤシあるいはミリチーヤシ（*Mauritia flexuosa*）の小葉をつけたものを組み合わせてつくる。アマゾニアで身につける衣服のうち、体をすっぽりと包み込むのはこれだけである[785-787]。儀式に招かれた客はそれぞれ、体を覆って身元を隠すような衣装をつくるが、着ている方からは薄い樹皮布にあけたのぞき穴から外が見える。一般的に部族のなかで統一されるこのような衣装は、おそらく精霊を擬人化しており宗教的な意味をうかがわせる。だが、一説に儀式のためだけにつくられる短命のものであって、そのあとでは捨てられて形が損なわれてもいいという⁽¹⁹⁾。しかし、必ずしもそうであるわけではない。傷んで裂けやすく、虫の害を受けやすいが⁽²⁰⁾、次回までとっておかれることもある。

[785] 大きな木製のダンス用の仮面には、突きだす羽、筒状の綾織りでできた水平の腕、段がついた大量のヤシの繊維でつくったペチコートがついている。カマユラ族がつくったもので、仮面は治療儀礼に登場する湖の精を表わす。

[786] シングー北部の村で使われた長方形の木製のダンス用衣装には、魚の柄が描かれている。ヤシの繊維のマントと、ヤシの繊維でできた横に突きだすものがついている。

[787] 熱帯性低地の芸術品でもっとも見事なのは、全身を覆う舞踏用の衣装で、社会秩序を維持する儀式のときに男性が身につける。ここにあるのはデアルワ族がワリメの儀式に身につける仮面および体を覆う衣装2点。この儀式は動物の世界が繁栄する呪術的な願いと、成人したデアルワ族男性の社会的地位をさらに固めることが目的である。衣装は巻衣とケープのような覆うもので、その上に仮面からのフリルがかかる。左側の呼称はペッカリー、右側はオマキザル。

顔および体の変形

多くの部族が刺青をしていたが、過度のものではない。アマゾニア人は、ヤシの棘やアグーチの歯のような鋭い道具を使って肌を突きさし、煤やゴムの木などの乳状液を炭化させたものを傷にすり込む。しかし、できあがった刺青はいつも青い。通常の刺青は、頬に2つほど山形の模様をつけるか手首に数本の線を入れるくらいに抑えられ、部族の紋章というよりは、人を飾ることが目的だった。もっとも繊細な飾りは、顔のためにとっておかれた。

ボディ・ペイントや刺青で体を飾る以外に、ときにはスカリフィケーション〔傷で体に模様を描くこと〕が行われた。カラハ族の女性は、両頬に丸い傷をつけるが、男性の木製パイプの火がついたほうで焼いてつける[760参照]。また、アマゾン地域の先住民の多くは、体毛をすべて根気よく取り除く。たとえば、オリノコ川上流でボートを操るイェクアナ族は、竹のナイフを使って、眉毛やまつげ、脇、陰毛、顔の産毛まで、きれいに引き抜くか、剃り落とす[21]。

仮　面

アマゾン川北西部の地域の男性は、オルメディア・アスペラ（*Olmedia aspera*）の木のやわらかい内側の樹皮をたたいて、粗いフェルト状の樹皮の布をつくる。ごわごわして堅く、日常着としては着づらいが、フードつきの、体全体を覆う円錐形の仮面に彩色した飾りをつけるときや、巨大なヤシの繊維のクリノリンがついた舞踏用の仮面には、ひじょうにいい下地になる[785-787参照][22]。

[788] 大胆な白い線が、チクーナ族が樹皮布でつくった丸顔の仮面の恐ろしさを強調する。仮面は、人間がつけるフェイス・ペイントを再現している。

大人の仲間入りをする少女を怖がらせるためにチクーナ族の男性が使ったような、樹皮布に恐ろしい形相を描いて顔につける仮面もあった[788]。タピラペー族は、小さい羽をぎっしりとつけた、平らな板でできた首級の仮面を頭につけた[789]。もともと、このような仮面は、倒した敵の戦士の首級であったが、現代の平和な時代では、最近亡くなったタピラペー族の人の霊を讃えてつける、とされている[23]。

変わりゆく服装

皮肉なことであるが、派手なボディ・ペインティングや体を守って飾りにもなる紐、たっぷりとつけた羽根など、アマゾニア人にとっての正装こそが、ヨーロッパの圧制者たちの目には野蛮に映った。ヨーロッパ人にとっての「正装」とは、極めて異なっていたからだ[24]。だが、数百年のうちに、このような衣服に関する対照的な考えは和解に達した。

今日、狩猟や農業を行うアマゾニアの男性は、ロゴ入りまたはロゴなしのブラジルのサッカー用パンツやTシャツ、安物のゴムのサンダルをはくのが一般的である。女性は文化適応の度合いによって、まっすぐな袖なしドレスや、子育てに便利な簡素なスカート、Tシャツなどを着ている。しかし、儀式、スポーツイベント、ときには社交的な場でも、カヤポ族やシャヴァンテ族、シングー川上流の部族などは、ボディ・ペインティングや羽飾りで自分を飾り立てる[790]。

ヨーロッパとの接触から500年のあいだに起こった劇的な変化や、アマゾンの先住民の減少にもかかわらず（カヤポ族のように、保護を受けるか、自らを保護している部族[25]をのぞいて）、先住の集団が古代の森にあった家で営んでいた伝統的な部族生活を、現地の住民は今も覚えているという、明るい兆しがある。

[789]（左ページ）タピラペー族のウペ（首級仮面）は、部族の重要な仲間の死を悼む。現地のポルトガル語で、カラ・グランデ（「大きな顔」とも言われるこの特別な仮面の手入れは、部落中央部の男小屋で行われる。

[790] 見事な服装のカヤポ先住民の指導者バイアカンの父ティキリ。パラー州南部シングー地域のアウクレ村で。

パタゴニア

[791] クック船長の航海に同行したアレクサンダー・バッカンが描いた『ティエラ・デル・フエゴの住民』1769年。小屋のなかのかごもそうだが、獣皮を屋根や建物の右側にある枠にかけて伸ばし、乾かしている。この皮が、体全体を包み込む外套になる。

　未知の世界を探検したいという人間の欲求を体現したのが、最後の氷河期がゆるんだときに南へ下り、アメリカ大陸の南端パタゴニアの、起伏の多い荒地へと向かった狩猟者だった。
　パタゴニア南部とティエラ・デル・フエゴの地勢は、西と南を壮大なアンデスの山脈に囲まれ、東は乾燥した高地から低い平野へとつながる。荒涼とした、ほぼ三角形の 90 万平方 km 以上ある莫大な土地が、南米の南端、南緯 39 度から 55 度にかけて広がる[1]。一年の大半は寒く、雪やあられ、ひょう、氷雨が降り、すさまじい風も吹きつける。南米では夏にあたる（気温は 3 度から 7 度のあいだ）12 月に、ティエラ・デル・フエゴに着いた若いイギリス人のチャールズ・ダーウィンは、その地域の気候を「とんでもなく嫌だ」と感じた[2]。
　1 万年から 1 万 4000 年前に最後の氷河期が終わると、恐れを知らぬ狩猟者や採集者の集団が、この荒れ果てた土地に定住をはじめた。最初のヨーロッパ人であるフェルナンド・デ・マゼラン（1480 〜 1521 年）が、のちに自らの名前がつけられる海峡を通って航海をしたのは、1519 年のことだった。この海峡がパタゴニアとイスラグランデ・デ・ティエラ・デル・フエゴを隔て、さらにティエラ・デル・フエゴと外側の島のあいだをビーグル水道が断つ[地図34]。マゼランは、彼の船に気づいた現地民が、次々と大きな火をつけるのを見て、その様子からティエラ・デル・フエゴ（「火の土地」）とよんだ[3]。1832 年にはダーウィンも、HMS ビーグル号が湾や島々、そしてティエラ・デル・フエゴの入り江を航行しているとき、陸のあちこちに同じような火が灯るのを見た[4]。
　マゼランはパタゴニアの命名にも関係している。住民を見かける前、マゼランの船の船員たちは、グアナコの毛皮でできた、先住民のモカシンの巨大な足跡を見つけた。船員たちが住民を「大きな足」（Patagones）とよび、それがもとになってパタゴニアという言葉ができた、という説がある。別の説明

パタゴニア　499

[地図34]パタゴニアの地図。

ちは野生の食物だけに依存していた。ティエラ・デル・フエゴの多くの小島の海岸沿いや、ごつごつした入り江の住民は、地球上の先住民では最南端に暮らしており、魚や甲殻類、海棲哺乳動物などを食べていた。このようなヤマナ族やヤーガン族は、カヌー・インディオとよばれるようになった。それは、自分たちの野営地付近で食べられる動物を食べつくすと、乏しい所持品をまとめて、南ブナ（*Nothofagus betuloides*）の樹皮でつくったカヌーに乗り、別の入り江をめざしたからだ。この船では、いつも小さな火をつけていることが多かった。地域の資源の少なさのため、カヌー・インディオは大体6人から8人ほどの少人数で暮らした。

パタゴニア内陸部の人々は、陸上の動物、おもにグアナコに依存していた。リャマの仲間のこの野生動物を、19世紀に訪れたイギリス人G・C・マスターズ船長は「馬のいななき、ヒツジの毛、ラクダの首、シカの足、悪魔のすばしっこさ」を合わせたようだ、と記している[6]。しかし、なわばりの習性があって、一年じゅう同じ場所で草を食べるため、捕まえやすい獲物だった。そのため、グアナコは、足（フット）で歩き、弓矢を使って狩りをするフット・インディオにとって、いわば頼みの綱だった[792、793]。セルクナム族とオナ族は、ティエラ・デル・フエゴの平らな北東部に広がり、40人から50人ほどの集団で開けた土地に暮らしていた。

も「巨人」にまつわるもので、ヨーロッパ人がアメリカに対して抱く期待からきている。ヨーロッパ人にとって、アメリカは謎に満ちた新しい大陸で、文字通り「実物より大きい」何かを見せてくれることを期待していた。ヨーロッパ人探検家の以前の記録には、ところどころに巨人に関する記述があり、巨人の存在が取りざたされたのは、南米だけのことだった。このような「巨人」にパタゴニ（Pataghoni）という名前をつけたのは、マゼラン自身である。由来は、スペインの騎士道物語『プリマロン』に出てくる奇怪な登場人物の1つのようである。物語には、パタゴンという巨人と、自分たちが殺した動物の皮を着る、野生的な先住民がたくさん住む島が登場する[5]。

マゼランのあと、ほかにも有名な航海者や探検家、科学者がパタゴニアを訪れている。そのなかには1578年のサー・フランシス・ドレーク（悪名高い南端の海峡にその名がつけられた）、1769年のジェームズ・クック[791参照]、1832年のロバート・フィッツロイが含まれ、フィッツロイは当時、前途有望な23歳の博物学者、チャールズ・ダーウィンを船に乗せていた。

パタゴニアの気候は農業に向かないため、住民た

[792] セルクナム族のフット・インディオの集団。1901年頃のティエラ・デル・フエゴ。弓を持ち、それでグアナコをしとめて、毛皮を被り物や外套に使う。

南アメリカ

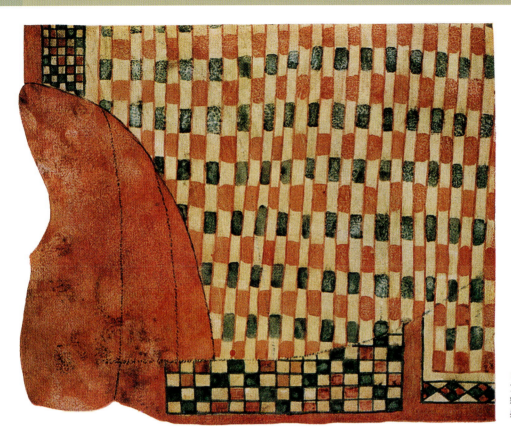

[797] テウェルチェ族のグアナコのキジャンゴの隅に、彩色された柄のモティーフが描かれている。

[798] テウェルチェ族のグアナコのキジャンゴの隅に、彩色された柄のモティーフが描かれている。

パタゴニア 503

[799] アオニケンク族のグアナコのキジャンゴの一部。特徴的な彩色した飾りがみえる。

[800] アオニケンク族のグアナコのキジャンゴの一部。特徴的な彩色した飾りがみえる。

[801] アオニケンク族のグアナコのキジャンゴに、赤と青の幾何学モティーフ。

[802] アオニケンク族のグアナコのキジャンゴに、チリのサンタクルーズの南にある、いくつかの牧場の焼印を再現している。この外套は1930年代にはじまった、メスティーサのアナ・イェベスの作品。

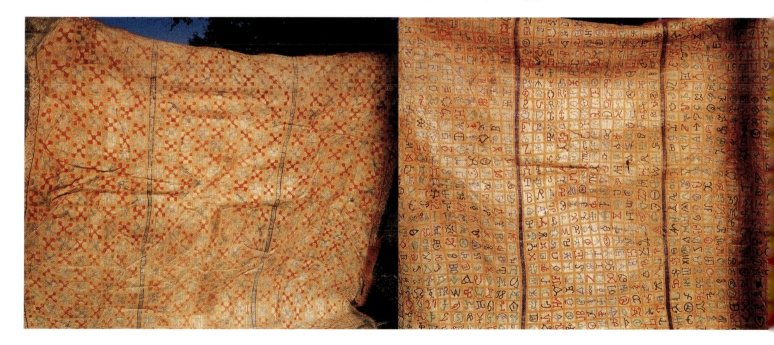

南アメリカ

[805] 1920年のヤマナ族の成年式チエクサウスで、参加者全員が、シロコバシガンの羽がついた特別のヘッドバンドをつける。新成人たちは、先のとがった杖も持っている。

ラシやイルカを殺すことがおもな仕事であり、泳ぎを覚えることもなく、漕ぐ手伝いもあまりしなかった[20]。ヤマナ族のチエクサウスとよばれる長い儀式のあいだじゅう、参加者全員が特徴のある羽根がついたヘッドバンドをつけた[805]。

セルクナム族の成年式であるハインは、男性のみに限られた。しかしながら、女性は、成年式が終わって丁寧に飾られた新成人[806]が現われたとき、これを「新生児」とまちがえる、だまされやすい観衆の役を務めなければならなかった。

半遊牧的な生活を送るフエゴ族が定期的に行う成年式は、食べ物がなくなるまで、1週間から1か月におよぶことがあった。浜に乗り上げたクジラは、この思い出深い儀式に伴う祝宴の豊富な食材として、需要が高かった。

[806] セルクナム族の男性だけが参加する成年式ハインのあいだ、シャーマンは新成人を「新生児」として、だまされやすいふりをしている女性の観衆に見せる。

顔および体の変形

　パタゴニアのすべての部族では、脱毛が行われていた。イガイの貝殻を毛抜きにして、顔や体の体毛を抜いた。先住民は、喪に服す意味でスカリフィケーションを行い、成年式には刺青を施した。どちらの慣習も、純粋に飾ることだけが目的ではなかった。どの部族も油などで体をよごしたが、それには飾るとともに実用的な目的もあった。フェイスおよびボディ・ペインティングは、どこでもみられた。小さなへらを使って、赤や青、白の顔料で単純な線や点、まれには丸などを描いた。ボディ・ペインティングは、徒歩で狩りをする猟師にとって、追跡するときのカモフラージュだった。馬に乗るテウェルチェ族は、寒い日に肌を守るためにさまざまな色で顔を塗ったが、とくに黒が多かった[21]。

変わりゆく服装

　1843年当時、パタゴニアには推定1万から1万1000人の先住民がいた。パタゴニアに関する著名な学者のマテオ・マルティニクは、1910年に残っていたのは1500人にも満たない、と記している[22]。たった60年で、植民地化は南米の先端にあった古代文化を一変させ、ついにはこれを破壊するまでにいたった。ヨーロッパとの接触後、航海者や探検家、入植者、交易商、炭鉱労働者、宣教師、軍隊がこぞって入り込み、酒や疾病、移動、強制的な監禁で、先住民を消滅まで追い込んだ。19世紀の終わりには、いくつかの部族の生き残りたちをサンラファエルのサレジオ会に送り、西洋文化に「適応」させようとした。この移動が、先住民の消滅をさらに早めることになった[807][23]。1950年代には、現地の生活様式の痕跡は、ほぼ消えた。

　100年以上前、チャールズ・ダーウィンは、パタゴニアの人々の見事な肉体的特徴についてこう記している。「声は素晴らしく力強い。(……) イギリス人よりも3倍は遠いところから声を届かせることができる。感覚的な器官も、完成度が高い。船員たちは視力がいいことで知られているが、フエゴ人は望遠鏡で見ているくらい、視力がいい」[24]。若き科学者はさらに、フエゴ人が厳寒の世界を裸で過ごす、寒い気候への生理的適応力の証拠を記している。それは、英国からの訪問者と先住民が、燃えさかる火に集まる姿の描写である。「彼らは裸であっても、あまりにも火に近いために汗を流していたが、われわれにとっては、ちょうどいい暖かさだった」[25]

　つまり、パタゴニアの服は、一見するとその地域の厳しい天気にまったく合っていないようにみえるが、ヨーロッパ人との接触以前、先住民たちは比較的健康状態がよかった。どうやら彼ら先住民たちは、その極端な環境に合うような生活様式や服装を生みだしたようだ。どの集団においても、適応を成功させる正しい手段は、それである。ダーウィンは、それを次のように簡潔にまとめている。「自然は、慣習に全能の力をもたせることで、フエゴ人たちをその地の気候と産物に適応できるようにした」[26]

[807] ドーソン島サンラファエルのサレジオ会。いくつか残っていたパタゴニアの部族は、西洋文化に「適応」するようにと、19世紀末にここに移された。

10

アフリカ

　アフリカの巨大な大陸は、途中で世界最大のサハラ砂漠をまたいで、北から南へ 8000km におよぶ。サハラ砂漠の南端には、西は現在のセネガルから東はスーダンまで、牧草地が周期的に干ばつに見舞われる半乾燥地帯サヘルが広がる。その南には、西アフリカの肥沃な農業地帯、コンゴ盆地の熱帯雨林、セレンゲティのどこまでもつづく草原、そして、われわれ人類誕生の地でもある大地溝帯の、火山性土壌の肥沃な耕作地が横たわっている。

　アフリカは、700 万年ほど前に類人猿と原人の進化系統が分岐し、われわれ人類の祖先が 200 万年前頃まで生きていた大陸である。やがてホモ・エレクトス（*Homo erectus*）はアフリカを出て、ヨーロッパやアジアへと移り住む。その後 150 万年ほどのあいだに、この 3 つの大陸の住人はそれぞれ異なる進化過程をたどり、異なる人種を生みだした。ヨーロッパのヒトの祖先はネアンデルタール人に、アジアはホモ・エレクトスのまま、アフリカではわれわれの祖先ホモ・サピエンスへと進化したのである。さらに 10 万年から 5 万年前に、人類の祖先は大きな変化を遂げ、現在のわれわれのような現生人類に進化し、再びヨーロッパとアジアへと広がっていった。そうして、ネアンデルタール人やアジアの原人に代わって、世界中を支配するようになったのである[1]。アフリカ土着の人々の歴史は、その長さと並みはずれた多様性という点で独特だが、大陸間での奴隷交易とほぼ全ヨーロッパをあげての植民地化によって、近年になっても、ほかには類をみないほどの「未開」の状態がつづいた。

東アフリカ

アフリカ最強の織物生産文化はエチオピアの綿栽培地域に位置している。特徴的なショールやそのほかの衣類、ときには豊かな刺繍を施される布がつむぎだされてきた土地だが[1]、この地でもっともよく知られているのは別の「服飾」の伝統である。現在のスーダン、ケニヤ、タンザニアでは、セレンゲティ草原[地図35]で農耕や牧畜を営む人々が、珍しいビーズ細工から顔や体につける装飾品までを使って体を装飾する伝統を誇りとしている。

農耕民

ナイル盆地の中心部に位置する砂漠の古代王国ヌビアは、現在のスーダン共和国にあたる地域を支配していた[地図35参照]。コルドファン地方の人里離れた半乾燥の山地には、ヌバ――ニジェール・コルドファン語を話す人々――とよばれる、背が高くほっそりとしたナイル・サハラ語族が住んでおり、100以上の小集団に分かれている。なかでも南東部のヌバ族は人の体に描く造形表現、すなわちボディとフェイス・ペインティングの技術を極めた[808参照][2]。

この農耕民は隣接する山間の3つの村に住んでいるが、どの村も人口は2500に満たない。家から離れた場所に畑があり、主要作物はきわめて栄養価の高いモロコシである。また、落花生を栽培し、色素を体につきやすくする油を抽出する。この油がヌバ芸術の下塗りになる。

南東部のヌバ族は比較的孤立していて、階級はなく、社会は年序によって組織されている。事実、東アフリカ社会では年序制度が発達している。すべての人々が通る人生階梯を明確に定義し、それぞれの時期に期待される役割や行動を具体的に示している。ヌバ族の男性の年齢階梯は、一定の決められた髪型やボディ・ペインティング、許されているスポーツや競技の種類によって区別される。1つの年齢階梯から次の年齢階梯へ移行するときには、通過儀式が行われる。

[808] スーダンのコルドファン地方南東部に住むヌバ族のあいだには、人の体に描く、ほかではみられない、手の込んだ造形表現の伝統が発達している。媒体がそのままメッセージになる芸術である。高度に様式化された、象徴的なデザインを使うことで、強く健康的な体を祝い強調する表現である。ナイフ・ブレスレットの戦いに長けた若者だけが、髪を2か所くさび型に切り込み、こめかみから後頭部にかけて細くなっていくデザインにできる。

ドンガ期に入った体はもはや鑑賞に耐えるものではなく、若々しくもなければ引き締まってもいないと考えるため、体を装飾して注目を集めるようなことはしなくなる。だが、この年齢階梯では儀式用のペインティングが施されることが多くなる。年配の男たちがグループの儀式社会で儀式を率い、決定を下す立場になるからである。

南東ヌバ族は異様に背が高く、りりしい人々で、若く健康的で筋骨たくましい体を崇め、そういう特徴をみせている者だけが裸になることをすすめられる。体を装飾することは、宇宙論的な表現ではなく、むしろ個人の強靭な肉体を強調することを主目的とする個人的美意識の現われである。装飾の様式には厳密な社会的規則があり、地位を表わす役目を果たすが(3)、どんなデザインを選んでも、体を強調し、完全なものにすることが中心的な要素である。体に油を塗るのは、ヌバ族を有名にした、色のついたオーカーをつける前に必要な準備だ。まず体を洗って全身の体毛を剃り、落花生の油を塗る。それが済ん

[地図 35] 東アフリカの地図。文中に登場する地名や部族名が出ている。

[809] 2人の南東ヌバ人がナイフ・ブレスレット・レスリングの試合を見ながら、つかの間の休息をとっている。若い男性の髪型、ボディ・ペインティング、宝飾品、飾りつきのベルトのほかに、危険そうなナイフ・ブレスレットにも注目。

ロエルという年齢階梯は8歳から16歳までで、この期間には一連の髪や体の装飾を行なうようになる。男子は最初、髪の房を頭頂につけた小さな頭蓋帽状の髪型にする。成長するにつれて、頭蓋帽状の部分が大きくなる。灰色と白のボディ・ペイントに加えて、赤の使用が許される。この時期のスポーツはレスリングである。

17歳から30歳頃までの時期はカドゥンドルとよばれ、南東ヌバ族の男性の男盛りの時期にあたる。待ち焦がれていたこの時期に入ると、髪型を変えて、さまざまな場面にあわせて儀式用の色が使えるようになるなど、体の装飾に使える色が増える。血なまぐさいナイフ・ブレスレットのレスリングの勝負を近隣の村の若者とするようになるのも、この時期である [809]。

最後の年長の年齢階梯であるカドンガ期に入ると、男性はナイフ・ブレスレット・レスリングからは引退する。日常的にボディ・ペインティングをする習慣もたいていはやめになる。南東ヌバ族は、カ

遊牧民

アフリカの大地溝帯の東には、開けた草原にところどころ木々が生えた広大な土地が広がっている。ここが、その先につづくセレンゲティ平原を移動する野生の群れが繁殖した土地である。ぱっと目をひく大きな獲物の群れが現代にまで生き延びたのは、家畜や人間にはない有利な点、すなわち群れにツェツェバエに対する免疫があったことが大きな理由である。野生の草食動物と遊牧民の群れは、人口の少ない草地に支えられ、それぞれにふさわしい生息地を守ってきたのである。

マサイ族

当然のことながら、牧畜民は家畜が生き延びるための放牧に合わせて移動する民である。牛がもっとも多いが、ヒツジ、ヤギ、さらにはロバも少数ながらいる。こうした牧畜民のグループのなかに、アフリカじゅうでもっとも名高いマサイ族がいる。攻撃的な遊牧民で、強さと闘争精神で知られる彼らは、18世紀半ばに北方から現在のケニヤ中央部に移動してきたと考えられている。戦いを優先してきたため、若い戦士モランが大きな力を握っていた。数こそ多くないが、マサイ族はかなり広い地域を制圧し、近隣の民を威嚇していた。おもに犠牲になっていたのはバントゥ族の農耕民で、組織をつくって効果的に急襲をしかけてくるマサイ族の不意打ちに対して、ほとんど抵抗できなかった[7]。

マサイ族は優れた牧牛民である。牛は部族の富の源であり、通貨代わりであり、持参金でもあり、なにより信仰の対象である。彼らは自分たちが地球上で唯一の牛の保護者であると信じている。すべての牛が自分たちのものだと考えているため、ほかのグループの群れを取り戻すために攻撃をしかけることが正当化されていた。遠い昔に自分たちのもとから盗まれたと信じていたのである[8]。今日でも、こうしたセレンゲティの戦士たちは、自らを万物の霊長とみなし、牛の行きたいときに行きたいところに移動させてやっている。さらに彼らは、近隣の農耕民が耕作によって堕落したとみなしている。わずかな

東アフリカ　515

雨が不定期にしか降らない土地で、動物は乾季でも水を飲みに移動できても、作物は移動できないからだ。

遊牧生活では、家財道具を増やすことはできないため、エネルギーや所有権は土地よりも動物に注がれるが、社会的には、遊牧民の世界も東アフリカの農耕民の世界と同じく、年齢体系によって厳しく秩序づけられている。マサイ族の年代記には簡潔にこう記されている。「マサイ族男性の人生は、一連の人生階梯を通して順番に進行する。その階梯は年齢によって規定されており、階梯ごとに儀式があり、特定の義務や特権が決まっている」[9]

マサイの男性は子ども時代に、家畜の世話と野営地まわりの雑用を覚える。この最初の年齢階梯は思春期の到来で終わりを告げ、次の階梯へと移行する立派な儀式が行われる。この階梯が、あこがれの戦士の時代である。はれてモランになると、人生の黄金時代がはじまる。マサイの戦士にとって、この時期は自己の地位を高め、美しさに陶酔する時期で、赤のオーカーと獣脂を髪と体に塗り、顔と脚を非象徴的な図柄で飾る[813]。

戦士の輝かしい自己陶酔の時代は、3番目の最終階梯である長老期とともに終わる。この時期は厳粛かつ静かな時期で、モランが大事にしてきた長い髪を切り落とすという、忘れられない儀式を伴う。頭を剃ってオーカーを塗り、新たに見習い長老となった男性は、簡素な工場生産の毛布に身を包み、妻を見つけて家庭をつくり、部族にとって大切な責任を担うことを期待される。

マサイの少年が人生の年齢階梯を経ていくように、少女たちにも階梯があるが、女性の場合は男性のような成人儀礼（成女式）はない。9歳から12歳頃に思春期に達すると、少女は戦士の恋人になることができ、野営地を訪れることができるようになる。しかし、結婚年齢に近づくにつれて自由はなくなり、割礼の儀式を受ける。クリトリスと小陰唇を取り除く手術である。6週間の回復期が過ぎると、少女はまもなく結婚する[10]。

マサイの世界では、髪を長く伸ばすのは若い男性で、若い女性は短く切るか、きれいに剃り落とす[814]。そんな女性の頭には、平たい多彩色のビーズでつくった襟飾りと、首から胸の下まで伸びるビーズの宝飾品がよく映える[815-819]。マサイ族の女性や少女が自身や戦士のためにつくるビーズ細工には、40ほどの種類がある[11]。女性と少女は、ビーズの首飾りや耳飾りもつける[820、821]。

[813]（左ページ）バッファローの皮の楯を持ち、正装をしたマサイの戦士。芳香性のあるレレシュワの葉の束を消臭剤としてわきの下に入れている。髪は丁寧に整えられて赤いオーカーで染められている。顔と脚には、非象徴的な図柄が描かれる。

[814]（下）マサイの若い男たちが髪を長く伸ばすのに対して、若い女性は剃り落とす。そのほうが、いくつもつけた平たいビーズの襟飾りや、鮮やかな頭飾りがよく映えるからだ。ダンスのときには、襟飾りが生きているかのように躍動する。

マサイ族の女性は何連も重なった平たい襟状の首飾りをつける。硬いワイヤに多彩色のビーズをつなげ、牛革の紐をあいだにはさんだもので、同時に4本か5本の襟飾りをつけることが多い。身につける女性のすべての動きに注目を集め、自然な美しさを強調するためにつくられている。

[815]（左ページ、左上）直径32cm。

[816]（左ページ、右上）直径29.1cm。

[817]（左ページ、左下）直径24cm。

[818]（左ページ、右下）直径22cm。

[819]（上）直径29cm。

[820]（左下）マサイの既婚女性は、先端に金属を巻いたメダリオンがついた長いビーズの首飾りをつけることがある。長さ73cm、幅4cm。

[821]（右下）女性が既婚であることを示す印の1つは、多彩色のビーズで飾られた長い革の耳飾りである。先端に金属を巻いたメダリオンがついているものもある。長さ21cm、幅8cm。

特徴的な宝飾品に加えて、マサイ女性は市販の布でつくった巻きスカートと外套を身につける。布は赤、ピンク、オレンジの色合いでチェック柄が多い[822]。男性が腰に巻きつけるキルトと外套は、女性のと同じ種類の布地で、色合いも同じである[823]。場合によっては、業者から白い市販の布を買い、日ごろ体の装飾に使っている赤い鉱物色素を使って赤く染めることもある。この赤い色合いは、ボディ・ペインティングと顔の化粧を思わせる色であるため、とくにマサイ族に人気があるようである。

東アフリカで新鮮な牧草を求めて平原を移動する遊牧民は、マサイ族だけではない。気候が不安定で半乾燥のケニヤ北部には、マサイ族とは別の牧畜民の部族もいくつか存在する。それぞれの部族には独自の身体装飾や宝飾品、衣服があり、これらが民族的・社会的境界やアイデンティティを示す。

サムブル、トゥルカナ、ポコット族

サムブル、トゥルカナ、ポコットはすべてナイル・サハラ語を話す部族で、トゥルカナ湖（かつてはルドルフ湖をよばれていた）の西と南のわずかな草原に住んでいる。これら遊牧民の多様なスタイルや

[822] マサイ族の女性は現在では市販の布でつくったスカートと外套を着ている。多くはボディ・ペインティングを思わせる赤みを帯びた色のチェックやストライプ柄である。列の後ろにいる既婚女性は、既婚の印の長いビーズの耳飾りをつけている。

[823] 写真のマサイ族の男たちは工場製の布でできたオレンジのキルトをつけている。髪と体には赤いオーカーを塗り、脚には非象徴的な図柄を描く。先のとがった槍を持っている者もいる。まだライオンを殺したことのない戦士は、背の高いダチョウの羽飾りをかぶっている。

東アフリカ 519

[824] 写真のサムブルの戦士はサイザル紐をからめて長くした髪に、獣脂と赤いオーカーを塗っている。髪をひさしのように立たせるために、やはり赤いオーカーで染めた布で支えている。サムブル族はマサイ族に比べて凝った髪型をするほか、象牙の耳輪と精巧な顔の化粧で見分けがつく。

[825] サムブルの少女は、求愛者からの贈り物のゆったりとしたビーズの首飾りをたくさんさげている。理想的なビーズの量は、あごを支えられるくらいだといわれている。15歳から16歳までに十分な数の首飾りを集めて、結婚の申し込みを受けるという。この少女のビーズのヘッドバンドは、デザインされたアルミ製の鳥を引き立てている。

個々の装飾はすべて、東アフリカでは一般的な年齢階梯を反映している。地域によっては、ボディ・ペインティングなどの慣習に共通するところがあることからもわかるように、部族同士がかなり接近して暮らしている場合もあるが、それぞれの部族は文化的・言語的に異なっている。

これらの遊牧民のなかでは、サムブル族が言語や習慣、衣服の点でマサイ族に近い。サムブルとは蝶を意味するが、色鮮やかな遊牧民の戦士にふさわしい呼称といえる。サムブル族のモラン（戦士）は、マサイのそれと同じく、髪を長く伸ばし[824]、定期的に顔や体に油や赤い色素を塗る。体を飾り、自分の姿について語り合い、可能なときにはときどき通りすぎる車のサイドミラーにその姿を映して見とれたりして、何時間でも過ごすことができる(12)。

この3つの部族文化には、儀式用の衣装や装飾はない。ほとんどは毎日昼も夜も身につけるもので、地位が変わって、個人の飾りをそれまでのものと並行して、あるいは一部かすべてを新しくする必要が生まれるときまで、同じように装いつづける。共通する特徴として、頭や首、肩など、上半身の装飾が重視される点がある。女性のあいだでは、ビーズの首輪を複数重ねて、首を長く見せることが奨励されている。ときには胸の真ん中からあごまで重ねることもある[825](13)。サムブルの少女は、近隣のマサイ族のような平たい襟飾りではなく、紐に通したビーズを何連もさげる[822参照]。

520　アフリカ

[826]（上）6〜7歳の子どもが着ていた小さな革の前掛け。裾に、ビーズをびっしりつけた3枚の革の飾りを生皮で縫い合わせたものがついている。
長さ25cm、幅23cm。

[827]（右上）まだ割礼を受けていない少女が肩から羽織る革のケープ。着用する少女自身か姉、あるいは母親がつくる。皮は日にさらして乾かしてから、鉄の道具で磨き、手でこすってやわらかくしてから油を塗る。少女用のケープは子ヤギの皮でつくるのが決まりで、周囲に毛の房を残しておく。
長さ45cm、幅60cm。

ケニヤ北部の女性が肩より下にまとうのは、前か後ろ、または前後両方が革でできたスカート、ベルト、陰部の前掛け、首もとで結ぶ長めのショールである [826、827]。衣服に獣皮を使うときには、皮を伸ばしてやわらかくして、獣脂とオーカーで染める。たいていの皮製品は、所属する部属の伝統に従って、市販や手づくりのビーズで飾りをつける。ビーズは、細い針金を使って皮にとめる。サムブル族の女性は結婚すると、皮のスカートと、ビーズ製の陰部の前掛けを替える。東アフリカの年齢階梯社会ではみな同じだが、衣服のスタイルとビーズの装飾は、少女が割礼を終えたかどうか、結婚しているかどうかを示すものである。

ほかにも、体の装飾に関して地域で共通する特徴がある。細かい図柄は異なるが、基本の形や機能は文化を越えて共有されている。上半身に油を塗って色をつけるのはその一例で、とくに若い女性のあいだで広く行なわれている。サムブル族とトゥルカナ族の女性、それから成人儀礼を受けていないポコット族の少女は、赤いカムウッドから色素をとるのを好み、ポコット族の既婚女性はすすけた黒い物を好む。これらの色素を油や脂肪と混ぜて、頭や上半身に塗る。ポコット族のあいだでは、ビーズ細工に塗ることもある。鮮やかなビーズの色をやわらげるた

（右ページ）

[828]（左上）割礼を受けていない、12歳以上の少女が耳たぶにつける飾り。耳たぶの縁の上部にビーズの耳飾りをつけ、耳たぶの下にあけた穴には小さな棒を挿す。長さ30cm、各幅2cm。

[829]（右上）既婚女性、割礼を受けた少女、12〜13歳くらいの割礼を受けていない少女がつける典型的なヘッドバンド（年配の女性、とくに出産年齢をすぎた女性はつけない）。2本のビーズつきの輪に、耳たぶにつける重い真鍮の飾りがついている。女性はダンスの最中に男性に向けてこの耳飾りを振り、男性はお返しに羽根の髪飾りを振る。長さ68cm、幅6cm。

[830]（中段左）黒い色素と脂で染めたダチョウの卵殻のビーズでつくった大きな幅広の首飾りないし襟飾り。ポコット族の女性が身につける。このタイプの襟飾りは年配の女性がつけるもので、現在のトレードビーズ製首飾りの原型と思われる。直径31cm。

[831]（中段右）平たい襟飾りタイプの首飾りで、赤と緑のビーズを交互につなぎ、あいだに革の紐をはさんでいる。このような首飾りは、割礼を受けるのに隔離されているあいだにつくり、その後に身につける。ビーズを買う金は父親からか、通りすがりの男たちからもらう。ほとんどのポコットの首飾りと同様、写真の作品は脂と黒い色素で染められている。直径34cm。

[832]（下）4本のビーズの紐をねじり合わせてつくる、首飾りに似た「バンドリエ」。割礼を受けていない少女や受けた少女、さらに男性も胸につけるが、既婚女性が身につけることはない。直径43cm。

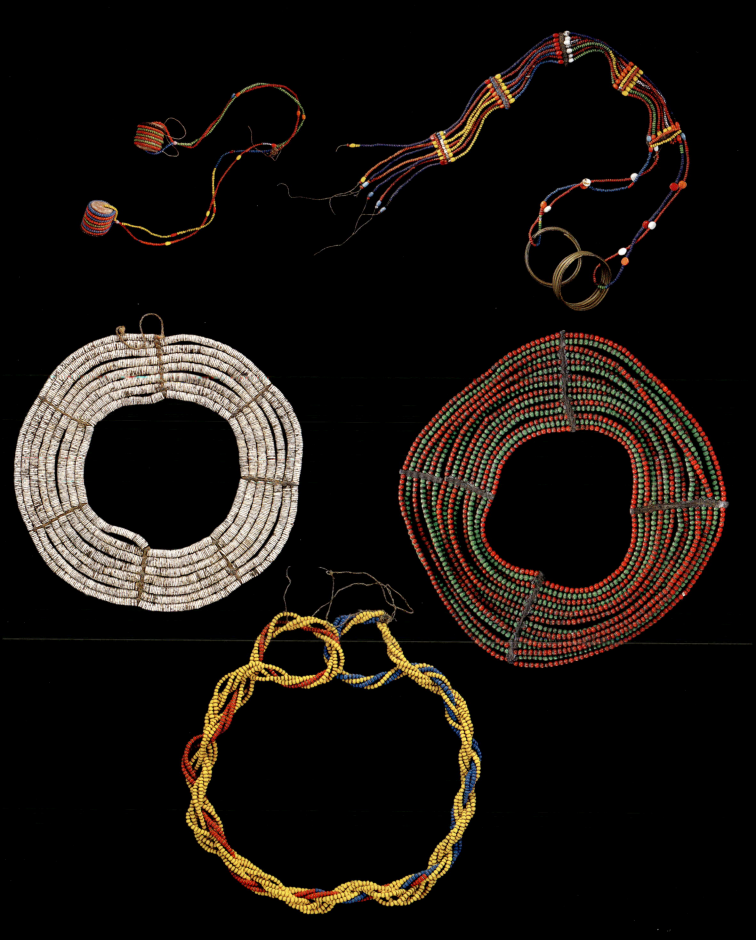

アフリカ

[833]（最上）銅線をらせん状に巻いた長い腕飾り。男女ともに身につけるが、女性に多くみられる。同様のらせん状の腕輪は、交易で手に入れた真鍮のワイヤ、電話線、弾薬筒でもつくられる。
高さ8cm、長さ19cm。

[834]（上）9連のビーズの腕飾り。ワイヤにつないで端を革で処理してある。割礼を受けた少女、やや年長の割礼を受けていない少女、既婚女性が、肘の上下に純粋に装飾品として身につける。直径8cm。

めのようで、その結果、全体にまとまりのある色合いになっている(14)。宝飾品自体は、ダンスの音や動きを強調する目的があるようだ[828-834]。

　これらの部族の女性たちは、色とまとまりの全体的な効果を好む。これに対して、男性たちはアクセントや小さな部分を好む[835、838-844 も参照]。後者はびっしりと飾りはつけず、体の数か所にまばらにつけて強調し、自然体の造形美に注目を集めようとする。だが、彼らの地位を示す基本となるのは髪型で、男らしさを誇る気持ちを髪に集中させ、戦いと戦士にとくにかかわる整髪にかなりの注意を払う。サムブル族の特徴は、ねじったり編んだりした髪型だが[824 参照]、トゥルカナ族[836]とポコット族[837]は泥パックを使ってさまざまな髪型にする。トゥルカナ族男性の髪型は、人生を通して変わることがない。地位が変化したときには、牛の腸かマクラメ編みでつくった容器に新しいダチョウの羽飾りを挿すことで示す。容器は、泥パックがかたまらないうちに髪の毛につける。そのような髪型を完成させるには3日かかり、3か月ごとに細かく調整し直す。

　いずれの場合も、男性は髪を整えるのに相当な時間をかける。遊牧民には、自分自身にかまけるだけの時間のゆとりがあるのだ。整然とした暮らしによって、時間のかかる農作業からは解放されている。暑い日中、男女は別々に化粧にいそしむ。それぞれ「自分たちの木」の下でなされるその作業は、ときには何時間にもおよぶ(15)。一番の動機は、趣味とスタイルを見せ、それによって異性の目を惹くことにある。

　ボディ・ペインティング、髪型、宝飾品に加えて、ポコット族の男性は短めの濃い色の巻衣を身につけるが、サムブルとトゥルカナ族は明るい色、とくに赤い衣類を着る。以前流行していた硬い革のケープとヒョウ皮は工場製の布に取って代わられたが、今も儀式では見ることができる。すべての遊牧民に共通するのは、つねに色鮮やかなビーズを使って外見を飾るという点である。

アフリカの遊牧民世界を通して、ビーズはあらゆる装飾の形態において重要な役目を果たしている。19世紀末まで、飾りは天然のもの、骨、歯、粘土、皮、石、根、貝殻でつくられていた[825参照]。ダチョウの卵殻のビーズは、女性たちが自らの手でつくる。卵の殻をダチョウの巣から集め、仕上げるビーズの大きさくらいに砕く。それから錐を使って穴を開け、石で磨いてなめらかにする。その後何度も身につけるうちに、肌にこすれてよりなめらかになる。卵殻ビーズの製法は、ケニヤでは少なくとも紀元前7000年から知られていたという(16)。20世紀になると、輸入ビーズが手に入りやすくなった。アフリカの装飾の専門家はこうした飾りの歴史について、簡潔に次のように述べている。「ガラスビーズはもともとアラブ商人によってペルシア、中国から、のちにはポルトガル人によってヨーロッパからもたらされたもので、物々交換の形で広く利用されていた。20世紀に入り、ヨーロッパで大量生産されたビーズが東アフリカ沿岸地域で大量に取引されるようになった。これがケニヤでは《貿易風ビーズ》、スーダンでは《ポンド・ビーズ》（ポンドで量り売りされる）とよばれた。小さくて形が均一で明るい色のビーズはあつかいやすく、遊牧民に好まれ、じきに天然素材のビーズの多くに取って代わった。だが、貝殻と供犠動物の皮は使われつづけた。香りづけになる甘いにおいの根も同様だった」(17)

そのほか、東アフリカの遊牧民に共通する特徴は、人生の特定の期間、つまり青年期から壮年期の個人の装飾に、特別な重きを置く点がある。一夫多妻制の習慣は、異性の注目を集めるために美を重視することの説明になる。女性は若くして結婚し、男性は女性より遅い傾向にある。そのため、結婚適齢期の女性の多くが若くして社会的活動をはじめるため、同じ年齢の男性より社会的には年長者になる。また、男性は20代になるまで結婚を禁じられることが多い。サムブル族では30代初期まで禁止されている(18)。

各部族の文化的伝統や、遊牧民か農耕民族かは関係なく、東アフリカでは体の装飾がつねに芸術的表現の主要な手段なのである。

（下、左から順に）
[835] ポコット族の父親は葉の形をしたアルミニウムの鼻飾りをつけて、娘の婚約を表明する。髪には泥パックで何枚も羽根をつけてある。

[836] トゥルカナ族の男性は、唇の下にあけた穴にピンを使って象牙の玉をつけている。髪は泥パックをして、色をつけたダチョウの羽根を飾っている。このような複雑な髪型をつくるには、髪をねじって編み、泥で覆ってから頭の上で束ねる。

[837] ポコット族の若い男性は粘土でまとめた複雑な髪型を、成人にあたって新しくする。この成人したばかりの若者は、羽根のついた青い泥の帽子をかぶっている。オーカーで色をつけた前髪は、地位が低いことを示す。泥パックでつくった髪型の前の部分に、古いジッパーがらせん状にはめ込まれている。

東アフリカ　525

(左上から時計まわりに)

[838] ビーズの額用バンド。6連のビーズを別々の革紐で束ね、革紐の先にビーズで覆った革の輪をつける。このようなバンドは着用者かその妻、あるいは恋人が手づくりし、額の高いところ、泥パックでつくった前髪の下につける。長さ47cm、幅5cm。

[839] 唇につける鉤型の飾り。象牙といわれているが、実際はプラスチック製。男女ともに、下向きにつける。過去にはこのような飾りをつけることが流行した。長さ3cm、幅2cm。

[840] 年配の成人男性が娘の婚約を表明するのにつける鼻飾り[835参照]。写真の品は古いアルミ製の鍋を切り取り、石でたたいて成形したもの。こうした飾りをつくるのは鍛冶師ではなく細工師だ。かつてはこのような葉形の飾りは、薄い鉄でつくられていたという。長さ13cm、幅10cm。

[841] 一般用の環刀は、糸や皮、肉などを切るのに使われる。このようなリングは、店で買った大きな釘から男性がつくる。近くの硬い石の上にのせて、別の石をハンマー代わりにして鍛造する。男性はみな、各自で自分の分をつくるのがふつうである。こうしたリングをつけるのは男性だけで、使い方に長けている。
長さ7.5cm、幅2cm。

[842] 小さなビーズのチョーカー。ゴムの詰めものと、ラフィアの紐がついている。若い成人前の少年がつくって身につける。
直径8cm。

[843] 牛革の芯にビーズを巻きつけた太い首飾り。一般的には男性用だが、写真の品はポコット族の女性がつけていたもの。そのため、脂と黒い色素が塗られている。
直径18.5cm。

[844] 小さな樽型ビーズでできた8連の首飾り。典型的な色使いの、男性か少年用の品。4つの小さなビーズのリングでとめる。1つのリングから貝殻がぶらさがっている。このような首飾りにはたいてい、製作者が見つけたか買ったかした貝殻のペンダントがついている。直径20.5cm。

南アフリカ

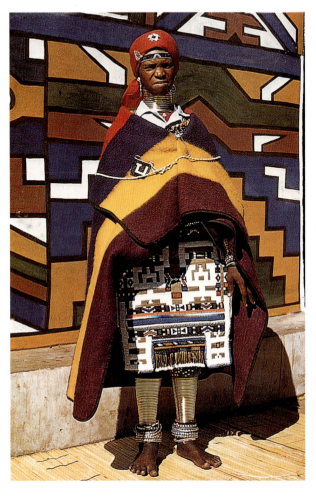

[845] ンデベレ族の既婚婦人が、幾何学模様の装飾のついたビーズの前掛け、マポトをつけている。模様は、家の壁に描かれたカラフルな壁画と似ている。このような壁画は南部のンデベレ族の小さな村々でよくみられる。

わかっている限りでは、南アフリカ最初の現生人類はコイサン語族のサン族とその近縁にあたるコイコイ族である。植民地時代にはそれぞれ、ブッシュマンとホッテントットとよばれていた。11世紀にバントゥ語を話す人々がこの地域に到来し、北東部と東海岸沿いに定住した。15世紀になる頃には、バントゥ族はコイサン語族を周辺地域に追いやり、アフリカ南部の東半分の大半の地域に広がっていた。これらバントゥ族の遊牧民は、牛と群れの世話をなによりも優先していたが、高度な製錬技術を反映して効果的な金属製の武器をもつ鉄器文化人でもあった。

その後の南アフリカの歴史は、土着部族の文化の衝突と簒奪の歴史だった。ヨーロッパ人入植者がやってくると、先住民は高圧的に排除され、服従させられた。

1652年、オランダの東インド会社が、ケープ州に南アフリカではじめてのヨーロッパ入植地を建設する。ほぼ全域が南回帰線の南側に位置するため、西ヨーロッパと類似した温帯に属する南アフリカ[地図36]は、アフリカ大陸のほかではみられなかった規模で急速なヨーロッパ人の入植が進んだ。最初の白人入植者は、産業革命以前のオランダからやってきた農民がほとんどで、独自の地域語であるアフリカーンス語、カルヴァン主義のキリスト教、オランダ改革派教会とともに緊密な社会を築いた。

南アフリカは半乾燥地帯で、オランダ・アフリカーンス系農民のボーア人は、自分たちが入植した土地の大半が耕作には向かないことに気づいた。そのため、入植者は散らばって、自給自足の、おもに畜牛に依存する半遊牧の牧畜民にならざるをえなかった。1870年以前に、ボーア人は新しい放牧地へと入植地を拡大していったが、彼らは法律にしばられることもなく、前方の敵にひるむこともなかった。しかし、ゆっくりと東に広がるにつれ、北方から移動してくるバントゥ族の遊牧民グループと激しく衝突するようになった。

入植地の拡大は一時的にバントゥ族によってとめられたが、ボーア人の東への進出は、英国人が1806年にケープ州を併合したことにより加速する。ヨーロッパから新たにやってきた入植者は、工業化の進んだ英国からやってきた都市出身者が多く、ボーア人とはまったく異なる物の見方をしていた。1834年の英国人による奴隷制の廃止は、妥協を許さないボーア人にとって、自分たちの問題への許しがたい干渉であり、2年後にオレンジ川を渡って移住するきっかけとなった。英国人の支配から解放されるために行われたこの移住は、「グレート・トレック」として知られることになる。

南アフリカ

ボーア人と英国人双方がバントゥ族を圧迫した結果、先住民の多い沿岸部のナタール地域で政治的・社会的変化が起こり[1]、19世紀初頭に強力なズールー族の王シャカが現われた[846]。近隣部族に全面戦争をしかけようというシャカの政策は、甚大な損害と大量の移民を生んだ。ボーア人が新しい土地を探し求めて入ってきたのはこの混乱期で、英国人もすぐあとにつづいた。恐ろしいズールー族もついに敗北したが、ボーア人と英国人のあいだの緊張はつづき、とくにボーア人がオレンジ自由国とトランスヴァール共和国を設立したあとに激しさを増した。緊張関係がつづいた結果、1899年から1902年にボーア戦争が起き、ボーア人が敗北したため、英国人が国じゅうを支配するようになった。

1910年、南アフリカ連邦が創設され、政治支配の全権が白人の手にゆだねられる。そのため、ストライキや政治組織の結成という形で黒人の抵抗運動が進んだ。こうした初期の抵抗グループはおだやかだったが、政府は抑圧的な分離政策を強化するという反応をみせた。これがのちにどんどん苛酷になるアパルトヘイト政策の前身である。

南アフリカの黒人人口は、4つのバントゥ語族のグループから成る。最大のグループはングニで、ズールー、ンデベレ、コーサ、スワジ族を含み、南アフリカの全黒人人口の半分以上を占める[2]。これまでのところ、ングニ・バントゥ族のなかではズールーがもっともよく知られている。19世紀半ばにボーア人、英国人双方に対して前述の戦争を起こしたことで、世界中の注目を集めたためと思われる。

数世紀にわたる激変にもかかわらず、この先住民族はひじょうによく文化的伝統を守りつづけてきた。数百年、いやおそらくは数千年にわたって、ビーズとビーズ細工は南アフリカの文化のなかで重要な役割を果たしてきた。とくに興味深いのは、個人用の宝飾品として、多彩色のトレードビーズが使われていることである[847]。実際、南アフリカでは、精巧なビーズ細工が文字通り衣装の体裁を成していることが多い。

南アフリカのビーズ細工は現在を生きる人々と祖先とをつなぐ役割を果たしており、多くの色、模様、

[846]（下）『（ズールー王）シャカの甥ウティムニ』G・F・アンガス画、1849年。同時代のヨーロッパ人は、ズールーの首長たちがおびただしい数のビーズを身につけ、手首から肘には真鍮の飾りをつけていたと観察している。

[地図36]現在の南アフリカ。1994年以前は、現在のハウテン州、リンポポ州、ムプマランガ州がトランスヴァール州だった。同年、ナタール州がクワズールー・ナタール州に、オレンジ自由国がフリーステートとなった。

532　アフリカ

　ビーズ細工はとくに求愛と結婚準備において重要な役割を果たす。ビーズがさまざまな方法で、青年期の恋から、軽い求愛、そして真剣な結婚へという気持ちの変化を表わすからである。ズールー族のビーズ細工でもっとも象徴的なのは、個人の恋愛生活の状況を、公私ともに物語るものだ。有名なズールーの「ラブレター」——ズールー語では *ubala abuyisse*、つまり「返事をもらえるように手紙を書く」(8)とよばれている——は、女性が恋人に贈るものである。こうした愛情の印としての贈り物は、ズールー族の男性にひじょうに大切にされ、その首や頭、胸につけられる〔859、860-866〕。身につけるラブレターの数が多くなればなるほど、その男性がそれだけ多くの恋人や妻をもっているということになり、数が増えることは富と地位の向上を表わす。

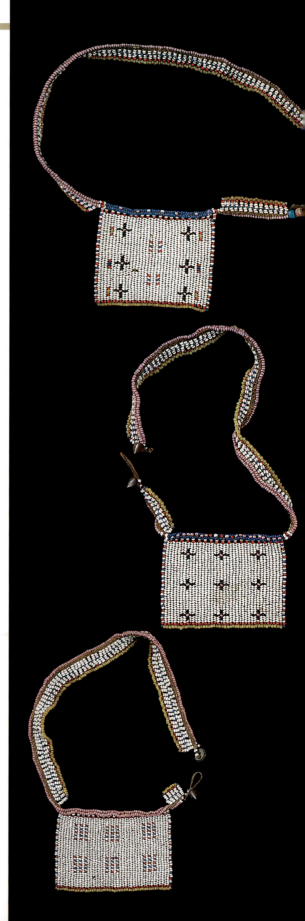

[859] 南アフリカの黒人男性はふつう洋服を着る。これは国の移民労働制度の影響によるものだろう。だが、労働者が故郷の村を訪れるときの服装には、ズールー族の伝統が反映される。この絵の若い男性の装飾から、彼には熱心で働き者の恋人がいることがわかる。男性が首につけている「ラブレター」のほかに、ヘッドバンドの真ん中に、菱形の「愛を強めるもの」をつけているからだ。1960年代後半。

（右）色で分類されたビーズのメッセージは、*ubala abuyisse*、つまり「ラブレター」とよばれる首飾りの垂れ飾りにも含まれているといわれている。「ラブレター」は若い女性がつくるもので、贈られた男性は大切にする。写真の3例は1965年以前のもの。

[860]（上）長さ23cm、幅8.5cm。

[861]（中央）長さ23cm、幅9cm。

[862]（下）長さ24cm、幅10cm。

（右ページ）1970年代半ばの4つのビーズの首飾りは、観光客用につくられたもので、昔の本物の「ラブレター」の模造品である。

[863]（左上）長さ20cm、幅5.5cm。

[864]（右上）長さ22cm、幅15cm。

[865]（左下）長さ40cm、幅6cm。

[866]（右下）長さ44cm、幅11.5cm。

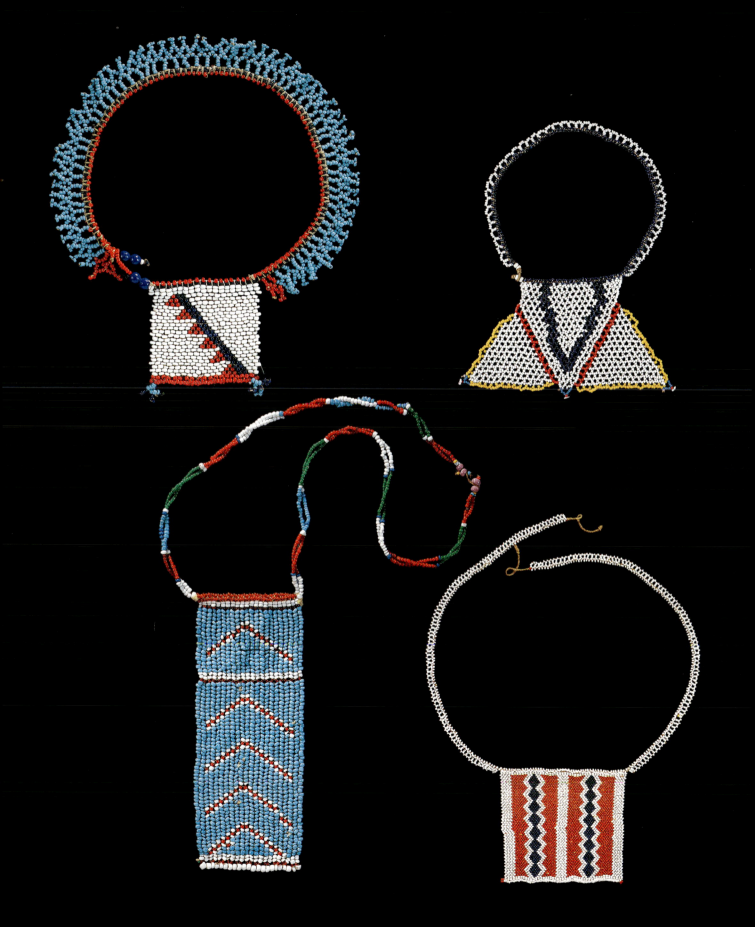

南アフリカ

　ラブレターに関しては、すべてのズールー族に通じる一般的な意味をもつ色がある。光沢のない白のビーズは純粋な愛を意味し、ピンクは貧しさを象徴し、黄色は富、青はハトを意味する。そのため、これらの色のビーズをつないだものは、次のように解釈される。「わたしの心は長く疲れた日々でも純粋で清らかです（白いビーズの意味）。もしわたしがハトだったら、あなたの家に飛んでいき、戸口で餌をついばむでしょう（青いビーズの意味）。暗闇に阻まれて、あなたのもとに行くことができません（黒いビーズ）」[9]

　学者のゲーリー・ヴァン・ワイクは次のように指摘している。「赤、白、黒はズールーの象徴的表現における基本の聖なる色である」[10]。ふつう、男性がビーズ細工を身につけるのは特別な儀式のときで、儀式用のビーズの品には一定の土地を示す図柄が織り込まれていることが多い。同様の地域を表わすモチーフは、そのほかのさまざまなビーズの品にもみられる[867-870、871]。ズールー族のビーズ細工のなかでもっとも勢いを感じさせるものは、ダーバン市内の歓楽地区でみられる。こうした地区の人力車の車夫の凝ったつくりの装束は、まさに記憶に残るものである[872-874]。

（左ページ）
ビーズの小物4点。白、赤、黒、「暗緑色」を配したノンゴマ地方のスタイルを反映している。ノンゴマはナタール州北部に位置するズールー族の都である。

[867] ビーズのスカート。
丈14cm、幅83cm。

[868] ビーズのベルト。
高さ5cm、長さ91cm。

[869] ビーズのヘッドバンド。高さ1cm、長さ51cm。

[870] ビーズの陰部カバー。
高さ25cm、幅38cm。

[871] 1992年、ウムランガの「リード・ダンス」で儀式用の衣装をつけたズールー族の男性。この祭りは、毎年ナタール州北部のノンゴマ近くの王都で開かれる。現代のズールー男性が伝統的な衣装を身につけるのは、このような重要な儀式のときだけである。真ん中の男性がつけているビーズ細工のパネルは、まぎれもないノンゴマ・スタイルだ。白、赤、黒、「クロウメモドキ色」（家畜の餌になる草からとった名）のビーズを三角形の「楯」の模様に仕立ててある。

アフリカ

【872】（上）1980年代初期、ダーバンの海岸沿いの人力車の車夫。手の込んだつくりの服は、ノンゴマとマーラバチニ地域のスタイルのビーズ細工でできている。真ん中の人物は、ベスト・コスチューム賞のメダルをつけている。

【873】（右上）人力車の車夫がつける、高くそびえる被り物。高さ150cm、幅73cm。

【874】（右）ダーバンの人力車の車夫の衣装。丈207cm、幅145cm。

南アフリカ 537

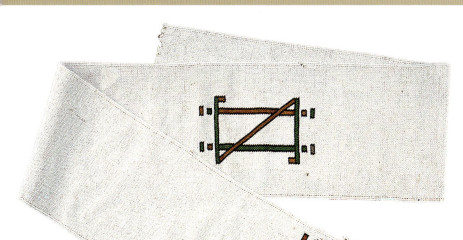

[875] ンデベレ族のビーズの婚礼用の裳裾ニョガ。長くうねうねとしたラインが蛇に似ている。長さ169cm、幅20cm。

ンデベレ族のビーズ細工

　ンデベレ族のあいだでは、伝統的なビーズ細工が結婚の儀式で重要な役割を果たす。長く引きずるようなビーズ細工のニョガ (*nyoga*) ないしニョカ (*nyoka*) は、婚礼衣装の一部である[875]。アフリカ研究家のスザンヌ・プリーバッチとナタリー・ナイトは次のように指摘している「これらの特別なビーズ作品は1.5mもの長さになることもしばしばで、肩から垂れて地面を引きずり、花嫁が踊ると蛇のような動きを見せる。ニョガという語は「蛇」という意味である」[11]

　結婚した男女は、あまりビーズを身につけなくなる。ンデベレ族のあいだでは、ビーズのついた儀式用の装束はほとんど女性だけに限定されている。男性は成人儀礼のような珍しい場合をのぞいて、洋服を着る。ンデベレ族女性の重要な服は、ビーズのついた儀式用の毛布で、大きな首帯とともに着用する[876]。結婚後、ンデベレ女性が既婚であることを示す一番の印になるのは、ジョコロ (*jocolo*) とよばれる5枚はぎの儀式用の前掛けである[877]。この服は花嫁の義母がつくることが多く、一方で、ビーズつきの前掛けのマポト (*mapoto*) は若い花嫁自身がつくる[878；845も参照]。

変わりゆく服装

　コーサ、ズールー、ンデベレ族の伝統的なビーズ細工は、さまざまなレベルで評価できる。これらの美しく仕上げられた作品は、見た目の美しさという喜び

[876] ンデベレ女性のもっとも印象的な儀式用の衣装の1つは、ビーズがびっしりついた毛布で、幅広の首帯とともにつける。首帯はビーズのものか、じゅうたん留め鋲で装飾したもので、女性の長く伸びた首をさらに長く見せる。

を与えてくれるが、同時に、昔の伝統的な社会でビーズ細工が果たしていた役割を考えることも興味深い。アフリカ研究家のフランク・ジョルズは、ナタール州ムシンガ地区のズールー族のビーズ細工のスタイルを研究し、興味深い指摘をしている。「ムシンガではおもに4つの色の配合が並行して存在する(……)いくつもの異なる氏族が住む地域を通じてのことで(……)このような色の配合の機能は、もともとは着用者の氏族への所属を表わしていたものと考えられており(……)その仮説は、少なくとも色の配合の2つの名称が、地域や氏族に由来していることで裏づけられている。(このことが)驚くほど長いあいだ伝統がつづいてきたこと、特徴的な色の配合が純粋な形で共存していることの説明になるだろう。また、一部の商人から報告のあった、新しい、あるいは代わりの色に対する抵抗についても、これで説明がつく」[12]

現代のソーサ、ズールー、ンデベレ族のあいだでは、一定の色の組み合わせや模様が特定の地域を示すことが多く、その結果として個人の出身や、ときには階級を示すこともある。そのような地域的・社会的指標は、とくに外婚制を習慣とする文化において重要である [879][13]。

南アフリカでビーズ細工がどれほど重要な役割を果たしているかは、とても言葉では語り尽くせない。実質的に独占状態だった世界の主要なビーズ生産業者は、1932年から55年まで、アフリカ大陸で販売されるビーズの約半数を南アフリカに輸出していた。当時のアフリカは世界のどこの地域よりもビーズを消費していたのである。前出のゲーリー・ヴァン・ワイクは次のように指摘している。「その時代、南アフリカは確実に世界一のビーズ細工の生産者だった」[14]。今日、ビーズ細工はきわめて民主的な美的表現の手段でありつづけ、上に立つ者だけでなく、誰でもが手に入れることのできるものになっている。そして、変化しつづける個人のスタイルに合わせて、伝統を重んじる人々も、最新の、時代に合った装いをしている [880]。

[879] ズールー族の少女の精巧なつくりのビーズの首飾り、腕輪、胸帯、陰部の前掛けは、この少女がテンブ氏族の出であることを示している。テンブ氏族は、かつてのナタール州中央のトゥゲラ・フェリー地区に位置する。

[880] 1960年代のソーサ族の花嫁と花婿のきらびやかな現代的なビーズの衣装。花婿の黒い襟は、工場用配管システムの弁でできている。若者が割礼前に働きに行っていた、ヨハネスブルクの金鉱で使われていたものだ。メガネとプラスチックの腕輪は、さらに彼が「現代的であること」を示している。花嫁は「約束の首飾り」と言われるお守りをつけている。

[877] (左ページ、上) ンデベレ族の五角形の婚礼用の前掛け、ジョコロ。長さ54.7cm、幅36cm。

[878] (左ページ、下) ンデベレ族のさほどフォーマルではない婚礼用前掛けのマポトは四角形で、結んだビーズのフリンジがつき、両側に2枚の四角いパネルがついている。長さ52.2cm、幅47.8cm。

544　アフリカ

[886] クバ男性のラフィア布のスカート。上下の狭い縁取りには、ラフィアの繊維を結んでつくったボブル・フリンジが等間隔についている。スカートの縁取りになっている小さな布はすべて、黒いラフィア布でできており、染めていないラフィア糸で刺繍されている。
長さ83cm、幅748cm。

[887] 正装したクバ王国のデケセ（首長）。格子柄のスカートには、さまざまなデザインのカットパイル地の縁取りがついている。首長の背後にあるマットの模様は、何度も繰り返される幾何学模様で、クバ文化に浸透しているもの。コンゴ民主共和国、1976年。

儀式の正装

クバは王家の男女が、王の戴冠式などの重要な場で身につける正装で知られている。歴史学者のヤン・ヴァンシナは、1950年代にブショングの王がイトゥル祭に参列するために、高官とともに王宮の広場に入っていく様子を次のように描写している[16]。「壮麗な光景だった。正装に身を包んだ人々が100人以上いた。見えたものといえば、ビーズと貝殻で飾られた飾り帯や襟、ベロアや刺繍を施された布、日の光に輝く金属の装飾、高さにして1mの、多彩色の羽根が重なってそびえる被り物が風になびく姿だけだった。1人1人がその手に、地位を示す印を持っていた」[17]

ブショング貴族の特権階級が身につけるスカートは、その精巧さや複雑なデザイン、さらに分業によって製作された点に特徴がある。パトリシア・ダリシュが次のように説明している。「スカート製作の大部分は性による分業である。男性は男性のスカー

中央アフリカ　545

トをつくって装飾し、女性は女性のスカートをつくって装飾する。装飾の技術のいくつかは、男女ともに使っている。さまざまな刺繡のステッチ、アップリケ、リバースアップリケ、パッチワーク、染め、ステッチ防染、絞り染めの技法である」[18]。

　ダリシュはさらに、男女の衣類は丈、スカートの布の配置、縁取りのスタイルによって区別されていると述べている。通常、男性のラフィアのスカートは女性用の倍の長さで、中心部を細い縁取りで挟み、ラフィアのボブル・フリンジをつけて仕上げる[886]。男性は腰とヒップのまわりにひだを寄せ、上の縁取りの部分を折りたたんで、ベルトの上にだすか、下にはさんで着用する[881参照]。なかには、刺繡やフリンジ、タッセルのついた特別な装飾の裾が、膝より下に垂れることもある。こうした衣類は、縁なし帽、羽根飾り、ベルト、ペンダント、携行品などの装身具とともに、高官や首長の肩書や地位を公に示すのである[887]。

[888] ブショングの女性のラフィア繊維のスカートは、8枚の布を並べて縫い合わせ、片端を小さめの水平の布9枚で縁取る（最後の1枚が真ん中の上の布）。刺繡とアップリケは、染めていない布地に黒いラフィア糸を使って、太いボタンホール・ステッチで縫いつける。各パネルには抽象的な幾何学模様のモティーフがついている。このモティーフは、クバの物質文化のあらゆるものにみられる装飾である。長さ91.5cm、幅585cm。

[889] イトゥルの儀式で、王家の踊り手たちはバッファローの尻尾とタカラガイで飾りをつけた角を持つ。たっぷりとしたラフィア繊維のスカートは長さが5.5m〜8mで、体に3度か4度巻きつける。

[890] 儀式用の衣装をまとったクバの王家の妻（左）。スカートの前部は、以前はカットパイルの刺繍が施されていたが、赤い市販の布に置き換えられた。
クバ王室の女性（右）。ところどころアップリケと刺繍のついた長い巻きスカートの上に、線状の刺繍と波型の裾飾りのついたオーバースカートをはいている。

[891] ブショングの全面に線状の刺繍が施されたオーバースカートにする布に刺繍をする王母。コンゴ民主共和国ムシェンゲ、1976年。

[892]（右ページ上）ショーワのカットパイルの布片：長さ48.4cm、幅59.1cm。

[893]（右ページ中央）ショーワのカットパイルの布片：長さ66cm、幅43.5cm。

[894]（右ページ下）ショーワのカットパイルの布片：長さ65cm、幅72cm。

女性の長い儀式用のスカートは、ときに長さ5.5mから8mにもなり、縁飾りがつかないことも多い。ラフィア繊維の衣服は体に巻きつけて着用し、ベルトでとめる。裾はふくらはぎの半ばより下になる[888, 889]。ブショングの女性のスカートは黒い刺繍の幾何学模様で覆われ、ときには別布がつけ足される[890左]。また、ブショングの女性は、巻きスカートの上に、約1.4mほどの長さの小さなスカートを重ねることもある。この「オーバースカート」はラフィア布に黒い刺繍を施した布に、ユニークな形に波打つ縁取りをつけたもので、たっぷりとした彫刻的な衣装に動きの要素を添える[890右][19]。

クバの装飾スカート[891]は「ひじょうに価値が高く（……）［しばしば］相互関係が成立したさいの贈り物として使われ（……）、婚約のさいには、花婿が未来の花嫁のためにスカートを織り、花婿の親族の女性が刺繍を施す。そしていずれは、姻戚が花嫁の仕事の恩恵を受ける。男性あるいは女性の装飾スカートは、不貞や離婚などの法的取り決めのさいの賠償にも使われる」[20]

葬儀の服装

クバの織物で表面の装飾がもっとも有名なのは、織ったヤシの葉の繊維でできた四角い布で、線状の刺繍やそのほかのステッチで描いた幾何学模様が特徴的だ。刺繍糸のループを切り取り、ビロードに似たけばだった表面をつくってあり、実際、この布は「カサイ・ビロード」「フラシ天」といわれることもある[892〜896][21]。これらの布にはさまざまな用途があった。ショーワ族はこうした布を地位の象徴とみなし、持参金代わりにしたり、椅子にかぶせたり床に敷いたりした。また何枚かを縫い合わせて、死装束もつくった[22]。

クバ織物の典型は、葬儀の場でみられる。弔問客[897]も死者も、定められた衣服、ベルト、アンクレット、腕輪、帽子を身につける。遺体は、死装束を整えてから、弔問客に披露される。遺体を飾る織物の大半と装身具は、死者の属する氏族のもので、遺体にどの織物をまとわせて埋葬するかは氏族が決める。布が見事なものであるかどうかは、氏族の格

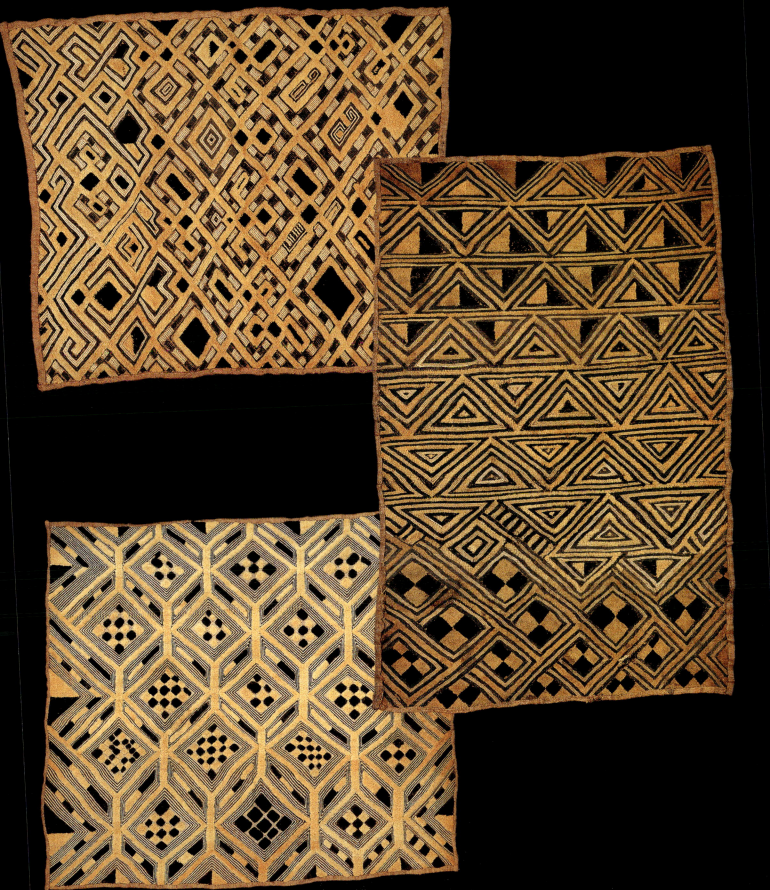

を反映するため重要である。葬儀ではおもに、披露された品の品質について語り合う[23]。

クバ族は死者が何世代かのちに再生するまで過ごす「死者の地」の存在を信じているため、遺体がきちんとした装いで埋葬されることを重要視している。ふさわしいのはラフィア布だけで、それ以外の装いでは、死者がすでに亡くなっている親族に気づいてもらえないといわれている。クバが伝統衣装以外の装束で埋葬されるのは、裸で埋葬されるのと同じようなものなのだ[24]。

ラフィア織物と、その素材であるラフィアヤシは、富と豊かさの強力な象徴であり、葬儀でラフィア布を披露することは、生きる者同士を結びつけるだけでなく、最近亡くなった者の氏族ともつながることになり、安定と継続の象徴の意味をもつ。さらに、ラフィア布を死者とともに埋葬することは、織物の製作過程が、織物そのものと同様に重要であるというクバの信念を反映している。織物を公に披露することは、永続する男性と女性のあいだの社会的関係を再確認するものである。生きる者から死者へと織物を譲渡する過程もまた、死後の世界に対するクバの信念を確認する意味をもつ[25]。

美しく装飾されたクバのカットパイル地がこれまでにどれだけつくられ、副葬されてきたかはわからない。しかし、中央アフリカの長年にわたる混乱と崩壊にもかかわらず、ラフィアのカットパイル地の製作はつづいており、実際には、観光客向け商品として利益をもたらすようにもなっている[26]。こうした布を織り、刺繍をする作業がつづいていくのと同様に、その源となるラフィアヤシの栽培もつづく。ブションゴのことわざに言う、「ラフィアヤシからとることはできるが、けっしてそのもたらすものを消し去ることはできない」[27]の通りである。

[895]（左ページ上）ショーワのカットパイルの布片：長さ55cm、幅66cm。

[896]（左ページ下）ショーワのカットパイルの布片：長さ52.6cm、幅51cm。

[897] 葬儀で踊る、儀式用の衣装のクバの男たち。コンゴ民主共和国、バンスエバ、1989年。

西アフリカ

[898] たっぷりとしたローブや保護用被り物、印象的な服装の召使い、さらに華やかに盛装した馬は、ナイジェリア北部のハウサ族貴族の伝統の一部である。このカノ国首長の使節が公用に赴くときには、ローブの大きな袖をさげて手をすっぽりと覆うことで、重要な使命を帯びていることを示す。

西アフリカは地理的・気候的・言語的に多様な土地である。熱帯に位置するが、北はサハラ西部、南は赤道下の大西洋にはさまれているため、西部沿岸地方の暑い低地から、熱帯雨林や湿度の高いマングローブの湿地を経て、さらには広大で肥沃なサバンナの草原、北部のひじょうに暑く乾燥した半乾燥気候へと内陸に移動するにつれ、気候は徐々に変化していく [地図38]。何世紀にもわたって、この地域ではつねに人の往来があったため、言語パターンが複雑化した。現在では、西アフリカの人々はニジェール・コンゴ語の異型の言語を話すといわれているが、北部にはアフリカ・アジア語、東部にはナイル・サハラ語を話す民族がいる[1]。

紀元500年から1470年のあいだに、半乾燥のスーダン地方では、一連の国家や帝国が興亡した。最初は、セネガル川とニジェール川にはさまれた砂漠の端に位置する古代ガーナ──初期の西スーダンの強力な王国で、現代国家のガーナとは別──である。古代ガーナ人はセネガル川上流の金の産地を掌握していた。古代ガーナ（紀元750～1240年）は、イスラーム教徒のアルモラビッドの好戦的な宣教師団の攻撃に屈した。アルモラビッドは非イスラーム教徒を改宗させようと、宗教的義務として聖戦をしかけた。

11世紀から16世紀には、スーダンとサハラ南部の王国が次々と成長し、合体し、消滅していった。長くつづく国家が出現しはじめたのはこの時期である。地元の利害関係によって地域の同盟ができ、融合して中央に力を集め、地理的なアイデンティティを獲得し、高度に組織された政治体へと発展した。ナイジェリア北部のサバンナのハウサ族の国家、ナイジェリア西部の森林地帯のヨルバ王国、ガーナの黄金海岸のアシャンティ連合などが有名である[2]。

15世紀末に、ヨーロッパの船乗りがアフリカ大陸西部の湾曲部に沿って進む方法を習得し、金になるギニア海岸へとやってくるようになると、西欧列強との交易が栄えはじめる。長いあいだ、西アフリカを特徴づけてきたのは、貴重な商品の交易である。15、16世紀には、黄金がヨーロッパ列強の主目的だったが、17世紀に入ると奴隷貿易に関心が移り、その後18世紀までこの地域の交易を支配するようになる[3]。西アフリカにおいて交易が重要な位置を占めていたことは、現在もギニア湾岸にみられる一連の土地の歴史的呼称に反映されている。現代のリ

西アフリカ 551

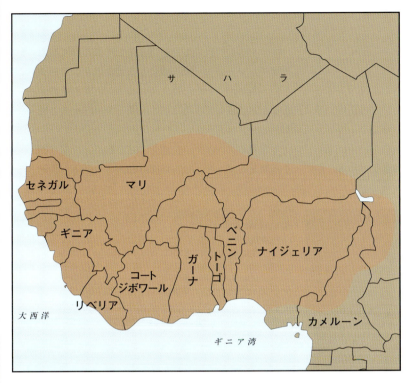

ベリアとの国境の海岸は穀物海岸、コートジボワールの国名は象牙海岸、ガーナの海岸は黄金海岸、トーゴとベニンの海岸線は奴隷海岸といったようにである[(4)]。とすれば、西アフリカのほかでは類をみない見事な布や衣服を考えると、ギニア湾岸の沿岸部全域は、織物海岸とよばれてもいいほどである。

西アフリカではひじょうに豊かで多様性に富んだ布や衣服が生産されているため、数多くの織物や染め物、工芸品の伝統のなかから、本章でどれをとりあげるかの選択が必要になるが、はじめに、この地域特有の細幅織りを検討したい。

男性と少年たちは、二重綜絖と足踏みペダルがついた、持ち運び可能の細幅水平織機で、2.5cmから12.5cm幅でどこまでもつづく帯状の布を織る[899、900]。この技術は西アフリカのサハラ以南、西はセネガルから東はカメルーンまでに限定される[地図38参照]。細長い帯──綿あるいは綿と絹、綿とレーヨン製──は、耳と耳を合わせて、生き生きとした色の幾何学模様の大きな布にする。おもにガーナのアシャンティ族、ガーナ南部、トーゴ、ベニンのエウェ族によるケンテ（kente）・クロスは、アフリカでもっとも図像的な織物である[901-905]。

[地図38] 西アフリカは独特な布や衣服の伝統をもつ。影の部分は、細帯織りがみられる地域。

[899]（上）マリの都会に住むフラニ族の織り手が、細幅機で作業している。この水平織機は、二重綜絖と足踏みペダルがついているにもかかわらず持ち運びが可能である。

[900] マリの男性職人が日よけのついた自分の小屋で機を織っている。長く重い縦糸をゆっくりと引いて作業を進める。重石は、織り手が完成した布を棒にかけて風にあてるさい、縦糸を安定させ、必要な張りを与える。

556　アフリカ

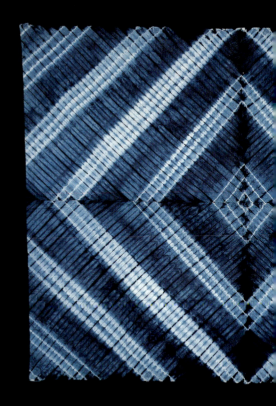

[909]（右ページ、左上）絞り染めの技法で模様をつけたアディレ布。染める前に一部をラフィアの紐でしばっておくと、藍液につけたときに、その部分が染まらない。女性の巻衣用。
長さ145cm、幅178cm。

[910]（右ページ、右上）「家じゅうに散らばった3ペンス」とよばれる模様のアディレ布。布を三重にしてひだを寄せ、ループ線状にミシンで縫い、3ペンスのような模様をつける。女性の巻衣用。
長さ174cm、幅174cm。

[911]（右ページ、左下）染める前の布に手描きで糊をつけてから染め、最後に糊を洗い流して模様をつけたアディレ布。女性の巻衣用。
長さ163cm、幅183cm。

[912]（右ページ、右下）金属の型紙で布に糊をつけてから、藍液につけ、その後糊を洗い流して模様をつけた記念祭用のアディレ布。女性の巻衣用。
長さ167cm、幅177cm。

[908]（上）ヨルバ族の女性たちが二段になった陶製の容器に藍の染料を用意している。上の陶製のかめにおいたオーク材の灰玉で水をろ過して、藍加工に必要な灰汁をつくる。下段のかめの穴にはめ込んである鉢で、できあがったアルカリ溶液を冷ます。ナイジェリア、1960年代。

　ヨルバランドでは、女性の染め手が陶製のかめに染料を準備する[908]。作業には長い時間がかかる。パンやビールを発酵させるように、藍の生産もバクテリアの発酵を基本とする。バクテリアは「生きて」いるため、働くのには時間がかかり、せかすことはできない。藍の場合は、染料を溶解可能な圧縮された状態に変える工程を含む。

　藍の液体染料ができると、染めの作業に入る。ヨルバの染め手はさまざまな装飾技法で名高い。もともとヨルバの藍染めには手織りの布が使われていたが、20世紀初頭以来、国内産や輸入物の機械織りの布もしだいに使われるようになった。アディレは、絞り染め防染、ミシン縫いによるステッチ防染、手描き糊防染、型紙糊防染など、さまざまな染めの技法で模様が描かれている[13]。これらすべては、布の一定の部分に染料が浸透するのを防ぐための技法である[909-912]。

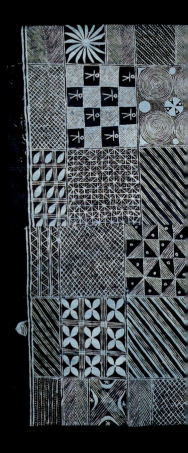

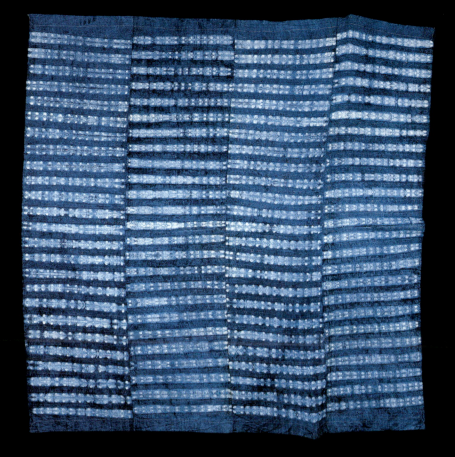

ナイジェリア北部

　ナイジェリア北部は、肥沃でなだらかな草原を含む半乾燥地帯である。このサバンナは北アフリカと西アフリカを結ぶ隊商の交易ルートの中心に位置するため、旅の商人と土地の人々とのあいだで思想や工芸品が絶えずやりとりされてきた[14]。住民のゆったりと流れるような衣服は、イスラーム世界の北アフリカや中東との長いかかわりを示すとともに、ナイジェリア北部の強い日差しや乾いた風、さらに砂嵐を防ぐ必要性をも表わしている。

　かつてこの地域はハウサ族[15]の領域で、多民族の都市国家が並んでいた。これらの都市国家の出現は、政治の中心となったそれぞれの首都と密接に関係していた。都市居住区は、長距離交易ルートが合流する肥沃な地域に位置することが多く、攻撃に対して防御を固めることのできる立地でもあった。新しい政治権力の中心は、専門の役人のエリート集団と、周辺領域を治める王とに帰することになった。

　王の権力は、どれだけの支持者を自由にできるかにかかっていた。王と封土をもつ役人による、こうした新しい形の政府が確立すると、必然的に社会組織も実質的に再編されることになった。新たな領土の配置――七大ハウサ国[16]――に加えて、互いにほとんど行き来のない社会階級が出現した。ただ、競合するハウサ国家のなかで、他国を支配できるだけの力をもつ国はなかった。

　15世紀以降、ナイジェリア北部は国際主義のイスラーム教の影響を感じるようになったが、ハウサランドにしっかりとイスラーム教を根づかせたのは、フラニ族に率いられた聖戦（560ページ参照）によってソコトのカリフ制（1810〜1908年）が成立してからである。結果として、対立していたハウサ国家間に、統合のために必要な政治的秩序と安定が生まれた[17]。この地域の男性の衣服は、勢力をふるったイスラーム教とハウサ帝国の階級制をなおも反映している。

　長身で堂々としたハウサ族は全員イスラーム教徒で、ガウンとよばれるたっぷりとした男性用のローブをつくることで知られている。こうした見事な衣装のなかでとくに有名なのは、支配階級のエリート層が着用していたものである。ハウサの政治的階層の最上位に位置するのは、聖職者の評議会によって統治者の家系から選ばれた各国の首長アミールである。カノ首長国の貴族は、富や社会的地位、信心、政治的権威を反映するパブリックイメージの重要性をよく認識している。このことをなによりもはっきり伝えているのは、ハウサの豪華な刺繍が施された見事なローブである。ババン・リガ（*babban riga*）とよばれる「ビッグガウン」の一式で[913]、外衣のリガ、その下に着るもう1枚のさほどたっぷりしていないガウン、特別な被り物、手製の飾りのついた革のスリッパかブーツで構成される。ビッグガウンは男性なら誰でも着ることができるが、とくに貴族や特別な召使いによくみられる[898参照]。リガを重ね着する――一度に何枚も重ねる――ことは、着用者の格を高める。騎馬パレードに参加する貴族のあいだでよくみられる慣習である[18]。当然のこと

[913] ハウサ族の貴族が刺繍の外套をガウンの上にまとっている。ガウンはイスラームの教義に基づき、輸入物の白い布に左右非対称の抽象的なモティーフを緑の刺繍で描いたものである。貴族の被り物は結んで「耳」をつきだし、アラビア文字の「アラー」を表わす長い輪を背中に垂らす。ナイジェリア北部カノ市、1981年。

西アフリカ 559

[914] 写真の大きな、幅広の袖のクリーム色のローブは、漂白していない手紡ぎの綿から織った、わずか2.5cm～3.5cmの細幅布をはぎ合わせたものである。首周りに、やはり手紡ぎの綿糸らしい糸で、精巧な図柄が刺繍されている。ポケットの上に、2つの長い三角形——「2本のナイフ」が、編んだ袋のような図柄とともに描かれている。右肩にはタンバリ（太鼓）のモティーフが刺繍されている。丈124cm、幅267cm。

[915] かつてヨルバのイスラーム教徒の男性が着ていた大きなローブは、藍で染めた細幅布でできており、首周りに「2本のナイフ」と、ほかの模様が並んで刺繍されている。右肩にはタンバリ（太鼓）の図柄が水色の糸で細かく刺繍されている。
丈120cm、幅253cm。

ながら、体を包む重いローブは、苛酷なことの多い環境で保護的な役割も果たす。

リガは格式ある織物で、細く紡いだ綿か絹を細幅機で織り、複雑な刺繍を施してつくる。肩からかけて地面につく丈の大きな服で、刺繍をしたズボンと長袖のシャツの上に着る。ジョン・ピクトンとジョン・マックが指摘している通り、アフリカでは「刺繍は西アフリカのイスラーム文化と結びついている芸術である」[19]。ハウサ族男性のローブやズボン、縁なし帽にみられる精巧なデザインは、すべて男性が太いステッチを使って、伝統的にイスラームの教義に沿った左右非対称で抽象的な図柄を刺繍したものである。刺繍は、比較的少ない数の幾何学模様をさまざまに組み合わせる。おもに、チェーン、ボタンホール、コーチングの3つのステッチが使われる。ふつう輸入ないし国産の糸で、輸入ものか手織りの細幅布に刺繍する。

1970年代半ば頃には、ナイジェリア全土と西アフリカのほかの地域で機械刺繍が増えつつあった。伝統的なハウサの図柄がコピーされ、新しい描き方が発達した。男性用、女性用、子ども用の機械刺繍の服は、今でも伝統的なスタイルと洋風と両方つくられている[20]。

ヨルバと同じく、ハウサも藍染めをするが、方法はまったく異なる。ヨルバランドでは、陶製のかめを使って女性が染めるが[908参照]、ハウサでは男性が染めの作業を担当し、地中に掘った丸い穴を使う。さらに、ヨルバではほとんどの村で染めの作業が行なわれているが、ハウサでは特定の地域だけである。その1つがカノ市[21]で、ここではおもに、無地の装飾のない、細幅織りの白い布を染めて、特別に光沢のある被り物用の藍染め布をつくる。しっかりと染めてから、たたいて光沢が出るように仕上げる。ピクトンとマックによると、「これらの優美な被り物は、ハウサ族のあいだだけでなく、サハラの北辺地域（「北アフリカ」572ページ参照）でも高く評価されている」という[22]。

アフリカ

[916]（右）定住しているフラニ族がカラフルな服に身を包んでいる。ナイジェリア北部の半乾燥の厳しい気候から身を守るものである。都市で暮らすフラニ族は熱心なイスラーム教徒で、この男性がつけているお守りにはコーランの言葉が書かれている。

[917]（右端）正装した若いフラニ族の男たちは、磨きをかけた美貌を見せて踊り、ゲレウォル祭に出ている若い女性たちの気をひこうとする。ニジェール、1980年頃。

ナイジェリア北部にほかに住んでいるのは、フラニ族の対照的な2つのグループである。この2グループは同じニジェール・コンゴ語のフルフルディを話すが、その暮らし方は大きく異なる[23]。一方は定住したイスラーム教徒の都市住民[916]で、ナイジェリア北部だけでなく、マリやニジェールにもみられる人々である。もう一方のグループはフェラタ、フラ、ペヌ、ウォダーベとしても知られる、遊牧民のフラニ族のグループで、ニジェール中流域に広がる半乾燥の牧草地サヘルの厳しい環境で暮らしている。

サヘルは周期的に干ばつのある、人が住むには適さない土地で、遊牧民のフラニ族は、角の長い牛、ヒツジ、ヤギ、ロバ、ラクダのために、季節ごとに水と草地を求めて何百 km も移動する。この勇敢な遊牧民にとって、1年のクライマックスは雨季の終わりにやってくる。あちこちの水のある地域で親族によって開かれるゲレウォル祭で、「ゲレウォル」は祝祭と踊りの両方を意味する。ゲレウォルではフラニ族の2つの家系が指定された場所に集まるため、若者は丹念に磨いた美しさを見せて競うことができる。踊り手は黄色い色素で肌の色を明るくし、アンチモニー、つまり硫化物などを粉末にしたコールで目と唇を黒くして、目と輝く歯の白さを強調する[917]。

長くつづくダンスに参加するために、1000人もの人々が野営地でともに過ごすこともある。ダンスは7日間昼夜の別なくつづく。主催者側の一族が客側の一族にだす食事をすべて準備するが、慣習として客側はほとんど食べない。このダンスは、美しさと我慢強さを競うものなのだ。それぞれの家系のもっともハンサムな若者が1対1で競い合い、相手の家系の女性たちに審査をしてもらう。このときの出会いから自然発生的な恋愛へと結びついたり、ときには2度目、3度目の結婚になることもある。女性たちが着る刺繍のついた手織りの紺色の巻衣[918、919]は、週ごとに開かれる市で購入されるのに対して、男性は、一族の女性が何か月もかけてつくった、美しく刺繍された薄手のチュニックを革のスカートの上に着て踊る[920][24]。

西アフリカ 561

[918]（下）女性の藍染めの青い巻衣は、垂直織機で織った2枚の布をはぎ合わせてつくってある。四角い絵緯が4つ織り込まれ、巻衣の端と裾には多彩色のチェーンステッチで装飾が施されている。
丈165.7cm、幅104.4cm。

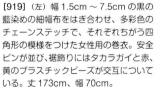

[919]（左）幅1.5cm～7.5cmの黒の藍染めの細幅布をはぎ合わせ、多彩色のチェーンステッチで、それぞれちがう四角形の模様をつけた女性用の巻衣。安全ピンが並び、裾飾りにはタカラガイと赤、黄のプラスチックビーズが交互についている。丈173cm、幅70cm。

[920] 幅1.5～3cmの藍染めの細幅布をはぎ合わせた男性用チュニック。四角形のなかにチェーンステッチの刺繡が施されているが、特徴的な模様は色もさまざまで、形も異なる。
丈129cm、幅80.5cm。

[921] 垂直織機で織った布を披露するイボ族の女性。ナイジェリア東部のアクウェテ村。絵緯の技法を使って、複雑な図柄が織り込まれている。

[922]（右ページ左上）様式化された「カメ」のモティーフが描かれた明るい色のアクウェテ布。
長さ112cm、幅200cm。

[923]（右ページ右上）赤、灰、緑色のアクウェテ布には、「手のなかの金」とよばれる模様が描かれている。伝統的なカメのモティーフの変形である。長さ114.3cm、幅163.8cm。

[924]（右ページ左下）赤紫色のアクウェテ布は、緯浮きによる縫取織りで織られたもの。「良き人々の膝」とよばれる曲折模様が描かれている。キリスト教がアクウェテに入ってきた頃に出現したモティーフといわれている。祈りのときにひざまずいた脚の鋭角から、その名がついた。長さ164cm、幅115.5cm。

[925]（右ページ右下）赤、青、緑色の織物は、伝説的な女性織物師ダダ・ンワクウァタのデザインとされる図柄の一例である。19世紀にはじめて緯浮き織りのモティーフを採り入れて以来、アクウェテの織り手が開発してきたデザインが使われている。次のようなデザインの列から成っている。トウモロコシの粒、「ロケット」または「ハサミ」とよばれる三角形の帯、「友だちの指」として知られる直線パターン、マットといわれる格子柄。長さ180.3cm、幅116.8cm。

ナイジェリア南東部

ナイジェリアの国名は、蛇行して流れる大河ニジェールに由来する。ニジェール川は西アフリカの主要な川であり、アフリカ大陸で3番目に長い。全長4200kmで広範囲にわたるため、初期のヨーロッパ人探検家は当初、1本の川ではなく別の2つの川だと考えていた。ニジェール川はナイジェリア南東部の三角州に到達すると、細かい水系に分かれる。この河岸一帯は現在ではナイジェリア共和国リヴァーズ州とよばれているが、以前はこの地域の住人の政治組織は首長制の域を超えることがなく、中央集権的な行政府は存在しなかった。この地域では今もまったく異なる2つのタイプの織物が、異なる部族によってつくられている。どちらの部族もイボランドがデルタ地帯にぶつかる場所に暮らしている。ここでとりあげる1つ目のタイプの布は、リヴァーズ州南部のイボ族の村アクウェテで織られているものである。

垂直の単式綜絖の広幅織機はイボ族のいくつかのグループが使っているが、ナイジェリアの女性が一般的に副業として織りの仕事をするのに対して、アクウェテ村では織りを専門とする女性たちがいる。彼女たちがつくる布は、織られる前から長さが決まっているという点で独特である。経糸がひとつの円を描くようにセットするため、糸をかけたときにあらかじめ織りあがりの布の長さが決まる。アクウェテの布の平均的な大きさは幅1.17m、長さ1.5mである。ナイジェリアのほかの部族のつくる布はたいてい長さ30cm～60cmであるため、それよりかなり長い。

アクウェテ織りには、幾何学模様と様式化された図柄が描かれている[921-925]。緯浮き織り模様ともいわれる、絵緯の手法を使ったものだ。これは、織り手がまずモティーフを思い描き、次に特別な織り糸、つまり補助の緯糸を布の基本の緯糸の上に張る。補助糸は機械紡ぎの綿糸か光沢のあるレーヨンである[25]。アクウェテの布はその美しさゆえに成功をおさめたため、やはり垂直広幅機で織るほかのナイジェリアの織り手にも広く模倣されるようになった[26]。しかし、アクウェテ布はこの種類の織機で織られる布のなかではもっとも幅が広いため、織りあがった布の幅が本物のアクウェテ布の際立った特徴とされている。

近隣に住むイジョ族（ヤシ油を売り歩く商人）とアクウェテのイボ族の女性職人たちのあいだには、パトロンと織り手としての有益な関係が長くつづいている。アクウェテが織りなす幾何学模様と様式化された図柄の多くは、昔の特定のイジョの布のデザインに由来する。イジョ族は商人で、人気のあるアクウェテ布をアクウェテから遠く離れたところへと運び、ヨーロッパ人や、ラゴスやカノに住む裕福なナイジェリア人女性たちに売る。アクウェテの織物をつくる女性たちは、仲介人を通さず直接イジョ族に製品を売り、経済的に自立しているという点で特殊である。さらに、組合に属している西アフリカの男性の織り手たちとちがって、アクウェテの女性たちは個々に仕事をしており、自分たちの織りの技術の秘密を守っている[27]。

[926] 赤、紺、白のカットスレッド布格子柄の中央部分には、「カーペット」のモティーフがついた菱形と、「仮面」のデザインが交互に並んでいる。縁取りは「キャノン」柄にカットされている。縦87cm、横174cm。

[927] 赤、青、白のカットスレッド布格子は、不均等なカットのモティーフが、格子のさまざまな場所に不均等な間隔で現われている。「チェス盤」と「ワイングラス」のデザインも含まれる。中央部分には「カーペット」パターンの迷路が描かれている。縦86cm、横184cm。

[928] 赤、紺、白のカットスレッド布格子の中央部分には、小さな異なる6つのモティーフがそれぞれ繰り返し並んでいる。モティーフには、「十字」、「カーペット」の変形、「カミソリの刃」と「櫛」が組み合わさったものなどがある。縦88.3cm、横174cm。

西アフリカ 565

リヴァーズ州特産のもう１つの布は、ニジェール・デルタの南端部に住むカラバリ・イジョ族がつくるものである。カラバリ・イジョ族は既存の織物からまったく異なる種類の布をつくりだす。市販の織物の構造を変え、カットスレッド布（*pelete bite*）やドローンスレッド布（*fimate bite*）などの新しい名前をつけたのだ［926-928］[(28)]。もともとの幾何学模様の織物——格子縞、縞やギンガムやマドラスなどのチェック地——は、昔からインドやイングランドから輸入されている。こうした市販の綿布は、カラバリ族にも容易に手に入る。市場や行商の生地商人から購入して巻衣として身につける［929］。

カットスレッドとドローンスレッドは、女性たちが巧みにカミソリや小型ナイフの刃を使って一定の糸を切り、それから丁寧に糸を取り除いてつくる。再構築された織物は、元の目の詰まった硬い布とは対照的にレース状でしなやかになり、新たな模様ができる。カットスレッドとドローンスレッドのちがいは、前者のモティーフが経糸と緯糸両方を切って取り除いてあるのに対し、後者が緯糸だけを切って取り除くため縞模様になっている点である。カットスレッドはもっとも複雑なデザインである。

カラバリ布の糸を切るのは女性の仕事——６歳の頃から覚えはじめる少女もいる——で、男性女性両方の巻衣として使われる。糸を切った効果はきわめて繊細なもので、元の布からの変化を見分けることができるのは、知識のある「消息通」——カラバリ族自身——だけである。元の布の幾何学模様は取り除かれ、ヤスデや大蛇、トラの前足をはじめ多数の独創的な模様が生みだされる［930］[(29)]。カラバリ族はこうした切り糸布を巻きスカートのように着用するほか、死の床を飾るのにも使う。これはガーナのアシャンティ族や中央アフリカのクバ族にも共通の習慣で、この３つのグループが自分たち特有の布を大切に思っていることの表われである。

西アフリカの多様な織物は、安価な西洋の衣服がアフリカ市場にどんどん入り込んできているにもかかわらず、魅力を発揮しつづけている。ときには時間のかかる布製作を短縮するために、異なる手法が試されることもあるが、祭りの場でみられるのは、つねに伝統的な衣装である。西アフリカの手工芸品である布と衣装が、驚くほど長くつづいてきたこと、活気にあふれていることは称賛に値する。

［929］ナイジェリア東部のニジェール・デルタ地帯にある島の町のカラバリ・イジョ族の女性。輸入された英国の織物工場製のギンガムの糸を抜いてつくった、抜きかがり刺繍が施されたカットスレッド布の巻衣を着ている。こうして再構築された織物は、一定の間隔で透かしの入ったレース状の布になる。

［930］カットスレッド布のモティーフ集。

北アフリカ

[931] アラブ・ベルベル人のベドウィンの子孫であるサラーウィー族の遊牧民が、ラクダとともに西サハラの砂丘を渡っている。全身を覆うローブとヘッドスカーフは、砂漠の熱と砂から身を守る。

宇宙から衛星で見ると、北アフリカはサハラ砂漠に占拠されているようにみえる。実際、アフリカ大陸の3分の1はサハラ砂漠である。この広大で荒涼とした砂漠は、赤道付近に位置する世界最大の砂漠で、巨大な砂丘、数多くの山々、広い岩がちの平原に、ときおりオアシスと乾いた川床がみられる砂の海である。北東部には、ナイル・デルタから北へとつながる緑色の川岸がみえ、エジプトのナイル川の水路がわかる。東部には、シナイの岩の多い砂漠が広がる。さらに、北西部にはアトラス山脈がそびえ、海へと落ちていく山肌や沿岸部の平原に植生がみられる。山脈の向こうでは、アフリカの北岸と地中海が接している［地図40］[(1)]。

エジプトの西に広がる地域は、長く、アラビア語で「西」を意味するマグレブ（マグリブ）とよばれてきた。現在のモロッコ、チュニジア、アルジェリア、リビア西部の一部を含む地域である。マグレブはヨーロッパ人やアラブ人など、多くの侵入者の影響を反映している。とりわけ影響の大きかったアラブ人は、この地域のほぼ全域にイスラーム的な香りと、共通するアラビア語をもたらした[(2)]。

北アフリカの恵まれた農地は、アトラス山脈に守られた谷や、ナイル川流域とデルタ地帯、地中海沿岸にある。これらの肥沃な地域では、コムギ、オオムギ、米、綿など、多様な作物が栽培されている。だが、アフリカ最北部の住人すべてが農業に従事しているわけではない。遊牧民として、紀元前7000年前後にアジアからアフリカ北東部に入ってきた、ヒツジやヤギの子孫を育てている者たちもいるのだ。

山地に住むベルベル人

マグレブに最初に住んでいた人々のなかにはベルベル人がいた。現在ベルベル人の多くは、アトラス山脈の山肌やサハラ砂漠の乾燥地帯の端に住んでいる。彼らはイスラーム教徒だが、女性が顔を覆うことはない［932］。すっぽりと顔を覆ったアラブ人女性（1. 中東「アラビア半島」46～48ページ参照）に比べると、ベルベル人の女性ははるかに自由だ。アトラス高地に住むベルベル人女性のなかには、結婚相手の選択を許されている者もいるほどである。

アトラス山脈のベルベル人グループの多くの経済は、おもにヒツジの飼育を基盤としているため、羊毛がもっとも重要な繊維になっている[(3)]。時折の祭りのほかは、この山奥での日々の暮らしは苛酷なほど単調なものといえる。1年の半分はごつごつした山の斜面の村で雪に閉ざされて過ごすが、春がやってくると、ヒツジをさらに上の牧草地に移動させるため、羊飼いとその家族は夏のあいだテントで生活する。

羊毛の生産はおもに家族内の仕事である。5月にヒツジの毛を刈り、羊毛をほぐして冷たい川の水に浸し、たたいて羊毛の脂肪を乳化し、くしを通してから紡ぐ作業に入る。経糸は羊毛の硬い長い繊維から、緯糸はやわらかく短い房からとる。

アトラス高地東部のベルベル人女性は、単式の綜絖垂直織機を使って独特の外套を織る[932参照]。男性の衣類は通常、使った毛の色、たいていは白になる。20世紀末になっても、男性は長いフードつきのチュニックに、大きな半円形のフードつきの外套を着ている[933]。こうした衣類は、四角い布から裁断すると苦労して生産した羊毛が無駄になるため、最初から、フードのついた1枚の半円形の布になるように織られている。男性たちは、それからタッセルと喉もとのわずかな装飾用の部分に飾りをつ

[地図40] 北アフリカの地図。本文でふれる地名や民族名が示してある。

ける。また、ベルベル人男性は自分たちの手で、毛のズボンや脛当て、被り物を編む。

山岳部に住む女性の伝統衣装は、長い毛のチュニックを水平に体に巻きつけ、背中のほうの布を肩にかけて前に引っ張り、2つのブローチを使ってとめ、毛のベルトを腰に巻く。チュニックの上からは、横縞の入った四角い外套を身につける。アトラス高地に住むさまざまな部族のあいだには、このような横縞の模様が多数あるが、それぞれが部族特有のもので、着用者がどのグループに属しているかがすぐにわかるようになっている[934][4]。

ベルベル人女性は、宝飾品を多数つけるのを好む[932参照]。人間や動物を描くことを禁じるイスラーム教の教えにもかかわらず、ベルベル人はよく装飾の模様に、魔法の力をもつと信じている生き物を描く。ヘビや雄ヒツジの頭、ジャッカルの前足、ハトの足などに力があることを信じているのは、古代のベルベル人の信仰に根ざしたものである。とくに重要なのは、地中海世界中で恐れられている邪眼から守ってくれる存在である。この邪眼は現在でも力を発揮しつづけており、宝飾品の多くにインスピレーションを与えている象徴でもある。

[932] モロッコのアトラス山中のアルト・ハディドゥ村出身のベルベル人女性が、伝統的なフードがついた横縞の外套を身につけている。横縞は所属のグループを示す。首のまわりには、大きな琥珀と珊瑚ビーズ、浮彫り細工の銀の護符がついた首飾りをしている。

568　アフリカ

[933]（右）フェルトウールのフードつき半円形外套（細部は上の写真参照）。チュニジア側アトラス山脈のベルベル人花婿のために、ベルベル人女性が織ったもの。
1970年以前。
丈171.2cm、幅213cm。

[934]（右ページ）未婚女性のフリンジつき外套（細部は上の写真参照）。チュニジア側アトラス山脈のベルベル人社会のもの、1970年以前。写真のフェルトウールの服は、裾と脇に絵緯で装飾されている。肩と首まわりには、18本の多彩色のタッセルと、手刺繍による模様がみられる。
丈114.2cm、幅118.1cm。

ベルベル人は大きな琥珀と珊瑚の首飾りをつけることが多いが[932参照]、とくに大事にしているのは銀でつくられた宝飾品である。銀は純粋さと正直さの象徴と考えられている。マグレブの銀宝飾品の技巧は高い水準にあるが、その市場価格は金属そのものの価値とさして変わらない。銀製品は商人によって大きな町に運ばれてヨーロッパ人に売られない限り、いずれは銀細工師のもとに戻ってくるので、職人は銀を溶かして次の顧客のためにつくり直す。ベルベル人女性は中古や骨董品の宝飾品を価値の低いものとみなし、自分用にあつらえてつくられた品を好む。これは、宝飾品が自分の美意識や文化的価値観を体現していると考えているためである。

ベルベル人は自然にできたものと、より洗練された銀細工技術と両方を好み、原始的なものと洗練されたものを組み合わせる。これがベルベル人の宝飾品の伝統の核となっている[5]。南部の、ベルベル人グループの1つである遊牧民のトゥアレグ族のあいだには、異なる美意識が存在する。トゥアレグ族は現在のニジェール、マリ、ブルキナ・ファソ、さらにはアルジェリアとリビアの一部にもまたがる広大な地域に暮らしており、サハラ砂漠の苛酷な環境で繁栄してきたことで高く評価されている。

サハラに住むトゥアレグ族

トゥアレグ族の生活様式は、紀元前1000年代から紀元後300年までのあいだのどこかで、大きな2つの出来事の結果として進化した。まず、こぶのあるアラブ産のラクダ（Camelus dromedarius）が1世紀前後に近東から北アフリカに入ってきた。中東では紀元前13世紀から11世紀のあいだに家畜化された動物である（1. 中東「アラビア半島」42ページ参照）。ベルベル人グループはもともと砂漠の端で丈夫なヒツジやヤギを育てていたが、突然、もっと多くの肉や乳を供給してくれる大型の動物を手に入れたのである。さらに重要だったのは、これらのラクダがすでに乾燥気候に適応していて、それまで砂漠の端に取り残されていたベルベル人が、商取引のために砂漠に入り横断できるようになったことである。事実、トゥアレグ族の祖としてよく知られているサハラ西部のベルベル人は、紀元後3世紀までのあいだに二重の変化を経験している。遊牧民としての生活を十分に支えることのできるラクダの飼育者となったために、一時的な野営地と恒常的な野営地のあいだで暮らす生活から、つねに一時的な野営地で暮らす、本当の意味での遊牧生活をするようになったのである[935][6]。

[935] 立派な白いラクダにまたがったトゥアレグの遊牧民は、光沢のある青い藍染めのアレシュ布であるタゲルムストを巻いて、トゥアレグ伝統のターバンやヴェールとしている。ニジェール、タラク地方、2001年。

こうした遊牧民生活への移行に伴い、第2の大き
な変化が起こった。4世紀までに、サハラ砂漠を越
えた交易が、スーダン西部や中央部のアフリカ世界
と地中海地域、ヨーロッパ、さらに中東とを結びつ
け、こうして新たな商業圏が開けたのである。それ
に呼応して、砂漠に住むトゥアレグ族は抜け目のな
い商人となった。同時に彼らは、サハラの主要な隊
商ルートと自分たち自身を守ることのできる、手ご
わい戦士でもあった。

18世紀にフランス人が入植してくる頃までに、
トゥアレグ社会はすでに細かく階層化され、5つの
社会階級に分かれていた。1）ラクダの飼育者の子
孫で以下を支配した貴族階級、2）ヤギを飼う家臣
階級、3）イスラーム教の師、4）イナダンとよばれ
る宝飾品細工師や鍛冶師などの職人階級、5）戦争
捕虜や奴隷たち。

トゥアレグ族に共通する衣服や美的感覚、誇り、
そして砂漠の環境と折り合っていく技術は、古くか
ら注目を集めていた。彼らはもっとも特徴的な布地、
すなわち5mもあるタゲルムスト（*tagulmust*）にち
なんで、自らを「タゲルムストの男たち」と自称し
ている[7]。タゲルムストは白か、光沢のある青い布
でできており、同時にターバンとヴェール両方の役
割を果たす。男性はそれぞれ成人儀礼でこれを受け
とる。トゥアレグ族の男性のヴェールの起源につい
ては、学者たちが長年にわたって考察をつづけてい
る。イスラーム文化では、顔を覆うのは女性の場合
がふつうだからである。タゲルムストの起源はとも

かく、いくつかの機能がある。頭と顔を覆うことに
よって、姻戚や見知らぬ人々とのあいだに社会的な
距離を保つことができ、邪悪な霊が口から体内に入
ってくることがなくなり、サハラの熱や砂嵐からも
守られるというのだ。今日、大きな町では、年の若
い男たちが赤や紫、緑色のヴェールをつけたり、ヴ
ェールをつけること自体をやめていたりもするが、
地方に住むトゥアレグの男性は青か白の長い綿のガ
ウンを着て、白か紺色のタゲルムストを着用
しつづけている[936]。

[936] たっぷりした水色の綿のガウン〔クサ〕の下に、
ズボンとシャツを着て、頭を特徴的なタゲルムストで
巻いた、トゥアレグの男性の人形。サンダル〔イラガ
ザン〕をはき、鞘に入ったナイフを持っている。[左下
937 参照]

ターバン：長さ 198.9cm、幅 22.4cm。

ガウン：丈 137cm、幅 177.5cm。

シャツ：丈 99cm、幅 154.2cm。

ズボン：丈 101.5cm、幅 105cm。

[937] 男性のナイフと鞘。

ナイフ：長さ 21.6cm、幅 3.7cm。

鞘：長さ 38.5cm、幅 10cm。

[938] 20世紀初頭のトゥアレグ貴族。一番のよそゆきに身を包んでいる。それぞれ、すっぽりと体を包むローブを何枚か重ね、藍で染めたタゲルムストのターバンとヴェールをつけ、その上から布帯を巻きつけている。

貴族のあいだでは、衣服は名誉と威厳を伝えるものである。植民地時代より前の社会秩序においては、たっぷりしたローブと男性用の顔のヴェール、剣や銀の宝飾品、護符などの装飾品を身につけることは、白いラクダに乗るのと同様に、奢侈禁止令によって規制されていた。一定の装束は貴族にのみ着用が許されていたのである [938]。トゥアレグの男性、とくに貴族にとって、衣服のスタイルは頭や背の高さ、縦のラインを強調するもので、社会を支配する年配の戦士の我慢強さという長所やたくましさを表わしている。地方の男たちは、砂漠を放浪して過ごす生活から、たいていはいまだに筋肉質の引き締まった体つきをしている。

男性の服装全体の見た目と同様に、歩き方や姿勢、さらに所作もまた重要である。すべてが優雅さや洗練度、強さを表現するからだ。実際、男性のヴェールには、戦士の名誉に関連する特定の所作がある。

伝統的に、タゲルムストをつけられるのは基本的に貴族に限定されていたが、現在では地域、年齢、社会階層、状況によってスタイルは異なるものの、象徴としてほとんどすべてのトゥアレグ男性に浸透している [939]。

トゥアレグ女性も成女式のときにヘッドスカーフを受けとる。これも、大人であることを示すものである。しかし、女性は一定の社交的な場で鼻と口を覆うだけである。トゥアレグには織りの伝統がないため、被り物はほかの部族、おもにナイジェリアのハウサ族(「西アフリカ」559ページ参照)から手に入れる。ハウサ族は、細幅の綿布を多数はぎ合わせて、アレシュ (*aleshu*) とよばれる特徴的な布をつくる。綿布は藍で濃く染めて、光沢が出るまでたたく [940]。たっぷりと浸して染めた布は、藍の色が肌に移ることがあるため、トゥアレグ族は「サハラの青い民」とよばれることもある[8]。

[939] トゥアレグ男性が慎みと礼儀正しさを示すつけ方でタゲルムストを着用している。ニジェール、アヨル、1980年。

[940] 写真のトゥアレグ女性の人形は頭に布を巻いているが、顔は隠していない。トゥアレグ族はイスラーム教徒だが、日常的にヴェールをかぶるのは男性だけである。女性の巻きスカートは青で、柄の入った市販の布製。前と脇の縫い目に機械刺繍が施されている。アレシュ布のオーバーブラウス〔アフェテク〕の下には、刺繍のついたブラウス〔タカトカット〕を着ている。また、革のサンダル〔イラガザン〕に、銀とプラスチック製の首飾りをつけ、飾りのついた小さな革の袋〔右、941参照〕に紐をつけて首からぶらさげている。

頭に巻いた布：長さ237cm、幅72cm。

オーバーブラウス：丈45cm、幅120cm。

ブラウス：丈60.5cm、幅138cm。

巻きスカート：丈363.5cm、幅123cm。

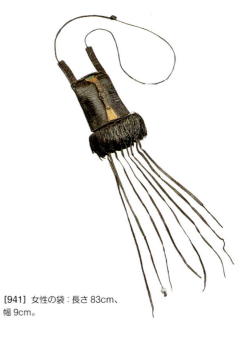

[941] 女性の袋：長さ83cm、幅9cm。

[942] トゥアレグ女性の対照的な2種類の衣装。子どもを抱いている女性は典型的な刺繍のブラウスを着ているが、巻きスカートは市販の「ダッチ・ワックス」プリントの布である。友人の女性は、地方で暮らすトゥアレグ族によくみられる濃い色の服に身を包んでいる。ニジェール、アゼル、1988年。

トゥアレグ女性の衣服は、たっぷりとした、あつかいにくそうなローブである。ギリシアのトーガやヒンドゥー教徒のサリーに似ている。いくつかの部分に分かれていて、すべてに名前がついている。各部分は、そのときどきの場面に応じて決まった方法でひだを寄せて着用する。地方に住む女性の多くは、今もこの長くて濃い色の服を着ているが、頭に巻く布は男性のヴェールよりもゆったりと巻くのがふつうである [942]。最近では、トゥアレグの服は工場で生産されるようになっている。典型的な刺繍のブラウスを着ている女性は多いが [943]、現代的な工場プリントの布を腰巻としてつける女性もいる。都市のトゥアレグ人女性はとくに、「ダッチ・ワックス」[9] プリントの巻衣を好む。

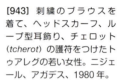

[943] 刺繍のブラウスを着て、ヘッドスカーフ、ループ型耳飾り、チェロット (*tcherot*) の護符をつけたトゥアレグの若い女性。ニジェール、アガデス、1980年。

北アフリカ　575

男性の美意識とは対照的に、トゥアレグ女性のスタイルは、重ねて着ることとたっぷりしていることに重きが置かれてきた。これは、太っていることを女性の美しさとみなす、昔からの価値観を反映している。経済力がある女性は、肉体労働を避け、大量の乳や肉を食べて太ろうとする。だが、この美意識は徐々に変わりつつある[944]。アフリカ研究家のクリスティン・ルグランは次のように指摘している。「若い世代のあいだでは、肥満はもはや美しさの印ではなくなっている。彼女たちが海外のファッション誌で見るモデルや女優たちは、そろってほっそりした体をしているからだ」[10]

しかし、今も多くのトゥアレグ人が、サハラ砂漠の苛酷な気候を考えてたっぷりした服のほうが保護的であるだけでなく、美しいとみなしてもいる。大きくうねって流れる袖やローブが肩の上で揺れたりしぼんだりする動きが、美しく魅力的で、価値があるとされている。こうした服の動きは、媚びるようにもみえる。女性が重ね着をすればするほど、男性はそれを脱がせたがるものだと主張する者もいる[11]。

トゥアレグの男女はどちらもオープンサンダルをはく[945、946]。男女共に宝飾品もつける。北方のベルベル人とちがって、トゥアレグの宝飾品には大き

[944] おしゃれでほっそりした若いトゥアレグ女性。よそいきの服に宝飾品をつけて、婚礼のダンスに参加している。ニジェール、アガデス、1988年。

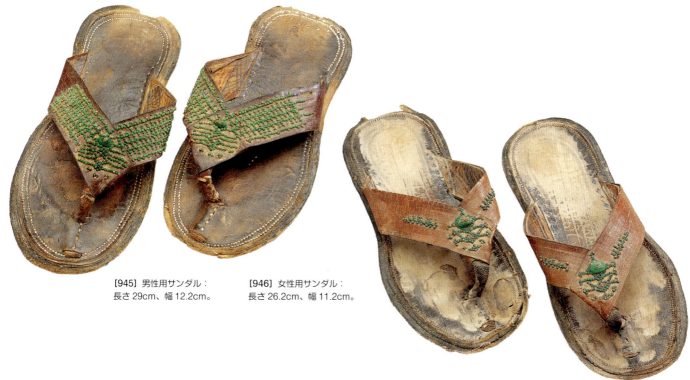

[945] 男性用サンダル：
長さ29cm、幅12.2cm。

[946] 女性用サンダル：
長さ26.2cm、幅11.2cm。

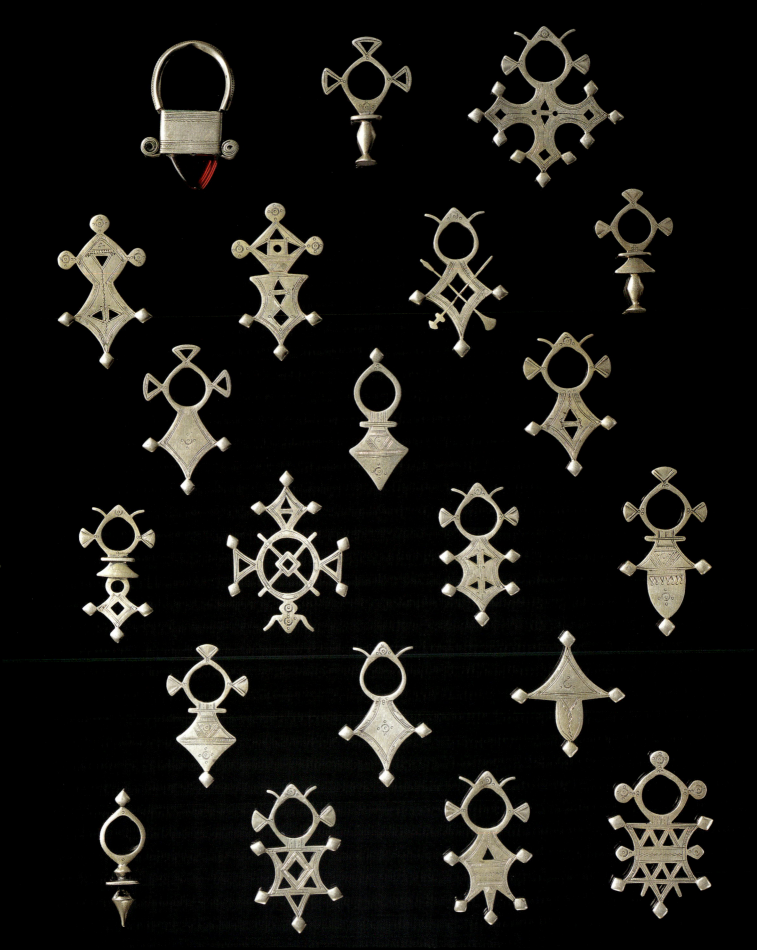

な琥珀や珊瑚ビーズは含まれない[932参照]。比較すると、トゥアレグの宝飾品は地味で、似たような形やデザインが繰り返しみられる[947]。ロストワックス法を使って型をとり、砂で磨いてから、彫刻を入れたり、打ち出し細工で幾何学模様をつけたりする。宝飾品の製作は、イナダンたちの仕事である。彼ら銀細工職人は、現在では都市中心部に住んで仕事をしているが、何世紀ものあいだトゥアレグ集団のなかで暮らし、その技術を代々伝えて、トゥアレグの宝飾品をすべて生みだしてきた。

典型的なトゥアレグの宝飾品[948-960]は、長いあいだ驚くほど変わらずに残ってきたが、若い顧客の要求に応じて変わりはじめている。銀は長く金よりも好まれてきたが、この好みも大きな町では変化しつつある。古い宝飾品はマリア・テレジアのターラー銀貨やフランス・フランでつくられることが多かったため、最近のものより重い。トゥアレグ人は、ターラー銀貨でつくった銀の宝飾品のほうが、より暖かく、より多くの光を反射すると信じて好んでいる。銀はその輝きと、年代を感じさせる趣が出るにつれ、触感と質感が得られるというのだ。

男性は腕輪（ペアでつけることが多い）、指輪（女性用と似た形で日常的につける）、護符（首からさげるか、ターバンにつける）を身につける。護符は力と名声を示すとともに、守られたいという欲求をも示すもので、美しくなければ効力がないと信じている者もいる。

前出のクリスティン・ルグランによると、女性は銀の飾りを「頭の後ろ、こめかみ、編んだ髪に、ときには額の真中につける」という[12]。女性の耳飾りは丸い輪で、重いために、耳のまわりにつけて髪で押さえることも多い。こうした耳飾りは女性の優雅なヘアスタイルを引き立てるだけでなく、歩くと揺れる。服と同様に、宝飾品も魅力的にみえるような動きがなくてはならないのだ。現代の世界では、女性も自分で収入を得ることができるため、自分のものとして宝飾品を買って所有することもできるし、自由に手放すこともできる。トゥアレグの女性にとって、宝飾品は権利を与えてくれるものなのである[13]。

トゥアレグ族研究家のトマス・セリグマンは、過去半世紀のあいだに、30年間干ばつがつづいたこと、現金経済が導入されたことで、トゥアレグ族の生活が劇的に変化したと指摘する。多くの貴族は家畜を失い、裕福なアフリカ人やヨーロッパ人のガードマンとして働かざるを得なくなった。以前のトゥアレグの家臣や奴隷化されていた人々は、建前上はフランス人、そしてその後は北アフリカの独立国家

[947]（左ページ）21の「地域特有の」トゥアレグ・クロス。宝飾品をつくるときに似た形のものを配置する、トゥアレグ族のやり方が現われている。

[948] 女性用首飾り：長さ22.5cm、幅3cm。

578　アフリカ

北アフリカ 579

諸国によって自由となり、正式な教育を受けて、現在では大都市で働いている。都市部で宝飾品をつくりつづけているイナダンも同様だが、今はトゥアレグ人と非トゥアレグ人両方のために製作している。コーランの伝道師は今はイスラーム教の学校を経営し、護符をつくっている[14]。

現代がもたらした変化にもかかわらず、トゥアレグの理想とする自由は、星だけを頼りに独りきりでラクダに乗ってであれ、全地球測位システムを搭載した四輪駆動車に乗ってであれ、サハラ砂漠を意のままに移動し、砂漠を征服することであり、相互に依存しあうことの多くなっている世界のなかで、独立を維持することなのである。

北アフリカのサハラ砂漠に住むトゥアレグ族をもって、世界の非西洋的衣服を概観する本書も世界を一周したことになる。本書と西洋文明がはじまった場所、近東の文化の流れをくむ民族の項で、本書を締めくくるものとする。

(左ページ、左上から時計まわりに)

[949] 浮彫り模様の入った銀の護符。繊維紐でぶらさげる。なかにはイスラーム教の宗教的指導者がコーランの言葉を刻んだものもある。ニジェール、1988年以前のもの。長さ51cm、幅8.8cm。

[950] プラスチックの紐でぶらさげた銀の護符は、3つの輪の飾りとプラスチックのエンブレムがついている。美しく細工された品は、長いあいだ肌に触れていたために、やわらかなつやが出ている。マリ、1988年以前。長さ24.7cm、幅8.9cm。

[951] 女性用の軽量の銀の腕輪。銀の薄板でつくったもので、幾何学模様が彫り込まれている。ニジェール、1988年以前。直径7.7cm。

[952] 薄い円形のバンド状で、蝶番で開閉する銀の腕輪。打ちだし細工で装飾され、線が彫られている。ニジェール、1988年以前。直径5.5cm。

[953] トゥアレグの腕輪はペアでつけることが多い。写真の女性用の重くて地味な銀の腕輪は、手首をはさむように両端にノブがついている。ニジェール、1988年以前。長さ6cm、幅6.5cm、直径2cm。

(本ページ、上から)

[954] (左上) 銀の指輪。マリ、1988年以前。高さ3cm、幅2.7cm、直径2cm。

[955] (上中央) 婚礼や祭りのあいだ、女性はドーム形の指輪をつけることがある。なかに小さな種子が入っていて、音がする。ニジェール、1988年以前。直径4.5cm。

[956] (右上) 銀の指輪。マリ、1988年以前。長さ2.5cm、幅3cm。

[957] 女性用ピアスのセット。たたいて彫刻したもの。石は瑪瑙と思われる。ニジェール、1997年以前。長さ5.5cm、幅2cm。

[958] 重い銀の耳飾り。耳たぶに通すこともできるが、髪につけた糸で支えることが多い。このタイプの耳飾りは、耳の後ろから巻きつけるようにつけることもある。ニジェール、1988年以前。長さ7cm、幅6.8cm。

[959] 銀と黒檀の髪どめ。ニジェール、1997年以前。高さ3.5cm、幅10.7cm。

[960] 銀とガラスの髪どめ。ニジェール、1997年以前。高さ3.5cm、幅10.7cm。

注

【中東】

〈古代近東〉

1. Balter 2000：205-206
2. Klein 1989：170-171
3. 聖書：創世記 12：4-5
4. Roberts 1998, Vol.1：84
5. 同上：120
6. Baines and Málek 1980：30-49；Roberts 1998, Vol.1：104
7. Barber 1991：42-45
8. 同上 1991：12
9. 同上：33
10. Barber 1994：129
11. 私信：Elizabeth Barber, 2001 年 5 月
12. Barber 1994：78-79, 83
13. Barber 1991：27
14. ベルト、ガードル、ヘッドバンド、縁なし帽、頭巾、スカーフ、かつら、サンダル、脛当て、外套、婚礼衣装など、平民がつけていたさまざまな衣類に関しては、用語という形で言語的証拠が残っているが（私信：Kathryn Keith, 2001 年 4 月）、そうした衣類の画像によって記録されたことはほとんどなかった。
15. これらの毛足の長い衣類の素材がなにかについては、文献でも意見が分かれている。ロバーツ（Roberts 1998, Vol.1：86）とバーバー（1994：133-134）は、羊皮のスカートとしているが、バーバーは、粗毛の織物の可能性もあるとしている。ハンセンはひだ飾りのついたスカートかふわふわしたスカート、あるいはタッセルのついた前掛けとよんでいる（Hansen 1998：46, 59）。ルーブル博物館は「毛皮のスカート」とラベルをつけている。
16. Boucher 1987：34-36
17. 中世のカウナケスのその他の例については、Boucher 1987：48-51 を参照。
18. 短いキルトをまとったアッシリア人兵士の描写については、Curtis and Reade 1995：45, 46, 48, 67, 70, 72, 73, 76, 77, 79, 80 を参照のこと。
19. 私信：Kathryn Keith, 2001 年 4 月
20. Hall 1986：9, 10
日常でも葬儀でも、以前認識されていた以上に多くの毛が使われていたことが、今や明らかになっている。毛は需要のあった防寒具、とくに外套に使われた。
21. Barber 1994：135-136
22. *The New Encyclopedia Britannica* 1992, Vol.17：479
23. 現存するエジプトの衣服に関する詳細な議論については、Vogelsang-Eastwood 1993 を参照のこと。彼女は、日常的に着用されていた衣類の範囲についても論じている。
24. *The New Encyclopedia Britannica* 1992, Vol.17：479-480；Hall 1986：10
25. Curtis and Reade 1995：55
26. *The New Encyclopedia Britannica* 1992, Vol.17：481
27. 同上：18
28. Roberts 1998, Vol.1：87
29. Vogelsang-Eastwood 1993：169-178
30. 私信：Elizabeth Barber, 2001 年 1 月
31. Zettler and Horne 1998：89-92
32. Carter and Mace 1977：Plate LXXIX
33. *The New Encyclopedia Britannica* 1992, Vol.17：508
34. Curtis and Reade 1995：171

35. Lawler 2001：42-43
36. Boucher 1987：98
37. Barber 1991：166
38. 私信：Elizabeth Barber, 2001 年 5 月
39. *The New Encyclopedia Britannica* 1992, Vol.17：524
40. 紀元前 2000 年代のアッシリアの女性が、すでにヴェールをつけていたという証拠がある。この習慣は、紀元前 1100 年代にティグラト・ピレセル 1 世によって制定された条令までさかのぼることができる。条令には「領主の娘は、ショールかローブ、マントのいずれかでヴェールをしなくてはならない。（……）奴隷、召使い、娼婦（……）［はヴェールを］してはならない」とある（Pritchard 1955：183）。

〈アラビア半島〉

1. アラブの地発祥の地図には、この水域がアラビア湾とされている。そのため、中立的な語として「湾（The Gulf）」を使用する。〔日本語版では「湾」のみではわかりにくいため、「ペルシア湾」とした〕
2. 「アラブ」の語は一貫して、アラビア語を主言語とするすべての人々をさす。
3. Pritchard 1955：279
紀元前 9 世紀に、アッシリア人はアラビアからのラクダの群れについて言及しているという。
4. 初期の隊商取引には織物も含まれていた。イエメンからの隊商はとくに尊重された。イエメンはインド洋地域との交易もしていたため、その関係が織物にも反映していた。のちの中世の時代には、イエメンはイカット織りで有名であった。
5. イスラームの 5 本の柱とは、（1）信仰告白（神は、唯一神のアッラー以外に存在せず、ムハンマドはその預言者である）、（2）礼拝、（3）断食、（4）喜捨、（5）メッカへの巡礼をさす。
6. 古代イエメンの農業と、シバの女王の国だったかもしれない地域として有名なマリブ・ダム（およびその崩壊がこの地にもたらした混乱）についての活発な議論は、Nicholas Clapp 2001 を参照のこと。
7. Abercrombie 1988：648
8. Ross 1994：35
9. Alireza 1987：423
10. Mauger 1993：39-51
11. ヴェールをつける習慣については、「古代近東」41 ページおよび注 40 を参照のこと。
12. Mackey 1987：154
13. Campbell 1999：85
14. Keohane 1999：149-150
15. Mackey 1987：225
16. 同上：154

〈地中海東部〉

1. Abercrombie 1972：37
2. *The New Encyclopedia Britannica* 1992, Vol.25：407
3. Stillman 1979：11
4. 同上：45
5. Weir 1989：105
6. 同上：58
7. Stillman 1979：22
8. 同上：23-25
9. 同上：37
10. Weir 1989：54

11. Stillman 1979：38
12. Weir 1989：61
13. 同上
14. 同上：193-194
15. 同上：61, 63
16. Seger 1981：156
17. Weir 1989：272

〈イラン高原〉

1. 1935 年のイランへの国名変更は、レザー・シャー・パフラヴィー（1878 ～ 1944 年）によって起こった。パフラヴィーは強い意志をもった軍人で、低い身分からイラン王にまでのぼりつめ、1925 年から 40 年までその地位にあった人物である。もともとの名はレザー・ハーンで、シャーはパフラヴィー一族の名からとったものである（*The New Encyclopedia Britannica* 1992, Vo. 10：15）。パフラヴィーの名も、3 世紀のササン朝で話されていた古代ペルシア語の名（*Webster's Dictionary* 1990：846）。レザー・シャーが新しく打ちたてた王朝にパフラヴィーの名を選んだ背景に、さまざまな動機があるのは明らかである。
2. パールス（Pars）地域はファールス（Fars）ともよばれ、そこから現在イランでもっとも話されているインド＝ヨーロッパ語がファールシ（Farsi, 現代ペルシア語のこと）とよばれるようになった。
3. シーア派はイスラーム教の 2 派のうちの規模の小さい派で、大きいほうがスンニ派である。イスラーム教初期の歴史では、シーア派は預言者ムハンマドの娘婿アリの権威と、その子孫がイスラーム世界を導いていくことを支持する政治派閥だった。ファーティマ朝（909 ～ 1171 年）とサファヴィー朝（1502 ～ 1736 年）の時代をのぞいて、シーア派社会はほとんどどこでも少数派で、16 世紀初めまでペルシアで支配的立場に立つことはなかった。
4. チャドル（chador）という語は、上から巻きつけて着る物と、遊牧民の黒いヤギの毛でつくったテントの両方の意味がある。このような二重の意味は、女性が家族の名誉において中心的な存在であることを反映するとする説もある（Allgrove 1976：26）。
5. Scarce 1981：32
6. レザー・シャー・パフラヴィーがカシュガイ族に友好的なシーラーズの長官を退位させて追放したとき、部族は追放された長官が砂漠に入る通り道に、何百枚もの絨毯を敷いた。この伝統は、英語で高位の人に示す丁重な歓待を意味する "red carpet treatment（赤じゅうたん歓待）" という表現につながったといわれている（Farmanian and Farmanian 1997：142）。
7. Yassavoli 2001：180
8. Scarce 1981：36
9. Allgrove 1976：35-36
10. Scarce 1981：32-33
11. Allgrove 1976：36-37
12. 同上：36
13. 同上
14. Allgrove 1976：36
15. Scarce 1981：38
16. Graves 1975：7
17. パフラヴィーの王冠の丸い頂部と特徴的な「垂れぶち」が、カシュガイ族のフェルトの帽子にも似ていることは興味深

い。この類似について、レザー・シャーは認識していなかったにちがいない（私信：Irene Bierman, 2002 年 1 月）。

【ヨーロッパ】

1. Roberts 1996：3, 7, 9

〈先史時代のヨーロッパ〉

1. Culotta et al 2001；Shute 2001；Morris 2000：3-4
2. ある程度はネアンデルタール人とホモ・サピエンスとの交配があったのか、それとも、ネアンデルタール人は現代人に取って代わられたのかについては、いまだに激しい議論がつづいている。
3. Soffer et al 2000：522-523
4. Schuster and Carpenter 1986：47
5. 世界最古といわれる洞窟壁画は 3 万 2000 年以上昔のもので、1994 年にフランスのショーヴェ洞窟の壁画に発見された。印象的な画面には、描影法や遠近法といった高度な絵画技法が使われている。近年では 2000 年 9 月に、フランス南部ドルドーニュ渓谷のキュザック洞窟での発見がある。この洞窟には、2 万 2000 年から 2 万 8000 年前のあいだのものと思われる人間の遺骨があった。「洞窟壁面の線刻には、ゆがんだ頭に大きくあいた口の空想上の動物や、肉感的な裸の女性を横から見た姿が描かれていた」（Balter 2001：31）
6. Balter 1999：922
7. 2 万 7000 年から 2 万年前までの後期旧石器時代は、先史学文献では 2 つの名前で表わされる。ロシア語のパブロフ（Pavlov）期は東ヨーロッパにおいて、フランス語のグラヴェット（Gravettian）期はフランスの遺跡にそれぞれ由来する。
8. Adovasio 1996：527
9. Angier 1999：D2
10. Soffer et al 2000：528
11. 同上：514
12. 同上：517-518
13. 同上：518
14. Barber 1999：29-30
15. Soffer et al 2000：518
16. Hald 1980：59
17. Soffer et al 2000：519
18. Angier 1999：D2
19. Soffer et al 2000：523
20. 私信：Elizabeth Barber, 2002 年 7 月。ずっとあとのヨーロッパ文化においても紐スカートと多産性が関連しているとするバーバーのその後の研究成果は、原型となるヴィーナス像の着衣の根本的な目的に関する彼女の立場を裏づけている（『ヨーロッパ民族衣装の伝統』114 ～ 116 ページ参照）。
21. Roberts 1998, Vol.1：44
22. *The New Encyclopedia Britannica* 1992, Vol.17：478

〈古典時代のヨーロッパ〉

1. Roberts 1998, Vol.2：84-85
2. Diamond 1997：93-103, 157-175, 176-191
3. 農耕は少なくとも 1 万 1000 年前には近東の、おそらくはシリア北部ではじまっていた。ヨーロッパの農業の柱であるコムギやオオムギ、ヒツジ、ヤギ、さらに

最古の織物繊維である亜麻は、すべて近東の野生種が祖先である。その後、中国やメキシコでもそれぞれ農耕がはじまった（Kunzig 2002：52-54）。

4. Barber 1994：110
5. 同上：113-114
6. 仕立てた服が最初に登場したのは後期旧石器時代で、毛皮を体の線に沿うように裁断・縫製し、体幹と四肢をすっぽり包む防御の服がつくられた。
7. Barber 1994：110-113, 141-142
8. ミケーネのＴ字型の服はエジプト古王国の袖つきのチュニックと似たシルエットだが、着想や仕立て方は異なる。シリアのセム族が起源だったようである。
9. のちにヨーロッパ南部に再登場したミケーネの衣服のスタイルでは、つま先が上を向いたミケーネタイプの革靴をはく。現在でも、バルカン半島の大部分の伝統的な履き物である（Barber 1994：144-145参照）。
10. Barber 1994：137
11. Barber 1991：197
12. Goldman 1994：213
13. Bonfante 1975：56-57
14. Ridgway 1977：56
15. Tortora and Eubank 1994：49
16. Barber 1991：372
17. 同上：31-33
18. *The New Encyclopedia Britannica* 1992, Vol. 17：511
19. Bonfante 1975：55
20. 同上：57
21. Roberts 1998, Vol. 3：6
22. 同上：Vol. 2：178
23. Goldman 1994：217
24. 同上：233
25. 同上
26. 同上：235
27. La Follette 1994：55
28. Barber 1994：115, 113
29. La Follette 1994：55-56
30. Stone 1994：17
31. 同上：16
32. 同上：21
33. Tortora and Eubank 1994：68
34. Gergel 1994：191
35. 紀元前1350年のプルオーバーの原型（Barber 1994：160-162）は、エジプト式というよりシリア式の技術で、シリアのモティーフを使った刺繍がふんだんに施され、シリア起源のものと考えられている。この頃までシリアは布と服の中心地として繁栄し、シリア産の織物は定期的に中東各地域に輸出されていた（1.中東「地中海東部」55～57ページ参照）。
36. Tortora and Eubank 1994：80-83
37. Boucher 1987：166
38. Barber 1999：13-31

〈ヨーロッパ民族衣装の伝統〉
1. この議論はヨーロッパの農民の服装に限られる。都市部富裕層の衣服についてはすでにほかの資料で語りつくされている。たとえば、ヨーロッパ上流階級の服飾史に関しては、Boucher 1967/1987を参照のこと。
2. 各地方のさまざまな衣装の詳細については Snowden 1979 を参照のこと。
3. Snowden 1979：7
4. Stack 1990：5
5. Paine 1990：131
6. 後期旧石器時代の洞窟壁面に手形がみら

れることから、先史時代の図像化された体の一部に手が含まれていたことがわかる（「先史時代のヨーロッパ」81ページ参照）。

7. Paine 1990：148
8. 同上
9. 同上：151-152
10. Schuster and Carpenter 1986, Vol. I：1, 16, 47, 62
11. Paine 1990：80
12. Kelly 1996：31, 41
13. Gimbutas 2001
14. Paine 1990：67
15. 同上：60
16. スノードンは、18世紀末にほぼヨーロッパじゅうで地方独自のスタイルが発達したが、ベルギーではロマン主義時代の影響がほとんどなく、強い民俗芸術の伝統もなかったと指摘する（Snowden 1979：102-103）。階級による服装の差異はたしかに存在したが、イングランドと同じく、地方ごとの差異はほとんどなかった。おもに都市の労働者用の職業ごとの服が存在していた。
17. シュミーズは紀元前1900年にはバルカン半島で存在していた。袖は明らかに大陸で付加されたものである（私信：Elizabeth Barber, 2003年1月）。
18. Snowden 1979：12
19. Barber 1999：13-20
20. 同上。バーバーはロシアの学者の説に従い、鉤つき菱形の図柄が女性の外陰部を表わしているのではないかと述べている。一方、ペインは「種をまいた畑」の図柄が人間の出産を示しているとしているが（Paine 1999：70）、バーバーは、この図柄の最古のもの（ウクライナのトリポリエ文化の新石器時代の粘土像）で、粘土の「畝」のあいだに小麦の粒を押し込むことで点がつくられていたことから、文字通り「種をまいた畑」だったと説明している（Barber 1999：116）。おそらくは、畑のように種をまかれた女性が、その成果を待っている象徴であろう。
21. Barber 1994：139-141
22. 考古学的および言語学的データから、エリザベス・バーバーは初期の織物の進化に特徴的な2つの段階を同等に考えている。1つはひもスカートの発明で、もう1つは、そのずっとあとの後ろエプロンである。紀元前2万5000年前後に紐そのものがつくられた。以来、社会的にも実用的にも利用されるようになり、紐スカートが出現したが、さらに新石器時代の紀元前4000年前後に、織物や毛を紡いだ糸が発達し、後ろエプロンのパニョーヴァが出現した。
23. Barber 1999：21-27
24. 私信：Elizabeth Barber, 2002年7月
25. Morgan 1992：79-81
26. スコットランド・キルトの進化について概観するにあたり、ジョン・ポウル博士に協力をいただいた。感謝したい。
27. Anderson 1920：16
28. Trevor-Roper 1983：19
29. Saliklis 1999：221

【中央アジア】
〈モンゴル〉
1. 126ページの［図版200］のキャプションは、ナラントゥヤ『モンゴルの一日』に記載されたモンゴル人のフェルトづくりの詳細を基にした（Narantuya 2002：23）。

掲載図版は、1日のうちにモンゴル国内で起きたことのすべてを描いた絵画の一部分である。この巨大絵画はモンゴルの首都ウランバートルにあるザナバザル美術館所蔵のもの。

2. 中央アジアのフェルト製テントをロシア語ではユルト（*yurt*）というが、当然モンゴル人はモンゴル語のゲル（*ger*）を使う。
3. 極北に住むモンゴル系のツァータン族は「トナカイ遊牧民」であるため、例外的にフェルトに頼らずトナカイの皮を衣服として使用する。
4. Burkett 1979：20-21
5. Mayhew 2001：13-15, 16
6. チンギス・ハーンは大殺戮の史実を刻んだだけではない。各国の科学者23人による最近の研究によると、アジアの大部分を対象とした場合、男性がもつＹ染色体の8%に遺伝子的類似性がみられるという。それは、アフガニスタンから中国北東部にかけての1600万人、つまり約200人に1人が1つの父系列に属することを意味する。オックスフォード大学の生化学者 Chris Tyler-Smith は *The American Journal of Human Genetics*（March, 2003）のオンライン版でこの研究を発表した。Tyler-Smith によると、自然淘汰によっても偶然によってもこのような高い確率は不可能だという。科学者らによると、この特定のＹ染色体は1000年前に中央アジアに存在した1人の男に起因するという。チンギス・ハーンは多数の妻のみでなく、ほかの女性とも関係をもった。当時、美人といわれた女性のほとんどが「世界の支配者」に捧げられたのである。史実が遺伝的多様性に大いなる影響をあたえた例といえる。（Sience Vol.299, 2003：1179）
7. Mayhew 2001：17
8. 1924年から1991年まで、共産主義のソビエト連邦がモンゴルを統治した。その間、ソビエト政府は遊牧民社会の産業化をはかった。ソビエト崩壊に伴い、新生モンゴルでは古来の遊牧の暮らしが徐々にみられるようになった。
9. 「モンゴル国概観」（Country Overview of Mongolia）
The American Museum of Naturel History, 2002.
10. Harner and Harner 2000：20
11. シャーマンになるのは男性とは限らず、女性が儀式を行うこともあった。また、シャーマンの衣装を必ず用いるというわけではなかったが、格式ばった衣装は治療儀礼を効果的にすると信じられている。ハーナー＆ハーナー（Harner and Harner 前掲書）によると「今世紀にいたるまで、シャーマニズムはヨーロッパ最北のラップ人、オーストラリア先住民、アフリカ南部のクン族、南北アメリカの先住民など、あらゆる大陸のさまざまな民族に存在した」という。
12. Hansen 1994：156
13. 3000年前に中央アジアに住んでいたチェルチェン人のミイラは、すでにズボンをはいていた。（「シルクロード」139ページおよび Barber 1999：Plate 1参照）
14. ヴォルマーは遊牧民の上着についての論理的根拠はこう述べている。「騎馬民族の上着は、裾の長短はあるものの、いずれにせよ野外での動作の邪魔にならない形であった。長く細い袖がついた、体の線にそった身ごろに腰帯を巻く。こう

いった上着は体温を逃がさないうえに、乗馬や馬の背での戦闘時に腕さばきがいい。上着の裾に近い部分にはスリットが入っており、鞍にまたがっても腰まわりで布がもたつかない。長く組みの袖は風の侵入を妨げ、十分な長さもあるため、拳をすっぽり覆うことができる。満州族に特徴的な先が広がった馬蹄型の袖口（マティ・シウ *ma-ti hsiu*）だと、さらに手の甲まで温かく保つことができる」（Vollmer 1977：22-24）

15. Hansen 1994：163
16. Mayhew 2001：40
17. Amgalan 2000：26-27
18. Hansen 1994：249-250

〈シルクロード〉
1. 紀元前3000年から2000年のあいだ、中央アジアはすでに、シュメール、エジプト、モエンジョダロなど繁栄する王国に供給する豊かな品々があふれて、その後何千年もつづいた。「青銅器時代にアフガニスタンの鉱山から出るラピスラズリの商取引を、中央アジアの人々が独占していたものと思われる。（……）シルクロードよりもずっと以前からあった〈鮮やかな青い連なり〉であるラピスラズリの道は、古代中央アジアの経済が国際的な交易にたよっていたことを示す」（Fitz Gibbon and Hale 1997：24）「シルクロード」という語は、じつは19世紀になってからできて、200年頃にはじまった、中国の絹を西に、ヨーロッパの品々を東に運ぶ世界的に重要な交易路をさす便利な呼称として使用されるようになった。
2. 19世紀末、英国政府のオーレル・スタイン卿とスウェーデンに雇われていたスヴェン・ヘディンとフォルケ・ベリイマンが、タリム盆地の東端で古代のミイラを数体発見し、詳細を発表している（Barber 1999：21）。
3. Barber 1975：294
古代インド＝ヨーロッパ語族の中心地は、カフカス山脈と黒海の北、カスピ海の西にあたるウクライナ地方のステップとロシア南西部にあった。
4. ウルムチは中国の新疆ウイグル自治区の首府。中国西端の自治区で、チベットの北、モンゴルの南西に位置する。東の北京までの距離は2575km。
5. 「絹の生産過程には、卵の状態からサナギになるまでの蚕（*Bombyx mori*）の飼育も含まれる。（……）また、蚕が食べる桑の生産も含まれる。蚕は長い糸をつくりだし、自分の体にまいてサナギになる。蛾が出てくるとサナギの糸を切ってしまうので、幼虫はサナギのまま熱を加えて殺してしまう。絹はサナギのなかのひとつづきの糸で、ふつう610～915mの長さになる。糸を束ねているセリシンをふやかし、糸の端を見つけたら、いくつかのサナギをまとめて糸をほどいたり、巻きとったりする」（*The New Encyclopedia Britannica* 1992：Vol.10：810）
6. 「現代になってやっと、外国人の誤解と中国人の愛国心が組み合わさって、歴史のあるいくつもの壁に統一した呼び名がついた。万里の長城である。考えられていた多くの特徴（ひとつづきの塀で、全体の構造は2000年以上前に建造され、月からでも見える）はみな誤り」（Hessler 2003：8）
7. ローマ人が初めて絹を目にしたのは紀元

前32年、メソポタミアのカルラエの戦いでのことだといわれている。侵入したローマの軍隊は容赦なく迎え撃つパルティアの戦士に倒された。パルティアの戦士は「ヨーロッパ人が見たこともないような布地でできた旗をかかげていた。それは色鮮やかで目を疑うほど壮麗であった。(……)こうした不意打ちの仕掛けに目がくらみ、ローマ軍は気力を打ち破られた。この旗はローマ人の記憶にこびりついたにちがいない。そう言い伝えられている」(Morris 1967：11)。中国が輸出した絹は、染色した糸にしろ織物にしろ、ローマに着いてからほどかれて、ローマ人好みのごく薄手の布地に織り直された(Fitz Gibbon and Hale 1997：26-27)。

8. 広大な中央アジアを中国まで旅したもっとも有名なヨーロッパ人は、ヴェネツィアの商人マルコ・ポーロ(1254-1324年頃)であろう。旅のあとに書いた通称『東方見聞録』は地理学の古典文献となったが、物議をかもしてもいる。この書物の他人による写しが数多く出まわり、真偽にかかわらず加筆されたり削除されたりした(印刷機が発明されるはるか以前のことである)。数百年にわたりマルコ・ポーロの評判は上がったり落ちたりしたが、彼の記述のおかげで中世の人々の心に新たな眺望がひらかれたのは確実である(The New Encyclopedia Britannica 1992, Vol.9：571-574)。

9. 伝承によると、値のつかないほど高価な蚕の卵は、中央アジアの族長に嫁ぐ中国の王女の凝った髪飾りのなかに隠されて贈られたという(Morris 1967：20)。

10. イカットは、インドネシア語で古い染めの技術をいう。アジアのさまざまな地域でつくられているが、イカットという語が広く使われるようになり、この手の織物の総称となった。中央アジアの絹のイカットは経緯で、色はすべて絹の経糸をしばる防染法で、何段階かにわけて染めつける。その後、糸を織機にかけ、綿を緯糸にして織られる。比類のない絹ビロードのイカットであるバグマルは、19世紀の絹織物でもっとも高価で贅沢な絹織物だった[図版232参照]。織機に経糸を二重にかけるという複雑な織り方で、その後の工程でも多くの工房での高度な技術を使った処理が施される。

11. 19世紀の染色法と、19世紀の中央アジアのイカットに使われた染料分析に関する詳細については、Fitz Gibbon and Hale 1997：344-353参照。

12. Harvey 1996：61
13. Berinstain 2001：59
14. Fitz Gibbon and Hale 1997：269
15. 同上：277-280
16. Harvey 1996：95
17. 19世紀のトルキスタン地方のさまざまなブーツの例はKalter & Pavaloi 1997：178を参照のこと。
18. Kalter 1984：85
19. 同上：96
20. Fitz Gibbon and Hale 1997：297-298

【東アジア】
1. Roberts 1998, vol.10：17, 18, 26；Wells 2003

〈中国〉
1. エジプト文明に関しては、1.中東「古代近東」の章を参照のこと。この文明は期

間的に多少短いが、中国文明と同じく重要な時期といえる。

2. ヴォルマーは、絹の発見についてこう記している。「まさに偶然の産物であった。なぜなら、初期の考古学的証拠からは、半分になったサナギ程度のものしか見つかっていないため、おそらく繭は、中のサナギを取りだして食べるものだったと思われるからである。実際に南アジアや東アジアの多くでは、いまだにさまざまな虫の幼虫からたんぱく質を得ている」(Vollmer 2003：Introduction, note3)。

3. 考古学的な遺跡から発掘された小さな翡翠と陶器の像に描かれた衣服から、殷朝では生地に映える装飾を施した縁取りのついた服が好まれたことがわかる(私信：John Vollmer, 2003年10月)。[図版253]の長衣は、河南省安陽市の殷墟にある婦好墓から発掘された、貴族をかたどった翡翠の像をもとにしている。

4. 中国の都市はひとたび形成されると急激に成長した。唐朝(618～907年)ではすでに世界でもっとも大きな都市が存在した。唐の都長安には全人口の10分の1にあたる200万人が住んでいたといわれている。時代がくだって18世紀になっても、ヨーロッパの都市の人口は現在の広州市や北京市の規模にはならなかった(Robert 1998, Vol. 5：54-55)。

5. Vollmer 2003：11
6. Vollmer 2002：82-83
7. The New Encyclopedia Britannia 1992, Vol. 17：497-498
8. Roberts 1998, Vol.5：57
9. Vollmer 2002：27
10. 同上：26-27
11. Harper 他 2002：26
12. Vollmer 2002：77-78
13. 同上：78-79
14. 同上：19
15. 同上：79
16. 同上：70
17. 同上：91
18. 辛亥革命の基本思想は奇妙な組み合わせからなっていた。「東洋の伝統的な社会とはまったくちがう環境で生まれ育ち、ユダヤ＝キリスト教的文化に起源を有する仮定の背景を具現化する異質な西洋思想である。マルクス主義が、アジア人に採用され利用された」(Roberts 1998, Vol.9：18)のである。搾取するヨーロッパに対してのみならず、何千年もつづいた中国の惰性にも牙が向けられた。
19. McDaniel 2002：74-77
20. Sinclair 1987：13

〈朝鮮〉
1. 2000年7月、韓国は、韓国語のローマ字表記法を新たに定めた。これにより元の「Chosun (朝鮮)」は「Joseon」と表記されるようになった。「Korea (韓国)」の名のもととなった最後から2番目の王朝「Koryo (高麗)」(918～1392年)は、現在では「Goryeo」と表記する。
2. Storey and Park 2001：28
3. Hyun 1979：67
4. Storey and Park 2001：15
5. Gurewitsch 2003：D5
6. 韓国の国立民俗博物館は、当時の絵画をもとに7世紀の三国時代の衣服を再現し、さらに18世紀から20世紀初期の朝鮮の衣服も再現している。
7. サンフランシスコ アジア美術館、朝鮮展

示室の展示説明参照。

8. ヤンによると、妓生文化が朝鮮から日本に伝わり、「芸の道に長けた」女性を芸者というようになったという(Yang 1997：150)、真偽はわからない。
9. ストレイとパクは、朝鮮の南北分断と朝鮮戦争について優れた総括をしている(Storey and Park 2001：20, 24, 359)。
10. Yang 1997：91
11. 同上：87-89
12. Stack 1990：11
13. Yang 1997：43
14. サンフランシスコ アジア美術館、朝鮮展示室の展示説明参照。
15. Yang 1997：166

〈日本〉
1. Roberts 1998,Vol.5：68
2. Diamond 1998：86-88
3. Gurewitsch 2003：D5
4. Roberts 1998,Vol.5：71
5. 日本が中国的な芸術感にのみ込まれることなく、固有の様式をつらぬいたのは、日本人気質に帰するところが大きい。
6. Keene 1959：82
7. 紀元前6世紀にインドでおきた仏教は、6世紀に朝鮮を経由して日本に入ってきた。その当時、この宗教はすでに1000年の歴史をもち、インド人と中国人による膨大な経典が書かれていた。こうして仏教は、日本人が高度で深遠な歴史ある二大文明の知識を導入するための知的手段とされた(Keene 1959：85, 95)。
8. Roberts 1998, Vol. 5：76
9. Peebles 1987：5
10. Roberts 1998, Vol. 8：70
11. 同上：80
12. 同上：82
13. Rowthorn 他 2003：18
14. Roberts 1998, Vol. 8：88-89
15. 体に合わせる洋服は、型紙に合わせて裁断した各部位を、体形に合わせた形に縫い合わせる服である。体形に合わせず、紐や帯を体にしばってとめる日本の民族衣装とは対極的といえる。
16. Gluckman and Takeda 1992：32, 40-41
17. Sichel 1987：57
芸者や髪型、白い肌については、p.38, 54、56も参照のこと。
18. Gluckman and Takeda 1992：36
19. Dalby 1993：59
20. 同上：5-7
21. Stinchecum 1993：84
22. 同上：78
23. Diamond 1998：86-94
24. The New Encyclopedia Britannica 1992, Vol.25：149

【南アジア】
1. Adcock 他 2001；Gibbons 2001；Wells 2002；Science 2003

〈インド〉
1. 注5も参照のこと。
2. ハラッパー遺跡の小立像については Roberts 1998, Vol.2：12参照。
3. ガンジス川流域の平原は、当時は一面が森であったため、古代インドの建築物はおもに木造であった可能性がある。木の構造物は、中東で使われていた石や赤煉瓦とはちがい、5000年もの年月には耐えられない(私信：Hazel Lutz博士、2004年11

月)。

4. 古代のハラッパー文明では、ほぼ全世帯に風呂がある可能性もあり、入浴と清潔さへの熱意が感じられる。歴史家のロバーツは、「この(風呂を重視する点)は、インドの宗教がやがて長期にわたってつづく特徴の初期の要因といってもいいすぎではないだろう。体を清めることと清浄儀式は現在でもヒンドゥー教徒にとって重要とされている」(Roberts 1998, Vol.2：12)と述べている。
5. 現代の調査により、北のアーリア人と南部に暮らしたドラヴィダ人が、どちらかが一方的に相手を同化させるというような敵対関係にはなかったことが徐々に明らかになった。両者は出会い、インダス川からともに南下しながら交流を深めた。これについては興味深い言語的証拠がある。古代サンスクリット語とインド北部に残る近代のサンスクリット語は、反り舌音を子音にもつ唯一のインド＝ヨーロッパ言語で、これはドラヴィダ語の特徴でもある。ここから主要な研究者は、アーリア人がもたらし、インドを南下したインド＝ヨーロッパ語は、先住民のドラヴィダ族と深いかかわりを保ちながら、サンスクリットとして大成したと考えている(私信：Hazel Lutz博士、2005年3月)。
6. 「不可触賎民」の起源である民族ははっきりとはわかっていない。おそらく先住民であるドラヴィダ族系の民族だったと思われる。彼らは、火葬や人間と動物の死体処理、し尿処理、鍛冶職人、小作人などさまざまな職業についていた(私信：Hazel Lutz博士、2005年3月)。
7. 現在のムンバイには、今もなおパールシー教の社会がある。これは9世紀にイスラーム教の迫害を受けてペルシアから逃れてきたゾロアスター教の子孫の集団である。ゾロアスター教は紀元前6世紀に、ペルシア人の預言者であり改革者でもあったゾロアスターによって開かれた。イランのヤズドにあるゾロアスター教最古の寺院では、司祭の従者が今も何世紀も前からの聖なる火を燃やしつづけている。
8. The New Encyclopedia Britannica 1992. Vol.12：290
9. 仏教とジャイナ教の信仰についてのさらなる詳細は、Schwartzberg,1992：Plate III.B.5 (aとb) および p.171-172を参照のこと。
10. Roberts 1998,Vol.2：27
ロバーツによると、ヒンドゥー教の教典『ウパニシャッド』の教えと仏教の教えは似通っているという。『ウパニシャッド』にもやはり宇宙と宇宙における人間の位置に関する多くの哲学的思考が記してあるからである。
11. 18世紀から19世紀にかけて大英帝国支配下にあったインドで、英国人の古物愛好家や上流階級の文献学者は、インドの仏教を再発見した。仏教芸術や経典は、長期にわたって密林の下草に埋もれたままになっていた。この古代宗教は、あらゆる面で謎に満ちていた。ブッダは実在した人物なのか？ 仏教とヒンドゥー教の関係は？ どちらが先でどちらが分派なのか？ ヒンドゥー教研究の大家たちは、このような追究に関心を示さず、何十年ものあいだ、研究者にサンスクリット語についての情報を求められても拒むほどであっ

た。それでも英国人の活動は広まり、仏教のなりたちと発達の再発見については、Allen 2003を参照のこと。20世紀中頃には、インド西部のカースト社会がヒンドゥーのカースト制度による偏見と闘うために、仏教に改宗した（私信：Hazel Lutz博士、2004年11月）。

12. "raj"はヒンドゥー語で「王」を意味する（Webster's Dictionary 1980：947）。
13. 「官能的」というのは見る側の感覚である。以前は上半身に何も身につけていなかった西インドの若い女性が、西洋からきたブラウスを着はじめると、年配者は胸を強調するその官能的な衣服だといって彼女らを責めた（私信：Hazel Lutz博士、2004年11月）。
14. Kumar 1999：17
15. Schwartzberg 1992：Plates III.C.2.a,III.C.5.e,p.176；Thapar 2002：225-244
16. 紀元前200年から紀元300年までのジャイナ教の遺跡と儀式については、Schwartzberg 1992,Plate III.C.p.22および付録p.176-177を参照されたい。
17. インドでは、いまだに結婚は両親が決めることが多い。北部の新聞では、結婚相手さがしのための広告に記された理想の容姿として、「小麦粉のような白さ」が挙げられている（私信：Hazel Lutz博士、2005年4月）。
18. グプタ朝の時代に大衆のあいだに新たに起きた主情主義は、豊穣の女神デヴィ信仰と結びつき、さらに自然を守る善意の神ヴィシュヌや、破壊、回復、禁欲主義、官能主義といったさまざまな面をもつ予知不能なシヴァ神へのカルト的信仰ともつながりをもった。
19. Kumar 1999：18. 兵士の服装は戦いにおける動きやすさと防御性を追求した結果かもしれない。いやしい身分の者の服装は、外国からの移民であることや特殊な職業を繁栄してのものであろう（私信：Hazel Lutz博士、2004年11月）。
20. Schwartzberg 1992：192, Plate IV.4およびThapar 1968：189, 217-218, 261
21. 同上：Plate VI.B.2およびp.209
22. Kumar 1999：20, 46
23. ポルトガルとフランスは、英国の植民地支配のあいだに、かろうじて小さな貿易拠点を残すことができた。
24. 男性のガンジースタイルは、無地の白いチュニックやクルタに、パジャマのようなズボン、ガンジー帽で、これらはすべて手紡ぎの綿、すなわちカディでつくられていた。この時代にできたヒンドゥー教とイスラム教のあいだの溝（これは現在でもつづいている）により、服装のちがいが生じた。たとえば、イスラム教徒の女性は絞り染めの布でつくった衣服を着ることがほとんどなく、外出時にはほとんどの人がブルカを着ていた。ヒンドゥー教徒の男性は、儀式のときに裁断・縫製した服を着ることはまれで、伝統的な体に巻きつける衣装が好まれた。
25. ガンジーは分離という考え自体に強硬な反対の姿勢を示し、これを全力で阻止しようとした。だが、彼を暗殺したのはヒンドゥー教の原理主義者で、ムスリム連盟の要求に応じたガンジーに抗議しての所業であった。
26. Roberts 1998, Vol.2：12-13；Kumar 1999：14
27. Boulanger 1997：13-19も参照のこと。

28. Boulanger 1997：29
29. 私信：Hazel Lutz博士、2005年3月
30. Boulanger 1997：6
31. サリーについては、リタ・カプール・クリスティの詳細にして膨大な2巻におよぶ研究（Rta K. Chishti 1995）を参照のこと。
32. ベンガル式のサリーの巻き方には構造的な問題がある。この問題に加え、女性は家庭に入るのが一番だという考え方があるため、サリーの巻き方は特異なものとなった。ベンガル式巻き［図版357参照］では、女性が大事な財産をしっかりと保管するため、キーリングを肌身離さず持っていられるようにと、サリーの振りの部分にある パラヴィにとりつけ、その重みを利用して布地を固定させている（私信：Hazel Lutz博士、2004年7月）。
33. グジャラート州とベンガル州におけるそれぞれの巻き方とニヴィ・スタイルについては、Boulanger 1997：57-58, 47-48, 53を参照のこと。
34. Boulanger 1997：110
35. 同上。
36. 同上：122
37. サルワール・カミーズはインド亜大陸北部の山岳地帯全域で昔から着用されてきた。このアンサンブルは、ふつうはサリーを着ない多くのイスラム教徒の女性にとっても、伝統的な衣装となっている（私信：Judy Frater博士、2004年10月）。
38. デュパッタは、サリーの飾りのついたパラヴィ同様、インドのどの女性の衣装にもついてくる。これを使って、老人と同席するときに頭と顔を覆い、ふさわしい慎み深さや目上の人への尊敬を表わすことができる（私信：Judy Frater博士、2004年10月）。
39. Frater 2003：34-35
40. 同上：155
41. 同上。
42. Elson 1979：99
43. 同上：41
44. インドの宝飾品にかんする研究でもっとも信頼がおけるのはUntracht 1997である。
45. 宝飾品をつけるラバリ族男性の写真は、Frater 2003：11, 31, 58-59, 75, 105, 116, 130, 133, 134, 144, 169, 170-171などを参照されたい。
46. Frater 2003：25

〈ヒマラヤの王国〉

1. ここではチベット、ブータン、ネパールのみをあつかう。仏教はこれらの国々（ネパールの国教はヒンドゥー教であるが）でも信仰されている。ラダックは1949年にパキスタン領とインド領に分かれ、シッキムは1973年にインドに併合された。中国は1950年代よりチベットに「統治権」を行使している。民族色の強いチベット人の小国ムスタンはネパールに属するが、孤立した不毛の地（極北のヒマラヤでも雨量の少ない高地）に位置するため、衣服の多様性は無に等しい。
2. 中国の提示する数字が曖昧なため、現在中国国内に住むチベット人の人数はわからない。だが、中国の侵略を受ける以前から、チベットの人口は減少傾向にある。理由は1家族につき最低1人は息子を僧侶にするという、実質的な産児制限の慣習のためである。
3. Farber 2003：55
「活仏は階級に関係なくどの家庭にも現

われる可能性があり、これまでダライ・ラマは上流階級のみならず、農夫の家庭からも見出されている。伝統的にダライ・ラマ捜しは、さまざまな方法を複雑に組み合わせて行われてきた。ダライ・ラマは17世紀から互いの継承者を捜してきた。（……）見つかった（ダライ・ラマの）候補者トゥルク（tulka）は、多方面にわたる試験を受け、前世の化身が儀式で使用した道具を見分けることになっている」
4. 同上：53
5. Crossette 1995：xiii
6. 私信：Sanjib Raj Mishra、2004年10月、ネパール、カトマンズ。
7. ブータン国立テキスタイル博物館の説明書き。
8. Myers and Bean 1994：106-112
9. 「3枚の布を縫い合わせるとき、模様が完全にそろってはいけない。その場合、布を織った者には死が訪れる」ブジムソン出身の機織り職人Tashigam Dzong Khagの言葉（Namgay Dema ブータン国立テキスタイル博物館）。

【東南アジア】

〈大陸部〉

1. 19世紀の東南アジア各地域は、入植したヨーロッパの国名でよばれていた（例：英国領ビルマ、フランス領インドシナ、オランダ領インドネシア）。第二次世界大戦後に独立国が生まれてから、「東南アジア」という名称が一般的に使われるようになった（Connors 1996：6）。つづいて多様な少数民族の研究が専門的にされるようになった。これらの少数民族は本書であつかうような手工業的布地を生産してきた（「引用・参考文献一覧」590ページ参照）。
2. Bray 2003：425
3. Barwise and White 2002：23-28
4. Gittinger and Lefferts, Jr. 1992：18-19
「肩掛けは長いあいだ、（東南アジア大陸部の文化では）重要とされてきた。ワットなどでの儀式のさいに肩に掛けるほか、頭を覆う、運搬袋にする、赤ん坊を抱えるといった用途のほか、水着や装飾品としても用いられる（同上：223）
5. 大陸部の西マレーシアはこの地域には含まない。地理的にはインドネシアの地域に近いため掲げ上げる（東マレーシアはボルネオ島の一部である）。
6. Gittinger and Lefferts 1992：41
7. 同上：29-30
8. 同上：29-30, 34
今日の中央、南アメリカでは東南アジアのバックテンション式織機（腰機）がバックストラップ式織機（後帯機）といわれているのは興味深い。布地の歴史を研究しているキングは、新世界で使われていた単純な織機は東南アジア起源で、スペイン征服以前に南北アメリカに広まり、似たような防染技術も伝わったのだろうと述べている（King 1979：365-373）。
9. Fraser-Lu 1994：8-16, 252
10. 同上：254
11. 同上：257
12. ミャンマーの地方に住む貧民は（隣国のラオスでも同様に）、西欧の依存症患者が増えるにつれてケシの生産高も増やしてきた。過去を顧みると、ミャンマーの農

民が自らの意志で突然にアヘンを商品として大量に生産しだしたわけではない。この国を植民地として支配していた英国が強制的に推し進めたのである。だが20世紀後半には、生産量が年間2000トンを超える世界一の不法なアヘンの輸出国として、世界的な麻薬取引の組織に組み込まれてしまった（Gargan 2002：139-140）。
13. 現在ラオス政府は「47の（非ラオス人の）民族を認めている」が、研究者は（国境内では）約200の言語が、ほぼ同数の民族によって使われていると主張している」（Gargan 2002：124）。
14. Connors 1996：54
15. 同上：66-67
16. ポルポト政権の圧制下では、赤と白のクラマを織る作業は公式に認可された唯一の織りの作業だった（Green 2004：24）。
17. Gargan 2002：210；Green 2003：193
18. Green 2003：186；Green 2004：10
19. sampot chawng kbun の意味は、sampotが布の長さ、chawngが縛る、kbunが陰部を隠すである（Green 2004：24）。
20. ベトナムのアオザイは、インドのサルワール・カミーズに似ている。どちらもチュニックの下にパジャマのようなズボンをはく。ベトナムではチュニックが長く、細身なことが多い。また両脇に深いスリットが入っている。アオザイには対のスカーフはない。インド半島のサルワール・カミーズの場合は必ずスカーフがついている（5. 南アジア「インド」234～235ページ参照）。
21. Buckley 2002：5
22. Center for Applied Linguistics 1981：61
23. モン族の小集団の名称（例：花モン族、黒モン族、白モン族）はそれぞれの民族衣装の特徴を表わしている。
24. Barwise and White 2002：211
25. 同上：156
26. 同上：156, 208, 210
27. Gittinger and Lefferts, Jr. 1992：9

〈島嶼部〉

1. スパイス諸島はいくつかのグループに分けることができる。16・17世紀、シナモンと肉桂の主要産地はセイロン（現在のスリランカ）とスマトラ島であったが、インドとジャワ島でも生産されていた。クローブはモルッカ諸島東部のいくつかの島で生産されていた。モルッカ諸島はティモールとニューギニアのあいだにある、赤道からわずかに北に散らばる火山島群である。その南650kmほどの洋上には、さらに小さな火山島が「散らばって」いる。小さな5島からなるバンダ諸島である。ここでは当時、世界中に向けて貴重なナツメグとニクズクを生産していた。これらは同じ植物の2つの部位から採れる。1621年にオランダの植民地となると、それまでヨーロッパとアジアの商人と自由に取引を行っていたこの島の人々は、オランダにスパイス貿易を独占され、容赦ない侵略に苦しむことになった。その後、これらの島々はオランダの植物保護地として厳しく規制された。しかし、フランスと英国がナツメグの種を密かにもちだし、18世紀にはバンダ諸島からのナツメグの輸出は先細りとなり、最終的にほぼ衰退した（Oey 1989：261, 267）。
2. 同上：267
3. ボルネオ島北部には、数少ない王国の1

つイスラーム教国のブルネイ王国がある。

4. Barwise and White 2002：67
5. 同上：146
6. 同上：211, 251
7. Oey 1989：313, 314
8. Gittinger 1991：13-49
9. 同上：79
10. 霊船布については Gittinger 1991：84, 88-97 のこと。ギッチンガーは霊船布をインドネシア列島で織られたなかでもっともすぐれた織物だと考えている。
11. 「ジャワ島の素晴らしいバティックは、蝋をつけて防染する生地の表面が密で平らでないときうまくいかない。地元の織物はこうした特性を備えていないため、このような手の込んだ布地の発達は綿生地の輸入を待たなければならなかった」(Gittinger 1991：115)
12. フローレス島の織物とパトラ織りとの類似点についての詳細と図版は、Hamilton 1994：32 を参照のこと。
13. Gittinger 1991：169
14. Hamilton 1994：100-103, 110
15. 私信：Dr.Anne Summerfield, 2002 年 2 月 28 日
16. Gittinger 1991：214
17. 同上：218, 219
18. Gavin 1996：13
19. Hamilton 1998：15-17

【オセアニア】

1. Holmes1993：3

〈オセアニア〉

1. 1990 年代以前まで、アメリカ大陸で最古の人類は紀元前 1 万 5 千年頃現われたといわれていた。根拠となっていたのは「クロビス・ポイント」(古代の北アメリカでクロビス人が使っていた石の矢じり)の発見である。だが最近、メリーランドのメドークロフトでさらに古い紀元前 4 万年頃(この信憑性については議論がある)の遺跡が、また、チリ南岸のメサ・ヴェルデでも紀元前 3 万年の遺跡が発見されている。
2. Herter 1993：18
3. Bellwood 1997：22
4. Kirch 2002：67-68
5. インドネシアのフローレス島の 2 つの遺跡から、古代のホモ・エレクトスは 80 万〜90 万年前に外洋を航海する能力をもっていたことがわかっている。海面がもっとも低い時期でさえ、フローレス島からいちばん近い島に行くためには、直線距離で 18.3km の航海が必要であった。オーストラリアに定住した現生人類は、4 万〜6 万年前に初めて海をわたったといって間違いないであろう (Rose 1998：22)。
6. 1832 年、フランス人探検家のデュモン・ダーヴィルは太平洋の諸島を 3 つの地理的グループに分け、それぞれのグループに「メラネシア (黒い島)」、「ミクロネシア (小さな島)」、「ポリネシア (たくさんの島)」というギリシア語の名前をつけた (Kirch 2002：4-5)。
7. Kirch 2002：87-98
オーストロネシア語族は中国南部に起源をもち、紀元前 5500 年頃台湾で発達をとげたあとにインドネシア諸島に広がった。

オープンアクセスの科学誌 PLOS Biology 2005 3 (8)：e281 掲載の短い論文には、古代における台湾とポリネシアのつながりを裏づける論拠が述べられている。それによると、ポリネシアの先住民は、中国から太平洋に航海するための経由地として台湾にわたったのではなく、台湾で長期間定住していたという。台湾の 9 部族の DNA を調べた結果、固有の突然変異のうち 3 種類が現在のポリネシア人と共通していることがわかった。この突然変異は中国本土ではみられない例であったため、台湾人がポリネシアにたどりついたおよそ 1 万〜2 万年前には、すでに中国を出ていたことになる。今日の台湾の人口の多くを占める漢族が台湾に入ってきたのは、わずか 400 年前のことである。

8. Kirch 2002：96
9. 同上：97-98
21 世紀初頭のオセアニア研究は、環境や人口統計、経済学的データなどを基本に、DNA という頼もしい論拠もあわせもっている。一方、70 年前の方法では、移動の動機を伝承や神話の収集によっていたため、現在の推論とは大きく異なり、空想的要素も含まれていた。バックの論文はその一例といえる。「移動のおもな動機は敗戦である。勝者は敗者を狩りたて虜にした。そのまま陸でほぼ確実に死にさらされるよりは、外洋に出て生き延びるというわずかな望みにかけるほうがましであった。征服されても敵方に力のある親戚がいれば、不名誉な暮らしに甘んじたり、奴隷になったりして生きのびることができた。しかし、誇り高い家族はそのような屈辱にはたえられなかった。こうして移住によって名誉を保つという慣例ができあがった」(Buck 1943：212)
10. 英国のジェームズ・クック船長 (1728〜79 年) は、ヨーロッパの第二次大航海時代の第一人者といえる。彼は太平洋という広大な海が、同じ文化をもつ 1 つの民族で占められているという事実に気づき、記録した最初の人物である。ポリネシア人の祖先が東南アジアから来たという説については、クックは「提唱されている移動の海路は熱帯を越えるが、熱帯では東の貿易風が優勢である」と異をとなえた。しかし、のちにタヒチ人ガイドのツパイアから、11 月から 1 月にかけては貿易風がやんで、西風に変わる期間がしばしばあると教えられた。この知識から、クックは古代の船乗りがアジアから西の季節風を利用して、島から島へと通常と逆の方向である東に向かい、太平洋を進み、最終的にポリネシア全域に広がっていったと結論づけた。クックはポリネシアの正確な知識を持ち、地理を知りつくしていたが、皮肉にもそのポリネシアの海で最期を迎えた。その太平洋航海時代に「彼は有史以来もっとも平和的に世界地図を変えた」(The New Encyclopedia Britannica 1992, Vol.3：595)。
11. Fabri Blacklock『キルト試論』(Essays about Quilts) 所収「アボリジニの皮のマント (Aboriginal Skin Cloaks)」の章より。出版年不明。http://amol.org.au/nqr/fabri.htm
12. Brooks 2003：62
13. Blacklock (前掲書)、また『オーストラリア先住民の造形シンボル』(Traditional Aboriginal Art Symbol) (出版年不明) も参照の

こと。www.aboriginal artonline.com.「祖先から受け継いだデザインを使うことで、国とドリーミングとのつながりを保ち、(……) オーカーの混じった土を水で溶き、顔や体に円や線を描く中央オーストラリア伝統のデザインもある。現在、中・西部砂漠地帯でみられる絵画はこのデザインを基にしている」

14. ハーターによると、ニューギニアの高山間の険しい谷は他地域との交流の障害となっている。それにくらべて、ポリネシアの島々をさえぎる広大な海は障害とはいえないという。ポリネシアの島々は広範に散らばっているものの、同じ文化を有しており、みなオーストロネシア語が多少変化した類似言語を使っている (Herter 1993：23)。オーストロネシア語族は世界でもっとも広範に分布している (Kirch 2002：91)。
15. Buck 1943
ピーター・H・バック卿 (テ・ランギ・ヒロア：1880 〜 1951 年) はニュージーランドのマオリ族の母とアイルランド人の父をもつ。15 年間のめざましい医学や人類学研究ののち、ハワイのホノルルにあるバーニス・P・ビショップ博物館 (Bernice Pauahi Bishop Museum) の館長を務めた。この博物館には、オセアニアの芸術や工芸品、文献原本、さらに太平洋地域に関する学術書などが収められている。
16. Sowell 2000：19
17. Holmes 1993：4
18. Buck 1943：95-96
19. Kirch 2002：232-233
20. バックによると、ハワイ島を最初に発見したのはポリネシア人ではなく、「小人族」伝説でしられるメネフネだという (Buck 1943：59, 250-252)。神話に登場する「小人族」は、骨格が小さく肌の黒い、ミクロネシア [図版 513 参照] に実在した民族で、ギルバート諸島 [地図 24 参照] から新しい土地をもとめてハワイ諸島にやってきたとされる。メネフネというこの不思議な小人族の民話は、サモアとソシエテ諸島でも語り継がれている。
21. 古代ポリネシア人が航海のよりどころとした自然の目印に頼る航海法の 1 つに、ある特定の星がのぼる点としずむ点を使う「星の羅針盤」がある。古代の移住民たちは、マルキーズ諸島から北に向かうさい、赤道をこえると南十字星 (南方のいくつかの地点を知ることができる星座) が徐々に見えなくなることを発見した。北に向かって航海することは、故郷の陸地を後にするだけでなく、見なれた天空からもはずれることを意味する。つまり、これまでの知識の蓄積が使えなくなるのである。
ハーターは、古代人が果てしない北太平洋に漕ぎだし、長くて過酷な航海をしたのちに海鳥に助けられた話を紹介している (Herter 1993：33)。それによれば、海鳥はカヌーのマストで羽を休めると、北に向かって飛んでいったという。マルキーズからの移住民はすばやく帆をたたんで海鳥を追った。するとまもなく、地平のかなたに島がつくる積雲が見えてきた。その先に、太平洋でもっとも標高の高い巨大な火山が、地上でもっとも大きな楯状火山、標高 4265m のマウナケア山がゆっくりと姿を現わしたのだった。恐れを知らぬ南方の民はマルキーズから 3860km 北にある、最果ての諸島を

発見した。これは探検史上もっとも大きな発見の 1 つであった。

22. アジア、太平洋地帯にはえるユリ科の高木または低木 (コルディリネ属) で葉は束生 (Webster's Dictionary 1990：1232)。
23. Buck 1957：215
24. 同上：215-217, 230
25. 同上：230
26. タヒチからニュージーランドのある南西をめざす時期は、太陰暦の 11、12 月だった。ポリネシアの航海術では、太陽が沈む場所のやや左をめざす (Buck 1943：269)。
27. 1642 年、オランダ人のエイベル・タズマンがニュージーランドを発見した。ヨーロッパ人がニュージーランドを知ったのは、このときが初めてである。マオリ族が交戦的で、景観もさほどよくなかったため上陸はしなかった。その後、1648 年にオランダ東インド会社の地図製作者ヨハン・ブラウによって、ニュージーランドという名がついた (McEvedy 1998：48-49)。
28. ポリネシア人は、探検に出る以前からサツマイモ (Ipomoea batatas) の存在を知っていた。また、サツマイモの原産地である南アメリカ、アンデスでの呼び名「クマラ」も知っていたという (McEvedy 1998：17n；Kirch 2002：241)。サツマイモはアンデス山脈が原産であるため、温帯気候には「すでに適応」していた。そのためニュージーランドの植物が栽培可能な地域では、マオリ族の主要な商取引品となった (Kirch 2002：273, 280)。
29. 当初、マオリ族は慣れ親しんだ食物がなかったため、ニュージーランド固有の、これまで捕食されることのなかった生き物や動物を食べていた。とくに飛べない鳥は無防備だったために数多く捕獲され、ダチョウに似たモア (Dinornis giganteus) は絶滅してしまった (McEvedy 1998：24；Kirch 2002：278)。
30. Buck 1943：276
この手織りが、経糸と緯糸の交差を上下に分け杼口をつくる織り方に発展していく (Mead 1968：9)。
31. カリフォルニア州立カリフォルニア大学ロサンゼルス校 (UCLA) 付設フォーラー文化史博物館所蔵のマオリ族織物展示カタログ (発行年不明)。
32. 同上
33. ピウピウというスカートは、ニュージーランドの衣服のなかで特別な位置を占める。マオリ族の日常着が、伝統的な服からヨーロッパの服に取って代わられるとき、儀式におけるマオリ族らしい衣装をつくろうという動きからできた衣装である。乾燥させた亜麻を筒型にした部品を集め、全体に柄が現われるよう 1 つおきに染色してある (Mead 1968：11)。

【北アメリカ】

1. 今日でも、モンゴル人とアメリカ先住民には、顔の特徴、極北部でトナカイを追うツァータン部族が住むティピー (円錐形のテント小屋)、シャーマニズム信仰など、表層的な類似性がある程度認められる (Mayhew 2001：13)。
2. Mann 2005：151-192
3. 333 ページにある北アメリカ西部の概略地図と添えられた文章の基になっているのは、トム・バーチ著『アメリカ南西

部の先住民部族』(Tom Bahti：*Southwestern Indian Tribes*, Flagstaff, K.C.Publications, 1968：30) である。また、文章はニューズレターに掲載された D・R・Morris 1998 および Mann 2005：151-192 も参考としている。

〈北極圏〉
1. 今日、イヌイットは地方よりもアンカレッジに集中している。総人口は 10 万を超えるほどに増え、現代的な西洋文化に交わる機会が増えたことで生活様式は劇的に変わった (私信：Molly Lee, University of Alaska Museum, November, 1999)。
2. Graburn and Lee 1990：23
3. Schweitzer and Lee 1997：31
4. Weyer 1962：3；Scweitzer and Lee 1997：39
5. Dubin 1999：63；Fitzhugh and Crowell 1988：13
6. Dubin 1999：87
7. Kahlenberg 1998：240
8. 1778 年に、クック船長はこのような日よけを扇子のように「鼻が突き出た」バイザーとよんだ (Maxwell 1978：389)。
9. Paterek 1994：388
10. 同上：387, 409, 419
11. Maxwell 1978：363
12. Paterek 1994：385
13. 同上：405
14. Fitzhugh and Crowell 1988：227
15. Schweitzer and Lee 1997：44
16. Weyer 1962：307
17. Paterek 1994：386
18. Fitzlugh and Crowell 1988：224
19. Paterek 1994：429

〈北西海岸〉
1. Paterek 1994：293
2. Dubin 1999：383
3. 同上：403
4. Paterek 1994：294
5. Joseph 1998：26-27
6. Penney 2004：134
7. Dubin 1999：410
8. 同上：398, 409
9. 同上：410
10. Joseph 1998：29-30； 私信：Aldona Jonaitis, 1999 年 12 月

〈ウッドランド〉
1. Longfellow 1911：9
2. 「イリナコイワ」という言葉はアルゴンキアン族の言葉で、「本物の毒蛇」を意味する *Irinakhoiw* をフランス式に発音［イリナコワ］したものがもとになっているようである (*Webster's Dictionary* 1980：606)。
3. 私信：チェロキー・ホームランド博物館コンサルタントの Dr. John Pohl、1999 年 6 月
4. Lurie and Anderson 1998：6
5. 私信：Dr. Duane King, 1999 年 12 月
6. Dubin 1999：164
7. Paterek 1994：7
8. 同上
9. Dubin 1999：151
10. Paterek 1994：7
11. 私信：Dr. Duane King, 1999 年 12 月
12. Johnson and Hook 1990：43
13. Dubin 1999：164
14. Paterek 1994：8
15. Dubin 1999：277
16. 同上：164

〈大平原〉
1. Chang 1986：421
2. Dubin 1999：238
3. 同上：278
4. 同上：246
5. Paterek 1994：469
6. 同上：85,122
7. Dubin 1999：275
8. 同上：246
9. Paterek 1994：87
10. Dubin 1999：52
11. 同上：256
12. 同上：278
13. 同上：57
14. 同上：272
15. 本文は、アイダホ州フォールリバーのショショーニ・バノック博物館の展示説明より借用した。
16. アン・ローとデーヴィッド・W・リックマンは、アリスのお茶会で、マッド・ハッターがビーバーの山高帽をかぶっていた（私信：Ann Rowe, ワシントン DC テキスタイル美術館；David W. Rickman、デラウェア・パーク・システム、1999 年 11 月）。

〈南西部〉
1. 南西部の環境と、現地の住民に与えられた難題については、Paterek 1996：147 を参照。
2. Teague 1998：21
3. Whitaker 1998：26
4. 同上：16
5. 同上：26

〈メソアメリカ〉
1. メソアメリカという用語は、ある特定の文化圏、同じような生活様式をもつ人々が住む地域を規定している。キルヒホフは、メソアメリカを太平洋岸のシナロアとパヌコ川流域からコスタリカ北西部までたどる、メキシコおよび中央アメリカと定義している (Kirchhoff 1952：23)。東のメキシコ湾岸の境界は、おおよそ現代のタンピコから南のホンデュラスまで伸びる。
2. Anawalt 1981/1990 (*Indian Clothing*)
3. 議論の余地もなく、征服以前のメソアメリカの書籍として現存している 15 冊には、パリ、マドリッド、ドレスデン、グロリアのマヤ絵文書 (コデックス) 4 冊、儀式的書であるボルジア絵文書、コスピ絵文書、ロード絵文書、フェイエールヴァーリ・マイヤー絵文書、ヴァチカン B 絵文書のボルジア・コレクションとされる 5 冊、ミステク族の歴史系図的なボドリ絵文書、ベッケル I、ベッケル II、コロンビーノ絵文書、セルデン絵文書、さらに宗教的な写本であるウィーン絵文書の 6 冊がある。アステカの、ボルボニクス絵文書とマトリクラ・デ・トリブトス絵文書の 2 冊も、スペインとの接触以前のものと考える学者もいる。
4. King 1979：265-266
5. Johnson 1967：191, 217
6. Anawalt 2001：339-344
7. Anawalt 2000：183-203
8. Anawalt 1984：165-193
9. 初期のスペイン人の記録を丹念に読むと、アステカ族の倫理規制を定めた法律の厳しさは、スペイン征服以前の現実というよりも、ノスタルジックな美化が働いていたことがわかる (Anawalt 1980)。この見解の例外となるのは、国家行事で

アステカの支配者が身につけた青と白のケープである [図版 684 参照]。規格化された正装の外套は、着ている者がトルテカ族の直系の血筋であることを端的に示し、家系に受け継がれる紋章の役割を果たした。その血筋は、後期古典期以降の中央メキシコで支配者になるための欠かせない条件だった (Anawalt 1990, 1993, 1996)。
10. Molina 1977：157v
11. 同上：88v
12. Anawalt 1982：37-72
13. 同上
14. Anawalt 1979：170-187
15. Anawalt フィールド・ノート、メキシコ、プエブラ州シエラノルテ・デ・プエブラ。1985 年。
16. クエツァランのものと似通った同様のズボンの縫いしろは、マティアス・グリューネヴァルト作『辱められたキリスト』(1503 年、アルテ・ピナコテーク、ミュンヘン) や、ハンス・ラフォン作『磔刑』(1506 年、ニーダーザクセン州立美術館、ハノーファー) などの 16 世紀絵画にもみられる (私信：ロサンゼルス郡立美術館衣装・織物学芸員 Edward Maeder、1985 年 10 月)。
17. Anawalt 1976, Vol.2：223-235
18. マリアベッキアーノ絵文書の第 70 葉 (folio 70r) には、アステカの聖職者が儀式用のシコイを身につけて人間を生贄に捧げる、血まみれの儀式をする場面が描かれている。
19. Sahagún 1950-1982, Bk.8：75
20. Anawalt 2000：183-203
21. Motolinía 1971：258-259
22. Johnson 1971：163-164
23. Barber 1994：33

【南アメリカ】
〈古代アンデス〉
1. Stone-Miller 1992：13
2. Paul 1990：11
3. 機のヘドルは、経糸を分けて、緯糸を通す隙間をつくる。
4. Conklin 1971：13-19
5. Dwyer 1979：74
ラクダ科の動物のうち、ラマは労働に使われ、アルパカは繊維を提供する。ビクーナの繊維はとくに絹のように滑らかである。ビクーナとグアナコは野生で、家畜化されていないため、かなりの量の絹が使われた (Conklin 1998：118)。ラクダ科の動物はすべてその毛が使われたが、おもに用いられたのはアルパカとビクーナと思われる。
6. アンデスの綿 (*Gossypium barbadense*) は多年生植物で、大きく広がる低木であるが、丈は人より高くなることもある。栽培からほんの 6 か月から 8 か月で収穫を初め、6 年ほどつづけて収穫できる。旱魃や洪水、害虫に強い。また、白・黄褐色・明るい茶色・こげ茶色・灰色がかった藤色の 5 色に育つ (Rowe 1984：18)。
7. 後帯機 (腰機)、直立型、A フレーム、X フレーム、地面に杭を打ち込む水平の機は、いずれも張りを持続する方法がちがう。ほかの構造は、どの型も基本的に同じである (Rowe 1975：30-46)。
8. Stone-Miller 1992：101
9. [図版 714] の布地では、模様の並べ方に単純なパターンはなく、名が残っている個人、家系、場所との関連もみられない (Rowe 1996：453-465)。

10. [図版 715] の貫頭衣は、紀元 600 年から 850 年にかけて広く出まわっており、このような織物には、当時ペルーのほとんどを支配していた高地ワリ族の軍事国家による影響があるようだ (Rowe 1977：31-32)。
ワリ族の時代では、つづれ織りは卓越した技法であり、最高位のための織物として特別にあつかわれた。このような織物が、織り手の顧客がもつ素材と人材を管理する権力を与えるためである。高品質のつづれ織りをつくるには、上質できわめて細い緯糸をぎっしりと詰めて、厚めの綿の経糸を完全に覆わなければならないため、かなりの量の糸が必要とされた。標準的なワリ族の貫頭衣は、9.5 〜 14.5km もの糸が使われた。そこでは明らかに労働効率は問題とならず、優先されたのは、望みどおりのできあがりだった (Stone-Miller 1992：36)。
11. [図版 716] の連続模様の 1 つは、2 匹のからみあう双頭のヘビを描いたものと解釈されている (Conklin 1986：126-127)。もしそうであれば、織物の構造を反映する、アンデスの絵柄の例になる。この種のつづれ織りをつくるには、緯糸は色を変えるときに連続つまりインターロックされて、色分けを際立たせる。構造に隠れていることを外側に反映させる織物の例である (Morris and von Hagen 1993：202)。
12. Rowe 1997：11,32
13. 同上：31
14. 同上：26
15. 同上：27
16. Rowe 1984：144-150
17. Rowe 1997：22
18. 同上：35
19. Bennett 1946：31
20. Rowe 1997：30
21. Paul 1990：23；Rowe 1991：102；Rowe 1997：12
22. Young-Sanchez 1992：43
23. [図版 721] の何人かは、儀式を行っているようにみえる。わらぶきの屋根の下に座る 2 人が、前面に大きく目立って描かれている。どちらも、飾りがついたゴブレットを乾杯するかのように高く掲げている。下では 2 人の織り手が腕を上げ、2 頭の白いラマが生贄にされている。ラマの右には、織り手と思しき人物が機を持ち、その手からは糸巻きがさがり、人間の頭が手首から突きだしている (Donnan 1994：160-161)。
24. [図版 723] では、人がつけている巻いた頭飾りの先に、首級のようなものがついているのが見てとれる。ペルーの中央および南海岸では、切断された頭に金などの飾りがついて埋められているものが多くみつかっている。頭と胴体を別々に埋める慣行は、少なくとも 4000 年前までさかのぼる。首級の描写は、それが神々への供物として使われたか、または殺した敵の力を得ようと集めていた可能性を示す。
25. [図版 725] は、恍惚状態のシャーマンが、頭をそらし、体を弓なりに反らしている様子を何列にも描いている、という解釈がある。パラカスのマントに描かれた、このように入り組んだ絵柄は、縫い目の密度がひじょうに高いために下地がほとんど見えなくなる、ブロックカラーの技法で描かれている (Paul 1990：59, 85-89)。
26. Adelson and Tracht 1983：36-37

〈現代のアンデス〉

1. Owen 1991：98
2. 機のヘドルとは、経糸を分けて杼口という隙間をつくり、そこに緯糸を通す（「古代アンデス」442 ページ、注 3 も参照）。
3. Hoffman 1979：19 24
4. Rowe and Meisch 1998：19
5. 新世界の織物の権威であるアン・ロウが指摘しているように、「合成繊維は、小さい分子が長くつながった高分子化合物で、石油やコールタールの派生物から合成され、1 本の糸の形で押しだされたものである。ポリエステルは 1941 年に発明され、ダクロンなどの商品がある」（Rowe 1998：19-20）。ロウによれば、ポリエステルの毛糸がアンデスの手織りに使われることはあまりないが、機械生産のポリエステルの布からつくられた服は入手でき、また使用も増えている。アクリルは 1950 年に初めて商業生産され、オーロンなどの商品がある。アクリルは工場で染め、糸に紡ぐ。しかし、そのような糸には撚りがないところがある。紡ぎ手はもっと撚りを加えるために再度紡ぐか、2 本を一緒に撚るなどして手織りに向くようにする。アクリルは毛のような風合いをまねているが、鱗屑がないために、よりなめらかでやわらかい。また、一般的に安く、加工をそれほど必要としない。1970 年代から、アクリルの使用がとくに羊毛が不足している地域で増えていることは、驚くことではないという。
6. Meisch 1998：67-73
7. Owen 1991：101-103
8. Frame 1983：21
9. エクアドルのチンボラソ州中央のコルタ地域では、古い型の女性の服装が征服以前の服装にもっとも近く、インカの女性の服に驚くほど似ている。服のおもな要素は、首からくるぶしまで体を包む巻衣である（Miller and Rowe 1998：187）。現代の研究で明らかなように、同じような服装がペルーでも今日まで残っている［図版 743 ページ］。
10. Castañeda León 1981：117-119
11. Meisch 1998：55-57
12. Meisch 1986：246
13. Weismantel 1998：112
14. Adelson and Tracht 1983：59
15. 同上：69
16. 同上：92
17. Meisch 1998：60-61
18. Prochaska 1988：68
19. Adelson and Tracht 1983：32
20. 私信：Ann Rowe、2000 年 7 月
21. Meisch 1998：72
22. Castañeda León 1981：135-136
23. タキレ島の重ねるスカートについては、Prochaska 1998：52 を参照。
24. Weismantel 1998：110
25. Prochaska 1988：50-52
26. 同上：51
27. Owen 1991：99
28. Meisch 1998：72-74

〈アマゾニア〉

1. ダーウィンの引用は Carneiro 1988：73. Mann は、「人類の手によって損なわれていない原始林」に関するダーウィンの想定に異議を申し立てる情報を示している（Mann 2006：315-349）。
2. Carneiro 1988：73
3. Roosevelt 1991：82-85, 87-89,91,95

4. Meggers 1971：3
5. 男性は、女性のハンモックより高い位置に自分のハンモックをかけた。ハンモックは、織るというよりは綯ってつくられ、2 本の直立した棒でできた垂直の機に、縦の糸を輪にしてかけてつくる。経糸の紐を間隔を置いて綿の紐で綯るようにする（Braun 1995：36）。
6. Braun 1995：36
7. Castañeda León 1981：183-185
8. Owen 1991：103-104
9. Kozák et al 1979：408
10. Meggers 1971：45
11. Delgado and Herzog-Schröder 1999：204
12. Braun 1995：85-86
13. Kozák 他 1979：425
14. 私信：Robert L. Carneiro、2000 年 3 月
15. 私信：Robert L. Carneiro、2000 年 6 月
16. Braun 1995：39,60
17. 同上：95
18. カマユラ族の儀式については、アメリカ自然史博物館の“Pulse of the Planet”（Robert L. Carneiro）を参照。www.pulseplaet.com/archive/Aug98/1692.html.
19. Braun 1995：105
20. 私信：Robert L. Carneiro、2000 年 6 月
21. Delgado and Herzog-Schröder 1999：79
22. Braun 1995：108
23. 同上：59
24. 同上：86
25. 私信：Robert L. Carneiro、2000 年 3 月

〈パタゴニア〉

1. McEwan 他 1997：12
2. Darwin 1933：125
3. The New Encyclopedia Britannica 1992：Vol.11：765
4. Darwin 1933：117,130
5. Duviols 1997：129-130
6. Musters 1871：127
7. Cooper 1946a：86；Lothrop 1929：4
8. Cooper 1946b：111
9. Darwin 1933：119
10. Lothrop 1929：4-5, 14
11. Cooper 1946c：144；Lothrop 1929：5
12. Cooper 1946a：87；Cooper 1946c：146
13. Cooper 1946a：88；Cooper 1946b：111
14. Schuster 1961：434-435
   チャールズ・シュースターは、西洋以外の民族の芸術を飾る抽象的な幾何学模様にみられる、系図的な内容と継承の調査におけるパイオニアだった。
15. Prieto 1997：184-185
16. Lothrop 1929：10-11
17. Mena 1997：57
18. Mateo Martinic B 1995：335-340
19. Prieto 1997：175
20. Chapman 1997：82
21. Cooper 1946a：87；Cooper 1946c：146
22. Mateo Martinic B 1997：126
23. 同上：122-124
24. Darwin 1933：132
25. 同上：131
26. 同上：213

【アフリカ】

1. 序文は、ジェアド・ダイアモンド「アフリカの形」（Jared Diamond：“The Shape of Africa” in National Geographic, Vol. 208, No.3, Geographica, National Geographic Society, Washington D.C., 2005）および The New Encyclopedia Britannica 15th edition, “Africa”

Vol.1：131-132, University Chicago Press, Chicago, 1992 に基づく。略地図はアン・ギボンズ「最初期のヒトを求めて」（Ann Gibbons：“In Search of the First Hominids”, Science Vol. 295, Issue 5558, 2002：1214-1219）、コンスタンス・ホールデン「南アフリカの〈イヴ〉」（Constance Holden：“Southern African ‘Eve’ ”, Science, Vol. 286, Issue 5438, 1999：229）、リチャード・G・クレイン「ネアンデルタール人はどこへ行ったか?」（Richard G. Klein：“Whither the Neanderthals?” Science Vol. 299, Issue 5612, 2003：1525-1527）、スペンサー・ウェルズ「地理学的プロジェクト」（Spencer Wells：“The Genographic Project”, in Atlas of the Human Journey National Geographic, Washington, D.C., 2005）による。

〈東アフリカ〉

1. Gillow 2003：157-165
2. 1960 年代、ドイツ人写真家のレニ・リーフェンシュタールは、南東ヌバ族の東方わずか 200km に暮らしているメサキン族やヌバ族とともに何度か一定期間を過ごした。どちらの部族もお互いの存在に気づいていなかった。温和で平和を愛するメサキン族もボディアートを行なっていたが、技術的にも印象的にもさほど発達しなかった。南東ヌバ族と同様、メサキン族も若く健康な体の美しさをたたえ、壮年期には裸で過ごしていた。リーフェンシュタールは彼らの文化について 1973 年の著書『最後のヌバ族』に記録している。5 年後に再びメサキン族を訪れてみると、メサキン族はスーダン政府の役人と接触するようになっていた。政府は裸でいることを恥ずべきこと、未開であることとみなしていたため、メキサン族は自分たちの過去の裸の姿が本の写真に映っていることを恥じた。この再会に落胆したリーフェンシュタールは、野生的で情熱的な南東ヌバ族を探し求めた。南東ヌバ族はスーダン政府の裸体への態度について知った上で、それでもなお裸体で通していた。
3. Faris 1972：21
4. 同上：30
5. 瘢痕形成とは、皮膚の表層部に等間隔に小さな傷をつけることをさす。治ると、小さく盛り上がった傷跡、瘢痕ができる。
6. 傷をつける作業は、人のいないところで行なう。出血してひどく汚染された血液が、農耕器具や鍋、武器など生産的な道具に付着することが許されなかったためである（Faris 1972：32-33）。
7. The New Encyclopedia Britannica 1992, Vol. 17：799
8. Saitoti and Beckwith 1980：30
9. 同上：30
10. Fisher 1984：15
11. 同上：29
12. 同上：35
13. Cole 1974：18
14. 同上：18-19
15. 同上：18
16. Fisher 1984：42
17. 同上：17
18. Cole 1974：17-18

〈南アフリカ〉

1. 1497 年のクリスマスの日、ポルトガル人の航海者で探検家のヴァスコ・ダ・ガマはナタール港の入口（現在のダーバン）

を目にし、ナタールという名をつけたという（The New Encyclopedia Britannica 1992, Vol. 27：632,659）。
2. 自分たちの言語を話すサン族以外、南アフリカの黒人はニジェール・コンゴ語派のベヌエ・コンゴ語群に属するバントゥ語を話す（The New Encyclopedia Britannica 2005, Vol. 11：32）。
3. van Wyk 2003：14（ただし、2. ヨーロッパ「ヨーロッパ民族衣装の伝統」120 ～ 122 ページも参照のこと）
4. コーサ族は今も伝統的な信仰に従っており、日々の祖先崇拝が体や毛布、衣服に使う赤いオーカーに表われている。この粘土は信仰を示すもので、淡いオレンジから濃い赤茶色までさまざまな色がある。コーサの小部族はそれぞれ特定の色の好みがあり、ほかのオーカーは使わない（van Wyk 2003：16）。
5. van Wyk 2003：19
6. バーバラ・ティレルの報告によると、1820 年代初頭に白人の入植者がコーサ族の土地を占拠しはじめた頃、コーサ族の襲撃者は英国人の牧童に近づき、オパールのような輝きを放つボタンをシャツから盗むこともあったという（Tyrrell 1971a：175）。
7. Brottem and Lang 1973：8
8. 同上：11
9. 同上：13
10. van Wyk 2003：27
11. Priebatsch and Knight 1978：24
12. Jolles 1993：52-53
13. 同上：42-43
14. van Wyk 2003：22

〈中央アフリカ〉

1. Heritage 1999：xx, xxvi, 123, 136-137
2. Gillow 2003：181-182, 202
3. 同上：181, 186
4. ヨーロッパ人が 20 世紀後半にアフリカの帝国を解体したとき、新しく形成されたアフリカ諸国の国境は、かつての植民地の境界線をなぞっていた。それはすべて、民族性や慣習、宗教の違いを無視して、ヨーロッパ人統治者が引いた境界線である。その結果、恣意的な境界線が多様な民族に押しつけられ、植民地時代の遺産が内戦や国際戦争へと結びつくこともしばしばあった。
5. クバ族は定住の農耕民として説明されてきたが、地域の川のおもな支流ぞいでは、漁業も農業に匹敵する職業である。王国は 17 ほどの民族グループで構成される（Darish 1989：118）。支配するブショングに加えて、中央のカサイ＝サンクル地域のおもだったグループは、ショーワ、ンゴンゴ、ンゲンデ、フィヤング、ケテである。彼らはすべて、ヤシ繊維のラフィアを使った正装で知られるが、ショーワはとくに刺繍のついたカットパイル・パネルが有名である。現在のクバ王国の政治組織は独立を保って存続しているが、コンゴ民主共和国政府と共存していかなければならない。その結果、クバに捧げものをするのと同様に、コンゴ民主共和国への税の支払いも必要となる（私信：Dr. Patricia Darish、2006 年 2 月）。
6. Coquet 1998：11
7. Adams 1978：34
8. 同上
9. 同上
10. Darish 1989：121

11. 同上：117-118
12. 同上：124-125
13. 同上：126-127
14. Schuster and Carpenter 1986, Vol. Ⅰ, Book
    1：47.（1. ヨーロッパ「先史時代のヨーロッパ」
    81 ページも参照）
15. Darish 1990：180, 186
16. イトゥルの儀式［図版 882 も参照］は、
    王家や役人が庇護者としてのふるまいや
    手の込んだ装束で信望を高める祭りで
    あった。イトゥルは「襲いくる毒蛇」の
    意味で、地域を震えあがらせる危険だが
    高貴な動物にまつわる踊りと劇という祭
    りの趣旨を示す。このテーマはいわゆる
    「ブラック・アフリカ」ではなじみのあ
    るもので、人間が野生動物と出会い、争っ
    たあげく、つねに最後は動物が敗北する
    様子が表現される（Adams 1978：30-31）。
17. Vansina 1964：124（英語翻訳は Monni Adams
    1978：27）
18. Darish 1989：121
19. 同上：121-123
20. Adams 1978：30
21. ムーランはショーワ族女性の刺繍がど
    のようにしてクバのカットパイル地になる
    かを詳細に説明している。「手でやわら
    かくした糸はとても細い。ラフィア繊維
    が分かれているのである。（……）絹糸
    のように弾力性があり細いこともある。
    何本かの繊維をねじって鉄針に通し、刺
    繍をする女性は綿糸をつかみ、その下で
    繊維を引っ張り、1 ～ 3mm の繊維が見
    えるようにする。それから平たいナイフ
    で反対側の綿糸と同じ長さに切る。これ
    によって織りがきつくなり、結び目をつ
    くらなくても均等な繊維の房が真ん中に
    おさまる。高品質のビロードをつくる作
    業は、1 年以上かかることもある。ショー
    ワ族がつくった作品の一部には、連続す
    る刺繍とカットパイルの表面に多彩装飾
    がみられる。刺繍の線にはふつう両側に
    線があり（線の数は変動することもある）。
    （……）繊維は色がついていることもある。
    色の種類は、赤・黄・青・紫、もっと珍
    しいものでは緑などもある。緑の場合
    （酸化銅）以外、植物染料が使われ、1920
    年代以降はヨーロッパ由来の色もみられ
    る。（……）染められた台布で、カットパ
    イルに覆われていないところは（明暗か
    色から全体の色調に添えあう（以下略）」
    （Meurant 1986：137）。
22. Gillow 2003：196
23. Darish 1989：130-131, 136
24. 同上：135
25. 同上：135-138
26. 1980 年代は、クバ織物の生産の危機的時
    期であった。おもに国内消費のための布
    生産から、輸出だけをめざした生産へと
    移行した時期である。この変化はいくつ
    かの大きな影響をもたらした。葬儀のと
    き、布を死者とともに埋めるかわりに、
    遺体からはぎ取って遺族の倉庫に戻すこ
    ともあった。西欧人に売るために、葬儀
    用の織物が墓から盗まれることもあった。
    こうした新しい市場志向により、
    女性だけの手による工芸に、はじめて刺
    繍をするような少年や若い男性までもが
    かかわるようになっただけでなく、パー
    トタイムの活動がフルタイムの職業へと
    移行することになった（Darish 1996：65）。
    このような変化の結果として、有名でも
    うかるラフィアのカットパイル・パネル
    を生産するのは、クバ王国だけではなく

なったのである。現在これらの布は、ク
バの近隣地域や、遠く南アフリカのヨハ
ネスブルグで、「クバ方式」とは異なる
方法で生産されているという（私信：Dr.
Patricia Darish, 2006 年 2 月）。
27. Darish 1989：137

〈西アフリカ〉
1. 西アフリカがヨーロッパの植民地だった
   遺産として、北部と西部のほとんどの国
   ──セネガル、ギニア、コートジボワー
   ル、マリ、ニジェール──では、フラン
   ス語が公用語となっている。一方、南東
   部のガーナやナイジェリアなどの国で
   は、英語が公用語として話されている。
   だが、日常生活では、ヨルバはヨルバ語
   を、ハウサはハウサ語を、ほかの部族は
   その部族の言語を話す。
2. Mabogunje 1976：15
3. 人間の取引が布よりの荷物の取引より利益
   になるとわかると、商人はより金になる
   商品を輸出しはじめた。奴隷としてアメ
   リカ大陸に売られたアフリカ人は、西ア
   フリカでとらえられて船に乗せられた者
   がほとんどである。
4. Heritage 1999：122
5. アシャンティ王オセイ・トゥトゥ（1700
   ～ 30 年）が統治していた時代に、1 人
   の聖職者が純金製のスツールを天国から運
   んできた。そのスツールはそっと王の膝
   におり、アシャンティ国の魂と精神を宿
   しているといわれた。黄金のスツールは
   椅子として使われることはなく、今日ま
   で台座の上に載っている（Ross 1998：31）。
6. Mabogunje 1976：24-25；Ross 1998：20,
   31-33
7. Ross 1998：78, 152
8. 同上：46-47
9. Eicher 1976：1
10. Mabogunje 1976：23；Drewel 1989：13
    18 世紀と 19 世紀の奴隷貿易の影響の 1
    つは、数百万人のヨルバ族がおもにアメ
    リカ大陸──ハイチ、キューバ、トリニ
    ダード、ブラジル──に散らばったこと
    である。ヨルバ族が遅れて大量に到来し
    たことは、新大陸のアフリカ人の芸術的・
    宗教的・社会的生活に、ヨルバの強い特
    徴を浸透させることになった。
11. 藍（インディゴ）研究の権威ジェニー・バ
    ルフォア＝ポールは、藍染めの世界的な
    重要性についてこうまとめている。「19
    世紀後半に発明された合成染料が広く手
    に入るようになったのは、20 世紀になっ
    てからのことだ。それ以前は、4000 年以
    上ものあいだ、染料のほとんどが植物界
    で見つかった天然素材からつくられてい
    た。例外は、重要な赤い昆虫からとる染
    料（ケルメス、コチニール、ラック）、金属
    酸化物、有名な貝紫の染料くらいのもの
    である。（……）藍と密接な関係にある貝
    紫は、化学的には異なる分類となる。
    特別な「インディゴイド」グループを形成
    するが、その生成はひじょうに興味深い
    もので、いまだに有機化学者を悩ませて
    いるほどである。インディゴ（indigo）と
    いう語は、ウォード（woad. ホソバタイセイ）
    を含むさまざまな植物の葉から抽出され
    る青色の物質をさす。（……）藍とウォー
    ドを区別する理由は、ウォードの葉を従
    来の方法で加工すると、吸収性の毛繊維
    を染めるのにちょうどいい、濃度の低い
    藍ができるのに対して、ウォード以外の
    植物を使うと、吸収性の低い綿や亜麻な

どの植物繊維を染めるのに適した濃度の
高い染料ができるからである。だが、化
学的にはどれも同じ藍の青ができる。藍
ほど長いあいだ広い範囲で人類に愛され
てきた染料はない。世界最古の染料の
1 つである藍は、ほかの色には合成染料
が使われるようになった現在でも、最後
の天然染料として存在しつづけている。
（……）錬金術のような方法で天然素材か
ら耐色性のある（媒染剤を必要としない）
青い染料ができることがわかったこと
は、特別な発見だったにちがいない。そ
の衝撃は、今日の多彩色の世界において
は想像がつかないほどである」（Balfour-
Paul 1998：2, 4）。
12. Indigofera tinctoria のほかに、ナイジェリ
    アじゅうに生えている野生のインディゴ
    の種類には、Indigofera arrecta、Indigofera
    sufficotosa、Lonchocarpus cyanescens がある（Eicher
    1976：27-28）。
13. Eicher 1976：65
    アディレの柄の名称については、Borgatti
    1983：31, 32, 33, 59-60 参照。
14. 長いあいだ信仰や情報、交易品を交換し
    てきたナイジェリア北部の伝統は、近年
    まで、外界からほとんど干渉されること
    なく家畜とともに移動してきた、東アフ
    リカの遊牧民の孤立状態とは対照的であ
    る（「東アフリカ」514 ～ 525 ページ参照）。
15. 今日ハウサという語は、スーダン西部お
    よび中部のハウサ語を母語とする人々す
    べてを意味し、とくに言語学的に重要で
    ある（Mabogunje 1976：20）。
16. ハウサ 7 国とは、カノ、カツィナ（14
    世紀のハウサランドの中心）［Adeleye 1976：
    556-559］、ラノ、ザリア、ゴビール、ダ
    ウラ、ビラムをさす。
17. Adeleye 1976：578-579, 601
18. Perani and Wolff 1992：70-71
19. Picton and Mack 1979：189
20. Eicher 1976：83 85, 87
21. 19 世紀半ば、ハウサのカノ市は染め物
    場が推定 2000 か所もあることで知られ
    ていた。ハウサ族は地中に直接丸い穴を
    掘り、穴の内側を昔から建築で使われて
    いたセメントでかためていた（Picton and
    Mack 1979：40, 147）。
22. Picton and Mack 1979：147
    ハウサの男性は、メッカへの巡礼をすま
    せるまでは被り物をつけない。周知のよ
    うに、巡礼はすべてのイスラーム教徒が
    →一生のあいだに行なうものとされてい
    る（Perani and Wolff 1992：76）。
23. Beckwith and van Offelen 1983：17
24. 同上：180-223
25. Eicher 1976：47
26. アクウェテの図柄の名称については、
    Borgatti 1983：54 参照。
27. 1970 年代半ばにアクウェテ族のあいだ
    で暮らした人類学者のリサ・アロンソン
    が、帰国後、自分が注意深くアクウェテ
    織りの伝統について研究・記録していた
    ことが、アクウェテの織り手たちに誤解
    されていたことに気がついた。織り手た
    ちは、彼女が織りの秘密を盗もうとして
    いると思っていたのである。アロンソン
    が悲しげに記している通り、彼女は重い
    ビーターを持ちあげて杼口に差し入れる
    のがやっとで、実際に複雑なアクウェテ
    布の織り方を覚えるどころではなかった
    （Aronson 1982：66）。
28. カットスレッド布の図柄の名称について
    は、Borgatti 1983：56-57 参照。

29. Eicher, Erekosima and Thieme 1982：4

〈北アフリカ〉
1. Heritage 1999：130；Seligman 2006：28
2. Heritage 1999：128
3. Picton and Mack 1979：23-27, 62-67
4. 同上：65
5. Fisher 1984：229-231
6. Ehret 2002：226
7. Seligman 2006：22
8. 同上：25-27
9. Rasmussen 2006：144,148
10. Loughran 2006：188；Rasumussen 2006：
    149
11. Rasumussen 2006：148
12. Loughran 2006：169, 175, 184-185, 189-
    190
13. 同上：189-190
14. Seligman 2006：27

引用・参考文献一覧

＊『 』は単行本（欧文イタリック体）、「 」は論文（欧文 “ ”）、《 》は雑誌ないし論文掲載誌（欧文ローマン体）を示す。

【全般】
エリザベス・J・ウェイランド・バーバー『女性たちの仕事』（Barber, Elizabeth J. Wayland：*Women's Work. The First 20,000 Years. Women, Cloth and Society in Early Times*. New York and London, W. W. Norton, 1994）

フランソワ・ブーシェ『ファッションの 2 万年』（Boucher, François：*20,000 Years of Fashion. The History of Costume and Personal Adornment*. New York: Harry N. Abrams, 1987）

ヴォルフガング・ブルーン＆マックス・ティルケ『衣装の絵画史』（Bruhn, Wolfgang and Max Tilke：*A Pictorial History of Costume. A Survey of Costume of all Periods and Peoples from Antiquity to Modern Times including National Costume in Europe and Non-European Countries*. New York, Frederick A. Praeger, 1955）

『ブリタニカ新百科事典』（*The New Encyclopedia Britannica*. Chicago: University of Chicago, 1992, 2005）

アンドリュー・ヘリティジ（編）『世界地図ミレニアム版』（Heritage, Andrew, editor-in-chief：*World Atlas Millennium Edition*. London, Dorling Kindersley, 1999）

アルベール・ラシネ『衣装の歴史百科事典』（Racinet, Albert：*The Historical Encyclopedia of Costumes*. New York, Facts on File, 1997）

J・M・ロバーツ『図解世界史』（Roberts, J. M.：*The Illustrated History of the World*. 10 Volumes. Alexandria, Va., Time-Life Books, 1998）

フィリス・トートラ＆キース・ユーバンク『歴史的衣装研究』（Tortora, Phyllis and Eubank, Keith：*Survey of Historic Costume*. New York, Fairchild, 1994）

『ウェブスター新学生辞典』（*Webster's New Collegiate Dictionary*. Springfield, Mass., Merriam-Webster, 1973, 1980, 1983, 1990）

【中東】
〈古代近東〉
ジョン・ベーン＆ジャロミル・マレク『古代エジプト地図』（Baines, John and Jaromír Málek：*Atlas of Ancient Egypt*. New York, Facts on File, 1980）

マイケル・バルター「イスラエルの遺跡を破壊する浚渫への緊急批判」（Balter, Michael：”Dredging at Israeli Site. Prompts Mudslinging”, in Science, Vol. 287, 2000, pp. 205–206）

エリザベス・J・W・バーバー『先史時代の織物』（Barber, Elizabeth J. W.：*Prehistoric Textiles. The Development of Cloth in the Neolithic and Bronze Ages with Special Reference to the Aegean*. Princeton, Princeton University Press, 1991）

ハワード・カーター＆A・C・メイス『ツタンカーメン墓の発見』（Carter, Howard and A. C. Mace：*The Discovery of the Tomb of Tutankhamen*. New York, Dover Publications, 1977）

J・E・カーティス＆J・E・リード（共編）『芸術と帝国』（Curtis, J. E. and J. E. Reade, eds.：*Art and Empire. Treasures from Assyria in the British Museum*. New York, Metropolitan Museum of Art, 1995）

トマス・H・フラハーティ（編）『時間の枠』（Flaherty, Thomas H., ed.：*Time Frame. The Enterprise of War*. Alexandria, Va., Time-Life Books, 1991）

リタ・E・フリード＆イヴォンヌ・J・マルコヴィッツ『太陽のファラオ』（Freed, Rita E. and Yvonne J. Markowitz：*Pharaohs of the Sun. Akhenaten, Nefertiti, Tutankhamen*. Boston: Museum of Fine Arts and New York, Bulfinch Press/Little, Brown and Co., 1999）

ロザリンド・ホール『エジプトの織物』（Hall, Rosalind：*Egyptian Textiles*. Aylesbury, Shire Publications, 1986）

ドナルド・P・ハンセン「ウル王墓の芸術略解」（Hansen, Donald P.：”Art of the Royal Tombs of Ur. A Brief Interpretation”, in Zettler and Horne, eds. *Treasures from the Royal Tombs of Ur.* 後掲書、pp. 43–72）

T・G・H・ジェームズ『ツタンカーメン』（James, T. G. H.：*Tutankhamen*. Milan, Friedman/Fairfax, 2000）

リチャード・G・クライン『人類の歩み』（Klein, Richard G.：*The Human Career: Human Biological and Cultural Origins*. Chicago, University of Chicago Press, 1989）

アンドリュー・ロウラー「地下金庫から出土したアッシリアの紛失金細工」（Lawler, Andrew：”Banished Assyrian Gold to Reemerge from Vault”, in Science, Vol. 293, No. 5527, 2001, pp. 42–43）

ホリー・ピットマン「円筒印章」（Pittman, Holly：”Cylinder Seals”, in Zettler and Horne, 後掲書, pp. 75–84）

ジェームズ・B・プリチャード（編）『旧約聖書に記された古代近東の織物』（Pritchard, James B., ed：*Ancient Near Eastern Texts Relating the Old Testament*. Princeton, Princeton University Press, 1991）

G・M・フォーゲルサング＝イーストウッド『ツタンカーメンのワードローブ』（Vogelsang-Eastwood, Gillian M.：*Tutankhamun's Wardrobe*. Rotterdam, Barjesteh van Waalwijk van Doorn & Co's. Uitgeversmaatschappij, 1999）

同『ファラオ時代におけるエジプトの衣装』（Id.：*Pharaonic Egyptian Clothing*. Leiden, New York and Cologne, E. J. Brill, 1993）

リチャード・ツェトラー＆リー・ホーン（共編）『ウル王墓出土の宝物』（Zettler, Richard L. & Lee Horne, eds.：*Treasures from the Royal Tombs of Ur*. Philadelphia, University of Pennsylvania Museum of Archaeology and Anthropology, 1998）

〈アラビア半島〉
トマス・J・アバークロンビー「混乱期にあるイエメンのヴェールを越えて」（Abercrombie, Thomas J.：”Beyond the Veil of Troubled Yemen”, in National Geographic 125 -3, 1964, pp. 402–445）

同「アラビアの乳香を追って」（Id.：”Arabia's Frankincense Trail”, in National Geographic 168 -4, 1985, pp. 474–513）

同「ペルシア湾・安全地帯に生きる」（Id.：”The Persian Gulf: Living in Harm's Way”, in National Geographic 173-5, 1988, pp. 648–671）

マリアンヌ・アリレザ「サウジアラビアの女性たち」（Alireza, Marianne：”WomeNof Saudi Arabia”, in National Geographic 172-4,1987, pp. 423–453）

ジェラルディヌ・ブルックス『欲望の 7 部分』（Brooks, Geraldine：*Nine Parts of Desire: The Hidden World of Islamic Women*. New York, Anchor Books, Doubleday, 1995）

ケイ・ハーディ・キャンベル「歌と踊りの日々」（Campbell, Kay Hardy：”Days of Song and Dance”, in Saudi Aramco World, Saudi Arabia, Jan/Feb 1999, pp. 78–87）

ニコラス・クラップ『シバの女王』（Clapp, Nicholas：*Sheba. Through the Desert in Search of the Legendary Queen*. Boston and New York, Houghton Mifflin Co., 2001）

アン・ヒル、ダリル・ヒル＆ノーマ・アッシュワース『オーマンのスルタン』（Hill, Ann, Daryl Hill and Norma Ashworth：*The Sultanate of Oman: A Heritage*. London and New York, Longman, 1977）

ローランス・ハウスマン『アラビアン・ナイトの物語』（Housman, Laurence：*Stories from The Arabian Nights*. New York, Charles Scribner's Sons, 1907）

アラン・コヘイン『ベドウィン、砂漠の遊牧民』（Keohane, Alan：*Bedouin. Nomads of the Desert*. London, Kyle Cathie, 1999）

サンドラ・マッキー『サウジアラビア人』（Mackey, Sandra：*The Saudis. Inside the Desert Kingdom*. Boston, Houghton Mifflin Co.,1987；paperback London, Signet, Penguin Group, 1990）

同『情熱と政治』（Id.：*Passion and Politics. The Turbulent World of the Arabs*. New York, Plume, Penguin Books, USA, 1992）

『イスラームの 3 月』（*The March of Islam, Timeframe a.d. 600–800*. Alexandria, Va., Time-Life Books, 1988）

ティエリ・モージェ『発見されたアジール』（Mauger, Thierry：*Undiscovered Asir*. London, Stacey International, 1993）

W・D・ペイトン『古代オーマン』（Peyton, W. D.：*Old Oman*. London, Stacey International, 1983）

ジェームズ・B・プリチャード（編）『旧約聖書に記された古代近東の織物』、前掲書

ヘザー・コルイヤー・ロス『アラビアの衣装芸術』（Ross, Heather Colyear：*The Art of Arabian Costume. A Saudi Arabian Profile*. Studio City, Calif., Empire Publishing Service/Players Press, 1994）

《サウジ・アラムコ・ワールド》（Saudi Aramco World, Vol. 50, No. 1. Dhahran, Saudi ArabiaNoil Company, Jan/Feb 1999）

《 サウジ・ガゼット 》（Saudi Gazette. *Janadriya, 16th National Heritage and Folk Culture Festival*. Al Watania Consolidation Distribution Company, January 17, 2001）

リチャード・トレンチ『アラビアの旅行者たち』（Trench, Richard：*Arabian Travellers*. Topsfield, Mass., Salem House, 1986）

〈地中海東部〉
トマス・J・アバークロンビー「剣と説教」（Abercrombie, Thomas J.：”The Sword and the Sermon”, in National Geographic, July, 1972, pp. 3–43）

エシン・アティル『スレイマン大帝の時代』（Atil, Esin：*The Age of Sultan Süleyman the Magnificent*. New York: Harry N. Abrams, 1987）

バーヴァリー・チコ「ユダヤ教とイスラーム教における男女のかぶり物伝統」（Chico, Beverly. “Gender Headwear Tradition in Judaism and Islam”, in Dress: The Annual Journal of the Costume Society of America, Vol. 27 ,2000, pp. 18–36）

リチャード・エッティングハウゼン『アジアの宝物。アラブ絵画』（Ettinghausen, Richard：*Treasures of Asia. Arab Painting*. Cleveland, Editions d'Art Albert Skira, The World Publishing Co., 1962）

ジェイコブ・M・ランダウ『アブドゥル＝ハミド時代のパレスティナ』（Landau, Jacob M.：*Abdul-Hamid's Palestine*. London, André Deutsch, 1979）

カレン・シーガー（編）『あるパレスティナの村のポートレート』（Seger, Karen, ed.：*Portrait of a Palestinian Village. The Photographs of Hilma Granqvist*. London, The Third World Center for Research and Publishing, 1981）

ヴィヴィエンヌ・シルヴァー＝ブロディ『夢の記録者』（Silver-Brody, Vivienne：*Documentors of the Dream. Pioneer Jewish Photographers in the Land of Israel 1890–1933*. Jerusalem, Magnes Press, Hebrew University, 1998）

イェディダ・カフォン・スティルマン『パレスティナの衣装と宝石』（Stillman, Yedida Kafon：*Palestinian Costume and Jewelry*. Albuquerque, University of New Mexico Press, 1979）

パルス・トゥグラティ『オスマン・トルコの宮廷女性たち』（Tuglaci, Pars：*The Ottoman Palace Women*. Istanbul, Cem Yayinevi, 1985）

シーラ・ウィア『パレスティナの衣装』（Weir, Shelagh：*Palestinian Costume*. Austin, University of Texas Press, 1989）

〈イラン高原〉
ジョアン・アルグローヴ『イランのカシュカイ族』（Allgrove, Joan：*The Qashqai of Iran*. World of Islam Festival, 1976. Manchester, Whitworth Art Gallery, University of Manchester, 1976）

ロイス・ベック『イランのカシュカイ族』（Beck, Lois：*The Qashqai of Iran*. New Haven and London, Yale University Press, 1986）

マヌシル・ファルマニアン＆ロクサンヌ・ファルマニアン『血と石油』（Farmanian, Manucher and Roxanne Farmanian：*Blood and Oil. Inside the Shah's Iran*. New York, World Library, 1997）

ウィリアム・グレーヴズ「奇跡の砂漠イラン」（Graves, William：”Iran, Desert Miracle”, in National Geographic 147 -1, pp. 2–47）

『国宝案内』（*Guide for Treasury of National Jewels*. Tehran, Central Bank of the Islamic Republic of Iran, 1999）

テレンス・オドネル「ペルシアの 25 世紀」（O'Donnell, Terence：”Twenty-Five Centuries of Persia”, in Horizon, Vol. 5, No. 3, 1963, pp. 40–72）

ジェニファー・M・スケアス『イランおよびトルコの部族・都市から見た中東の衣装』（Scarce, Jennifer M.：*Middle Eastern Costume from Tribes and Cities of Iran and Turkey*. Edinburgh, Royal Scottish Museum, 1981）

ジャヴァド・ヤサヴォリ『素晴らしきイランの大地』（YassaVoli, Javad：*The Fabulous Land of Iran: Colorful and Vigorous Folklore*. Tehran, YassaVoli Productions, 2001）

【ヨーロッパ】
〈先史時代のヨーロッパ〉
ジェイムズ・M・アドヴァシオ、O・ソファー＆B・クリマ「旧石器時代の繊維加工技術」（Adovasio, J. M., O. Soffer and B. Klima：”Paleolithic Fiber TechNology. Data from Pavlov I, ca. 26,000 B. P., in Antiquity, 70, 1996, pp. 526–34）

ナタリー・アンジェ「衣服ではなく、夜のための毛皮は石器時代の味方だった」（Angier, Natalie：”Furs for Evening but Cloth was the Stone Age Standby”, in The New York Times, December 14, 1999, D1–D2）

マイケル・バトラー「始原芸術の新たな考察」（Balter, Michael.：”New Light on the Oldest Art”, in Science, Vol. 283, 1999, pp. 920–922）

同「明らかになった石器時代の芸術家もしくは芸術愛好者たち?」（Id.：”Stone Age Artists—or Art Lovers—Unmasked?”, in Science, Vol. 294, 2001, p. 31）

エリザベス・J・W・バーバー『先史時代の織物』（Barber, Elizabeth J. W.：*Prehistoric Textiles: The Development of Cloth in the Neolithic and Bronze Ages with Special Reference to the Aegean*. Princeton, Princeton University Press, 1991）

同「古代東ヨーロッパの結婚装束考」（Id.：”On the Antiquity of East European Bridal Clothing”, in Folk Dress in Europe and Anatolia. Beliefs About Protection and Fertility, ed. Linda Welters, 13–32. Oxford and New York, Berg, 1999.）

エリザベス・カロッタほか「人間の進化―移住」（Culotta, Elizabeth, Andrew Sugden, Brooks Hanson, S. H. Ambrose, Michael Balter, R. L. Cann, Ann Gibbons, Elliot Marshal, M. P. H. Stumpf and D. B. Goldstein. “Human EVolution: Migrations”, in Science, Vol. 291, 2001, pp. 1721–1753）

マーガレーテ・ハルズ「沼沢地や墓壙から出土した古代デンマークの織物」（Hald, Margrethe：”Ancient Danish Textiles from Bogs and Burials: A Comparative Study of Costume and Iron Age Textiles” (trans. JeaNolsen). Archaeological-historical series, Vol. 21. National Museum of Denmark, Copenhagen, 1980, p. 55）

アンドレ・ルロワ＝グーラン『西ヨーロッパの先史時代人芸術』（Leroi-Gourhan, André：*The Art of Prehistoric Man in Western Europe*. London and New York, Thames & Hudson, 1968）

ドナルド・R・モリス「最初のヨーロッパ人」（Morris, Donald R.：”The First Europeans”, in Newsletter. Weekly News, Analysis and Comment, Vol. XII, No. 49, pp. 3–4. Houston, Trident Syndicate, 2000）

カール・シュスター＆エドムンド・カーペンター『古代部族芸術の社会的象徴体系研究資料』（Schuster, Carl and Edmund Carpenter：*Materials for the Study of Social Symbolism in Ancient and Tribal Art. A Record of Tradition and Continuity*, Vol. 1. New York, Rock Foundation, 1986）

ナンシー・シュート「われわれはどこから来たのか」（Shute, Nancy：”Where We Come From. Recent Advances in Genetics are Starting to Illuminate the Wanderings of Early Hunters”, in U.S. News & World Report, January 29, 2001, pp. 34–41）

オルガ・ソファ、ジェイムズ・M・アドヴァシオ＆デイヴィッド・C・ハイランド「ヴィーナス小像」（Soffer, O.,

J. M., Adovasio and D. C. Hyland : "The Venus Figurines. Textiles, Basketry, Gender, and Status in the Upper Paleolithic", in *Current Anthropology*, Vol. 41, No. 4 ,2000, pp. 511–537)

〈古典時代のヨーロッパ〉
エリザベス・J・W・バーバー『先史時代の織物』、前掲書
同「女神アテナのペプロス」（Id. : "The Peplos of Athena", in *Goddess and Polis. The Panathenaic Festival in Ancient Athens*, ed. Jenifer Neils. Princeton, Princeton University Press, 1992）
同『古代東ヨーロッパの結婚衣装考』、前掲書
ラリッサ・ボンファンテ『エトルスクの衣服』（Bonfante, Larissa : *Etruscan Dress*. Baltimore and London, The John Hopkins University Press, 1975）
ジャレド・ダイアモンド『銃・病原菌・鉄』（Diamond, Jared : *Guns, Germs and Steel*. New York, W. W. Norton, 1997；倉骨彰訳、2 巻、草思社、2000 年）
リチャード・ガーゲル「地誌的指標としての衣装」（Gergel, Richard A. : "Costume as Geographic Indicator: Barbarians and Prisoners on Cuirassed Statue Breastplates", in Sebesta and Bonfante, 後掲書，pp. 191–209）
ノーマ・ゴールドマン「ローマの着衣復元」（Goldman, Norma : "Reconstructing Roman Clothing", in Sebesta and Bonfante, 後掲書, pp. 213–237）
イヴリン・B・ハリソン「ダイダロスの衣装に関するノート」（Harrison, Evelyn B. : "Notes on Daedalic Dress", in *Journal of the Walters Art Gallery* ,36 ,1977, pp. 37–48）
ロバート・クンツィグ「最古のオデュッセイア」（Kunzig, Robert : "The Earliest Odyssey: Scientists Trace Prehistoric Farmers' Epic Voyage of Colonization", in *U.S. News & World Report*, April 8, 2002）
レティティア・ラ・フォレット「ローマの結婚衣裳」（La Follette, Laetitia : "The Costume of the Roman Bride", in Sebesta and Bonfante , pp. 54–64）
ブルニルド・シスモンド・リッジウェイ「ペプロス姿のコレー像。アクロポリス・コレクション 679」（Ridgway, Brunilde Sismondo : "ThePeplos Kore, Akropolis 679", in *Journal of the Walters Art Gallery* , 36 ,1977, pp. 49–61）
J・M・ロバーツ『ヨーロッパ史』（Roberts, J. M. : *A History of Europe*. New York and London, Allen Lane, Penguin Press, 1996）
ユディス・セバスタ＆ラリサ・ボンファント（編）『ローマの衣装世界』（Sebesta, Judith Lynn and Larissa Bonfante, eds. : *The World of Roman Costume*. Madison: University of Wisconsin Press, 1994）
シェリー・ストーン「トーガ」（Stone, Shelley : "The Toga: From National to Ceremonial Costume", in Sebesta and Bonfante, 後掲書, pp.13–45）
アン・M・スタウト「ローマ帝国における地位の象徴としての宝石」（Stout, Ann M. : "Jewelry as a Symbol of Status in the Roman Empire", in Sebesta and Bonfante, 後掲書, pp. 77–100）

〈ヨーロッパ民族衣装の伝統〉
ピーター・アンダーソン『カロデンムーアと戦闘岬およびクレイヴァのストン・サークルと積石遺構に関する記述』（Anderson, Peter :*Culloden Moor and Story of the Battle with DescriptioNof the Stone Circles and Cairns at Clava*. Inverness, William Mackay & Son, 1920）
エリザベス・J・W・バーバー「古代東ヨーロッパの結婚衣装考」、前掲書
M・E・バーケット「フェルトつくりの技術」（Burkett, M. E. *The Art of the Felt Maker*. Kendal, Cumbria, Abbot Hall Art Gallery, 1979）
ジョン・テルファー・ダンバー『ハイランド地方の衣服史』（Dunbar, John Telfer : *History of Highland Dress*. Edinburgh and London, Oliver & Boyd, 1962）
フランツ・ガウル『オーストリアとハンガリーの国民的衣装』（Gaul, Franz. *Osterreichisch-Ungarische National Trachten*. R. Lechner's K. K. Hof und Universitäts-Buchhandlung, ca. 1880）
マリア・ギンブタス『生きている女神』（Gimbutas, Marija : *The Living Goddesses*, edited and supplemented by Marian Robbins Dexter. Berkeley, Los Angeles and London, University of California Press, 2001）
エリック・ホブズボーム＆テレンス・ランガー『創られた伝統』Hobsbawm, Eric, and Terence Ranger, eds. : *The InventioNof Tradition*. Cambridge, Cambridge University Press, 1983；paperback 1992；前川啓治、梶原景昭 ほか訳、紀伊國屋書店、1992 年）。
メアリー・ケリー『東ヨーロッパの女神像刺繍』（Kelly, Mary B. : *Goddess Embroideries of Eastern Europe*. New York, Studio Books, 1996）
同「カルパティア人の生きている織物」（ Id. : "Living Textile Traditions of the Carpathians", in Welters, ed., 後掲書, pp. 155–178）
ヴェツィオ・メラガリ『世界の大連隊』（Melegari, Vezio : *The World's Great Regiments*. London, Spring Books, 1972）
プリス・モルガン「死から展望へ」（Morgan, Prys : "From a Death to a View: The Hunt for the Welsh Past in the Romantic Period", in Hobsbawm and Ranger, 『創られた伝統』前掲書, pp. 43–100；前川啓治・長尾史郎訳）
シーラ・ペイン『刺繍織物』（Paine, Sheila : *Embroidered Textiles. Traditional Patterns from Five Continents*. London, Thames & Hudson, 1990）
同『金の群れ』（ Id. : *The Golden Horde: Travels from the Himalaya to Karpathos*. London, Penguin, 1999）
F・G・ペイン『ウェールズの農民衣装』（Payne, F. G. : *Welsh Peasant Costume*. Cardiff, National Museum of Wales, Welsh Folk Museum, 1964. Reprinted from *Folk Life, the Journal for Folk Life Studies*, Vol. II , Cardiff, 1969）
ルタ・サリクリス「リトアニアの民族衣装と民俗学のダイナミックな関係」（Sakliris, Ruta : "The Dynamic Relationship between Lithuanian National Costumes and Folk Dress", in Welters, 後掲書 , pp. 211–234）
カール・シュスター＆アドムンド・カーペンター『古代部族芸術の社会的象徴体系研究資料』（Schuster, Carl and Edmund Carpenter : *Patterns that Connect. Social Symbolism in Ancient & Tribal Art*. New York, Harry N. Abrams, 1996）
ジェームズ・スノードン『ヨーロッパの民俗衣装』（Snowden, James : *The Folk Dress of Europe*. New York, Mayflower Books, 1979；石山彰訳、文化出版局、1982 年）
ナタリア・ソスニア『ロシアの民衆服』（Sosnina, Natalia. *Russkii narodnyi kostium*. Leningrad: Khudozhnik RSFSR, 1984）
ロータス・スタック『装飾布 ― 刺繍』（Stack, Lotus : *The Decorative Thread. Embroidery*. Minneapolis, The Minneapolis Institute of Arts, 1990）
アンタナス＆アナスタシア・タモサイティス『リトアニアの民族衣装』（Tamosaitis, Antanas and Anastasia. *Lithuanian National Costume*. Toronto: Lithuanian Folk Art Institute, 1979）
マックス・ティルケ『東ヨーロッパ、アフリカ、アジアの民族衣装』（Tilke, Max : *National Costumes from East Europe, Africa and Asia*. New York, Hastings House, 1978）
ヒュー・トレヴァー＝ローパー「伝統の捏造」（Trevor-Roper, Hugh : "The InventioNof Tradition. The Highland TraditioNof Scotland", in Hobsbawm and Ranger 『伝統の創造』、前掲書, pp. 15–41；梶原景昭訳）
「ウェールズの農民服」（"Welsh Peasant Costume", 1969, reprinted from *Folk Life. The Journal for Folk Life Studies*, Vol. II (1964) , Cardiff）
リンダ・ウェルターズ「序 文 ― 民俗服、超自然的信仰、身体」（Welters, Linda : "Introduction. Folk Dress, Supernatural Beliefs and the Body", in *Folk Dress in Europe and Anatolia. Beliefs About Protection and Fertility*," ed. Linda Welters. Oxford and New York, Berg, 1999）
パトリシア・ウィリアムズ「スロヴァキアの通過儀礼におけるショールと帽子」（Williams, Patricia : "Shawl and Cap in Slovak Rites of Passage", in Welters, ed., *Folk Dress in Europe and Anatolia* , op. cit., pp. 135–154）

【中央アジア】
〈モンゴル〉
ミシグドリイン・アムガラン『西モンゴルの文化的モニュメント』（Amgalan, Mishigdorjyn : *The Cultural Monuments of Western Mongolia* . Trans. N. Dorjgotov, Ulaanbaatar, Monsudar, 2000）

エリザベス・J・W・バーバー『ウルムチのミイラ』（Barber, Elizabeth J. W. : *Mummies of Ürümchi*. New York and London, W. W. Norton, 1999）
M・E・バーケット「フェルトづくりの技術」、前掲書
ヘニー・ハーラル・ハンセン「モンゴルの衣装」（Hansen, Henny Harald : *Mongol Costumes*. The Carlsberg Foundation's Nomad Research Project, Thames & Hudson and Rhodos International Science and Art Publishers, 1950 / 1994）
マイケル・ハーナー＆サンドラ・ハーナー「シャーマンの中心的治療行為」（Harner, Michael and Sandra Harner : "Core Practices in the Shamanic Treatment of Illness", in *Shamanism*, Vol. 13, Nos. 1 & 2 , 2000, pp. 19–30）
ワルター・ハイシッヒ＆ドミニク・デュマ『モンゴルのモンゴル人』（Heissig, Walther and Dominique Dumas : *The Mongols Die Mongolen*. Innsbruck, Pinguin-Verlag and Frankfurt am Main, Umschau-Verlag, 1995）
アダム・T・ケスラー『万里の長城の向こうにある帝国』（Kessler, Adam T. : *Empires beyond the Great Wall. The Heritage of Genghis Khan*. Los Angeles, Natural History Museum of Los Angeles County, 1993）
ブラッドリー・メイヒュー『モンゴル』（Mayhew, Bradley : *Mongolia*. Melbourne, Oakland, London and Paris, Lonely Planet Publications, 2001）
「モンゴルの長」（"Mongolian Big Daddy", in *Science*, Vol. 299, 2003）
Ts・ナラントゥヤ『モンゴルの 1 日』（Narantuya, Ts : *One Day of Mongolia*. Ulaanbaatar, Zanabazar Museum of Fine Arts, 2002）
ジョン・E・ヴォルマー『龍の玉座の前で』（Vollmer, John E. *In the Presence of the Dragon Throne. Ch'ing Dynasty Costume 1644–1911 in the Royal Ontario Museum*. Toronto, Royal Ontario Museum, 1977）

〈シルクロード〉
E・J・W・バーバー「布と衣類の古ィンド＝ヨーロッパ的概念」（Barber, E. J. W. : "The PIE NotioNof Cloth and Clothing", in *The Journal of Indo-European Studies*, Vol. 3 /4, 1975, pp. 294–320）
同『ウルムチのミイラ』、前掲書
ヴァレリア・ベリンスタイン「中央アジア」（Berinstain, Valeria : "Central Asia", in *Asian Costumes and Textiles from the Bosphorus to Fujiyama. The Zaira and Marcel Mis Collection*. Milan, Skira, 2001）
ケイト・フィッツ・ギボン＆アンドリュー・ヘイル（Fitz Gibbon, Kate and Andrew Hale : *Ikat. The Guido Goldman Collection*. London, Laurence King, 1997）
ジャネット・ハーヴェイ『中央アジアの伝統的織物』（Harvey, Janet : *Traditional Textiles of Central Asia*. London and New York, Thames & Hudson, 1996）
ピーター・ヘスラー「万里の長城を追いかけながら」（Hessler, Peter : "Chasing the Great Wall", in *National Geographic*, Jan., 2003, 1, pp. 3–33）
ヨハネス・カルター『トルキスタンの芸術と工芸』（Kalter, Johannes : *The Arts and Crafts of Turkestan*. London and New York, Thames & Hudson, 1984）
同＆マルガレータ・パヴァロワ（編）『シルクロードの後継者ウズベキスタン』（Id.and Margareta Pavaloi, eds. *Uzbekistan. Heirs to the Silk Road*. London and New York, Thames & Hudson, 1997）
ジェームズ・モリス「シルクロード」（Morris, James : "The Silk Road", in *Horizon. A Magazine of the Arts*, Autumn, Vol. IX -4, 1967, pp. 4-23）

【東アジア】
〈中国〉
ダニエル・ハーパーほか『中国』（Harper, Damian et al. *China*. Victoria, Lonely Planet Publications, 2002）
フィラ・マックダニエル「中国貴州地方ミャオ族の金属織り」（McDaniel, Phila : "Miao Metal Weaving of China's Quizhou Province", iNornament, *The Art and Craft of Personal Adornment*, Vol. 26, No. 1, pp. 74–77）
『銀と絹』（*Silver and Silk: Textiles and Jewelry of Guizhou, China*. San Diego: Mingei International Museum, 2002）
ケヴィン・シンクレア『中国の忘れられた部族』（Sinclair, Kevin : *The Forgotten Tribes of China*. London, Merehurst Press, 1987）
ジョナサン・D・スペンス『近代中国を求めて』（Spence, Jonathan D. : *The Search for Modern China*. 2nd edition. New York and London, W. W. Norton, 1999）
ジョン・E・ヴォルマー『龍の玉座の前で』、前掲書
同『龍の玉座からの統治』（Id. : *Ruling from the Dragon Throne*. Berkeley, CA, The Ten Speed Press, 2002）
同『玉座と祭壇のためのシルクロード』（Id. : *Silks for Thrones and Altars*. Paris, Myrna Myers, 2003）
スペンサー・ウェルズ『人間の旅』（Wells, Spencer : *The Journey of Man: A Genetic Odyssey*. Princeton, Princeton University Press, 2003）
周汛＆高春明『中国五千年女性装飾史』（Xun, Zhou, and Gao Chunming : *5000 Years of Chinese Costumes*. Hong Kong, The Commercial Press. English ed. first published 1987 by China Books & Periodicals, San Francisco, 1984）
トーレ・ゼッテルホルム『中国。人間の夢か』（Zetterholm, Tore : *China. The Dream of Man*. Stamford, CT, Ridgeway Editions, 1977）

〈朝鮮〉
スーザン・S・ビーン＆フレデリック・A・シャ フ「ピーボディ・エセックス博物館韓国コレクション」（Bean, Susan S. and Frederic A. Sharf. *The Korean CollectioNof the Peabody Essex Museum*. Salem, MA: Peabody Essex Museum, 1999）
スヌ（Choi, Sunu : *Paintings of Korea*. Seoul, Dosan Publishing Co., 1981）
ジャレド・ダイアモンド「日本人のルーツ」（Diamond, Jared : "Japanese Roots", in *Discover*, June, 1998, pp. 86–94）
『伝統衣装展覧会カタログ』（*ExhibitioNon Traditional Costumes*. ASEM III Hanbok Festival, October 20–21, 2000）
マチュー・グレヴィッチ「韓国の日本への影響は長いあいだ否定されていた文化的負債である」（Gurewitsch, Matthew : "Korea's Influence on Japan is a Cultural Debt long denied", in *The Wall Street Journal*, May 27, 2003）
ホーマー・B・ハルバート『韓国を旅して』（Hulbert, Homer. B : *The Passing of Korea*. London, William Heinemann Co., 1909）
ピーター・ヒュン『韓国入門』（Hyun, Peter : *Introducing Korea*. Seoul, Jungwoosa, 1979）
『各時代における韓国の衣装』（*Korean Costumes through the Ages. Commemorating the Centennial of Korean Immigration to the United States*. Seoul, National Folk Museum of Korea, 2003）
ロータス・スタック『装飾布―刺繍』、前掲書
ロバート・ストレイ＆ウンギョン・パク『韓国』（Storey, Robert and Eunkyong Park : *Korea*. Melbourne, Oakland, London, Paris, Lonely Planet Publications, 2001）
『韓国へようこそ』（*Welcome to Korea*. Korea Noverseas Information Service, 2002）
サニー・ヤン『韓服』（Yang, Sunny : *Hanbok: The Art of Korean Clothing*. New Jersey, Hollym, 1997）

〈日本〉
ライザ・クリフィールド・ダルビー『着物』（Dalby, Liza Crihfield : *KimoNo. Fashioning Culture*. New Haven and London, Yale University Press, 1993）
ジャレド・ダイアモンド「日本人のルーツ」（Diamond, Jared : "Japanese Roots", in *Discover*, June, 1998, pp. 86–94）
デイル・キャロリン・グラックマン＆シャロン・サカド・タケダ「芸術がファッションになったとき」（Gluckman, Dale Carolyn and Sharon Sadako Takeda : *When Art became Fashion. Kosode in Edo-Period Japan*. Los Angeles, Los Angeles County Museum of Art, 1992）
マチュー・グレヴィッチ「韓国の日本への影響は長いあいだ否定されていた文化的負債である」前掲書
ドナルド・キーン『日本に生きて』（Keene, Donald : *Living Japan*. Garden City, NY, Doubleday & Company, 1959）

アラン・ケネディー『日本の衣装』(Kennedy, Alan. *Japanese Costume. History and Tradition*. Paris, Éditions Adam Biro, 1990)

小林忠『浮世絵』(Kobayashi, Tadashi : *Ukiyo-e*. Trans. Mark A. Harbison. Tokyo, New York and San Francisco, Kodansha International, 1982a.)

同『歌麿』(Id. : *Utamaro* . Trans. Mark A. Harbison. Tokyo, New York and San Francisco, Kodansha International, 1982b)

マリリー・A・ピープルズ『美装。日本の衣服 1700 − 1926 年』(Peebles, Merrily A. *Dressed in Splendor. Japanese Clothing 1700–1926*. Santa Barbara, Santa Barbara Museum of Art, 1987)

ウィリアム・ジェイ・ラスバン編『七夕の橋を越えて』(Rathbun, William Jay, ed. *Beyond the Tanabata Bridge. Traditional Japanese Textiles*. Thames & Hudson in association with the Seattle Art Museum, 1993)

クリス・ローソンほか『日本』(Rowthorn, Chris, John Ashburne, David Atkinson, Andrew Bender, Sara Benson and Craig McLachlan : *Japan*. Melbourne, Oakland, London, Paris, Lonely Planet Publications, 2003)

マリオン・シケル『日本』(Sichel, Marion : *Japan .National Costume Reference*. London, B. T. Batsford, 1987)

アマンダ・メイヤー・スティンチカム「沖縄の織物」(Stinchecum, Amanda Mayer : "Textiles of Okinawa," in Rathbun, ed., op. cit., pp. 75–90)

シャロン・サカド・タケダ『奇跡と悪戯。日本の能と狂言』(Takeda, Sharon Sadako, in collaboration with Monica Bethe : *Miracles and Mischief. Noh and Kyogen Theater in Japan*. Los Angeles, Los Angeles County Museum of Art, 2002)

サニー・ヤン&ロシェル・M・ナラシン『日本の織物芸術』(Yang, Sunny and Rochelle M. Narasin : *Textile Art of Japan*. Tokyo, ShufuNotomo Co., 2000)

【南アジア】

〈インド〉

グレゴリー・J・アドコックほか「人類の起源と古生人類の DNA」(Adcock, Gregory J., Elizabeth S. Dennis, Simon Easteal, Gavin A. Huttley, Lars S. Jermin, W. James Peacock and Alan Thorne : "HumaNorigins and Ancient Human DNA", in *Science*, Vol. 292, 2001, pp. 1655–1656)

チャールズ・アレン『仏陀探究』(Allen, Charles : *The Search for Buddha.The Men who Discovered India's Lost Religion*. New York, Carroll & Graf, 2003)

W・G・アーチャー『エドウィン・ビネイ収蔵品のラジプート細密画』(Archer, W. G. *Rajput Miniatures from the CollectioNof Edwin Binney, 3rd*, Portland, Portland Art Museum, 1968)

シャンタル・ブーランジェ『サリ』(Boulanger, Chantal : *Saris. An Illustrated Guide to the Indian Art of Draping*. New York, Shaki Press International, 1997)

リタ・カプール・クリスティ『インドのサリー』(Chishti, Rta Kapur : *Saris of India. Bihar and West Bengal*. New Delhi, Amr Vastra Kosh, 1995)

エルソン・G・ヴィッキー『カッチからの婚資。インド女性の民俗芸術伝統』(Elson, Vickie G. : *Dowries from Kutch. A Women's Folk Art Tradition in India*. Los Angeles, UCLA Fowler Museum of Cultural History, 1979.)

ジュディ・フレイター『アイデンティティの糸。遊牧民ラバリの刺繍と装飾品』(Frater, Judy : *Threads of Identity. Embroidery and Adornment of the Nomadic Rabaris*. Mapin Publishing in association with Timeless Books, India, 2003)

アン・ギボンズ「アフリカからの移住民を祖先とする現代人」(Gibbons, Anne : "Modern Men Trace Ancestry to African Migrants", in *Science*, Vol. 292, 2001, pp.1051–1052)

ステファン・ハイラー『描かれた祈り。農村インドの女性芸術』(Huyler, Stephen P. : *Painted Prayers: Women's Art in Village India*. New York, Rizzoli, 1994)

『インド』(*India*. D.K. Eyewitness Travel Guides. London, New York, Delhi, Munich, Melbourne, Dorling Kindersley, 2002)

モハン・コーカル『インド舞踊の素晴らしさ』(Khokar, Mohan : *The Splendours of Indian Dance*. New Delhi, Himalayan Books, 1985)

リトゥ・クマール『王朝インドの衣装と織物』(Kumar, Ritu. *Costumes and Textiles of Royal India*. London, Christie's Books, 1999)

スディップ・マズマダル&ロン・モロー「どうぞ、もっと奇跡を」(Mazumdar, Sudip and Ron Moreau : "More Miracles, Please. The First One is that 'Mr. Credibility' Now Leads India", in *Newsweek*, May 31, 2004, Vol. CXLIII, No. 22, p. 50)

ヨーゼフ・シュヴァルツベルク (編)『南アジア歴史地図』(Schwartzberg, Joseph E., ed. : *A Historical Atlas of South Asia*. Oxford and New York, Oxford University Press, 1992)

著者不明「地球の裏側の道を辿って」("Tracing the Road down Under" [author Not given], in *Science*, Vol. 302, 2003, p.555)

アルチャナ・シャンカル『カジュラホとオルチャ』(Shankar, Archana : *Khajuraho, Orchha*. New Delhi, Lustre Press, Roli Books, 1997)

ロミラ・ターパル『インド史』(Thapar, Romila : *A History of India*, Vol. 1. Penguin Books, 1968)

同『ペンギン版初期インド史――起源から紀元 1300 年まで』(Id. : *The Penguin History of Early India from the Origins to a.d. 1300*. New Delhi, Penguin Books, 2002, pp. 225–244)

オビ・ウントラクト『インドの伝統的宝石』(Untracht, Oppi : *Traditional Jewelry of India*. London, Thames & Hudson, 1997)

スペンサー・ウェルズ『人間の旅』、前掲書

〈ヒマラヤの王国〉

ウィリアム・R・チャプマン『チベットのさまざまな顔』(Chapman, William R : *Faces of Tibet*. Athens, GA, and London, University of Georgia Press, 2001)

バーバラ・クロセット『天の至近――ヒマラヤの消えゆく仏教王国』(Crossette, Barbara : *So Close to Heaven. The Vanishing Buddhist Kingdoms of the Himalayas*. New York, Alfred A. KNopf, 1995)

ロベール・ドンニエ『ブータン』(Dompnier, Robert : *Bhutan. Kingdom of the Dragon*. Hong Kong, Local Colour, 1999)

スージ・ダンスモア『ネパールの織物』(Dunsmore, Susi : *Nepalese Textiles*. London, British Museum Press, 1993)

ドン・ファーバー『チベットの仏教生活』(Farber, Don : *Tibetan Buddhist Life*. London, New York, Munich, Melbourne and Delhi, DK Publishing in association with the Tibet Fund, 2003)

ジョナサン・グレグソン『雲の向こうの王国』(Gregson, Jonathan : *Kingdom beyond the Clouds. Journeys in Search of the Himalayan Kings*. London, Basingstoke and Oxford, Macmillan, 2000)

エヴァ・キップ『竹を曲げ、風を変える――ネパールの女性たちが語るライフ・ストーリー』(Kipp, Eva : *Bending Bamboo, Changing Winds. Nepali Women tell Their Life Stories*. Delhi, Book Faith India, 1995)

ディアナ・メイヤー&スーザン・S・ビーン共編『雷龍の地から――ブータンの織物芸術』(Myers, Diana and Susan S. Bean, eds. : *From the Land of the Thunder Dragon. Textile Arts of Bhutan*. London, Serindia Publications, and Salem, MA: Peabody Essex Museum, 1994)

長田幸康『旅行人ノート　チベット』(Osada, Yukiyasu : *Mapping the Tibetan World*. ReNo and Tokyo, Kotan Publishing, 2000)

スティーヴ・ヴァン・ビーク『色で見るわれらの世界――ネパール』(Van Beek, Steve : *Our World in Colour. Nepal*. Hong Kong.The Guidebook Company Limited, 2001)

バート・ウィルソン&シャーリー・バーク『景観のなかの人々』(Willison, Bert and Shirley Bourke : *People within a Landscape. A CollectioNof Images of Nepal*. New Plymouth, NZ, The Four Sherpa Trust, 1989)

【東南アジア】

〈大陸部〉

J・M・バーワイズ&N・J・ホワイト『東南アジア史』(Barwise, J. M.,and N. J. White : *A Traveler's History of Southeast Asia*. New York and Northampton, Interlink Books, 2002)

フランチェスカ・ブレイ「中国帝国文化における米のイメージ」(Bray, Francesca : "Images of Rice in Imperial Chinese Culture", in *The Art of Rice. Spirit and Sustenance in Asia*, ed. Roy Hamilton. Los Angeles, UCLA Fowler Museum of Cultural History, 2003)

マイケル・バックリー『ムーン・ハンドブック――ヴェトナム、カンボジア、ラオス』(Buckley, Michael : *Moon Handbooks. Vietnam, Cambodia, Laos*. 3rd edition. Emeryville, CA, Avalon Travel Publishing, 1997)

パトリシア・チーズマン『ラオスの織物――古代からのシンボル』(Cheesman, Patricia : *Lao Textiles. Ancient Symbols – Living Art*. Bangkok, White Lotus Co., 1988)

同『ラオ=タイの織物』(Id. : *Lao-Tai Textiles. The Textiles of Xam Nuea and Muang Phuan*. Chiang Mai, Studio Naenna Co., 2004)

メーヌ・F・コナーズ『ラオスの織物と伝統』(Connors, Mary F. : *Lao Textiles and Traditions*. Kuala Lumpur, Oxford, Singapore, New York, Oxford University Press, 1996)

スーザン・コンウェイ [ラン・ナー王国の戦時と平和時における男性服](Conway, Susan : "Lan Na Male Dress in Peace and War", in Puranananda, 後掲書, pp. 112–123)

リチャード・K・ディラン『ビルマ（ミャンマー）の消えゆく部族』(Diran, Richard K. : *The Vanishing Tribes of Burma*. New York, Amphoto Art, Watson-Guptill, 1997)

シルヴィア・フレーザー = ルー『ビルマ（ミャンマー）の工芸――過去と現在』(Fraser-Lu, Sylvia. *Burmese Crafts. Past and Present*. Kuala Lumpur, Oxford, Singapore, New York, Oxford University Press, 1994)

エドワード・A・ガーガン『河物語――メコンの 1 年』(Gargan, Edward A. : *The River's Tale. A Year on the Mekong*. New York, Vintage Books, Random House, 2002)

マティーベル・ギッチンガー&レーダム・リファーツ・ジュニア『東南アジアの織物とタイの経験』(Gittinger, Mattiebelle and Leedom Lefferts, Jr. : *Textiles and the Tai Experience in Southeast Asia*. Washington, D.C., The Textile Museum, 1992)

ギリアン・グリーン『カンボジアの伝統的織物』(Green, Gillian : *Traditional Textiles of Cambodia. Cultural Threads and Material Heritage*. Chicago, Buppha Press, 2003)

同「クメール宮廷アンコールの織物」(Id. : "Textiles at the Khmer Court, Angkor. Origins, InNovations and Continuities", in Puranananda, 後掲書, pp.10–25)

メアリー・エリザベス・キング「新世界の織物産業におけるインドネシアないし東南アジアの影響」(King, Mary Elizabeth : "Possible IndonesiaNor Nsoutheast Asian Influences in New World Textile Industries", in *Irene Emery Roundtable on Museum Textiles 1979 Proceedings*, ed. Mattiebelle Gittinger, pp. 365–373. Washington, D.C., The Textile Museum, 1979)

ポール&エレーヌ・ルイス『黄金の三角地帯の人々』(Lewis, Paul and Elaine : *Peoples of the Golden Triangle. Six Tribes in Thailand*. London, Thames & Hudson, 1984)

『カンボジア、ラオス、ヴェトナムの人々と文化』(*The Peoples and Cultures of Cambodia, Laos and Vietnam*. Washington, D.C., Center for Applied Linguistics, 1981)

ジェーン・プララナンダ編『時の糸を通して――東南アジアの織物』(Puranananda, Jane, ed. : *Through the Thread of Time. Southeast Asian Textiles*. Bangkok, River Books, 2004)

デーヴィッド・ワレンスキー「世界最悪の独裁者たち」(Wallechinsky, David : "The World's Worst Dictators", in *Parade Magazine*, February 13, 2005)

〈島嶼部〉

ロレーヌ・V・アラゴン「スラウェシ中部の樹皮布生産」(Aragon, Lorraine V. : "Barkcloth Production in Central Sulawesi. A Vanishing Textile TechNology iNouter Island Indonesia", in *Expedition*, The University Museum Magazine of Archaeology and Anthropology, Vol. 32, No. 1, University of Pennsylvania, 1990)

J・M・バーワイズ&N・J・ホワイト『東南アジア史』(Barwise, J. M., and N. J. White : *A Traveler's History of Southeast Asia*. New York and Northampton, Interlink Books, 2002)

トロード・ガヴィン『女性の戦争道――ボルネオ・イバン族の儀礼的織物』(Gavin, Traude : *The Women's Warpath: Iban Ritual Fabrics from Borneo*. Los Angeles, UCLA Fowler Museum of Cultural History, 1996)

マティーベル・ギッチンガー『素晴らしいシンボル――インドネシアの織物と伝統』(Gittinger, Mattiebelle : *Splendid Symbols. Textiles and Tradition in Indonesia*. Singapore, Oxford, New York, Oxford University Press, 1991)

レオ・ハックス&ポール・ザッハ『インドネシア――過去からのイメージ』(Haks, Leo and Paul Zach : *Indonesia:. Images from the Past*. Singapore, Times Editions, 1987)

ロイ・ハミルトン編『コットン・メイドンの贈り物――フローレス諸島とソロール諸島の織物』(Hamilton, Roy, ed. : *Gift of the Cotton Maiden. Textiles of Flores and the Solor Islands*. Los Angeles, UCLA Fowler Museum of Cultural History, 1994)

『さまざまな虹色から』(*From the Rainbow's Varied Hue*. Los Angeles, UCLA Fowler Museum of Cultural History, 1998)

ジャマルディン・ハシブアン『芸術と文化 (セニ・ブダヤ) ――バティック』(Hasibuan, Jamaludin : *Art et Culture / Seni Budaya.Batak*. Jakarta, Total Indonesia, 1985)

ブリジット・カーン・マジリス『インドネシアの織物』(Majlis, Brigitte Khan : *Indonesische Textilien. Wege zu Gottern und Ahnen*. Cologne, Rautenstrauch-Joest Museum für Völkerkunde, 1984)

エリック・オイ編『インドネシア』(Oey, Eric, ed. : *Indonesia*. Singapore, APA Publications ,HK, 1989)

リタ・ワッシング = ヴィッセル (Wassing-Visser, Rita. *Weefsels en Adatkostuums uit Indonesie*. Delft, Voldenkundig Museum Nusantara, ca. 1980)

【オセアニア】

グレゴリー・J・アドコックほか「人類の起源と古生人類の DNA」(Adcock, Gregory J., Elizabeth S. Dennis, Simon Easteal, Gavin A. Huttley, Lars S. Jermin, W. James Peacock and Alan Thorne : "HumaNorigins and Ancient Human DNA", in *Science*, Vol. 292, 2001, pp. 1655-1656)

ピーター・ベルウッド「特別報告――古代の航海者たち」(Bellwood, Peter : "Special Report. Ancient Seafarers", in *Archaeology*, Vol. 50, No. 2, 1997, pp. 20–22)

ジェラルディン・ブルークス「オーストラリアからの手紙」(Brooks, Geraldine : "Letter From Australia", in *The New Yorker*, July 28, 2003, pp. 60–67)

ピーター・H・バック『テ・ランギ・ヒロア』(Buck, Peter H. 【Te Rangi Hiroa】: *Vikings of the Sunrise*. New York and Philadelphia, Frederick A. Stokes Company, 1943)

同『ハワイの芸術と工芸』(Id. : *Arts and Crafts of Hawaii*. HoNolulu, Bishop Museum Press, 1957)

T・E・ドンヌ『マオリ人の習俗と慣行』(Donne, T. E. : *Mœurs et Coutumes des Maories*. Paris, Payot, 1938)

イレーネ・エメリー『織物の原初的構造』(Emery, Irene : *The Primary Structures of Fabrics. An Illustrated Classification*. Washington D.C., The Textile Museum, 1966)

デーヴィッド・W・フォーブズ『天国との遭遇――ハワイの概観とその人々　1778-1941 年』(Forbes, David W. : *Encounters with Paradise. Views of Hawaii and its People, 1778–1941*. HoNolulu: HoNolulu Academy of Art, 1992)

ケート・ガルブレイスほか『ミクロネシア――ヤシガニと神のダイビング』(Galbraith, Kate, Glenda Bendure and Ned Friary : *Micronesia. Coconut Crabs and Divine Diving*. Melbourne, Oakland, London, Paris: Lonely Planet, 2000)

アン・ギボンズ「太平洋の入植」(Gibbons, Anne : "The Peopling of the Pacific", in *Science*, Vol. 291, 2001, pp.1735-1737)

同「アフリカからの移住民を祖先とする現代人」(Id.：in *Science*, Vol. 292, 2001, pp.1051–1052)

エリック・ハーター編『発見——ハワイのオデュッセイア』(Herter, Eric, ed. : *Discovery. The HawaiiaNodyssey.* HoNolulu, Bishop Museum Press, 1993)

トミー・ホームズ『ハワイのカヌー』(Holmes, Tommy : *The Hawaiian CaNoe.* HoNolulu, Editions Ltd, 1993)

ジョン・デニス・ホルト『古代ハワイの羽細工芸術』(Holt, John Dominis : *The Art of Featherwork iNold Hawai'i.* HoNolulu, Topgallant, 1985)

パトリック・ヴィントン・カーチ『風の道で——ヨーロッパとの接触前における太平洋島嶼部の考古学的歴史』(Kirch, Patrick Vinton. *On the Road of the Winds. An Archaeological History of the Pacific Islands before European Contact.* Berkeley, University of California Press, 2002)

マルコム・カーク&アンドリュー・ストラザーン『芸術としての人間—— ニューギニア』(Kirk, Malcolm and Andrew Strathern : *Man As Art. New Guinea.* New York, Viking Press, 1981)

コリン・マッケヴディー『ペンギン版太平洋歴史地図』(McEvedy, Colin : *The Penguin Historical Atlas of the Pacific.* New York and London, Penguin Putnam, 1998)

シドニー・M・ミード『ターニコ織りの芸術』(Mead, Sidney M : *The Art of Taaniko Weaving. A Study of its Cultural Context, Technique, Style and Development.* Wellington, Auckland, Sydney, A. H. and A. W. Reed, 1968)

同『伝統的なマオリの衣服』(Id. : *Traditional Maori Clothing. A Study of TechNological and Functional Change.* Wellington, Auckland, Sydney, A. H. & A. W. Reed, 1969)

「ミトコンドリア DNA がポリネシア人と先住台湾人のあいだを結びつける」("Mitochondrial DNA Provides a Link between Polynesians and IndigeNous Taiwanese", in *PLOS Biology*, Vol. 3-8, 2005, p.281)

ロバート・ミトン『イリアンジャヤの失われた世界』(Mitton, Robert : *The Lost World of Irian Jaya.* Melbourne, Oxford University Press, 1983)

ナショナル・ジェオグラフィック・ソサイエティ『太平洋の発見者たち』(National Geographic Society: *Discoverers of the Pacific.* Map supplement. Washington, D.C., 1974)

エリック・A・ポーウェル「最初のニュージーランド人を求めて」(Powell, Eric A. : "Searching for the First New Zealanders", in *Archaeology*, Vol. 56, No. 2, 2003, pp. 40–47)

マーク・ローズ「最初の船乗りたち」(Rose, Mark : "First Mariners", in *Archaeology*, Vol. 51, No. 3, 1998, p. 22)

テリ・L・ソウェル『サモアの芸術的遺産を祝って』(Sowell, Teri L. : *Worn With Pride. Celebrating Samoan Artistic Heritage.* Oceanside, Oceanside Museum of Art, 2000)

著者不明「地球の裏側の道を辿って」("Tracing the Road down Under" [author Not given], in *Science*, Vol. 302, 2003, p.555)

スペンサー・ウェルズ『人間の旅』(Wells, Spencer : *The Journey of Man: A Genetic Odyssey.* Princeton, Princeton University Press, 2003)

【北アメリカ】

〈北極圏〉

ダニエル・L・ボックスバーガー編『北米先住アメリカ人』(Boxberger, Daniel L., ed. : *Native North Americans. An EthNohistorical Approach.* Dubuque, Kendall/Hunt, 1990)

エドワード・S・カーティス『北米先住民とカナダおよびアラスカの支配』(Curtis, Edward S. : *The North American Indians and the DominioNof Canada and Alaska. 20 Volumes.* New York, J. Pierpoint Morgan, 1907–1930)

ルイ・シェア・デュバン『北米先住民の宝飾——先史時代から現代まで』(Dubin, Lois Sherr : *North American Indian Jewelry and Adornment. From Prehistory to the Present.* New York, Harry N. Abrams, 1999)

ウィリアム・W・フィッツヒュー&アロン・クロウェル『大陸の十字軍——シベリアとアラスカの文化』(Fitzhugh, William W. and Aron Crowell : *Crossroads of Continents. Cultures of Siberia and Alaska.* Washington, D.C. and London, Smithsonian Institution Press, 1988)

ネルソン・H・H・グラバーン&モリー・リー「北極文化圏」(Graburn, Nelson H. H. and Molly Lee : "The Arctic Culture Area", in Boxberger, 前掲書 , pp. 23–64)

ウォリー・ハーバート『イヌイット——北極圏の狩猟者たち』(Herbert, Wally : *Hunters of the Polar North. The Eskimo.* Amsterdam, TimeLife Books, 1981)

アルヴィン・M・ジョセフィ・ジュニア『500 部族——北米先住民の図解歴史』(Josephy, Alvin M., Jr. : *500 Nations. An Illustrated History of North American Indians.* New York, Alfred A. KNopf, 1994)

メアリー・ハント・カーレンバーグ編『普通のなかの異常——ロイド・コットセンおよびニュートロジェナ会社コレクションの織物とオブジェ』(Kahlenberg, Mary Hunt, ed. : *The Extraordinary in the Ordinary. Textiles and Objects from the CollectioNof Lloyd Cotsen and the Neutrogena Corporation*, Harry N. Abrams in association with the Museum of International Folk Art, Museum of New Mexico, Santa Fe, 1998)

同「アメリカ先住民」(Id.: "American Indian", in Kahlenberg, id. ,pp.234–251)

チャールズ・C・マン『1492 年——コロンブス以前のアメリカの新しい啓示』(Mann, Charles C. : 1491. *New Revelations of the Americas before Columbus.* New York, KNopf, 2005.)

ジェームズ・A・マックスウェル『アメリカ先住民の魅惑的な遺産』(Maxwell, James A. : *America's Fascinating Indian Heritage.* Pleasantville, New York and Montreal, Reader's Digest Association, 1978)

モリー・ミニョン編『ネイティヴ・アメリカンス——民族歴史学的アプローチ』(MigNon, Molly, ed. . *Native Americans. An*
EthNohistorical Approach. Dubuque, Kendall / Hunt, 2nd edition, 1997)

ジョセフィーヌ・パテレック『アメリカ先住民の衣装百科』(Paterek, Josephine : *Encyclopedia of American Indian Costume.* New York and London, W. W. Norton, 1994)

ドロシー・ジャン・レイ『アレウト族とイヌイット芸術』(Ray, Dorothy Jean : *Aleut and Eskimo Art. Tradition and InNovation in South Alaska.* Seattle, University of Washington Press, 1981)

ピーター・シュヴァイツァー&モリー・リー「北極文化圏」(Schweitzer, Peter and Molly Lee : "The Arctic Culture Area", in MigNon, 前掲書 , pp. 29–85)

エードワード・モッファト・ウェイヤー『イヌイット——その環境と民俗と習俗』(Weyer, Edward Moffat : *The Eskimos. Their Environment and Folkways.* Hamden, CT, Archon Books, 1962 ; New Haven, Yale University Press, 1932) .

〈北西海岸〉

エドワード・S・カーティス『北米先住民とカナダおよびアラスカの支配』、前掲書

ルイ・シェア・デュバン『北米先住民の宝飾——先史時代から現代まで』、前掲書

アルドナ・ジョナイティス『トーテムポールの地から』(Jonaitis, Aldona : *From the Land of the Totem Poles. The Northwest Coast Indian Art Collection at the American Museum of Natural History.* New York, American Museum of Natural History, and Seattle, University of Washington Press, 1988)

ロバート・ジョセフ「仮面の向こう」(Joseph, Robert : "Behind the Mask", in Macnair et al, 後掲書 , pp. 18–35)

ピーター・マックネアほか『微光の空から降りて——北西沿岸部の仮面』(Macnair, Peter, Robert Joseph and Bruce Grenville : *Down from the Shimmering Sky: Masks of the Northwest Coast.* Seattle, University of Washington Press, 1998)

ジョセフィーヌ・パテレック『アメリカ先住民の衣装百科』、前掲書

デーヴィッド・W・ペニー『北米先住民の芸術』(Penney, David W. : *North American Indian Art.* New York and London, Thames & Hudson, 2004)

〈ウッドランド〉

ジョージ・カトリン『北米先住民』(Catlin, George : *North American Indians*, 1844. Catlin Portfolio, Print 1, "North American Indians," from the Carl and Elisabeth Dentzel Collection. Southwest Museum Braun Research Library, Los Angeles)

ルイ・シェア・デュバン『北米先住民の宝飾——先史時代から現代まで』、前掲書

ジョン・ギャラット&ブルース・ロバートソン『先住民の 4 人の王』(Garratt, John and Bruce Robertson : *The Four Indian Kings. Les Quatre Rois Indiens.* Canada, Public Archives, 1985)

マイケル・G・ジョンソン&リチャード・フック『北米ウッドランドの先住民』(Johnson, Michael G.and Richard Hook : *Men-At-Arms Series: American Woodland Indians.* LondoNosprey, 1990)

ヘンリー・ワーズワース・ロングフェロー『ヒアワサの歌』(Longfellow, Henry Wadsworth : *The Song of Hiawatha.* Boston and New York, Houghton Mifflin Co., 1911)

ナンシー・エストリーチ(オストライヒ)・リュリー&ドゥエイン・アンダーソン「失われた芸術形態」(Lurie, Nancy Oestreich and Duane Anderson : "A Lost Art Form. A Case Study of 19th-Century Feathered Capes Produced by American Indians in the Great Lakes Region", in *Museum Anthropology* 22-2, 1998, pp. 3–16)

トマス・L・マッケニー&ジェームズ・ホール『北米先住部族史』(McKenny, Thomas L. and James Hall : *History of the Indian Tribes of North America, with Biographical Sketches and Anecdotes of the Principal Chiefs, From the Indian Gallery in the Department of War, at Washington.* Philadelphia, D. Rice, 1855)

ジョセフィーヌ・パテレック『アメリカ先住民の衣装百科』、前掲書

〈大平原〉

ジョージ・カトリン『手彩色リトグラフ画集 1844 年』(Catlin, George : *Portfolio of hand-colored lithographs, 1844. Portfolio 87, 2 Boxes drawn in 1830s. Catlin's North American Indian Portfolio. Hunting Scenes and Amusements of the Rocky Mountains and Prairies of America. From Drawings and Notes of the Author made During Eight Years' Travel Amongst Forty-Eight of the Wildest and Most Remote Tribes of Savages in North America.* Geo. Catlin, Egyptian Hall, Piccadilly, London)

張 光直『古代中国考古学』(Chang, Kwang-chih : *The Archaeology of Ancient China.* New Haven and London, Yale University Press 4th edition, 1986)

ルイ・シェア・デュバン『北米先住民の宝飾——先史時代から現代まで』、前掲書

ヴィート公マキシミリアン「北米内部の旅 1906 年」(Maximilian, Prince of Weid : "Travels in the Interior of North America, 1906" (trans. Hannibal Evans Lloyd) . Edited with Notes, introductions, index, etc., by Reuben Gold Thwaites. In Thwaites series—*Early Western Travels 1748–1846, Volume XXV.* Volume IV ; Atlas—comprising the series of original paintings to illustrate the text by Charles Bodmer【Karl Bodmer】. Cleveland, Arthur H. Clark Company, 1906)

ジョセフィーヌ・パテレック『アメリカ先住民の衣装百科』、前掲書

〈南西部〉

ロサンゼルス・サウスウェスト博物館『アメリカ人類学のマスターキー——南西部の人々』(Southwest Museum : Masterkey, *Anthropology of the Americas. People of the Southwest*, Vol. 58, No. 2., ed. Steven A. LeBlanc. Los Angeles, 1984)

ジョセフィーヌ・パテレック『アメリカ先住民の衣装百科』、前掲書

リン・ティーグ『南西部の先史時代における織物』(Teague, Lynn : *Textiles in Southwestern Prehistory.* Albuquerque, University of New Mexico Press, 1998)

キャスリーン・ウィテーカー『並糸——南西部のプエブロ族とナバホ族の織物』(Whitaker, Kathleen : *Common Threads. Pueblo and Navajo Textiles in the Southwest Museum.* Los Angeles, Southwest Museum, 1998)

〈メソアメリカ〉

パトリシア・アルトマン&キャロリネ・ウェスト『アイデンティティの糸——グアテマラ高地における 1960 年代のマヤ衣装』(Altman, Patricia and Caroline West. *Threads of Identity. Maya Costume of the 1960s in Highland Guatemala.* Los Angeles, UCLA Fowler Museum of Cultural History, 1992)

パトリシア・リーフ・アナワルト「シコリ——儀礼装飾分析」(Anawalt, Patricia Rieff : "The *Xicolli*: An Analysis of a Ritual Garment", in *Actas del XLI Congreso Internacional de Americanistas* 2, Mexico, 1976, pp. 223–235)

同「16 世紀メキシコにおける足踏み織り機導入の結果」(Id. : "The Ramifications of Treadle Loom Introduction in 16th-Century Mexico", in *Looms and Loom Products*, ed. Irene Emery and Patricia Fiske, pp. 170–187. *Irene Emery Roundtable on Museum Textiles, 1977 Proceedings.* Washington, D.C., The Textile Museum, 1979)

同「衣装と統制——アステカの倫理規制法」(Id. : "Costume and Control. Aztec Sumptuary Laws", in *Archaeology* 33 -1, 1980, pp. 33–43)

同『コルテス以前のインディオの衣服——コデックス(絵文書)に見る衣装』(Id. : *Indian Clothing before Cortés. Costumes from the Codices.* Norman, University of Oklahoma Press, 1981 ; paperback 1990) .

同「アステカのケチュケミトル分析」(Id. : "Analysis of the Aztec *Quechquemitl*: An Exercise in Inference", in *The Art and IcoNography of Late Post-Classic Central Mexico*, ed. Elizabeth Hill Boone, pp. 37–72. Washington, D.C., DumbartoNoaks, 1982)

同「衣服の記憶——アステカの人身供犠と結びついた衣装」(Id. : "Memory Clothing. Costumes Associated with Aztec Human Sacrifice", in *Ritual Human Sacrifice in Mesoamerica*, ed. Elizabeth Hill Boone, pp. 165–193. Washington, D.C., Dumbarton Oaks, 1984)

同「皇帝のクローク——アステカの壮麗さとトルテカのものものしさ」(Id. : "The Emperors'Cloak. Aztec Pomp, Toltec Circumstances", in *American Antiquity* ,55-2, 1990, pp. 291, 307)

同「アステカの王衣の謎」(Id. : "Riddle of the Aztec Royal Robe", in *Archaeology* 46-3, 1993, pp. 30–36)

同「アステカの結び目つきの網状ケープ」(Id. : "Aztec KNotted and Netted Capes. Colonial Interpretation vs. IndigeNous Primary Data", in *Ancient Mesoamerica* 7 -2, 1996, pp. 187–206)

同「メソアメリカ人の衣服 3000 年」(Id. : "Three Thousand Years of Mesoamerican Clothing", in *Chalchihuitl in Quetzalli. Mesoamerican Studies in HoNor of Doris Heyden.* ed. Eloise Quiñones Keber. Lancaster, Labyrinthos Press, 2000, pp. 183–203)

同「 織 り 」(Id. : "Weaving", in *The Encyclopedia of Mesoamerican Culture*, Vol. 1, pp. 339–344. Oxford, Oxford University Press, 2001)

『イストリルソチトル・コデックス(絵文書)』(*Codex Ixtlilxochitl.* Bibliothèque Nationale Paris【MS Mex. 65–71】. ReproductioNof the manuscript iNoriginal format. Commentary by Jacqueline de Durand-Forest. Graz, Akademische Drucku, Verlagsanstalt, originally composed 16th century, 1976)

『マリアベッキアーノ・コデックス』(*Codex MagliabechiaNo, CL.XII.3 B.R. 232: Biblioteca Nazionale Centrale di Firenze.* Facsimile ed. Commentary by Ferdinand Anders. Graz: Akademische Druck–u. Verlagsanstalt (originally composed before 1566) , 1970)

メンドーサ(*Codex Mendoza, The Codex Mendoza: The Mexican Manuscript KNown as the "CollectioNof Mendoza" and Preserved in the Bodleian Library, Oxford.* Trans. and ed. James Cooper Clark. 3 Vols. London: Waterlow & Sons, originally composed ca. 1540, 1938)

『オスナ・コデックス』(*Códice Osuna, Pintura del Gobernador, Alcaldes y Regidores de Mexico "Códice Osuna".* Survey and transcription Vicenta Cortés Alonso. 2 Vols. Madrid, Ministry of Education and Science, Archives and Libraries, 1976)

『ヴァチカン・コデックス』(*Codex Vaticanus A, Codex Vaticanus 3738 , "Cod.Vat. A", "Cod. Rios", der Biblioteca Apostólica Vaticana, Farbreproduktion des Codex in Verkleinertem Format.* Graz, Akademische Druck–u. Verlagsanstalt,originally composed 1566–1589, 1979)

ドナルド&ドロシー・コードリー『メキシコ先住民衣装』(Cordry, Donald, and Dorothy Cordry : *Mexican Indian Costumes.* Austin and London, University of Texas Press, 1968)

クリスティナ・デイアス『グアテマラのインディオ衣装』(Deuss, Krystyna : *Indian Costumes for Guatemala.* Twickenham, CTD Printers, 1981)

イレーネ・エメリー『初期の織物構造』(Emery, Irene : *The Primary Structure of Fabrics. An Illustrated Classification.* Washington, D.C., The Textile Museum, 1966)

イルムガード・W・ジョンソン「織物」(Johnson, Irmgard W. : "Textiles", in *The Prehistory of the Tehuacan Valley*, ed. Douglas S. Byers. 5 Vols. Vol. 2. The Non-Ceramic Artifacts. ed. Richard S. MacNeish, Antoinette Nelken-

Terner and Irmgard W. Johnson, pp.189–226. Austin, University of Texas Press, 1967)

同「衣服と装飾」(Id. : “El Vestido y el AdorNo”, in *The Ephemeral and the Eternal in Mexican Folk Art*. 2 Vols. Vol. I, pp. 161–269. Mexico City, Fondo Editorial de la Plástica Mexicana, 1971)

メアリー・エリザベス・キング「メソアメリカ先史時代の織物技術」(King, Mary Elizabeth : “The Prehistoric Textile Industry of Mesoamerica”, in *The Junius B. Bird Pre-Columbian Textile Conference May 19th and 20th, 1973*, ed. Ann Pollard Rowe, Elizabeth P. Benson and Anne-Louise Schaffer, pp. 265–278. Washington, D.C., 1979)

ポール・キルヒホフ「メソアメリカ――その地理的境界、民族構成、文化的特徴」(Kirchhoff, Paul : “Mesoamerica. Its Geographic Limits, Ethnic Composition, and Cultural Characteristics”, in *Heritage of Conquest*, ed. Sol Tax, pp. 17–30. New York, MacMillan,1952)

ルース・レチュガ『メキシコ先住民の旅』(Lechuga, Ruth. *El traje indígena de México*. Mexico City, PaNorama Editorial, S. A., 1982)

アロンソ・デ・モリナ『カステリャーナ=メキシコ語、メキシコ=カステリャーナ語辞典』(Molina, Alonso de. *Vocabulario en lengua castellana y mexicana, y mexicana y castellana*. Mexico City: Editorial Porrù, 1977)

ドナルド・R・モリス「新世界の人々」(Morris, Donald R. : “The Peopling of the New World”, in *Newsletter*, Vol. X, No. 50. Houston, Trident Syndicate, 1998)

フライ・トリビオ・デ・ベナベント・モトリニア『ヌエバ・エスパーニャの出来事とその性質に関する覚書ないし書』(Motolinía, Fray Toribio de Benavente : *Memoriales o libro de las cosas de la Nueva España y de los naturales de ella*. ed. Edmundo O'Gorman.Mexico, Universidad Nacional AutóNoma de México, Instituto de Investigaciones Históricas, originally written ca. 1536–1543, 1971)

フライ・ベルナルディノ・デ・サアグン『フィレンツェ・コデックス』(Sahagún, Fray BernardiNo de : *Florentine Codex. General History of the Things of New Spain*. Trans. and ed. Arthur J. O. Anderson and Charles E. Dibble. MoNographs of the School of American Research 14 pts., pp.1–13. Santa Fe, School of American Research and University of Utah Press, originally written 1577 or 1578–1580, 1950–1982)

同『フィレンツェ・コデックス』(Id. : *Códice Florentine. El manuscrito 218–20 de la Colección Palatina de la Biblioteca Medicea Laurenziana. Edita en facsimil*. 3 Vols. Florence, Guinti Barbera, originally written 1575–1577 or 1578–1580, 1979)

チャールズ・シンガーほか『技術史』(Singer, Charles, E. J. Holmyard, A. R. Hall and T. I. Williams : *A History of TechNology*. 3 Vols. Oxford, Clarendon Press, 1957)

フレデリック・スター「メキシコ南部の民族誌ノート」(Starr, Frederick : “Notes upon the EthNography of Southern Mexico”, in *Proceedings of the Davenport Academy of Sciences* 8,1901, pp. 102–198)

【南アメリカ】

〈古代アンデス〉

ローリー・アデルソン&アーサー・トラクト『アイマナ族の織物』(Adelson, Laurie and Arthur Tracht : *Aymara Weavings. Ceremonial Textiles of Colonial and 19th-Century Bolivia*. Washington, D.C., Smithsonian Institution, 1983)

ウォルター・アルヴァ&クリストファー・B・ドナン『シパンの王墓』(Alva, Walter and Christopher B. Donnan : *Royal Tombs of Sipán*. Los Angeles, UCLA Fowler Museum of Cultural History, 1993)

ウェンデル・C・ベネット「アンデス高地。序文」(Bennett, Wendell C. : “The Andean Highlands. An Introduction”, in *Handbook of South American Indians*, ed. Julian H. Steward. Vol. 2. “The Andean Civilizations”, pp.1–60. Washington, D.C., Smithsonian Institution Bureau of American EthNology Bulletin 143, U.S. Government Printing Office, 1946)

エリザベス・ヒル・ブーン編『ダンバートン・オークス・コレクションのアンデス芸術』(Boone, Elizabeth Hill, ed. : *Andean Art at DumbartoNoaks*. 2 Vols. Washington, D.C., DumbartoNoaks Research Library and Collection, 1996)

ドロシー・K・バーナム『経糸と緯糸――織物用語集』(Burnham, Dorothy K. : *Warp and Weft. A Textile TermiNology*. Toronto, Royal Ontario Museum, 1980)

ウィリアム・J・コンクリン「チャビンの織物とペルー織りの起源」(Conklin, William J. : “Chavin Textiles and the Origins of Peruvian Weaving”, in *The Textile Museum Journal*, Vol. III, No. 2, pp. 13–19. Washington, D.C., 1971)

同「初期ホライズン時代の革新的織り方創出」(Id. : “The ReVolutionary Weaving Inventions of the Early Horizon”, in *Nawpa Pacha*, 16, pp.1–18, Berkeley, Institute of Andean Studies, 1978)

同「古代シエラ南部の神話的幾何学模様」(Id. : “The Mythic Geometry of the Ancient Southern Sierra”, in *The Junius B. Bird Conference on Andean Textiles*, pp. 123–136. Washington, D.C., The Textile Museum, 1986)

同「プレ＝コロンビア考古学における個人」(Id. : “The Individual in Pre-Columbian Archaeology”, in *The Textile Museum Journal*, Vols. 36 and 37, pp. 87–120. Washington, D.C., 1999)

クリストファー・ドノン「聖性の最大の時――パカトナムの織物」(Donnan, Christopher : “The Moment of Greatest Sanctity. A Pacatnamu Textile”, in *Hali*, 1994, pp. 158–163)

エドワード・B・ドゥワイヤー (Dwyer, Edward B: “Early Horizon Tapestry from South Coast Peru,” in *The Junius B. Bird Pre-Columbian Textile Conference*, ed. Ann Pollard Rowe, Elizabeth P. Benson and Anne-Louise Schaffer, pp. 61–82. Washington, D.C., The Textile Museum and DumbartoNoaks, 1979)

イレーネ・エメリー『初期の織物構造』、前掲書

メアリー・フレイム「チュキバンバ――高地織物様式」(Frame, Mary : “Chuquibamba. A Highland Textile Style”, in *The Textile Museum Journal*, Vols 36 and 37, pp. 3–47. Washington, D.C., 1999)

フェリペ・グアマン・ポマ・デ・アヤラ『最新年代記と良き統治』(Guaman Poma de Ayala, Felipe. *Nuevo Corónica y Buen GobierNo, Codex péruvien illustré*. Facsimile edition. Paris, Institut d'ethNologie, 1936)

エレン・ジェッセン『近代刺繍に見るペルーの伝統的な織物文様 (Jessen, Ellen : *Ancient Peruvian Textile Design in Modern Stitchery*. New York, Cincinnati, Toronto and Melbourne, Van Nostrand Reinhold Co., 1972)

クレイグ・モリス&アドリアナ・フォン・ハーゲン『インカ帝国とそのアンデス起源』(Morris, Craig and Adriana Von Hagen : *The Inka Empire and its AndeaNorigins*. New York, London and Paris: Abbeville Press, 1993)

アン・ポール『パラカスの儀礼衣装』(Paul, Anne : *Paracas Ritual Attire. Symbols of Authority in Ancient Peru*. Norman and London, University of Oklahoma Press, 1990)

アン・ポラール・ロウ「ペルー・クスコ地方の織り方」(Rowe, Ann Pollard : “Weaving Processes in the Cuzco Area of Peru”, in *The Textile Museum Journal*, Vol. IV -2, pp. 30–46. Washington, D.C., The Textile Museum, 1975)

同『アンデスの経糸パターンの織物』(Id. : *Warp-Patterned Weaves of the Andes*. Washington, D.C., The Textile Museum, 1977)

同「ウアリ音楽の根拠としての織物」(Id. : “Textile Evidence for Huari Music”, in *The Textile Museum Journal*, Vol. 18, pp.5–18. Washington, D.C., 1979)

同『チムー貴族たちの衣装と羽細工』(Id. : *Costumes and Featherwork of the Lords of Chimor. Textiles from Peru's North Coast*. Washington, D.C., The Textile Museum, 1984)

同「ナスカの小像群と衣装」(Id. : “Nasca Figurines and Costume”, in *The Textile Museum Journal*, Vols 29 and 30, pp. 93–128. Washington, D.C., 1991)

同「織物技術用語集」(Id. : “Technical Glossary for Textiles”, in *Andean Art at DumbartoNoaks*. 2 Vols. Vol. 2, pp. 467–469, ed. Elizabeth Hill Boone. Washington, D.C., DumbartoNoaks, 1996)

同「インカの織りと衣装」(Id. : “Inca Weaving and Costume”, in *The Textile Museum Journal*, Vols 34 and 35, pp. 5–53. Washington, D.C., 1997)

同『エクアドル高地の衣装とアイデンティティ』(Id. ed. : *Costume and Identity in Highland Ecuador*. Washington, D.C., The Textile Museum and Seattle and London, University of Washington Press, 1998)

アン・ポラール&ジョン・ホウランド・ロウ「インカのテュニック」(Rowe, Ann Pollard and John Howland Rowe : “Inca Tunics”, in *Andean Art at DumbartoNoaks*. 2 Vols. Vol. 2, pp. 453–464, ed. Elizabeth Hill Boone. Washington, D.C., DumbartoNoaks, 1996)

レベッカ・ストーン＝ミラー『太陽にために織る――ボストン美術館所蔵のアンデスの織物』(Stone-Miller, Rebecca : *To Weave for the Sun. Andean Textiles in the Museum of Fine Arts, Boston*. Boston, Museum of Fine Arts, 1992)

同「語彙集」(Id. : “Glossary”, in Stone-Miller, 263–265)

マーガレット・ヤング＝サンチェス「中期時代後期の織物伝統」(Young-Sanchez, Margaret : “Textile Traditions of the late Intermediate Period”, in Stone-Miller, 前掲書 , pp. 43–49)

〈現代のアンデス〉

ローリー・アデルソン&アーサー・トラクト、前掲書

ルイザ・カスタニェーダ・レオン『ペルーの伝統的衣服』(Castañeda León, Luisa : *Vestido Tradicional del Peru. Traditional Dress of Peru*. Lima, Museo Nacional de la Cultura Peruana, 1981)

メアリー・フレイム「ファウグスティノ一族――ペルー・タキレ島の編物工・織物工・紡績工」(Frame, Mary : “FaugustiNo's Family. Knitters, Weavers and Spinners on the Island of Taquile, Peru”, in *In CelebratioNof the Curious Mind. A Festschrift to HoNor Anne Blinks on her 80th Birthday*, ed. Nora Rogers and Martha Stanley, pp. 21–34. Loveland, Interweave Press, 1983)

マルタ・ホフマン「ヨーロッパの古い織り機」(Hoffman, Marta : “Old European Looms”, in *Looms and Their Products, Irene Emery Roundtable on Museum Textiles, 1977 Proceedings*, ed. Irene Emery and Patricia Fiske, 19–24. Washington, D.C., The Textile Museum, 1979)

リン・A・メイシュ「ボリビア・タラブコの織り方様式」(Meisch, Lynn A. : “Weaving Styles in Tarabuco, Bolivia”, in *The Junius B. Bird Conference on Andean Textiles*, ed. Ann Pollard Rowe, pp. 243–274. Washington, D.C., The Textile Museum, 1986)

同「インバブラ地方のオタバロ」(Id. : “Otavalo, Imbabura Province”, in Rowe, 前掲書 , pp. 50–76)

ローラ・M・ミラー&アン・P・ロウ「マヒパンバ、トロへ、カチャ」(Miller, Laura M and Ann P. Rowe : “Majipamba, Troje, and Cacha”, in Rowe, 前掲書 , pp.186–199)

ルース・オーウェン「ペルーの農民衣装」(Owen, Ruth : “Peruvian Peasant Dress”, in *Costume*, No. 25, pp. 96–110. London, Journal of the Costume Society, 1991)

リタ・プロチャスカ『タキレ島――呪術世界の織り手たち』(Prochaska, Rita : *Taquile. Weavers of a Magic World*. Lima, Arius S. A., 1988)

アン・P・ロウ編『エクアドル高地の衣装とアイデンティティ』、前掲書

同「結論」(Id. : “Conclusions.” In Rowe, 前同 , pp. 280–281)

ロウ&リン・A・メイシュ「エクアドルの織物技術」(Rowe and Lynn A. Meisch : “Ecuadorian Textile TechNology.” In Rowe, 前同 , pp.16–38)

メアリー・ワイスマンテル「コトパシ地方」(Weismantel, Mary J. : “Cotopaxi Province”, In Rowe., 前同 ,pp. 110–116)

エレイン・ゾルン「包含的意味――タキレ島の経済と美学」(Zorn, Elayne : “Encircling Meaning. EcoNomics and Aesthetics in Taquile, Peru”, in *Andean Aesthetics. Textiles of Peru and Bolivia*, ed. Blenda Femenias, pp. 67–79. Madison, Elvehjem Museum of Art, University of Wisconsin, 1987)

〈アマゾニア〉

バーバラ・ブラウン編『アマゾンの芸術』(Braun, Barbara, ed. : *Arts of the Amazon*. New York, Thames & Hudson, 1995)

ロバート・L・カーネイロ「アマゾン密林の先住民たち」(Carneiro, Robert L. : “Indians of the Amazonian Forest”, in *People of the Tropical Rain Forest*, ed. Julie Sloan Denslow and Christine Padoch, pp.73–86. Berkeley and Los Angeles, University of California Press, 1988)

ルイザ・カスタニェダ・レオン『ペルーの伝統服』(Castañeda León, Luisa : *Vestido Tradicional del Peru. Traditional Dress of Peru*. Lima, Museo Nacional de la Cultura Peruana, 1981)

レリア・デルガド&ガブリエル・ヘルツォーク＝シュレーダー共編『オリノコ＝パリマ――ベネズエラの先住民社会』(Delgado, Lelia, and Gabriele Herzog-Schröder, eds. : *OriNoco-Parima. Indian Societies in Venezuela, The Cisneros Collection*. Fundación Cisneros–Kunst und Ausstellungshalle der Bundesrepublik Deutschland, Hatje Cantz, Ostfildern-Ruit, 1999)

ヴラジミール・コジャックほか「先住民エタ族――ドライ・ポンドの魚」(Kozák, Vladimír, and David Baxter, Laila Williamson, Robert L. Carneiro : “The Héta Indians. Fish in a Dry Pond”, Vol. 55, Part 6. *Anthropological Papers of the American Museum of Natural History*, New York, 1979)

ベティ・メッガーズ『アマゾニア』(Meggers, Betty : *Amazonia. Man and Culture in a Counterfeit Paradise*. Atherton, Chicago and New York, Aldine, 1971)

リラ・オニール「織り方」(O'Neal, Lila : “Weaving”, in *Handbook of South American Indians*, ed. Julian H. Steward, and prepared in cooperation with the U.S. Department of State as a project of the Interdepartmental Committee on Cultural and Scientific Cooperation. 7 Vols. Washington, D.C., U.S. Government Printing Office, 1946–63, Vol. 5, 1963, pp. 97–138)

ルース・オーウェン「ペルーの農民衣装」、前掲書

アンナ・クルテニウス・ローズヴェルト『アマゾンのツカヅクリ』(Roosevelt, Anna Curtenius : *Moundbuilders of the Amazon. Geophysical Archaeology on Marajo Island, Brazil*. San Diego, New York and Boston, Academic Press, 1991)

〈パタゴニア〉

アン・チャップマン「セルクナム族とヤマナ族の大祭」(Chapman, Anne : “The Great Ceremonies of the Selk'nam and the Yámana. A Comparative Analysis”, in McEwan et al, 後掲書 pp. 82–109)

ジョン・M・クーパー「ヤーガン族」(Cooper, John M. : “The Yahgan”, in *Bulletin No. 143 of the Bureau of American EthNology, Handbook of the South American Indians. Vol. I, Marginal Tribes*, ed. Julian H. Steward, 後掲書 , pp. 81–106. Washington, D.C., U.S. Government Printing Office, 1946a)

同「オナ族」(Id. : “The Ona”, in Steward, 前同 , 107–125, 1946b)

同「パタゴニアとパンパの狩猟民たち」(Id. : “The Patagonian and Pampean Hunters”, in Steward, 前同 , pp. 127–168, 1946c)

チャールズ・ダーウィン『ビーグル号航海記』(Darwin, Charles : *Charles Darwin's Diary of the Voyage of H.M.S. Beagle*. Ed. from the MS by Nora Barlow. Cambridge, Cambridge University Press, 1933 ; 内山賢次訳2巻、新潮社、1956 年 ; 島地威雄訳、3 巻、岩波書店、1960–61 年)

ジャン＝ポール・デュヴィオル「パタゴニアの巨人族」(Duviols, Jean-Paul : “The Patagonia ‘Giants’”, in McEwan, Borrero and Prieto, 後掲書 , pp.127–139)

ラドヤード・キプリング『ラドヤード・キプリング全詩集』(Kipling, Rudyard : *Rudyard Kipling Complete Verse. Definitive Edition*. New York, Anchor, Doubleday, 1940)

S・K・ロスロップ「パタゴニアの極彩色のグアナコ・クローク」(Lothrop, S. K. : “Polychrome Guanaco Cloaks of Patagonia”, in *Contributions from the Museum of the American Indian, Heye Foundation*, Vol. VII, No. 6. New York, Museum of the American Indian, Heye Foundation, 1929)

マテオ・マルティニク・ベロス『アオニケンク族』(Mateo Martinic Beros : *Los Aónikenk. Historia y Cultura*. Punta Arenas, Ediciones de la Universidad de Magallanes, 1995)

同「2 文化の出会い――マガリャネス地方の先住民と植民者たち」(Id. : “The Meeting of Two Cultures. Indians and Colonists in the Magellan Region”, in McEwan, Borrero and Prieto, 後掲書 , pp.110–126)

ロバート・D・マックロッホほか「フエゴ島＝パタゴニアの氷河・後氷河期の環境」(McCulloch, Robert D., Chalmers M. Clapperton, Jorge Rabassa and Andrew P. : Currant. “The Natural Setting: The Glacial and Post-Glacial Environmental History of Fuego-Patagonia”, in McEwan, Borrero and Prieto, 後掲書 , pp. 12–31)

コリン・マキューアン、ルイス・A・ボレロ&アルフレド・プリエト共編『パタゴニア――最果ての地の博物誌・先史学・民族誌学』(McEwan, Colin, Luis A. Borrero and Alfredo Prieto, eds. : *Patagonia. Natural History, Prehistory and EthNography at the Uttermost End of the Earth*. Published for the Trustees of the British Museum by British Museum Press, 1997)

フランシスコ・メナ「パタゴニアの完新世中期から後期にかけての適応」(Mena, Francisco : “Middle to Late Holocene Adaptations in Patagonia”, in McEwan, Borrero and Prieto, 前掲書 , pp. 46–59)

G・C・マスターズ『パタゴニア人との親交』(Musters, G. C. : *At Home with the Patagonians*. London, John

Murray, 1871)
アルフレド・プリエト「パタゴニアの彩色クローク」（Prieto, Alfredo : "Patagonian Painted Cloaks. An Ancient Puzzle", in McEwan, Borrero and Prieto, 後掲書, pp. 172–185）
チャールズ・シュースター「パタゴニアのスキン・ローブに描かれた文様研究」（Schuster, Charles : "Observations on the Painted Designs of Patagonian Skin Robes", in *Essays in Pre-Columbian Art and Archaeology*, ed. Samuel K. Lothrop, pp. 421–483. Cambridge, Mass., Harvard University Press, 1961）
ジュリアン・H・ステュワード編『南米先住民ハンドブック』（Steward, Julian H. ed. : *Handbook of the South American Indians .Vol. I, Marginal Tribes* Washington, D.C., U.S.Government Printing Office, 1946）

【アフリカ】

〈東アフリカ〉
ハーバート・M・コル「ケニア北部の生の芸術」（Cole, Herbert M. : "Vital Arts in Northern Kenya", in *African Arts*, Winter, Vol. VII, No. 2, 1974, pp. 12–24）
ジェームズ・C・ファリス『ヌバ族の個人芸術』（Faris, James C. : *Nuba Personal Art*. Art and Society Series. London, Gerald Duckworth & Co., 1972）
アンジェラ・フィッシャー『飾られたアフリカ』（Fisher, Angela : *Africa Adorned*. New York, Harry N. Abrams, 1984）
ジョン・ギロウ『アフリカの織物』（Gillow, John : *African Textiles*. London, Thames & Hudson, 2003）
コンスタンス・ホールデン「ケニアの布告が有名な公園を脅かしている」（Holden, Constance : "Kenyan Edict Threatens Famed Park", in *Science*, Vol. 310, No. 5749, 2005, p.215）
レニ・リーフェンシュタール『最後のヌバ族』（Riefenstahl, Leni : *The Last of the Nuba*. New York, Harper & Row, 1973）
同『カウの人々』（Id. : *The People of Kau*. New York, Harper & Row, 1976）
同「マサイ族、サンブル族、遊牧民」（Id . : "The Masai, Samburu and Nomads", in *Africa*. Cologne, Taschen, 2005, pp.236–299）
テピリト・オレ・サイトティ&キャロル・ベックウィズ『マサイ族』（Saitoti, Tepilit Ole and Carol Beckwith : *Maasai*. New York, Harry N. Abrams, 1980）

〈南アフリカ〉
ジョン・A・ブロスター『レッド・ブランケット峡谷』（Broster, Joan A. *Red Blanket Valley*. Denver and Johannesburg, Hugh Keartland, 1967）
ブロンウィン・V・ブロッテム&アン・ラング「ズールー族のビーズ細工」（Brottem, Bronwyn V. and Ann Lang : "Zulu Beadwork", in *African Arts*, Vol. VI, No. 3, 1973, pp. 8–14）
オーブリー・エリオット『ズ ル 族 伝統と文化』（Elliot, Aubrey : *The Zulu. Traditions and Culture*. Cape Town, Struik, 1990）
フランク・ジョルズ「ムシンガ地方の伝統的なズールーのビーズ細工」（Jolles, Frank : "Traditional Zulu Beadwork of the Msinga Area", in *African Arts*, Vol. XXVI, No. 1, 1993, pp. 42–53）
ジャン・モリス&エレオノル・プレストン＝ホワイト『ビーズと語る――南アフリカのズールー芸術』（Morris, Jean and EleaNor Preston-Whyte : *Speaking with Beads. Zulu Arts from Southern Africa*. London and New York, Thames & Hudson, 1994）
スザンヌ・フリーバッチ&ナタリー・ナイト「ンデベレ族の伝統的なビーズ細工」（Priebatsch, Suzanne and Natalie Knight : "Traditional Ndebele Beadwork", in *African Arts*, Vol. XI, No. 2, 1978, pp. 24–27）
バーバラ・ティレル『南アフリカの人々』（Tyrrell, Barbara. *Tribal Peoples of Southern Africa*. 2nd edition. Cape Town, Books of Africa, 1971a）
同『疑念とは私の名前』（Id. : *Suspicion is My Name*. Cape Town, T. V. Bulpin, 1971b）
ゲーリー・ヴァン・ワイク「彩色記号――ホサ族とズールー語を話す人々のビーズ細工における様式と意味」（Van Wyk, Gary : "Illuminated Signs. Style and Meaning in the Beadwork of the Xhosa and Zulu-Speaking Peoples", in *African Arts*, Vol. XXXVI, No. 3, 2003, pp.12–33）
ヴァージニア＝リー・ウェブ「事実とフィクション――ズールー族の 19 世紀写真家たち」（Webb, Virginia-Lee : "Fact and Fiction. Nineteenth-Century Photographs of the Zulu", in *African Arts*, Vol. XXV, No. 1, 1992, pp. 50–59）

〈中央アフリカ〉
モニ・アダムズ「クバの刺繍クローク」（Adams, Monni : "Kuba Embroidered Cloth", in *African Arts*, Vol. XII, No. 1, 1978, pp. 24–39）
ミシェル・コケ『アフリカの宮廷芸術』（Coquet, Michèle : *African Royal Court Art* .trans. Jane Marie Todd. Chicago and London, University of Chicago Press, 1998）
ジョゼフ・コーネット「クバのイトゥル祭」（Cornet, Joseph : "The *Itul* CelebratioNof the Kuba", in *African Arts*, Vol. XIII, No. 3, 1980, pp. 29–32）
パトリシア・ダリシュ「来世のための着衣」（Darish, Patricia : "Dressing for the Next Life", in *Cloth and Human Experience*, ed. Annette B. Weiner and Jane Schneider, pp. 117–140. Washington and London, Smithsonian Institution Press, 1989）
同「成功への着衣――ザイール中南部のクバ族が儀式的ラフィア服をまとう儀礼」（Id. : "Dressing for Success. Ritual Occasions for Ceremonial Raffia Dress among the Kuba of South-Central Zaire", in *Iowa Studies in African Art*, Vol. III, 1990, pp.179–191）
同「これがわれらの富――ショワ族の織物美学の理解に向けて」（Id. : "This is Our Wealth. Towards an Understanding of a Shoowa Textile Aesthetic", in *Elvehjem Museum of Art*, 1996, pp.57–68）
ジョン・ギロウ『アフリカの織物』（Gillow, John : *African Textiles*. London, Thames & Hudson, 2003）
ジョルジュ・ムーラン『ショワ族のデザイン――クバ王国に見るアフリカの織物』（Meurant, Georges : *Shoowa Design. African Textiles from the Kingdom of Kuba*. London and New York, Thames & Hudson, 1986）
ジョン・ピクトン&ジョン・マック『アフリカの織物』（Picton, John and John Mack : *African Textiles*. London, British Museum Press, 1979）
カール・シュースター&エドムンド・カーペンター『古代部族芸術の社会的象徴体系研究資料』（Schuster, Carl and Edmund Carpenter : *Materials for the Study of Social Symbolism in Ancient and Tribal Art. A Record of Tradition and Continuity*, 12 Vols. New York, Rock Foundation, 1986）
ヤン・ヴァンシナ『クバ王国』（Vansina, Jan : *Le Royaume Kuba*. Brussels, *Annales Science Humaines*, ser. 80, 49, 1964）

〈西アフリカ〉
R・A・アデレイエ「ハウサランドとボルノ、1600–1800 年」（Adeleye, R. A. : "Hausaland and BorNo, 1600–1800", in Ajayi and Crowden, 後掲書 , Vol. I, pp. 556–601）
J・F・A・アジャイ&マイケル・クロウデン共編『西アフリカ史』（Ajayi, J. F. A. and Michael Crowden, eds. : *History of West Africa*. New York, Columbia University Press, 1976）
『アルキラ・ケルカ――西アフリカの織物』（*Arkilla Kerka. Tekstileja Lansi-Afrikasta*. Finland, Pyynikinlinna, 1992）
リサ・ルイズ・アロンソン『アクエテ織り』（Aronson, Lisa Louise : *Akwete Weaving. A Study of Change in Response to the Palm Oil Trade in the Nineteenth Century*. Ann Arbor, Mich., University Microfilms International, 1982）
ジェニー・バルフォワ＝ポール『藍』（Balfour-Paul, Jenny : *Indigo*. London, British Museum Press, 1998）
キャロル・ベックウィズ&マリオン・ヴァン・オフェレン『ニジェールの遊牧民』（Beckwith, Carol and Marion van Offelen : *Nomads of Niger*. New York, Harry N. Abrams, 1983）
ジャン・ボルガッティ『比喩としての布――文化史博物館に見るニジェリアの織物』（Borgatti, Jean : *Cloth as Metaphor. Nigerian Textiles from the Museum of Cultural History*. Monograph Series, No. 20. Los Angeles, UCLA Fowler Museum of Cultural History, 1983）
ヘンリー・ジョン・ドレウェル『ヨルバ――アフリカの芸術と思想 9 世紀』（Drewel, Henry John : *Yoruba. Nine Centuries of African Art and Thought*. New York, Center for African Art in association with Harry N. Abrams, 1989）

ジョアンヌ・ブボルツ・アイッカー『ニジェールの手織物』（Eicher, Joanne Bubolz : *Nigerian Handcrafted Textiles*. Ile-Ife, University of Ife Press, 1976）
アイッカー&トニー・ヴィクター・エレコジマ『オットー・チャールズ・ティーメによる技術的分析――カラハリのカット・スレッド布』（Eicher and Tonye Victor Erekosima : Technical Analysis by Otto Charles Thieme. *Pelete Bite. Kalabari Cut-Thread Cloth*. St Paul, Minn., Goldstein Gallery, University of Minnesota, 1982）
アンジェラ・フィッシャー『飾られたアフリカ』（Fisher, Angela : *Africa Adorned*. New York, Harry N. Abrams, 1984）
ペギー・ストルトウ・ギルフォワ『人生のパターン――西アフリカのストリップ織り』（Gilfoy, Peggy Stoltz : *Patterns of Life. West Africa's Strip-Weaving Tradition*. Washington, D.C. and London, National Museum of African Art by the Smithsonian Institution Press, 1987）
ジョセフ・H・グリーンバーグ『アフリカの言語』（Greenberg, Joseph H. : *The Languages of Africa*. Bloomington, Indiana University Press, 1970）
コリーン・クリガー「ソコト帝国のローブ」（Kriger, Colleen : "Robes of the Sokoto Caliphate", in *African Arts*, Vol. XXI, No. 3. Los Angeles, University of California, 1988, pp. 52–86）
同「ニジェール低地の織物生産」（Id. : "Textile Production in the Lower Niger Basin. New Evidence from the 1841 Niger Expedition Collection", in *Textile History*, 21 -1. Edington, England, 1990, pp. 31–56）
同「ソコト帝国の織物生産とジェンダー」（Id. : "Textile Production and Gender in the Sokoto Caliphate", in *Journal of African History*, Cambridge University Press, 34, 1993, pp. 361–401）
アキン・マボフンイェ「西アフリカの土地と人々」（Mabogunje, Akin : "The Land and Peoples of West Africa", in Ajayi and Crowden, 前掲書, pp. 1–32）
ジューディス・ペラニ&ノーマ・ウォルフ「カノ州【ナイジェリア北西部】の上流階級に見る刺繍入りガウンと乗馬用アンサンブル」（Perani, Judith and Norma Wolff : "Embroidered Gown and Equestrian Ensembles of the KaNo Aristocracy", in *African Arts*, Vol. XXV, No. 3, 1992, pp. 70–81）
ジョン・ピクトン&ジョン・マック『アフリカの織物』、前掲書
ドラン・ロス『誇りに包まれて――ガーナの手織物とアフリカ・アメリカ的アイデンティティ』（Ross, Doran : *Wrapped in Pride. Ghanaian Kente and African American Identity*. Los Angeles, UCLA Fowler Museum of Cultural History, 1998）

〈北アフリカ〉
クリストファー・エーレット『アフリカの諸文明――1800 年までの歴史』（Ehret, Christopher : *The Civilizations of Africa. A History to 1800*. Charlottesville, University of Virginia Press, 2002）
アンジェラ・フィッシャー『飾られたアフリカ』、前掲書
クリスティヌ・ルグラン『トゥアレグ族の女性たちとその宝石』（Loughran, Kristyne : "Tuareg Women and their Jewelry", in Seligman and Loughran, 後掲書, pp. 167–193）
ジョン・ピクトン&ジョン・マック『アフリカの織物』、前掲書
スーザン・ラスムッセン「トゥアレグの文化と社会における衣服・アイデンティティ・ジェンダー」（Rasmussen, Susan : "Dress, Identity, and Gender in Tuareg Culture and Society", in Seligman and Loughran, 後掲書, pp. 139–157）
トマス・K・セリグマン&クリスティン・ルグラン共編『トゥアレグとしての生き方――現代社会におけるサハラ遊牧民』（Seligman, Thomas K. and Kristyne Loughran, eds. : *Art of Being Tuareg: Sahara Nomads in a Modern World*. Los Angeles, UCLA Fowler Museum of Cultural History, 2006）

関連語彙集

Abaya（*abayah*）アバイヤ　床に届く丈で全身を覆う、黒の綿、レーヨン、または絹製の服。アラビア半島北部の女性たちが人前に出るときに着用する。頭からかぶるか肩から羽織り、片手でとめる。アバイヤの下の顔は、都市の女性の場合は黒いヴェール、ベドウィン族の女性の場合は装飾のついたカラフルな仮面状のヴェールで覆う。

Abayeh アバイヤ　地中海東部の簡素な男女兼用のマントで、ケープやコート、肩掛けとして、また頭からかぶる大きなヴェールとして使う。

Abho アボ　インド、グジャラート州北西部のカッチ県でイスラーム教徒の女性が着る、刺繍を施した綿のチュニック。下にはズボンを合わせる。「*Ejar*（エジャール）」も参照。

Achkan アチュカン　インド都市部の男性が着る、細身で膝丈の外衣。腰のあたりまでボタンがついている。

Agal（*'agal, iqual, igaal*）アガル　黒い縄か紐の輪を二重にしたもので、アラブ男性の頭巾をとめるのに使う。

Aleshu アレシュ　ナイジェリアのハウサ族がつくる綿布。藍で濃く染めて、光沢のある青になるまでたたいてつくる細幅布をはぎ合わせたもの。

Alpargatas アルパルガータ　（スペイン語）エクアドルのサンダル。靴底がフルクラエア（*furcraea*）の繊維を編んだものかゴムで、上の部分が布でできているものが一般的である。コロンビアやスペインでもみられる。フランス語圏や英語圏ではエスパドリーユ（*espadrilles*）とよばれる。

Anorak アノラック　パーカーの別名で、とくにカナダ東部とグリーンランドで多く使われる。素材は皮や鳥の皮、のちには布も使われた。

Ao dai アオザイ　ベトナムの丈の長い細身のドレス。両わきに深いスリットが入り、下にはパジャマのようなズボンをはく。

Appliqué アップリケ　台布に切り抜いた布を縫いつけてモティーフをつくる装飾。

Atsushi（*Attusi*）アットゥシ　楡の木の樹皮でできた糸。日本のアイヌ民族はこれで特徴的な服をつくり着ていた。

Baby belt 赤ん坊のベルト　*wawa chumbi*（ケチュア語）は細長いベルトで、母ベルト（*Mama chumbi*）の上に締める。「Morher bert（母ベルト）」も参照。

Baby harness 赤ん坊用のハーネス　革、獣皮を編んだもの、のちには糸を編んでつくった紐で、イヌイット女性のパーカーの背中に回し、体の前で大きなボタンにかけてとめる。フードに入れた赤ん坊の体重を支え、分散するために使う。

Backstrap loom 腰機（後帯機）　織り手の背中または腰に紐をかけて糸を張る織機。メソアメリカの腰機は杼口（経糸を上下に開いて、緯糸を通せるようにした状態）を交互に開いて閉じることができる、本当の意味での織機だった。

Baghmal バグマル　タジクとウズベクで織られるイカットの絹ビロード。

Baji バジ　韓国の男性用ズボン。内側にぴったりとしたズボンをはいていたが、1920年代には西洋式の下着で代替するようになった。ゆったりとはきやすくボリューム感があるため、くるぶしで固定する必要がある（Yang 1997：127-128）。

Bandhani バンダニ　インドの絞り染めの技術で、小さな点の模様ができる。この技術を使って染めた布もバンダニとよぶ。

bang jang バンジャン　色とりどりの縞模様が入った袖がついた、韓国の儀式用の上着。健在する両親を讃えて成人した息子が着る。男子は1歳のときに、この子ども用を着て祝う。

Bark cloth 樹皮布　オルメディア・アスペラ（*Olmedia aspera*）の木（おそらく現地では*llanchama*という名前でも知られている）の、やわらかい樹皮の内側をたたいてつくる、荒いフェルト状の布。アマゾニアの全身を覆うダンスの衣装の一部である、前につける仮面と円錐状の頭飾りに使われる。

Bashofu 芭蕉布　バナナに近縁の繊維を織った、沖縄特有の布。

Bast fiber 靭皮繊維　亜麻、黄麻、麻、イラクサ、カラムシなどの双子葉植物の茎組織。「内樹皮」（樹皮の内側）という語は靭皮（樹皮ではない）繊維をさす。抽出された繊維ないし特定の木や低木の樹皮の内側にある、からみあった繊維部分のことで、樹皮をたたいてほぐして布をつくる（Emery 1966：5）。

Batik バティック　防染技術。染め桶につけたときに染めたくない柄の部分を蝋などで覆う技法。

Batting 中入れ芯　綿や絹などの繊維のシート。キルトなどの詰め物に使う。

Bayeta バイェタ　足踏み織機で織った粗い毛織物。英語名はベーズ。

Biil ビイル　ナバホ族の女性が着る、1枚または2枚の長方形の布を脇で合わせた毛のドレス。

Bindi ビンディ　「*Tikka*（ティカ）」参照。

Bingata 紅型　沖縄の防染糊を使った染織技術。この島特有のカラフルな織物ができる。

Bisht ビシュトゥ　床まで届く丈の、大きな四角形の外套。ラクダの毛か羊毛を細かく織りあげ、黒い紐か金の編み込みで縁取りをつけたもの。アラビア半島の上流階級の男性が肩からケープのように羽織り、腕は隠れるが、前はあいている。脇の縫い目に小さなスリットがあり、自由に手を伸ばせるようになっている。

Bixa orellana ベニノキ　種子がつまった莢をつける低木。種子は赤いペースト状のもので覆われており、それが南米一帯でボディ・ペインティングの塗料に使われる。ブラジルでは*urucú*または*achiote*、ベネズエラでは*annotto*や*onoto*、ガイアナでは*annatto*とよばれる。

Blanket strip 毛布の切れ　ビーズまたは羽柄がついた布切れで、ロゼットの飾りがついていることが多い。北米の大平原で、皮や目の粗い布製のローブの真ん中にある縫い目の上につける。

Bobble fringe ボブル・フリンジ　布の端につける中央アフリカ風のラフィア繊維の縁取り。経糸／緯糸の端を結び合わせてつくる。

Bola ボウラ　南米の武器で、2個またはそれ以上の石や鉄の玉を紐などロープの先に結びつけ、動物に投げつけてからませる。パタゴニアのホース・インディオであるテウェルチェやアオニケンク族が使った武器。

Bota de potro ボタ・デ・ボトロ　パタゴニアのテウェルチェ族が身につけた拍車つきの長いブーツで、馬またはピューマの皮でできている。

Brocade ブロケード　台布を織るときに、補助糸を加えて模様をつけた布地。

Brocaded plain weave 平織り地に縫取り織り　平織りの台布に、不連続の補助緯糸の織りを加えた布（「brocade（ブロケード）」も参照）。補助緯糸はその糸が描く模様の範囲内で行ったりきたりするが、ほかの模様の部分には使われない。

Bufu 補服（ブフ）　「当て布つきの外衣」の意味。中国の宮廷で、皇族以外の者たちが着ていた前あきの外衣。階級を表わす徽章（「*Buzi*（補子）」参照）が胸と背中についていた。満州族の男性は膝丈、女性はくるぶし丈を着る。

Buhshun ボソン　脛の中ほどまである韓国の靴下。つま先が反り返っている。夏は裏地なしで、冬には中入れ綿が入る（Yang 1997：91）。

Buriti（*Mauritia flexuosa*）ブリチヤシ（ミリチーヤシ）ヤシの一種。アマゾニアの多くの儀式で、体まで包み込むダンス用の仮面をつくるときに、その葉が使われる。

Burqa ブルカ　さまざまなデザインのフェイスカバーで、その図柄は着用する女性の表向きの顔のようになる。目の下から覆うハーフサイズのヴェールは、頭の後ろから背中までつづく被り物と組み合わせて使う。アラビア半島南部の部族の女性たちは、綿の仮面に、鼻に沿って顔の長さ分の支えをつける。小さな鎖、コイン、ビーズで飾りをつけることが多い。

Butterfly 蝶　南西アメリカのホピ族の少女がしていた髪型で、両側に分けた髪を大きな渦巻きのような形に巻く。「スカッシュ・ブロッサム（カボチャの花）」の髪型とよばれるときもある。

Button blanket ボタン毛布　北米の北西海岸地域で使われた、儀式のための毛布／ローブ。通常はハドソン・ベイの交易毛布などの重い布に、赤い布でつくった紋章をアップリケでつけて、その輪郭を白い真珠（貝）のボタンで縁取った。

Buzi 補子（ブジ）　中国の宮廷で使われた徽章。皇帝と皇族の補子は円形。その他の貴族や役人、軍人は四角形。外衣が前あきのため、胸の補子は縦に二分されるようにつけられている。「*Bufu*（補服）」も参照。

Calzones カルソン　（スペイン語の「ズボン」から）飾りのない、簡素な綿のズボン（パンタロン）で、メキシコの中央および南部の保守的な先住民の集落では、今も着ているところがある。このように体を包む衣服は、16世紀に宣教師の司祭たちが最初にもたらし、「慎みのない」現地の腰布の代わりにしようとした。

Camisa カミサ　（スペイン語の「シャツ」から）飾りのない、簡素な綿のシャツで、メキシコの中央および南部の保守的な先住民の集落では、今も着ているところがある。このように体を包む衣服は、元来、現地で使われていたケープに代わるものとして導入された。

Camp dress キャンプ・ドレス　綿のドレスで、北米南西部のアパッチ族女性が着ていた。長くゆったりとしたスカートに、同じ素材のゆったりとしたオーバーブラウスで、通常は四角い切り替え布が入っている。

Canting チャンチン　バティックの絵柄を布に描くときに用いられる銅でできたペンのような道具。

Chadar チャドル　インド北西部で使われる多目的の四角い布。いつでも使えるように、男性がよく畳んで肩に掛けているのを見かける。

Chador チャドル　長くゆったりと全身を包み込む黒の巻衣。イスラーム諸国の女性が着用する。

Chadri チャドリ　アフガニスタンの女性が用いる、ひ

だのついた長い全身を覆うヴェール。「*Burqa*（ブルカ）」も参照。

Changfu **長服（チャンフー）**　「普通の服」という意味。中国で格式や権威がからまない宮廷内の行事のさいに用いられた、格式の低い正装。満州族が元来着ていた服もこの格付けとなる。旅行や狩り用の衣服も同様である。

Chaodai **朝帯（チャオダイ）**　中国の宮廷で使われたカード織りの絹の帯。4つの飾り板がつき、フックでとめる。儀式用のカチーフ、小さな財布、火打ち石、ナイフがわきの2つの飾り板からさがる。チャオフー（*Chaofu*）に合わせて男性がつける。

Chaofu **朝服（チャオフー）**　「宮廷の服」という意味。清朝でもっとも格式のあった外衣。この衣服の型は宮廷の儀式でのみ使われた。宮廷でも高位の者のみが着用を許されていた。

Chaoquan **抄拳（チャオチュエン）**　中国の宮廷の正装として男性が使った縁つき帽。夏用にも冬用にも頂点に細長い切り子の頭頂飾りがついて、階級を表わしていた。

Chaozhu **朝珠（チャオズ）**　中国の宮廷で使われていた首にかける数珠。男性も女性も正装時に着用した。

Chemise **シュミーズ**　「*Chiton*（キトン）」を参照。

Chilkat blanket **チルカット毛布**　北米の北西海岸地域で、チルカット・トリンギット族やツィムシアン族、ハイダ族がつくっていた毛布。ヒマラヤスギの樹皮の芯の周りにシロイワヤギの毛を巻きつけた経糸と、純毛の緯糸でつくった。儀式のときに幅広く着られ、また重要な交易品でもあった。五角形の下の部分に幅広のフリンジがついていた。

Chima **チマ**　韓国の伝統的なボリューム感のある女性用のスカート。ウエストが高い位置にあり、着る人の体形に合わせて胸で紐でとめる（Yang 1997：59）。

Chisou **チシュ**　「立つ水」という意味。中国の朝袍の縁飾りと徽章に使われる、平行に並ぶ波の模様。地球を囲む宇宙の大海を表わす。

Chiton（*khiton*）**キトン**　セム語起源の語で、簡素でゆったりした直線的な亜麻布の服をさす。シュミーズ、チュニックともいい、東ヨーロッパの地方やバルカン半島では、今も毛の外衣の下につける肌着として着用されている。

Chlamys **クラミュス**　古典時代ギリシアの市民や軍人用の丈の短い外套。肩から羽織り、ブローチや棒ピンでとめる。

Choli **チョリ**　インドのサリーの下に着る丈の短いブラウス。

Chongo **チョンゴ**　北米の南西部で男女ともにしていた髪型。とくにナバホ族のあいだでよくみられた。髪をうなじでぐるぐると巻き、ひもや端切れで束ねた。

Chuba **チュバ**　男女共に着るチベットのローブ。

Chucu **チュク**（アイマラ語、ケチュア語ではチュリュ *chu'llu*）アンデス南部で、男性や子どもの男女がかぶった、円錐形のニット帽。

Chundadi **チュンダディ**　グジャラート州北西部のカッチ県で、イスラム教徒のガラシア族の女性がかぶる伝統的なヴェール。

Churi **チュリ**　赤くて長いドレス。身ごろ部分はクロスステッチの刺繍が入念に施されている。グジャラート州北西部カッチ県のイスラーム教徒、ガラシア族の女性が伝統的に着用してきた。

Churidar **チュリダル**　腰回りがゆったりとして、脛のあたりはぴちっとしたインドのズボン。現在の乗馬ズボンの原型。

Chyrpy **チルプイ**　トルクメン人の女性が頭からかぶる、

飾り袖のついた刺繍つきのマント。

Concho belt **コンチョ・ベルト**　革のベルトに大きな銀のメダル形のものをつけたベルトで、とくに北米の南西部でつけられた。

Couching **コーチング**　装飾用の糸を布の表面に置き、細かいステッチでとめていく刺繍法。（マティーベル・ギッティンガー『すばらしいシンボル』Mattiebelle Gittinger：*Splendid Symbols : Textiles and Tradition in Indonesia*. Singapore, Oxford, New York：Oxford University Press. 1991：233）

Cross weave **交差織り**　上、下と交差し、次の列では反対に下、上と交差する格子模様のシンプルな織り構造。

Cushma **クシュマ**　スペインによる征服以前からアマゾニアのモンタニャ地方で着られていた、丈が長く幅が広い綿の貫頭衣。

Cut-and-sewn garments **裁断・縫製した服**　布をパターンに合わせて裁断し、体の線に合うように縫い合わせた服。仕立てた服ともいう。

Cut-pile **カットパイル**　ビロードに似た織りの表面。刺繍糸のループを切ってつくる。

Dalmatic **ダルマティカ**　T字型の袖つきチュニックで、古くから着用されていたものが、西ヨーロッパで法服へと発達し、現在も使われている。

Dapo **ドポ**　韓国の男性が階級に関係なく着ていた外衣。18世紀の風俗画にしばしば登場している（Yang 1997：86）。一般的には白だが、祭りのさいには水色のドボを着た。

Del **デール**　モンゴルで男女共に着るゆったりとした伝統的チュニック。右脇でとめる方式で、丈は脛下まである。

Dewclaw **副蹄**　シカやほかの有蹄類の無機能の蹄で、北米の大平原先住民が服の飾りにした。

Dhoti **ドーティ**　縫製していない長い綿の布で、腰に巻く。インドの男性が下半身を覆う衣服の主流である。「*kurta*（クルタ）」も参照。

Discontinuous warp and weft yarns **不連続の経糸・緯糸**　機の耳から耳までつながっているのではなく、模様の色を変えるために一定の部分にだけ使われる糸。経糸と緯糸は折り返し、それぞれ固定の色の部分の端に位置する経糸か緯糸にからめる。こうした糸が布全体を構成するときには、インターロックかあり継ぎで経糸を安定させる。緯糸は同様に補強する場合もあるし、しない場合もある。

Dishdashah **ディシュダーシャ**　湾岸諸国で着用されている、長くゆったりしたローブ風の男性用衣服。

Dodot **ドドット**　スマトラ島で使われている大判の腰巻き。

Double cloth **二重織り**　2枚を重ねた織物で、異なる色が互い違いに表面に出て模様をつくる。

Dovetailed join **あり継ぎはぎ**　色が隣り合う部分で、共通の経糸または緯糸に、交互に糸をかけて引き返すようにするつなぎ方。

Dupatta **デュパッタ**　インドのスカーフないし被り物で、女性が服の上から上半身に掛ける。

Durumagi **ドゥルマギ**　19世紀の韓国の外衣の総称。季節に合わせてさまざまな素材が用いられ、あらゆる階級で外衣として着られていた（Yang 1997：174）。

Ejar **エジャール**　グジャラート州北西部のカッチ県で、イスラーム教徒の女性がはく刺繍が施されたズボン。チュニックに合わせる。「*Abho*（アボ）」も参照。

Evil-eye beads **邪眼ビーズ**　災害、病、死を引き起こすと信じられている、敵意ある人間の嫉妬のまなざし、すなわち「邪眼」に対する護符。子どもたちはとくに

無防備であるとみなされているので、注目を集めないように、わざと薄汚くして、帽子や服に護符やビーズをつける。「目」のついた青いビーズとガラスのビーズは、とくに脅威から身を守るのに役立つとされている。

Exploit robe **偉業のローブ**　北米の大平原北部で着られたローブで、多くはバッファローの皮でつくられ、なめした皮の表面に、男性が成し遂げた戦いでの偉業を描く。

Facing **見返し**　衣服の端に縫いつけた裏地や縁取りで、内側か外側に折り返して補強の役目をする。

Felt **フェルト**　粗い毛の羊毛状の繊維を、湿気のある、なるべく温かで、やや酸性の環境でたたいてマット状にした織物。この処置によって、毛の繊維の羊毛状のものが交錯密着する（私信：Elizabeth W. Barber, 2003年1月）。織りフェルトは、先に毛を織ってからフェルト化する。

Fimate bite **ドローンスレッド布**　ニジェール・デルタ地方のカラバリ・イジョ族の手による縞模様の布で、既存の織物から緯糸を選んで切り、取り除いてつくる。「*pelete bite*（カットスレッド布）」も参照。

Finger mask **指仮面**　指につける扇状のもので、とくにアラスカ南西部の女性がダンスのときに指につけた。

Finger weaving **指編み**　機を使わない織り方で、ルーピング（輪にする）、ネッティング（網にする）、編む、綟るなどの技法がある。北米の北西海岸では、ベルトや帯、さらにチルカットのような毛布が、指編みでつくられた。この技法は、ニュージーランドのポリネシアン・マオリ族によっても別に編みだされ、現地でとれる亜麻のような織物になる植物（*Phormium tenax*）の加工に使われた。

Finial **先端装飾**　中国の宮中で使われた帽子の頂につけた飾り。細長い切り子の色石や球形の石を金属の台座につけて飾った。石の形から帽子の格式が、色でかぶる人の階級がわかった。

Flax **亜麻**　栽培化された亜麻（*Linum usitatissiumu*）は、古代近東で織物に使われていた最古の主要植物繊維。織って亜麻布にする。「New Zealand flax（ニュージーランド亜麻）」も参照。

Frog **フロッグ**　ボタンと、ボタンを通すループからなる、衣類の前をとめる装飾的な組み紐。

Frontlet **フロントレット**　北米北西海岸の先住民たちがダンスのときにつけた木製の頭飾りで、おもな動物が紋の形に彫られている。儀式のために保存された。埋め込んだアワビの貝、ワシの羽毛を囲んで直立する王冠状のアシカのひげ、オコジョの細長い皮などの飾りがついていた。

Fur mosaic **モザイク状の毛皮**　イヌイットの女性がつくった飾りで、色合いが異なる小さい毛皮の端切れで幾何学模様の細長い切れをつくり、パーカーの裾などに使った。

Furcraea **フルクラエア**　アメリカ大陸原産の丈夫な葉の繊維。

Futah（*izar*）**フータハ**　明るい色の綿でできた巻衣で、腰まわりに折り込み、ふくらはぎの半ばに届く丈にして着用する。アラビア半島南部の沿岸地域で、体を自由に動かすことが求められる昔ながらの職業の男性が、薄いニットのTシャツに合わせて着る。また、サウジアラビア南部アシール州の辺鄙な山岳地帯でもみられる。

Fuya **フヤ**　樹皮布（Gittinger 1991：233）。スラウェシ島のトラジャ族がタコノキかカジノキの樹皮の内側からつくる。

Gaht **カッ**　縁が幅広で山高の、いかにも韓国らしい黒い馬毛の帽子（Yang 1997：89）。

Galabiya **ガラビーヤ** ゆったりしたチュニック、トーブ (*thob*) のエジプト名。

Gauze weave 紗 (薄) 織り 薄い、目の粗い、透き通ったような布ができる織物構造。特定の経糸が隣接する経糸の下か上で交差し、緯糸とからみ合うことによって一列にはならず、すぐに、または最後に元の順番通りに交差する。基本構造に、さまざまな装飾パターンが加わる。

Genipa (*Genipa americana*) **チプサノキ** アマゾニアの果実で、数日間肌に残る黒い染料の原料。

Geringsing **グリンシン** インドネシアでも唯一バリのトゥガナン村でしか織られていない聖なるダブルイカット (経緯絣) (Gittinger 1991：233)。

Ghaghara **ガーグラー** インドの女性がはくギャザーがたっぷりはいった引き紐つきのスカート。丈は脛の下部かくるぶしまでくる。

Ghutra (*Ghutrah, Ghoutra, Gutra*) **ゴトラ** サウジアラビアの四角い頭巾。白、赤白、または黒白のチェックで、個人や地域によって異なる。斜めに折って三角形をつくり、頭蓋帽の上にのせ、額の上でひだをつけてたたみ、先は頭か肩の後ろに垂らし、縄か紐でとめる。「*Agal*(アガル)」も参照。

Go **ゴ** 膝丈の巻衣で、ブータンの男性の公式な服装。チベットのチュバとつくりは似ているが、着方はまったくちがう。

Gore **当て布** 衣服に入れて幅を広げる三角形の布。

Gorget **ゴージット** 通常はホラガイのような大きな貝の頂点に2つの穴をあけ、紐やリボンなどで首にさげられるようにしたもので、北米のウッドランドと大平原の先住民がつけた。「胸飾り」とよばれることも多い。木、スレート、骨、象牙、のちには金属でもつくられた。

Grizzly bear-claw necklace グリズリーの爪の首飾り 北米の大平原先住民の首飾りで、クマの爪の間にビーズを挟みながら紐を通し、カワウソの毛皮の切れ端をつけた。この巨大な猛獣はなかなか仕留められなかったので、このような首飾りは大胆さの証になった。

Guanaco **グアナコ** 南米に棲むラクダ科の野生動物 (*Lama guanicoe*)。やわらかく厚みのある淡黄褐色の毛皮が、南米パタゴニアのフットおよびホース・インディオのロープのおもな材料になった。テウェルチェ族のホース・インディオのおもな食材でもあった。

Gufiyah **ガフィーヤ** 白い小さな縁なしの頭蓋帽。サウジの頭巾の下に着用し、結ぶ紐を固定するのに役立つ。非公式の場では、年下の少年や男性は頭蓋帽のみのこともある。イスラーム教の男性の多くは、祈りのさいに頭蓋帽をかぶる。

Gut parka 腸皮のパーカー 「Parka (パーカー)」を参照。

Gutul **ゴタル** モンゴルでは革の長いブーツをこうよぶ。つま先が反り返った形のものもある。

Hair stick ヘアスティック 多くは飾りや羽根がついた木の棒で、髪を巻きつける。北極圏中央部では、イヌイットの女性がそのような棒を使って髪をかたく編み、布や皮の紐を巻いた。

Hairpipe beads ヘアパイプ・ビーズ 北米の大平原先住民のビーズで、長さは5～12cmあり、通常はコンク貝 (*Strombus gigas*) からつくられる。おもに胸当てをつくるときに使われるが、首飾りなどに加工されることもあった。

Halo headdress 光輪型の頭飾り 北米の大平原北部でつける戦いの頭飾りで、大きな円形に羽根が並べられ、後ろまで羽根が垂らされることも多かった。20世紀には、地元の儀式や観光客向けの催しなどのときに、先住民の男性がよくかぶった。

Hanbok 韓服 (ハンボク) 韓国の伝統的な衣装。男性用は上着とズボン、女性用は上着とスカートの組み合わせ。

Heddle Loom 綜絖機 綜絖棒つきの織機。綜絖棒は通常は短いワイヤの棒か平たい鉄片で、経糸と緯糸を分け、緯糸が通る通り道「杼口」をつくる。スペイン人によってアメリカ大陸にもたらされたような、より複雑な綜絖織機には、足踏みペダルがついているものもある。単式綜絖機の綜絖は1本である。

Hemp 麻 アジアの広域で栽培される背の高いクワ科の草 (*Cannabis sativa*)。硬い靱皮繊維をもち、おもに縄に使われる (*Webster's* 1980：529)。

Himation **ヒマティオン** もともとは古典時代ギリシアで着用されていた外衣。男性用ヒマティオンは約2×2.75mで、体に巻きつけて、留め具を使わなくてもいいように、肩の上でひだをよせる。

Hinggi **ヒンギ** スンバ島で用いられているイカットの男性用マント。

"Housewife" 「主婦」 北極圏の女性が、錐や針、腱などの裁縫道具を入れた、皮や布の大小の袋。

Huang **黄 (フアン)** 黄色。清朝の衣装で重要な意味をもつ色で、かつての皇帝と清皇帝を結びつけるための色として選ばれた。明黄 (*minghuang*) は鮮やかな黄色で、皇帝、女帝、皇太后、高位の皇族配偶者のみが用いた。確実に皇位を引き継ぐ者とその配偶者は黄土色 (*xinghuang*) を、皇帝のその他の息子は黄金色 (*jinhuang*) を用いた。

Huipil **ウイピル** スペインによる征服以前のゆったりしたブラウスで、メキシコ南部やグアテマラの高地でもっとも特徴的な女性の服。ひじょうに鮮やかな色彩で、凝った飾りがついている。

Ihram **イフラム** 定められたメッカへの巡礼ハッジの聖なる4日のあいだ、ずっと着用する衣服。イスラーム教徒の男性は縫い目のない2枚の衣服を、1枚はサロンのように腰に巻きつけ、もう1枚を片方の肩に掛ける。女性は国によって異なるが、地味でゆったりした衣服をつける。顔にはヴェールもつけないが、髪は覆う。

Ikat **イカット** 織る前に糸を染色する防染技術。名の由来はインドネシア語の*mengikat*（「結ぶ」または「括る」）。経糸の模様にも緯糸の模様にも使うことができる。

Interlocked join インターロックはぎ 隣り合う色糸を1本ずつ絡ませて合わせる。ワリ族やインカ族など、古代アンデス高地部族のつづれ織りに特徴的な技法。

Isparak **イスパラク** 黄の染料となる中央アジア産の花。

Jambiya **ジャンビーヤ** 曲線状の銀の短剣ハンジャルのイエメン語名。

Jangob **チャンオッ** 韓国の貴族女性が頭からかぶって顔を隠す、長いなごりの飾り袖がついた外衣。

Jeogori **チョゴリ** 体に合わせた縫製をしていない韓国の上着。男女共に着用し、サイズはなく付属の紐とめて体形に合わせる (Yang 1997：60-61)。

Jillayeh **ジラヤ** パレスチナの婚礼衣装。地域によってドレスかコート型で、細かい刺繍が施されている。

Jocolo **ジョコロ** ンデベレ族の既婚女性が着用する、5枚はぎの儀式用前掛け。「*mapoto* (マポト)」も参照。

Jubbeh **ジュッベ** パレスチナの長いコートタイプの服で、前あき。袖は細いものや幅広のものがあり、肘から手首までのあいだの半袖。

Jumlo **ジュムロ** ヒンドゥークシからパキスタンにかけての地域で着用されている婚礼用の綿のチュニックで、ふんだんな装飾が施されている。

Kadda **カダ** チベットの白い絹のスカーフ。宗教儀式に使う。

Kaftan **カフタン** 体をすっぽり覆うくるぶし丈のゆったりした長袖の服。アラビア半島で着用される。

Kain panjang **カイン・パンジャン** 「長い布」の意味。四角いバティックの布で、東南アジア島嶼部の女性が腰に巻く。長さは幅の約2.5倍 (Gittinger 1991：233)。

Kaitaka **カイタカ** 目の細かなニュージーランド亜麻でできたマオリ族のマント。幾何学的な帯の模様が特徴。

kameez **カミーズ** 「*Salwar kmeez* (サルワール・カミーズ)」を参照。

Kamleika **カムレイカ** さらした海棲哺乳動物の腸を細長い切れにして縫い合わせた、防水性の服のロシア名。アラスカ南東部のイヌイットとアリュート人が身につけた。

kanjara **カンジャリ** グラジャラート州北西部のカッチ県でラバリ族の女性が着る、背中のあいたブラウス。

karaori **唐織り** 様式化された日本の伝統的な着物で、能でも女性を演ずる男性が着る。

Kasuri **絣** 日本の防染技術。織る前に糸を染める。「*Ikat* (イカット)」も参照。

Kaunakés **カウナケス** 紀元前3000年頃にシュメールで着用されていた、毛足の長い羊毛かヤギの毛皮の服。儀式用と思われる。見た目の似たふわふわした素材が、のちに同じ名前でよばれるようになった。

Kediyun **ケディユン** グラジャラート州北西部、カッチ県のラバリ族の男性が着る、短くぴったりとした白いジャケット。

Kente cloth **ケンテ・クロス** 細幅織りをはぎ合わせた鮮やかな色彩の布。細幅織りは、ガーナのアシャンティ族、ガーナ南部、トーゴ、ベニンのエウェ族の男性や少年が細幅機で織る。もっともよく知られたアフリカの織物で、アフリカ大陸とアメリカ大陸で着用・貴重視されている。

Khadi **カディ** 農民が家庭で紡いだ綿織物。マハトマ・ガンジーがインドの貧しい村民たちの団結の象徴とした。

Khalat **ハラート** 中央アジアの男性が着る絹または綿製のゆったりとした長袖のコート。

Khanjar **ハンジャル** ひじょうに精巧な彫刻を施した曲線状の銀の短剣。装飾のついた鞘に入れて、ブロケード、銀や金でできた凝ったベルトにはさみ込む。ハンジャルはただの装飾品にとどまらず、縄を切ったり、動物を殺して皮をはぐ実用的な道具としても使える。

Khiton **キトン** 「*Chiton* (キトン)」を参照。

Kira **キラ** ブータンの女性の公式な服装。手織りのカラフルな綿生地を3枚縫い合わせたもの。

Kirdan **キルダン** 金の儀式用品でできたアラブの花嫁の胸当て。

Knabne **カブネ (カムニ)** ブータンで儀式に使う肩掛けで、掛けている男性の階級を表わす。一般の国民は白、軍人は黒。もっとも高位の黄色い絹のスカーフは王と大僧院長のみがつけることができる。

Korowai **コロワイ** ニュージーランド亜麻でつくったマオリ族のマント。対称的な黒と白の線を繰り返す柄は、時代をさかのぼる犬皮のマント柄を思い起こさせる。

Krama **クラマ** 東南アジアの綿布。肩掛けやスカーフ、被り物、帯、赤ん坊のハンモックなど何にでも使える (Green 2003：307)。

Kris **クリス** 短剣に似たインドネシアの武器。超自然的な力をもつ (Gettinger 1991：233)。

Ku **ク** 中国のゆったりとしたズボンないし脚絆。

Kurta **クルタ (中央アジア)** 絹イカットの女性用ドレス。

Kurta **クルタ (南アジア)** 裁断・縫製された膝丈の長袖男性用チュニック。クルタとドーティの組合せはインドの男性の伝統的な服装である。地方によっては西洋

式の襟と袖を採用することもある。

Kurta surwal **クルタ・サルワール** サルワール・カミーズのネパールでの名称。

Kurti **クルティ** グジャラート州北西部カッチ県の女性が着る、袖なしのベスト。

Kushung **クシュン** ブータンの北部・中央部・東部で1900年以前に女性が着ていた装飾の多いチュニック。

Labret **ラプレット（唇飾り）** 木や骨、象牙、石などを削ってつくり、下唇や頬に開けた穴に差し込んで、朝顔形に開いた固定具でとめる。イヌイットの男女のほか、アマゾニアでも用いられた。

Last **靴型** 木、金属、プラスチックでできた人間の足型で、それに合わせて靴をつくったり修理したりする。

Lau **ラウ** スンバ島の女性がはく筒型のスカート。絵経や貝、ビーズなどによる装飾がある。

Leggings **脛当て（脚絆）** 足を1本ずつ包み込むもの。シカ皮が一般的だったが、ヨーロッパとの接触後では目の粗い毛の布が多くなった。とくに北米のウッドランドや大平原でつけられた。男性の脛当てはくるぶしまでの長さで、腰のベルトに紐で結びつけ、ガーターで膝のあたりをとめることもあった。女性の脛当ては膝からくるぶしの長さで、つねにガーターで膝のところをとめた。地域によっては、脛当てとモカシンがつながったものもあった。

Lemba **レンバ** 現在のトラジャ族の女性が着ている、既製の綿布でつくったブラウス。樹皮の衣服の伝統を受け継いでいる。

Lingzhi **リンジュ** 中国のクジャクの羽根の帽子飾り。宮廷での役職を表わしていた。先端装飾の下部についた筒型の留め具に羽根を差し込む。羽根は後頭部側にくるようにかぶる。

Long **ロン** 中国の5本指の龍。「*Mang*（マン）」参照。

Longpao **龍袍（ロンパオ）** 円いハイカラーが特徴の、丈の長い中国の長衣。左の前身ごろに右の身ごろを重ね、首、鎖骨、右わきをループとグルでとめる。5本指の龍の絵が描かれている。準正装（*jifu*）に用いられた。また、結婚式などの準公式の場で使われる龍の模様の服や、寺院の彫像に着せる宗教的な服装をさすこともある。現存する最古の龍の服は、916～1125年のあいだ中国を支配した遼朝のもの。

Longyi **ロンジー** 加工されていない1枚の長方形の布の巻きスカート。ビルマの男女がはく公式な服。

Loom **織機** 織物を織る装置。単純な織機は、垂直部材と交差する部材のみから成る。

Loop and toggle **ループとトグル** 服をとめたり押さえたりする仕組み。服の片端に布製の輪をつけ、反対側の端には、結んだ布か金属の飾りボタンがついたもう1つの布の輪があり、最初の輪にからめる。

Lu'e **ルエ** フローレス島中央西部のガダ族の男性が舞踊の衣装に使う肩掛け。

Lungi **ルンギー** インド全域で、ヒンドゥー教徒にもイスラーム教徒にも着られている下半身を覆う服。日常着や労働着とされている。

Mang **蟒（マン）** 中国の4本指の龍。「*Long*（ロン）」参照。

Manta **マンタ** 北米のプエブロ族女性が着た毛のショールないしドレス。刺繍の装飾が施され、右肩の上をとめて、左肩はむきだしのままにする。

Mapoto **マポト** ンデベレ族の既婚女性の前掛け。ジョコロ（*jocolo*）より手軽なもの。

Matixiu **マティシュ** 「馬蹄袖」の意味。満州族のラッパ型の幅の広い袖口により、手袋をしなくても手の甲を守ることができる。

Maxie **馬靴（マシュエ）** 「乗馬ブーツ」の意味。満州

族の男性が宮中ではいていた。

Medicine bag **薬袋** 持ち者にとって神聖な意味をもつ品を入れる小袋で、北米の大平原先住民が身につけた。

Mitten **ミトン（二股手袋）** 革や毛皮でできた、北極圏で使われた手袋。親指を入れるところが2つついたものもあり、手のひらが濡れたら、甲の部分に回すことができた。

Moccasin **モカシン** 北米の履き物で、通常はシカ皮でできている。生皮の堅い靴底がつけられることがあり、また折り返しがつくこともあった。クイルワーク、刺繍、ビーズ細工などの精巧な飾りがしばしばついている。「Swamp moccasin（沼地用モカシン）」も参照。

Mordant **媒染剤** 布を染めるときに、染めを定着させるために使う尿や化学薬品。

Mother belt **母ベルト** *mama chumbi*（ケチュア語）は、下に締める太いベルトである。エクアドルのオタバロ地方とチンボラーソの中央部で使われるこのベルトは赤で、緑の縁取りがあり、4辺とも耳になっていて、重いフルクアエアまたは綿の緯糸で織られている。「Baby belt（赤ん坊のベルト）」も参照。

Mukluk **マクラク** イヌイットがはくシールスキンのブーツで、大きい靴底のひだを寄せてつま革に縫い込む。マクラクという言葉は、アラスカだけで使われた。北極圏東部では、カミック（*kamik*）とよばれる。

Mulmul **ムルムル** ベンガル地方で織られている繊細な薄い綿モスリンの紗。ローマ時代からヨーロッパに輸出されていた。

Mundu **ムンドゥ** 「*Veshti*（ヴェシュティ）」を参照。

Muumuu **ムームー** 19世紀初期に、キリスト教の伝道師がハワイの女性に強要した全身を覆う衣服。

Navajo blanket **ナバホ毛布** ナバホ族の女性がつくる毛布。縞、菱形、ジグザグの模様が特徴的で、シャトルを通す「杼口」を備えた本格的な機で織られた。

New Zealand flax **ニュージーランド亜麻** *Phormium tenax* はニュージーランド原産で、マオリの伝統的な服に使われる繊維である。ニューサイラン属は本当の亜麻（アマ属）ではなく、近縁でないユリ科に属する（私信：Roy Hamilton 2005年9月）。「Flax（亜麻）」も参照。

Nivi **ニヴィ** インド全域にみられる現代的なサリーの巻き方で、都市部の女性がとりいれることで徐々に広まった。

Non la **ノンラー** ヤシの葉で編んだ、ベトナムの伝統的な円錐形の笠。

Nose ornaments **鼻飾り** 鉄の輪、骨のピン、木の串、ツノガイ、アワビなどの貝を、鼻の隔壁に穴をあけて通す飾りで、多くの北米先住民がつけた。

Nyoga, Nyoka **ニョガ（ニョカ）** ンデベレ族の長く蛇のようにうねる、ビーズのついた婚礼衣装の裳裾。

Obrajes **オブラヘ** スペイン語で、現地の労働力を使って織物を生産する、植民地の作業場を意味する。

Odhani **オダニ** 「*Dupatta*（デュパッタ）」を参照。語源は「体を覆う」の意味。

Paakee **パーケー** ニュージーランド亜麻を、ある程度加工したのちに束ねて使ったマオリ族の裳衣。

Pag **パグ** インド北部で使われているターバン。細長い布をさまざまな方法で頭に巻く。色柄と巻き方により、その人の社会的な地位などがわかる。

Pagri **パグリー** パグ（ターバン）の短いもの。

Palla, pallium **パッラ、パリウム** 温かな巻衣型のローマ人の外衣。さまざまなサイズの長円形、長方形、円形、半円形の毛織物でできている。女性の巻衣がパッラ、男性用がパリウム。

Pallav **パッルー** インドで着られるサリーの装飾された

幅広い縁の部分。

Pallium **パリウム** 「*Palla*（パッラ）」参照。

Panjóva **パニョーヴァ** 後ろエプロンないしスカート。もともとは小さな四角形の模様のついた、裁断・縫製していない長方形の布を帯で腰にとめたもので、新石器時代に進化したが、今でもロシアやウクライナでみられる。凝った装飾のものもある。

Pao **袍（パオ）** 丈の長い中国のローブ。宮廷の正装である丈の長い長袍は、男女で型が異なるが、どちらも襟を非対称に合わせ、ループとトグルでとめる。

Paranja **パランジャ** トルキスタン地方の女性がかぶる、足首まで隠れる背に飾り袖がついた衣装。

Parka **パーカー** 海棲哺乳動物の皮、毛皮、鳥の皮、海棲哺乳動物のさらした腸、布などでつくった、頭からかぶる外衣で、通常はフードがついており、北極圏の北部で着ていた。

Patola **パトラ織** ダブルイカット（経緯絣）の織物で、両面が表地になる。インドのグジャラート州北部が原産地。16世紀から17世紀にかけての東南アジアで、香辛料貿易がもっとも盛んだった時期に取引されていた（Gittinger 1991：234）。

Peace medal **平和のメダル** 装飾が施された銀または真鍮の円盤状のもので、米国政府が先住民の首長や名士に与えた。リボンや紐などで首からかけた。

Pectoral **胸飾り** 乳房／胸につける飾り。

Pelete bite **カットスレッド布** 複雑なモティーフをつくることも多い。別名「切り糸布」。ニジェール・デルタのカラバリ・イジョ族が、既存の織物から選んだ経糸ないし緯糸を切って取り除いてつくる。「*fumate bite*（ドローンスレッド布）」も参照。

peplos **ペプロス** 古典時代のギリシアの女性の外衣。かなり重い長方形の毛の布を縦に折って体に巻きつけ、上部の折り返し部分で着用者に合わせて調節する。下にはやわらかな亜麻のシュミーズを着た。

pha sarong **パー・サロン** ラオスの男性が腰に巻く。ふつうは格子柄。

Pile **パイル** 布地の面から飛びだしているループや糸端によってできた、フラシ天のような毛足の長い表面。アンデスのパイル帽では、補助糸が台布の結び目にひっかかってパイルをつくる。

Pinkosu **ピンコス** インド南部タミルナド地方で用いられる7.3mあるボリューム感のあるサリー。背面の下部に扇のようなひだができるように巻く。

Piupiu **ピウピウ** マオリ族の男女が着る儀式用のキルトとスカート。筒状にした亜麻が柄がでるようにしっかりたはね、飾りが揺れるように腰から何本もさげてしめる。

Plain weave **平織り** もっとも単純な経糸と緯糸の織り方。各経糸が緯糸の上、下と交互に通る。

Plush **フラシ天** ビロードのパイルに比べると毛足が長く、密度の薄いなめらかなパイル地（*Webster's* 1973：878）。

Poncho **ポンチョ** 男性が着た正方形または長方形の外衣で、通常は2枚の手織りの布を縫い合わせ、中央に頭を通す隙間を開けておく。

Pony beads **ポニー・ビーズ** 大きなガラスビーズ。ポニーに乗った交易商が北米先住民の居住地域にもち込んだために、こうよばれるようになった。「Seed beads（シード・ビーズ）」も参照。

Pua **プア** ボルネオ島山岳地帯のイバン族が儀式に用いる毛布または壁掛け。

Pubic apron **陰部の前掛け** 細長い織り布か手織りの靭皮繊維の布。腰や尻に巻きつけて生殖器を隠す。布そのものを結ぶか、ベルトでとめる。

Qiuxiangse **チューシャンスー** 「秋香色」という意味。

茶と紫のあいだの色調。中国の皇帝と女帝、その息子、高位の者の配偶者以外の皇族が用いた。皇帝の妃とある程度の地位にある皇女は緑がかった黄である xiangse を用いた。「Huang（黄）」も参照。

Qixie　弓鞋（チーシェ）　「最上の靴」という意味。満州族の女性がはく靴底が木製の靴。

Quechquemitl　ケスケミトル　スペインによる征服以前に、メキシコ中央および北西部で女性が上半身につけた衣服。2枚の方形の織物を三角形になるようにつなぎ、「頂点」が前後にくるように着る。大きさと飾りは地域によってさまざまで、布の大きさや飾りの量が異なる。

Quillango　キジャンゴ　パタゴニアのテウェルチェ族とアオニケンク族のホース・インディオが身につけた、グアナコの大きなショールで、毛皮の方を内側にして着る。外側の皮の面は、幾何学模様の柄で飾られた。

Quillwork　クイルワーク　北米の装飾技法で、染めたヤマアラシまたは鳥の羽軸で、服に特徴的な柄をつくる。

Qun　裙子（クンズ）　中国の漢民族の女性が脚絆やズボンの上につけていた、2枚1組の前掛け。

Qunbaz　クンバズ　地中海東部の男女兼用の外衣。ふくらはぎか足首までの丈で、前は下まであいていて、右側を左身ごろの上にもってきて腕の下を通してとめる。この上半身の巻きつけ方は、初期のトルコ人征服者によってもたらされたもの。

Rachu　ラチュー　ブータンの女性が肩に掛ける儀式用の赤い布。

Raffia cloth　ラフィア布　栽培化されたラフィアヤシ（*Raphia vinifera*）の葉からとった糸で織った織物。野生のヤシは、中央アフリカの少年が織らずにつくる、成年式の衣装の素材になる。

Ragidup　ラギドゥップ　スマトラ島山岳部のバタック族が織る、両端に白い布が配された高級織物。

Ramie　カラムシ　アジア産の多年生のイラクサ科の植物（*Boehmeria nivea*）。この植物の光沢があり硬い靱皮繊維も麻と同じでよばれる（*Webster's* 1980：74）。

Resist-dyeing　防染　布の特定の範囲に染料がしみ込むのを防いで模様づけする、さまざまな技法。結ぶ、しばる、折る、縫う、きつく巻きつける、その部分を覆うなどしてから染料につけると、準備を施した部分には染料が染み込まない。バティックとイカットはどちらも防染技法を使っている。

Riga　リガ　ハウサ族の語で「ガウン」を意味し、ババン（*babban*）という語とともに、たっぷりした、ふんだんに刺繍の施されたローブのババン・リガ（*babban riga*）をさす。ナイジェリアのハウサ族男性が着用している。

Roach　ローチ　北米のウッドランドおよび大平原の先住民の髪型。髪をむしる、焼く、剃るなどして、頭頂部の真ん中だけを残す。のちには、シカや馬の毛、ヤマアラシの長い上毛、ヘラジカのたてがみ、スカンクの毛なども使って、人工的なローチをつくることもあり、多くは赤く染められた。ローチを頭頂部の髪の房に結んでつけ、「ローチ・スプレッダー」で毛を広げた。今日の先住民の踊り手はローチをつけるが、頭頂部に髪の房がないため、あごの下で結ぶ。「Scalp lock（髪の房）」も参照。

Rodilera　ロディリエラ　（スペイン語の *rodilla*「ひざ」から）腰からひざにかかるあたりに巻く小さな毛の毛布。黒と白の格子柄に織られることが多く、アティトラン湖やソロラのあたりで着られる。片側の端を、脇の前のあたりで重ねる。

Salwar kmeez　サルワール・カミーズ　女性の袖つきのチュニック（カミーズ）。長さや身幅は流行によって変わる。下にはくズボンはゆったりとして、脛部分は細身になり、裾の折り返し部分に刺繍で模様が入っている（サルワール）。インド北部のパンジャブ地方とその周囲で長年はかれてきたが、1980年代からは流行に敏感な都市部の女性も着用するようになった。

Sampot　サンポット　カンボジアの腰巻き。裁断されていない1枚の長方形の布でできている。男女共に着用する。

Sarafan　サラファン　袖なしの長いドレスで、2本の肩紐でとめる。胸元から足首までの長さ。ロシアでよく知られているが、歴史的には西ヨーロッパでもみられる。

Sari　サリー　縫製されていない細長い綿や絹の布で、巻衣として着用する。インド女性の主たる衣服。スカートと頭を覆うスカーフも兼ねる。

Sash　サシ　北米先住民が身につけた長い帯状の布で、菱形、ジグザグや、それに似た幾何学模様が指で織られている。腰に巻くか肩にかけた。

Satin stitch　サテンステッチ　隣とくっつけて刺していく一連のステッチで、装飾用や1枚の布を別の布につけるときに使う。

Scalp lock　髪の房　頭頂部の髪を長く伸ばして編んだもの。ローチの頭飾りをこの房につけることができた。「Roach（ローチ）」も参照。

Scarification　スカリフィケーション（乱切り儀式）　体に小さな傷をつけて瘢痕を残すことによって、皮膚に模様を描く方法。瘢痕形成ともいわれる。

Seed beads　シード・ビーズ　さまざまな色合いの小粒のビーズで、19世紀初めの大きなポニー・ビーズに取って代わった。「Pony beads（ポニー・ビーズ）」も参照。

Selvedge　セルヴェジ　布の端で、緯糸が外側の経糸を回って折り返す。ほとんどの織物で、緯糸（横）の耳は経糸の方向と並行になっている。ペルーの織物の多くは、経糸（縦）にも耳がある。

Sheath　シース　ベルトをとめず、ぴったりと体を覆う衣類。古代近東で着用された。

Shente　シェンティ　細長い亜麻布でできた古代エジプトの三角形の腰布。脚のあいだにはさんで体に巻きつけてから、端を折って保護用の垂れのようにして腰の上からだす。こうすることで、着用者がきつく締めることができる。腰布の端を紐でとめることもある。ファラオはシェンティだけをつけた姿を描かれることもあった（Boucher 1987：434）。

Shibori　絞り染め　日本の防染技術。染める前に布を糸で括る。

Shield cover　盾カバー　北米の大平原および南西部の先住民が使った、シカ皮や粗布などのカバー。飾りがつけられることが多く、戦いの前には、盾の神秘的な力を発揮させるためにはずすことがあった。

Shigra　シーグラ　（ケチュア語）アガベやフルクアエアの繊維を輪にしてつないでつくった持ち運び用の袋で、食料を運ぶときに使う。

Shiro-age　白あげ　日本の防染技術。染め桶につける前に防染糊を施し模様を白く残す。

Side-fold dress　脇で折り込むドレス　昔のシカ皮のドレスで、大きな皮を折りたたんでわきでとめる。折りたたんだヨークや肩紐がついており、北米の大平原北部と北東部で着られていた。初期の皮のドレスには、ほかにストラップ・アンド・スリーブ、2枚皮、3枚皮の3つのタイプがあった。

Sinew　シニュー（腱）　カリブーやシカ、ヘラジカの背骨にそって腱をはぎとり、北米先住民が裁縫用の糸に使った。

Sirwaal　シャルワール　紐かゴムを引いてウエストを締める長ズボン。男女兼用。「アラブ風ドロワーズ」といわれるゆったりしたズボンは、シャルワールの女性用。ドレスやアバイヤの下にのぞくから裾の折り返し部分だけで、そのためたっぷりと刺繍が施されている。現在は、装飾的な裾の折り返し部分を地元の市場で買うことができる。

Sok chima　ソッチマ　韓国のチマ（スカート）をできるだけふくらませるために重ねばきするスリップやペチコート（Yang 1997：60）。

Songket　ソンケット　スマトラの絵緯紋織り。ふつう金属糸を用いる。

Spinning　紡ぐ　まとまった短繊維を撚り合わせて引きだし、連続した糸にする工程。

Sprang　スプラング　「猫のゆりかご」というゲームのように「張った糸と編んで」（……）糸とつなぐ。糸は2本棒の織機に張る経糸のように、2本の平行な棒のあいだに張るが、隣あわせの糸を互いに巻きつけあう（猫のゆりかごのように）ことで布をつくる。緯糸は使わない。撚り糸は両端に左右対称になるように押して、次の撚り糸を加えて安定するまで棒でとめておく。このようにして作業を進めていくうちに、2つの撚り糸のグループが真ん中でぶつかる。そこで紐を使って縫いかがり（あるいはほかの特別な手法で）、ほどけないようにする。出来上がったものは狭義の意味では真の「織物」ではないが、布状になる。ほかの織り布とは異なり、ひじょうに弾力性があるため、ヘアネット、ストッキング、袖などにした。団子状にした髪や膝やひじを曲げたところなど、大きな塊を覆うのに適していたためである。（エリザベス・J・W・バーバー『先史時代の織物』Elizabeth J. W. Barber, *Prehistoric Textiles: The Development of Cloth in the Neolithic and Bronze Ages with Special Reference to the Aegan*. Princeton：Princeton University Press, 1991：122）

"Squash blossom"「スカッシュブロッサム」　カボチャの花の形に成型された銀のビーズのネックレスや小物。ナバホの職人がつくり、広く交易された。多くはトルコ石や、ときにはサンゴが埋め込まれていた。

Stem stitch　ステムステッチ　直線的な刺繍のステッチで、表面では長いステッチで先に進み、その長いステッチの半分ほどの短いステッチですぐ下を戻す。さらに、糸を針の左側（または上）にすることで、Z字形の斜線ができる。古代アンデスのパラカスの刺繍では、下地の糸4本分進み、2本分の下を戻った。こうしてできたステッチの列は互いに密接して、下の布地を完全に覆った。

Strap-and-sleeve dress　ストラップ・アンド・スリーブ・ドレス　ベルトがついたシカ皮のドレスで、肩紐で落ちないようにささえる。北米ウッドランドの先住民女性が着ていた。必要に応じて別になっている袖を結びつける。「Side-fold dress（脇で折り込むドレス）」も参照。

Strike-a-light bag　火つけの道具袋　北極圏の男性が持つ小袋で、火を起こすための火打ち石や火口などの道具を入れた。

Strip loom　細幅機　西アフリカの持ち運び可能な織機。二重綜絖、足踏みペダルつきで、細幅の布を長さの制限なく織ることができる。

Stroud　ストラウド（目の粗い布）　または「ストラウディング」。重い毛布で、英国ストラウドウォーターでつくられた。通常は緋色か紺で、緑色のこともある。本来は「吸い取り布」で、質の高い布をつくるときに、余分の染料を吸い込むために使われた安物の織物だった。主として先住民との交易で米国に輸入され、衣服や軽い毛布として使われた。

Supplementary warp and weft　補助経糸・緯糸（絵経・

絵緯）2本の地糸のあいだに、装飾のためだけの模様用の糸を足す織りの技術（Gittinger and Lefferts, Jr. 1992：258）。

Swamp moccasin　沼地用モカシン　ふくらはぎまであるシカ皮のモカシンまたはブーツで、北米の南東部ではかれていた。

Taaniko　**ターニコ**　マオリ語で、指を使って伝統的な茶（赤）・黒・白の柄を織る技術とその模様の両者を表わす（Mead 1968：9）。

Tablita (*tableta*)　**タブリタ**　彩色した木の板を大きく切りぬいた頭飾りで、北米プエブロ族の女性の踊り手が頭につけた。

Tagelmust　**タゲルムスト**　トゥアレグ族男性の5mほどの布。色は伝統的に白か紺、ターバンとヴェールの役目を同時に果たす。若いトゥアレグ男性は自分のタゲルムストを成人儀礼で受け取る。そのため、大人であることの象徴となっている。

Tatibin, tmpan　**タティビン、タンパン**　かつてスマトラ島南部のランプン地方で織られていた小さな四角い霊船布。

Tanning　なめし　シカ皮などの皮を、服や装身具にするためにやわらかくしなやかに加工すること。

Tapa　**タパ**　樹皮をたたいてつくったメラネシアの樹皮布。通常はカジノキの樹皮の内側を使う。

Tapestry join　つづれ織りはぎ　つづれ織りで、隣り合う色糸の部分をあり継ぎやインターロックなどではぎ合わせて連結すること。

Tapestry weave　つづれ織り　さまざまな色の緯糸を、模様のためにその色が必要とされるところを行き来して密に織り込む平織りの技法。経糸がのぞいて、単色が損なわれることがないように、緯糸はぎっしりと詰められる。

Tapis　**タピス**　スマトラ島南部のランプン地方で着られる女性のサロン。

Tarbush (*fez*)　**タルブーシュ（フェズ）**　頭蓋帽の上にのせる赤いフェルト帽で、まわりに頭巾を巻いてターバン状にする。オスマントルコの役人、トルコ兵、都市のパレスチナ人などがかぶる赤いトルコ帽は、山高で硬く、植木鉢のような形をしている。村人のトルコ帽はそれよりやわらかで小さく丸い。

Tartan　**タータン**　古代ケルト人に由来する布のデザインで、異なる幅と色の線が直角に交わる模様。

Tebenna　**テベンナ**　エトルリア起源の円形の外衣で、ローマ人のトーガの原型となった。

Thob　**トーブ**　足首までの丈の、ゆったりした長袖シャツ／チュニックで、イスラーム教世界ではもっとも一般的な衣類。パレスチナ＝アラビア語では、トーブは一般的に女性の服をさす。「布」を意味することもある。

Thobe (*thawb*)　**トーブ**　サウジの男性のゆったりした、足首までの丈の白いシャツ。慎み深く全身を覆えると同時に、通気性もある。伝統的には綿でつくられてきたが、合成繊維製も増えている。涼しい季節には、薄い灰色や茶色の押さえた色調の梳毛織物など、保温性のある布が使われることもある。

Ti　**ティ**　アジアと太平洋沿岸地域産のユリ科（コルディリネ属）の樹木または低木の葉。ハワイ島ではこれを編んで服をつくる。

Tikka (*bindi*)　**ティカ（ビンディ）**　額につける祝福を意味する赤い点。ヒンドゥー教の宗教儀式のさいに用いられることが多い。

Tinkler　**ティンクラー**　2.5cmほどの長さの小さな円錐形のもので、純粋な銅や、のちには錫でつくられ、北米の大平原で衣服につけられた。着ている者の動きに合わせて、心地よい音をたてる。

Toga　**トーガ**　ローマ人が体に巻いて着用した長円形の外套。エトルリア人のテベンナを起源とする。ローマ市民（成人男性）だけが着用する資格をもち、奴隷、外国人、下層階級は着用を許されていなかった。

Topi　**トーピ**　グジャラート州北西部のカッチ県でイスラーム教徒の男性がかぶる白い帽子。ネパールではカラフルでお洒落なトーピもある。

Torque　金属の首飾り　中国南西部の少数民族がつけている頑丈な首輪。

Trailer　後ろに垂れさがる飾り　北米の大平原先住民がかぶった、戦いの頭飾りの後ろに垂れさがる、羽根がついた布やシカ皮の、1本または2本の長い紐状のもの。

Treadle loom　足踏み織機　スペイン流の織機で、足踏みペダルまたはペダル（treadle）を踏むと、経糸が分かれて、緯糸を通す隙間ができる。

Tritik　**トリティク**　東南アジア島嶼部の防染技術。染める前に縫って布を集めることで防染する（Gittinger 1991：234）。

Tsutusgaki　**筒描き**　日本の防染技術。染色前に糊で布に模様を描くことで防染し、あとで洗い流す。

Tulis　**チュリス**　バティックの模様を手で描く工程。銅の版で型押しする簡易な方法よりもちがい手間がかかる。

Tunic　チュニック　頭からかぶる筒状の服。袖はついている場合とない場合があり、通常は膝丈またはそれより長く、古代世界では男女とも、下着または外衣として着ていた（*Webster's* 1980：125）。

Tupu　**トゥプ**　（ケチュア語）女性の巻衣やショールをとめる、まっすぐなピン。

Turban　**ターバン**　東洋で使われた、頭に巻きつける被り物。19世紀には、当時のヨーロッパでつけられたターバンの形に似た、羽根などの飾りをつけたものを、北米南東部の先住民がかぶっていた。

Twill weave　あや織り　糸をわたす技法を使った織り方で、緯糸が交差する数本の経糸が列によってずれるため、織物に斜めの線ができる。

Twining　綟る　隣り合う2本または数本の材料（糸など）を布に通しながら、互いに巻く、ねじるなどして、一回転または半回転の間に一方がもう片方を次々と包み込むようにする。綟りはななめのほか、経糸（経糸綟りの場合）または緯糸（緯糸綟りの場合）で綟りをかける場合がある。

Tzute　**ツテ**　グアテマラ高地に住む男女が身につける、四角い手織りの綿でできたヘッドクロス。1枚または2枚の布で、縞模様や紋織りの印の飾りがつき、その飾りと色が身につけている者の出身の村を示す。

Ubala abuyisse　**ラブレター**　ズールー族のビーズ細工「ラブレター」のズールー語名。「返事のくる手紙」という意。

Uhikake　**打ち掛け**　中綿の入った丈の長い絹の外衣で、江戸時代まで武家や貴族の女性が正装として用いた。現在では日本中で婚礼衣装として用いられている。

Ulos　**ウロス**　「布」の意味。スマトラ島山岳地帯のバタック族が織る布地を一般的にこうよぶ。

Uraeus　**ウラエルス**　エジプトで神聖とされる小型の毒蛇、エジプトコブラ（*Naja haje*）を象ったもの。ファラオの被り物につけた。

Vajani　**ヴァジャニー**　裁断・縫製されたゆったりとした白い綿のズボン。グジャラート州北西部のカッチ県で男性がはく。

Vamp　つま革　靴やブーツの、足先を覆う部分。

Veil　**ヴェール**　地中海東部地域では、女性が髪をすっぽりと頭巾で覆い隠したときに、「ヴェールをつけた」とみなされる。

Veshti　**ヴェシュティ**　下半身を覆う服のこと。軽い肩掛け（アンガヴァストラム *angavastram*）の組み合わせ。インド最南端にある2州、タミルナドではヴェシュティ、ケーララではムンドゥとよばれ、男性がカーストに関係なく着用している。

Walrus tusks　セイウチの牙　イヌイットのパーカーで、首の部分につけられる、2本の白いセイウチの牙の形をした2枚のあて布の飾り。このような布は「フード・ルーツ」とよばれることもあり、補強の布としての実用的な役割を果たした。

War bonnet　戦いの頭飾り　北米大平原の先住民がかぶった、羽根で飾られた大きな頭飾り。とくに西部のスー族がかぶっていたが、のちには全米の先住民がかぶるようになった。

War shirt　戦いのシャツ　北米大平原北部で着られたシカ皮のシャツ。ヤマアラシのクイルワークやビーズ細工の幅が広い帯が肩の部分を覆い、ときには同じような帯が袖まで伸びてつけられていた。首のあたりには、クイルワークまたはビーズ細工が、ロゼット型、正方形、長方形の形につけられた。髪の房やオコジョの飾りがつけられると、シャツには偉大なる力が宿ると考えられ、戦いでめざましい活躍をした戦士だけがそれを身につけられることになっていた。「スカルプ・シャツ」とよばれることもある。

Warp　経糸　機や布地で平行に走る縦（垂直）の糸。

Warp-faced textile　経糸　表面に出る経糸部分が緯糸部分よりも多く、経糸を覆いつくす布地。

Warp-patterned weave　経糸で柄になる織物　柄が経糸でつくられる織物。この場合、経糸は緯糸よりも密接に織り込まれる。このような織物はペルーの布に多くの種類がみられる。

Weft　緯糸　水平に張られた糸で、縦（垂直）の経糸とほぼ直角に交差、織られる。

Weft-faced textile　緯織り　表面に出る緯糸部分が緯糸部分よりも多く、経糸を覆いつくす布地。

Welt　細革　靴の底とその上の部分の間にある細い部分で、底と上の部分が縫い合わされる、またはとめられる部分。

Woon-hye　**唐鞋（タンヘ）**　韓国の女性用の絹張りの靴。甲を覆う部分が少ない（Yang 1997：135）。

Wrapper　巻衣　西アフリカの女性や非イスラーム教徒の男性が着用する、仕立てていない長方形の布。男性が細幅機で織った細幅布をはぎ合わせたものか、女性が垂直機で織った幅の広い布を使う（Kriger 1990：31）。巾販の布を体に巻きつけ、腰や胸にたくし込んで着用する人が増えつつある。

Xie　**鞋**　漢民族の足をすっぽり覆う靴。

Yelek　**イエレク**　19世紀に上ガリラヤで着用されていた、丈の長い、細身の女性用コート。そうした衣服がはやっていたシリアに近かったためだろう。パレスチナ中南部では、けっしてはやることはなかった。

Yuzen　**友禅**　日本の防染技術。筆を使いフリーハンドで布に模様をつける。17世紀末から18世紀初頭にかけてこの技術を完成させたといわれる、京都の扇絵師、宮崎友禅の名にちなんで友禅染といわれるようになった。

図版出典

Photos Thomas J. Abercrombie 42, 96, 251; Acropolis Museum, Athens/ Hirmer Fotoarchiv München/ Bridgeman Art Library 131; Photos Monni Adams 881, 887, 890, 891; Photo Laurie Adelson 742; Agyptisches Museum und Papyrussammlung, Berlin 26 (21300); Alan Grinnell Collection/ photo Don Cole 778; Courtesy of the Alexander Turnbull Library, Wellington, New Zealand 527 (B-004-020, watercolor, 17⅜ × 14⅛ in./44 × 36 cm, 1864); Illustrations Mishigdorjyn Amagalan 208, 212, 214–217, 219; American Museum of Natural History, New York 544 (#1900-6), 554 (#1896-38), 566 (courtesy Department of Library Science #328740/photo Merrill), 708 (#41.2-5881), 716 (#41.2/8604/photo John Bigelow Taylor); Amon Carter Museum, Fort Worth 559 (gouache, watercolor and graphite on paper, 18¼ × 23⅞ in./46.4 × 60 cm); Photos Patricia Rieff Anawalt 66, 354, 356, 358, 366, 367, 370, 371, 372, 375, 376, 377, 386–389, 391, 394, 397, 398, 404, 405, 411, 461, 692 (San Andres, 1983), 694, 701 (Zacatlan de las Manzanas, Puebla, Mexico, 1983); Ancient Art and Architecture Collection Ltd/R. Sheridan 15, 129; Photo Chris Anderson 250; Antanas and Anastasia Tamosaitis/Lithuanian Folk Art Institute 198 (Library of Congress 80-670047); Anthropology Department, American Museum of Natural History photo Robert Carneiro 772; photos Vladimír Kozák 767, 768, 769, 771, 777, 783; Anthropos-Museum und Institut, Germany/Trustees 805, 806; Antikensammlung Museum/ Staatliche Museen zu Berlin/ Bildarchiv Preussischer Kultur-besitz/Art Resource, NY 125; Archaeological Excavation/ Expedition of Mari, Tell Hariri 5; Archaeological Museum, Delphi/ photo Toni Schneiders/Bridgeman Art Library 126; Archaeological Museum, Heraklion/Bridgeman Art Library 119; Courtesy of the Archaeology Survey of India/British Picture Library 342; Archives of the Royal Tropical Institute, Amsterdam 479, 487; Art Institute of Chicago, Oriental Department Sundry Fund Trust/photo Nancy K. Finn 277 (1947.540); Art Resource, NY/Museo Nazionale di Villa Giulia, Rome 124 (detail of Chigi Vase); Arthur M. Sackler Gallery, Smithsonian Institution, Washington D.C./ Smithsonian Collections Acquisitions Program and partial gift of Richard G. Pritzlaff, S1991.88/photo Robert Harrell 270 (anonymous artist, hanging scroll, ink and color on silk, 73⅞ × 63⅝ in./187.6 × 161.8 cm); Photos James Austin 230 (textile lent by Janet Anderson), 235 (textile lent by Nicholas Barnard); Photos Mateo Martinic B/Universidad de Magallanes Instituto de la Patagonia, Chile 799–801, 802 (textile courtesy of Sr. Guillermo Halliday); A. A. Balkemia, Cape Town 846 (facsimile reprint of 1849 edition of hand-colored lithographs); Photo Pierre René Baquis 474; Illustrations Elizabeth Barber 142, 159, 168–173, 175–184; Photo Elizabeth Barber, courtesy of Naturhistorisches Museum Wien 228; After Mark Bartholomew, *Thunder Dragon Textiles from Bhutan*, Kyoto: Shikosha Publishing Co., 1985 415, 419; Photo Lois Beck 104; Photos Carol Beckwith/Photokunst 813, 822, 823; Courtesy Damein Bell/Gunditj Mirring Traditional Owners Aboriginal Corporation 505; Courtesy Bernice Pauahi Bishop Museum 524, 525 (photo Ben Patnoi); Beverly Jackson Collection, Santa Barbara/photo Scott McClaine 272; Bildarchiv Preussischer Kulturbesitz, Berlin/Art Resource, NY 256; Bibliothèque Nationale, Paris 252 ("Don't gamble with danger," watercolor, 17th century); Bildarchiv Preussischer Kulturbesitz, Berlin/ Vorderasiatisches Museum, Berlin/Art Resource, NY 7, 35; Photo David A. Binkley and Patricia Darish 897; Illustrations Chantal Boulanger 349–351, 357; Photo Chantal Boulanger 355; Photos Arthur Bowland 848, 880; British Museum, London 6 (118885), 14 (124920), 19 (118234), 34 (WA 22496), 138, 803 (1831.4-16.8); British Picture Library 137, 194 (artist unknown); Brooklyn Museum of Art, New York 16 (Charles Edwin Wilbour Fund, 60.197.7); Diagrams Dorothy K. Burnham pp. 447, 455, 456; Canadian Museum of Civilization, Hull 582 (S86-386, S86-387); Carl and Elisabeth Dentzel Collection, Braun Research Library, Southwest Museum of the American Indian, Autry National Center, Los Angeles 593 (detail of *North American Indians*, 1844, ID:3023.G.1b, rephotographed by Veronica Tagland/Catlin Portfolio: Print 1, "North American Indians"); Photo Patricia Cheesman 438; Photo C. Chesek/J. Beckett #5363-5/South American Hall, American Museum of Natural History 776; Church of Saint Urbain, Troyes/ photo Giraudon 4; Photo Helene Cincebeaux 174; Cisneros Collection, Kunst- und Ausstellungshalle der Bundes-republik Deutschland, Bonn/photos Peter Oszvald 762, 763, 787; Photos Don Cole 273 (courtesy Harriet Werner), 902; Photos Herbert M. Cole 836, 837; Photos Mary Connors 435, 437, 441; CORBIS 3, 255; Corbis-Bettmann, under sublicence of Bertelsmann Picture Pool Gütersloh/Munich 1997 281; CORBIS/British Museum, London 12; Photo Donald Cordry 695; Illustration Alana Cordy-Collins and Genaro Barr p. 455; Photos Joseph Cornet 883, 889; Photo Michael Coyne 95; Cultural Relics Bureau and Metropolitan Museum of Art, New York 254; Photo Jean Demmeni 477; Photo Department of Archaeology and Museums, Maharashtra State 364; Photos Ursula Didoni 240, 242; Photos Richard K. Diran 427, 431; Photo Robert Dompnier 426; Photo Dr. Christopher Donnan 721; T. E. Donne 503; Dumbarton Oaks, Washington, D.C. 714 (#B-518); Photo Stephen Dupont 504; Photo l'Ecole nationale supérieure des Beaux-Arts, Paris 118; Editorial Debate, S. A. 20 (ID#62127806); Egyptian Museum, Cairo 9, 17 (photo Araldo de Luca), 30 (Robert Harding World Imagery), 36; Photos Joanne Bubolz Eicher 906, 929; Rephotographed by Susan Einstein 681 (*Codex Mendoza* 1938 Vol. 3: folio 68r), 682 (*Codex Mendoza* 1938 Vol. 3: folio 60r), 683 (*Codex Mendoza* 1938 Vol. 3: folio 63r), 684 (*Codex Ixtlilxochitl* 1976: folio 108r), 685 (*Codex Vaticanus A*: folio 61r), 686 (Sahagún 1979 Bk. 8: folio 31r), 687 (Singer et al. Vol. 3: figure 183), 688 (Sahagún 1979 Bk. 10: folio 23r), 689 (*Códice Osuna* 1976 Vol. 2: folio 9 verso), 706 (*Codex Mendoza* 1938 Vol. 3: folio 64r), 718, 719 (Museo Nacional Bruning, Lambayeque); Photo Eliot Elisofon 331; Eliot Elisofon Archive, National Museum of African Art/photos Eliot Elisofon 882, 901; Photos Aubrey Elliott 850, 879; Photos Vickie Elson 395, 399; Photos R. Enkhbat/Photomon Agency 205, 210 (ADMON Co., Ltd.); Photo Don Farber 406; Fashion Institute of Design and Merchandising, Los Angeles/photo Don Cole 309; Field Museum, Chicago 494 (neg. #21394); Fine Arts Library, Harvard University/Historic Photographs & Special Visual Collections 340; Photos Angela Fisher/Photokunst 825, 835, 916, 917, 932; Courtesy of the Fototeca Unione at the American Academy in Rome 139 (neg. F. U. 3247F); Collection of Fowler Museum at UCLA photos Don Cole: 166 (chemise X68.2752, bodice X68.2754, skirt X68.2753, apron X68.2755, pocket pouch X68.2756/Gift of Pat Patterson; skullcap and boots private collection), 185 (chemise X96.6.23A, B, D/Gift of Elsie Ivancich Dunin; belt and socks private collection), 186 (left private collection, right and detail X96.6.23E/Gift of Elsie Ivancich Dunin), 245 (left X68.1894, center X67.2574/Museum Purchase, and right X67.2590, collected by the joint Israel Museum-University of California Expedition sponsored by the Ford Foundation), 421 (left X86.1493, center X86.1509, right X86.1516), 498 (X78.L887c), 499 (X78.L887b), 510 (left X66.3188/Gift of Mr. Roy E. Wendahl, right X65.12076/ Museum Purchase), 514 (left X65.13308, second left X65.13304, third left X65.13300, right X65.13307), 516 (above X65.12493, below X65.12491), 697 (*huipil* X76.91/Museum Purchase, *tzute*/headcloth X76.64/ Gift of Vilma Matchette, hair ribbon X76.1204, belt X86.1228, skirt X83.188/Gifts of Caroline and Howard West), 703 (jacket X84.1175/Gift of Caroline and Howard West, *camisa* X66.1134/Gift of Dr. & Mrs. Ralph L. Beals, pants X77.1107/Gift of Caroline and Howard West, *rodillera* X76.109A/Museum Purchase, belt X77.1110 and bag X76.1217/Gift of Caroline and Howard West), 705 (X76.827), 751 (top left X2003.16.3/ Gift of Barbara White, top center X67.2598/Museum Purchase from the Cora L. Black Fund, top right X78.101F/Anonymous gift, bottom left X66.409/Museum Purchase, bottom center X2003.18.6/Gift of Barbara White, bottom right X2003.18.2/Gift of Barbara White), 884 (left 381.192/Museum Purchase, right X65.5491/Gift of the Wellcome Trust), 909 (X76.1768), 910 (X78.1938), 911 (X76.1782), 912 (X76.1805), 919 (X2006.2.1B); Anonymous gifts 417 (X86.1554), 497 (X78.L887a), 732 (X81.936E), 852 (X77.L916), 855 (X77.L687), 856 (X77.L732), 857 (X77.L730), 863 (X77.L678), 864 (X77.L679), 865 (X77.L680), 866 (X77.L682), 868 (X77.L725), 869 (X77.L711), 870 (X77.L735), 875 (X77.L814), 903 (X86.1988); The Estate of Dr. Glenn A. Noble 302 (X2002.25.7A), 304 (X2002.25.5A); Gift of Patricia Altman 700 (X80.969A&B); Gift of Dr. Patricia Rieff Anawalt 152 (X2003.14.1), 237 (X2004.19.1); Gift of Virginia Anawalt 691 (X99.29.1A-E); Gift of E. M. Bakwin 263 (X70.1381), 473 (X2002.37.189), 475 (X2002.37.95), 476 (X2002.37.93), 478 (X2002.37.1), 481 (X2002.37.198), 486 (X2002.34.25); Gift of Mr. and Mrs. Anthony Browne 359 (X86.3122); Gift of Grace Burkholder 53 (X86.1188), 55 (X86.1192); Gift of the Christensen Fund 886 (X86.609), 888 (X86.560), 892 (X88.672), 893 (X86.814), 894 (X86.936), 895 (X86.930), 896 (X88.676); Gift of Mr. Ronald Cooper 519 (blouse X69.125a, headdress X69.125d, hairpiece X69.125c, skirt X69.125b); Gift of Dorothy M. Cordry in memory of Donald B. Cordry 696 (*huipil* X84.264, skirt X84.325); Gift of Eric Crystal 453 (X2001.5.20); Gift of Dr. and Mrs. Robert Curtis 528 (X82.910), 534 (X82.912); Gift of Waren and Kathleen d'Azevedo 515 (X2003.21.1); Gift of Elizabeth Lloyd Davis 488 (X87.1228); Gift of William Lloyd Davis and the Rogers Family Foundation 469 (X81.1496), 470 (X81.1493), 490 (X81.1478); Gift of Mrs. W. Thomas Davis 380 (X82.1160); Gift of Mrs. W. Thomas Davis and Elizabeth D. & Richard B. Rogers 472 (X78.433); Gift of Geraldine Dimondstein 80 (X92.459); Gift of Mr. and Mrs. George R. Ellis 249 (X80.1177); Gift of Susan P. Fuller 482 (X99.5.68); Gift of Dr. and Mrs. Harvey Gonick 321 (X86.4349), 322 (X86.4338), 332 (X86.4443), 333 (X86.4439); Gift of Doris D. Hall 523 (skirt X77.82a, anklets X77.82b, c); Gift of John L. Herrick 278 (X70.1523); Gift of Richard Kelton 512 (LX79.79C, F, D, G), 520 (top X79.L84, second top X79.L80, third top X79.L83, bottom X79.L82); Gift of Gail Kligman 149–151 (X99.50.A&B); Gift of James Kris 147 (shirt X68.218, vest X68.220, pants X68.219, apron X68.221); Gift of Helen and Dr. Robert Kuhn 821 (X78.2168A&B); Gift of Dr. Hilda Kuper 853 (X75.713), 867 (X75.700); Gift of Robert Leibman 144 (X99.34.32B, D, C, A), 145 (X99.34.18B), 146 (X99.34.21C), 148 (X99.34.15C); Gift of Mary Jane Leland 432 (X2001.27.15), 433 (X2001.27.16), 434 (X2091.27.2); Gift of May Louie 274 (X66.2839); Gift of Mr. and Mrs. Herbert L. Lucas, Jr. 723 (X86.3950); Gift of Mrs. Paquita Machris 815 (X81.1288); Gift of Gerry Masteller 448 (left X99.40.1, center X99.40.2, right X99.40.3); Gift of Vilma Matchette 303 (X67.268A, C, B), 306 (left X67.268E&F, right X75.570E&F); Gift of Ruth Mellinkoff 83 (X82.1142); Gift of Mrs. Robert G. Neumann 264 (X80.490); Gift of Neutrogena Corporation 727 (left X94.27.9, right X94.27.10); Gift of Mr. and Mrs. James Poe 724 (X63.593); Gift of Mr. & Mrs. Richard B. Rogers 392 (X77.1449A), 393 (X77.1449B); Gift of Mr. & Mrs. Richard B. Rogers and William Lloyd Davis 360 (X85.773), 373 (shirt X81.1140A, pants X81.1140B), 374 (X81.1058A), 378 (X81.1159), 379 (X81.1090), 381 (X81.1185), 382 (X81.1199), 383 (X81.1100), 384 (X81.557C), 385 (X81.556), 463 (X81.493); Gift of Dr. and Mrs. David Rosenbaum 323 (X82.914); Gift of Doran H. Ross 905 (X97.12.1); Gift of Marion Scott 275 (X78.190); Gift of Mr. and Mrs. Herbert Steward 324 (X75.84); Gift of Anne and John Summerfield 468 (X97.50.70); Gift of Dr. and Mrs. Elwin V. Svenson 286 (X86.3297); Gift of Priscilla L. Trager 45 (X75.1429), 51 (X75.1381), 52 (X75.1421), 54 (X75.1425), 56 (X75.1426), 61 (above X75.1395, center X75.1396, below X75.1397), 62 (black and white *gutra* X75.1400, red and white *gutra* X75.1401, black *agal* X75.1403, silver *agal* X75.1404), 816 (X75.1388); Gift of the United Nations Association, World Center 452 (X88.594); Gift of Christopher Weil 361 (X85.763), 362 (X85.774), 363 (X85.780); Gift of the Wellcome Trust 517 (X65.4197), 526 (X65.10276), 529 (X65.8012), 530 (left X65.8006A, right X65.8006B), 531 (X65.10283), 533 (X65.10284), 586 (X65.4280), 587 (X65.4267), 854 (X65.5440), 858 (X65.5437), 860 (X65.11693), 861 (X65.11692), 862 (X65.11691); Gift of Caroline D. West 84 (X97.15.42); Gift of Mrs. Helen Wharton 165 (X79.465b, c, a, d); Gift of Raymond Wilson 467 (X94.45.2); Gift of Ernest E. Wolfe, Jr. 820 (X99.54.3); The Hinman Collection/Transfer from The Center for the Comparative Study of Folklore and Mythology, UCLA 73 (X79.2080), 307 (X79.226A&B); Museum Purchases 77 (X68.2441), 78 (X68.2439), 79 (X68.2440), 82 (X68.2488), 87 (X68.2447), 88 (X68.2415), 143 (X70.1231A-D), 229 (X68.2432), 238 (X68.2429A), 423 (X80.312), 425 (jacket X87.230B, skirt X87.230C, hat X87.230A, boots X87.230E&F), 439 (X86.1784), 440 (X86.1785), 454 (X2000.2.9), 455 (X2000.2.8), 456 (X2000.24.3), 457 (X2000.2.2), 459 (X2005.21.1), 817 (398.78), 818 (398.80), 826 (X74.1134), 827 (X74.1130), 828 (X74.1043A&B), 829 (X74.1018), 830 (74.1102), 832 (X74.1141), 833 (X74.1066), 834 (X74.1054), 838 (X74.1028), 839 (X74.1036), 840 (X74.702), 841 (X74.668), 842 (X74.1100), 843 (X74.1095), 844 (X74.1097), 873 (X97.4.1B), 874 (X97.4.1A), 904 (X96.30.54), 914 (X65.6080), 915 (X89.135), 918 (X98.8.4), 920 (X98.8.2), 923 (X82.1034), 924 (X82.623), 925 (X82.1038), 933 (X70.1296), 934 (X70.1267), 946 (X88.1457), 957 (X97.17.32A&B), 959 (X97.17.7); 960 (X97.17.6), Museum Purchases, Manus Fund 877 (X86.3200), 878 (X86.3188), 922 (X84.3), 926 (X83.13), 927 (X83.16), 928 (X83.14), 936 (turban X88.1455F, gown X88.1455C, shirt X88.1455B, pants X88.1455A), 937 (X88.1455G&H), 940 (X88.1454B,C,D,G), 941 (X88.1454H), 945 (X88.1455D&E), 947 (X88.1421–X88.1441), 948 (X88.1454M), 949 (X88.1391), 950 (X88.1469), 951 (X88.1457), 952 (X88.1402), 953 (X88.1394A&B), 954 (X88.1459), 955 (X88.1449), 956 (X88.1462), 958 (X88.1393A&B); Peabody-Barker Collection/Gift of Ventura County Museum of History and Art 492 (X96.1.30), 493 (X96.1.31); Peabody-Fetterman Collection/Gift of Dr. Roy A. and Ysabel Peabody Fetterman 495 (X2002.22.19A), 496 (X2002.22.19B); photos Denis J. Nervig 483 (X88.1276/Manus Fund); Gift of The Anne and John Summerfield Collection 484 (X93.26.32); **Photo U. Franz** 246; **Photo Bo Gärtze** 280 (*Revolutionary Farmer Ancestors*), 282; **Photo Robert Gauthier** 313; **Trude Gavin** 491 (1988); **Photo Joel Gillow** 234; **Photos John Gillow** 231, 232; **Glenn Roberts Collection, New York/photos Tibor Ardi** 265–268; **Godo-foto** photo Sondeep Shankar, Dheeraj Paul, Pramod Kapoor and Lustre Press Library 337 (1C.5829D); **Illustration Norma Goldman, reprinted by permission of University of Wisconsin Press** 136; **Illustration E. Gonpil and le Breton, 1838, after Dumont-d'Urville 1846: (pl. 14a)/Trustees of the British Museum, London** 804; **Photo Irene Good** 227; **Photo Hilma Granqvist, courtesy Trustees of the British Museum** 75; **Photos Gillian Green** 445–447; **Guajará Teixeira Family Collection/American Museum of Natural History, Catalog 15/1374, neg. 22502/illustrations K. van Dyke** 761; **Guaman Poma de Ayala/rephotographed by Don Cole** 711–713, 717, 720, 741; **Gutenberg-Museum, Mainz** 257; **Photo José Angel Gutiérrez/Archaeology Museum of Nauplion, Greece/ANC.Art & Archaeology Collection/Bridgeman Art Library** 121; **Photo Hiroshi Hamaya** 320; **Photos Roy Hamilton** 460, 465, 466, 500; **Photo Hamlyn** 195 (18th-century Italian print, artist unknown); **Elizabeth Hegemann Collection of Photographs, Southwest Museum of the American Indian Photo Archives, Autry National Center, Los Angeles** 672; **Helen Louise Allen Textile Collection, University of Wisconsin** 755 (#1984.14.1), 756 (#1984.11.3), 757 (#1984.11.1), 758 (#1984.13.1, detail #1984.13.1), 759 (#1984.11.4); **Photos Heongang Suh and Byoungsoo Joo** 294, 310; **Photo Ingo Hermann** 236; **Photo Daryl Hill** 46; **Photo Patt Hill** 734; **Photo Himani** 522; **Honolulu Academy of Arts** 319 (from the series "Famous Views in the Eastern Capital," published by Sanoya Kihei, ca. 1834–35, signed Ando Hiroshige ga, 1797–1858, with seal: Hiro; woodblock print, 9¾ × 14⅜ in./24.8 × 36.4 cm; gift of James A. Michener, 1991, 3.572); 521 (oil on canvas, 35⅝ × 29 in./90.5 × 73.7 cm), **Photo Kim Hudson** 407; **H. B. Hulbert** 296; **Photo Stephen P. Huyler** 352; **Courtesy The Imperial, New Delhi/photo Deepak Budhraja** 346 (*The Durbar of Malerkotla*, 11 × 22 ft/3.35 × 6.7 m); **India Office Collection, British Library, London** 344; **Indira Gandhi Memorial Trust, courtesy Jawaharlal Nehru Memorial Fund** 345; **Collection of Inner Mongolia Museum, Huhehaote/photo Marc Carter** 206; **Instituto de la Patagonia Universidad de Magallanes, Chile** 796; **Courtesy of the Iran Chamber Society** 109; **Iranian Cultural Heritage Organization/photo Mizbani** 105; **Iraqui State Board of Antiquities** 31; **Istanbul Archaeology Museum** 127; **Kan-song Art Museum, Seoul** 290 ("Party by the Lotus Pond"), 298 ("A Sword Dance," album of thirty leaves, ink and color on paper, 9⅜ × 14¼ in./23.9 × 36.2 cm), 299 ("A Rendezvous," album of thirty leaves, ink and color on paper, 9⅜ × 14¼ in./23.9 × 36.2 cm); **Illustrations Mary Kelly** 156–158, 161, 162, 164; **Photo Mary Kelly** 141; **Photo Hans Kemp** 449; **Courtesy Jonathan Kenworthy** 225 (9½ × 5½ in./24.1 × 14 cm, 1995); **Photos Alan Keohane** 39, 64, 65, 931; **Photos Estelle Kerner** 223, 224; **Photos Malcolm Kirk** 508, 509; **Kobe City Museum** 329 (eight-fold screen, "Kan Nÿ Zu [Watching Noh]," Edo Period, ca. 1607, ink, colors and gold on paper, $41\frac{15}{16}$ × 167⅝ in./106.5 × 425.5 cm); **Vladimír Kozák, Catalog No. KV.68.11.122/photo Glenbow Collection, Calgary, Photo #11.125** 760; **Photos H. Krafft** 239, 243; **Photo Patrick Lanoe** 451; **Latin American Library, Tulane University, New Orleans, Louisiana/photo Jerry Ward** 680; **Photo Paul Lau** 283; **Lehnert & Land Rock Oriental Art Publishers** 74; **Photo Mary Jane Leland** 428; **Illustrations Luisa Castañeda León** 743, 745, 752, 765; **Photos Library of Congress, G. Eric Matson Collection and The Episcopal Home** 90, 92; **Library of Congress, Washington D.C./photos Edward S. Curtis** 537, 538, 543 (N.42772), 553 (N.42786), 567 (LC.USZ62.49042); **Los Angeles County Museum of Art, Costume Council Fund** 328 (#M.2002.71.1); **Photo J. Lowy** 187; **Luxor Antiquities Area, Egypt** 37; **Map 6** after Soffer et al, 2000; **Map 31** after Brian M. Fagan, *People of the Earth*, 7th ed., New York: HarperCollins, 1992; **Map 34** after Borrero 1997: 61; **Map 37** after Adams 1978: 25; **Map 38** after Gilfoy 1987: 10; **Map 39** after Eicher 1976: xii; **Mari Kodama Collection** 335; **Mathaf Gallery Ltd, London** 68; **Photos Thierry Mauger** 43, 47; **Photos Phila McDaniel** 284, 285, 287–289; **Illustration Norman McDonald** 63; **Photo S. M. Mead** 535; **Photos Lynn A. Meisch** 733, 744; **Adam Mekler Collection/photos E. Z. Smith/Houston Museum of Natural Science** 764, 766, 773–775, 779–782, 785, 786, 788, 789; **Metropolitan Museum of Art, New York** 10 (11.150.21/Rogers Fund, 1911, photo ca. 1999 MMA), 18 (Rogers Fund, 41.2.10); **Millet Kutuphanesi, Istanbul** 69 (*Book of Songs*: Vol. 7, "Enthroned Ruler with Attendants." Feyzullah Efrendi 1566, folio 1 recto, frontispiece); **Milwaukee Public Museum Collection** 598 (#7306/19066); **Ministry of Culture and the Central Office of Museums, Mongolia/State City Museum of Ulaanbaatar/photos Swantje Autrum-Mulzer** 203, 204, 207, 209 (gouache on canvas, 28¾ × 66⅛ in./73 × 168 cm/Staatliches Museum für Völkerkunde München), 221, 222; **Ministry of Information, East Central State** 921; **Photo Cristina Mittermeier** 784; **Photo Russell A. Mittermeier** 790; **Photo Robert Mitton** 506; **Photos Jean Morris** 847, 849, 851, 871, 872; **Murphy Collection** 60; **Musée des Antiquités Nationales, Saint-Germain-en-Laye** 111; **Musée du Quai Branly, Paris** 436 (photo M. Colani), 938 (photo Col. Bernard); **Museo Archeologico, Florence** 132; **Museo Arqueológico Nacional, Madrid, Spain/Flammarion/Bridgeman Art Library** 110; **Museo Nazionale della Montagna "Duca Degli Abruzzi," Turin/photo Alberto Agostini** 793; **Museo Nazionale, Rome/photo Alinari-Giraudon/Bridgeman Art Library** 133; **Museum für Völkerkunde und Schweizerisches Museum für Volkskunde Basel, Switzerland** 462 (photo Peter Horner), 485; **Museum für Völkerkunde, Vienna** 241, 247 (photo Ingo Hermann); **Museum of the American Indian, Heye Foundation** 797 (cat. no. 13/9768), 798 (cat. no. 13/9766); **Museum of Art, University of Oregon, Eugene/Murray Warner Collection of Oriental Art** 262 (MWCH65:18); **Museum of International Folk Art, Santa Fe** 542 (A1995.93.986); **Museum of Mankind/Trustees of the British Museum** 81 (1977 AS102; 1966 AS1 308); **Museum Rietberg, Zurich/photo Wettstein and Kauf, Zurich** 726; **Photos Diana K. Myers** 414, 418, 422; **Myrna Myers Collection, Paris/photos Thierry Prat** 260, 271, 276; **National Anthropological Archives 1063-H-1, Smithsonian Institution, Washington, D.C.** 594; **National Folk Museum of Korea** 297 (Kim Hong-da, "Anneungsinyeong," 1788), 301 (artist not given); photos Heongang Suh and Byoungsoo Joo 291–293, 295; **National Museum of Anthropology, Mexico City/photo H. B. Nicholson** 702; **National Museum of Denmark/Illustrations** Inger Achton 201, 202; photos Inger Achton, Lennart Larson, John Lee, Kit Weiss 213, 218, 220; **National Museum of India, New Delhi** 339, 341; **National Museum of Mongolian History, Ulaanbaatar/photo Patricia Rieff Anawalt** 211; **National Palace Museum, Taiwan, Republic of China** 269; **Naturhistorisches Museum, Vienna/Archiv für Kunst und Geschichte, Berlin** 113, 155; **Nehru Memorial Library, Teen Murti, New Delhi** 347; **Photo Jeffery Newbury, reprinted with permission of** ***Discovery Magazine*** 226; **Photo Fabby K. J. Nielsen/Robert Estall** 824; **Photo Ny Carlsberg Glyptothek Museum,**

Copenhagen 128; **Photo C. Obrocki** 244; **Oriental Institute, University of Chicago** 1 (photo 18355, negative 10747/relief designed by James Henry Breasted and sculpted by Ulric W. Ellerhusen); **Illustrations Imogen Paine** 153, 154 (Kunsthistorisches Museum, Weltlicher Schatzkammer, Vienna, XIII 14), 160; **Photo Palestine Exploration Fund, courtesy Trustees of the British Museum** 85; **Collection of Mr. and Mrs. Thomas L. Parker, courtesy of Lowell Press** 675; **Peabody Essex Museum, Salem, Massachusetts** 300 (Mrs. Edward C. Pauling and Miss A., 1896); **Photos Judith Perani and Norma Wolff** 898, 913; **Petrie Museum, University College London** 8 (UC28614B); **Phillips Collection, Peabody Essex Museum** 416 (E200377, E200378, E200379), 420; **Photo Jeffrey Ploskonka** 731; **Illustrations Dr. John Pohl** 122, 123, p. 448 after Rowe 1998: 27, p. 460; **Photo Dr. Praslov, courtesy of University of Chicago Press** 115; **Photos Suzanne Priebatsch and Natalie Knight** 845, 876; **Private collections** 70, 199 (22 × 13¼ in./55.9 × 33.7 cm), 330 (oil on canvas, 22¼ × 9¾ in./56.5 × 24.8 cm), 353 (oil painting, 34 × 52¼ in./86.4 × 132.7 cm); **Private collections/photos Don Cole** 40, 41, 44, 48, 49, 50, 57, 58, 59, 279 (oil on canvas, 27 × 22⅛ in./68.6 × 56 cm), 314, 369, 390, 396, 410, 412, 424, 443, 444, 458, 507, 511, 693 (private collection, Los Angeles), 698 (private collection, Los Angeles), 819; **Private collection/photo courtesy Vance Jordan Fine Art, Inc., New York** 621 (22 × 40 in./55.9 × 101.6 cm), 648 (late 25, Catlin Portfolio, rephotographed by Veronica Tagland, from the Carl and Elisabeth Dentzel Collection, Braun Research Library, Southwest Museum of the American Indian, Autry National Center, Los Angeles, 3023.G.1z); **Private collection/photo courtesy William A. Kargas Fine Art, Los Angeles** 649 (oil on canvas, 28 × 34 in./71.1 × 86.4 cm); **Private collection, Seoul** 308 ("Courtesans," ink and color on paper, 9⅜ × 14¼ in./23.9 × 36.2 cm); **Photos Rita Prochaska** 748, 753, 754; **Photos P. Rau, London (private archive)** 233, 248; **Photo H. C. Raven** 464; **Réunion des Musées Nationaux/Art Resource, NY** 114 (photo J. G. Berizzi), 117, 135; **Réunion des Musées Nationaux/Art Resource, NY. Louvre, Paris** 2 (ART 158899/photo H. Lewandowski), 21; **Réunion des Musées Nationaux/Louvre, Paris/photo Chuzeville, and Art Resource, NY** 22, 24; **Réunion des Musées Nationaux/Louvre, Paris/photo J. Galland, and Art Resource, NY** 23; **Reuters/Amit Dave/Landov** 400; **Photos Leni Riefenstahl** 808–812, 814; **Rijksmuseum van Oudheden, Leiden** 11; **Robert Adkinson Ltd** 67; **Robert Harding Picture Library/F. L. Kennett, London** 33; **Photo Rotorua** 532; **Photo Simon Rowe** 513; **Royal British Columbia Museum** 565 (PN 4330); **Royal Geographical Society, London** photo Wellington Furlong 807 (ca. 1906–7); Sr. Ojeda 792; **Royal Ontario Museum, Toronto** 258 (36⅞ × 22⅜ in./92.3 × 56.7 cm/photo Thierry Prat), 261 (922.4.26); Gift of Mrs. William C. White 259 (972.210.1); **The Royal Scottish Museum, Edinburgh/photos Ken and Joyce Smith** 99, 100–103; **Santa Barbara Museum of Art, gift of Robert C. Ludlum/photo Wayne McCall** 318; **Photo Scala** 134; **Scala/Archaeological Museum, Heraklion/Bridgeman Art Library** 120; **Scala/Art Resource, NY/Iraq Museum, Baghdad** 13; **Photo Heini Schneebeli** 430; **Schneider-Lengyel, Baghdad Museum** 25; **Illustrations Carl Schuster** 112, 489; **Photo Mark Schwartz** 518; **Scientific Research Museum of the USSR Academy of Art, St Petersburg** 501 (watercolor over pencil, 18³⁄₁₆ × 13⁹⁄₁₆ in./46.2 × 33.2 cm); **Scott Polar Research Institute, University of Cambridge** 536; **Scottish National Portrait Gallery** 196 (John Singleton Copley); **SEF/Art Resource, NY** 108; **Photos Thomas K. Seligman** 935 (Takak Region, Niger, 2001), 939 (Ayourou, Niger, 1980), 942 (Azel, Niger, 1988), 943 (Agadez, Niger 1980), 944 (Agadez, Niger, 1988); **Photo Sean Sexton** 402 (1905/CORBIS); **Photo Sondeep Shankar** 336; **Shittaung Pagoda, Mrauk-U** 429; **Photos Vivienne Silver-Brody, Silver Print Collection, Ein Hod, Israel** 76, 89; **South American Hall, American Museum of Natural History** 770; **Southwest Museum of the American Indian Photo Archives, Autry National Center, Los Angeles** 595, 605 (N.22000); photos Edward S. Curtis, 1914 562 (N.42774), 563 (N.42781; CUR:1493), 569 (N.42780; CUR 1463), 574 (N.42775), 576 (N.42776), 579, 588 (N.42779; CUR. 1435), 589 (N.42778; CUR 1432); Frashers Photos 659 (N.20340); photo Elizabeth C. Hegemann 670 (49031); photo Charles F. Lummis 676 (N.24171); photos Walter McClintock 622 (CT.639), 640 (LD: 278); photos Larry Reynolds 560 (CT.36, 1983 P.10.2), 568 (CT.37, 761.G.33), 570 (CT.45, 742.G.100), 572 (CT.54, 1983 P.101), 581 (CT.51, 491.P.3440), 663 (CT.130); photo F. A. Rinehart 630 (22994); Schenck and Schenck Photography 540 (2253.G.1), 541 (1335.G1), 545 (11280.G16A&B), 546 (822.G17), 547 (175.L.17; 444.G.66B), 548 (980.685), 549 (444G.68), 550 (288.L.5), 551 (ivory labrets 491.P.2740/491.P.2739; wood labrets 491.P.2741.C,491.P.2741.D, 491.P.2741.E), 552 (1604.G.26), 555 (1089.G.2), 556 (1604.G.2), 558 (822.G.16), 561 (1983.P.16.3), 564 (535.G.22), 573 (844.G.2, 1983.P.16.10, 611.G.7), 575 (47.P.189), 577 (8.C.5), 578 (491.P.3386), 580 (778.G.47), 583 (4.X.3), 584 (47.P.185A), 585 (4.X.1), 590 (491.P.3388), 591 (8.C.3), 596 (1470.G.6A&B), 597 (611.G.239.A&B), 600 (30.L.5133), 601 (20-X-7 A&B), 603 (728.G.21), 604 (1911.G.1), 606 (1181.G.5), 607 (611.G.238), 608 (1409.G.5), 609 (1409.G.17), 610 (P.11388M), 613 (611.G.245), 615 (1911.G.3), 617 (1587-G-40), 618 (49.P.3193), 619 (1499.G.209), 624 (783.G.3 A & B), 625 (shirt 491.P.3342, leggings 491.P.3343 A&B, feather fan, 11.C.5, shield I.Q.92), 626 (30.L.165), 627 (shirt 491.G.584, leggings 491.G.585A&B, moccasins 491.G.586A&B), 628 (dress 535.G.1128, pipe-stem necklace 491.G.1480), 629 (675.G.1), 631 (dress 11.C.14, moccasins 47.P.123A&B), 632 (609.G.78), 633 (609.G 160A&B), 634 (1232.G.8A&B), 635 (323.G.42), 638 (609.G.574), 641 (1068.G.2), 642 (675.G.1), 644 (left 1780.G.35, right 1409.G.140), 645 (left 149.G.83, right 323.G.27), 646 (258.L.1), 647 (43.X.1), 652 (491.G.2404), 653, 654 (N.22681), 655 (609.G.36), 656 (535.G.699), 657 (421.G.1115), 658 (2295.G.16), 664 (535.G.771), 665 (535.G.627), 666 (609.G.623), 667 (535.G.489), 668 (630.G.65), 669 (1520.G.6), 660 (left 180.G.3 A&B, right 491.P.3606.A&B), 661 (bachelor's blanket 535.G.552, girl's shawl 535.G.833, sampler 535.G.697, kilt 535.B.615, blanket 491.G.200, Hopi *manta* 91.19.29, blanket 535.G.517), 671 (woven sash 643.G.36, embroidered sash 1361.G.9, rain sash 491.G.1250), 674 (535.G.693), 677 (shawl 535.G.833, dress 421.G.1661), 678 (2366.G.10); photos Alanson B. Skinner 614 (N.42769), 620 (N.42768); photo George E. Spencer 643 (N.41402); photos Adam Clark Vroman 651 (N.22761), 662 (N.37518); photo White 557; photographers unidentified 539, 571 (N.42792/hat in collection of the Museum of the American Indian, Heye Foundation), 611 (Winnebago, A.63.221), 612 (A.63.132), 616 (P. 11346), 639 (LS.1308), 679 (N.41923); rephotographed by Veronica Tagland 602, 623, 636, 637; **Spencer Collection, New York Public Library/Astor, Lenox & Tilden Foundation** 94; **Photos Nancy Stanfield** 907, 908; **Stanford University** 502; **State Ethnographic Museum, Russia** 167; **Photo Maria Stenzel** 710; **Photo Manish Swarup** 348 (APA7287964); **Photos Cristina Taccone** 690 (marketplace of Naupan, 1989), 699 (San Pablito, Puebla, Mexico, 1989), 704 (San Bernardo Contla, Puebla, Mexico, 1989), 707 (marketplace of Naupan, Puebla, Mexico, 1989); **Textile Museum, Washington, D.C.** 709 (#1977.35.3), 715 (#91.341), 722 (tunic #1969.39.2, hat #1969.39.3, mantle #1969.39.1, loincloth #1968.26.1, band with tassels #1969.39.5); **Textile Museum, Washington, D.C./Latin American Research Fund** 729 (1989.22.13), 730 (1989.19.95), 746 (1984.35.4), 747 (1984.46.13, 1986.19.49, 1986.19.10), 736 (184.35.33), 737 (1979.16.1; Mr. and Mrs. Morris Kenny), 738 (1984.35.56), 739 (1984.35.26), 740 (1984:35.8); **Diagram Otto Charles Thieme** 930; **Thomas Gilcrease Institute of American History and Art of Tulsa** 673; **Photo The Thuc** 450; **Photo Gurmeet Thukral** 368; **Artist Max Tilke** 140; **Tokyo National Museum** 315, 316, 325 (woodblock print, 15⅜ × 10¼ in./39 × 26 cm, published by Omiya Gonkurÿ, ca. 1797–98), 326 (woodblock print, 15⅜ × 10¼ in./39 × 26 cm, from the series "Manners of Young Women of Three Classes," published by Wakasaya Yoichi, ca. 1795–96), 327 ("Akatsutaya in the Temporary Quarters," 20½ × 9⅞ in./52 × 25 cm, published by Iwatoya Kisaburo, 1800); **Topkapi Sarayi Muzesi, Istanbul** 72 (13/932), 343; **T. E. Troshkinoy** 116 (watercolor); **Trustees of the British Museum, London** 28, 794 (illustration Bayot, after Dumont-d'Urville 1846), 795 (illustration C. Martens); British Museum Press 791; photos Michael Holford 32, 338; **Courtesy of the Trustees of the Victoria & Albert Museum, London** 365; **Illustration Barbara Tyrrell** 859; **Courtesy University of Georgia Press** 403; **Photo The University Library in Istanbul, courtesy Trustees of the British Museum** 86; **University of Pennsylvania Museum**: 27 (comb B16693 [U.10937]; hair rings B16992 [U.10890]; wreath B17709 [U.10935a]; wreath B17710 [U.10935a]; wreath B17711 [U.10936]; hair ribbon B17711a [U.10934]; earrings B17712 [U.10933]; 29 (cylinder seal B16728 [U.10872]; pin B16729 [U.10940]; pin 30-12-552 [U.11553]; string of beads with rosette B16694 [U.10982]; beads and amulet B16726 [U.10985]; choker, string of beads and beaded cape 83-7-1; garter B16783 [U.10979]; belt B17063 [U.10867]; finger rings B16717–16720 [U.10877a–d], B16721 [U.10878]; cuff B17292); **Volden-kundig Museum Nusantara, Delft** 471, 480; **Photo Bill Wassman** 409; **Wat Buak Khrok Luang, Chiangmai** 442; **Photo Shelagh Weir** 93; **Estate of William E. Weiss, courtesy Buffalo Bill Historical Center and Mr. and Mrs. William D. Weiss** 599; **Welsh Folk Museum** 192 (photographer unknown), 193 (artist unknown); **Werner Forman Archive/Kuroda Collection, Japan** 317; **Western History Collections, University of Oklahoma Library, Photo No. 857/photographer unknown** 650; **Photo John Claude White, Courtesy Oriental and India Office Collection, British Library, London** 413; **Whitney Gallery of Western Art, Buffalo Bill Historical Center, Cody** 592; **Whitworth Art Gallery, University of Manchester** 106 (photo Peter Wallum), 107 (photo Joan Allgrove); **Collection Widad Kawar, courtesy Trustees of the British Museum** 91; **William A. Paine Fund, Museum of Fine Arts, Boston** 725 (#31.501); **Illustration Patricia Williams** 163; **Photo Bert Willison/Four Sherpa Trust** 401; **Courtesy Windsor Castle, Royal Library, H. M. the Queen** 197; **Illustration Susan Woodford** 130; **Courtesy CEM Yayinevi, Cagaloglu, Istanbul** 71; **Photos Young Sang Moon** 305, 311, 312; **Drawing Zhou Xun, Gao Chunming, Zou Zhenya, Liu Yuemei**, reproduced by permission of the Commercial Press (Hong Kong) Limited from the Publication of *5000 Years of Chinese Costumes* 253; **Photos Elayne Zorn** 728, 735, 749, 750.

Every possible effort has been made to locate and credit copyright holders of the material reproduced in this book. The author and publisher apologize for any omissions or errors, which can be corrected in future editions.

謝　辞

An undertaking of this scope reflects the energies of many a dedicated professional. My initial thanks go to the persuasive Jamie Camplin, Managing Director of Thames & Hudson, who first suggested I undertake such an "enterprise of magnitude," to Johanna Neurath and her team who so skillfully designed the book, and especially to Jenny Wilson—editor *par excellence*—whose eye for detail and stylistic grace so adroitly and gently merged thirty-two disparate parts into one manageable whole.

I am also grateful to Lloyd Cotsen and The Ahmanson Foundation for the generous support that made this book's myriad pictures a reality, and to Yvonne Lenart who also contributed to the book's wealth of photographs. Past and present directors of the Fowler Museum at UCLA, Doran H. Ross and Dr. Marla C. Berns, graciously allowed the Fowler's textiles to be featured. Thanks also to Don Cole, the museum's photographer, and to the Fowler staff who worked diligently on the book's behalf. Dr. Duane King made the Southwest Museum's North American material available; Josephine Paterek's Native American presentation inspired my subsequent organization. Dr. Elizabeth Barber, Dr. Marla Berns, Roy Hamilton, and Dr. Hazel Lutz each unfailingly enlightened me, and Dr. John Pohl, Curator of the Princeton Art Museum, drew many of the original versions of the maps that now appear in this book.

There are two outstanding colleagues who have made particularly essential contributions. Dr. Alan Grinnell, a neuroscientist with a lively interest in cultural history and art, has added both depth and gravitas to this work. Finally, I must offer special thanks to the indispensable Barbara Belle Sloan, the Center's Associate Director, who has had to grapple with all aspects of the book's production, including procurement of some 1,000 images and permissions, as well as helping to examine hundreds of the Fowler's costumes/textiles to find just the right ones.

Without all of those mentioned above this book would not exist, but whatever imperfections it may contain trace directly back to me.

Patricia Rieff Anawalt
Director
Center for the Study of Regional Dress
Fowler Museum at UCLA

Special thanks are also due to the following:

THE MIDDLE EAST
Dr. Elizabeth W. Barber, Department of Linguistics and Archaeology, Occidental College, Los Angeles; Dr. Irene Bierman, Director, The Near Eastern Center, and Professor, Art History, University of California, Los Angeles; Dr. Elizabeth Carter, Professor, and Dr. Willeke Wendrich, Assistant Professor of Egyptian Archaeology, Department of Near Eastern Languages and Cultures, University of California, Los Angeles; Nicholas Clapp, Los Angeles, California; Dr. Mohammed el Amrousi, Cairo; Dr. Katia Goebs, Oxford University; Dr. Kathryn E. Keith, Dartmouth College, New Hampshire; Martha Lamberg Karlowski, Peabody Museum, Harvard University, Cambridge, Massachusetts; Ms. Barbara Sargeant, Los Angeles.

EUROPE
Dr. Elizabeth W. Barber, Department of Linguistics and Archaeology, Occidental College, Los Angeles; Jamie Camplin, Director, Thames & Hudson Ltd., London; Mary Kelly, Professor of Art, Tompkins Cortland Community College, State University of New York; Dr. James Sackett, Professor Emeritus, Department of Anthropology, University of California, Los Angeles; Dr. Anne Summerfield and Dr. John Summerfield, Research Associates, Fowler Museum at UCLA, Los Angeles; Dr. Karol Wight, Associate Curator, Department of Antiquities, J. Paul Getty Museum, Los Angeles.

CENTRAL ASIA
Frances Atkeson, Washington, D.C.; Dr. Elizabeth W. Barber, Department of Linguistics and Archaeology, Occidental College, Los Angeles; Kate Fitz Gibbon and Andrew Hale, Anahita Gallery, Santa Fe, New Mexico; Mary Kelly, Professor of Art, Tompkins Cortland Community College, State University of New York; Mr. and Mrs. Jonathan Kenworthy, Surrey; Estelle Kerner, Temple University, Philadelphia; Casey Waller, Caravanserai, Ltd., Dallas, Texas.

EAST ASIA
Asian Art Museum, San Francisco; Kay Black, San Francisco; Gail Greene, San Francisco; Janice Kim, Curator, and Rebekah Kim and Sejin Park, Library, Korean Cultural Center, Los Angeles; Dr. Meher McArthur, Curator of East Asian Art, Pacific Asia Museum, Pasadena, California; Dr. Forrest McGill, Chief Curator and Wattis Curator of South and Southeast Asian Art, Dr. Li He, Curator of Ceramics, and Dr. Terese Tse Bartholomew, Curator of Himalayan Art, Chong-Moon Lee Center for Asian Art and Culture, San Francisco; Barbara Belle Sloan, Associate Director, Center for the Study of Regional Dress, and Patricia Measures, Assistant Conservator, Fowler Museum at UCLA, Los Angeles; Sharon Sadako Takeda, Senior Curator and Department Head, Costumes and Textiles, Los Angeles County Museum of Art; John Vollmer, Vollmer Cultural Consultants, Inc., New York; Harriet Werner, Los Angeles; Anne Witherspoon, Larkspur, California.

SOUTH ASIA
Akhlaq Ahmed, Silk Ways, Varanasi; Sonali Basu, Kolkata; Dr. Irene Bierman, Director, The Near Eastern Center, and Professor, Art History, University of California, Los Angeles; Sharmila Bose, Kolkata; Dr. Kusum Chopra, National Institute of Fashion Technology, New Delhi, and Gunjan Arora, Papiya Banerjee, Nitin Gupta and Saumya Pande, designers and former students of Dr. Chopra; Jasleen Dhamija, independent textile scholar, New Delhi; Sudha Dhingra, Chairperson, Department of Textile Design and Development, National Institute of Fashion Technology, New Delhi; He Dong, Tibet; Judy Frater, Kala Raksha Folk Art Museum, Sumrasar Sheikh, Kutch, Gujarat; Pierre Jochem, Susan Wodehouse, L. Aruna Dhir and Nupur Dhawan, The Imperial, New Delhi; Dr. Hazel Lutz, scholar of textiles and dress, Minnesota; Sanjib Raj Mishra, Nepal; Ruby Palchoudhuri, Crafts Council of West Bengal, Kolkata; Madhurima Patni (Gitto), Surabhi Exports, Jaipur; Sonam Penjor, Bhutan; Pushpendra Rana and Akshay Mangal, Rana's Legacy, Jaipur; Tsering Wangchuk, Bhutan.

SOUTHEAST ASIA
Dr. Marla Berns, Director, and Roy Hamilton, Curator of Asian and Pacific Collections, Fowler Museum at UCLA, Los Angeles.

OCEANIA
Dave Anawalt, Malibu, California; Margaret Gritt Benton, Hanalei, Kauai, Hawaii; Sharon and Doug Britt, Hanalei, Kauai, Hawaii; William McDonald Carpenter, Los Angeles; Roy Hamilton, Curator of Asian and Pacific Collections, Fowler Museum at UCLA, Los Angeles; Fred Kaufman, Haena, Kauai, Hawaii; Pam Lightfoot Burrell, Kilauea, Kauai, Hawaii.

NORTH AMERICA
Nathan Bender, Frances Clymer and Patricia Baumhover, McCracken Research Library, Buffalo Bill Research Center, Cody; Sarah Boehm, Curator, Whitney Gallery of Western Art, Buffalo Bill Historical Center, Cody; Whitney Ganz, William A. Karges Fine Art, Los Angeles; Dr. Duane King, Director, Kim Walters, Librarian at the Braun Research Library, Ann Marie Donahue, Philip Huld and Bryn Potter, Assistant Curators, Susie Hart, Docent, and Robert E. Curry and Patricia Heidelberger, volunteers, Southwest Museum, Los Angeles; Dr Aldona Jonaitis, Director, and Dr. Molly Lee, Curator of Ethnology and History, University of Alaska Museum, and Associate Professor, Department of Anthropology, University of Alaska, Fairbanks: Angela Linn, Collections Manager, Department of Ethnology and History, University of Alaska Museum, Fairbanks; Dr. H. B. Nicholson, Professor Emeritus, Department of Anthropology, University of California, Los Angeles; B. Byron Price, Executive Director, Buffalo Bill Historical Center, Cody; Dr. Bruce Robertson, Curator of American Art, Los Angeles County Museum of Art; Wayne Ruwet, bibliophile and consultant; Dr. Kathleen Whitaker, Director, Indian Arts Research Center, School of American Research, Santa Fe, New Mexico; Lisa Whittall and Laila Williamson, Department of Anthropology, American Museum of Natural History, New York.

SOUTH AMERICA
Marcia Arcuri, Project Coordinator, Patagonian exhibition and 1997 *Patagonia* publication, British Museum, London; Sumru Aricanli and Laila Williamson, Department of Anthropology, American Museum of Natural History, New York; Professor James Bassler, Professor Emeritus, Department of Design, University of California, Los Angeles; Elizabeth P. Benson and William Conklin, Research Associates, Institute of Andean Studies, Berkeley; Dr. Robert L. Carneiro, Curator of South American Ethnology, American Museum of Natural History, New York; Mary Ann Fitzgerald, Curator, Helen Louise Allen Textile Collection, University of Wisconsin, Madison, Wisconsin; Nobuko Kajitani, Director, Textile Conservation, and Emilia Cortes, Metropolitan Museum of Art, New York; Mr. and Mrs. William Lucas, Los Angeles, California; Ursula McCraken, Director, Ann Pollard Rowe, Curator of Western Hemisphere Collections, and Anne Weigant, Photo Archives, The Textile Museum, Washington, D.C.; Alice McCully, Santa Monica, California; Dr. Colin McEwan, Curator, Latin American Collections, Department of Ethnography, British Museum, London; Adam Mekler, Los Angeles, California; Dr. H. B. Nicholson, Professor Emeritus, and Dr. Christopher Donnan, Professor, Department of Anthropology, University of California, Los Angeles; Dr. Sandra Orellana, Department of Anthropology, California State University, Dominguez Hills, Dr. Jeffrey Quilter, Director, Pre-Columbian Center, Dumbarton Oaks, Washington, D.C.; Dr. Anna Roosevelt, Curator, Field Museum of Natural History, Chicago; Dr. Alan Grinnell, Research Associate, and Mary Jane Leland and Nancy Porter, volunteers, Fowler Museum at UCLA, Los Angeles.

AFRICA
Dr. Marla C. Berns, Director, Dr. Polly Roberts, Deputy Director, and Kim Trimiew and Christina Yu, Photography Assistants, Fowler Museum at UCLA, Los Angeles; Dr. David Binkley, independent scholar, Chevy Chase, Maryland; Dr. Patricia Darish, independent scholar, Chevy Chase, Maryland; Gary van Wyk, Axis Gallery, New York.

索　引

[ ]は図版番号を示す。

【あ行】

藍（インディゴ）染め 177, 212, 222, 295, 299, 555-556, 532, 572 [44, 47, 51, 286, 452, 455, 488, 906, 907, 908, 912, 915, 918, 919, 920, 935, 938]

亜鉛 381

アクウェテ布 562 [922, 923, 924]

麻 18, 265, 372 [300, 303]；インディアン・ヘンプ 403, 409

「アザラシかき」341 [548]

足の指輪 245

「アステカ・ノット」（結び方）424 [683]

頭飾り：カート 30；冠 [772, 773, 774]；スカウト [190]；タブリタ 418 [676]；布 30；「羊の角」[24]；→「羽根がついた頭飾り」

頭の変形 453, 476

アップリケ 99, 190, 280, 368, 379, 545 [207, 244, 266, 284, 307, 335, 451, 452, 470, 488, 596, 766, 888, 890]

アディレ布 555-556 [907, 909, 910, 911, 912]

（鼻、口、耳などに）穴をあける 358, 377

アノラック：北極圏 336

油（髪に塗る）28, 512, 520 [811, 812]

アブルブランディ 142；→「イカット」

亜麻布 18, 20, 89, 96, 99, 110, 542 [8, 9, 10, 18, 25, 79, 87, 133, 189, 190]

網 423, 484, 490

編み物（ニット）468, 471, 476 [749, 754]

編む 323, 324-325, 474 [506, 510, 517, 518, 519, 626]

アームレット（腕飾り）：古代近東 37；パタゴニア 504；東アフリカ [834]

雨よけ：衣水 259, 327, 336 [422, 423, 424, 526, 564]

雨よけマント：ヒマラヤ 259 [422, 423]

アルパカの毛 465 [715, 743]

アルマジロの爪 492

アルミニウム [825, 835, 840]

アレシュ布 572 [935, 940]

アラビ 572

アンクレット（足首飾り）：アラビア [65]；インド 245, 246 [344]；古代アンデス 451；中央アフリカ 546 [882]；東アフリカ 512；ポリネシア [523]

アンテロープ：皮 384；骨 [613]

イカット（絣）：織物 294 [489]；絹 142, 143, 146, 151, 201, 222 [229, 230, 231, 232, 233, 234, 235, 236, 237, 248, 321, 381] 439；グリンシン 294-295 [462]；経絣 288, 295, 298, 301 [481, 484, 485]；模様をつける 271；緯絣 289 [469, 484]

石 83, 105, 132, 150, 398, 529

糸 18, 105, 453 [84, 455, 914, 915]；アットウシ 212；絹 142, 146 [223]；金 520 [220, 359, 433, 469, 498, 499]；金 51, 289 [63, 233]；銀 289 [287]；金属 48, 50, 289 [52, 53, 54, 148, 359, 363, 470, 471]；腱 335, 342, 353, 384, 504 [629]；→「経糸」「緯糸」

糸紡ぎ 110, 224, 288, 353, 424, 439, 468, 484 [346, 502, 594]

イノシシの牙 [121, 706]

イフラム：中東 53, 64 [67]

刺繍 53, 246, 273, 301, 344, 356, 358, 361, 495 [441, 442, 491, 503, 504, 524, 527, 532, 558, 594]

陰部の前掛け：アマゾニア 484, 490 [762,

767, 776]；東アフリカ 520；南アフリカ 529 [850, 856, 857, 858, 870, 879]

ヴィーナス像 83-84, 109 [113, 114, 115, 116, 117, 155, 176]；→「地母神」

ウイピル：メソアメリカ 425, 430 [685, 686, 694, 696, 697]

ヴェスティ：インド 226, 232 [350, 351]

ヴェール 41, 46, 48, 53, 59, 60, 62, 64, 67, 76, 94, 146, 147, 235, 239, 242, 243, 246, 571, 572, 574 [38, 46, 47, 51, 65, 67, 239, 240, 456, 935, 938, 940]；オダニ 239, 242 [384, 385]；チャドリ 151 [250, 251]；チュンダディ [394]；デュパッタ 235 [370]；→「ブルカ」「ヘッドスカーフ」

ウサギ：皮 410；毛皮 352, 438

薄織り 73 [38, 45, 102, 103]

腕輪：アラビア 52 [65]；アマゾニア 484, 490 [772]；インド 217, 246 [391, 397, 398]；北アフリカ 577 [951, 952, 953]；古代アンデス 451；古代近東 36, 37 [29]；古典時代ヨーロッパ 93；先史時代ヨーロッパ 81；朝鮮 183, 189, 191 [296, 297, 300, 304, 305, 310, 311]；西アフリカ [913]；パタゴニア [791, 792, 793, 794]；東アフリカ [822]；北米ウッドランド [619]；モンゴル 131, 132, 137 [212, 221, 224]；ヨーロッパ民族衣装 101 [192]；→「ケープ」「マント」

カウナケス 19-20 [2, 4]；→「ふわふわした素材」

鏡 245 [379, 380, 381, 392, 395, 396, 470]

かぎ針編みの皮 310

かぎ針編み 336

かご細工 82, 83, 353, 416, 423, 488 [113, 569, 570, 571, 771]

重ね衣 45, 60, 73, 147, 163, 195, 473, 558, 575 [25, 303, 314, 315, 735, 753]

飾り帯、帯 69, 73, 101, 114, 137, 186, 193, 201, 210, 374, 378, 465 [70, 101, 102, 180, 181, 454, 667, 669, 671, 676, 743]；→「レイン・サッシュ」418

肩掛け布：東南アジア大陸部 272, 275 [429, 438]；東南アジア島嶼部 298 [468, 483, 484]；ヒマラヤ [414, 418]；北米南西部 410, 411

カチナの服装：北米南西部 417

カチーフ 415

カットスレッド布 565 [926, 927, 928, 929, 930]

カットパイルの織物 541, 549 [887, 890, 892, 893, 894, 895, 896]

かつら 30, 312, 475 [9, 11, 12, 18, 506, 748]

カディ 224

カーネリアン 36, 150 [27, 29]

歌舞伎衣装：日本 207-208

カフタン：アラビア 44, 53；地中海東部 60 [72]

被り物 41, 44, 62-63, 110, 147, 227, 229, 267, 450, 467, 475, 488 [20, 32, 39, 47, 88, 366, 387, 391, 395, 467, 733, 750]；アガル 52, 63 [64]；冠 30, 77, 177 [6, 9, 20, 26, 31, 33, 108, 293, 288, 462]；ゴトラ 51 [62]；チャオチュエン（抹群）163；→「頭飾り」「ヴェール」「ブルカ」「ヘッドスカーフ」「ヘッドバンド」

髪 53, 68, 486 [125, 519]；染める 30, 53,

512 [813]；つけ毛 30, 27

髪飾り 63, 132, 192, 201, 246, 299, 511 [27, 288, 959, 960]

髪型 28-30, 75-76, 83, 163, 190, 201, 207, 246, 481, 504, 511, 577 [13, 19, 43, 208, 835]；あげ髪 191；編む 76, 190, 246, 394, 438, 522, 577 [208, 240, 281, 308, 824, 836]；石柱 [706]；髪 191 [290]；短髪 62, 261, 450 [7, 808, 814]；長髪 75, 76, 87, 353, 394, 415, 421, 437, 475, 488, 519 [686]；「蝶」415 [654]；チョンゴ 415；泥パック 522 [835, 836, 837, 288, 959, 960]；モホーク（モヒカン）394

仮面 345, 347, 361, 378, 418, 419, 495-497 [49, 51, 203, 205, 329, 556, 557, 567, 579, 582, 583, 584, 585, 586, 587, 588, 789]

カヤツリグサ（パピルス）28

ガラス 246

ガラビーヤ：地中海東部 57 [74]

カリブー 336；皮 343 [541]；毛皮 335, [284, 525]

「カレンダー・ベルト」現代アンデス 479 [324]

革 28, 96, 130, 148, 190, 354, 396, 398, 419, 453, 512, 520, 522, 560 [32, 649, 720, 804, 821, 838]；履き物 60, 73, 92, 132, 245, 390, 409, 450, 558 [17, 81, 100, 207, 243, 244, 267, 307, 593, 601, 743, 940]

木 341, 354, 361 [17]

機械で捺染した織物 146

機械刺繍 59

儀式・儀礼用の衣装 20, 64, 100, 109, 158 [174]；アマゾニア 488, 494；現代アンデス 471, 479 [742]；古代アンデス 450, 454 [723]；古代近東 18；中央アフリカ 546 [897]；中国 163；東南アジア島嶼部 298 [486]；西アフリカ 554；北米大平原 393 [625]；北極圏 [556]；北米南西部 415；北米北西海岸 348, 358 [560]；ポリネシア 323 [519]；南アフリカ 535 [871, 876]；→「婚礼衣装」「シャーマンの衣装」「埋葬の服」

キジャンゴ 501, 504 [796, 797, 798, 799, 800, 801, 802]

徽章（徽子）167, 173 [256, 258, 276, 277, 287]

キツツキの頭皮 354

キツネ：皮 374；毛皮 [537, 541]

キトン：古典時代ヨーロッパ 88, 89, 94, 99 [120]

絹 48, 59, 92, 105, 125, 140, 143, 155, 161, 167, 189, 190, 195, 201, 210, 222, 257, 261, 265, 266, 267, 275, 286, 288, 551, 559 [52, 72, 77, 78, 84, 91, 103, 165, 213, 229, 231, 232, 233, 259, 261, 262, 269, 279, 302, 305, 307, 314, 322, 323, 328, 361, 362, 403, 413, 418, 434, 456, 469]；産業 140, 142；詰め物 [323]

着物：日本 195, 201, 210 [331, 332]；帷子 [324]；小袖 195, 198, 201, 207, 208, 210 [317, 324, 325, 326]；振袖 201 [326]

キャラコ 421

牛皮 410 [815, 816, 817, 818, 819, 843]

キルティング 169 [87]

キルト：アマゾニア 485；アラビア 45；古代近東 20, 24 [9, 10, 11, 30]；古典時代ヨーロッパ 87 [119]；東アフリカ 518 [823]；ヨーロッパ民族衣装 121 [144, 195, 196, 197]；北米南西部 405, 419 [661, 676, 678]

金 30, 36, 37, 67, 286, 356, 438, 451, 453 [344, 462]；組み紐 50, 132；宝飾品 52, 92, 192, 246, 451, 577 [27, 29, 31, 103, 398, 684]

銀 286, 356, 379-381, 416, 417, 438, 451, 453 [222, 573, 710]；宝飾品 52, 63, 76, 150, 177, 192, 246, 451, 504, 570, 572, 577 [29, 65, 220, 398, 399, 427, 573, 594, 602, 659, 940, 949, 950, 951, 952, 953, 954, 956, 958, 959, 960]

金襴 [206, 328]

グアナコ：皮 501 [796, 797, 798, 799, 800, 801, 802]；毛皮 504 [792, 793, 794]

クイルワーク 368, 372, 374, 378, 384, 396, 398 [555, 626, 635]

草 28, 313, 340, 391, 504

櫛：中央アマゾニア [884]；日本 201 [326]

口ひげ 50, 62, 228, 340, 353

唇飾り：東アフリカ [839]；メソアメリカ 438 [684]；→「唇の栓」「ラブレット」

唇の栓：アマゾニア 493 [783]

靴 190, 341 [185, 306, 415]；足袋 207

首帯：南アフリカ 537 [876]

首飾り：アマゾニア 492 [770, 780, 781]；イラン高原 76；インド 217, 246 [344]；北アフリカ 570 [932, 948]；現代アンデス 478；古代アンデス 451 [719]；古代近東 36 [29]；先史時代ヨーロッパ 81；中央アフリカ [881, 882]；中国 169 [270, 272]；地中海東部 63；パタゴニア 504；東アフリカ 515 [815, 816, 817, 818, 819, 820, 830, 831, 843, 844]；ヒマラヤ 257 [407]；北米ウッドランド 376 [595, 611]；北米大平原 396, 398 [628]；北米南西部 421 [672]；北米北西海岸 354；南アフリカ 532 [850, 859, 860, 861, 862, 863, 864, 865, 866, 879, 880]；メソアメリカ 437

首飾りフープ：南アフリカ 529 [850, 852, 853, 854, 855]

クマ：皮 353, 397；爪 344, 396 [595, 613]；歯 344

鞍覆い 310

クルタ：インド 239 [367, 375, 376]；シルクロード 146 [229, 234]

クルタ・サルワール：ヒマラヤ 252

クロテンの毛皮 438 [207, 214, 261]

毛皮貿易 365, 367, 379, 401 [593, 607]

化粧 41 [37, 43]

ケスケミトル：メソアメリカ 425, 430 [685, 692, 693, 698]

ケープ：イラン高原 74-75 [106]；古代近東 20；古典時代ヨーロッパ 89；先史時代ヨーロッパ 81, 85；地中海東部 60；東アフリカ 522 [827]；北米ウッドランド 371, 376 [598, 599]；北米大平原 389, 394；北極圏 340；北米北西海岸 348, 353 [564]；ポリネシア 325, 327, 330 [527]；メソアメリカ 423, 424, 428 [683, 688, 689]；ヨーロッパ民族衣装 120；→「外衣、外套、コートなど」「羽

根のケープ／マント」
ケワタガモの皮 341 [538]
ケンテ・クロス 552, 554 [901, 902, 903, 904, 905]
犬皮 327-330 [527, 528]
原皮 [601]

コイン（硬貨）48, 62, 64, 76, 335, 356, 417, 478 [48,49, 86, 91, 185, 249, 675]
交易用の布 345, 365, 367, 378, 389, 390, 411, 415 [590, 601]
格子縞 120-121, 125, 139, 273, 287, 421, 565 [194, 195, 361, 926, 927, 928] ；→「タータン」
工場製の布 6, 247, 465, 475, 518, 522 [387, 391, 822, 823]
甲虫の翅鞘 492 [782]
黒檀 [959]
コケ 340
ゴージット：北米ウッドランド 377, 396 [594, 602]
腰布、腰皮 24, 64, 87, 94, 226, 266, 273, 275, 301, 324, 368, 379, 384, 389, 396, 398, 404, 423, 424, 446, 501, 119, 133, 134, 340, 345, 442, 445, 446, 447, 448, 501, 592, 593, 615, 623, 650, 683, 722]
腰用フープ 529 [850, 852, 853, 854, 855]
コーデュロイ 406
琥珀 570, 577 [272, 932]
護符：アマゾニア [780] ；インド 246 ；北アフリカ 572, 577, 579 [932, 943, 949, 950] ；古代エジプト 36 ；地中海東部 63 ；西アフリカ [916] ；北米大平原 [621, 646] ；北極圏 341, 344 ；モンゴル 132
ゴム 261, 264, 345
コール（墨）41, 53, 560 [37]
コンチョ 406, 416 [649, 672, 675]
婚礼衣装 60, 94, 105, 112, 150, 173, 192, 193, [80, 147, 174, 185, 218, 248, 249, 273, 274, 312, 354, 356] 479, 537, 546 [754, 875, 933, 944, 955] ；ジュムロ [249] ；ジラヤ 60 ；ニョガ 537

【さ行】
紗 163, 189, 453, 455 [213, 692]
サイの皮 264
財布 167 [269]
魚の皮 342
サテン 132, 189 [54, 55, 91, 218, 220, 260, 261, 265, 266, 267, 277]
サフラン 210
サメの歯 [535]
夾 490
サリー：インド 221, 223, 226, 228-232, 252 [336, 343, 348, 351, 354-364, 400]
サル：毛 490 ；歯 492 [772]
サルワーズ・カミーズ：インド 234-235, 239 [370] ；ヒマラヤ 252 [411]
サロン：東南アジア島嶼部 287, 289 [471] ；東南アジア大陸部 273 [441]
珊瑚 132, 150, 257, 264, 570, 577 [214, 219, 222, 240, 932]

シカ 372, 374, 384 [603] ；皮 264, 341, 367, 368, 371, 372, 374, 378, 379, 380, 384-385, 389, 393, 403, 405, 416 [201, 226, 559, 592, 596, 606, 613, 617, 629, 633, 643] ；角 81, 374, 390 [631] ；副蹄 398
刺繍 20, 48, 59, 60, 65, 99, 105, 109, 110, 112, 123, 170, 192, 236, 243-245, 247, 280, 289, 353, 372, 374, 404, 417, 434, 438, 453, 459, 472, 542, 544, 559, 560 [54, 56, 71, 78, 83, 88, 93, 119, 147, 148, 156, 159, 163, 164, 166, 189, 207, 233, 247, 259, 275, 287, 312, 337, 373, 378, 388, 392, 894, 913, 915, 918, 942, 943] ；機械 59, 480, 559 ；クロスステッチ 110, 150, 243 [236, 249, 284, 452, 693] ；サテンステッ

チ [147] ；ステムステッチ [725] ；チェーンステッチ [918, 919, 920] ；手縫い 247, 480 [934]
下着：アラビア 45 [41, 57] ；インド 223 ；シルクロード [238] ；中国 160, 161 [259] ；朝鮮 189 [303] ；ヒマラヤ 257 ；北極圏 336 [554] ；ヨーロッパ民族衣装 112
ジッパー 150 [249]
絞り染め 143, 201, 222, 239, 242, 295, 453, 545, 556 [230, 360, 379, 383, 384, 385, 392, 394, 395, 399, 907, 909]
縞模様 88, 139, 191, 287, 565, 567 [166, 310, 311, 381, 402, 405, 470, 473, 499, 703, 743, 904, 932]
ジャガー：皮 488, 490 [771] ；爪 492
シャツ：アラビア 45 [40] ；イラン高原 69 ；インド 221 ；現代アンデス 467 [754] ；古代中東 [238] ；地中海東部 57, 60 [75, 90] ；東南アジア大陸部 265 [428, 461] ；北米ウッドランド [379] ；北米大平原 398 [625, 627] ；北米南西部 405 [651, 652, 653] ；北米北西海岸 [590] ；メソアメリカ 428 [691] ；ヨーロッパ民族衣装 [143, 147]
シャーマンの衣装：アマゾニア 488 [771] ；東南アジア大陸部 280 [439, 440, 456, 457] ；パタゴニア [806] ；北米ウッドランド 378 ；北米大平原 397 ；北極圏 344 ；北米北西海岸 361 ；モンゴル 128 [201, 202, 203, 204]
朱色 211
樹皮 105 [17, 335] ；クワ 371, 374 ；スギ 213, 347, 352, 353, 354, 364 [562, 568, 569, 581] ；楡 212 [335] ；マホガニー [765]
樹皮布 287, 299, 301, 317, 324, 327, 490, 494, 540 [464, 488, 501, 512, 527, 788]
シュミーズ：ヨーロッパ民族衣装 101, 117 [149, 166, 184, 185, 187]
狩猟用正装 158
織機 110, 403, 416, 475, 484, 487 [692, 711] ；足踏み式 266, 428, 465, 468, 478 [687, 688, 737, 738] ；A フレーム型 445 ；X フレーム型 445 ；織物工場 439 ；体で糸を張る 445 [712] ；後帯機（腰機）160, 424, 445, 475, 485 [682, 728] ；腰機 288 [466] ；固定垂下型 82 ；垂直式 [921] ；水平型 20, 445 ；綜統 403 [899] ；綜統のない水平機 82 ；単式綜統機 542, 567 [883] ；直立式 406, 411, 453 [711] ；手織り [333] ；二重綜統水平機 540, 551；2本棒 348 [769] ；広幅機 442 ；フレーム式 266, 445 ；細幅機 551, 559 [899]
ショッパーズ・インド 232 ；ヒマラヤ 252
ショール（肩掛け）：インド [337, 366] ；現代アンデス 465, 475, 478 [728, 743] ；古代アンデス 450, 451 [717] ；古代中東 [14, 18] ；東南アジア島嶼部 266, 277 [429] ；東南アジア島嶼部 288 [474, 486] ；ヒマラヤ 252 ；北米ウッドランド 371 ；北米南西部 406 [677]
シールスキン 336, 340, 342, 343, 501, 504 [545, 549, 564]
真珠 264, 377 [344]
真珠貝 150, 364, 529 [249, 589, 591]
真鍮 381, 403, 512, 529 [271, 431, 829, 833, 846]
頭蓋骨 30, 51, 57, 62, 69, 132, 511 [5, 22, 23, 61, 62, 74, 75]
スカート：イラン高原 73, 85 [104] ；インド 235, 236, 239, 247 [368, 381, 382, 383, 386, 389, 395] ；現代アンデス 465, 472, 473, 480 [733, 743, 753] ；古代中東 [2, 3, 32] ；古典時代ヨーロッパ 84 ；先史時代ヨーロッパ 84 [116, 117] ；中央アフリカ 542, 543, 544-545 [881, 886, 887, 888, 889] ；中国 177 ；朝鮮 181,

183, 189 [291, 293, 294, 299, 301, 302, 303] ；東南アジア大陸部 266, 271, 275, 280 [428, 429, 434, 436, 437, 438, 447, 452, 453, 454, 459, 460, 461] ；東南アジア島嶼部 295, 299, 301 [475, 476, 480, 487] ；東アフリカ 520 [822] ；ヒマラヤ [425] ；北米南西部 421 ；ポリネシア 323, 324, 325, 331 [519, 522, 523, 534, 535] ；ミクロネシア [515, 516] ；南アフリカ [851, 867] ；メソアメリカ 423 ；メラネシア 313 [508, 511] ；ヨーロッパ民族衣装 101, 109, 112, 114, 117 [165, 170, 176, 177, 179, 182, 183, 184, 187, 191]
スカーフ 73, 274, 374 [88, 97, 102, 369, 376, 403, 412, 443, 444, 612] ；カダ [403] ；クラヤ 274, 275 [443]
スカリフィケーション 495 [811]
スカンクの毛皮 391
透けた生地 [342, 343, 365]
鈴（ベル）335, 453 [201, 203]
錫 264
裾 105, 189, 272 [147, 151, 253, 275, 382, 403, 918, 934]
裾口 146, 189, 403, 493
スヌード（ヘアネット）83 [108]
脛当て（脚甲）：中国 163 [264] ；東南アジア大陸部 [427] ；パタゴニア [806] ；北米ウッドランド 367, 368, 371, 379 [593, 594, 595, 596] ；北米大平原 384, 385, 390, 396, 398 [623, 624, 625, 627, 633] ；北米南西部 405, 410 [660, 679] ；北米北西海岸 358
スパンコール 73
ズボン：イラン高原 69 ；インド 221, 232, 234, 238 [347, 366, 367, 368, 375, 393] ；現代アンデス 442 ；シルクロード 146 ；中国 [257] ；朝鮮 181 [301] ；東南アジア大陸部 [493, 494, 496, 499] ；西アフリカ 559 ；北米ウッドランド 379 ；北極圏 336 [544] ；メソアメリカ 428 ；モンゴル 130 [209, 224] ；ヨーロッパ民族衣装 [143]
炭 512, 540 [509, 810]

セイウチ：皮 340 ；牙 342 [537] ；腸 [542]
青銅 [34, 121, 138.]
セーター 53 [75]
繊維：アクリル 475 ；亜麻 18, 20, 112, 327, 330, 331 [526, 528, 529, 534] ；カラムシ 189, 210 [303, 304] ；ココヤシ 318 [513, 517] ；合成 59, 69 ；シナノキ 374 ；植物 18, 19, 82, 83, 84, 117, 313, 423, 442, 450 [113, 114, 115, 117, 144, 506, 510, 511, 516, 769] ；靭皮 18, 105, 195, 318, 378, 424, 490 [304, 517, 518, 519, 770] ；ティ 324 [520] ；ハイビスカス [514] ；バナナ 265, 324 [333, 334, 514, 523] ；フルクレア 474 ；マニラ麻 303 [492, 493, 494, 495, 496] ；ヤシ 28, 50, 277, 484, 494, 495, 499 [449, 484, 515, 770, 786] ；タコノキ 323 [520] ；ユッカ 403, 409, 410 ；リュウゼツラン（アガベ）419, 424 [700]
染色 19, 92, 110, 177, 210, 222, 288, 301, 439, 443, 540, 545, 551, 554 [231, 235, 511] ；→「染色技術」
ツノメドリ：皮 336 ；くちばし 343
染色技術：絞り 201 [322] ；白あげ 201 ；トゥリス・バティック [475, 476, 477] ；バティック 280, 294, 439 [451, 475, 476] ；バンダニ 242, 247 [390, 394] ；プランギ 439 [684] ；紅型 210-211 [332] ；モリンダ 295, 298, 454, 455 ；友禅 201 [323, 324] ；→「藍染め」「イカット」「絞り染め」「染色」「防染技術」
染料 94 [454] ；藍（インディゴ）143, 211, 540, 555-556 [454] ；茜 143, 210, 211 ；イスパラク [454] ；カタツムリ 439 ；グラナ 439 ；合成 143, 246, 271 ；コチニール 143, 439 ；天然 121, 210, 264, 280, 299, 317, 439 [286, 333, 455, 475,

481, 490] ；→ヘンナ 30, 41, 53 [42]
僧衣 137, 251 [223, 406, 414, 435]
象牙 41, 81, 83, 201, 246, 264, 341, 344 [155, 551, 824, 839]
袖 48, 105, 130, 161, 210, 250 [54, 147, 191, 242, 253, 296, 378, 699, 702] ；飾り袖 146 [148, 241, 242, 296] ；ひだの入った [8]
袖口 48, 105, 161, 189, 250, 257, 417 [54, 96, 143, 166, 208, 221, 260, 274, 303, 402, 403, 415, 418, 419, 541]
袖なしドレス：ヨーロッパ民族衣装 112 [167]
ソンケット 289 [467]

【た行】
竹 161, 259, 488 [213, 259, 262, 309, 420, 422, 424, 427, 772]
戦いの頭飾り 344-396, 397 [622]
タゲルムスト（布）571, 572 [935, 936, 938, 939]
ダチョウの卵殻 523, 529 [830]
タッセル 344, 453, 468, 545, 567 [2, 15, 97, 456, 721, 722, 731, 934]
「ダッチ・ワックス」プリント布 574 [942]
経糸 18, 288, 451, 472, 567 [91, 231, 232, 360, 362, 381, 439, 440, 465, 473, 715, 903, 904] ；浮き織りの技法 416 ；絵経 [482]
ターニク（模様）330 [527]
種 [458, 955]
ターバン 45, 51, 57, 62, 64, 73, 88, 149, 226, 246, 259 [157, 77, 76, 85, 110, 225, 243, 245, 246, 248, 348, 353, 363, 371, 377, 605, 692, 935, 936, 938] ；「蠅払い」69 [432] ；シャ 227 ；パグリー 227
ダマスク織り [68, 143]
ダルマティカ：古典時代ヨーロッパ 99 [140]
ダーンドル：ヨーロッパ民族衣装 117 [165, 166, 187]
地母神 108-109, 123 [156, 157, 158, 159]
チャドル：イラン高原 68, 77 [95] ；インド 232, 239 [366, 367, 375, 377]
チュニック：インド 220, 232, 234, 239 [392] ；北アフリカ 567 ；古代中東 20, 24, 28, 38, 41, 87 [6, 9, 11, 12, 13, 14, 18] ；古典時代ヨーロッパ 88, 89, 94, 96, 99 [122, 123, 132, 133] ；シルクロード 146, 150 ；先史時代ヨーロッパ 85 ；地中海東部 55, 57 [76, 80] ；東南アジア大陸部 [433, 457] ；西アフリカ [920] ；ヒマラヤ 254 [417] ；北米北西海岸 352 [563] ；北極圏 336 ；メソアメリカ 425 ；モンゴル 130 [201, 203]
チュール [52]
腸皮の服 339 [542, 543, 553]
チョーカー：インド 246 ；地中海東部 63 ；東アフリカ [842] ；北米大平原 396
ツイード 120
筒型の服 88, 113, 130, 275, 295 [170, 428, 447, 469, 470]

T 字型の服 88, 99, 101, 201
剃髪、剃る 28, 30, 163, 228, 251, 261, 340, 515 [435, 808]
ティンクラー 398 [631, 637] ；骨 490 [778]
手織りの布 69, 83, 267, 280, 467, 468, 475, 556, 559, 560 [230, 430, 433, 696, 703, 742]
鉄 38, 132, 356 [34, 35]
手袋：古代近東 36 ；北極圏 341
纏足 166 [265]
銅 41, 358, 377, 379, 381, 438, 451 [201, 204, 576, 577, 833]

トゥアレグ・クロス [947]
投石器 36
トウヒの根 353 [566, 569, 570]
動物：尾 38, 291, 310, 341, 374, 391 [207] ；鉤爪 354 ；皮 19, 50, 81, 83, 105, 161, 264, 310, 335, 342, 368, 371, 372, 383-384, 389, 504, 520, 523 [2, 540, 596, 631, 642, 771, 785, 813] ；毛皮 19-20, 38 ,81, 83, 105, 163 [110, 152, 203, 217, 220] 310, 335, 340, 341, 345, 353, 374, 391, 403, 501, 504 [536, 537, 543, 554, 575, 631] ；獣脂 515, 520 [824] ；歯 453, 523 [772, 783]
胴鎧 96 [138, 254]
トーガ 93, 95, 146, 574 [118, 135, 136, 139]
トチョミトル（糸）438
ドーティ：インド 226, 232, 239 [336, 345, 349, 364, 371]
留め針：古代近東 37
トラバト [189]
鳥：皮 336 [538] ；くちばし 343 [538] ；爪 377, 396 ；骨 504
トルコ石 150, 257, 416, 421 [222, 240, 659, 719]
ドローンスレッド布 565

【な行】
ナイフ・ブレスレット 511, 513 [809, 810, 812]
生皮 396, 409 [826]
なめし皮 378, 384, 403, 416, 419
ニオイネズミの皮 341
ニッケル 381
縫う 81, 94, 105 ；機械 480 ；道具 132 [208]
ネッカチーフ 416
能装束：日本 209 [328, 329]

【は行】
バイェタ布 468
バイザー 340
パーカー：先史時代ヨーロッパ [111] ；北極圏 335, 336, 339, 340, 341, 344, 345 [537, 538, 539, 540, 541, 542, 543]
履き物 96 ；アルパルガータ 467, 474 [734, 747] ；かんじき 504 ；革靴 460, 73, 261, 340, 474 [7, 97, 265, 266, 307, 415] ；車のタイヤ 74, 435, 474 [42] ；下駄 207 ；サンダル 28, 50, 73, 74, 92, 96, 166, 245, 261, 409, 435, 450, 467, 474, 497, 575 [6, 16, 17, 42, 58, 700, 713, 810, 936, 940, 945, 946] ；シャ（鞋）166 ；草履 207 ；唐鞋（タンヘ）[30刀] ；チーシェ（靴）166 ；卓鞋 207 ；→「革」「ブーツ」
バグマル 143 [235] ；→「イカット」
バー・コマ（布）273 [441]
パジャマ：インド 239 [376, 377] ；東南アジア大陸部 277 [449]
芭蕉布 211 [333, 334]
機を使わない布 442
機を使わない方法 327
バックル 512
パッチワーク 545
バッファロー 382, 383, 384, 394：尾 [889] ；皮 373, 385, 393, 396 [625, 813] ；毛 371, 373
パトラ（織物）286, 298 [463, 466, 483, 490]
鼻飾り：古代アンデス 453 [719] ；東アフリカ [835, 840] ；メラネシア 312 [506]
鼻スタッド：インド 246
鼻輪：アマゾニア [772] ；東アフリカ 512 ；北米北西海岸 356 [569, 574]
羽根 325, 326, 331, 374, 394, 396, 438, 451, 453, 488, 492, 497, 504 [261, 285, 538, 706, 776, 779, 784, 785, 835] ；アヒル

331；エトロフウミスズメ [542]；オウム 323, 331, 451, 489, 492 [518, 519]；オオ ハシ 489 [782]；カザリドリ 492；カワセ ミ 264；キウイ 331；キジ 331；クジャ ク 163, 264, 488 [213]；ケツァール 438 [706]；コンゴウインコ 451, 489, 492 [774]；リボ 374；七面鳥 374；シラリ ギ 774；ダチョウ 522 [823, 836]；ツ ノメドリ 343；ツル 374；ニワトリ 331；白鳥 374；ハチドリ 451 [774]；ハト 331 [530]；フウキンチョウ 451, 492；ホ ロホロチョウ 331；マモ 326；ワシ 374, 377, 394, 396 [572, 592, 621, 639, 641, 774]

羽根がついた頭飾り：アマゾニア 488-489 [773, 774]；中央アフリカ 544 [882]；パ タゴニア 506；東アフリカ [829]；北米 ウッドランド 374；北米大平原 394-396 [640, 641]；メソアメリカ 438

羽根のケープ／マント：北米ウッドランド 371 [498, 599]；ポリネシア 330-331 [501, 524, 525, 530, 531, 532, 533]

パ・ボリトリン（織物）301

針 81, 105, 335

ハンジャル（短剣）：アラビア 52

ハンボク（韓服）：朝鮮 181, 183, 186 [300, 301]

ビーズ 48, 50, 69, 81, 132, 289, 340, 374, 396, 398, 416, 451, 492, 515, 519, 520, 523, 527, 544, 577 [425, 527, 553, 558, 772, 776, 815, 816, 817, 818, 819, 820, 821, 825, 826, 838, 842]；貝 416, 486；ガラス 63, [249] 335, 341, 367, 379, 398, 478, 523, 529 [552, 608, 628, 734, 763]；貴石 36 [27, 29]；祈祷用の数珠 52 [42]；首飾り 377-378, 398 [614]；彩色 63, 376, 522, 433, 456, 548, 613, 763]；シード（種）398, 492, 529；邪眼 63 [90]；銅 377 [331, 376]；卵殻 523, 529；ワムパム 376 [609, 610]

ビーズ細工 301, 342, 343, 345, 368, 372, 373, 378, 384, 391, 396, 398, 448, 510, 515, 520, 527-532, 537, 539 [488, 492, 493, 494, 550, 558, 566, 590, 595, 596, 597, 600, 601, 604, 606, 615, 617, 628, 629, 633, 634, 636, 641, 644, 646, 814, 845-872, 875, 876, 879, 880, 881]

引き紐つき衣服 146, 149, 232, 239, 336 [73, 234, 238, 257, 343, 365, 373, 376, 381, 382, 383]

ひげ 28, 30, 50, 62, 212, 340, 353 [6, 7, 42, 89]；つけひげ 30 [20, 203]；縮らせた ひげ 28 [13]；やぎひげ 353

翡翠 155, 169, 192, 264 [253, 261, 272, 684]

ひだ（プリーツ）20, 24, 36, 38, 177, 227, 275, 472, 473 [8, 10, 11, 12, 18, 30, 144, 197, 339, 356, 452, 910]

ビーバー 384；皮 367, 394, 401 [643]；毛皮 401

紐 17, 24, 57, 83, 189, 356, 438, 484 [113, 149, 305, 318, 949, 950]

ヒョウ皮 36, 522, 541

ビロード 132, 148, 378 [55, 56, 78, 148, 165, 166, 237, 268, 604, 615]

ピン 36, 257, 478 [419, 420, 422, 743]

ビンディ：インド [354]

プア（織物）301 [490]

フェイス・ペインティング 361, 398, 510, 513, 518, 519 [788]

フェルト 62, 69, 74, 105, 109, 126, 130, 132, 415, 465, 467, 476, 478 [76, 87, 97, 98, 105, 106, 107, 143, 144, 145, 146, 148, 149, 153, 160, 166, 200, 207, 226, 268, 734, 742, 751, 933, 934]

武具 36, 52, 76, 264, 286, 310, 396, 453, 505 [28, 46, 69, 124, 203, 207, 408, 527, 719, 937]；古代アンデス 453；古典

時代ヨーロッパ 89, 96 [121, 124, 137, 138]；中国 169 [271]；東南アジア大 陸部 264；日本 198 [317, 318]；パタゴ ニア 505 [803, 804]；北米大平原 396；北米北西海岸 356 [574]；ミクロネシア 318 [517]；メソアメリカ 438 [706]；→「兜」 「保護用（布）」

袋：アマゾニア 484；現代アンデス 465, 468, 478 [730, 731]；古代アンデス 451 [708]；シルクロード 150 [247]；ヒマ ラヤ [415]；北米ウッドランド 374, 378 [606]；北米大平原 396 [644]；北米 北西海岸 354, 358 [580]；北極圏 342 [549, 550]；メラネシア 313 [ヨーロッパ民族衣装 [166]

縁：飾り 87, 146 [143, 145]；刺繍 105, 475 [119, 356, 358]

縁取り 110, 147, 150 [145, 148, 152, 165]

ブーツ 85, 92, 131, 132, 137, 147-148, 336, 341, 409, 504, 558 [166, 207, 209, 210, 211, 224, 226, 243, 413, 425, 539, 659]；赤い 55, 60 [69, 81]；カウボーイ 421；宮廷用 166 [267]；軍用 96, 132, 160 [137]；マクラク 340；ゴタル 132；ゴム 長靴 345；シールスキン 336, 340 [545, 546]；防御用 28 [15]；ボタ・デ・ポト ロ 504；マシュエ（馬靴）166

フック 117

フード 81, 335, 340, 374, 567 [541, 553, 555, 932]

ブラウス：インド 223, 232, 239, 242-243 [343, 364, 379, 380, 386, 388, 389, 391]；北アフリカ 574 [940, 942, 943]；現代ア ンデス 465 [733, 756]；東南アジア大 陸部 265 [428, 432, 455, 458]；東南ア ジア島嶼部 299 [464]；ヒマラヤ 418, 419]；北米南西部 406, 421；ポリネシ ア [519]；メソアメリカ [692, 698, 699, 704]；ヨーロッパ民族衣装 117

ブラジャー：先史時代ヨーロッパ 84；ヨ ーロッパ民族衣装 117

プラスチック 74, 246, 474 [839, 919, 940]

フリンジ 20, 114, 298, 336, 343, 344, 364, 371, 385, 435, 451, 453, 478, 545 [6, 14, 18, 147, 165, 177, 178, 184, 185, 186, 201, 454, 550, 567, 624, 625, 626, 671, 702, 713, 878, 881, 886, 934]

ブルカ：アラビア 46

ブルマー（ショッパジ）：朝鮮 189 [303]

ブロケード（紋織物）92, 132, 189, 257, 453 [165, 207, 215, 359, 363, 418, 419, 693]

ブローチ：イラン高原 103；北アフリカ 567；古典時代ヨーロッパ 94；パタゴ ニア 504；ヒマラヤ 257 [419]；北米ウ ッドランド [608]

フロントレット：北米北西海岸 354 [572]

ふわふわした素材 19, 28 [2, 3]；→「カウ ナケス」

「ヘアスティック」340

ヘアネット [114]

ヘアパイプの首飾り 396 [628, 630, 642]

平和のメダル 381, 396 [593, 595, 602, 605, 618]

ベーズ 478

ベスト：地中海東部 60 [85, 91]；ヨーロ ッパ民族衣装 [143, 144, 147, 152]

ペチコート：イラン高原 [104]；朝鮮 189 [303]；ヒマラヤ 257

ベッカリーの歯 492 [780]

鼈甲、亀甲 201, 264

ヘッドスカーフ 48, 51, 59, 62, 239, 242, 247, 574 [46, 52, 53, 75, 86, 103, 386, 388, 399, 697, 724, 931, 940, 943]

ヘッドバンド 30, 343, 374, 376, 415, 421, 450, 451, 504 [19, 31, 46, 450, 501, 535, 650, 670, 805, 825, 829, 838, 850, 869]

ペニスケース：アマゾニア [770]；メラネ シア 312 [506, 507]

紅石英 [272]

ペプロス 89, 94 [131]

ヘラジカ 384, 389, 390；皮 384-385, 393 [550]；毛 368, 378, 379

ベルト（帯）：アマゾニア 484, 486, 490；アラビア [64]；オーストラリア 310；北アフリカ 567；現代アンデス 465, 468, 472, 478 [729, 734, 740]；古代アンデ ス 451 [717]；シルクロード 146 [233]；先史時代ヨーロッパ 84；地中海東部 57；中央アフリカ 545, 546 [882]；中 国 167 [269]；古典時代ヨーロッパ 87, 89, 94 [119, 126]；パタゴニア 501；東 アフリカ 512 [809, 810, 811]；ヒマラヤ [415, 416]；北海岸 354；北米ウッド ランド 371, 374, 376 [610] 北米大平原 389, 396；北米南西部 404, 405, 406, 415, 416, 417, 420；北極圏 341 [549]；南アフリカ [868]；メソアメリカ 425, 437 [691, 694, 703, 706]；メラネシア 312；モンゴル 132；ヨーロッパ民族衣装 101

ペルリーヌ [598]

ベロア 475, 544

ペンダント：アマゾニア [786]；古代アン デス 453, 492 [724]；古代近東 36, 37 [27]；中央アフリカ 545；パタゴニア 504；東アフリカ 463 [770, 713, 722, 725]；北極圏 344 [553]；ポリネシア [527, 535]；メラネシア 312 [501, 506]

帽子 62, 69, 75, 81, 83, 120, 149, 163, 167, 183, 191, 259, 354, 415, 461, 467, 471, 476, 478, 546 [47, 88, 89, 97, 100, 107, 113, 189, 192, 213, 214, 215, 216, 217, 218, 219, 220, 261, 262, 290, 316, 425, 426, 569, 570, 571, 675, 691, 722, 727, 734, 751, 755]；円錐形 62, 277 [87, 881]；カッ 191 [305, 309]；儀式・儀礼用 18 [566]；トーピ 252 [376, 410]；縁なし帽 73, 246 [102, 247]；山高帽（ボウラー）180 [742]；ソフト帽（フェドラー）471, 476 [734, 742]；タルブーシュ 57, 62 [76]；ノンラン 277 [449]；ビーバーの毛 401 [647, 648]；ひよけ 163, 189 [424]；フ ェズ（トルコ帽）30, 57, 62, 64 [76]；「捕鯨者」354；曲げ木 340；→「頭 蓋帽」

縫製した服 69, 217, 220-221, 225, 232, 236, 265, 299, 428, 445, 454 [338, 365, 454]

縫製しない服 216, 220, 226 [337]；→「巻 衣」

防染技術 142, 201, 303, 540, 556 [363, 390, 484, 907]；トリイティク 303 [495, 496]

棒ピン：古典時代ヨーロッパ 89 [127]

ポケット 105, 132, 150, 437 [143, 146, 148]

保護用（布）目の粗い毛織物 379, 389 [631, 632]；→「交易用の布」

細幅織りの布 551, 554, 572 [901, 906, 914, 915, 919, 920]

ボタン 18, 94, 131, 150, 335, 364, 410, 416, 417, 529 [144, 147, 148, 213, 218, 249, 392, 396, 430, 498]

ボタンホール 105, 131

ホッキョクグマの毛皮 336, 341, 344 [544]

ポッサムの皮 310

ボディス（胴着）：インド 243 [344, 387, 394]；ポリネシア [535]；ヨーロッパ 民族衣装 105, 117 [165, 166, 187, 190, 191]

ボディ・ペインティング 53, 313, 344, 398, 420, 497, 507, 510, 511, 518, 519, 520, 528, 540, 760 [772, 809, 810, 823]

骨 81, 105, 356, 390, 523

ポリエステル 45

ポンチョ：アマゾニア 485 [765]；現代アン デス 467, 471, 475 [733, 734]；古代ア ンデス 463；北米ウッドランド 371；北 米大平原 385, 389；北米南西部 405, 411 [668]；メソアメリカ 437

ボンネット 62 [645]；→「被り物」「帽子」

ポンポン 245 [379]

【ま行】

埋葬の服：先史時代ヨーロッパ 81；ヨー ロッパ民族衣装 105；地中海東部 64

前掛け（エプロン）：アマゾニア [763]；古 典時代ヨーロッパ 87 [120]；中国 163, 177 [264, 287]；パタゴニア 501；東ア フリカ [826]；ヒマラヤ [402, 405]；北 米ウッドランド 371；北米南西部 404, 406, 420；北米北西 海岸 352, 358；南アフリカ 537 [845, 851, 877, 878]；→「陰部の前掛け」

巻衣 20, 24, 28, 41, 89, 95, 99, 216, 220, 221, 225-227, 232, 236, 239, 265, 275, 371, 554, 555, 574 [6, 130, 132, 136, 336, 337, 338, 349, 352]；→「サリー」「トー ガ」

マラカイト（孔雀石）41

マント：アマゾニア [763]；アラビア 57；オ ーストラリア 310, 311 [505]；現代ア ンデス 468, 475 [734, 737]；古代アンデ ス 446, 450, 459, 463 [710, 713, 722, 725]；古代近東 38 [32]；古典時代ヨ ーロッパ 89；東南アジア島嶼部 295 [481]；パタゴニア 501 [795]；ポリネシ ア 325, 330 [528, 529, 530]；メソアメリ カ [129]；→「外衣、外套、コートなど」

「ミイラ人形」459 [724]

蜜ろう 30 [18]

ミトン：北極圏 341, 343 [555]

耳飾り：アマゾニア 492 [783]；アラビ ア 52；インド 246 [344]；北アフリカ 577 [943, 957, 958]；古代アンデス 453 [719]；古代近東 36, 37 [27]；中国 177 [288]；パタゴニア 504；東アフリ カ 512, 515 [821, 822, 824, 828, 829]；ヒマラヤ [420]；北米ウッドランド 376, 377；北米大平原 396；北米南西部 416；北米北西海岸 365 [569]；ポリネ シア [535]

結び目の技法 327, 423, 461 [511]

胸当て：アラビア 52；古典時代ヨーロッ パ 96 [134]；東南アジア大陸部 266 [429]；北米大平原 396

胸飾り 36 [12, 30]

ムームー：ポリネシア [521]

ムンドゥ：インド 226, 232 [350, 351]

メダリオン [820, 821]

目の粗い毛織物 379, 389 [631, 632]；→ 「交易用の布」

メノウ [29]

綿 18, 53, 92, 105, 143, 189, 210, 212, 222, 266-267, 271, 403, 417, 420, 423, 424, 442, 445, 465, 484, 486, 540, 551, 571 [77, 87, 91, 147, 201, 203, 238, 249, 302, 363, 373, 374, 394, 416, 417, 420, 471, 488, 651, 681, 690, 691, 721, 722, 734, 762]；インド 222, 226, 228；白 45, 57, 190, 194, 143, 232, 240, 333, 460, 467, 474, 571；短繊維 288；手織り [490]

綿ビロード 406, 421

毛布：古代近東 20；北米ウッドランド 367；北米大平原 394；北極圏 335；北米南西部 410-411 [661, 663, 665, 666, 667, 669]；北米北西海岸 353, 356, 358, 364, 365 [565, 566, 568, 579, 580, 581, 589, 591]；南アフリカ 537 [876]

モカシン：北米ウッドランド 371, 372, 390, 391, 398, 410, 450, 487, 504 [593, 594, 595, 600, 601, 621, 627, 634, 635, 636, 679, 711]；「沼地用モカシン」372 [602]

モスリン 222, 226 [343, 369]

持ち運び用の布：アラビア [42]；インド [366]；現代アンデス 465, 468, 475

モティーフ、図柄 105, 107-108, 170, 173；生命の樹 109 [161, 162, 163, 186, 229]

【や行】

ヤギ：皮 19；毛 20 [881]

ヤクの毛 163

柳 132

ヤマアラシの毛 394；針 379, 391

雪用ゴーグル 341 [547]

指ぬき 335

指輪 36, 37, 52, 63, 81, 93, 169, 416, 451, 504, 577 [420, 954, 955, 956]

羊皮 19, 60, 149, 385 [76, 212, 403]；→「ふ わふわした素材」「カウナケス」

羊毛、毛 18-19, 20, 28, 45, 69, 87, 95, 105, 112, 242, 259, 361, 364, 404, 416, 417, 437, 465, 468, 478, 499, 567 [42, 59, 84, 128, 166, 180, 200, 227, 233, 422, 425, 426, 738, 739, 746, 933]

ヨーク 48, 59, 389 [54, 698, 699]

緯糸 18, 143, 295, 490, 567 [91, 232, 360, 362, 381, 439, 440, 705, 918, 919]；→「ループ [166]；絵緯 271, 289, 562 [328, 362, 432, 433, 434, 440, 453, 467, 696, 697, 918, 921, 924, 934]

【ら行】

ラグ 126 [664]

ラクダ：織物 443, 445, 446, 450, 453, 459, 465 [708, 710, 714, 715, 716, 721, 723, 725]；皮 450 [58]；毛 42, 50 [59]

落花生の油 510, 511

ラッコ：皮 339, 349；毛皮 353

ラトル 347 [560, 561, 578]

ラピスラズリ 36 [27, 29, 32]

ラフィア 540, 542, 543, 545, 546, 549 [842, 883, 884, 885, 886, 888, 889, 909]

ラブレット（唇飾り）：北米北西海岸 356；北極圏 342 [537, 551, 552, 553]；メソア メリカ [706]

リスの尾 [215]

リックラック [602]

リボン 110, 187, 368, 379, 438 [147, 165, 242, 596, 697]

緑色岩 [527, 535]

ルビー 264

ルーピング（輪にする）476, 484, 490 [730]

ルレックス 73

ルンギー：インド 227 [352]

霊船布 289 [472]

レース 480 [165, 166, 397]

レダーホーゼン：ヨーロッパ民族衣装 101

レーヨン 69, 562 [905]

ローチ 394

ローデン [189]

ロープ、縄 18, 20, 356, 484 [75]

【わ行】

ワイヤ [90]

わら 415, 437, 476 [47, 425, 426, 742]

ンドップ布 540

監訳者あとがき

本書は、メソアメリカ、とくにアステカの衣装民族学でつとに知られるパトリシア・リーフ・アナワルトが、2007年に著わした『世界の民族衣装文化図鑑』(Patricia Rieff Anawalt : *The Worldwide History of Dress*, Thames & Hudson, London, 2007) の全訳である。訳出にあたっては、大塚典子が中央・東・南・東南アジアとオセアニア、奥澤朋美が序文と南・北アメリカ、児玉敦子が中東とヨーロッパ、アフリカの章を担当した。

管見するかぎり、服飾ないし衣服史といえば、これまではどちらかといえば西洋世界もしくは各国ごとに紹介されてきた。そうしたなかにあって、本書の最大の特色は、アジアやアフリカ、中南米、さらにはオセアニアの部族社会を含む非西洋世界の服飾・衣服の歴史を、気の遠くなるような膨大な資料を駆使して、先史時代から現代に至るまで通文化的に概観しているところにある。加えて、それぞれの衣装の技術的・審美的・造形的側面はもとより、関連小物や身体装飾、そして当該地域の生活相や文化変容、交易、時代的背景、はては社会構造までもが丹念に考察されている。とりわけ圧巻なのは、論述を傍証するため、全頁にわたって載せた1000点もの写真・図版である。そこには著者の長年にわたる学問的蓄積が余すところなく開陳されているが、本書はその視野の広さと内容の深さにおいて類例のない、まさに衣装研究史の一大金字塔といっても過言ではないだろう。

著者は1924年、カリフォルニア州中部の町リポンで生まれている。1975年、州立カリフォルニア大学ロサンゼルス校 (UCLA) で文化人類学博士号を取得したのち、アメリカ考古学協会で研究活動をつづけ、1992年には、ハーヴァード大学の美術史教授で、考古学協会の会長でもあったチャールズ・エリオット・ノートンが、ハーヴァードに設けた記念講座の講師となっている。そして80代も半ばを過ぎた現在、カリフォルニア州立カリフォルニア大学ロサンゼルス校 (UCLA) 付設のフォーラー文化史博物館に自らが創設した、「地域衣装研究所」(Center for the Study of Regional Dress) 所長をつとめるほか、ジョン・シモン・グッゲンハイム記念財団やロンドン古代協会などの特別研究員としても活躍している。

こうした著者のおもな著作としては、『コルテス以前の先住民着衣』(*Indian clothing before Cortés*, University of Oklahoma Press,

1981) や、スペインによる征服以前のアステカの生活誌としてきわめて重要な絵文書を、メソアメリカ研究者のフランセス・F・バーダン (Frances F. Berdan) とまとめた、『メンドーサ・コデックス』(*The Codex Mendoza*, 4 Vols., University of California Press, 1992)、さらに後者の縮約版である『メンドーサ・コデックス精選』(*The essential Codex Mendoza*, University of California Press, 1997)、アステカ文化史研究者リチャード・F・タウンゼンド (Richard F. Townsend) と共著の『古代西部メキシコ。未知の過去の芸術と考古学』(*Ancient West Mexico : Art and Archaeology of the unknown Past*, Thames & Hudson, London, 1998) などがある。また、本書巻末の文献リストにあるように、歴史・考古学や人類学の専門誌にしばしば論文を寄稿してもいる。とはいえ、本書は反響という点において、おそらくこれらの著作をはるかに上回るものといえる。

事実、刊行当時から話題となっていた本書は、ドイツ語訳 (2007年)、フランス語訳 (2008年)、スペイン語訳 (2009年) が相次いで翻訳が出され、著者の名を一気に世界的なものにしている。それはまた、これまであまり着目されてこなかった非西洋世界の衣装・衣服文化が、欧米の読者にも本書を通して知られるようになったことを意味するはずだ。日本語訳についても同じことがいえるだろう。それだけに監訳者の責任は大きい。だが、監訳者は同じ文化人類学を専攻としながら、服飾・衣服史の分野全般に必ずしも精通しているわけではない。それゆえ、とくに一部専門用語の訳語に関しては、女子栄養大学教授の秋野晃司氏や大阪樟蔭女子大学教授の高橋晴子氏、立命館大学教授の渡辺公三氏、小生のゼミ出身である東海大学准教授の小林孝弘氏、さらにパリ高等社会科学学術院講師の安倍与志雄氏らのご教示を賜ったことを、謝意とともに記しておかなければならない。それでもなお訳文・訳語に瑕疵があるとすれば、あげて監訳者の非力さに帰する。読者諸賢のご指摘を受けることができれば幸甚である。

最後に、柊風舎編集部の麻生緑氏には、長大な訳文を丹念にチェックしていただいた。氏の献身的なご助力なくしては本書の刊行はありえなかったろう。心より感謝する次第である。

蔵持 識

2011年1月

合本普及版の刊行に寄せて

このたび、本書『世界の民族衣装文化図鑑 全2巻』が、1巻に合本された普及版として6年ぶりに再版されることになった。訳者としてはまさに望外の喜びである。本来ならこの喜びを原著者パトリシア・リーフ・アナワルト氏と分かち合いたいところだが、残念ながら、氏は2015年10月2日、ロサンゼルス郊外のブレントウッドで逝去されている。享年91。ご冥福を祈るのみである。

一方、嬉しい出来事としては、初版でいろいろご教示を願った高橋晴子氏と国立民族学博物館名誉教授大丸弘氏の長年にわたるご努力により、国立民族学博物館（大阪）で服装・身装文化関連資料の

デジタルアーカイヴが公開の運びとなっている。民族衣装研究者にとって、これは願ってもない賜物といえるだろう。

ビキニとブルカの合成語であるムスリム女性たちの「ブルキニ」の出現がいみじくも示しているように、民族衣装とは個人および社会のアイデンティティとつねに密接に結びついた文化的・時代的な表象といえる。本書に仮託されたアナワルト氏のこのメッセージを、普及版刊行を機会に改めて読者と共有できれば幸いである。

蔵持 識

2017年5月

【著者】
パトリシア・リーフ・アナワルト（Patricia Rieff Anawalt）
カリフォルニア州立カリフォルニア大学ロサンゼルス校（UCLA）付設フォーラー文化史博物館地域衣装研究所所長。ジョン・シモン・グッゲンハイム記念財団およびロンドン古代協会特別研究員。著書：『コルテス以前の先住民着衣』（*Indian clothing before Cortés*, University of Oklahoma Press, 1981）、フランセス・F・バーダンとの共著『メンドーサ・コデックス』（*The Codex Mendoza*, 4 Vols., University of California Press, 1992）、さらにその縮約版『メンドーサ・コデックス精選』（*The essential Codex Mendoza*, University of California Press, 1997）、リチャード・F・タウンゼンドとの共著『古代西部メキシコ．未知の過去の芸術と考古学』（*Ancient West Mexico : Art and Archaeology of the unknown Past*, Thames & Hudson, London, 1998）など。2015年逝去。

【監訳】
蔵持不三也（くらもち・ふみや）
1946年栃木県今市市（現日光市）生。早稲田大学第一文学部卒。パリ大学ソルボンヌ校修士課程・パリ社会科学高等研究院博士課程修了。早稲田大学名誉教授。文化人類学・歴史人類学専攻。著・編著：『シャリヴァリ―民衆文化の修辞学』（同文館）、『ペストの文化誌』（朝日新聞社）、『シャルラタン―歴史と諧謔の仕掛人たち』、『英雄の表徴』（以上新評論）、『エコ・イマジネール―文化の生態系と人類学的眺望』、『ヨーロッパ民衆文化の想像力』、『文化の遠近法』（以上言叢社）ほか多数。訳・監訳・共訳書：M・ライアンズ『本の歴史文化図鑑』、D・ニューオールほか『世界の文様歴史文化図鑑』、Ph・バーカー『世界の交易ルート大図鑑』（以上柊風舎）、H・タンクほか『ラルース版世界宗教大図鑑』、C・ヒレンブラン『図説イスラーム百科』（以上原書房）ほか多数。

＊本書は2011年9月に刊行された『世界の民族衣装文化図鑑』第1巻、第2巻を合本した普及版です。

世界の民族衣装文化図鑑
〈合本普及版〉

2017年9月29日　第1刷

著　者　パトリシア・リーフ・アナワルト
監訳者　蔵持不三也
装　丁　桂川　潤
発行者　伊藤甫律
発行所　株式会社　柊風舎

〒161-0034 東京都新宿区上落合1-29-7 ムサシヤビル5F
TEL 03-5337-3299／FAX 03-5337-3290

日本語版組版／明光社印刷所

ISBN978-4-86498-046-3